U0921205

郑州统计年鉴

ZHENGZHOU STATISTICAL YEARBOOK

2002

（总第四期 NO.4）

郑州市统计局 编

中国统计出版社
China Statistics Press

(京)新登字041号

图书在版编目(CIP)数据

郑州统计年鉴.2002/郑州市统计局 编.
—北京:中国统计出版社,2002.7
ISBN 7-5037-3795-6

Ⅰ.郑…
Ⅱ.郑…
Ⅲ.社会经济统计—统计资料—郑州市—2002—年鉴
Ⅳ.C832.611-54

中国版本图书馆CIP数据核字(2002)第034187号

郑州统计年鉴—2002

作　　者/郑州市统计局
责任编辑/蔡启新
E-mail/yearbook@stats.gov.cn
封面设计/赵超
出版发行/中国统计出版社
通信地址/北京市西城区三里河月坛南街75号　中国统计出版社
电　　话/(010)63262295
印　　刷/河南第二新华印刷厂
开　　本/890×1240毫米　1/16
字　　数/140万字
印　　张/32.375印张
印　　数/1—750册
版　　别/2002年6月第1版
版　　次/2002年6月第1次印刷
书　　号/ISBN　7-5037-3795-6/F·1360
定　　价/150.00元

《郑州统计年鉴——2002》

编委会和编辑人员

一、编委会

主　任：王文超

副主任：刘本昕　于向英　张　吉　李德耀　张向明　张福清　孙凤华
　　孙传峰　郑济川　马秀荣

主　编：于向英

副主编：李德耀　张向明　张福清　孙凤华　孙传峰

编　委：（以姓氏笔画为序）
　　王传健　芦　珊　李国立　李海宾　沈立承　张春培　张庆华
　　孟灵武　郑守德　赵广程　赵　超　郭　莉　徐　闻　黄怡琼
　　程胜先　蔡江水

二、编辑部工作人员

总编辑：孙传峰

副总编辑：赵　超　黄　飞

编　辑：（以姓氏笔画为序）
　　王二鹏　王文郑　王振秋　王炳昌　王明华　王晓治　马朝玉
　　冯晋东　田　莉　李亚丽　李秋峰　李秋玲　李琼琼　李　强
　　李东旺　刘亚芳　刘　杰　刘　伟　刘胜利　刘铁强　关宪芬
　　孙旭军　任喜梅　任淑珍　闫　明　沙　莹　吴凤喜　吴晓龙
　　宋玉清　宋芙蓉　宋　珊　杜九利　杜　丽　张花莲　张海涛
　　张明洁　张海英　张　敬　张运霞　张宏瑞　张春雅　张　武
　　张爱萍　杨宏革　杨双合　孟繁丽　陈　斌　欧阳忠仁　郑鹏丽
　　胡　艳　钮卫红　徐文杰　徐　红　徐新岗　徐金春　高少峰
　　崔　平　曾铸仑　楚静洁　潘鹏举　魏　祥　戴永琴

装帧设计：赵　超

英文翻译：邢爱云

编辑说明

一、《郑州统计年鉴－2002》是一部全面反映郑州地区国民经济和社会发展的资料性统计年刊。本书收录了郑州市及所辖县（市）、区2001年经济和社会发展各方面大量的统计数据，以及重要年份的主要统计数据，是认识和研究郑州市情、经济社会发展、制定宏观政策、指导工作和进行决策的重要经济类工具书。

二、本年鉴以丰富、翔实的统计资料为主，全面反映了郑州国民经济和社会发展状况。全书分为16部分。即1. 综合；2. 从业人员和劳动工资；3. 固定资产投资；4. 价格；5. 人民生活；6. 城市公用事业和环境保护；7. 农业；8. 工业；9. 建筑业；10. 运输和邮电；11. 国内贸易；12. 对外经济贸易和旅游；13. 财政金融；14. 教育、科技、文化、卫生和体育；15. 企业集团；16. 其他。各篇末均附有《主要统计指标解释》，对主要统计指标的含义、范围、计算方法作了简要说明。

三、本年鉴中使用的计量单位均采用国际统一标准计量单位；统计口径除特别注明外，均包括郑州市及所辖各县（市）区。资料取自郑州市统计局、城市社会经济调查队、农村社会经济调查队、企业调查队及有关部门的统计报表。

四、本年鉴部分数据合计数或相对数不等于分项之和，是由于单位取舍和不同产业的计算误差，部分指标未作机械调整。

五、本年鉴表中的符号使用说明：

“空格”表示该项统计指标数据不详或无该项数据；

“…”表示数据不足本表最小单位；

“#”表示其中的主要项。

目　录
CONTENTS

一、综　合
GENERAL SURVEY

二、从业人员和劳动工资
EMPLOYMENT AND WAGES

三、固定资产投资
INVESTMENT IN FIXED ASSETS

四、物价
PRICE

五、人民生活
PEOPLE'S LIVELIHOOD

六、城市公用事业和环保
URBAN PUBLIC UTILITIES AND ENVIRONMENTAL PROTECTION

七、农业
AGRICULTURE

八、工业
INDUSTRY

九、建筑业
CONSTRUCTION

十、交通运输、邮电通讯
COMMUNICATIONS, TRANSPORTATION, POSTAL AND TELECOMMUNICATIONS SERVICES

十一、国内贸易
DOMESTIC TRADE

十二、对外经济贸易和旅游

FOREIGN TRADE AND ECONOMIC COOPERATION AND TOURISM

十三、财政金融
FINANCE AND BANKING

十四、教育、科技、文化、卫生和体育
EDUCATION, SCIENCE, CULTURE, PUBLIC HEALTH AND SPORTS

十五、企业集团

ENTERPRISE GROUP

十六、其它
OTHER MATERIALS

一、综　合

1-1 行政区域

（2001 年底）

县(市)区	街道办事处	镇	乡	村委会
总　计	**50**	**76**	**39**	**2305**
市辖区	**39**	**11**	**10**	**334**
中原区	8	2	3	84
二七区	10	1	2	52
管城区	8	1	3	62
金水区	9	3	1	75
上街区	3		1	7
邙山区	1	4		54
县(市)	**11**	**65**	**29**	**1971**
中牟县		10	10	31
巩义市		18		290
荥阳市	2	10	5	306
新密市	3	12	3	304
新郑市	3	9	4	333
登封市	3	6	7	307

1-2 主要气象情况

（2001 年）

项　　目	一月	二月	三月	四月	五月	六月	七月	八月	九月	十月	十一月	十二月
月平均气温	-1.3	2.6	11.6	15.4	23.9	26.9	27.6	26.0	21.7	16.5	9.1	0.7
月日照时数	82.3	107.0	224.2	187.1	241.8	13.4	218.5	189.8	153.8	147.5	172.6	107.2
月降水量(mm)	42.1	20.1	1.6	8.2	0.6	75.2	97.4	65.8	14.9	37.6	0.5	37.8
降水日数(>=0.1mm)	9	9	2	4	1	8	13	5	7	10	2	10
最高气温	11.3	19.7	29.2	30.2	36.4	38.0	39.1	36.4	32.6	28.3	21.0	13.9
出现日期	1	21	21	16	19/20	27	9	6/22	16	1	23	30
最低气温	-10.2	-6.0	-1.9	2.7	12.1	15.9	19.0	18.6	13.3	5.4	-2.5	-8.9
出现日期	14	7	9	10	1	4	12	28	30	29	27	25

1-3 县(市)、区所辖乡镇、办事处

(2001年底)

县(市)区	乡镇	街道办事处
中原区	须水镇 石佛镇 沟赵乡 大岗刘乡 中原乡	林山寨 桐柏路 绿东村 棉纺路 三官庙 建设路 秦岭路 汝河路
二七区	马寨镇 齐礼阎乡 侯寨乡	大学路 五里堡 德化街 解放路 铭功路 一马路 蜜蜂张 福华街 建中街 淮河路
管城区	十八里河镇 东城乡 南曹乡 圃田乡	北下街 陇海马路 城东路 南关 二里岗 东大街 西大街 紫荆山南路
金水区	柳林镇 祭城镇 庙李镇 姚桥乡	花园路 经八路 文化路 人民路 南阳路 南阳新村 大石桥 杜岭 丰产路
邙山区	老鸦陈镇 古荥镇 花园口镇 毛庄镇	刘寨
上街区	聂寨乡	济源路 新安西路 矿山街
中牟县	城关镇 白沙镇 韩寺镇 官渡镇 郑庵镇 狼城岗镇 谢庄镇 万滩镇 张庄镇 黄店镇 东漳乡 刘集乡 大孟乡 芦医庙乡 八岗乡 刁家乡 三官庙乡 冯堂乡 姚家乡 仓砦乡	
巩义市	米河镇 新中镇 小关镇 竹林镇 大峪沟镇 河洛镇 站街镇 南河渡镇 康店镇 孝义镇 北山口镇 鲁庄镇 芝田镇 西村镇 回郭镇 夹津口镇 涉村镇 桃园镇	
荥阳市	豫龙镇 广武镇 王村镇 汜水镇 高阳镇 刘河镇 崔庙镇 贾峪镇 峡窝镇 乔楼镇 高村乡 北邙乡 庙子乡 城关乡 金寨回族乡	溹河 京城
新密市	城关镇 米村镇 平陌镇 超化镇 苟堂镇 大隗镇 刘寨镇 岳村镇 来集镇 白寨镇 关口镇 牛店镇 袁庄乡 尖山乡 曲梁乡	新华路 青屏街 西大街
新郑市	辛店镇 观音寺镇 梨河镇 和庄镇 薛店镇 孟庄镇 龙湖镇 郭店镇 新村镇 城关乡 八千乡 龙王乡 千户寨乡	新建路 新华路 新烟
登封市	颍阳镇 大金店镇 卢店镇 告城镇 大冶镇 宣化镇 君召乡 石道乡 送表乡 东金店乡 白坪乡 唐庄乡 徐庄乡	少林 中岳 嵩阳

1-4 人口基本情况

(2001 年底)

县(市)区	总户数(户)	总人口(人)	#女性	#非农业人口	#城镇人口
总 计	**1875943**	**6769744**	**3275518**	**2339796**	**3758933**
市辖区	**822251**	**2674809**	**1294912**	**1670356**	**2584505**
中原区	188208	596620	287528	388400	596620
二七区	171343	572285	273637	380283	572285
管城区	106244	360169	176900	199497	360169
金水区	288037	914259	443814	609555	914259
上街区	27692	78341	37997	67233	78341
邙山区	40727	153135	75036	25388	62831
县(市)	**1053692**	**4094935**	**1980606**	**669440**	**1174428**
中牟县	167015	677310	325820	62922	99564
巩义市	199986	781945	384326	133400	260309
荥阳市	175435	621816	304811	88920	183493
新密市	189073	781624	376665	163446	220653
新郑市	169111	613873	296557	148741	253591
登封市	153072	618367	292427	72011	156818

1-5 人口自然变动情况

(2001 年)

县(市)区	年平均人口(人)	出生人口(人)	死亡人口(人)	出生率(‰)	死亡率(‰)	自然增长率(‰)
总 计	**6724894**	**70073**	**32544**	**10.42**	**4.84**	**5.58**
市辖区	**2639684**	**27088**	**10228**	**10.26**	**3.87**	**6.39**
中原区	588137	6222	2553	10.58	4.34	6.24
二七区	567341	5827	1848	10.27	3.26	7.01
管城区	354609	4432	1702	12.50	4.80	7.70
金水区	900224	8012	2971	8.90	3.30	5.60
上街区	77739	957	366	12.32	4.71	7.61
邙山区	151634	1638	788	10.80	5.20	5.60
县(市)	**4085210**	**41102**	**22316**	**9.92**	**5.46**	**4.46**
中牟县	675486	7325	3309	10.84	4.90	5.94
巩义市	779528	8263	4054	10.60	5.20	5.40
荥阳市	620975	5591	3614	9.00	5.82	3.18
新密市	780559	7095	4160	9.09	5.33	3.76
新郑市	611985	5624	3390	9.19	5.54	3.65
登封市	616677	7204	3789	11.68	6.14	5.54

1-6 国民经济和社会发展总量及速度指标

指　　标	单　位	1990	1995	2000	2001	2001比以下年度±%		
						1990	1995	2000
人口与面积								
人口	万人	557.8	600.3	665.9	677.0			1.3
建城区面积	平方公里	112.0	108.3	133.2	142.4	27.1	31.5	6.9
就业								
年末从业人员	万人	317.8	309.9	356.4	357.1	12.4	15.2	2.0
#城镇从业人员	万人	87.3	118.5	112.7	110.9	27.0	-6.4	-2.0
城镇失业人数	万人			2.2	2.4			9.1
宏观经济								
国民经济核算								
国内生产总值	亿元	116.4	389.9	738.0	828.2	290.4	95.2	10.9
第一产业	亿元	14.4	28.5	42.4	45.3	90.6	51.5	5.3
第二产业	亿元	62.5	208.4	363.1	404.8	286.4	94.6	10.0
第三产业	亿元	39.5	153.0	332.5	378.1	359.2	104.3	12.7
固定资产投资								
全社会固定资产投资额	亿元	26.9	165.6	258.4	295.7	999.3	78.6	14.4
#国有单位	亿元	15.5	83.8	93.5	102.3	560.0	22.1	9.4
集体单位	亿元	3.4	34.1	71.4	73.9	2073.5	116.7	3.5
财政								
地方财政收入	亿元	10.5	17.1	46.0	55.9	432.4	226.9	21.5
地方财政支出	亿元	6.5	17.8	51.1	63.0	869.2	253.9	23.8
价格总指数								
商品零售价格指数	以上年为100	100.8	110.4	99.1	99.4			
居民消费价格指数	以上年为100	101.8	114.5	99.0	100.7			
外商投资								
利用外资								
合同利用外资	万美元	1132	21086	12860	16702	1375.4	-20.8	29.9
实际利用外资额	万美元	768	15020	9211	7140	829.7	-52.5	-22.5
产业								
农业								
耕地面积	千公顷	474.4	300.6	292.1	289.9	-38.9	-3.6	-0.7
农林牧渔业总产值	亿元	24.6	51.5	73.2	78.7	90.4	43.9	5.6
粮食总产量	万吨	154.2	140.1	158.7	149.9	-2.8	7.0	-5.6
工业								

1-6 续表 1

指　　标	单 位	1990	1995	2000	2001	2001 比以下年度 ± %		
						1990	1995	2000
工业总产值	亿元	174.4	647.9	1005.3	1112.8	334.9	82.9	10.6
工业增加值	亿元	56.5	171.4	309.9	344.7	272.9	95.4	11.2
规模以上工业								
资产	亿元	142.3	470.3	749.8	808.3	468.0	71.9	7.8
固定资产原值	亿元	79.7	267.0	462.4	479.3	501.4	79.5	3.7
流动资产平均余额	亿元	60.7	204.2	318.9	354.6	484.2	73.7	11.2
负债	亿元	89.6	328.6	477.5	524.6	484.2	59.3	9.6
销售收入	亿元	104.6	307.8	530.9	601.1	474.7	95.3	13.2
利税总额	亿元	18.7	37.9	67.2	68.8	267.9	81.5	2.4
建筑业								
建筑业总产值	亿元	12.7	45.5	106.0	133.7	952.8	193.8	26.1
施工房屋面积	万平方米	325	805	1217	1467	351.4	82.2	20.5
竣工房屋面积	万平方米	148	306	440	517.0	249.3	68.9	17.5
交通运输								
旅客周转量	万人公里	692608	919575	1251110	1430299	106.5	55.5	14.3
# 铁路	万人公里	459610	530312	600322	668973	45.6	26.1	11.4
公路	万人公里	232998	320990	563182	602041	158.4	87.6	6.9
航空	万人公里	10160	68273	87606	159285	1467.8	133.3	81.8
货物周转量	万吨公里	1962388	2129167	2265025	2526769	28.8	18.7	11.6
# 铁路	万吨公里	1815643	1818869	1562387	1808313	-0.5	-0.6	15.7
公路	万吨公里	146745	308831	701350	716078	387.9	131.9	2.1
航空	万吨公里	150	574	1281	2369	1479.3	312.7	84.9
邮电通讯								
邮电业务总量	万元			423689	364387			16.0
电话交换机部数	万门	5.6	51.2	204.1	212.0	3685.7	314.1	3.9
电话机部数	万部	10.6	51.9	204.5	287.3	2610.4	453.6	40.5
国内商业								
社会消费品零售总额	亿元	47.4	164.1	345.6	386.5	715.4	135.5	11.8
批零贸易企业销售额	亿元	44.9	401.0	437.4	492.5	996.9	22.8	12.3
对外贸易和旅游								

1-6 续表 2

指　　标	单 位	1990	1995	2000	2001	2001 比以下年度 ± %		
						1990	1995	2000
直接进出口总值	万美元		16129	19216	24368		51.1	26.8
#直接出口总值	万美元	1119	13072	12313	16855	1406.3	28.9	36.9
接待境外旅游人数	人	41346	62000	81004	89500	116.5	44.4	10.5
金融								
金融机构各项存款	亿元	86.3	464.4	1215.4	1627.3	1785.7	250.4	23.6
金融机构各项贷款	亿元	87.0	373.7	881.9	1256.8	1344.6	226.3	26.3
教育								
在校学生数	万人	84.4	114.9	139.7	154.3	82.8	34.3	10.5
专任教师数	人	62221	58969	71350	75391	21.2	27.8	5.7
人民生活								
城市居民人均可支配收入	元	1496	4535	6458	7266	385.7	60.2	12.5
农村居民人均纯收入	元	692	1555	2912	3155	355.9	102.9	8.3
城市居民人均居住面积	平方米	7.6	7.92	9.52	10.35	36.2	30.7	8.7
农村居民人均居住面积	平方米	21.5	23.8	35.4	36.7	70.7	54.2	3.7
城乡居民储蓄余额	亿元	56.1	254.2	565.8	692.8	1134.9	172.5	20.6
工资								
在岗职工年平均工资	元			9017	10398			15.3
卫生								
医疗机构数	个	935	879	688	682	-27.1	-22.4	-0.9
卫生技术人员	个	28410	30590	31137	30451	7.2	-0.5	-2.2
医疗床位数	张	20937	22122	24472	25791	26.4	16.6	5.4
市政建设								
自来水供水量	万吨	23037	32506	28783	28375	24.7	-12.7	-0.2
城市集中供热面积	万平方米		851	1383	1430		68.0	34.0
用气人口	万人	59.48	107.9	149.2	198.1	233.1	83.6	32.8
城市道路长度	公里	428	563	684	804	87.9	42.8	17.5
公共汽(电)车总数	辆	404	728	1342	1683	316.6	113.2	25.4

注:1.1990 年城市居民人均可支配收入以人均生活费收入代替;2.直接进出口总值、直接出口总值统计范围不包括国家部委及省属进出口公司,2001、2000 年为海关数,1995、1990 年为业务统计数;3.2001 年邮电业务总量按 2000 年可比价格计算,2000 年按 1990 年可比价格计算。

1-7 国民经济和社会发展比例和效益指标

指 标	单 位	1985	1990	1995	2000	2001 年
就业						
每一就业者负担人口	人	**1.75**	**1.66**	**1.85**	**1.9**	**2.08**
三次产业从业者比例						
第一产业	%		50.1	40.4	41.9	42.0
第二产业	%		31.3	32.3	27.0	28.2
第三产业	%		18.6	27.3	31.1	29.8
城镇登记失业率	%				2.0	2.1
宏观经济						
国民经济核算						
三次产业增加值比例						
第一产业	%	15.9	12.4	7.3	5.7	5.5
第二产业	%	59.0	53.7	53.5	49.2	48.9
第三产业	%	25.1	33.9	39.2	45.1	45.6
人均国内生产总值	元	1031	2118	6559	11481	12335
固定资产投资						
全社会固定资产占 GDP 比例	%	30.6	23.1	42.5	35.0	35.7
财政						
地方财政收入占 GDP 比例	%	12.1	9.0	4.4	6.2	6.8
产业						
农业						
人均耕地面积	亩	1.36	1.18	1.11	1.04	1.00
每公顷耕地施用化肥折纯量	千克	207.1	310.0	476.3	837.2	715.4
每公顷播种面积粮食产量	千克	2895	3555	3377	3957	3892
机耕地占耕地比重	%	65	66.6	72.1	82.4	80.1
工业						
主要独立核算工业						

1-7 续表

指 标	单 位	1985	1990	1995	2000	2001
产品销售率	%	96.1	96.6	96.4	97.4	97.0
总资产贡献率	%	31.3	30.1	12.8	11.2	10.8
增加值率	%	33.8	32.4	27.5	33.0	32.8
流动资产周转次数	次	2.4	2.1	1.5	1.7	1.7
成本费用利润率	%	11.2	5.8	3.3	5.2	4.6
资产负债率	%	57.0	63.0	69.9	63.7	64.9
资本增值保值率	%	133.6	132.3	132.9	105.8	105.6
建筑业						
产值利税率	%		7.39	4.84	3.27	3.61
全员劳动生产率	元/人		12902	28440	60305	75006
邮电通讯业						
每百人拥有电话机	部		3.1	8.7	31.3	42.8
教育						
适龄儿童入学率	%	98.0	99.4	99.71	99.95	99.95
学校教师负担人数	人	16.01	13.56	19.48	17.2	14.9
卫生						
每万人拥有医疗机构数	个	2.1	1.68	1.46	1.05	1.02
每万人拥有卫生技术人员	人				48.58	45.35
每万人拥有医院床位数	张	33.93	37.53	36.85	37.42	38.41
市政建设						
城市自来水普及率	%			97.6	100	100
城市用气普及率	%	8.0	45.6	81.0	97.5	86.8
人均公共绿地面积	平方米	2.3	2.6	3.2	4.6	4.7
城市化水平	%	25.7	26.6	31.5	34.4	34.6

注：按2000年人口普查界定的城镇人口占总人口的比重2000年为55.07%，2001年为55.53%。

1-8　主要指标年人均水平

指　　标	计量单位	2000年	2001年
国内生产总值	元	11481	12335
地方财政收入	元	716	833
社会消费品零售总额	元	5377	5757
在岗职工平均工资	元	9017	10398
城镇居民可支配收入	元	6458	7266
农民人均纯收入	元	2912	3155
城乡居民储蓄存款余额	元	8802	10318
市区居民居住面积	平方米	9.52	10.35
城市生活用电量	千瓦时	594	520
城市生活用水量	吨	73	50
市区公共绿地面积	平方米	4.6	4.7
市区每万人拥有公交车辆	辆	4.8	6.7
每万人拥有医疗床位数	张	37.4	38.4
每万人拥有卫生技术人员	人	48.58	45.35
每百人拥有电话	部	31	42.8

1-9　郑州一日

指　　标	计量单位	2000年	2001年
国内生产总值	万元	20220	22690
第一产业	万元	1161	1241
第二产业	万元	9949	11090
第三产业	万元	9110	10359
粮食总产量	吨	4348	4106
全社会固定资产投资	万元	7079	8100
社会消费品零售总额	万元	9469	10589
地方财政收入	万元	1260	1532
货运量	万吨	43.2	46.3
客运量	万人	35.6	37.8
邮电业务总量	万元	1161	998.3
出口总值	万美元	33.7	180.1
自来水供水量	万吨	78.9	77.7
售电量	万千瓦小时	2156	2499
接待境外人数	人次	222	245

1-10　主要经济指标占全省比重

（2001 年）

指　　标	单　位	全　国	全　省	郑州占全省比重(%)
城镇从业人员	万人	23940	859	12.3
国内生产总值	亿元	95933	5645	14.7
农业增加值	亿元	14610	1234	3.5
主要工业增加值	亿元	26950	1270	16.5
货运周转量	亿吨公里	46304	1599	15.8
客运周转量	亿人公里	13000	774	18.5
全社会固定资产投资	亿元	36898	1628	18.2
社会消费品零售总额	亿元	37595	1980	19.5
地方财政收入	亿元	7793	267.7	19.4
直接出口总额	亿美元	2662	17.2	38.3
城乡居民储蓄余额	亿元	73762	3635	19.1
城镇居民人均可支配收入	元	6860	5267	
农民人均纯收入	元	2316	2098	

1-11 社会总产出

（2001 年）

单位:万元

	全市	中原区	二七区	管城区	金水区	上街区	邙山区
总产出	**21302163**	**505878**	**390766**	**350640**	**562348**	**271903**	**204588**
第一产业	**787345**	**23255**	**13217**	**19145**	**34035**	**1616**	**34758**
农业	787345	23255	13217	19145	34035	1616	34758
第二产业	**14071197**	**323246**	**233530**	**232570**	**322838**	**182317**	**117600**
工业	11943431	265779	168110	159745	221626	155168	74987
建筑业	2127766	57467	65420	72825	101212	27149	42613
第三产业	**6443621**	**159377**	**144019**	**98925**	**205475**	**87970**	**52230**
农林牧渔服务业	9793					65	
地质勘探业、水利管理业	50201					56	
交通运输仓储邮电通讯业	1463276	23875	18820	10550	12127	24305	5079
批发和零售贸易业餐饮业	1931585	80262	86322	64968	131583	28861	20539
金融保险业	737374					7466	
房地产业	370614	10152	18895	6713	6803	11559	7994
社会服务业	445500	25745	2374	674	28343	5174	2952
卫生体育社会福利事业	220584	2908	4847	2345	4009	2153	3100
教育文艺广播电影电视	521726	7257	5783	5070	10715	1631	3883
科学研究和综合技术服务业	136281	678			125		
国家政党机关、社会团体	528958	8154	6272	8605	11770	5932	8683
其他	27729	346	706			768	

1-11 续表 (2001年) 单位:万元

	中牟县	巩义市	荥阳市	新密市	新郑市	登封市
总产出	**1042301**	**3220494**	**2008273**	**2004486**	**2476177**	**1271946**
第一产业	**232145**	**59048**	**120481**	**70755**	**111687**	**72885**
农业	232145	59048	120481	70755	111687	72885
第二产业	**527468**	**2666640**	**1517726**	**1526127**	**1889766**	**919002**
工业	464684	2550969	1389861	1387993	1732570	809858
建筑业	62784	115671	127865	138134	157196	109144
第三产业	**282688**	**494806**	**370066**	**407604**	**474724**	**280059**
农林牧渔服务业	842	367	1227	1308	1687	291
地质勘探业、水利管理业	4132	327	3727	595	1175	
交通运输仓储邮电通讯业	104225	191939	122493	205671	212376	77896
批发和零售贸易业餐饮业	104350	153448	141054	90597	121401	100483
金融保险业	8389	15902	5601	11874	28753	5102
房地产业	16370	26231	19414	25714	17165	23732
社会服务业	3215	31301	9324	8968	17108	28386
卫生体育社会福利事业	7035	21441	11930	11887	13145	8075
教育文艺广播电影电视	15044	22670	16422	19911	22171	12796
科学研究和综合技术服务业	933	911	494	1006	1655	17
国家政党机关、社会团体	18153	24721	30049	28724	38088	22885
其他		5548	8331	1349		396

1-12 国内生产总值

（2001 年）

单位:万元

	全市	中原区	二七区	管城区	金水区	上街区	邙山区
国内生产总值	**8281974**	**171614**	**139679**	**121525**	**190514**	**91493**	**70302**
第一产业	**453140**	**13508**	**7173**	**10539**	**19564**	**894**	**18933**
农业	453140	13508	7173	10539	19564	894	18933
第二产业	**4047805**	**84053**	**63871**	**67522**	**78296**	**49479**	**28598**
工业	3426895	68041	44244	47859	54511	42203	19718
建筑业	620910	16012	19627	19663	23785	7276	8880
第三产业	**3781029**	**74053**	**68635**	**43464**	**92654**	**41120**	**22771**
农林牧渔服务业	5788					38	
地质勘探业、水利管理业	28515					39	
交通运输仓储邮电通讯业	937304	6525	5915	5012	4326	14939	2086
批发和零售贸易业餐饮业	1032262	34774	36457	25116	52247	7733	6875
金融保险业	448941					5204	
房地产业	324785	5333	15116	6507	6460	4786	6522
社会服务业	274619	16555	1160	360	15026	2400	1366
卫生体育社会福利事业	93017	989	2721	497	1972	1030	877
教育文艺广播电影电视	308699	5438	3285	2358	6220	1070	2327
科学研究和综合技术服务业	60358	358			55		
国家政党机关、社会团体	254179	3846	3583	3614	6348	3470	2716
其他	12562	235	398			411	

1-12 续表 (2001年) 单位:万元

	中牟县	巩义市	荥阳市	新密市	新郑市	登封市
国内生产总值	**454322**	**1107802**	**713717**	**766849**	**845243**	**512803**
第一产业	**133251**	**34457**	**69900**	**42084**	**64752**	**40022**
农业	133251	34457	69900	42084	64752	40022
第二产业	**167005**	**796670**	**425798**	**471545**	**553120**	**313582**
工业	147949	760325	385988	428661	511307	280729
建筑业	19056	36345	39810	42884	41813	32853
第三产业	**154066**	**276675**	**218019**	**253220**	**227371**	**159199**
农林牧渔服务业	463	201	736	748	1012	157
地质勘探业、水利管理业	2314	179	2087	325	646	
交通运输仓储邮电通讯业	55031	106324	81392	724466	73427	46258
批发和零售贸易业餐饮业	49091	72102	65372	49511	58798	43373
金融保险业	2282	9208	3189	8510	21191	3857
房地产业	16054	25792	18709	24572	16870	23732
社会服务业	1738	17200	5158	4888	9167	17931
卫生体育社会福利事业	4080	11702	6513	6138	7400	3691
教育文艺广播电影电视	11585	13125	12068	13888	15653	8504
科学研究和综合技术服务业	318	537	237	510	693	11
国家政党机关、社会团体	11110	17309	17826	18840	22514	11471
其他		2996	4732	814		214

1-13 各区国内生产总值

（2001 年）

单位：万元

	中原区	二七区	管城区	金水区	邙山区	上街区
国内生产总值	**881468**	**799446**	**545378**	**1282626**	**116393**	**196961**
第一产业	**13508**	**7173**	**10539**	**19564**	**18933**	**894**
农业	13508	7173	10539	19564	18933	894
第二产业	**453370**	**170680**	**258814**	**225418**	**47686**	**148704**
工业	363559	90169	205019	93994	25891	130016
#限额以上工业	314713	82247	199451	77681	16018	118365
限额以下工业	48846	7922	5568	16313	9873	11651
建筑业	89811	80511	53795	131424	21795	18688
第三产业	**414590**	**621593**	**276025**	**1037644**	**49774**	**47363**
农林牧渔服务业						38
地质勘查、水利管理业	9566	1010	2010	9989	389	
交通、邮电、仓储业	84282	140405	74703	102521	8736	17225
#交通运输业仓储业	17488	64078	16331	25416	4404	6658
邮电通信业	66794	76327	58372	77105	4332	10567
批发贸易餐饮业	75859	227019	44278	328270	10856	7733
金融保险业	90253	89146	68224	144120	2729	5204
房地产业	23081	32093	22866	97307	11628	4786
社会服务业	37500	32478	14057	123132	5308	2400
卫生体育社会福服业	4944	15499	3221	27503	1207	1030
文教广电业	51591	56025	41924	78421	4267	1070
科研和综合技术服务	7703	8460	61	37126	1000	2415
机关	29576	19060	4681	89255	3654	5051
其他	235	398				411

注：按地域原则计算

1-14 全市法人单位数(按地域划分)

(2001 年底)　　单位:个

行　业	全市	中原区	二七区	管城区	金水区	上街区	邙山区	中牟县	巩义市	荥阳市	新密市	新郑市	登封市
总　计	**28596**	**3512**	**2236**	**1631**	**6231**	**454**	**598**	**1832**	**3015**	**2177**	**3189**	**2104**	**1617**
农、林、牧、渔业	802	52	28	25	67	4	41	132	112	120	30	99	92
采掘业	721	2	7	2				1	89	42	306	37	235
制造业	7627	1145	365	362	670	134	209	225	1377	687	1190	915	348
电力、煤气及水的生产和供应业	60	11	2		4	1	3	4	13	8	4	5	5
建筑业	674	133	77	40	262	9	11	11	20	19	30	54	8
地质勘查业、水利管理业	115	16	10	1	20		6	5	19	23	9	3	3
交通运输、仓储及邮电通信业	337	23	59	38	67	8	11	28	19	13	29	33	9
批发和零售贸易、餐饮业	5134	615	681	597	2191	98	61	85	185	162	180	184	95
金融、保险业	319	19	14	10	96	7	5	33	34	23	29	24	25
房地产业	522	105	66	52	243	7	7	9	10	4	8	9	2
社会服务业	2624	382	368	167	1239	48	56	37	74	87	87	50	29
卫生、体育和社会福利业	2067	77	80	39	151	10	53	420	349	361	334	48	145
教育、文化艺术及广播电影电视业	2369	282	133	79	381	30	39	290	188	172	492	102	181
科学研究和综合技术服务业	587	126	78	16	277	14	10	7	18	10	19	8	4
国家机关、政党机关和社会团体	4321	444	248	194	486	77	82	539	465	406	426	524	430
其他行业	317	80	20	9	77	7	4	6	43	40	16	9	6

1-15 全市个体经营单位户数

(2001 年底)　　单位:个

县(市)区	个数	#二产	#三产
全市	**224329**	**39586**	**184743**
中原区	18937	1931	17006
二七区	20017	664	19353
管城区	15669	974	14695
金水区	29030	2235	26795
上街区	2739	48	2691
邙山区	5058	498	4560
中牟县	14486	5391	9095
巩义市	28148	6081	22067
荥阳市	23182	5877	17305
新密市	27013	5428	21585
新郑市	21752	7047	14705
登封市	18298	3412	14886

主要统计指标解释

国内生产总值 是按市场价格计算的国内生产总值的简称。它是一个国家(地区)所有常住单位在一定时期内生产活动的最终成果。国内生产总值有三种表现形态,即价值形态、收入形态和产品形态。从价值形态看,它是所有常住单位在一定时期内所生产的全部货物和服务价值超过同期投入的全部非固定资产货物和服务价值的差额,即所有常住单位的增加值之和;从收入形态看,它是所有常住单位在一定时期内所创造并分配给常住单位和非常住单位的初次分配收入之和;从产品形态看,它是最终使用的货物和服务减去进口货物和服务。在实际核算中,国内生产总值的三种表现形态表现为三种计算方法,即生产法、收入法和支出法。三种方法分别从不同的方面反映国内生产总值及其构成。

平均每年增长速度 在我国计算平均增长速度有两种方法,一种是习惯上经常使用的"水平法",又称几何平均法,是以间隔期最后一年的水平同基期水平对比来计算平均每年增长(或下降)速度。另一种是"累计法",又称代数平均法或方程法,是以间隔期内各年水平的总和同基期水平对比来计算平均每年增长(或下降)速度。

在一般正常情况下,两种方法计算的平均每年增长速度比较接近,但在经济发展不平衡,出现大起大落时,两种方法计算的结果差别较大。

本《年鉴》内所列的平均每年增长速度,除固定资产投资是用"累计法"计算以外,其余均用"水平法"计算。

企业(单位)登记注册类型:是以在工商行政管理机关登记注册的具有法人资格的各类企业为划分对象。行政机关、事业单位和社会团体及其他经济组织参照执行。

本项以工商行政管理部门对企业(单位)登记注册的类型为依据,将企业(单位)登记注册类型分为以下几种:

(1)国有企业是指企业全部资产归国家所有,并按《中华人民共和国企业法人登记管理条例》规定登记注册的非公司制的经济组织。不包括有限责任公司中的国有独资公司。

(2)集体企业是指企业资产归集体所有,并按《中华人民共和国企业法人登记管理条例》规定登记注册的经济组织。

(3)股份合作企业是指以合作制为基础,由企业职工共同出资入股,吸收一定比例的社会资产投资组建,实行自主经营,自负盈亏,共同劳动,民主管理,按劳分配与按股分红相结合的一种集体经济组织。

(4)联营企业是指两个及两个以上相同或不同所有制性质的企业法人或事业单位法人,按自愿、平等、互利的原则,共同投资组成的经济组织。

联营企业包括国有联营企业、集体联营企业、国有与集体联营企业和其他联营企业。

(5)有限责任公司是指根据《中华人民共和国登记管理条例》规定登记注册,由两个以上,五十个以下的股东共同出资,每个股东以其所认缴的出资额对公司承担有限责任,公司以其全部资产对其债务承担责任的经济组织。

有限责任公司包括国有独资公司以及其他有限责任公司。

①国有独资公司是指国家授权的投资机构或者国家授权的部门单独投资设立的有限责任公司。

②其他有限责任公司是指国有独资公司以外的其他有限责任公司。

(6)股份有限公司是指根据《中华人民共和国登记管理条例》规定登记注册,其全部注册资本由等额股份构成并通过发行股票筹集资本,股东以其认购的股份对公司承担有限责任,公司以其全部资产对其债务承担责任的经济组织。

(7)私营企业是指由自然人投资设立或由自然人控股,以雇佣劳动为基础的营利性经济组织。包括按照《公司法》、《合伙企业法》、《私营企业暂行条件》规定登记注册的私营有限责任公司、私营股份有限公司、私营合伙企业和私营独资企业。

①私营独资企业是指按《私营企业暂行条例》的规定,由一名自然人投资经营,以雇佣劳动为基础,投资者对企业债务承担无限责任的企业。

②私营合伙企业是指按《合伙企业法》或《私营企业暂行条例》的规定,由两个以上自然人按照协议共同投资、共同经营、共负盈亏,以雇佣劳动为基础,对债务承担无限责任的企业。

③私营有限责任公司是指按《公司法》、《私营企业暂行条例》的规定,由两个以上自然人投资或由单个

自然人控股的有限责任公司。

④私营股份有限公司是指按《公司法》的规定,由五个以上自然人投资,或由单个自然人控股的有限公司。

(8)其他内资企业是指上述第(1)条至第(7)条之外的其他内资经济组织。

(9)与港澳台商合资经营企业是指港澳台地区投资者与内地的企业依照《中华人民共和国中外合资经营企业法》及有关法律的规定,按合同规定的比例投资设立、分享利润和分担风险的企业。

(10)与港澳台商合作经营企业是指港澳台地区投资者与内地企业依照《中华人民共和国中外合作经营企业法》及有关法律的规定,依照合作合同的约定进行投资或提供条件设立、分配利润和分担风险的企业。

(11)港澳台商独资经营企业是指依照《中华人民共和国外资企业法》及有关法律的规定,在内地由港澳台地区投资者全额投资设立的企业。

(12)港澳台商投资股份有限公司是指根据国家有关规定,经外经贸部依法批准设立,其中港、澳、台商的股本占公司注册资本的比例达25%以上的股份有限公司。凡其中港、澳、台商的股本占公司注册资本的比例小于25%的,属于内资企业中的股份有限公司。

(13)中外合资经营企业是指外国企业或外国人与中国内地企业依照《中华人民共和国中外合资经营企业法》及有关法律的规定,按合同规定的比例投资设立、分享利润和分担风险的企业。

(14)中外合作经营企业是指外国企业或外国人与中国内地企业依照《中华人民共和国中外合作经营企业法》及有关法律的规定,依照合作合同的约定进行投资或提供条件设立、分配利润和分担风险的企业。

(15)外资企业是指依照《中华人民共和国外资企业法》及有关法律的规定,在中国内地由外国投资者全额投资设立的企业。

(16)外商投资股份有限公司是指根据国家有关规定,经外经贸部依法批准设立,其中外资的股本占公司注册资本的比例达25%以上的股份有限公司。凡其中外资股本占公司注册资本的比例小于25%的,属于内资企业中的股份有限公司。

机关、事业单位和社会团体参照《企业登记注册类型与代码》,主要按其经费来源和管理方式划分。具体规定如下:

(1)机关包括国家机关和政党机关,原则上均列为“国有”。但有特殊规定的,如供销社等,则列为“集体”。

(2)事业单位包括经国家机构编制部门和有关业务主管部门批准成立的各类事业单位,不包括实行企业化管理的事业单位。

(3)社会团体包括经民政部门批准成立以及未纳入社会团体管理条例范围的工会、妇联等各类社会团体。

三次产业 根据社会生产活动历史发展的顺序对产业结构的划分,产品直接取自自然界的部门称为第一产业,对初级产品进行再加工的部门称为第二产业。为生产和消费提供各种服务的部门称为第三产业。它是世界上通用的产业结构分类,但各国的划分不尽一致。我国的三次产业划分是:

第一产业:农业(包括种植业、林业、牧业和渔业)。

第二产业:工业(包括采掘工业、制造业、自来水、电力、蒸气、热水、煤气)和建筑业。

第三产业:除第一、第二产业以外的其他各业。由于第三产业包括的行业多、范围广,根据我国的实际情况,第三产业可分为两大部分;一是流通部门,二是服务部门。

总产出 总产出是指一定时期内一个国家(或地区)常住单位生产的所有货物和服务的价值,即包括新增价值,也包括转移价值。它反映常住单位生产活动的总规模。总产出按生产者价格计算。

增加值 增加值是指常住单位生产过程创造的新增价值和固定资产的转移价值。它可以按生产法计算,也可以按收入法计算,按生产法计算,它等于总产出减去中间投入;按收入法计算,它等于劳动者报酬、生产税净额、固定资产折旧和营业盈余之和。

二、从业人员和劳动工资

2-1 社会劳动者分布状况

（2001 年底）

项　目	社会劳动者总数（万人）	人　数（万人）			构　成（%）		
		第一产业	第二产业	第三产业	第一产业	第二产业	第三产业
总计	**357.1**	**144.9**	**100.3**	**111.9**	**40.6**	**28.1**	**31.3**
城镇	110.9	0.4	44.9	65.6	0.4	40.5	59.1
乡村	246.2	144.5	55.4	46.3	58.7	22.5	18.8

2-2 全市法人单位从业人员数(按地域划分)

（2001 年底）　　单位：人

行　业	全市	中原区	二七区	管城区	金水区	上街区	邙山区	中牟县	巩义市	荥阳市	新密市	新郑市	登封市
总　计	**1661712**	**249422**	**245254**	**98300**	**366572**	**39183**	**34145**	**60887**	**146371**	**88868**	**130849**	**97529**	**104332**
农、林、牧、渔业	10349	547	263	403	1637	98	587	2086	658	1028	556	1637	849
采掘业	134946	35525	361	17				518	13367	6745	31426	1916	45071
制造业	549309	107510	39728	39469	55449	26527	12624	23050	81268	39767	56143	47189	20585
电力、煤气及水的生产和供应业	35102	10015	2331		1044	39	569	635	8683	2060	1942	1639	6145
建筑业	180621	23734	22374	9127	74017	3545	11080	6520	3358	10987	4159	10309	1411
地质勘查业、水利管理业	9880	1470	517	408	5664		112	319	217	397	221	546	9
交通运输、仓储及邮电通信业	124707	1369	96622	7191	6888	748	437	1459	1809	1631	1869	3638	1046
批发和零售贸易、餐饮业	136028	14720	19020	12824	57089	2915	955	2762	6865	3314	6360	5083	4121
金融、保险业	32146	1718	1959	5495	15442	164	252	1055	1325	1090	1382	1171	1093
房地产业	22296	3884	2483	2929	10185	1023	218	237	418	171	129	524	95
社会服务业	89785	11487	16095	7172	40737	788	2366	1772	2719	1678	1935	1513	1523
卫生、体育和社会福利业	59768	3851	8129	2528	27694	506	829	2815	3482	3047	3096	1752	2039
教育、文化艺术及广播电影电视业	130378	14841	17430	4638	32492	642	2248	8247	11166	9366	11789	6596	10923
科学研究和综合技术服务业	26862	6585	4594	672	11294	1108	777	142	389	347	511	274	169
国家机关、政党机关和社会团体	105402	8764	11850	5192	22453	1018	1077	9173	7764	6616	8807	13628	9060
其他行业	14133	3402	1498	235	4487	62	14	97	2883	624	524	114	193

2-3 分企事业机关、分行业从业人员人数

（2001 年底）　　单位：人、%

类　别	合计	比上年增长	国有	比上年增长	城镇集体	比上年增长	其他经济类型	比上年增长
单位从业人员年末人数	**894247**	**－0.54**	**542266**	**－2.73**	**120518**	**－6.13**	**231463**	**8.55**
按企事业机关分								
企业	634811	－1.57	318371	－3.48	86234	－16.17	230206	8.5
事业	188039	2.87	152498	－2.38	34284	34.38	1257	18.81
机关	71397	－0.015	71397	－0.015				
按行业分								
农、林、牧、渔、水利业	3708	－15.23	3353	－11.74	67	－43.7	288	－36.84
采掘业	52435	－0.99	11516	－12.42			40919	2.78
制造业	223105	－0.5	88558	－1.06	33509	－0.14	101038	－0.12
电力、煤气及水的生产和供应业	30360	4.19	20283	－2.1			10077	19.68
建筑业	120887	10.29	74122	18.66	19489	－30.48	27276	42.69
地质勘探业、水利管理业	6413	2.31	6403	2.33	10	－9.1		
交通运输、仓储及邮电通信业	30659	－1.5	25938	－1.79	2786	8.74	1935	－10.08
批发和零售贸易、餐饮业	81250	－15.77	39349	－33.67	16552	－27.86	25349	78.63
金融、保险业	31423	－2.07	22577	4.98	4437	－28.72	4409	1.29
房地产业	8227	－10.68	1813	－9.4	389	2.37	6025	－11.79
社会服务业	52157	1.4	32607	0.39	8064	2.84	11486	3.31
卫生、体育和社会福利业	35063	2.1	33032	2.34	1830	－0.49	201	－11.45
教育、文化艺术和广播电影电视业	115113	6.88	82005	－2.31	31408	40.37	1700	22.48
科研和综合技术服务业	23777	－6.71	22644	－8.13	553	19.18	580	54.26
国家机关、党政机关和社会团体	74713	0.29	74713	0.29				
其他行业	4957	－51.28	3353	－25.49	1424	－30.13	180	－95.05

注：2－3 表至 2－22 表范围为中央和地方各类企业，事业和机关的资料，不包括私营企业、个体共商户和乡镇企业。

2-4 分企事业机关、分行业在岗职工人数

（2001年底） 单位：人、%

类　别	合计	比上年增长	国有	比上年增长	城镇集体	比上年增长	其他经济类型	比上年增长
在岗职工年末人数	**867484**	**-1.43**	**526221**	**-4**	**114502**	**-6.82**	**226761**	**8.49**
按企事业机关分								
企业	614721	-2.54	305068	-5.61	83779	-15.61	225874	8.45
事业	181967	1.96	150357	-2.44	30723	30.15	887	19.54
机关	70796	-0.07	70796	-0.07				
按行业分								
农、林、牧、渔、水利业	3679	-15.23	3337	-11.91	56	-44	286	-36.73
采掘业	52407	-0.97	11512	-12.4			40895	2.81
制造业	220897	-0.83	88176	-1.27	32350	-1.24	100371	-0.29
电力、煤气及水的生产和供应业	30088	3.29	20276	-2.12			9812	16.63
建筑业	112873	8.46	68103	12.74	18897	-29.46	25873	53.4
地质勘探业、水利管理业	6324	1.93	6320	1.92	4	33.33		
交通运输、仓储及邮电通信业	30516	-1.58	25850	-1.86	2774	8.44	1892	-10.25
批发和零售贸易、餐饮业	79616	-14.5	38782	-32.38	16399	-25.24	24435	76.63
金融、保险业	25934	-15.2	17255	-14.31	4272	-29.88	4407	1.26
房地产业	8059	-9.62	1804	-8.57	384	7.26	5871	-10.86
社会服务业	50842	0.74	32237	0.67	7846	3	10759	-0.65
卫生、体育和社会福利业	34232	1.74	32275	2.03	1771	-1.39	186	-13.89
教育、文化艺术和广播电影电视业	110263	5.73	81048	-2.05	27910	36.09	1305	26.33
科学研究和综合技术服务业	22830	-8.01	21866	-9.27	445	12.66	519	60.19
国家机关、党政机关和社会团体	74069	0.27	74069	0.27				
其他行业	4855	-51.18	3311	-24.99	1394	-29.42	150	-95.78

2-5 分企事业机关、分行业在岗职工工资总额

（2001年）

单位：千元、%

项　　目	合计	比上年增长	国有	比上年增长	城镇集体	比上年增长	其他经济类型	比上年增长
在岗职工年工资总额	**9004126**	**14.68**	**6366647**	**15.08**	**805966**	**5.27**	**1831513**	**17.87**
按企事业分								
企业	6030063	12.06	3661590	13.07	545547	－8.54	1822926	17.91
事业	2171407	24.39	1902401	21.27	260419	54	8587	10.27
机关	802656	10.71	802656	10.71				
按行业分								
农、林、牧、渔、水利业	33484	6.25	31156	8.22	297	－31.57	2031	－11.35
采掘业	411215	57.43	103361	24.9			307854	72.52
制造业	2175725	8.7	1165316	10.24	209787	5.9	800622	7.26
电力、煤气及水的生产和供应业	399398	13.64	309480	15.68			89918	7.2
建筑业	1035676	23.03	741809	35.18	124773	－19.88	169094	23.17
地质勘探业、水利管理业	80320	34.92	80304	34.92	16	60		
交通运输、仓储及邮电通信业	429994	28.42	367296	24.42	19395	4.05	43303	106.22
批发和零售贸易、餐饮业	534284	－13.43	310328	－22.43	90093	－22.34	133863	32.4
金融、保险业	419103	8.44	286907	16.59	39343	－27.05	92853	7.4
房地产业	78220	－3.68	14562	－8.2	2772	0.07	60886	－2.7
社会服务业	478419	13.89	316436	11.5	56428	23.2	105555	16.66
卫生、体育和社会福利业	468014	24.95	449289	26.44	17498	－1.53	1227	－14.73
教育、文化艺术和广播电影电视业	1256149	28.98	1010284	22.57	229609	65.9	16256	45.1
科研和综合技术服务业	301613	13.77	292748	12.55	2569	1.26	6296	155.2
国家机关、党政机关和社会团体	850255	11.83	850255	11.83				
其他行业	52257	－42.57	37116	－20.6	13386	－13.48	1755	－93.9

2-6　分企事业机关、分行业在岗职工平均工资

（2001 年）　　　　单位:元、%

项　　目	合计	比上年增长	国有	比上年增长	城镇集体	比上年增长	其他经济类型	比上年增长
在岗职工年平均工资	**10398**	**15.32**	**12136**	**19.7**	**7022**	**6.35**	**8084**	**8.79**
按企事业机关分								
企业	9792	13.56	11979	19.29	6460	0.83	8077	8.9
事业	12074	21.75	12797	24.4	8589	16.02	10020	-13.14
机关	11425	11.4	11425	11.4				
按行业分								
农、林、牧、渔、水利业	8999	23.07	9234	20.53	5121	18	7028	38.65
采掘业	7872	58	8827	41.98			7596	66.51
制造业	9784	8.09	13511	13	6335	3.67	7772	4.43
电力、煤气及水的生产和供应业	13266	10.35	15069	17.31			9397	-5.85
建筑业	9229	11.06	10702	16.97	6513	-3.98	7121	-4.8
地质勘探业、水利管理业	12711	33.48	12716	33.49	4000	20		
交通运输、仓储及邮电通信业	13978	28.38	14014	23.79	6984	-4.56	24382	147.43
批发和零售贸易、餐饮业	6626	-1.79	7802	11.8	5574	-3.26	5421	-24.86
金融、保险业	16168	30.66	16627	40.09	9194	3.62	21165	8.18
房地产业	9664	5	7957	-1.44	7238	-9.6	10353	7.74
社会服务业	9643	14.76	10107	13.72	7320	18.81	9964	17.03
卫生、体育和社会福利业	13845	23.19	14095	24.2	10039	1.64	6632	-0.45
教育、文化艺术和广播电影电视业	11549	21.11	12630	24.77	8341	19.17	13036	8.34
科研和综合技术服务业	13131	23.59	13296	24.02	5760	-7.59	12443	43.24
国家机关、党政机关和社会团体	11567	12.16	11567	12.16				
其他行业	10691	13.93	11133	4.58	9514	20.04	11939	39.13

2-7 全市及各县(市)区分企事业、机关从业人员人数

（2001 年底）

单位:人

类别	单位从业人员	#女性	#使用的农村劳动力	在岗职工合计	#专业技术人员	#女性	按用工期限分 长期职工	按用工期限分 临时职工	其他从业人员	#聘用的离退休人员	#聘用的港澳台和外籍人员	离开本单位仍保留劳动关系的职工	#内部退养职工
总计	**894247**	**342020**	**98319**	**867484**	**250156**	**110102**	**792216**	**75268**	**26763**	**4996**	**145**	**108574**	**27097**
市直	589665	222938	59130	571923	153726	64034	518767	53156	17742	3882	90	78958	22790
中原区	13750	5967	2412	13398	4098	2593	11542	1856	352	181	2	547	94
二七区	8839	4716	345	8809	839	425	8791	18	30	19		903	312
管城区	8874	4152	884	8762	3142	1744	7782	980	112	50	2	368	54
金水区	14569	6580	2869	14197	5403	3062	12251	1946	372	168	8	700	59
上街区	10161	4674	1418	10074	2186	1048	9040	1034	87	80		192	21
邙山区	10630	2963	4117	10544	2993	1340	8474	2070	86	71		233	49
中牟县	28499	11031	3318	27482	10808	4730	26409	1073	1017	22	1	1589	405
巩义市	57084	21895	5029	54119	14137	6690	50278	3841	2965	75		9102	440
荥阳市	40609	13910	7527	39740	13921	5749	36292	3448	869	197		4667	669
新密市	40157	16561	3309	39145	15985	8032	37711	1434	1012	53		4806	534
新郑市	37871	15568	3513	36597	11735	5578	33732	2865	1274	144	42	2883	1186
登封市	33539	11065	4448	32694	11183	5077	31147	1547	845	54		3626	484
企业	**634811**	**231036**	**93885**	**614721**	**125082**	**45442**	**546031**	**68690**	**20090**	**3438**	**94**	**104294**	**25849**
市直	472300	176472	57168	456442	98093	36789	407191	49251	15858	2832	80	76885	22289
中原区	6810	2020	2332	6596	1124	427	5127	1469	214	154	2	288	70
二七区	3203	1611	324	3174	800	399	3165	9	29	18		717	149
管城区	3034	1113	801	2958	641	192	2150	808	76	40	1	341	50
金水区	6487	1871	2818	6367	1636	456	4632	1735	120	112	8	642	8
上街区	7971	3701	1418	7893	1300	510	6965	928	78	71		192	21
邙山区	6993	1205	4108	6946	1087	226	4909	2037	47	35		226	43
中牟县	12458	4793	2921	11553	2029	698	10757	796	905	6	1	1246	270
巩义市	36833	12466	4749	36254	4008	1197	32782	3472	579	44		8959	426
荥阳市	22589	6205	7005	21915	4029	943	18991	2924	674	57		4318	627
新密市	18850	6520	3120	18388	4358	1224	16966	1422	462	12		4385	411
新郑市	20591	8461	2933	20348	3546	1411	17813	2535	243	26	2	2797	1141
登封市	16692	4598	4188	15887	2431	970	14583	1304	805	31		3298	344

（2001年底） 单位：人

类别	单位从业人员	#女性	#使用的农村劳动力	在岗职工合计	#专业技术人员		按用工期限分		其他从业人员	#聘用的离退休人员	#聘用的港澳台和外籍人员	离开本单位仍保留劳动关系的职工	#内部退养职工
						#女性	长期职工	临时职工					
事业	**188039**	**90332**	**3869**	**181967**	**120566**	**62999**	**176591**	**5376**	**6072**	**1457**	**51**	**3298**	**769**
市直	93923	40288	1786	92175	54695	26914	88797	3378	1748	1008	10	1888	399
中原区	4813	3164	75	4684	2755	2039	4433	251	129	25		228	2
二七区	3099	2102	20	3099			3091	8				130	127
管城区	3223	1930	47	3203	2305	1448	3164	39	20	7	1	8	
金水区	4908	3227	28	4844	3533	2495	4654	190	64	28		5	1
上街区	1438	771		1432	715	458	1349	83	6	6			
邙山区	2266	1300	8	2227	1822	1086	2213	14	39	36		1	
中牟县	11289	5056	263	11228	8158	3828	10971	257	61	14		164	56
巩义市	14521	8015	269	12255	9367	5261	11937	318	2266	28		125	12
荥阳市	12148	6028	503	12000	9279	4583	11617	383	148	131		292	39
新密市	14653	8243	175	14105	11323	6708	14093	12	548	39		219	76
新郑市	11514	5433	572	10501	8189	4167	10172	329	1013	114	40	39	3
登封市	10244	4775	123	10214	8425	4012	10100	114	30	21		199	54
机关	**71397**	**20652**	**565**	**70796**	**4508**	**1661**	**69594**	**1202**	**601**	**101**		**982**	**479**
市直	23442	6178	176	23306	938	331	22779	527	136	42		185	102
中原区	2127	783	5	2118	219	127	1982	136	9	2		31	22
二七区	2537	1003	1	2536	39	26	2535	1	1	1		56	36
管城区	2617	1109	36	2601	196	104	2468	133	16	3		19	4
金水区	3174	1482	23	2986	234	111	2965	21	188	28		53	50
上街区	752	202		749	171	80	726	23	3	3			
邙山区	1371	458	1	1371	84	28	1352	19				6	6
中牟县	4752	1182	134	4701	621	204	4681	20	51	2		179	79
巩义市	5730	1414	11	5610	762	232	5559	51	120	3		18	2
荥阳市	5872	1677	19	5825	613	223	5684	141	47	9		57	3
新密市	6654	1798	14	6652	304	100	6652		2	2		202	47
新郑市	5766	1674	8	5748			5747	1	18	4		47	42
登封市	6603	1692	137	6593	327	95	6464	129	10	2		129	86

2-8 全市及各县(市)区国有单位分企事业、机关从业人员人数

(2001 年底)

单位:人

类别	单位从业人员	#女性	#使用的农村劳动力	在岗职工合计	#专业技术人员	#女性	按用工期限分 长期职工	按用工期限分 临时职工	其他从业人员	#聘用的离退休人员	#聘用的港澳台和外籍人员	离开本单位仍保留劳动关系的职工	#内部退养职工
国有单位	**542266**	**204670**	**41678**	**526221**	**171009**	**78165**	**485596**	**40625**	**16045**	**2420**	**16**	**62196**	**17254**
市直	369863	135519	33339	356955	118395	51195	322468	34487	12908	2109	16	46247	14339
中原区	6577	3714	71	6505	2801	2022	6142	363	72	16		52	32
二七区	4461	2265	18	4460	41	27	4459	1	1	1		100	51
管城区	4550	2319	46	4533	1436	962	4389	144	17	4		20	4
金水区	7445	4171	135	7205	3078	2097	6980	225	240	48		119	55
上街区	4096	1905	20	4082	1305	668	3841	241	14	11		59	5
邙山区	3291	1452	71	3280	1048	572	3250	30	11	8		49	31
中牟县	20805	7914	1190	20288	7311	3364	19960	328	517	16		1427	374
巩义市	26911	9287	2145	26564	5648	2787	24829	1735	347	31		3623	145
荥阳市	20072	7624	1554	19509	6188	2804	18296	1213	563	81		1853	364
新密市	26026	10772	577	25592	9842	5108	24928	664	434	44		3607	362
新郑市	23737	9151	302	23622	6676	3089	23143	479	115	23		2142	1043
登封市	24432	8577	2210	23626	7240	3470	22911	715	806	28		2898	449
企业	**318371**	**112952**	**38198**	**305068**	**73523**	**27887**	**270750**	**34318**	**13303**	**1180**	**6**	**58575**	**16157**
市直	253217	89332	31404	242066	63088	24108	211450	30616	11151	1136	6	44255	13845
中原区	288	129	10	288	61	33	260	28				16	8
二七区	122	73		122	2	1	122					41	15
管城区	194	108		193	79	55	193		1	1			
金水区	390	122	87	388	119	39	374	14	2	2		61	4
上街区	1935	943	20	1930	441	141	1795	135	5	2		59	5
邙山区	602	287	65	602	23	11	602					43	25
中牟县	7870	2954	840	7428	1431	507	7330	98	442			1086	241
巩义市	15090	4857	2021	14977	1435	495	13581	1396	113	7		3540	137
荥阳市	7280	2599	1032	6829	1231	419	6136	693	451	14		1504	322
新密市	9730	3704	530	9394	2307	789	8737	657	336	3		3234	240
新郑市	10902	4307	239	10872	1783	688	10663	209	30	8		2056	998
登封市	10751	3537	1950	9979	1523	601	9507	472	772	7		2680	317

类别	单位从业人员	#女性	#使用的农村劳动力	在岗职工合计	#专业技术人员	#女性	按用工期限分：长期职工	按用工期限分：临时职工	其他从业人员	#聘用的离退休人员	#聘用的港澳台和外籍人员	离开本单位仍保留劳动关系的职工	#内部退养职工
事业	**152498**	**71066**	**2915**	**150357**	**92978**	**48617**	**145252**	**5105**	**2141**	**1139**	**10**	**2639**	**618**
市直	93204	40009	1759	91583	54369	26756	88239	3344	1621	931	10	1807	392
中原区	4162	2802	56	4099	2521	1862	3900	199	63	14		5	2
二七区	1802	1189	17	1802			1802					3	
管城区	1739	1102	10	1739	1161	803	1728	11				1	
金水区	3881	2567	25	3831	2725	1947	3641	190	50	18		5	1
上街区	1409	760		1403	693	447	1320	83	6	6			
邙山区	1318	707	5	1307	941	533	1296	11	11	8			
中牟县	8183	3778	216	8159	5259	2653	7949	210	24	14		162	54
巩义市	6091	3016	113	5977	3451	2060	5689	288	114	21		65	6
荥阳市	6920	3348	503	6855	4344	2162	6476	379	65	58		292	39
新密市	9642	5270	33	9546	7231	4219	9539	7	96	39		171	75
新郑市	7069	3170	55	7002	4893	2401	6733	269	67	11		39	3
登封市	7078	3348	123	7054	5390	2774	6940	114	24	19		89	46
机关	**71397**	**20652**	**565**	**70796**	**4508**	**1661**	**69594**	**1202**	**601**	**101**		**982**	**479**
市直	23442	6178	176	23306	938	331	22779	527	136	42		185	102
中原区	2127	783	5	2118	219	127	1982	136	9	2		31	22
二七区	2537	1003	1	2536	39	26	2535	1	1	1		56	36
管城区	2617	1109	36	2601	196	104	2468	133	16	3		19	4
金水区	3174	1482	23	2986	234	111	2965	21	188	28		53	50
上街区	752	202		749	171	80	726	23	3	3			
邙山区	1371	458	1	1371	84	28	1352	19				6	6
中牟县	4752	1182	134	4701	621	204	4681	20	51	2		179	79
巩义市	5730	1414	11	5610	762	232	5559	51	120	3		18	2
荥阳市	5872	1677	19	5825	613	223	5684	141	47	9		57	3
新密市	6654	1798	14	6652	304	100	6652		2	2		202	47
新郑市	5766	1674	8	5748			5747	1	18	4		47	42
登封市	6603	1692	137	6593	327	95	6464	129	10	2		129	86

2-9 全市及各县(市)区城镇集体单位分企事业从业人员人数

(2001 年底) 单位:人

类别	单位从业人员	#女性	#使用的农村劳动力	在岗职工合计	#专业技术人员	#女性	按用工期限分		其他从业人员	#聘用的离退休人员	#聘用的港澳台和外籍人员	离开本单位仍保留劳动关系的职工	#内部退养职工
							长期职工	临时职工					
城镇集体	**120518**	**51726**	**20501**	**114502**	**40979**	**18979**	**102658**	**11844**	**6016**	**987**	**5**	**17861**	**2546**
市直	44373	18623	2929	42893	5976	2560	38797	4096	1480	532	3	11218	1889
中原区	4432	1340	1774	4185	804	436	3109	1076	247	146		332	17
二七区	3745	2041	249	3731	670	316	3722	9	14	4		738	224
管城区	2612	1162	692	2565	1313	681	1948	617	47	28	1	311	50
金水区	3989	1654	1522	3931	1503	789	3181	750	58	54		521	4
上街区	4285	2311	844	4221	621	313	3963	258	64	64		133	16
邙山区	3909	935	1917	3879	1313	609	2830	1049	30	26		184	18
中牟县	5943	2431	973	5858	3289	1311	5179	679	85	6	1	114	24
巩义市	13403	7408	704	11056	6670	3513	10742	314	2347	9		1385	36
荥阳市	11898	3800	4601	11606	6545	2553	11372	234	292	102		1316	138
新密市	8611	4348	1303	8039	5160	2697	7517	522	572	3		592	5
新郑市	8254	3688	2271	7492	3638	1828	5735	1757	762	7		557	102
登封市	5064	1985	722	5046	3477	1373	4563	483	18	6		460	23
企业	**86234**	**32992**	**19657**	**83779**	**14069**	**4894**	**72143**	**11636**	**2455**	**787**	**4**	**17202**	**2395**
市直	43675	18350	2902	42322	5655	2404	38257	4065	1353	455	3	11137	1882
中原区	3781	978	1755	3600	570	259	2576	1024	181	135		109	17
二七区	2448	1128	246	2434	670	316	2433	1	14	4		611	97
管城区	1128	334	655	1101	169	36	512	589	27	21		304	50
金水区	2962	994	1519	2918	695	241	2168	750	44	44		521	4
上街区	4256	2300	844	4192	599	302	3934	258	64	64		133	16

类别	单位从业人员	#女性	#使用的农村劳动力	在岗职工合计	#专业技术人员	#女性	按用工期限分		其他从业人员	#聘用的离退休人员	#聘用的港澳台和外籍人员	离开本单位仍保留劳动关系的职工	#内部退养职工
							长期职工	临时职工					
邙山区	3048	408	1914	3034	492	94	1988	1046	14	10		183	18
中牟县	2837	1153	926	2789	390	136	2157	632	48	6	1	112	22
巩义市	5060	2432	551	4859	803	325	4573	286	201	8		1325	30
荥阳市	6907	1273	4601	6698	1797	217	6467	231	209	29		1316	138
新密市	3600	1375	1161	3480	1068	208	2963	517	120	3		544	4
新郑市	4634	1709	1861	4466	719	221	2712	1754	168	4		557	102
登封市	1898	558	722	1886	442	135	1403	483	12	4		350	15
事业	**34284**	**18734**	**844**	**30723**	**26910**	**14085**	**30515**	**208**	**3561**	**200**	**1**	**659**	**151**
市直	698	273	27	571	321	156	540	31	127	77		81	7
中原区	651	362	19	585	234	177	533	52	66	11		223	
二七区	1297	913	3	1297			1289	8				127	127
管城区	1484	828	37	1464	1144	645	1436	28	20	7	1	7	
金水区	1027	660	3	1013	808	548	1013		14	10			
上街区	29	11		29	22	11	29						
邙山区	861	527	3	845	821	515	842	3	16	16		1	
中牟县	3106	1278	47	3069	2899	1175	3022	47	37			2	2
巩义市	8343	4976	153	6197	5867	3188	6169	28	2146	1		60	6
荥阳市	4991	2527		4908	4748	2336	4905	3	83	73			
新密市	5011	2973	142	4559	4092	2489	4554	5	452			48	1
新郑市	3620	1979	410	3026	2919	1607	3023	3	594	3			
登封市	3166	1427		3160	3035	1238	3160		6	2		110	8

2-10 全市及各县(市)区其他单位分企事业从业人员人数

(2001年底)

单位:人

类别	单位从业人员	#女性	#使用的农村劳动力	在岗职工合计	#专业技术人员	#女性	按用工期限分		其他从业人员	#聘用的离退休人员	#聘用的港澳台和外籍人员	离开本单位仍保留劳动关系的职工	#内部退养职工
							长期职工	临时职工					
其他单位	**231463**	**85624**	**36140**	**226761**	**38168**	**12958**	**203962**	**22799**	**4702**	**1589**	**124**	**28517**	**7297**
市直	175429	68796	22862	172075	29355	10279	157502	14573	3354	1241	71	21493	6562
中原区	2741	913	567	2708	493	135	2291	417	33	19	2	163	45
二七区	633	410	78	618	128	82	610	8	15	14		65	37
管城区	1712	671	146	1664	393	101	1445	219	48	18	1	37	
金水区	3135	755	1212	3061	822	176	2090	971	74	66	8	60	
上街区	1780	458	554	1771	260	67	1236	535	9	5			
邙山区	3430	576	2129	3385	632	159	2394	991	45	37			
中牟县	1751	686	1155	1336	208	55	1270	66	415			48	7
巩义市	16770	5200	2180	16499	1819	390	14707	1792	271	35		4094	259
荥阳市	8639	2486	1372	8625	1188	392	6624	2001	14	14		1498	167
新密市	5520	1441	1429	5514	983	227	5266	248	6	6		607	167
新郑市	5880	2729	940	5483	1421	661	4854	629	397	114	42	184	41
登封市	4043	503	1516	4022	466	234	3673	349	21	20		268	12
企业	**230206**	**85092**	**36030**	**225874**	**37490**	**12661**	**203138**	**22736**	**4332**	**1471**	**84**	**28517**	**7297**
市直	175408	68790	22862	172054	29350	10277	157484	14570	3354	1241	71	21493	6562
中原区	2741	913	567	2708	493	135	2291	417	33	19	2	163	45
二七区	633	410	78	618	128	82	610	8	15	14		65	37
管城区	1712	671	146	1664	393	101	1445	219	48	18	1	37	
金水区	3135	755	1212	3061	822	176	2090	971	74	66	8	60	
上街区	1780	458	554	1771	260	67	1236	535	9	5			
邙山区	3343	510	2129	3310	572	121	2319	991	33	25			
中牟县	1751	686	1155	1336	208	55	1270	66	415			48	7
巩义市	16683	5177	2177	16418	1770	377	14628	1790	265	29		4094	259
荥阳市	8402	2333	1372	8388	1001	307	6388	2000	14	14		1498	167
新密市	5520	1441	1429	5514	983	227	5266	248	6	6		607	167
新郑市	5055	2445	833	5010	1044	502	4438	572	45	14	2	184	41
登封市	4043	503	1516	4022	466	234	3673	349	21	20		268	12
事业	**1257**	**532**	**110**	**887**	**678**	**297**	**824**	**63**	**370**	**118**	**40**		
市直	21	6		21	5	2	18	3					
邙山区	87	66		75	60	38	75		12	12			
巩义市	87	23	3	81	49	13	79	2	6	6			
荥阳市	237	153		237	187	85	236	1					
新郑市	825	284	107	473	377	159	416	57	352	100	40		

2-11 全市及各县(市)区分行业从业人员人数

(2001年底) 单位:人

行业	单位从业人员	#女性	#使用的农村劳动力	在岗职工合计	#专业技术人员	#女性	按用工期限分		其他从业人员	#聘用的离退休人员	#聘用的港澳台和外籍人员	离开本单位仍保留劳动关系的职工	#内部退养职工
							长期职工	临时职工					
农、林、牧、渔业	**3708**	**1140**	**259**	**3679**	**1154**	**336**	**3601**	**78**	**29**	**16**		**249**	**38**
市直	1295	400	36	1276	570	190	1252	24	19	7		141	29
中原区	50	42		50	8		20	30					
管城区	79	25		79	59	16	79						
金水区	143	44	50	143	29	5	143					47	3
上街区	46	20		46	7	1	46						
邙山区	211	72	26	209	24	8	209		2	2			
中牟县	1144	317	126	1144	168	34	1143	1				26	6
巩义市	77	18	1	76	21	5	76		1	1			
荥阳市	207	56	20	200	63	21	177	23	7	6		30	
新密市	224	75		224	109	34	224					5	
新郑市	232	71		232	96	22	232						
采掘业	**52435**	**12341**	**12412**	**52407**	**5411**	**1725**	**51358**	**1049**	**28**	**15**		**2752**	**111**
市直	35136	9880	7617	35136	4302	1560	35136						
巩义市	6766	1069	1680	6750	493	106	6517	233	16	3		1445	5
荥阳市	1564	231	252	1564	117	24	1564					201	66
新密市	4318	819	632	4316	422	32	3770	546	2	2		149	37
登封市	4651	342	2231	4641	77	3	4371	270	10	10		957	3
制造业	**223105**	**97108**	**20973**	**220897**	**36492**	**13475**	**210971**	**9926**	**2208**	**836**	**26**	**53150**	**12126**
市直	167773	73493	10893	166325	28717	10608	161538	4787	1448	557	17	38665	10725
中原区	2538	1113	263	2485	470	185	2142	343	53	37	2	187	63

行　业	单位从业人员	#女性	#使用的农村劳动力	在岗职工合计	#专业技术人员	#女性	按用工期限分：长期职工	按用工期限分：临时职工	其他从业人员	#聘用的离退休人员	#聘用的港澳台和外籍人员	离开本单位仍保留劳动关系的职工	#内部退养职工
二七区	2634	1306	296	2607	681	351	2599	8	27	16		631	123
管城区	1554	609	284	1496	294	62	1270	226	58	29		127	15
金水区	1978	842	333	1910	502	205	1611	299	68	64	4	545	4
上街区	4762	2409	852	4708	700	321	4537	171	54	52		43	
邙山区	842	322	338	820	129	47	645	175	22	15		30	11
中牟县	4319	2297	1732	4177	602	183	3621	556	142	3	1	778	99
巩义市	10548	4306	540	10380	710	178	10180	200	168	6		5767	257
荥阳市	7443	2906	1409	7418	908	282	6955	463	25	25		2316	273
新密市	5239	1846	852	5236	861	244	4637	599	3	3		2357	119
新郑市	11621	5235	2545	11571	1706	734	9592	1979	50	19	2	840	335
登封市	1854	424	636	1764	212	75	1644	120	90	10		864	102
电力、煤气及水的生产和供应业	**30360**	**10604**	**525**	**30088**	**6414**	**2269**	**29926**	**162**	**272**	**46**		**473**	**385**
市直	13908	4951	62	13870	3190	1179	13744	126	38	38		281	267
上街区	39	16		39	5	2	39						
中牟县	571	195	3	571	174	71	569	2				5	
巩义市	6762	2364		6535	914	287	6535		227	5		57	5
荥阳市	1677	601	76	1670	143	26	1670		7	3		47	47
新密市	1912	688	384	1912	796	218	1912					35	35
新郑市	1639	617		1639	450	184	1639					10	10
登封市	3852	1172		3852	742	302	3818	34				38	21

行业	单位从业人员	#女性	#使用的农村劳动力	在岗职工合计	#专业技术人员	#女性	按用工期限分 长期职工	按用工期限分 临时职工	其他从业人员	#聘用的离退休人员	#聘用的港澳台和外籍人员	离开本单位仍保留劳动关系的职工	#内部退养职工
建筑业	**120887**	**17028**	**50057**	**112873**	**23599**	**5223**	**71468**	**41405**	**8014**	**1037**	**4**	**13782**	**3887**
市直	93100	14639	32785	86075	17587	4388	54390	31685	7025	851	4	13377	3697
中原区	2628	208	2024	2495	392	129	1647	848	133	100		14	3
二七区	193	55		193	95	27	193						
管城区	590	47	492	584	119	13	81	503	6			44	35
金水区	3016	431	2392	2986	699	86	1589	1397	30	30			
上街区	533	134	131	521	145	36	343	178	12	12		16	16
邙山区	5162	414	3560	5155	804	120	3339	1816	7	2			
中牟县	2632	388	565	2214	537	177	2137	77	418	3		10	8
巩义市	2761	158	1789	2758	632	43	987	1771	3	3			
荥阳市	7181	285	4966	6974	1652	160	4722	2252	207	27		204	128
新密市	1052	35	789	1052	580	4	892	160				25	
新郑市	1469	194	192	1299	245	30	960	339	170	6			
登封市	570	40	372	567	112	10	188	379	3	3		92	
地质勘查业、水利管理业	**6413**	**1806**	**92**	**6324**	**2733**	**847**	**6262**	**62**	**89**	**62**		**849**	**155**
市直	5070	1428	51	4986	2333	715	4933	53	84	59		738	150
中牟县	533	128		533	79	21	531	2				17	
巩义市	57	21	2	57	33	15	56	1				13	3
荥阳市	291	75	38	291	48	17	291					54	
新密市	230	100		228	154	60	228		2	2		4	

2-11 续表 3 （2001 年底） 单位：人

行业	单位从业人员	#女性	#使用的农村劳动力	在岗职工合计	#专业技术人员	#女性	按用工期限分		其他从业人员	#聘用的离退休人员	#聘用的港澳台和外籍人员	离开本单位仍保留劳动关系的职工	#内部退养职工
							长期职工	临时职工					
新郑市	232	54	1	229	86	19	223	6	3	1		23	2
交通运输、仓储及邮电通信业	**30659**	**11680**	**342**	**30516**	**6820**	**2623**	**28642**	**1874**	**143**	**31**		**5956**	**3337**
市直	23038	8939	92	22905	5803	2295	21402	1503	133	24		4204	2476
管城区	41	17		41	1	1	41					1	
金水区	83	20	5	82	27	8	81	1	1	1		3	1
上街区	480	176	30	477	54	18	447	30	3	3		5	5
邙山区	36	8	15	35	1		35		1	1		4	
中牟县	803	320	74	803	92	40	802	1				72	51
巩义市	1473	481		1472	231	75	1246	226	1			161	58
荥阳市	1157	486	36	1157	152	63	1157					269	21
新密市	730	261	12	727	121	38	721	6	3	1		114	43
新郑市	1777	677	28	1776	283	70	1700	76	1	1		1013	595
登封市	1041	295	50	1041	55	15	1010	31				110	87
批发和零售贸易、餐饮业	**81250**	**40104**	**3030**	**79616**	**12868**	**5354**	**76614**	**3002**	**1634**	**165**	**16**	**20839**	**3147**
市直	57233	28770	1389	55863	9175	3958	54090	1773	1370	121	16	13960	2658
中原区	888	405	45	867	97	53	748	119	21	10		10	2
二七区	147	99		146	19	16	145	1	1	1		31	5
管城区	277	159	20	277	23	13	241	36				141	
金水区	319	129	32	309	109	44	292	17	10	10		28	
上街区	1610	842	55	1602	311	110	1440	162	8	3		128	
邙山区	342	198	74	342	4	2	342					50	32
中牟县	2477	929	195	2398	265	106	2308	90	79			261	40
巩义市	5493	2661	363	5472	557	183	5203	269	21	11		1450	52
荥阳市	2146	1031	126	2144	449	147	2002	142	2	2		1219	47

行业	单位从业人员	#女性	#使用的农村劳动力	在岗职工合计	#专业技术人员	#女性	按用工期限分		其他从业人员	#聘用的离退休人员	#聘用的港澳台和外籍人员	离开本单位仍保留劳动关系的职工	#内部退养职工
							长期职工	临时职工					
新密市	4102	2149	177	4097	927	394	4050	47	5	5		1541	90
新郑市	3060	1282	142	3060	367	125	3021	39				865	152
登封市	3156	1450	412	3039	565	203	2732	307	117	2		1155	69
金融、保险业	**31423**	**15556**	**1007**	**25934**	**15821**	**8080**	**24510**	**1424**	**5489**	**11**		**1681**	**1463**
市直	23796	11986	133	20189	12858	6719	19180	1009	3607	7		1317	1117
中牟县	1047	532	156	781	384	135	780	1	266			53	53
巩义市	1478	651	90	1351	486	288	1105	246	127			48	48
荥阳市	1243	637		810	550	215	806	4	433			45	45
新密市	1570	703	269	1119	641	289	1055	64	451	3		105	87
新郑市	887	372		865	444	233	827	38	22			50	50
登封市	1402	675	359	819	458	201	757	62	583	1		63	63
房地产业	**8227**	**2699**	**655**	**8059**	**2488**	**925**	**6895**	**1164**	**168**	**94**	**12**	**399**	**130**
市直	5628	1878	160	5492	1770	657	4842	650	136	67	7	176	38
中原区	375	96		368	124	45	293	75	7	7		70	2
二七区	35	18		35			35					36	10
管城区	500	205	5	488	148	55	445	43	12	11	1	2	
金水区	582	201	10	570	238	87	549	21	12	8	4		
上街区	434	32	350	433	73	15	98	335	1	1			
中牟县	43	16	2	43	15	5	43						
荥阳市	343	92	120	343	84	36	303	40				40	5
新密市	238	141	8	238	11	5	238					75	75
新郑市	49	20		49	25	20	49						

行业	单位从业人员	#女性	#使用的农村劳动力	在岗职工合计	#专业技术人员	#女性	按用工期限分 长期职工	临时职工	其他从业人员	#聘用的离退休人员	#聘用的港澳台和外籍人员	离开本单位仍保留劳动关系的职工	#内部退养职工
社会服务业	**52157**	**22814**	**5236**	**50842**	**8475**	**3507**	**43015**	**7827**	**1315**	**710**	**34**	**3390**	**808**
市直	41356	18130	3992	40071	7145	2851	34252	5819	1285	681	34	3003	756
中原区	485	211		485	36	16	415	70				7	
二七区	412	247	28	411	5	5	411		1	1		18	10
管城区	441	236		441	8	6	434	7				27	
金水区	1519	765	4	1517	336	174	1347	170	2	2		19	
上街区	469	262		469	24	17	352	117					
邙山区	430	199	82	427	37	12	378	49	3	3		143	
中牟县	782	280	266	782	51	13	515	267				64	24
巩义市	2477	1023	308	2469	68	31	1801	668	8	7		34	1
荥阳市	1056	460	368	1051	174	75	759	292	5	5		14	
新密市	906	302	5	906	280	110	906					12	
新郑市	763	276	26	760	32	10	524	236	3	3		20	
登封市	1061	423	157	1053	279	187	921	132	8	8		29	17
卫生、体育和社会福利业	**35063**	**20269**	**550**	**34232**	**22438**	**14893**	**32788**	**1444**	**831**	**692**	**2**	**765**	**208**
市直	20606	11400	244	20045	12434	8379	18943	1102	561	502	1	175	24
中原区	385	247	19	374	308	212	321	53	11	11		222	1
二七区	690	446	20	690			682	8				127	127
管城区	574	338	39	554	350	229	522	32	20	7	1	7	
金水区	540	359	9	527	325	224	523	4	13	13			
上街区	304	196		298	207	135	287	11	6	6			
邙山区	585	331	17	549	398	241	542	7	36	36			
中牟县	1762	1064	10	1745	1335	810	1740	5	17	13		36	10

行业	单位从业人员	#女性	#使用的农村劳动力	在岗职工合计	#专业技术人员	#女性	按用工期限分		其他从业人员	#聘用的离退休人员	#聘用的港澳台和外籍人员	离开本单位仍保留劳动关系的职工	#内部退养职工
							长期职工	临时职工					
巩义市	2427	1500	74	2357	1660	1198	2268	89	70	14		22	4
荥阳市	1974	1185	46	1931	1465	844	1902	29	43	40		61	34
新密市	2295	1478	9	2266	1888	1298	2254	12	29	27		91	
新郑市	1550	939	1	1544	1114	731	1516	28	6	5		15	
登封市	1371	786	62	1352	954	592	1288	64	19	18		9	8
教育、文化艺术及广播电影电视业	**115113**	**57194**	**2137**	**110263**	**85133**	**43656**	**106768**	**3495**	**4850**	**477**	**50**	**1268**	**267**
市直	50274	21487	1037	49436	32027	15075	46326	3110	838	249	10	809	228
中原区	3536	2529	56	3425	2281	1685	3403	22	111	7		4	1
二七区	1958	1381		1958			1958					4	1
管城区	2052	1330		2052	1920	1234	2052						
金水区	3176	2286	11	3130	2894	2117	3114	16	46	10		5	1
上街区	556	311		556	431	284	549	7					
邙山区	1603	944	4	1588	1512	882	1584	4	15	12			
中牟县	7115	3192	54	7075	6391	2899	7026	49	40			47	2
巩义市	10529	6074	171	8341	7447	4019	8254	87	2188	7		86	5
荥阳市	8122	4091	51	8030	7350	3570	7968	62	92	79		110	
新密市	10052	5847	158	9537	8732	5142	9537		515	8		47	1
新郑市	8393	4011	570	7392	6806	3376	7269	123	1001	105	40		
登封市	7747	3711	25	7743	7342	3373	7728	15	4			156	28
科学研究和综合技术服务业	**23777**	**7999**	**398**	**22830**	**14167**	**4840**	**21968**	**862**	**947**	**592**	**1**	**1087**	**294**
市直	22026	7302	398	21085	13706	4668	20311	774	941	586	1	1065	282
中原区	268	77		262	32	24	178	84	6	6			
管城区	30	14		30	24	11	30						
上街区	59	21		59	46	19	59						
中牟县	161	68		161	17	7	161					18	12
巩义市	114	50		114	70	16	114					1	
荥阳市	216	77		216	88	21	212	4					
新密市	504	247		504	118	54	504					3	
新郑市	390	139		390	66	20	390						
登封市	9	4		9			9						

行业	单位从业人员	#女性	#使用的农村劳动力	在岗职工合计					其他从业人员	#聘用的离退休人员	#聘用的港澳台和外籍人员	离开本单位仍保留劳动关系的职工	#内部退养职工
					#专业技术人员	#女性	按用工期限分 长期职工	临时职工					
国家机关、政党机关和社会团体	**74713**	**21727**	**523**	**74069**	**5133**	**1872**	**72912**	**1157**	**644**	**123**		**997**	**488**
市直	26760	7248	134	26583	1570	546	26097	486	177	62		200	111
中原区	2127	783	5	2118	219	127	1982	136	9	2		31	22
二七区	2537	1003	1	2536	39	26	2535	1	1	1		56	36
管城区	2623	1111	36	2607	196	104	2474	133	16	3		19	4
金水区	3213	1503	23	3023	244	112	3002	21	190	30		53	50
上街区	752	202		749	171	80	726	23	3	3			
邙山区	1371	458	1	1371	84	28	1352	19				6	6
中牟县	4752	1182	134	4701	621	204	4681	20	51	2		179	79
巩义市	5730	1414	11	5610	762	232	5559	51	120	3		18	2
荥阳市	5825	1659	19	5778	596	218	5641	137	47	9		57	3
新密市	6654	1798	14	6652	304	100	6652		2	2		202	47
新郑市	5766	1674	8	5748			5747	1	18	4		47	42
登封市	6603	1692	137	6593	327	95	6464	129	10	2		129	86
其他行业	**4957**	**1951**	**123**	**4855**	**1010**	**477**	**4518**	**337**	**102**	**89**		**937**	**253**
市直	2666	1007	107	2586	539	246	2331	255	80	71		847	232
中原区	470	256		469	131	117	393	76	1	1		2	
二七区	233	161		233			233						
管城区	113	61	8	113			113						
上街区	117	53		117	12	10	117						
邙山区	48	17		48			48						
中牟县	358	123	1	354	77	25	352	2	4	1		23	21
巩义市	392	105		377	53	14	377		15	15			
荥阳市	164	38		163	82	30	163		1	1			
新密市	131	72		131	41	10	131					41	
新郑市	43	7		43	15	4	43						
登封市	222	51	7	221	60	21	217	4	1			24	

2-12 全市及各县(市)区国有单位分行业从业人员人数

(2001 年底)

单位:人

行业	单位从业人员	#女性	#使用的农村劳动力	在岗职工合计	#专业技术人员	#女性	按用工期限分		其他从业人员	#聘用的离退休人员	#聘用的港澳台和外籍人员	离开本单位仍保留劳动关系的职工	#内部退养职工
							长期职工	临时职工					
农、林、牧、渔业	**3353**	**1025**	**81**	**3337**	**1094**	**325**	**3294**	**43**	**16**	**10**		**246**	**38**
市直	1228	389	9	1220	559	187	1201	19	8	3		141	29
管城区	79	25		79	59	16	79						
金水区	142	43	50	142	28	4	142					47	3
上街区	46	20		46	7	1	46						
邙山区	185	58		185	14	5	185						
中牟县	933	270	1	933	138	30	932	1				23	6
巩义市	77	18	1	76	21	5	76		1	1			
荥阳市	207	56	20	200	63	21	177	23	7	6		30	
新密市	224	75		224	109	34	224					5	
新郑市	232	71		232	96	22	232						
采掘业	**11516**	**1829**	**2989**	**11512**	**881**	**130**	**10966**	**546**	**4**	**4**		**1170**	**69**
巩义市	5061	707	1404	5061	347	75	5061						
荥阳市	1564	231	252	1564	117	24	1564					201	66
新密市	2838	549	422	2836	372	28	2290	546	2	2		12	
登封市	2053	342	911	2051	45	3	2051		2	2		957	3
制造业	**88558**	**35487**	**4748**	**88176**	**16475**	**6357**	**86496**	**1680**	**382**	**128**		**22441**	**4819**
市直	73382	29522	3293	73255	14529	5727	72162	1093	127	106		15329	4205
中原区	69	25	6	69	3	1	61	8				8	6
金水区	103	28	36	101	21	7	88	13	2	2		3	
上街区	691	203		691	223	80	603	88					
邙山区	54	13		54	4	2	54						
中牟县	2424	1068	593	2286	382	110	2195	91	138			739	89
巩义市	3341	1607		3325	191	71	3325		16			2960	3
荥阳市	1496	519	229	1487	158	45	1320	167	9	9		464	105
新密市	1162	377	72	1162	280	68	1060	102				1698	
新郑市	4441	1766		4433	542	189	4418	15	8	8		655	324
登封市	1395	359	519	1313	142	57	1210	103	82	3		585	87
电力、煤气及水的生产和供应业	**20283**	**7103**	**61**	**20276**	**5001**	**1890**	**20205**	**71**	**7**	**3**		**431**	**358**
市直	11888	4254	56	11888	3062	1135	11819	69				281	267
上街区	39	16		39	5	2	39						
中牟县	571	195	3	571	174	71	569	2				5	
巩义市	1125	360		1125	267	76	1125					57	5
荥阳市	579	205	2	572	61	12	572		7	3		47	47
新密市	1350	510		1350	377	140	1350					20	20
新郑市	1620	609		1620	446	182	1620					10	10
登封市	3111	954		3111	609	272	3111					11	9

2-12 续表 1 （2001 年底） 单位：人

行业	单位从业人员	#女性	#使用的农村劳动力	在岗职工合计	#专业技术人员	#女性	按用工期限分		其他从业人员	#聘用的离退休人员	#聘用的港澳台和外籍人员	离开本单位仍保留劳动关系的职工	#内部退养职工
							长期职工	临时职工					
建筑业	**74122**	**12131**	**26445**	**68103**	**14064**	**3752**	**44995**	**23108**	**6019**	**485**		**12784**	**3599**
市直	71321	11722	25520	65302	13463	3542	42939	22363	6019	485		12755	3591
中牟县	1654	342		1654	458	170	1654					10	8
巩义市	400	13	345	400	50	10	55	345					
荥阳市	420	30	400	420	51	20	20	400					
新密市	26	4		26	6	1	26					19	
新郑市	301	20	180	301	36	9	301						
地质勘查业、水利管理业	**6403**	**1803**	**92**	**6320**	**2731**	**846**	**6258**	**62**	**83**	**62**		**849**	**155**
市直	5060	1425	51	4982	2331	714	4929	53	78	59		738	150
中牟县	533	128		533	79	21	531	2				17	
巩义市	57	21	2	57	33	15	56	1				13	3
荥阳市	291	75	38	291	48	17	291					54	
新密市	230	100		228	154	60	228		2	2		4	
新郑市	232	54	1	229	86	19	223	6	3	1		23	2
交通运输、仓储及邮电通信业	**25938**	**9731**	**272**	**25850**	**5980**	**2286**	**24687**	**1163**	**88**	**8**		**5241**	**3280**
市直	19005	7150	47	18920	5019	1971	18103	817	85	6		3535	2419
管城区	41	17		41	1	1	41					1	
金水区	83	20	5	82	27	8	81	1	1	1		3	1
上街区	204	104	20	204	41	15	199	5				5	5
邙山区	19	6		19			19						
中牟县	677	292	74	677	91	39	676	1				72	51
巩义市	1473	481		1472	231	75	1246	226	1			161	58
荥阳市	1157	486	36	1157	152	63	1157					269	21
新密市	686	238	12	685	119	38	679	6	1	1		72	43
新郑市	1591	657	28	1591	259	68	1515	76				1013	595
登封市	1002	280	50	1002	40	8	971	31				110	87
批发和零售贸易、餐饮业	**39349**	**19626**	**947**	**38782**	**8496**	**3493**	**37861**	**921**	**567**	**46**		**11740**	**1991**
市直	25375	12825	429	24978	6119	2584	24607	371	397	34		8167	1676
中原区	94	38	4	94	20	15	94					2	2
二七区	87	55		87	2	1	87					5	5
管城区	93	41		93	6	1	93						
金水区	79	28		79	34	15	79					8	
上街区	935	556		931	160	41	921	10	4	1		54	
邙山区	280	159	65	280	2	2	280					43	25
中牟县	1521	595	11	1483	128	43	1481	2	38			146	21
巩义市	1987	976	42	1971	249	97	1793	178	16	6		327	33
荥阳市	1230	661	102	1228	322	106	1129	99	2	2		475	38
新密市	2886	1583	24	2885	727	327	2883	2	1	1		1257	90
新郑市	2296	962	5	2296	234	81	2280	16				321	32
登封市	2486	1147	265	2377	493	180	2134	243	109	2		935	69

（2001 年底）

单位：人

行业	单位从业人员	#女性	#使用的农村劳动力	在岗职工合计	#专业技术人员	#女性	按用工期限分 长期职工	按用工期限分 临时职工	其他从业人员	#聘用的离退休人员	#聘用的港澳台和外籍人员	离开本单位仍保留劳动关系的职工	#内部退养职工
金融、保险业	**22577**	**11025**	**495**	**17255**	**11218**	**5628**	**16019**	**1236**	**5322**	**8**		**1223**	**1192**
市直	17681	8691	133	14076	9491	4840	13117	959	3605	7		882	869
中牟县	737	384	156	471	255	93	470	1	266			53	53
巩义市	739	273		659	214	131	488	171	80			37	37
荥阳市	908	487		475	361	133	471	4	433			45	45
新密市	899	443		565	422	185	564	1	334	1		105	87
新郑市	564	229		542	240	144	504	38	22			38	38
登封市	1049	518	206	467	235	102	405	62	582			63	63
房地产业	**1813**	**724**	**25**	**1804**	**570**	**252**	**1574**	**230**	**9**	**6**		**209**	**109**
市直	1198	424	15	1191	428	185	961	230	7	4		58	19
中原区	26	9		26	16	8	26						
二七区	35	18		35			35					36	10
管城区	44	18		43	16	5	43		1	1			
金水区	44	18		44	22	11	44						
上街区	12	3		11	8	2	11		1	1			
中牟县	43	16	2	43	15	5	43						
荥阳市	173	77		173	54	31	173					40	5
新密市	238	141	8	238	11	5	238					75	75
社会服务业	**32607**	**15186**	**2826**	**32237**	**4963**	**2157**	**27386**	**4851**	**370**	**146**	**6**	**2331**	**506**
市直	24362	11750	1963	24003	4076	1780	20933	3070	359	135	6	2210	464
中原区	403	154		403	25	10	340	63				6	
二七区	248	143		248			248						
管城区	295	131		295	8	6	288	7					
金水区	1009	514	4	1007	288	144	837	170	2	2			
上街区	410	231		410	16	10	313	97					
邙山区	200	109		200	8	3	197	3					
中牟县	670	273	198	670	49	12	471	199				61	24
巩义市	2009	764	248	2008	14	5	1358	650	1	1		1	1
荥阳市	974	427	359	969	155	70	677	292	5	5			
新密市	757	275		757	272	105	757					4	
新郑市	720	255	26	720	24	7	484	236				20	
登封市	550	160	28	547	28	5	483	64	3	3		29	17
卫生、体育和社会福利业	**33032**	**18993**	**461**	**32275**	**21420**	**14220**	**30944**	**1331**	**757**	**632**		**362**	**80**
市直	20467	11338	236	19909	12430	8377	18816	1093	558	500		175	24
中原区	129	82		128	120	79	126	2	1	1		1	1
二七区	260	154	17	260			260						
管城区	174	101	10	174	82	56	170	4					

2-12 续表 3　　(2001 年底)　　单位:人

行业	单位从业人员	#女性	#使用的农村劳动力	在岗职工合计	#专业技术人员	#女性	按用工期限分		其他从业人员	#聘用的离退休人员	#聘用的港澳台和外籍人员	离开本单位仍保留劳动关系的职工	#内部退养职工
							长期职工	临时职工					
金水区	317	189	6	314	133	87	310	4	3	3			
上街区	304	196		298	207	135	287	11	6	6			
邙山区	386	237	1	378	259	179	374	4	8	8			
中牟县	1728	1042	10	1711	1317	803	1706	5	17	13		36	10
巩义市	2366	1463	68	2297	1654	1196	2214	83	69	13		21	3
荥阳市	1971	1184	46	1928	1465	844	1902	26	43	40		61	34
新密市	2155	1375	4	2126	1775	1201	2119	7	29	27		44	
新郑市	1550	939	1	1544	1114	731	1516	28	6	5		15	
登封市	1225	693	62	1208	864	532	1144	64	17	16		9	8
教育、文化艺术及广播电影电视业	**82005**	**39370**	**1218**	**81048**	**58450**	**29893**	**77855**	**3193**	**957**	**204**	**9**	**1022**	**250**
市直	49234	21086	966	48554	31565	14871	45581	2973	680	161	9	731	228
中原区	3392	2458	56	3336	2281	1685	3314	22	56	7		4	1
二七区	1294	892		1294			1294					3	
管城区	1156	852		1156	1044	762	1156						
金水区	2455	1828	11	2413	2281	1709	2397	16	42	10		5	1
上街区	556	311		556	431	284	549	7					
邙山区	750	395	4	747	677	353	743	4	3				
中牟县	4070	1942	7	4067	3523	1733	4065	2	3			45	
巩义市	2113	1044	24	2070	1505	772	2040	30	43	7		27	
荥阳市	2923	1416	51	2914	2433	1153	2853	61	9	6		110	
新密市	5313	2990	21	5250	4782	2757	5250		63	8		46	
新郑市	4011	1772	53	3953	3527	1616	3890	63	58	5			
登封市	4738	2384	25	4738	4401	2198	4723	15				51	20
科学研究和综合技术服务业	**22644**	**7727**	**390**	**21866**	**13755**	**4712**	**21077**	**789**	**778**	**519**	**1**	**1035**	**293**
市直	21062	7081	390	20290	13313	4549	19562	728	772	513	1	1013	281
中原区	118	35		112	32	24	55	57	6	6			
管城区	30	14		30	24	11	30						
上街区	40	12		40	27	10	40						
中牟县	161	68		161	17	7	161					18	12
巩义市	114	50		114	70	16	114					1	
荥阳市	216	77		216	88	21	212	4					

行业	单位从业人员	#女性	#使用的农村劳动力	在岗职工合计	#专业技术人员	#女性	按用工期限分		其他从业人员	#聘用的离退休人员	#聘用的港澳台和外籍人员	离开本单位仍保留劳动关系的职工	#内部退养职工
							长期职工	临时职工					
新密市	504	247		504	118	54	504					3	
新郑市	390	139		390	66	20	390						
登封市	9	4		9			9						
国家机关、政党机关和社会团体	**74713**	**21727**	**523**	**74069**	**5133**	**1872**	**72912**	**1157**	**644**	**123**		**997**	**488**
市直	26760	7248	134	26583	1570	546	26097	486	177	62		200	111
中原区	2127	783	5	2118	219	127	1982	136	9	2		31	22
二七区	2537	1003	1	2536	39	26	2535	1	1	1		56	36
管城区	2623	1111	36	2607	196	104	2474	133	16	3		19	4
金水区	3213	1503	23	3023	244	112	3002	21	190	30		53	50
上街区	752	202		749	171	80	726	23	3	3			
邙山区	1371	458	1	1371	84	28	1352	19				6	6
中牟县	4752	1182	134	4701	621	204	4681	20	51	2		179	79
巩义市	5730	1414	11	5610	762	232	5559	51	120	3		18	2
荥阳市	5825	1659	19	5778	596	218	5641	137	47	9		57	3
新密市	6654	1798	14	6652	304	100	6652		2	2		202	47
新郑市	5766	1674	8	5748			5747	1	18	4		47	42
登封市	6603	1692	137	6593	327	95	6464	129	10	2		129	86
其他行业	**3353**	**1183**	**105**	**3311**	**778**	**352**	**3067**	**244**	**42**	**36**		**115**	**27**
市直	1840	614	97	1804	440	187	1641	163	36	34		32	6
中原区	219	130		219	85	73	144	75					
管城区	15	9		15			15						
上街区	107	51		107	9	8	107						
邙山区	46	17		46			46						
中牟县	331	117	1	327	64	23	325	2	4	1		23	21
巩义市	319	96		319	40	11	319						
荥阳市	138	34		137	64	26	137		1	1			
新密市	104	67		104	14	5	104					41	
新郑市	23	4		23	6	1	23						
登封市	211	44	7	210	56	18	206	4	1			19	

2-13 全市及各县(市)区城镇集体单位分行业从业人员人数

(2001 年底)　　单位:人

行业	单位从业人员	#女性	#使用的农村劳动力	在岗职工合计	#专业技术人员		按用工期限分		其他从业人员	#聘用的离退休人员	#聘用的港澳台和外籍人员	离开本单位仍保留劳动关系的职工	#内部退养职工
						#女性	长期职工	临时职工					
农、林、牧、渔业	**67**	**11**	**27**	**56**	**11**	**3**	**51**	**5**	**11**	**4**			
市直	67	11	27	56	11	3	51	5	11	4			
制造业	**33509**	**16807**	**5521**	**32350**	**3924**	**1695**	**28422**	**3928**	**1159**	**367**	**3**	**8614**	**1154**
市直	17653	8856	1021	16821	1629	723	15721	1100	832	215	2	5975	993
中原区	1083	520	45	1039	177	104	909	130	44	30		89	14
二七区	2044	906	246	2032	553	269	2032		12	2		566	86
管城区	374	190	163	353	46	21	280	73	21	21		92	15
金水区	1186	566	173	1159	346	144	945	214	27	27		482	4
上街区	3224	1894	755	3173	366	207	3160	13	51	51		43	
邙山区	241	95	70	229	48	27	207	22	12	8		30	11
中牟县	1023	607	572	1019	82	27	619	400	4	3	1	7	7
巩义市	1700	754	221	1548	248	49	1433	115	152	6		534	
荥阳市	1239	639	229	1236	103	24	1080	156	3	3		513	5
新密市	1140	623	234	1140	143	39	862	278				214	4
新郑市	2401	1139	1766	2400	163	59	987	1413	1	1		31	
登封市	201	18	26	201	20	2	187	14				38	15
建筑业	**19489**	**2198**	**11368**	**18897**	**4681**	**652**	**14378**	**4519**	**592**	**194**		**598**	**222**
市直	4740	829	584	4680	1094	235	4108	572	60	36		308	42
中原区	2179	188	1670	2058	331	123	1238	820	121	97		12	3
二七区	193	55		193	95	27	193						
管城区	590	47	492	584	119	13	81	503	6			44	35
金水区	1482	297	1344	1467	231	43	932	535	15	15			
上街区	231	94	31	221	79	30	151	70	10	10		16	16
邙山区	2639	234	1834	2637	437	67	1618	1019	2	2			
中牟县	350	39	102	347	44	5	270	77	3	3			
荥阳市	4588	185	4339	4382	1405	82	4337	45	206	26		126	126
新密市	780	25	588	780	532		620	160					
新郑市	1147	165	12	981	202	17	642	339	166	2			
登封市	570	40	372	567	112	10	188	379	3	3		92	
地质勘查业、水利管理业	**10**	**3**		**4**	**2**	**1**	**4**		**6**				
市直	10	3		4	2	1	4		6				
交通运输、仓储及邮电通信业	**2786**	**809**	**54**	**2774**	**205**	**107**	**2728**	**46**	**12**	**4**		**675**	**24**
市直	2152	666	43	2146	164	101	2125	21	6			629	24
上街区	276	72	10	273	13	3	248	25	3	3			
邙山区	2		1	2	1		2					4	
中牟县	126	28		126	1	1	126						
新密市	44	23		42	2		42		2			42	
新郑市	186	20		185	24	2	185		1	1			
批发和零售贸易、餐饮业	**16552**	**7967**	**1271**	**16399**	**2091**	**896**	**15164**	**1235**	**153**	**56**		**6305**	**737**
市直	9115	4619	433	9033	1065	511	8283	750	82	42		3467	599

2-13　续表 1　　（2001 年底）　　单位:人

行　业	单位从业人员	#女性	#使用的农村劳动力	在岗职工合计	#专业技术人员	#女性	按用工期限分		其他从业人员	#聘用的离退休人员	#聘用的港澳台和外籍人员	离开本单位仍保留劳动关系的职工	#内部退养职工
							长期职工	临时职工					
中原区	458	225	40	442	51	27	368	74	16	8		8	
二七区	60	44		59	17	15	58	1	1	1		26	
管城区	79	46		79	1		76	3				141	
金水区	114	57	2	112	40	17	111	1	2	2		20	
上街区	496	228	48	496	131	59	346	150				74	
邙山区	62	39	9	62	2		62					7	7
中牟县	926	329	184	885	133	60	798	87	41			105	15
巩义市	2417	1147	236	2415	221	60	2358	57	2	2		780	19
荥阳市	706	283	24	706	91	28	676	30				663	7
新密市	921	425	65	920	166	62	904	16	1	1		280	
新郑市	528	222	83	528	101	34	526	2				514	90
登封市	670	303	147	662	72	23	598	64	8			220	
金融、保险业	**4437**	**2076**	**512**	**4272**	**1944**	**979**	**4134**	**138**	**165**	**3**		**46**	**42**
市直	1706	840		1706	708	406	1706					23	19
中牟县	310	148		310	129	42	310						
巩义市	739	378	90	692	272	157	617	75	47			11	11
荥阳市	335	150		335	189	82	335						
新密市	671	260	269	554	219	104	491	63	117	2			
新郑市	323	143		323	204	89	323					12	12
登封市	353	157	153	352	223	99	352		1	1			
房地产业	**389**	**132**	**6**	**384**	**150**	**54**	**322**	**62**	**5**	**5**			
市直	161	66	6	156	57	13	104	52	5	5			
中原区	8	4		8	7	4	8						
管城区	29	7		29	3	2	19	10					
金水区	120	26		120	48	12	120						
上街区	22	9		22	10	3	22						
新郑市	49	20		49	25	20	49						
社会服务业	**8064**	**2565**	**888**	**7846**	**772**	**374**	**6298**	**1548**	**218**	**80**	**1**	**873**	**212**
市直	6941	2016	778	6727	674	321	5282	1445	214	76	1	644	202
中原区	53	41		53	4	1	53						
二七区	121	94		120	5	5	120		1	1		18	10
管城区	146	105		146			146					27	
金水区	143	80		143	33	28	143					19	
上街区	7	3		7			7						
邙山区	110	41		110	4		105	5				143	
中牟县	102	2	68	102	1	1	34	68					
巩义市	106	79	4	106	11	8	102	4					
荥阳市	39	16	9	39	9	1	39					14	
新密市	149	27	5	149	8	5	149					8	
新郑市	43	21		40	8	3	40		3	3			

行业	单位从业人员	#女性	#使用的农村劳动力	在岗职工合计	#专业技术人员		按用工期限分		其他从业人员	#聘用的离退休人员	#聘用的港澳台和外籍人员	离开本单位仍保留劳动关系的职工	#内部退养职工
						#女性	长期职工	临时职工					
登封市	104	40	24	104	15	1	78	26					
卫生、体育和社会福利业	**1830**	**1182**	**68**	**1771**	**906**	**625**	**1667**	**104**	**59**	**46**	**1**	**403**	**128**
市直	85	40		85			85						
中原区	256	165	19	246	188	133	195	51	10	10		221	
二七区	430	292	3	430			422	8				127	127
管城区	400	237	29	380	268	173	352	28	20	7	1	7	
金水区	223	170	3	213	192	137	213		10	10			
邙山区	63	27	3	47	31	16	44	3	16	16			
中牟县	34	22		34	18	7	34						
巩义市	50	32	6	49	6	2	43	6	1	1		1	1
荥阳市	3	1		3				3					
新密市	140	103	5	140	113	97	135	5				47	
登封市	146	93		144	90	60	144		2	2			
教育、文化艺术及广播电影电视业	**31408**	**17138**	**768**	**27910**	**25860**	**13413**	**27759**	**151**	**3498**	**150**		**244**	**17**
市直	527	220	27	400	291	141	356	44	127	77		76	
中原区	144	71		89			89		55				
二七区	664	489		664			664					1	1
管城区	896	478		896	876	472	896						
金水区	721	458		717	613	408	717		4				
邙山区	790	499		790	790	499	790						
中牟县	3045	1250	47	3008	2868	1166	2961	47	37			2	2
巩义市	8354	5012	147	6209	5899	3234	6152	57	2145			59	5
荥阳市	4962	2522		4879	4730	2332	4879		83	73			
新密市	4739	2857	137	4287	3950	2385	4287		452			1	1
新郑市	3557	1955	410	2966	2902	1601	2963	3	591				
登封市	3009	1327		3005	2941	1175	3005		4			105	8
科学研究和综合技术服务业	**553**	**124**		**445**	**232**	**65**	**429**	**16**	**108**	**53**		**46**	**1**
市直	534	115		426	213	56	410	16	108	53		46	1
上街区	19	9		19	19	9	19						
其他行业	**1424**	**714**	**18**	**1394**	**201**	**115**	**1302**	**92**	**30**	**25**		**57**	**9**
市直	682	342	10	653	68	49	562	91	29	24		50	9
中原区	251	126		250	46	44	249	1	1	1		2	
二七区	233	161		233			233						
管城区	98	52	8	98			98						
上街区	10	2		10	3	2	10						
邙山区	2			2			2						
中牟县	27	6		27	13	2	27						
巩义市	37	6		37	13	3	37						
荥阳市	26	4		26	18	4	26						
新密市	27	5		27	27	5	27						
新郑市	20	3		20	9	3	20						
登封市	11	7		11	4	3	11					5	

2-14 全市及各县(市)区其他单位分行业从业人员人数

(2001年底)

单位:人

行业	单位从业人员	#女性	#使用的农村劳动力	在岗职工合计	#专业技术人员	#女性	按用工期限分 长期职工	按用工期限分 临时职工	其他从业人员	#聘用的离退休人员	#聘用的港澳台和外籍人员	离开本单位仍保留劳动关系的职工	#内部退养职工
农、林、牧、渔业	**288**	**104**	**151**	**286**	**49**	**8**	**256**	**30**	**2**	**2**		**3**	
中原区	50	42		50	8		20	30					
金水区	1	1		1	1	1	1						
邙山区	26	14	26	24	10	3	24		2	2			
中牟县	211	47	125	211	30	4	211					3	
采掘业	**40919**	**10512**	**9423**	**40895**	**4530**	**1595**	**40392**	**503**	**24**	**11**		**1582**	**42**
市直	35136	9880	7617	35136	4302	1560	35136						
巩义市	1705	362	276	1689	146	31	1456	233	16	3		1445	5
新密市	1480	270	210	1480	50	4	1480					137	37
登封市	2598		1320	2590	32		2320	270	8	8			
制造业	**101038**	**44814**	**10704**	**100371**	**16093**	**5423**	**96053**	**4318**	**667**	**341**	**23**	**22095**	**6153**
市直	76738	35115	6579	76249	12559	4158	73655	2594	489	236	15	17361	5527
中原区	1386	568	212	1377	290	80	1172	205	9	7	2	90	43
二七区	590	400	50	575	128	82	567	8	15	14		65	37
管城区	1180	419	121	1143	248	41	990	153	37	8		35	
金水区	689	248	124	650	135	54	578	72	39	35	4	60	
上街区	847	312	97	844	111	34	774	70	3	1			
邙山区	547	214	268	537	77	18	384	153	10	7			
中牟县	872	622	567	872	138	46	807	65				32	3
巩义市	5507	1945	319	5507	271	58	5422	85				2273	254
荥阳市	4708	1748	951	4695	647	213	4555	140	13	13		1339	163
新密市	2937	846	546	2934	438	137	2715	219	3	3		445	115
新郑市	4779	2330	779	4738	1001	486	4187	551	41	10	2	154	11
登封市	258	47	91	250	50	16	247	3	8	7		241	
电力、煤气及水的生产和供应业	**10077**	**3501**	**464**	**9812**	**1413**	**379**	**9721**	**91**	**265**	**43**		**42**	**27**
市直	2020	697	6	1982	128	44	1925	57	38	38			
巩义市	5637	2004		5410	647	211	5410		227	5			
荥阳市	1098	396	74	1098	82	14	1098						
新密市	562	178	384	562	419	78	562					15	15
新郑市	19	8		19	4	2	19						
登封市	741	218		741	133	30	707	34				27	12
建筑业	**27276**	**2699**	**12244**	**25873**	**4854**	**819**	**12095**	**13778**	**1403**	**358**	**4**	**400**	**66**
市直	17039	2088	6681	16093	3030	611	7343	8750	946	330	4	314	64
中原区	449	20	354	437	61	6	409	28	12	3		2	
金水区	1534	134	1048	1519	468	43	657	862	15	15			
上街区	302	40	100	300	66	6	192	108	2	2			

2-14 续表 1　　(2001 年底)　　单位:人

行业	单位从业人员	#女性	#使用的农村劳动力	在岗职工合计	#专业技术人员	#女性	按用工期限分		其他从业人员	#聘用的离退休人员	#聘用的港澳台和外籍人员	离开本单位仍保留劳动关系的职工	#内部退养职工
							长期职工	临时职工					
邙山区	2523	180	1726	2518	367	53	1721	797	5				
中牟县	628	7	463	213	35	2	213		415				
巩义市	2361	145	1444	2358	582	33	932	1426	3	3			
荥阳市	2173	70	227	2172	196	58	365	1807	1	1		78	2
新密市	246	6	201	246	42	3	246					6	
新郑市	21	9		17	7	4	17		4	4			
交通运输、仓储及邮电通信业	**1935**	**1140**	**16**	**1892**	**635**	**230**	**1227**	**665**	**43**	**19**		**40**	**33**
市直	1881	1123	2	1839	620	223	1174	665	42	18		40	33
邙山区	15	2	14	14			14		1	1			
登封市	39	15		39	15	7	39						
批发和零售贸易、餐饮业	**25349**	**12511**	**812**	**24435**	**2281**	**965**	**23589**	**846**	**914**	**63**	**16**	**2794**	**419**
市直	22743	11326	527	21852	1991	863	21200	652	891	45	16	2326	383
中原区	336	142	1	331	26	11	286	45	5	2			
管城区	105	72	20	105	16	12	72	33					
金水区	126	44	30	118	35	12	102	16	8	8			
上街区	179	58	7	175	20	10	173	2	4	2			
中牟县	30	5		30	4	3	29	1				10	4
巩义市	1089	538	85	1086	87	26	1052	34	3	3		343	
荥阳市	210	87		210	36	13	197	13				81	2
新密市	295	141	88	292	34	5	263	29	3	3		4	
新郑市	236	98	54	236	32	10	215	21				30	30
金融、保险业	**4409**	**2455**		**4407**	**2659**	**1473**	**4357**	**50**	**2**			**412**	**229**
市直	4409	2455		4407	2659	1473	4357	50	2			412	229
房地产业	**6025**	**1843**	**624**	**5871**	**1768**	**619**	**4999**	**872**	**154**	**83**	**12**	**190**	**21**
市直	4269	1388	139	4145	1285	459	3777	368	124	58	7	118	19
中原区	341	83		334	101	33	259	75	7	7		70	2
管城区	427	180	5	416	129	48	383	33	11	10	1	2	
金水区	418	157	10	406	168	64	385	21	12	8	4		
上街区	400	20	350	400	55	10	65	335					
荥阳市	170	15	120	170	30	5	130	40					

2-14 续表 2 （2001 年底） 单位：人

行业	单位从业人员	#女性	#使用的农村劳动力	在岗职工合计	#专业技术人员	#女性	按用工期限分 长期职工	临时职工	其他从业人员	#聘用的离退休人员	#聘用的港澳台和外籍人员	离开本单位仍保留劳动关系的职工	#内部退养职工
房地产业	**6025**	**1843**	**624**	**5871**	**1768**	**619**	**4999**	**872**	**154**	**83**	**12**	**190**	**21**
市直	4269	1388	139	4145	1285	459	3777	368	124	58	7	118	19
中原区	341	83		334	101	33	259	75	7	7		70	2
管城区	427	180	5	416	129	48	383	33	11	10	1	2	
金水区	418	157	10	406	168	64	385	21	12	8	4		
上街区	400	20	350	400	55	10	65	335					
荥阳市	170	15	120	170	30	5	130	40					
社会服务业	**11486**	**5063**	**1522**	**10759**	**2740**	**976**	**9331**	**1428**	**727**	**484**	**27**	**186**	**90**
市直	10053	4364	1251	9341	2395	750	8037	1304	712	470	27	149	90
中原区	29	16		29	7	5	22	7				1	
二七区	43	10	28	43			43						
金水区	367	171		367	15	2	367						
上街区	52	28		52	8	7	32	20					
邙山区	120	49	82	117	25	9	76	41	3	3			
中牟县	10	5		10	1		10					3	
巩义市	362	180	56	355	43	18	341	14	7	6		33	
荥阳市	43	17		43	10	4	43						
登封市	407	223	105	402	236	181	360	42	5	5			
卫生、体育和社会福利业	**201**	**94**	**21**	**186**	**112**	**48**	**177**	**9**	**15**	**14**	**1**		
市直	54	22	8	51	4	2	42	9	3	2	1		
邙山区	136	67	13	124	108	46	124		12	12			
巩义市	11	5		11			11						
教育、文化艺术及广播电影电视业	**1700**	**686**	**151**	**1305**	**823**	**350**	**1154**	**151**	**395**	**123**	**41**	**2**	
市直	513	181	44	482	171	63	389	93	31	11	1	2	
邙山区	63	50		51	45	30	51		12	12			
巩义市	62	18		62	43	13	62						
荥阳市	237	153		237	187	85	236	1					
新郑市	825	284	107	473	377	159	416	57	352	100	40		
科学研究和综合技术服务业	**580**	**148**	**8**	**519**	**180**	**63**	**462**	**57**	**61**	**20**		**6**	
市直	430	106	8	369	180	63	339	30	61	20		6	
中原区	150	42		150			123	27					
其他行业	**180**	**54**		**150**	**31**	**10**	**149**	**1**	**30**	**28**		**765**	**217**
市区	144	51		129	31	10	128	1	15	13		765	217
巩义市	36	3		21			21		15	15			

2-15 全市及各县(市)区分企事业、机关从业人员平均人数及劳动报酬

(2001 年)

类别	单位从业人员平均人数(人)	在岗职工	其他从业人员	#聘用的离退休人员	#聘用的港澳台和外籍人员	离开本单位仍保留劳动关系的职工(人)	#内部退养职工	单位从业人员劳动报酬(千元)	在岗职工工资总额	其他从业人员劳动报酬	#聘用的离退休人员	#聘用的港澳台和外籍人员	离开本单位仍保留劳动关系的职工生活费(千元)	#内部退养职工	在岗职工平均工资(元)
总计	**892266**	**865929**	**26337**	**4257**	**142**	**131964**	**25947**	**9189642**	**9004126**	**185516**	**37566**	**14992**	**268385**	**170327**	**10398**
市直	591886	574422	17464	3372	89	103323	21591	6643802	6505152	138650	28608	14034	233033	146690	11325
中原区	14203	13807	396	173	2	346	97	135912	133456	2456	660	24	560	261	9666
二七区	8832	8803	29	17		909	313	98171	97867	304	130		1110	742	11117
管城区	8650	8550	100	42	1	348	54	96034	95077	957	592	65	318	255	11120
金水区	14306	13946	360	150	7	656	216	163138	160713	2425	1286	322	747	653	11524
上街区	9905	9755	150	85		212	19	94891	93900	991	604		196	134	9626
邙山区	10258	10163	95	44		239	50	84591	83931	660	339		239	199	8258
中牟县	27864	26941	923	12	1	1559	370	214339	210189	4150	1314	45	1931	1565	7802
巩义市	55758	52724	3034	61		9188	440	454294	443119	11175	296		8672	5358	8405
荥阳市	38858	38248	610	122		4570	541	312331	306555	5776	1933		2765	2392	8015
新密市	40190	39129	1061	42		4824	665	291633	284457	7176	139		3030	2954	7270
新郑市	37804	36543	1261	88	42	2738	1090	305446	299512	5934	1181	502	11284	4630	8196
登封市	33752	32898	854	49		3052	501	296167	291305	4862	484		4500	4494	8855
企业	**635649**	**615838**	**19811**	**3107**	**92**	**127774**	**24840**	**6176266**	**6030063**	**146203**	**27072**	**13792**	**256171**	**162169**	**9792**
市直	475230	459605	15625	2529	79	101190	21231	4957795	4839066	118729	21010	13229	225554	142436	10529
中原区	7310	7071	239	149	2	288	73	45476	44396	1080	503	24	377	185	6279
二七区	3233	3204	29	17		722	152	24405	24106	299	125		757	649	7524
管城区	2859	2783	76	33	1	320	50	22262	21649	613	497	60	217	210	7779
金水区	6380	6253	127	96	7	598	166	47135	45928	1207	885	322	128	34	7345
上街区	7740	7599	141	78		212	19	62070	61168	902	532		196	134	8049
邙山区	6709	6664	45	38		232	44	39452	39147	305	245		209	169	5874
中牟县	12171	11369	802	7	1	1227	254	90152	86438	3714	1239	45	904	759	7603
巩义市	35920	35262	658	41		9005	400	261371	257767	3604	227		8407	5260	7310
荥阳市	21264	20846	418	57		4223	503	160050	155066	4984	1349		2565	2192	7439
新密市	19179	18654	525	9		4406	542	134527	128811	5716	16		2421	2345	6905
新郑市	20690	20384	306	24	2	2620	1044	173734	172832	902	288	112	11134	4500	8479
登封市	16943	16123	820	29		2731	362	157837	153689	4148	156		3302	3296	9532

2-15 续表 （2001 年）

类别	单位从业人员平均人数（人）	在岗职工	其他从业人员	#聘用的离退休人员	#聘用的港澳台和外籍人员	离开本单位仍保留劳动关系的职工（人）	#内部退养职工	单位从业人员劳动报酬（千元）	在岗职工工资总额	其他从业人员劳动报酬	#聘用的离退休人员	#聘用的港澳台和外籍人员	离开本单位仍保留劳动关系的职工生活费（千元）	#内部退养职工	在岗职工平均工资（元）
事业	**185726**	**179835**	**5891**	**1056**	**50**	**3201**	**632**	**2206563**	**2171407**	**35156**	**9753**	**1200**	**5029**	**2821**	**12074**
市直	93298	91607	1691	803	10	1938	260	1356328	1337998	18330	7186	805	3843	1859	14606
中原区	4771	4624	147	23		26	2	64441	63274	1167	133		76	19	13684
二七区	3084	3084				128	125	41811	41811						13557
管城区	3181	3172	9	7		8		40876	40622	254	56	5			12806
金水区	4821	4777	44	25		5		72016	71571	445	301		8	8	14982
上街区	1393	1387	6	6				20812	20740	72	72				14953
邙山区	2193	2160	33	6		1		25470	25197	273	94				11665
中牟县	11023	10956	67	4		159	39	88209	87969	240	75		138	138	8029
巩义市	14163	11907	2256	19		165	38	129540	122876	6664	64		240	73	10320
荥阳市	11892	11749	143	54		290	35	98472	97825	647	485		171	171	8326
新密市	14324	13790	534	31		215	76	104031	102580	1451	123		188	188	7439
新郑市	11337	10400	937	60	40	70	3	85145	80190	4955	852	390	4	4	7711
登封市	10246	10222	24	18		196	54	79412	78754	658	312		361	361	7704
机关	**70891**	**70256**	**635**	**94**		**989**	**475**	**806813**	**802656**	**4157**	**741**		**7185**	**5337**	**11425**
市直	23358	23210	148	40		195	100	329679	328088	1591	412		3636	2395	14136
中原区	2122	2112	10	1		32	22	25995	25786	209	24		107	57	12209
二七区	2515	2515				59	36	31955	31950	5	5		353	93	12704
管城区	2610	2595	15	2		20	4	32377	32287	90	39		101	45	12442
金水区	3105	2916	189	29		53	50	43987	43214	773	100		611	611	14820
上街区	751	748	3	1				12009	11992	17					16032
邙山区	1356	1339	17			6	6	19081	18999	82			30	30	14189
中牟县	4670	4616	54	1		173	77	35978	35782	196			889	668	7752
巩义市	5675	5555	120	1		18	2	63383	62476	907	5		25	25	11247
荥阳市	5702	5653	49	11		57	3	53809	53664	145	99		29	29	9493
新密市	6687	6685	2	2		203	47	53075	53066	9			421	421	7938
新郑市	5777	5759	18	4		48	43	46567	46490	77	41		146	126	8073
登封市	6563	6553	10	2		125	85	58918	58862	56	16		837	837	8982

2-16 全市及各县(市)区国有单位分企事业、机关从业人员平均人数和劳动报酬

(2001 年)

类别	单位从业人员平均人数(人)	在岗职工	其他从业人员	#聘用的离退休人员	#聘用的港澳台和外籍人员	离开本单位仍保留劳动关系的职工(人)	#内部退养职工	单位从业人员劳动报酬(千元)	在岗职工工资总额	其他从业人员劳动报酬	#聘用的离退休人员	#聘用的港澳台和外籍人员	离开本单位仍保留劳动关系的职工生活费(千元)	#内部退养职工	在岗职工平均工资(元)
国有单位合计	**539994**	**524595**	**15399**	**1975**	**19**	**79260**	**16485**	**6478325**	**6366647**	**111678**	**20009**	**4094**	**176294**	**124607**	**12136**
市直	369640	357060	12580	1711	19	63936	13683	4847369	4757749	89620	16685	4094	149954	107226	13325
中原区	6544	6466	78	14		53	32	84357	83767	590	76		217	110	12955
二七区	4435	4435				103	51	58743	58738	5	5		493	219	13244
管城区	4522	4506	16	3		21	4	57966	57868	98	47		101	45	12842
金水区	7340	7118	222	46		113	54	106670	105536	1134	333		638	638	14827
上街区	4045	4031	14	9		79	3	46308	46207	101	74		63	53	11463
邙山区	3254	3226	28	6		50	32	38323	38193	130	33		125	125	11839
中牟县	20432	20077	355	5		1360	343	166100	164029	2071	1237		1733	1394	8170
巩义市	26070	25721	349	25		3663	171	243802	240863	2939	90		2998	1934	9364
荥阳市	19306	18881	425	77		1888	364	169684	165135	4549	836		2312	1939	8746
新密市	26138	25705	433	35		3651	354	206059	200677	5382	130		2292	2216	7807
新郑市	23720	23610	110	20		1999	948	224536	224032	504	141		11012	4358	9489
登封市	24548	23759	789	24		2344	446	228408	223853	4555	322		4356	4350	9422
企业	**318404**	**305680**	**12724**	**981**	**9**	**75522**	**15527**	**3748542**	**3661590**	**86952**	**11444**	**3289**	**164187**	**116523**	**11979**
市直	253709	242841	10868	939	9	61884	13330	3168970	3098343	70627	9875	3289	142475	102972	12759
中原区	296	291	5			16	8	1257	1257				34	34	4320
二七区	122	122				41	15	1213	1213				140	126	9943
管城区	193	192	1	1				1795	1787	8	8				9307
金水区	401	399	2	2		55	4	4456	4414	42	42		19	19	11063
上街区	1930	1925	5	2		79	3	13912	13900	12	2		63	53	7221
邙山区	600	600				44	26	4445	4445				95	95	7408
中牟县	7734	7456	278			1030	229	64713	62959	1754	1162		706	588	8444
巩义市	14522	14409	113	7		3540	137	116774	115280	1494	29		2787	1857	8001
荥阳市	6865	6550	315	14		1541	326	53253	49362	3891	256		2112	1739	7536
新密市	10027	9684	343	2		3281	232	80106	75068	5038	7		1683	1607	7752
新郑市	11072	11039	33	8		1881	902	125363	125149	214	49		10862	4228	11337
登封市	10933	10172	761	6		2130	315	112285	108413	3872	14		3211	3205	10658

2-16 续表 （2001 年）

类别	单位从业人员平均人数（人）	在岗职工	其他从业人员	#聘用的离退休人员	#聘用的港澳台和外籍人员	离开本单位仍保留劳动关系的职工（人）	#内部退养职工	单位从业人员劳动报酬（千元）	在岗职工工资总额	其他从业人员劳动报酬	#聘用的离退休人员	#聘用的港澳台和外籍人员	离开本单位仍保留劳动关系的职工生活费（千元）	#内部退养职工	在岗职工平均工资（元）
事业	**150699**	**148659**	**2040**	**900**	**10**	**2749**	**483**	**1922970**	**1902401**	**20569**	**7824**	**805**	**4922**	**2747**	**12797**
市直	92573	91009	1564	732	10	1857	253	1348720	1331318	17402	6398	805	3843	1859	14628
中原区	4126	4063	63	13		5	2	57105	56724	381	52		76	19	13961
二七区	1798	1798				3		25575	25575						14224
管城区	1719	1719				1		23794	23794						13842
金水区	3834	3803	31	15		5		58227	57908	319	191		8	8	15227
上街区	1364	1358	6	6				20387	20315	72	72				14959
邙山区	1298	1287	11	6				14797	14749	48	33				11460
中牟县	8028	8005	23	4		157	37	65409	65288	121	75		138	138	8156
巩义市	5873	5757	116	17		105	32	63645	63107	538	56		186	52	10962
荥阳市	6739	6678	61	52		290	35	62622	62109	513	481		171	171	9301
新密市	9424	9336	88	31		167	75	72878	72543	335	123		188	188	7770
新郑市	6871	6812	59	8		70	3	52606	52393	213	51		4	4	7691
登封市	7052	7034	18	16		89	46	57205	56578	627	292		308	308	8044
机关	**70891**	**70256**	**635**	**94**		**989**	**475**	**806813**	**802656**	**4157**	**741**		**7185**	**5337**	**11425**
市直	23358	23210	148	40		195	100	329679	328088	1591	412		3636	2395	14136
中原区	2122	2112	10	1		32	22	25995	25786	209	24		107	57	12209
二七区	2515	2515				59	36	31955	31950	5	5		353	93	12704
管城区	2610	2595	15	2		20	4	32377	32287	90	39		101	45	12442
金水区	3105	2916	189	29		53	50	43987	43214	773	100		611	611	14820
上街区	751	748	3	1				12009	11992	17					16032
邙山区	1356	1339	17			6	6	19081	18999	82			30	30	14189
中牟县	4670	4616	54	1		173	77	35978	35782	196			889	668	7752
巩义市	5675	5555	120	1		18	2	63383	62476	907	5		25	25	11247
荥阳市	5702	5653	49	11		57	3	53809	53664	145	99		29	29	9493
新密市	6687	6685	2	2		203	47	53075	53066	9			421	421	7938
新郑市	5777	5759	18	4		48	43	46567	46490	77	41		146	126	8073
登封市	6563	6553	10	2		125	85	58918	58862	56	16		837	837	8982

2-17 全市及各县(市)区城镇集体单位分企事业从业人员平均人数和劳动报酬

(2001 年)

类别	单位从业人员平均人数（人）	在岗职工	其他从业人员	#聘用的离退休人员	#聘用的港澳台和外籍人员	离开本单位仍保留劳动关系的职工（人）	#内部退养职工	单位从业人员劳动报酬（千元）	在岗职工工资总额	其他从业人员劳动报酬	#聘用的离退休人员	#聘用的港澳台和外籍人员	离开本单位仍保留劳动关系职工的生活费（千元）	#内部退养职工	在岗职工平均工资（元）
城镇集体合计	**120611**	**114773**	**5838**	**817**	**3**	**17794**	**2555**	**828634**	**805966**	**22668**	**6884**	**50**	**11685**	**9304**	**7022**
市直	45094	43859	1235	459	2	11378	1851	310602	303264	7338	4195		9735	7844	6915
中原区	4971	4678	293	145		130	17	31612	30008	1604	485		70	39	6415
二七区	3763	3749	14	3		734	222	35035	34833	202	32		528	436	9291
管城区	2483	2447	36	29		303	50	23180	22784	396	142	5	212	210	9311
金水区	3960	3901	59	41		483	162	32013	31590	423	407		31	15	8098
上街区	4170	4043	127	71		133	16	33220	32377	843	526		133	81	8008
邙山区	3966	3942	24	10		189	18	23528	23374	154	99		114	74	5929
中牟县	5676	5580	96	7	1	150	24	37584	37228	356	77	45	153	126	6672
巩义市	13204	10870	2334	7		1397	36	95330	88618	6712	14		441	211	8153
荥阳市	11298	11127	171	31		1311	10	74263	73302	961	831		18	18	6588
新密市	8488	7921	567	3		584	5	50861	49090	1771	9		38	38	6197
新郑市	8300	7436	864	5		562	101	50407	48617	1790	31		128	128	6538
登封市	5238	5220	18	6		440	43	30999	30881	118	36		84	84	5916
企业	**86701**	**84454**	**2247**	**711**	**3**	**17342**	**2406**	**557051**	**545547**	**11504**	**5742**	**45**	**11578**	**9230**	**6460**
市直	44392	43284	1108	388	2	11297	1844	303450	297040	6410	3407		9735	7844	6863
中原区	4326	4117	209	135		109	17	24276	23458	818	404		70	39	5698
二七区	2477	2463	14	3		609	97	18799	18597	202	32		528	436	7551
管城区	1021	994	27	22		296	50	6098	5956	142	86		212	210	5992
金水区	2973	2927	46	31		483	162	18224	17927	297	297		31	15	6125
上街区	4141	4014	127	71		133	16	32795	31952	843	526		133	81	7960

2-17 续表 （2001年）

类别	单位从业人员平均人数（人）	在岗职工	其他从业人员	#聘用的离退休人员	#聘用的港澳台和外籍人员	离开本单位仍保留劳动关系的职工（人）	#内部退养职工	单位从业人员劳动报酬（千元）	在岗职工工资总额	其他从业人员劳动报酬	#聘用的离退休人员	#聘用的港澳台和外籍人员	离开本单位仍保留劳动关系的职工生活费（千元）	#内部退养职工	在岗职工平均工资（元）
邙山区	3158	3144	14	10		188	18	13619	13526	93	38		114	74	4302
中牟县	2681	2629	52	7	1	148	22	14784	14547	237	77	45	153	126	5533
巩义市	4999	4799	200	6		1337	30	29971	29381	590	10		387	190	6122
荥阳市	6361	6272	89	29		1311	10	40183	39356	827	827		18	18	6275
新密市	3588	3467	121	3		536	4	19708	19053	655	9		38	38	5496
新郑市	4540	4312	228	2		562	101	26352	26049	303	13		128	128	6041
登封市	2044	2032	12	4		333	35	8792	8705	87	16		31	31	4284
事业	**33910**	**30319**	**3591**	**106**		**452**	**149**	**271583**	**260419**	**11164**	**1142**	**5**	**107**	**74**	**8589**
市直	702	575	127	71		81	7	7152	6224	928	788				10824
中原区	645	561	84	10		21		7336	6550	786	81				11676
二七区	1286	1286				125	125	16236	16236						12625
管城区	1462	1453	9	7		7		17082	16828	254	56	5			11582
金水区	987	974	13	10				13789	13663	126	110				14028
上街区	29	29						425	425						14655
邙山区	808	798	10			1		9909	9848	61	61				12341
中牟县	2995	2951	44			2	2	22800	22681	119					7686
巩义市	8205	6071	2134	1		60	6	65359	59237	6122	4		54	21	9757
荥阳市	4937	4855	82	2				34080	33946	134	4				6992
新密市	4900	4454	446			48	1	31153	30037	1116					6744
新郑市	3760	3124	636	3				24055	22568	1487	18				7224
登封市	3194	3188	6	2		107	8	22207	22176	31	20		53	53	6956

2-18 全市及各县(市)区其他单位分企事业从业人员平均人数和劳动报酬

(2001 年)

类别	单位从业人员平均人数(人)	在岗职工	其他从业人员	#聘用的离退休人员	#聘用的港澳台和外籍人员	离开本单位仍保留劳动关系的职工(人)	#内部退养职工	单位从业人员劳动报酬(千元)	在岗职工工资总额	其他从业人员劳动报酬	#聘用的离退休人员	#聘用的港澳台和外籍人员	离开本单位仍保留劳动关系的职工生活费(千元)	#内部退养职工	在岗职工平均工资(元)
其他单位合计	**231661**	**226561**	**5100**	**1465**	**120**	**34910**	**6907**	**1882683**	**1831513**	**51170**	**10673**	**10848**	**80406**	**36416**	**8084**
市直	177152	173503	3649	1202	68	28009	6057	1485831	1444139	41692	7728	9940	73344	31620	8323
中原区	2688	2663	25	14	2	163	48	19943	19681	262	99	24	273	112	7391
二七区	634	619	15	14		72	40	4393	4296	97	93		89	87	6940
管城区	1645	1597	48	10	1	24		14369	13906	463	403	60	5		8708
金水区	3006	2927	79	63	7	60		24455	23587	868	546	322	78		8058
上街区	1690	1681	9	5				15363	15316	47	4				9111
邙山区	3038	2995	43	28				22152	21776	376	207				7271
中牟县	1756	1284	472			49	3	10655	8932	1723			45	45	6956
巩义市	16484	16133	351	29		4128	233	115162	113638	1524	192		5233	3213	7044
荥阳市	8254	8240	14	14		1371	167	68384	68118	266	266		435	435	8267
新密市	5564	5503	61	4		589	306	34713	34690	23			700	700	6304
新郑市	5784	5497	287	63	42	177	41	30503	26863	3640	1009	502	144	144	4887
登封市	3966	3919	47	19		268	12	36760	36571	189	126		60	60	9332
企业	**230544**	**225704**	**4840**	**1415**	**80**	**34910**	**6907**	**1870673**	**1822926**	**47747**	**9886**	**10458**	**80406**	**36416**	**8077**
市直	177129	173480	3649	1202	68	28009	6057	1485375	1443683	41692	7728	9940	73344	31620	8322
中原区	2688	2663	25	14	2	163	48	19943	19681	262	99	24	273	112	7391
二七区	634	619	15	14		72	40	4393	4296	97	93		89	87	6940
管城区	1645	1597	48	10	1	24		14369	13906	463	403	60	5		8708
金水区	3006	2927	79	63	7	60		24455	23587	868	546	322	78		8058
上街区	1690	1681	9	5				15363	15316	47	4				9111
邙山区	2951	2920	31	28				21388	21176	212	207				7252
中牟县	1756	1284	472			49	3	10655	8932	1723			45	45	6956
巩义市	16399	16054	345	28		4128	233	114626	113106	1520	188		5233	3213	7045
荥阳市	8038	8024	14	14		1371	167	66614	66348	266	266		435	435	8269
新密市	5564	5503	61	4		589	306	34713	34690	23			700	700	6304
新郑市	5078	5033	45	14	2	177	41	22019	21634	385	226	112	144	144	4298
登封市	3966	3919	47	19		268	12	36760	36571	189	126		60	60	9332
事业	**1117**	**857**	**260**	**50**	**40**			**12010**	**8587**	**3423**	**787**	**390**			**10020**
市直	23	23						456	456						19826
邙山区	87	75	12					764	600	164					8000
巩义市	85	79	6	1				536	532	4	4				6734
荥阳市	216	216						1770	1770						8194
新郑市	706	464	242	49	40			8484	5229	3255	783	390			11269

2-19 全市及各县(市)区分行业从业人员平均人数及劳动报酬

(2001年)

行业	单位从业人员平均人数(人)	在岗职工	其他从业人员	#聘用的离退休人员	#聘用的港澳台和外籍人员	离开本单位仍保留劳动关系的职工(人)	#内部退养职工	单位从业人员劳动报酬(千元)	在岗职工工资总额	其他从业人员劳动报酬	#聘用的离退休人员	#聘用的港澳台和外籍人员	离开本单位仍保留劳动关系的职工生活费(千元)	#内部退养职工	在岗职工平均工资(元)
农、林、牧、渔业	**3749**	**3721**	**28**	**15**		**251**	**37**	**33628**	**33484**	**144**	**57**		**672**	**366**	**8999**
市直	1325	1306	19	7		139	28	16671	16568	103	21		632	326	12686
中原区	50	50						210	210						4200
管城区	79	79						372	372						4709
金水区	161	161				43	3	2104	2104				18	18	13068
上街区	46	46						133	133						2891
邙山区	211	209	2	2				2133	2121	12	12				10148
中牟县	1139	1139				24	6	6420	6420				22	22	5637
巩义市	77	76	1	1				593	585	8	8				7697
荥阳市	204	198	6	5		30		1575	1554	21	16				7848
新密市	222	222				5		1469	1469						6617
新郑市	235	235				10		1948	1948						8289
采掘业	**52265**	**52237**	**28**	**15**		**9604**	**133**	**411381**	**411215**	**166**	**128**		**18759**	**333**	**7872**
市直	35006	35006				7322		267205	267205				16317		7633
巩义市	6651	6635	16	3		1445	5	52360	52302	58	20		1755	19	7883
荥阳市	1466	1466				264	88	6970	6970				683	310	4754
新密市	4459	4457	2	2		149	37	36675	36668	7	7				8227
登封市	4683	4673	10	10		424	3	48171	48070	101	101		4	4	10287
制造业	**224530**	**222379**	**2151**	**759**	**26**	**69687**	**11880**	**2187053**	**2175725**	**11328**	**5940**	**769**	**110649**	**59357**	**9784**
市直	169295	168039	1256	490	17	55357	10208	1796807	1788901	7906	3762	420	94352	50849	10646
中原区	2649	2581	68	33	2	189	66	16036	15738	298	161	24	164	158	6098
二七区	2659	2632	27	16		644	126	20335	20054	281	107		567	473	7619
管城区	1564	1506	58	19		107	15	11803	11661	142	129		69	64	7743
金水区	2148	2073	75	71	4	511	162	15070	14270	800	632	168	93	15	6884
上街区	4739	4680	59	57		43		40968	40475	493	442		52		8649
邙山区	818	798	20	13		32	11	3842	3707	135	85		39	39	4645
中牟县	4182	4019	163	2	1	773	90	22214	22093	121	24	45	55	55	5497
巩义市	10296	10125	171	5		5767	231	63745	63402	343	9		5566	4400	6262
荥阳市	7323	7298	25	25		2211	276	46209	45888	321	321		780	780	6288
新密市	5274	5216	58	1		2331	258	34284	34277	7			633	633	6572
新郑市	11625	11542	83	19	2	848	351	106541	106123	418	259	112	8008	1620	9195
登封市	1958	1870	88	8		874	86	9199	9136	63	9		271	271	4886

2-19 续表 1 （2001 年）

行业	单位从业人员平均人数（人）	在岗职工	其他从业人员	#聘用的离退休人员	#聘用的港澳台和外籍人员	离开本单位仍保留劳动关系的职工（人）	#内部退养职工	单位从业人员劳动报酬（千元）	在岗职工工资总额	其他从业人员劳动报酬	#聘用的离退休人员	#聘用的港澳台和外籍人员	离开本单位仍保留劳动关系的职工生活费（千元）	#内部退养职工	在岗职工平均工资（元）
电力、煤气及水的生产和供应业	**30479**	**30106**	**373**	**45**		**426**	**335**	**401331**	**399398**	**1933**	**600**		**3137**	**3125**	**13266**
市直	14083	14046	37	37		231	218	217388	216855	533	533		2226	2214	15439
上街区	39	39						460	460						11795
中牟县	564	564				5		7213	7213						12789
巩义市	6621	6316	305	5		61	5	58450	57120	1330	36		18	18	9044
荥阳市	1655	1651	4	3		46	46	24208	24155	53	31		550	550	14631
新密市	2004	2004				35	35	17975	17975				138	138	8970
新郑市	1629	1629				10	10	21268	21268				80	80	13056
登封市	3884	3857	27			38	21	54369	54352	17			125	125	14092
建筑业	**120137**	**112217**	**7920**	**948**	**4**	**14385**	**3464**	**1081555**	**1035676**	**45879**	**8363**	**48**	**40729**	**28739**	**9229**
市直	93627	86654	6973	770	4	14009	3400	896429	854339	42090	6967	48	40436	28483	9859
中原区	3038	2912	126	100		14	3	18377	17846	531	223		53	18	6128
二七区	194	194						1258	1258						6485
管城区	471	465	6	3		45	35	2706	2663	43			148	146	5727
金水区	2775	2745	30	15				17867	17763	104	104				6471
上街区	531	519	12	12		16	16	3642	3557	85	66		81	81	6854
邙山区	4911	4904	7	7				28793	28728	65	55				5858
中牟县	2627	2152	475	3		10	8	28716	26947	1769	46				12522
巩义市	2690	2686	4	4				21787	21753	34	34				8099
荥阳市	6119	6032	87	27		174	2	47463	46636	827	827		11	11	7731
新密市	1041	1041				25		4895	4895						4702
新郑市	1371	1174	197	4				6004	5689	315	25				4846
登封市	742	739	3	3		92		3618	3602	16	16				4874
地质勘查业、水利管理业	**6402**	**6319**	**83**	**60**		**831**	**131**	**80926**	**80320**	**606**	**204**		**2786**	**945**	**12711**
市直	5071	4993	78	57		722	126	70613	70039	574	204		2762	927	14027
中牟县	529	529				15		4777	4777						9030
巩义市	57	57				13	3	509	509				24	18	8930
荥阳市	290	290				53		1971	1971						6797
新密市	228	226	2	2		4		1303	1292	11					5717
新郑市	227	224	3	1		24	2	1753	1732	21					7732

2-19　续表 2　　　　　　　　　　　　　　　　(2001 年)

行业	单位从业人员平均人数(人)	在岗职工	其他从业人员	#聘用的离退休人员	#聘用的港澳台和外籍人员	离开本单位仍保留劳动关系的职工(人)	#内部退养职工	单位从业人员劳动报酬(千元)	在岗职工工资总额	其他从业人员劳动报酬	#聘用的离退休人员	#聘用的港澳台和外籍人员	离开本单位仍保留劳动关系的职工生活费(千元)	#内部退养职工	在岗职工平均工资(元)
交通运输、仓储及邮电通信业	**30910**	**30762**	**148**	**32**		**5727**	**3153**	**430997**	**429994**	**1003**	**166**		**30381**	**26750**	**13978**
市直	23097	22961	136	23		4187	2413	361386	360444	942	121		26611	23398	15698
管城区	41	41				1		860	860						20976
金水区	82	81	1	1		3	1	1169	1163	6	6		1	1	14358
上街区	472	467	5	5		3	3	4482	4460	22	22		53	53	9550
邙山区	36	35	1	1		4		323	317	6	6				9057
中牟县	833	833				67	49	7849	7849				58	53	9423
巩义市	1475	1474	1			173	58	14506	14499	7	7		163	33	9836
荥阳市	1159	1159				258	14	10736	10736				5	5	9263
新密市	730	727	3	1		114	43	6192	6176	16			194	151	8495
新郑市	1952	1951	1	1		809	484	14200	14196	4	4		2498	2264	7276
登封市	1033	1033				108	88	9294	9294				798	792	8997
批发和零售贸易、餐饮业	**82416**	**80630**	**1786**	**137**	**17**	**20856**	**3165**	**548917**	**534284**	**14633**	**892**	**3685**	**22123**	**17016**	**6626**
市直	58694	57236	1458	103	17	13892	2642	415083	401618	13465	687	3685	20114	15216	7017
中原区	846	807	39	10		10	2	5809	5603	206	74		8	8	6943
二七区	155	154	1	1		30	5	993	982	11	11		34	34	6377
管城区	274	274				140		1659	1659						6055
金水区	322	312	10	2		22		2631	2557	74	74		16		8196
上街区	1471	1407	64	3		150		9410	9110	300			10		6475
邙山区	340	340				51	33	2164	2164				130	130	6365
中牟县	2481	2402	79	2		270	35	14053	13683	370	7		210	135	5697
巩义市	5433	5411	22	8		1453	52	28149	28107	42	32		443	347	5194
荥阳市	2119	2117	2	2		1217	41	10946	10939	7	7		153	153	5167
新密市	4143	4139	4	4		1609	88	19753	19735	18			548	548	4768
新郑市	3055	3055				886	152	16380	16380				277	265	5362
登封市	3062	2955	107	2		1126	115	21887	21747	140			180	180	7359
金融、保险业	**31020**	**25921**	**5099**	**11**		**1618**	**1401**	**460447**	**419103**	**41344**	**1425**		**16800**	**16518**	**16168**
市直	23631	20106	3525	7		1291	1085	379763	354980	24783	91		12317	12105	17655
中牟县	873	788	85			53	53	9497	8043	1454	1162		559	494	10207

2-19 续表 3 （2001 年）

行业	单位从业人员平均人数(人)	在岗职工	其他从业人员	#聘用的离退休人员	#聘用的港澳台和外籍人员	离开本单位仍保留劳动关系的职工(人)	#内部退养职工	单位从业人员劳动报酬(千元)	在岗职工工资总额	其他从业人员劳动报酬	#聘用的离退休人员	#聘用的港澳台和外籍人员	离开本单位仍保留劳动关系的职工的生活费(千元)	#内部退养职工	在岗职工平均工资(元)
巩义市	1472	1349	123			48	48	19157	17456	1701			443	443	12940
荥阳市	1111	811	300			36	36	12120	8344	3776	163		383	383	10289
新密市	1606	1146	460	3		92	81	17028	11351	5677	9		880	875	9905
新郑市	912	887	25			48	48	9635	9470	165			275	275	10676
登封市	1415	834	581	1		50	50	13247	9459	3788			1943	1943	11342
房地产业	**8294**	**8094**	**200**	**94**	**11**	**389**	**132**	**81098**	**78220**	**2878**	**1374**	**485**	**700**	**487**	**9664**
市直	5677	5508	169	68	7	169	40	58689	56515	2174	884	271	255	206	10261
中原区	403	397	6	6		68	2	3239	3194	45	45		151	1	8045
二七区	35	35				36	10	527	527				106	92	15057
管城区	439	427	12	11	1	1		4787	4359	428	368	60			10208
金水区	559	547	12	8	3			6209	5980	229	75	154			10932
上街区	390	389	1	1				3014	3012	2	2				7743
中牟县	43	43						355	355						8256
荥阳市	458	458				40	5	3208	3208						7004
新密市	241	241				75	75	1046	1046				188	188	4340
新郑市	49	49						24	24						490
社会服务业	**50915**	**49613**	**1302**	**664**	**32**	**3221**	**786**	**498179**	**478419**	**19760**	**4704**	**8786**	**6885**	**5931**	**9643**
市直	40655	39382	1273	642	32	2823	745	417103	397463	19640	4584	8786	6652	5758	10093
中原区	468	468				7		3924	3924				1		8385
二七区	408	407	1			11	10	4863	4856	7	7		38	38	11931
管城区	431	431				27		6579	6579						15265
金水区	1495	1494	1	1		19		18707	18700	7	7				12517
上街区	421	421						5179	5179						12302
邙山区	424	421	3	3		146		3352	3343	9	9		40		7941
中牟县	801	801				48	13	3157	3157						3941
巩义市	2065	2057	8	2		73	1	13171	13164	7	7		19		6400
荥阳市	1054	1049	5	5		14		6205	6170	35	35				5882
新密市	892	892				4		5797	5797						6499
新郑市	749	746	3	3		20		4977	4959	18	18				6647
登封市	1052	1044	8	8		29	17	5684	5647	37	37		135	135	5409
卫生、体育和社会福利业	**34605**	**33804**	**801**	**435**	**1**	**616**	**196**	**478266**	**468014**	**10252**	**4600**	**5**	**888**	**288**	**13845**
市直	20421	19872	549	291	1	237	22	333361	325792	7569	3074		563	38	16395
中原区	388	359	29	10		20	1	3914	3714	200	76		12	12	10345

行业	单位从业人员平均人数(人)	在岗职工	其他从业人员	#聘用的离退休人员	#聘用的港澳台和外籍人员	离开本单位仍保留劳动关系的职工(人)	#内部退养职工	单位从业人员劳动报酬(千元)	在岗职工工资总额	其他从业人员劳动报酬	#聘用的离退休人员	#聘用的港澳台和外籍人员	离开本单位仍保留劳动关系的职工生活费(千元)	#内部退养职工	在岗职工平均工资(元)
二七区	690	690				125	125	8722	8722						12641
管城区	555	547	8	7		7		6636	6388	248	56	5			11678
金水区	531	518	13	13				6609	6405	204	204				12365
上街区	304	298	6	6				4908	4836	72	72				16228
邙山区	568	538	30	18				4746	4567	179	172				8489
中牟县	1743	1727	16	3		36	6	15243	15161	82	71		18	18	8779
巩义市	2388	2322	66	12		22	4	26567	26188	379	27		112	37	11278
荥阳市	1881	1840	41	35		56	30	19538	19134	404	385		171	171	10399
新密市	2271	2249	22	20		90		22565	22359	206	107				9942
新郑市	1507	1501	6	5		14		13461	13381	80	51				8915
登封市	1358	1343	15	15		9	8	11996	11367	629	305		12	12	8464
教育、文化艺术及广播电影电视业	**113502**	**108764**	**4738**	**362**	**50**	**1328**	**199**	**1277463**	**1256149**	**21314**	**3039**	**1142**	**2661**	**2166**	**11549**
市直	49809	48981	828	277	10	827	135	708440	701074	7366	2047	752	2288	1926	14313
中原区	3500	3389	111	6		4	1	48907	48023	884	47		64	7	14170
二七区	1943	1943				4	1	26756	26756				12	12	13770
管城区	2037	2036	1					26928	26922	6					13223
金水区	3088	3061	27	8		5		48095	47869	226	82		8	8	15638
上街区	544	544						8160	8160						15000
邙山区	1546	1531	15					19553	19381	172					12659
中牟县	6870	6823	47			46	2	54639	54501	138					7988
巩义市	10348	8166	2182	5		114	31	87774	81508	6266	18		94	18	9981
荥阳市	7988	7898	90	8		110		64398	64214	184	46				8130
新密市	9757	9249	508	7		44	1	66628	65403	1225	16				7071
新郑市	8301	7376	925	51	40	21		59444	54608	4836	783	390			7403
登封市	7771	7767	4			153	28	58329	58318	11			195	195	7508
科学研究和综合技术服务业	**23868**	**22970**	**898**	**478**	**1**	**1134**	**273**	**310521**	**301613**	**8908**	**4686**	**72**	**2942**	**2271**	**13131**
市直	22157	21265	892	472	1	1112	261	296934	288099	8835	4686	72	2820	2159	13548
中原区	268	262	6	6				2748	2675	73					10210
管城区	30	30						456	456						15200
上街区	59	59						913	913						15475

2-19 续表 5 （2001 年）

行业	单位从业人员平均人数（人）	在岗职工	其他从业人员	#聘用的离退休人员	#聘用的港澳台和外籍人员	离开本单位仍保留劳动关系的职工（人）	#内部退养职工	单位从业人员劳动报酬（千元）	在岗职工工资总额	其他从业人员劳动报酬	#聘用的离退休人员	#聘用的港澳台和外籍人员	离开本单位仍保留劳动关系的职工生活费（千元）	#内部退养职工	在岗职工平均工资（元）
中牟县	152	152				18	12	1186	1186				112	112	7803
巩义市	114	114				1		1239	1239				10		10868
荥阳市	202	202						2014	2014						9970
新密市	505	505				3		2145	2145						4248
新郑市	372	372						2787	2787						7492
登封市	9	9						99	99						11000
国家机关、政党机关和社会团体	**74187**	**73504**	**683**	**118**		**1004**	**484**	**855082**	**850255**	**4827**	**919**		**7363**	**5467**	**11567**
市直	26653	26459	194	62		210	109	377713	375454	2259	588		3814	2525	14190
中原区	2122	2112	10	1		32	22	25995	25786	209	24		107	57	12209
二七区	2515	2515				59	36	31955	31950	5	5		353	93	12704
管城区	2616	2601	15	2		20	4	32445	32355	90	39		101	45	12439
金水区	3145	2954	191	31		53	50	44677	43902	775	102		611	611	14862
上街区	751	748	3	1				12009	11992	17					16032
邙山区	1356	1339	17			6	6	19081	18999	82			30	30	14189
中牟县	4670	4616	54	1		173	77	35978	35782	196			889	668	7752
巩义市	5675	5555	120	1		18	2	63383	62476	907	5		25	25	11247
荥阳市	5657	5608	49	11		57	3	53286	53141	145	99		29	29	9476
新密市	6687	6685	2	2		203	47	53075	53066	9			421	421	7938
新郑市	5777	5759	18	4		48	43	46567	46490	77	41		146	126	8073
登封市	6563	6553	10	2		125	85	58918	58862	56	16		837	837	8982
其他行业	**4987**	**4888**	**99**	**84**		**887**	**178**	**52798**	**52257**	**541**	**469**		**910**	**568**	**10691**
市直	2685	2608	77	66		795	159	30217	29806	411	359		874	560	11429
中原区	471	470	1	1		2		6753	6743	10	10				14347
二七区	233	233						2762	2762						11854
管城区	113	113						803	803						7106
上街区	117	117						1613	1613						13786
邙山区	48	48						604	604						12583
中牟县	357	353	4	1		21	19	3042	3022	20	4		8	8	8561
巩义市	396	381	15	15				2904	2811	93	93				7378
荥阳市	172	171	1	1		4		1484	1481	3	3				8661
新密市	130	130				41		803	803				28		6177
新郑市	43	43						457	457						10628
登封市	222	221	1			24		1356	1352	4					6118

2-20 全市及各县(市)区国有单位分行业从业人员平均人数及劳动报酬

(2001 年)

行业	单位从业人员平均人数(人)	在岗职工	其他从业人员	#聘用的离退休人员	#聘用的港澳台和外籍人员	离开本单位仍保留劳动关系的职工(人)	#内部退养职工	单位从业人员劳动报酬(千元)	在岗职工工资总额	其他从业人员劳动报酬	#聘用的离退休人员	#聘用的港澳台和外籍人员	离开本单位仍保留劳动关系的职工生活费(千元)	#内部退养职工	在岗职工平均工资(元)
农、林、牧、渔业	**3389**	**3374**	**15**	**9**		**248**	**37**	**31251**	**31156**	**95**	**38**		**672**	**366**	**9234**
市直	15	1248	8	3		139	28	16337	16271	66	14		632	326	13038
管城区	79	79						372	372						4709
金水区	157	157				43	3	2038	2038				18	18	12981
上街区	46	46						133	133						2891
邙山区	185	185						2018	2018						10908
中牟县	928	928				21	6	4768	4768				22	22	5138
巩义市	77	76	1	1				593	585	8	8				7697
荥阳市	204	198	6	5		30		1575	1554	21	16				7848
新密市	222	222				5		1469	1469						6617
新郑市	235	235				10		1948	1948						8289
采掘业	**11713**	**11709**	**4**	**4**		**700**	**91**	**103373**	**103361**	**12**	**12**		**687**	**314**	**8827**
巩义市	4961	4961						43657	43657						8800
荥阳市	1466	1466				264	88	6970	6970				683	310	4754
新密市	2979	2977	2	2		12		24575	24568	7	7				8253
登封市	2307	2305	2	2		424	3	28171	28166	5	5		4	4	12220
制造业	**86826**	**86248**	**578**	**114**		**39912**	**4752**	**1167008**	**1165316**	**1692**	**892**		**50583**	**24166**	**13511**
市直	71633	71331	302	93		32800	4146	1030558	1029090	1468	737		39952	20723	14427
中原区	77	72	5			8	6	441	441				26	26	6125
金水区	103	101	2	2		3		1284	1242	42	42				12297
上街区	691	691						6364	6364						9210
邙山区	54	54						235	235						4352
中牟县	2477	2322	155			734	80	13109	13057	52			5	5	5623
巩义市	3226	3210	16			2960	3	15306	15297	9			2006	1206	4765
荥阳市	1491	1482	9	9		456	106	10080	10025	55	55		346	346	6765
新密市	1166	1166				1690		13345	13345						11445
新郑市	4522	4514	8	8		666	340	69701	69652	49	49		8008	1620	15430
登封市	1386	1305	81	2		595	71	6585	6568	17	9		240	240	5033

2-20 续表1 (2001年)

行业	单位从业人员平均人数(人)	在岗职工	其他从业人员	#聘用的离退休人员	#聘用的港澳台和外籍人员	离开本单位仍保留劳动关系的职工(人)	#内部退养职工	单位从业人员劳动报酬(千元)	在岗职工工资总额	其他从业人员劳动报酬	#聘用的离退休人员	#聘用的港澳台和外籍人员	离开本单位仍保留劳动关系的职工生活费(千元)	#内部退养职工	在岗职工平均工资(元)
电力、煤气及水的生产和供应业	**20541**	**20537**	**4**	**3**		**384**	**308**	**309533**	**309480**	**53**	**31**		**2972**	**2960**	**15069**
市直	12119	12119				231	218	201826	201826				2226	2214	16654
上街区	39	39						460	460						11795
中牟县	564	564				5		7213	7213						12789
巩义市	1101	1101				61	5	15362	15362				18	18	13953
荥阳市	558	554	4	3		46	46	9231	9178	53	31		550	550	16567
新密市	1439	1439				20	20	12575	12575				33	33	8739
新郑市	1610	1610				10	10	21029	21029				80	80	13061
登封市	3111	3111				11	9	41837	41837				65	65	13448
建筑业	**74977**	**69312**	**5665**	**380**		**13239**	**3301**	**772324**	**741809**	**30515**	**5506**		**39104**	**27853**	**10702**
市直	72510	66845	5665	380		13210	3293	742659	712144	30515	5506		39104	27853	10654
中牟县	1627	1627				10	8	22616	22616						13900
巩义市	341	341						3112	3112						9126
荥阳市	245	245						1480	1480						6041
新密市	30	30				19		216	216						7200
新郑市	224	224						2241	2241						10004
地质勘查业、水利管理业	**6392**	**6315**	**77**	**60**		**831**	**131**	**80884**	**80304**	**580**	**204**		**2786**	**945**	**12716**
市直	5061	4989	72	57		722	126	70571	70023	548	204		2762	927	14035
中牟县	529	529				15		4777	4777						9030
巩义市	57	57				13	3	509	509				24	18	8930
荥阳市	290	290				53		1971	1971						6797
新密市	228	226	2	2		4		1303	1292	11					5717
新郑市	227	224	3	1		24	2	1753	1732	21					7732
交通运输、仓储及邮电通信业	**26298**	**26209**	**89**	**7**		**4980**	**3084**	**367834**	**367296**	**538**	**55**		**29759**	**26197**	**14014**
市直	19177	19091	86	5		3486	2344	302562	302041	521	42		25989	22845	15821
管城区	41	41				1		860	860						20976
金水区	82	81	1	1		3	1	1169	1163	6	6		1	1	14358
上街区	201	201				3	3	2625	2625				53	53	13060
邙山区	19	19						230	230						12105
中牟县	698	698				67	49	6769	6769				58	53	9698
巩义市	1475	1474	1			173	58	14506	14499	7	7		163	33	9836
荥阳市	1159	1159				258	14	10736	10736				5	5	9263
新密市	686	685	1	1		72	43	5887	5883	4			194	151	8588
新郑市	1766	1766				809	484	13591	13591				2498	2264	7696
登封市	994	994				108	88	8899	8899				798	792	8953

行 业	单位从业人员平均人数(人)	在岗职工	其他从业人员	#聘用的离退休人员	#聘用的港澳台和外籍人员	离开本单位仍保留劳动关系的职工(人)	#内部退养职工	单位从业人员劳动报酬(千元)	在岗职工工资总额	其他从业人员劳动报酬	#聘用的离退休人员	#聘用的港澳台和外籍人员	离开本单位仍保留劳动关系的职工生活费(千元)	#内部退养职工	在岗职工平均工资(元)
批发和零售贸易、餐饮业	**40361**	**39775**	**586**	**46**		**11759**	**1991**	**313514**	**310328**	**3186**	**215**		**15842**	**12475**	**7802**
市直	26498	26071	427	35		8118	1653	230280	227466	2814	182		14482	11185	8725
中原区	95	95				2	2	526	526				8	8	5537
二七区	87	87				5	5	686	686				34	34	7885
管城区	93	93						508	508						5462
金水区	76	76				6		596	596						7842
上街区	933	929	4	1		76		4690	4680	10			10		5038
邙山区	278	278				44	26	1804	1804				95	95	6489
中牟县	1515	1477	38			118	20	9445	9197	248			62	14	6227
巩义市	1959	1943	16	6		323	33	11633	11602	31	26		174	174	5971
荥阳市	1229	1227	2	2		478	36	6768	6761	7	7		145	145	5510
新密市	2926	2926				1325	88	14272	14271	1			548	548	4877
新郑市	2264	2264				341	33	12276	12276				104	92	5422
登封市	2408	2309	99	2		923	95	20030	19955	75			180	180	8642
金融、保险业	**22191**	**17255**	**4936**	**8**		**1177**	**1154**	**327345**	**286907**	**40438**	**1408**		**15247**	**15069**	**16627**
市直	17528	14004	3524	7		873	861	267487	242712	24775	83		10880	10772	17332
中牟县	563	478	85			53	53	7071	5617	1454	1162		559	494	11751
巩义市	749	669	80			37	37	13534	12083	1451			426	426	18061
荥阳市	777	477	300			36	36	9740	5964	3776	163		383	383	12503
新密市	923	581	342	1		92	81	11752	6717	5035			880	875	11561
新郑市	589	564	25			36	36	6843	6678	165			176	176	11840
登封市	1062	482	580			50	50	10918	7136	3782			1943	1943	14805
房地产业	**1839**	**1830**	**9**	**5**		**214**	**109**	**14608**	**14562**	**46**	**29**		**433**	**416**	**7957**
市直	1223	1216	7	3		63	19	10746	10710	36	19		139	136	8808
中原区	25	25						155	155						6200
二七区	35	35				36	10	527	527				106	92	15057
管城区	44	43	1	1				401	393	8	8				9140
金水区	44	44						392	392						8909
上街区	12	11	1	1				66	64	2	2				5818
中牟县	43	43						355	355						8256
荥阳市	172	172				40	5	920	920						5349
新密市	241	241				75	75	1046	1046				188	188	4340
社会服务业	**31652**	**31310**	**342**	**139**	**9**	**2111**	**494**	**322462**	**316436**	**6026**	**1246**	**3289**	**4292**	**3586**	**10107**
市直	23861	23529	332	129	9	2006	463	258136	252162	5974	1194	3289	4157	3451	10717
中原区	393	393				6		3557	3557						9051
二七区	248	248						4000	4000						16129
管城区	286	286						4114	4114						14385
金水区	1018	1017	1	1				13928	13921	7	7				13688

2-20 续表 3　　（2001 年）

行业	单位从业人员平均人数（人）	在岗职工	其他从业人员	#聘用的离退休人员	#聘用的港澳台和外籍人员	离开本单位仍保留劳动关系的职工（人）	#内部退养职工	单位从业人员劳动报酬（千元）	在岗职工工资总额	其他从业人员劳动报酬	#聘用的离退休人员	#聘用的港澳台和外籍人员	离开本单位仍保留劳动关系职工的生活费（千元）	#内部退养职工	在岗职工平均工资（元）
上街区	377	377						4792	4792						12711
邙山区	197	197						1925	1925						9772
中牟县	691	691				45	13	2689	2689						3891
巩义市	1612	1611	1	1		1	1	10737	10734	3	3				6663
荥阳市	968	963	5	5				5343	5308	35	35				5512
新密市	743	743				4		5030	5030						6770
新郑市	707	707				20		4734	4734						6696
登封市	551	548	3	3		29	17	3477	3470	7	7		135	135	6332
卫生、体育和社会福利业	**32603**	**31876**	**727**	**392**		**417**	**70**	**458792**	**449289**	**9503**	**4182**		**885**	**285**	**14095**
市直	20279	19733	546	289		237	22	332155	324619	7536	3056		563	38	16451
中原区	130	129	1	1		1	1	1641	1636	5	5		12	12	12682
二七区	260	260						3671	3671						14119
管城区	167	167						2356	2356						14108
金水区	311	308	3	3				4204	4110	94	94				13344
上街区	304	298	6	6				4908	4836	72	72				16228
邙山区	381	373	8	6				3748	3708	40	33				9941
中牟县	1709	1693	16	3		36	6	14958	14876	82	71		18	18	8787
巩义市	2327	2262	65	11		21	3	26230	25855	375	23		109	34	11430
荥阳市	1878	1837	41	35		56	30	19530	19126	404	385		171	171	10412
新密市	2138	2116	22	20		43		22134	21928	206	107				10363
新郑市	1507	1501	6	5		14		13461	13381	80	51				8915
登封市	1212	1199	13	13		9	8	9796	9187	609	285		12	12	7662
教育、文化艺术及广播电影电视业	**80918**	**79989**	**929**	**229**	**9**	**1084**	**182**	**1017493**	**1010284**	**7209**	**1410**	**733**	**2545**	**2083**	**12630**
市直	48810	48136	674	195	9	748	135	695186	688936	6250	1205	733	2288	1926	14312
中原区	3356	3300	56	6		4	1	47303	47000	303	47		64	7	14242
二七区	1290	1290				3		17904	17904						13879
管城区	1151	1151						16281	16281						14145
金水区	2404	2380	24	8		5		38382	38172	210	82		8	8	16039
上街区	544	544						8160	8160						15000
邙山区	738	735	3					8706	8698	8					11834
中牟县	3936	3933	3			44		32400	32381	19					8233
巩义市	2072	2023	49	5		55	26	21932	21784	148	18		43		10768
荥阳市	2864	2856	8	6		110		28813	28763	50	42				10071
新密市	5122	5060	62	7		43		36668	36559	109	16				7225
新郑市	3897	3847	50	2		21		27383	27271	112					7089
登封市	4734	4734				51	20	38375	38375				142	142	8106

行业	单位从业人员平均人数(人)	在岗职工	其他从业人员	#聘用的离退休人员	#聘用的港澳台和外籍人员	离开本单位仍保留劳动关系的职工(人)	#内部退养职工	单位从业人员劳动报酬(千元)	在岗职工工资总额	其他从业人员劳动报酬	#聘用的离退休人员	#聘用的港澳台和外籍人员	离开本单位仍保留劳动关系的职工生活费(千元)	#内部退养职工	在岗职工平均工资(元)
科学研究和综合技术服务业	**22734**	**22018**	**716**	**429**	**1**	**1083**	**272**	**299494**	**292748**	**6746**	**3706**	**72**	**2938**	**2267**	**13296**
市直	21192	20482	710	423	1	1061	260	287473	280800	6673	3706	72	2816	2155	13710
中原区	118	112	6	6				1445	1372	73					12250
管城区	30	30						456	456						15200
上街区	40	40						650	650						16250
中牟县	152	152				18	12	1186	1186				112	112	7803
巩义市	114	114				1		1239	1239				10		10868
荥阳市	202	202						2014	2014						9970
新密市	505	505				3		2145	2145						4248
新郑市	372	372						2787	2787						7492
登封市	9	9						99	99						11000
国家机关、政党机关和社会团体	**74187**	**73504**	**683**	**118**		**1004**	**484**	**855082**	**850255**	**4827**	**919**		**7363**	**5467**	**11567**
市直	26653	26459	194	62		210	109	377713	375454	2259	588		3814	2525	14190
中原区	2122	2112	10	1		32	22	25995	25786	209	24		107	57	12209
二七区	2515	2515				59	36	31955	31950	5	5		353	93	12704
管城区	2616	2601	15	2		20	4	32445	32355	90	39		101	45	12439
金水区	3145	2954	191	31		53	50	44677	43902	775	102		611	611	14862
上街区	751	748	3	1				12009	11992	17					16032
邙山区	1356	1339	17			6	6	19081	18999	82			30	30	14189
中牟县	4670	4616	54	1		173	77	35978	35782	196			889	668	7752
巩义市	5675	5555	120	1		18	2	63383	62476	907	5		25	25	11247
荥阳市	5657	5608	49	11		57	3	53286	53141	145	99		29	29	9476
新密市	6687	6685	2	2		203	47	53075	53066	9			421	421	7938
新郑市	5777	5759	18	4		48	43	46567	46490	77	41		146	126	8073
登封市	6563	6553	10	2		125	85	58918	58862	56	16		837	837	8982
其他行业	**3373**	**3334**	**39**	**32**		**117**	**25**	**37328**	**37116**	**212**	**156**		**186**	**158**	**11133**
市直	1840	1807	33	30		32	6	23680	23495	185	149		150	150	13002
中原区	228	228						3294	3294						14447
管城区	15	15						173	173						11533
上街区	107	107						1451	1451						13561
邙山区	46	46						576	576						12522
中牟县	330	326	4	1		21	19	2766	2746	20	4		8	8	8423
巩义市	324	324						2069	2069						6386
荥阳市	146	145	1	1		4		1227	1224	3	3				8441
新密市	103	103				41		567	567				28		5505
新郑市	23	23						222	222						9652
登封市	211	210	1			19		1303	1299	4					6186

2-21 全市及各县(市)区城镇集体单位分行业从业人员平均人数及劳动报酬

(2001 年)

行业	单位从业人员平均人数(人)	在岗职工	其他从业人员	#聘用的离退休人员	#聘用的港澳台和外籍人员	离开本单位仍保留劳动关系的职工(人)	#内部退养职工	单位从业人员劳动报酬(千元)	在岗职工工资总额	其他从业人员劳动报酬	#聘用的离退休人员	#聘用的港澳台和外籍人员	离开本单位仍保留劳动关系职工的生活费(千元)	#内部退养职工	在岗职工平均工资(元)
农、林、牧、渔业	**69**	**58**	**11**	**4**				**334**	**297**	**37**	**7**				**5121**
市直	69	58	11	4				334	297	37	7				5121
制造业	**33975**	**33118**	**857**	**364**	**3**	**8702**	**1273**	**213840**	**209787**	**4053**	**2335**	**45**	**5172**	**3607**	**6335**
市直	18331	17858	473	210	2	6093	954	111781	109408	2373	1368		4271	2977	6127
中原区	1091	1037	54	29		89	14	5648	5416	232	144		27	21	5223
二七区	2063	2051	12	2		572	86	16055	15871	184	14		478	386	7738
管城区	387	366	21	19		84	15	2248	2149	99	86		64	64	5872
金水区	1190	1161	29	29		448	162	6972	6775	197	197		15	15	5835
上街区	3221	3165	56	56		43		25406	24941	465	438		52		7880
邙山区	245	233	12	8		32	11	1293	1210	83	38		39	39	5193
中牟县	885	877	8	2	1	7	7	3988	3919	69	24	45	18	18	4469
巩义市	1675	1520	155	5		534		11510	11176	334	9		121		7353
荥阳市	1249	1246	3	3		513	5	5519	5508	11	11		18	18	4421
新密市	1123	1123				214	4	5689	5689				38	38	5066
新郑市	2319	2285	34	1		35		17092	17086	6	6				7477
登封市	196	196				38	15	639	639				31	31	3260
建筑业	**19675**	**19159**	**516**	**177**		**602**	**95**	**126997**	**124773**	**2224**	**1492**		**543**	**470**	**6513**
市直	4774	4697	77	33		311	41	41948	41515	433	262		271	225	8839
中原区	2764	2643	121	97		12	3	15549	15138	411	193		43	18	5728
二七区	194	194						1258	1258						6485
管城区	471	465	6	3		45	35	2706	2663	43			148	146	5727
金水区	1477	1462	15					9306	9216	90	90				6304
上街区	231	221	10	10		16	16	2071	2005	66	66		81	81	9072
邙山区	2745	2743	2	2				11260	11250	10					4101
中牟县	315	312	3	3				2332	2286	46	46				7327
荥阳市	4071	3985	86	26		126		29013	28197	816	816				7076
新密市	765	765						4348	4348						5684
新郑市	1126	933	193					3588	3295	293	3				3532
登封市	742	739	3	3		92		3618	3602	16	16				4874
地质勘查业、水利管理业	**10**	**4**	**6**					**42**	**16**	**26**					**4000**
市直	10	4	6					42	16	26					4000

2-21 续表1 (2001年)

行业	单位从业人员平均人数（人）	在岗职工	其他从业人员	#聘用的离退休人员	#聘用的港澳台和外籍人员	离开本单位仍保留劳动关系的职工（人）	#内部退养职工	单位从业人员劳动报酬（千元）	在岗职工工资总额	其他从业人员劳动报酬	#聘用的离退休人员	#聘用的港澳台和外籍人员	离开本单位仍保留劳动关系的职工生活费（千元）	#内部退养职工	在岗职工平均工资（元）
交通运输、仓储及邮电通信业	**2792**	**2777**	**15**	**6**		**712**	**41**	**19548**	**19395**	**153**	**26**		**180**	**111**	**6984**
市直	2154	2147	7			666	41	15687	15572	115			180	111	7253
上街区	271	266	5	5				1857	1835	22	22				6898
邙山区	2	2				4		10	10						5000
中牟县	135	135						1080	1080						8000
新密市	44	42	2			42		305	293	12					6976
新郑市	186	185	1	1				609	605	4	4				3270
批发和零售贸易、餐饮业	**16460**	**16162**	**298**	**48**		**6308**	**750**	**91403**	**90093**	**1310**	**208**		**3380**	**2951**	**5574**
市直	9203	9050	153	32		3449	595	56336	55706	630	112		2916	2606	6155
中原区	410	376	34	9		8		2734	2559	175	67				6806
二七区	68	67	1	1		25		307	296	11	11				4418
管城区	79	79				140		462	462						5848
金水区	126	124	2	2		16		914	904	10	10		16		7290
上街区	389	333	56			74		3240	2950	290					8859
邙山区	62	62				7	7	360	360				35	35	5806
中牟县	936	895	41	2		141	15	4535	4413	122	7		135	108	4931
巩义市	2403	2401	2	1		792	19	11545	11539	6	1		249	173	4806
荥阳市	664	664				658	5	3017	3017						4544
新密市	929	928	1	1		280		3849	3848	1					4147
新郑市	537	537				515	89	2247	2247				29	29	4184
登封市	654	646	8			203	20	1857	1792	65					2774
金融、保险业	**4441**	**4279**	**162**	**3**		**45**	**41**	**40241**	**39343**	**898**	**9**		**259**	**259**	**9194**
市直	1715	1715				22	18	19415	19415				143	143	11321
中牟县	310	310						2426	2426						7826
巩义市	723	680	43			11	11	5623	5373	250			17	17	7901
荥阳市	334	334						2380	2380						7126
新密市	683	565	118	2				5276	4634	642	9				8202
新郑市	323	323				12	12	2792	2792				99	99	8644
登封市	353	352	1	1				2329	2323	6					6599
房地产业	**388**	**383**	**5**	**5**				**2832**	**2772**	**60**	**60**				**7238**
市直	160	155	5	5				1432	1372	60	60				8852
中原区	8	8						142	142						17750
管城区	29	29						261	261						9000
金水区	120	120						776	776						6467
上街区	22	22						197	197						8955
新郑市	49	49						24	24						490
社会服务业	**7936**	**7709**	**227**	**56**		**883**	**202**	**57821**	**56428**	**1393**	**759**		**2028**	**1816**	**7320**
市直	6822	6599	223	53		666	192	49675	48307	1368	734		1950	1778	7320
中原区	53	53						203	203						3830
二七区	122	121	1			11	10	750	743	7	7		38	38	6140
管城区	145	145				27		1946	1946						13421
金水区	143	143				19		1927	1927						13476
上街区	7	7						24	24						3429
邙山区	110	110				146		699	699				40		6355
中牟县	100	100						423	423						4230
巩义市	101	101						561	561						5554

2-21 续表 2 （2001 年）

行业	单位从业人员平均人数（人）	在岗职工	其他从业人员	#聘用的离退休人员	#聘用的港澳台和外籍人员	离开本单位仍保留劳动关系的职工（人）	#内部退养职工	单位从业人员劳动报酬（千元）	在岗职工工资总额	其他从业人员劳动报酬	#聘用的离退休人员	#聘用的港澳台和外籍人员	离开本单位仍保留劳动关系的职工生活费（千元）	#内部退养职工	在岗职工平均工资（元）
荥阳市	43	43				14		254	254						5907
新密市	149	149						767	767						5148
新郑市	42	39	3	3				243	225	18	18				5769
登封市	99	99						349	349						3525
卫生、体育和社会福利业	**1802**	**1743**	**59**	**29**		**199**	**126**	**18136**	**17498**	**638**	**322**	**5**	**3**	**3**	**10039**
市直	85	85						646	646						7600
中原区	258	230	28	9		19		2273	2078	195	71				9035
二七区	430	430				125	125	5051	5051						11747
管城区	388	380	8	7		7		4280	4032	248	56	5			10611
金水区	220	210	10	10				2405	2295	110	110				10929
邙山区	55	45	10					279	218	61	61				4844
中牟县	34	34						285	285						8382
巩义市	50	49	1	1		1	1	278	274	4	4		3	3	5592
荥阳市	3	3						8	8						2667
新密市	133	133				47		431	431						3241
登封市	146	144	2	2				2200	2180	20	20				15139
教育、文化艺术及广播电影电视业	**31056**	**27528**	**3528**	**73**		**241**	**17**	**240107**	**229609**	**10498**	**792**		**116**	**83**	**8341**
市直	516	389	127	71		76		4746	3818	928	788				9815
中原区	144	89	55					1604	1023	581					11494
二七区	653	653				1	1	8852	8852				12	12	13556
管城区	886	885	1					10647	10641	6					12024
金水区	684	681	3					9713	9697	16					14239
邙山区	745	745						9599	9599						12885
中牟县	2934	2890	44			2	2	22239	22120	119					7654
巩义市	8216	6083	2133			59	5	65401	59283	6118			51	18	9746
荥阳市	4908	4826	82	2				33815	33681	134	4				6979
新密市	4635	4189	446			1	1	29960	28844	1116					6886
新郑市	3698	3065	633					23577	22108	1469					7213
登封市	3037	3033	4			102	8	19954	19943	11			53	53	6575
科学研究和综合技术服务业	**570**	**446**	**124**	**28**		**46**	**1**	**3825**	**2569**	**1256**	**757**		**4**	**4**	**5760**
市直	551	427	124	28		46	1	3562	2306	1256	757		4	4	5400
上街区	19	19						263	263						13842
其他行业	**1437**	**1407**	**30**	**24**		**56**	**9**	**13508**	**13386**	**122**	**117**				**9514**
市直	704	675	29	23		49	9	4998	4886	112	107				7239
中原区	243	242	1	1		2		3459	3449	10	10				14252
二七区	233	233						2762	2762						11854
管城区	98	98						630	630						6429
上街区	10	10						162	162						16200
邙山区	2	2						28	28						14000
中牟县	27	27						276	276						10222
巩义市	36	36						412	412						11444
荥阳市	26	26						257	257						9885
新密市	27	27						236	236						8741
新郑市	20	20						235	235						11750
登封市	11	11				5		53	53						4818

2-22 全市及各县(市)区其他单位分行业从业人员平均人数及劳动报酬

(2001 年)

行业	单位从业人员平均人数(人)	在岗职工	其他从业人员	#聘用的离退休人员	#聘用的港澳台和外籍人员	离开本单位仍保留劳动关系的职工(人)	#内部退养职工	单位从业人员劳动报酬(千元)	在岗职工工资总额	其他从业人员劳动报酬	#聘用的离退休人员	#聘用的港澳台和外籍人员	离开本单位仍保留劳动关系的职工生活费(千元)	#内部退养职工	在岗职工平均工资(元)
农、林、牧、渔业	**291**	**289**	**2**	**2**		**3**		**2043**	**2031**	**12**	**12**				**7028**
中原区	50	50						210	210						4200
金水区	4	4						66	66						16500
邙山区	26	24	2	2				115	103	12	12				4292
中牟县	211	211				3		1652	1652						7829
采掘业	**40552**	**40528**	**24**	**11**		**8904**	**42**	**308008**	**307854**	**154**	**116**		**18072**	**19**	**7596**
市直	35006	35006				7322		267205	267205				16317		7633
巩义市	1690	1674	16	3		1445	5	8703	8645	58	20		1755	19	5164
新密市	1480	1480				137	37	12100	12100						8176
登封市	2376	2368	8	8				20000	19904	96	96				8405
制造业	**103729**	**103013**	**716**	**281**	**23**	**21073**	**5855**	**806205**	**800622**	**5583**	**2713**	**724**	**54894**	**31584**	**7772**
市直	79331	78850	481	187	15	16464	5108	654468	650403	4065	1657	420	50129	27149	8249
中原区	1481	1472	9	4	2	92	46	9947	9881	66	17	24	111	111	6713
二七区	596	581	15	14		72	40	4280	4183	97	93		89	87	7200
管城区	1177	1140	37			23		9555	9512	43	43		5		8344
金水区	855	811	44	40	4	60		6814	6253	561	393	168	78		7710
上街区	827	824	3	1				9198	9170	28	4				11129
邙山区	519	511	8	5				2314	2262	52	47				4427
中牟县	820	820				32	3	5117	5117				32	32	6240
巩义市	5395	5395				2273	228	36929	36929				3439	3194	6845
荥阳市	4583	4570	13	13		1242	165	30610	30355	255	255		416	416	6642
新密市	2985	2927	58	1		427	254	15250	15243	7			595	595	5208
新郑市	4784	4743	41	10	2	147	11	19748	19385	363	204	112			4087
登封市	376	369	7	6		241		1975	1929	46					5228
电力、煤气及水的生产和供应业	**9938**	**9569**	**369**	**42**		**42**	**27**	**91798**	**89918**	**1880**	**569**		**165**	**165**	**9397**
市直	1964	1927	37	37				15562	15029	533	533				7799
巩义市	5520	5215	305	5				43088	41758	1330	36				8007
荥阳市	1097	1097						14977	14977						13653
新密市	565	565				15	15	5400	5400				105	105	9558
新郑市	19	19						239	239						12579

2-22 续表 1 (2001 年)

行业	单位从业人员平均人数(人)	在岗职工	其他从业人员	#聘用的离退休人员	#聘用的港澳台和外籍人员	离开本单位仍保留劳动关系职工(人)	#内部退养职工	单位从业人员劳动报酬(千元)	在岗职工工资总额	其他从业人员劳动报酬	#聘用的离退休人员	#聘用的港澳台和外籍人员	离开本单位仍保留劳动关系的职工生活费(千元)	#内部退养职工	在岗职工平均工资(元)
登封市	773	746	27			27	12	12532	12515	17			60	60	16776
建筑业	**25485**	**23746**	**1739**	**391**	**4**	**544**	**68**	**182234**	**169094**	**13140**	**1365**	**48**	**1082**	**416**	**7121**
市直	16343	15112	1231	357	4	488	66	111822	100680	11142	1199	48	1061	405	6662
中原区	274	269	5	3		2		2828	2708	120	30		10		10067
金水区	1298	1283	15	15				8561	8547	14	14				6662
上街区	300	298	2	2				1571	1552	19					5208
邙山区	2166	2161	5	5				17533	17478	55	55				8088
中牟县	685	213	472					3768	2045	1723					9601
巩义市	2349	2345	4	4				18675	18641	34	34				7949
荥阳市	1803	1802	1	1		48	2	16970	16959	11	11		11	11	9411
新密市	246	246				6		331	331						1346
新郑市	21	17	4	4				175	153	22	22				9000
交通运输、仓储及邮电通信业	**1820**	**1776**	**44**	**19**		**35**	**28**	**43615**	**43303**	**312**	**85**		**442**	**442**	**24382**
市直	1766	1723	43	18		35	28	43137	42831	306	79		442	442	24858
邙山区	15	14	1	1				83	77	6	6				5500
登封市	39	39						395	395						10128
批发和零售贸易、餐饮业	**25595**	**24693**	**902**	**43**	**17**	**2789**	**424**	**144000**	**133863**	**10137**	**469**	**3685**	**2901**	**1590**	**5421**
市直	22993	22115	878	36	17	2325	394	128467	118446	10021	393	3685	2716	1425	5356
中原区	341	336	5	1				2549	2518	31	7				7494
管城区	102	102						689	689						6755
金水区	120	112	8					1121	1057	64	64				9438
上街区	170	166	4	2				1480	1480						8916
中牟县	30	30				11		73	73				13	13	2433
巩义市	1071	1067	4	1		338		4971	4966	5	5		20		4654
荥阳市	226	226				81		1161	1161				8	8	5137
新密市	288	285	3	3		4		1632	1616	16					5670
新郑市	254	254				30	30	1857	1857				144	144	7311

（2001 年）

行业	单位从业人员平均人数(人)	在岗职工	其他从业人员	#聘用的离退休人员	#聘用的港澳台和外籍人员	离开本单位仍保留劳动关系的职工(人)	#内部退养职工	单位从业人员劳动报酬(千元)	在岗职工工资总额	其他从业人员劳动报酬	#聘用的离退休人员	#聘用的港澳台和外籍人员	离开本单位仍保留劳动关系的职工生活费(千元)	#内部退养职工	在岗职工平均工资(元)
金融、保险业	**4388**	**4387**	**1**			**396**	**206**	**92861**	**92853**	**8**	**8**		**1294**	**1190**	**21165**
市直	4388	4387	1			396	206	92861	92853	8	8		1294	1190	21165
房地产业	**6067**	**5881**	**186**	**84**	**11**	**175**	**23**	**63658**	**60886**	**2772**	**1285**	**485**	**267**	**71**	**10353**
市直	4294	4137	157	60	7	106	21	46511	44433	2078	805	271	116	70	10740
中原区	370	364	6	6		68	2	2942	2897	45	45		151	1	7959
管城区	366	355	11	10	1	1		4125	3705	420	360	60			10437
金水区	395	383	12	8	3			5041	4812	229	75	154			12564
上街区	356	356						2751	2751						7728
荥阳市	286	286						2288	2288						8000
社会服务业	**11327**	**10594**	**733**	**469**	**23**	**227**	**90**	**117896**	**105555**	**12341**	**2699**	**5497**	**565**	**529**	**9964**
市直	9972	9254	718	460	23	151	90	109292	96994	12298	2656	5497	545	529	10481
中原区	22	22				1		164	164				1		7455
二七区	38	38						113	113						2974
金水区	334	334						2852	2852						8539
上街区	37	37						363	363						9811
邙山区	117	114	3	3				728	719	9	9				6307
中牟县	10	10				3		45	45						4500
巩义市	352	345	7	1		72		1873	1869	4	4		19		5417
荥阳市	43	43						608	608						14140
登封市	402	397	5	5				1858	1828	30	30				4605
卫生、体育和社会福利业	**200**	**185**	**15**	**14**	**1**			**1338**	**1227**	**111**	**96**				**6632**
市直	57	54	3	2	1			560	527	33	18				9759
邙山区	132	120	12	12				719	641	78	78				5342
巩义市	11	11						59	59						5364
教育、文化艺术及广播电影电视业	**1528**	**1247**	**281**	**60**	**41**	**3**		**19863**	**16256**	**3607**	**837**	**409**			**13036**
市直	483	456	27	11	1	3		8508	8320	188	54	19			18246
邙山区	63	51	12					660	496	164					9725
巩义市	60	60						441	441						7350
荥阳市	216	216						1770	1770						8194
新郑市	706	464	242	49	40			8484	5229	3255	783	390			11269
科学研究和综合技术服务业	**564**	**506**	**58**	**21**		**5**		**7202**	**6296**	**906**	**223**				**12443**
市直	414	356	58	21		5		5899	4993	906	223				14025
中原区	150	150						1303	1303						8687
其他行业	**177**	**147**	**30**	**28**		**714**	**144**	**1962**	**1755**	**207**	**196**		**724**	**410**	**11939**
市直	141	126	15	13		714	144	1539	1425	114	103		724	410	11310
巩义市	36	21	15	15				423	330	93	93				15714

2-23 企业在岗职工福利费用情况

（2001 年）　　　　单位:千元

类　　别	合　　计	集体福利设施及集体福利事业补贴费	医疗卫生费	文体宣传费	其　　他
总计	**397901**	**115781**	**165548**	**14269**	**102303**
市区	348530	96854	146286	12391	92999
县(市)合计	49371	18927	19262	1878	9304
中牟县	8126	1660	2695	46	3725
巩义市	1161	191	652	318	
新密市	9654	3628	4219	362	1445
荥阳市	14057	7935	4753	429	940
新郑市	13565	5459	5143	439	2524
登封市	2808	54	1800	284	670
国有单位	**227360**	**73450**	**114560**	**8959**	**30391**
市区	183461	57720	96704	7662	21375
县(市)合计	43899	15730	17856	1297	9016
中牟县	7908	1624	2546	36	3702
巩义市	872	142	472	258	
新密市	7896	2149	4034	349	1364
荥阳市	11828	6700	4153	219	756
新郑市	12587	5061	4851	151	2524
登封市	2808	54	1800	284	670
城镇集体单位	**15436**	**4487**	**7652**	**658**	**2639**
市区	13364	3507	6841	559	2457
县(市)合计	2072	980	811	99	182
中牟县	218	36	149	10	23
巩义市	289	49	180	60	
新密市	738	563	93	3	79
荥阳市	700	275	327	18	80
新郑市	127	57	62	8	
其他单位	**151475**	**35962**	**42373**	**4464**	**68676**
市区	149104	34346	42008	4099	68651
县(市)合计	2371	1616	365	365	25
新密市	1020	916	92	10	2
荥阳市	500	359	43	75	23
新郑市	851	341	230	280	

2-24 离休、退休、退职人员人数及保险福利费用构成情况

(2001 年)

项　目	离休、退休、退职人员年末人数(人)	#女性	离休人员	退休人员	定期领取生活费的退职人员	保险福利费用构成(万元)	离休金	退休金	退职生活费	医疗费卫生费	其他
总计	**246339**	**103173**	**13402**	**228327**	**4610**	**234385.5**	**19353.6**	**173843.8**	**1895.8**	**30364.7**	**8927.6**
市区	201367	91911	10450	186780	4137	20060.4	15928.3	145561.0	1709.9	28805.5	8599.2
县(市)	44972	11262	2952	41547	473	33781.6	3425.3	28282.8	185.9	1559.3	328.3
中牟县	6534	1803	397	6046	91	5069.2	336.6	4299.6	28.9	338.0	66.1
巩义市	10602	2695	648	9908	46	7957.6	876.7	6773.0	18.2	289.7	
荥阳市	8742	2061	544	8045	153	5966.8	602.3	4970.7	41.7	296.6	55.5
新密市	7279	1508	446	6686	147	5444.5	536.9	4437.2	78.8	230.9	160.7
新郑市	6318	2306	535	5767	16	6163.1	740.9	5072.2	7.9	330.7	11.4
登封市	5497	889	382	5095	20	3180.4	331.9	2730.1	10.4	73.4	34.6
企业	**182843**	**82274**	**5892**	**172910**	**4041**	**142132.0**	**7474.9**	**110623.8**	**1539.4**	**15706.5**	**6787.4**
市区	156503	74813	5035	147707	3761	126808.6	6496.3	97514.0	1436.3	14717.0	6645.0
县(市)	26340	7461	857	25203	280	15323.4	978.6	13109.8	103.1	989.6	142.3
中牟县	3685	1172	120	3516	49	2669.4	106.0	2375.8	17.6	153.3	16.7
巩义市	7272	2448	245	6992	35	4147.6	323.4	3541.6	13.8	268.8	
荥阳市	4789	1338	144	4538	107	2245.7	133.6	1865.1	26.5	200.7	19.8
新密市	4016	839	95	3848	73	2458.4	162.8	2020.7	34.8	162.7	77.4
新郑市	3232	1128	111	3114	7	2233.1	130.3	1888.6	4.7	198.1	11.4
登封市	3346	536	142	3195	9	1569.2	122.5	1418.0	5.7	6.0	17.0
事业	**48822**	**17425**	**4822**	**43608**	**392**	**69109.5**	**7444.9**	**49416.0**	**273.4**	**10339.3**	**1635.9**
市区	35515	14610	3452	31773	290	55668.3	5809.8	38162.2	225.4	9959.8	1511.1
县(市)	13307	2815	1370	11835	102	13441.2	1635.1	11253.8	48.0	379.5	124.8
中牟县	1775	380	141	1624	10	1713.6	140.1	1435.9	5.3	87.6	44.7
巩义市	2874	119	335	2528	11	3287.9	459.5	2803.1	4.4	20.9	
荥阳市	2720	608	245	2432	43	2430.5	273.4	2042.7	13.9	80.0	20.5
新密市	2135	553	222	1877	36	1955.3	232.3	1607.2	23.2	39.6	53.0
新郑市	2361	942	287	2074		3007.8	413.3	2488.8		105.7	
登封市	1442	213	140	1300	2	1046.1	116.5	876.1	1.2	45.7	6.6
机关	**14674**	**3474**	**2688**	**11809**	**177**	**23144.0**	**4433.8**	**13804.0**	**83.0**	**4318.9**	**504.3**
市区	9349	2488	1963	7300	86	18127.0	3622.2	9884.8	48.2	4128.7	443.1
县(市)	5325	986	725	4509	91	5017.0	811.6	3919.2	34.8	190.2	61.2
中牟县	1074	251	136	906	32	686.2	90.5	487.9	6.0	97.1	4.7
巩义市	456	128	68	388		522.1	93.8	428.3			
荥阳市	1233	115	155	1075	3	1290.6	195.3	1062.9	1.3	15.9	15.2
新密市	1128	116	129	961	38	1030.8	141.8	809.3	20.8	28.6	30.3
新郑市	725	236	137	579	9	922.2	197.3	694.8	3.2	26.9	
登封市	709	140	100	600	9	565.1	92.9	436.0	3.5	21.7	11.0

主要统计指标解释

从业人员　指从事一定社会劳动并取得劳动报酬或经营收入的全部劳动力。包括：

(1)全部职工；(2)再就业的离退休人员；(3)私营业主；(4)个体户主；(5)私营和个体从业人员；(6)乡镇企业从业人员；(7)农村从业人员；(8)其他从业人员(包括民办教师、宗教职业者、现役军人等)

这一指标反映了一定时期内全部劳动力资源的实际利用情况，是研究我国基本国情国力的重要指标。

各单位的从业人员是指在各级国家机关、政党机关、社会团体及企业、事业单位中工作，并取得劳动报酬的全部人员。包括职工、再就业的离退休人员、民办教师以及在各单位中工作的外方人员和港、澳、台方人员。

各单位的从业人员反映了各单位实际参加生产或工作的全部劳动力。

在岗职工　指在本单位工作并由单位支付工资的人员，以及有工作岗位，但由于学习、病伤产假等原因暂未工作，仍由单位支付工资的人员。

离岗职工　指由于各种原因，已经离开本人的生产和工作岗位，并不在本单位从事其他工作，但仍与用人单位保留劳动关系的职工。新指标比原来统计指标中的“下岗职工”范围大。即只要符合“离开本单位仍保留劳动关系的职工”就统计为离岗职工。

离开本单位仍保留劳动关系职工的生活费　指离岗职工在离开本单位仍保留劳动关系期间从本单位领取的生活费用。

内部退养职工　指接近正常退休年龄但因各种原因退出工作岗位，并办理了内退手续，在办理正式退休手续前由单位按月发给一定生活费的职工。

城镇集体经济单位职工　指在城镇集体经济单位及其管理部门工作，并由其支付工资的各类人员。

其他经济单位职工　指在联营经济、股份制经济、外商投资经济、港、澳、台投资经济单位工作，并由其支付工资的各类人员。

职工工资总额　指各单位在一定时期内直接支付给本单位全部职工的劳动报酬总额。

工资总额的计算原则应以直接支付给职工的全部劳动报酬为根据。各单位支付给职工的劳动报酬以及其他根据有关规定支付的工资，不论是计入成本的还是不计入成本的，不论是按国家规定列入计征奖金税项目的，还是未列入计征奖金税项目的，不论是以货币形式支付的还是以实物形式支付的，均包括在工资总额内。

城镇失业人员　指有非农业户口，在一定的劳动年龄内(16岁以上及男50岁以下，女45岁以下)，有劳动能力、无业而要求就业，并在当地就业服务机构进行失业登记的人员。

城镇失业率　是城镇失业人数同城镇在业人数加城镇失业人数之比。计算公式为：

$$城镇失业率=\frac{城镇失业人数}{城镇在业人数+城镇失业人数}\times 100\%$$

职工平均工资　指企业、事业、机关单位的职工在一定时期内平均每人所得的货币工资额。它表明一定时期职工工资收入的高低程度，是反映职工工资水平的主要指标。计算公式为：

$$职工平均工资=\frac{报告期实际支付的全部职工工资总额}{报告期全部职工平均人数}$$

离休、退休、退职人员　指正式办理了离休、退休、退职手续，并享受相应的离休、退休、退职待遇的人员。

保险福利费用　指企业、事业、机关单位在工资以外实际支付给职工和离休、退休、退职人员个人以及用于集体的劳动保险和福利费用。

三、固定资产投资

3-1 全社会固定资产投资

（2001年） 单位:万元,万平方米

类　　别	总　计	基本建设	更新改造	其他投资	城镇集体	房地产开发	城镇私人	私营个体	农村投资
总　　计	**2956604**	**1013497**	**228767**	**64913**	**33060**	**475927**	**57096**	**10049**	**1073295**
#不含铁路局黄委会系统	2861242	960009	186893	64913	33060	475927	57096	10049	1073295
住宅投资	854050	127080	1257	10070	4021	356554	57096	2260	295712
按登记注册类型									
内资	**2669227**	**927713**	**222096**	**63380**	**33060**	**282538**	**57096**	**10049**	**1073295**
国有经济	1023459	761498	192214	17603		52144			
集体经济	738851				31510	22686			684655
股份合作	4550				550	4000			
集体联营	1000				1000				
国有与集体联营	835					835			
其他联营	1900	1900							
国有独资	30151	13187	2009	8591		6364			
其他有限责任公司	158820	49205	11890	10203		87522			
股份有限公司	152378	83452	14733	18233		35960			
私营个体	83076					73027		10049	
其他内资	474207	18471	1250	8750			57096		388640
港澳台商投资	**232458**	**72810**	**2778**	**438**		**156432**			
合资经营	84347	24524	1952	438		57433			
合作经营	33566					33566			
独　资	113719	48286				65433			
股份有限	826		826						
外商投资	**54919**	**12974**	**3893**	**1095**		**36957**			
合资经营	35204	9994	3893	221		21096			
独　资	16435			574		15861			
股份有限	3280	2980		300					
本年新增固定资产	**1984213**	**411271**	**178888**	**41506**	**28896**	**198705**	**57096**	**9540**	**1058311**
本年施工房屋面积	**3140.6**	**587.9**	**29.1**	**28.2**	**24.2**	**688.2**	**117.9**	**3.9**	**1661.5**
#住宅	1885.7	216.5	4.1	13.1	7.8	542.2	99.6	1.2	1004.2
本年竣工房屋面积	**1963.2**	**151.6**	**7.0**	**9.7**	**15.8**	**153.6**	**117.9**	**3.9**	**1503.7**
#住宅	1229.1	61.4	0.03	2.8	4.9	139.4	99.6	1.2	919.8
本年竣工房屋价值	**833083**	**130034**	**12619**	**7786**	**14321**	**159270**	**57096**	**3580**	**448377**
#住宅	511530	56601	10	2300	2535	136249	50394	1950	261491

3-2 分县(市)区全社会固定资产投资

(2001 年)　　　　单位:万元

县(市)区	总　计	基本建设	更新改造	其他投资	房地产	城镇集体	城镇私人	私营个体	农村投资
总　　计	**2956604**	**1013497**	**228767**	**64913**	**475927**	**33060**	**57096**	**10049**	**1073295**
市直对单位	**1133080**	**628654**	**201729**	**13037**	**283766**	**5894**			
各区小计	**590824**	**108105**	**5872**	**31432**	**184233**	**3653**	**10614**	**7810**	**239105**
中原区	76996	26151	1571	760	13714		1370		33430
二七区	107768	40196	1200	5642	7121	2680	4625	3370	42934
管城区	125606	879	1500	25030	61522	973	661	4440	30601
金水区	180862	1312			74583		3405		101562
上街区	37046	19519	466		9655				7406
邙山区	62546	20048	1135		17638		553		23172
各县(市)小计	**1232700**	**276738**	**21166**	**20444**	**7928**	**23513**	**46482**	**2239**	**834190**
中牟县	109026	16100	2236	2382	473	6035	5104	2239	74457
巩义市	254962	38931	7668	533	1550	1400	9093		195787
荥阳市	189455	49709	4778	1440	1793	6317	7500		117918
新密市	233085	39475	4068	1440		1540	15892		170670
新郑市	262191	76606	2033	14428	4112	8221	6900		149891
登封市	183981	55917	383	221			1993		125467

3-3 分产业及行业全社会固定资产投资

（2001年） 单位：万元

指　　标	总　计	基本建设	更新改造	其他投资	城镇集体	房地产开发	城镇私人	私营个体	农村投资
合　计	**2956604**	**1013497**	**228767**	**64913**	**33060**	**475927**	**57096**	**10049**	**1073295**
按产业及国民经济行业分									
第一产业	**174102**	**3398**		**1800**	**310**				**168594**
农林牧渔业	174102	3398		1800	310				168594
第二产业	**828987**	**310553**	**87997**	**6488**	**12624**			**3079**	**408246**
工业	800869	306319	86527	6278	12324			1679	387742
采掘业	137895	23964	10155	720					103056
制造业	508053	140963	68103	5558	12324			1679	279426
电力煤气及水的生产和供应业	154921	141392	8269						5260
建筑业	28118	4234	1470	210	300			1400	20504
第三产业	**1953515**	**699546**	**140770**	**56625**	**20126**	**475927**	**57096**	**6970**	**496455**
地质勘察、水利管理业	56675	38638			520				17517
交通运输、仓储及邮电通信业	318968	157506	69014	24832	50				67566
批发和零售贸易、餐饮业	101180	22119	1900	25261	3312			3370	45218
金融、保险业	12575	9725	2256		445				149
房地产业	513358	5089		1000	1350	475927			29992
社会服务业	226256	155389	55586	4958	2303			3040	4980
卫生、体育和社会福利业	56811	49604	320		105				6782
教育文化艺术广播电影电视业	147399	109768	7970	574	630			560	27897
科学研究及综合技术服务业	23337	21957	800						580
国家、党政机关和社会团体	116459	98065	2924		6105				9365
其他行业	380497	31686			5306		57096		286409

3-4 各种分组

(2001 年)

类别	总计	按登						
		内资合计	国有	集体	股份合作	集体联营	其他联营	国有独资公司
计划总投资(万元)	**3796804**	**3619592**	**2988236**	**42778**	**950**	**1000**	**2200**	**82524**
实际需要的总投资	3892446	3708878	3071820	43848	950	1000	2200	82102
累计完成投资	2322401	2167426	1732211	39549	550	1000	2200	61296
累计新增固定资产	810246	702949	497186	29268	150	1000	2200	11250
未完工程累计投资	1457562	1414490	1199025	7485	400			50046
本年计划投资	1248348	1150761	863177	28999			1800	24408
本年完成投资(万元)	**1350286**	**1256298**	**971315**	**31510**	**550**	**1000**	**1900**	**23787**
# 住宅	144688	143932	113538	4021				5658
按构成分								
建筑工程	721721	707277	558676	15560	248	460	405	17900
安装工程	99162	92452	74181	980			845	2145
设备工器具购置	292459	231643	157066	5365		440	190	1997
# 购置旧设备	1067	878	35					
其他费用	236944	224926	181392	9605	302	100	460	1745
# 旧建筑物购置费	8779	8779	5431					
土地购置费	90044	83042	73208	795	302	100	80	171
更新改造设备购置中								
用于更新设备	14478	13210	8309					1178
增产	52025	49623	42019					
节约能源	6492	6492	5856					
其他节约	2871	2871	2871					
增加品种	4763	4333	1579					605
提高产品质量	1615	1615	896					719
三废治理	7181	6355	6295					
其他	153820	150807	132698					685
本年新增固定资产	**670101**	**583479**	**409115**	**27746**	**150**	**1000**	**1900**	**11250**
建筑房屋面积与价值								
本年施工面积(平方米)	6744142	6509207	5140292	237547	2000	2560	3400	160708
# 住宅	2427242	2404562	1801500	78243				128356
本年竣工面积(平方米)	1875966	1787746	1200660	155669		2560	3400	19457

注:3－4 表至 3－15 表不包括房地产开发、城镇私人建房和农村固定资产投资。

固定资产投资(一)

记 注 册 类 型 分												
					港澳台商投资				外商投资合计			
其他有限责任公司	股份有限公司	私营个体	个体合伙	其他内资	港澳台商投资	合资经营	独资	股份有限公司	外商投资合计	合资经营	独资	股份有限公司
218190	**223673**	**6320**	**5170**	**48551**	**119191**	**57519**	**60846**	**826**	**58021**	**50741**	**4000**	**3280**
218593	228314	6320	5170	48561	120134	58462	60846	826	63434	56154	4000	3280
144971	142249	4899	5150	33351	103938	50687	52425	826	51037	45091	2666	3280
55793	76401	4520	5020	20161	67354	30392	36136	826	39943	36663		3280
88048	59316		130	10040	34644	18355	16289		8428	8428		
80526	120061	1689	1880	28221	74831	32545	42286		22756	18476	1000	3280
71298	**116418**	**4899**	**5150**	**28471**	**76026**	**26914**	**48286**	**826**	**17962**	**14108**	**574**	**3280**
9287	5656	10	2250	3512	746	746			10	10		
47848	43599	2150	3830	16601	11754	6597	5119	38	2690	1631	341	718
2035	9682	530	280	1774	5368	5220	70	78	1342	1092	50	200
11032	47369	1619	540	6025	49291	12794	35787	710	11525	9923		1602
390	5			448	189	189						
10383	15768	600	500	4071	9613	2303	7310		2405	1462	183	760
	3020			328								
2706	3540	140	500	1500	6452	122	6330		550	320		230
	3383			340	728	18		710	540	540		
448	7106			50	1952	1952			450	450		
	636											
	2149								430	430		
60					826			826				
11382	4842			1200					3013	3013		
31705	**72112**	**4520**	**5020**	**18961**	**46679**	**9717**	**36136**	**826**	**39943**	**36663**		**3280**
360526	329721	9070	30400	232983	140729	62763	77054	912	94206	78656	15550	
195508	101981	200	12200	86574	22380	22380			300	300		
88622	92654	7570	27400	189754	45860	11550	33398	912	42360	42360		

类别	总计	按登						
		内资合计	国有	集体	股份合作	集体联营	其他联营	国有独资公司
#住宅	703838	703538	471556	49243				19344
本年竣工价值(万元)	168340	154896	107890	13921		400	500	1145
#住宅	63396	63386	48511	2535				1125
项目个数(个)								
施工项目个数	842	817	585	49	2	1	2	21
#本年新开工	490	475	319	42	2	1	2	11
本年投产项目个数	342	330	213	31	1	1	2	6
本年资金来源(万元)	**1550459**	**1450587**	**1127608**	**31135**	**550**	**1000**	**1900**	**59926**
上年末结余资金	154527	143805	103702	50				32135
本年资金来源小计	1395932	1306782	1023906	31085	550	1000	1900	27791
国家预算内资金	63684	63684	55584					6600
国内贷款	287804	269782	253792	700				500
债券	17700	17700	17700					
利用外资	11721	5230	5130	100				
#外商直接投资	11721	5230	5130	100				
自筹资金	869456	812496	618557	21709	550	1000	1900	14835
中央各部门自筹	80979	80979	75079					
省自筹	54294	54294	42646	350				
市自筹	141570	141570	139162	240				
县(市)自筹	24912	22705	22555	150				
企事业单位自有资金	567701	512948	339115	20969	550	1000	1900	14835
#发行股票	4173	4173						
其他资金来源	145567	137890	73143	8576				5856
#集资	60111	60015	41053	2405				5856
本年各项应付款合计	**105106**	**100395**	**82709**	**719**				**1266**
#工程款	69169	65513	49731	689				1266
设备、器材款	7547	6492	5006	10				

记注册类型分												
其他有限责任公司	股份有限公司	私营个体	个体合伙	其他内资	港澳台商投资	合资经营	独资	股份有限公司	外商投资合计	合资经营	独资	股份有限公司
52909	21512	200	12200	76574					300	300		
8057	9364	540	3580	9499	3254	1166	2050	38	10190	10190		
3883	2180	10	1950	3192					10	10		
43	57	8	5	44	16	10	5	1	9	6	1	2
17	32	8	3	38	9	5	3	1	6	3	1	2
15	25	4	2	30	8	5	2	1	4	3		1
78891	**111927**	**4899**	**5150**	**27601**	**80910**	**31698**	**48386**	**826**	**18962**	**15108**	**574**	**3280**
5088	2830				9310	4910	4400		1412	1412		
73803	109097	4899	5150	27601	71600	26788	43986	826	17550	13696	574	3280
	1500											
4110	9680			1000	13331	13121		210	4691	4691		
					525	175	350		5966	5392	574	
					525	175	350		5966	5392	574	
52639	81313	3409	3270	13314	55869	13492	41857	520	1091	791		300
5900												
11298												
2168												
					2207	2207						
33273	81313	3409	3270	13314	53662	11285	41857	520	1091	791		300
	4173											
17054	16604	1490	1880	13287	1875		1779	96	5802	2822		2980
2286	1968			6447	96			96				
6104	**8108**			**1489**	**2932**	**2932**			**1779**	**1779**		
5880	6838			1109	1877	1877			1779	1779		
126	970			380	1055	1055						

3-5 各种分组固定资产投资(二)

(2001年)

类别	合计	按隶属关系分						按计划管理渠道分				
		中央	地方					基本建设	更新改造	其他投资	城镇集体	私营个体
				省	市	县(市)	其他					
计划总投资(万元)	**3796804**	**906454**	**2890350**	**977905**	**868466**	**507385**	**536594**	**3159527**	**465301**	**115758**	**44728**	**11490**
实际需要的总投资	3892446	913719	2978727	1014085	890920	530704	543018	3239031	476709	119418	45798	11490
累计完成投资	2322401	607939	1714462	366849	632770	407889	306954	1843264	346387	81602	41099	10049
累计新增固定资产	810246	135718	674528	136179	174029	224281	140039	521421	205461	43406	30418	9540
未完工程累计投资	1457562	471859	985703	226478	452119	151498	155608	1280923	140475	28149	7885	130
本年计划投资	1248348	199330	1049018	218845	361812	248945	219416	966455	187511	61814	28999	3569
本年完成投资(万元)	**1350286**	**299748**	**1050538**	**214153**	**376396**	**242967**	**217022**	**1013497**	**228767**	**64913**	**33060**	**10049**
#住宅	144688	57551	87137	22741	16086	31602	16708	127080	1257	10070	4021	2260
按构成分												
建筑工程	721721	156067	565654	112239	243735	109751	99929	577396	76499	45578	16268	5980
安装工程	99162	29647	69515	5956	20937	28389	14233	58228	37945	1199	980	810
设备工器具购置	292459	74000	218459	55039	48681	56689	58050	180629	91585	12281	5805	2159
#购置旧设备	1067	32	1035		68	3	964	466	221	380		
其他费用	236944	40034	196910	40919	63043	48138	44810	197244	22738	5855	10007	1100
#旧建筑物购置费	8779		8779		1085	6046	1648	8779				
土地购置费	90044	12120	77924	25921	41378	2685	7940	86280	380	1547	1197	640
更新改造设备购置中												
用于更新设备	14478	2343	12135	5040	4765	1450	880		14478			
增产	52025	31800	20225	10305	2827	857	6236		52025			
节约能源	6492	5616	876		510	366			6492			
其他节约	2871	2043	828	678		150			2871			
增加品种	4763		4763	668	2490	420	1185		4763			
提高产品质量	1615	646	969		719		250		1615			
三废治理	7181	6295	886			886			7181			
其他	153820	57691	96129	5491	80123	8046	2469		153820			
本年新增固定资产	**670101**	**99062**	**571039**	**122167**	**152636**	**165032**	**131204**	**411271**	**178888**	**41506**	**28896**	**9540**
建筑房屋面积与价值												
本年施工面积(平方米)	6744142	1519874	5224268	1624820	1246788	1416070	936590	5879081	291335	292149	242107	39470
#住宅	2427242	820500	1606742	584996	368134	308189	345423	2165003	40529	131067	78243	12400

3-5 续表 (2001年)

类别	合计	按隶属关系分						按计划管理渠道分				
		中央	地方					基本建设	更新改造	其他投资	城镇集体	私营个体
				省	市	县(市)	其他					
本年竣工面积(平方米)	1875966	299228	1576738	347172	383022	426501	420043	1515881	69995	96891	158229	34970
#住宅	703838	156908	546930	178129	121809	125295	121697	614227	300	27668	49243	12400
本年竣工价值(万元)	168340	32676	135664	45951	26173	32633	30907	130034	12619	7246	14321	4120
#住宅	63396	19163	44233	18662	11317	7498	6756	56601	10	2290	2535	1960
项目个数(个)												
施工项目个数	842	162	680	119	143	256	162	534	194	49	52	13
#本年新开工	490	81	409	50	69	174	116	276	129	29	45	11
本年投产项目个数	342	33	309	41	54	129	85	219	64	20	33	6
本年资金来源(万元)	**1550459**	**365832**	**1184627**	**307176**	**411482**	**236297**	**229672**	**1223215**	**216248**	**68262**	**32685**	**10049**
上年末结余资金	154527	9236	145291	69312	62579	2306	11094	144653	8694	1130	50	
本年资金来源小计	1395932	356596	1039336	237864	348903	233991	218578	1078562	207554	67132	32635	10049
国家预算内资金	63684	21976	41708	14515	19752	7441		61417	1204	1063		
国内贷款	287804	119974	167830	44664	57240	24495	41431	242794	25700	18610	700	
债券	17700		17700	1500	16200			17700				
利用外资	11721		11721		5130	100	6491	10442	430	749	100	
#外商直接投资	11721		11721		5130	100	6491	10442	430	749	100	
自筹资金	869456	202126	667330	155732	224598	156092	130908	626370	174950	38198	23259	6679
中央各部门自筹	80979	74796	6183	275		8	5900	40665	40314			
省自筹	54294	8060	46234	30401	2681	1854	11298	51263	2681		350	
市自筹	141570	3900	137670	1960	129506	4036	2168	108745	32203	382	240	
县(市)自筹	24912		24912		1000	23762	150	22721	2041		150	
企事业单位自有资金	567701	115370	452331	123096	91411	126432	111392	402976	97711	37816	22519	6679
#发行股票	4173		4173				4173	4173				
其他资金来源	145567	12520	133047	21453	25983	45863	39748	119839	5270	8512	8576	3370
#集资	60111	12252	47859	12055	13471	14256	8077	56490	1196	20	2405	
本年各项应付款合计	**105106**	**19170**	**85936**	**6367**	**49032**	**18678**	**11859**	**80610**	**23138**	**639**	**719**	
#工程款	69169	13623	55546	5649	27492	11520	10885	51251	16970	259	689	
设备、器材款	7547	4	7543	61	736	5990	756	6732	425	380	10	

3-6 各种分组固定资产投资(三)

(2001年)

类别	合计	按建设性质分							按建设阶段分			
		新建	扩建	改建	单纯建造生活设施	迁建	恢复	单纯购置	筹建	本年正式施工	本年收尾	单纯购置
计划总投资(万元)	**3796804**	**2196901**	**907096**	**454711**	**140569**	**32822**	**1420**	**63285**	**457690**	**2656052**	**9218**	**36567**
实际需要的总投资	3892446	2240762	937185	461668	153329	32822	1420	65260	457690	2734556	10218	36567
累计完成投资	2322401	1068133	721517	325608	118308	22336	1420	65079	25356	1771461	9880	36567
累计新增固定资产	810246	323652	262476	111948	40426	5480	1420	64844		482774	2080	36567
未完工程累计投资	1457562	700312	455791	206994	77524	16706		235	25356	1247767	7800	
本年计划投资	1248348	612906	336134	178607	44545	16418	1010	58728	56900	872748	850	35957
本年完成投资(万元)	**1350286**	**573064**	**401212**	**235555**	**62500**	**11763**	**1420**	**64772**	**23357**	**951912**	**1968**	**36260**
#住宅	144688	64820	11341	8544	58995	958	30			127080		
按构成分												
建筑工程	721721	321799	235431	100260	56907	6214	1110		714	575564	1118	
安装工程	99162	35798	28368	31262	2492	1202	40			58228		
设备工器具购置	292459	87188	55520	79699	1773	3287	220	64772		143819	550	36260
#购置旧设备	1067	846		32				189		466		
其他费用	236944	128279	81893	24334	1328	1060	50		22643	174301	300	
#旧建筑物购置费	8779	8769	10							8779		
土地购置费	90044	36832	51774	1150	93	160	35		18093	68187		
更新改造设备购置中												
用于更新设备	14478	18	3691	7972				2797				
增产	52025	2665	11855	35412				2093				
节约能源	6492		2310	4182								
其他节约	2871		100	2771								
增加品种	4763		3390	1373								
提高产品质量	1615		896	719								
三废治理	7181		158	7023								
其他	153820	2769	53549	75026	466		555	21455				
本年新增固定资产	**670101**	**251356**	**196823**	**110059**	**40426**	**5480**	**1420**	**64537**		**372931**	**2080**	**36260**
建筑房屋面积与价值												
本年施工面积(平方米)	6744142	3415036	1647776	468069	1103555	107806	1900			5868081	11000	

3-6 续表 (2001年)

类别	总计	按建设性质分							按建设阶段分			
		新建	扩建	改建	单纯建造生活设施	迁建	恢复	单纯购置	筹建	本年正式施工	本年收尾	单纯购置
#住宅	2427242	978392	220239	106135	1077908	44008	560			2165003		
本年竣工面积(平方米)	1875966	864589	516271	139217	347369	6620	1900			1511881	4000	
#住宅	703838	304285	34873	26586	337534		560			614227		
本年竣工价值(万元)	168340	71490	45343	11090	39497	820	100			129654	380	
#住宅	63396	21122	2043	1931	38270		30			56601		
项目个数(个)												
施工项目个数	842	383	171	201	71	8	8			530	3	
#本年新开工	490	223	88	137	29	5	8			276		
本年投产项目个数	342	148	83	67	34	2	8			219		
本年资金来源(万元)	**1550459**	**722552**	**442694**	**234494**	**66622**	**14428**	**1420**	**68249**	**60000**	**1124987**	**1968**	**36260**
上年末结余资金	154527	89545	44930	3534	9033	2300		5185	30200	114150		303
本年资金来源小计	1395932	633007	397764	230960	57589	12128	1420	63064	29800	1010837	1968	35957
国家预算内资金	63684	49224	12994	750	466	250			1400	60017		
国内贷款	287804	107683	140486	33353	2982	500	70	2730	19000	223794		
债券	17700	16300	1400							17700		
利用外资	11721	11016	630					75		10442		
#外商直接投资	11721	11016	630					75		10442		
自筹资金	869456	355308	229750	186212	27246	11110	1240	58590	9400	579045	1968	35957
中央各部门自筹	80979	5908	3116	71955						40665		
省自筹	54294	43185	2580	3946	303	4280			9400	41863		
市自筹	141570	23746	100972	16788	10			54		108745		
县(市)自筹	24912	16818	6650	874		200	150	220		22721		
企事业单位自有资金	567701	265651	116432	92649	26933	6630	1090	58316		365051	1968	35957
#发行股票	4173	4073	100							4173		
其他资金来源	145567	93476	12504	10645	26895	268	110	1669		119839		
#集资	60111	28509	2896	1791	26815			100		56490		
本年各项应付款合计	**105106**	**32441**	**53034**	**11493**	**6177**	**1901**		**60**	**86**	**80524**		
#工程款	69169	28573	24686	8399	6137	1374			86	51165		
设备、器材款	7547	2334	1512	3074	40	527		60		6732		

3-7 各种分组

(2001年)

类别	总计	按行业						
		农、林、牧、渔业	采掘业	制造业	电力煤气及水生产和供应业	建筑业	地质勘查业、水利管理业	交通运输仓储及邮电通信业
计划总投资(万元)	**3796804**	**11534**	**40775**	**526295**	**573041**	**18543**	**65717**	**1019100**
实际需要的总投资	3892446	11534	41067	530333	593059	19162	66443	1022390
累计完成投资	2322401	9195	36125	373051	488669	11517	40288	346204
累计新增固定资产	810246	4795	23412	166515	150043	7777	1076	116149
未完工程累计投资	1457562	4400	12713	198618	336610	3530	39212	221754
本年计划投资	1248348	6814	30907	248767	63345	5619	7660	291701
本年完成投资(万元)	**1350286**	**5508**	**34839**	**228627**	**149661**	**7614**	**39158**	**251402**
#住宅	144688	380	330	32065	14933	5509	6395	9515
按构成分								
建筑工程	721721	2365	16138	96072	58901	5259	20196	108031
安装工程	99162	325	1347	33695	32652	466	414	12470
设备工器具购置	292459	908	14435	81159	36505	1335	2973	90506
#购置旧设备	1067			684				
其他费用	236944	1910	2919	17701	21603	554	15575	40395
#旧建筑物购置费	8779			108				
土地购置费	90044	10	450	4901	2621	500	3520	10486
更新改造设备购置中								
用于更新设备	14478		5022	6460				540
增产	52025		9487	42288	50			
节约能源	6492			6252				90
其他节约	2871			2043	778			
增加品种	4763		668	3995				
提高产品质量	1615			1615				
三废治理	7181			7181				
其他	153820			4729	7441	1470		68924
本年新增固定资产	**670101**	**4288**	**23412**	**130222**	**94175**	**7777**	**1076**	**114399**
建筑房屋面积与价值								
本年施工面积(平方米)	6744142	38250	10454	1084357	201245	129293	123227	630157
#住宅	2427242	8500	6914	530866	133186	120883	68701	105794

固定资产投资(四)

分									按产业分		
批发和零售贸易、餐饮业	金融保险业	房地产业	社会服务业	卫生、体育和社会福利业	教育文化艺术广播电影电视	科学研究和综合技术服务业	国家、政党机关和社会团体	其他行业	第一产业	第二产业	第三产业
101846	**39359**	**22520**	**384101**	**160600**	**468031**	**89059**	**219477**	**56806**	**5760**	**1158654**	**2630710**
104811	40699	22520	396211	176675	491804	92746	225999	56993	5760	1183621	2701385
77724	37488	11686	320604	103774	225053	42303	159136	39584	5215	909362	1406434
27212	13081	7854	104959	7564	91036	11949	69314	7510	2415	347747	458694
49402	24407	3832	214845	95722	125393	30350	67542	29232	2800	551471	903291
47435	3860	8443	233044	41892	89193	23158	107719	38791	3460	348638	894650
55962	**12426**	**7439**	**221276**	**50029**	**119502**	**22757**	**107094**	**36992**	**2745**	**420741**	**925410**
9900	8446										
		4070	**3024**	**6158**	**15386**	**4111**	**12779**	**11687**	**50**	**52837**	**91471**
39796	9167	5776	143297	38598	72031	15102	65089	25903	750	176370	543866
1317	100	76	7021	1773	1616	1381	4119	390	175	68160	30677
9553	2318	20	23258	4977	11459	5110	7913	30	10	133434	158610
			380		3					684	383
5296	841	1567	47700	4681	34396	1164	29973	10669	1810	42777	192257
		1010	755	90	236		980	5600		108	8671
1500	428	507	31785	1330	30152	219	1635		10	8472	81562
	2256		200							11482	2996
			200							51825	200
			150							6252	240
			50							2821	50
			100							4663	100
										1615	
										7181	
1900	2256		55086	320	7970	800	2924			13640	140180
27052	**13081**	**4996**	**98671**	**7342**	**58556**	**10216**	**67328**	**7510**	**2215**	**255586**	**410910**
438988	165463	157805	538204	492587	1231704	262917	732090	507401	4000	1425349	5298543
169269	142053	122563	71188	145623	442197	97937	232468	29100		791849	1626893

3-7 续表 (2001 年)

类 别	总 计	按 行 业						
		农、林、牧、渔业	采掘业	制造业	电力煤气及水生产和供应业	建筑业	地质勘察业、水利管理业	交通运输仓储及邮电通信业
本年竣工面积(平方米)	1875966	16250	3615	322733	76686	65387	12798	26013
# 住宅	703838	8500	75	109562	61186	56977	2900	
本年竣工价值(万元)	168340	590	184	28001	9390	6172	1076	2725
# 住宅	63396	310	4	6721	8565	5372	186	
项目个数(个)								
施工项目个数	842	16	22	167	36	14	8	176
# 本年新开工	490	11	19	101	13	5	5	117
本年投产项目个数	342	6	15	84	9	9	2	48
本年资金来源(万元)	**1550459**	**5558**	**33959**	**235478**	**257836**	**7613**	**40781**	**284389**
上年末结余资金	154527	303		11905	36702	89		4656
本年资金来源小计	1395932	5255	33959	223573	221134	7524	40781	279733
国家预算内资金	63684	415		1500	8534	55	6000	5010
国内贷款	287804	210	264	41102	110827	1000		66920
债券	17700				14300			
利用外资	11721			5917	5130			
# 外商直接投资	11721			5917	5130			
自筹资金	869456	3800	33369	142783	71299	3485	34622	203572
中央各部门自筹	80979	8	5900				30502	41453
省自筹	54294	4		135			350	26954
市自筹	141570	3	2168		2542		2170	6855
县(市)自筹	24912	46		2677	800			
企事业单位自有资金	567701	3739	25301	139971	67957	3485	1600	128310
# 发行股票	4173			4173				
其他资金来源	145567	830	326	32271	11044	2984	159	4231
# 集资	60111	790	326	17021	4400	2774	159	927
本年各项应付款合计	**105106**	**50**	**1120**	**23736**	**7403**	**1**	**57**	**8534**
# 工程款	69169	40	1014	14203	3704	1	57	8532
设备、器材款	7547	10	106	2942	3699			2

分									按产业分		
批发和零售贸易、餐饮业	金融保险业	房地产业	社会服务业	卫生、体育和社会福利事业	教育文化艺术广播电影电视	科学研究和综合技术服务业	国家、政党机关和社会团体	其他行业	第一产业	第二产业	第三产业
140493	65687	76205	74480	25910	476830	84936	230220	177723		468421	1391295
28023	46787	48963	5200	20650	184110	53776	77129			227800	467538
10109	8226	4846	14381	4147	42170	7722	22531	6070		43747	124003
1778	4976	3114	850	3857	13390	6030	8243			20662	42424
46	10	11	51	28	111	23	108	15	5	239	591
28	5	8	30	11	54	6	68	9	2	138	343
18	5	8	23	6	47	6	50	6	2	117	219
56303	**12961**	**7758**	**204850**	**59088**	**167064**	**34473**	**107624**	**34724**	**2765**	**534886**	**1011388**
2482	3110	500	15837	5916	52809	11428	8587	203		48696	105831
53821	9851	7258	189013	53172	114255	23045	99037	34521	2765	486190	905557
1000			1000	2010	14907	5797	16256	1200	415	10089	53180
3000			38530		24464	800	187	500		153193	134401
			1900		1500					14300	3400
			100		574					11047	674
			100		574					11047	674
30476	8135	6457	143328	46666	55125	11760	57218	17361	2310	250936	615790
					1465	1651				5900	75071
				12628	8643		5580			135	54155
	70		106151	5080	9366	225	3058	3882		4710	136857
			4028		947		14414	2000		3477	21389
30476	8065	6457	33149	28958	34704	9884	34166	11479	2310	236714	328318
										4173	
19345	1716	801	4155	4496	17685	4688	25376	15460	40	46625	98112
4125	1139	801	1448	4496	6366	2200	12061	1078		24521	34800
942	**915**	**50**	**35868**	**2114**	**7621**	**1827**	**10589**	**4279**	**50**	**32260**	**72796**
917	911	30	15169	2074	6901	1377	9960	4279	40	18922	50207
5	4		545	40	165		29		10	6747	790

3-8 分县(市)区固定资产投资

(2001 年)

单位:万元

项　目	全　市	中原区	二七区	管城区	金水区	上街区	邙山区	中牟县	巩义市	荥阳市	新密市	新郑市	登封市
总　计	**1350286**	**28482**	**53088**	**32822**	**1312**	**19985**	**21183**	**28992**	**48532**	**62244**	**46523**	**101288**	**56521**
按登记注册类型分													
内资	1256298	28482	53088	32822	1312	19985	21084	27172	48532	36812	43543	96185	56300
#国有	995102	20518	25973	2379	1284	18555	14141	17468	43853	18057	30418	50388	14407
集体	33060		2680	973				6035	1400	6317	1540	8221	
港澳台商投资	76026						99	1390		22219		3779	
外商投资	17962							430		3213	2980	1324	221
按隶属关系分													
中央	299748	10400		2165		12888	680	1045	6052	1617	6086	3273	280
地方	1050538	18082	53088	30657	1312	7097	20503	27947	42480	60627	40437	98015	56241
省	214153	557				290	13418	4979		1678	4082	10511	
市	376396		6600	1173				3794	1675	1132	702	600	780
县(市)	242967	9951	33441	1500	1284	5607	1023	13371	39455	53164	19429	51540	12822
其他	217022	7574	13047	27984	28	1200	6062	5803	1350	4653	16224	35364	42639
按建设性质分													
新建	573064	21904	37651	19116	1312	5130	18848	11872	31482	28427	33539	62104	51935
扩建	401212	4000	3415	10466		290	2335	4276	13041	31487	894	22970	3271
改建	235555	1928	7040	2700		380		6484	1964	1660	6114	15441	711
单纯建造生活设施	62500	390	1020			13985		2907	1875	350	238		
迁建	11763					200		1310			4320		
恢复	1420							410	50		960		
单纯购置	64772	260	3962	540				1733	120	320	458	773	604
按计划管理渠道分													
基本建设	1013497	26151	40196	879	1312	19519	20048	16100	38931	49709	39475	76606	55917
更新改造	228767	1571	1200	1500		466	1135	2236	7668	4778	4068	2033	383
其他投资	15182	760	6080	2900				2547				2674	221
城镇集体	33060		2680	973				6035	1400	6317	1540	8221	
私营个体	10049		3370	4440				2239					
按建设阶段分													
筹建	23357												

3-8 续表 （2001 年） 单位:万元

项　　目	全　市	中原区	二七区	管城区	金水区	上街区	邙山区	中牟县	巩义市	荥阳市	新密市	新郑市	登封市
本年正式施工	951912	25383	37986	879	1312	19519	20048	16100	38931	49709	38275	76316	55917
本年收尾	1968	768									1200		
单纯购置	36260		2210									290	
按行业分													
农、林、牧、渔业	5508		520		250		850	80		180	705	1800	820
采掘业	34839								592	3112	1032		19948
制造业	228627	2254	1032	543	28	14188	2413	7937	2359	31879	15955	32520	2974
电力、煤气及水的生产和供应业	149661					631		4723	31426	12412	3381	4080	6519
建筑业	7614		55	1400				1121	167	300	450		
地质勘查业、水利管理业	39158									520			
交通运输、仓储及邮电通信业	251402		120				680	5275	6395	7473	10386	14778	16711
批发和零售贸易、餐饮业	55962	4710	15970	22142		380	2349	260		1410	642	1000	
金融、保险业	12426							106			190		1005
房地产业	7439	900	4307						1350		150	132	
社会服务业	221276	1100	3970	6358				300	2688	1888	62	800	2250
卫生、体育和社会福利业	50029		660				13168	753	600	320	286	976	
教育、文化艺术及广播电影电视	119502	10322	898				700	3105	1312	754	1416	7915	2989
科学研究和综合技术服务业	22757			679									
国家机关、政党机关和社会团体	107094	9196	3020	1700	1034	4786	1023	2772	1643	1900	11668	34541	3305
其他行业	36992		22536					2560		96	200	2746	
按产业分													
第一产业	2745						450			80	135	1800	280
第二产业	420741	2254	1087	1943	28	14819	2413	13781	34544	47703	20818	36600	29441
第三产业	925410	26228	52001	30879	1034	5166	18320	15131	13988	14361	25150	62888	26260
按构成分													
建筑工程	721721	17239	39609	20470	1304	17008	16407	14215	12339	25174	20827	36391	32600
安装工程	99162	524		1892		860	345	4176	11567	9677	3231	9082	2409
设备工器具购置	292459	1776	4645	8510	8	180	1305	8666	12109	23807	14866	16400	14851
其他费用	236944	8943	8834	1950		1937	3126	1935	12517	3586	7599	39415	6661

3-9 分县(市)区国有固定资产投资

（2001年）

单位:万元

项　目	全　市	中原区	二七区	管城区	金水区	上街区	邙山区	中牟县	巩义市	荥阳市	新密市	新郑市	登封市
总　计	**995102**	**20518**	**25973**	**2379**	**1284**	**18555**	**14141**	**17468**	**43853**	**18057**	**30418**	**50388**	**14407**
按隶属关系分													
中央	297582	10400		679		12888		1045	6052	1617	6086	3273	280
地方	697520	10118	25973	1700	1284	5667	14141	16423	37801	16440	24332	47115	14127
省	162324	557				290	13118	2663		1678	4082	10511	
市	344042		5800	200				1734	120	1132	702	600	780
县(市)	163515	9561	19173	1500	1284	5377	1023	11776	37681	13630	18268	31900	12342
其他	27639		1000					250			1280	4104	1005
按建设性质分													
新建	365803	15590	21788	2379	1284	3700	14141	7881	30132	5999	24308	29750	10572
扩建	324568	4000	555			290		2253	9762	10738	394	7170	2741
改建	217954	928	400			380		5288	1964	1000	4264	12695	711
单纯建造生活设施	58399		1020			13985		717	1875		238		
迁建	6133					200							
恢复	960										960		
单纯购置	21285		2210					1329	120	320	254	773	383
按计划管理渠道分													
基本建设	774685	19647	25573	879	1284	18089	14141	14804	38931	14277	26664	39651	14024
更新改造	194223	871	400	1500		466		930	4389	3780	2518	1083	383
按建设阶段分													
筹建	23306												
本年正式施工	746608	18879	23363	879	1284	18089	14141	14804	38931	14277	25464	39361	14024
本年收尾	1968	768									1200		
单纯购置	2803		2210									290	

项　目	全　市	中原区	二七区	管城区	金水区	上街区	邙山区	中牟县	巩义市	荥阳市	新密市	新郑市	登封市
按行业分													
农、林、牧、渔业	2008		520		250					100	555		280
采掘业	14891								592	3112	1032		
制造业	93368	400				12988		598	804	165	1891	2210	153
电力、煤气及水的生产和供应业	131944					631		4723	29702	2412	3381	2584	6519
建筑业	4196		55					911	167		450		
地质勘查业、水利管理业	38638												
交通运输、仓储及邮电通信业	190210		120					5275	6345	7473	10386	14778	1506
批发和零售贸易、餐饮业	12503		6800			150		110		140	642		
金融、保险业	9116							106			190		1005
房地产业	2170		2170										
社会服务业	205392	600	530						2688	1585	62		1080
卫生、体育和社会福利业	48448		660				12418	648	600	320	286	250	
教育、文化艺术及广播电影电视	98829	10322	898				700	2545	1312	754	792	1500	559
科学研究和综合技术服务业	22757			679									
国家机关、政党机关和社会团体	100482	9196	3020	1700	1034	4786	1023	2552	1643	1900	10751	29066	3305
其他行业	20150		11200							96			
按产业分													
第一产业	415										135		280
第二产业	244399	400	55			13619		6232	31265	5689	6754	4794	6672
第三产业	749668	20118	25918	2379	1034	4936	14141	11236	12588	12268	23259	45594	7455
按构成分													
建筑工程	576576	14231	18033	2144	1284	16008	12084	8031	11192	10462	15663	24417	8040
安装工程	76326	128		185		801	92	3849	11214	2841	1961	4472	857
设备工器具购置	159063	556	2243			180	297	4658	11034	4093	7145	1260	4398
其他费用	183137	5603	5697	50		1566	1668	930	10413	661	5649	20239	1112

3-10　分县(市)区基本建设投资

（2001 年）

单位:万元

项　　目	全　市	中原区	二七区	管城区	金水区	上街区	邙山区	中牟县	巩义市	荥阳市	新密市	新郑市	登封市
总计	**1013497**	**26151**	**40196**	**879**	**1312**	**19519**	**20048**	**16100**	**38931**	**49709**	**39475**	**76606**	**55917**
按登记注册类型分													
内资	927713	26151	40196	879	1312	19519	19949	15974	38931	24277	36495	72827	55917
#国有	774685	19647	25573	879	1284	18089	14141	14804	38931	14277	26664	39651	14024
港澳台商投资	72810						99	126		22219		3779	
外商投资	12974									3213	2980		
按隶属关系分													
中央	193508	10400		679		12888	680	1045	2152		5886	2210	280
地方	819989	15751	40196	200	1312	6631	19368	15055	36779	49709	33589	74396	55637
省	185600	557				290	13418	2789			3404	1920	
市	268359		5400	200				900		1132	702		780
县(市)	218805	9080	31409		1284	5141	1023	11216	36779	45364	16479	48311	12439
其他	147225	6114	3387		28	1200	4927	150		3213	13004	24165	42418
按建设性质分													
新建	523464	21404	35511	879	1312	5130	18848	9027	30132	26744	32605	48946	51935
扩建	307213	4000	1455			290	1200	1323	5127	21965	294	21770	3271
改建	76846	357				380		4883	1797	1000	2401	5600	711
单纯建造生活设施	59256	390	1020			13519		717	1875				
迁建	10383					200		150			4100		
恢复	75										75		
单纯购置	36260		2210									290	
按建设阶段分													
筹建	23357												
本年正式施工	951912	25383	37986	879	1312	19519	20048	16100	38931	49709	38275	76316	55917
本年收尾	1968	768									1200		
单纯购置	36260		2210									290	

3-10 续表 （2001 年）

项　　目	全　市	中原区	二七区	管城区	金水区	上街区	邙山区	中牟县	巩义市	荥阳市	新密市	新郑市	登封市
按行业分													
农、林、牧、渔业	3398		520		250		850			100	555		820
采掘业	23964								326	3112	578		19948
制造业	140963	1994			28	14188	1278	1644	804	25432	13150	29170	2600
电力、煤气及水的生产和供应业	141392					631		4723	29702	12412	2553	4080	6519
建筑业	4234		55					911			280		
地质勘查业、水利管理业	38638												
交通运输、仓储及邮电通信业	157506		120				680	2861	1976	4572	9191	4524	16711
批发和零售贸易、餐饮业	22119	4010	7950			380	2349	110		140		1000	
金融、保险业	9725							106			190		1005
房地产业	5089	900	3307								150	132	
社会服务业	155389		1130						2568	1585	62	800	2250
卫生、体育和社会福利业	49604		660				13168	648	600		286	976	
教育、文化艺术及广播电影电视	109768	10132	898				700	2545	1312	360	1416	7341	2759
科学研究和综合技术服务业	21957			679									
国家机关、政党机关和社会团体	98065	9115	3020	200	1034	4320	1023	2552	1643	1900	10864	28583	3305
其他行业	31686		22536							96	200		
按产业分													
第一产业	865						450				135		280
第二产业	310553	1994	55		28	14819	1278	7278	30832	40956	16561	33250	29067
第三产业	700919	24157	40141	879	1034	4700	18320	8822	8099	8653	22509	43356	26030
按构成分													
建筑工程	577396	16118	29119	644	1304	17008	16043	8192	10832	19294	17967	26532	32600
安装工程	58228	344		185		860	92	3799	11214	7742	2643	8932	2409
设备工器具购置	180629	856	2243		8	180	787	3029	10574	19783	11844	14827	14247
其他费用	197244	8833	8834	50		1471	3126	1080	6311	2890	7021	26315	6661

3-11 分县(市)区更新改造投资

(2001 年)

单位:万元

项　　目	全　市	中原区	二七区	管城区	上街区	邙山区	中牟县	巩义市	荥阳市	新密市	新郑市	登封市
总　　计	**228767**	**1571**	**1200**	**1500**	**466**	**1135**	**2236**	**7668**	**4778**	**4068**	**2033**	**383**
按登记注册类型分												
内资	222096	1571	1200	1500	466	1135	980	7668	4778	4068	1583	383
#国有	194223	871	400	1500	466		930	4389	3780	2518	1083	383
港澳台商投资	2778						826					
外商投资	3893						430				450	
按隶属关系分												
中央	104091							3900	1617		600	
地方	124676	1571	1200	1500	466	1135	2236	3768	3161	4068	1433	383
省	17142								1678	678		
市	86669		1200					1675				
县(市)	10725	871		1500	466		1506	2093	1483	1840	483	383
其他	10140	700				1135	730			1550	950	
按建设性质分												
新建	5434			1500								
扩建	72258					1135	1410	7381	4458	100	600	
改建	126506	1571	1200				826	167		3413	950	
单纯建造生活设施	466				466							
恢复	555									555		
单纯购置	23548							120	320		483	383
按行业分												
采掘业	10155											
制造业	68103					1135	1556	1555	1163	1621	950	153
电力、煤气及水的生产和供应业	8269							1724		828		
建筑业	1470							167		170		
交通运输、仓储及邮电通信业	69014						680	4102	2901	1055	600	
批发和零售贸易、餐饮业	1900	700	1200									
金融、保险业	2256											
社会服务业	55586	600						120				
卫生、体育和社会福利业	320								320			
教育、文化艺术及广播电影电视	7970	190							394			230
科学研究和综合技术服务业	800											
国家机关、政党机关和社会团体	2924	81		1500	466					394	483	
按产业分												
第二产业	87997					1135	1556	3446	1163	2619	950	153
第三产业	140770	1571	1200	1500	466		680	4222	3615	1449	1083	230
按构成分												
建筑工程	76499	1061	1200	1500		364	328	127	230	1524	50	
安装工程	37945	130				253	168	353	1725	335	100	
设备工器具购置	91585	280				518	1550	1362	2764	1870	1223	383
其他费用	22738	100			466		190	5826	59	339	660	

3-12 分县(市)区其他投资

(2001 年)

单位:万元

项　目	全　市	中原区	二七区	管城区	中牟县	巩义市	荥阳市	新密市	新郑市	登封市
总　　计	**75962**	**760**	**9012**	**29470**	**5621**	**533**	**1440**	**1440**	**14428**	**221**
按登记注册类型分										
内资	74429	760	9012	29470	5183	533	1440	1440	13554	
#国有	26194				1734	533		1236	9654	
集体	1000				1000					
港澳台商投资	438				438					
外商投资	1095								874	221
按隶属关系分										
中央	2149			1486				200	463	
地方	73813	760	9012	27984	5621	533	1440	1240	13965	221
省	8591								8591	
市	15371				1734				600	
县(市)	3239		1052		544	533		1110		
其他	46612	760	7960	27984	3343		1440	130	4774	221
按建设性质分										
新建	28418	500	2140	16737	2390		1300	414	4937	
扩建	12699		980	9493	1093	533			600	
改建	31013		5840	2700	405		140		8891	
单纯建造生活设施	238							238		
迁建	330							330		
恢复	3264	260	52	540	1733			458		221
按行业分										
农、林、牧、渔业	1800								1800	
采掘业	720					266		454		
制造业	8237	260	52	543	3117		1440	204	2400	221
建筑业	1610			1400	210					
交通运输、仓储及邮电通信业	24832				1734	267		140	9654	
批发和零售贸易、餐饮业	28631		6820	21169				642		
房地产业	1000		1000							
社会服务业	7998	500	1140	6358						
教育、文化艺术及广播电影电视	1134				560				574	
按产业分										
第一产业	1800								1800	
第二产业	10567	260	52	1943	3327	266	1440	658	2400	221
第三产业	63595	500	8960	27527	2294	267		782	10228	
按构成分										
建筑工程	52018	60	8310	17353	1915	360	603	571	9809	
安装工程	2009	50		1707	79		50	73	50	
设备工器具购置	14880	640	702	8510	3167	173	400	717	350	221
其他费用	7055	10		1900	460		387	79	4219	

3-13　分县(市)区城镇集体投资

(2001 年)

单位:万元

项　　目	全　市	二七区	管城区	中牟县	巩义市	荥阳市	新密市	新郑市
总　　计	**33060**	**2680**	**973**	**6035**	**1400**	**6317**	**1540**	**8221**
按隶属关系分								
地方	33060	2680	973	6035	1400	6317	1540	8221
省	2820			2190				
市	5997		973	1160				
县(市)	10198	980		105	50	6317		2746
其他	14045	1700		2580	1350		1540	5475
按建设性质分								
新建	16748			1455	1350	383	520	8221
扩建	9042	980	973	450		5064	500	
改建	1190			370		520	300	
单纯建造生活设施	2540			2190		350		
迁建	1380			1160			220	
恢复	460			410	50			
单纯购置	1700	1700						
按行业分								
农、林、牧、渔业	310			80		80	150	
制造业	12324	980		2620		3844	980	
建筑业	300					300		
地质勘查业、水利管理业	520					520		
交通运输、仓储及邮电通信业	50				50			
批发和零售贸易、餐饮业	3312		973	150		1270		
金融、保险业	445							
房地产业	1350				1350			
社会服务业	2303	1700		300		303		
卫生、体育和社会福利业	105			105				
教育、文化艺术及广播电影电视	630							
国家机关、政党机关和社会团体	6105			220			410	5475
其他行业	5306			2560				2746
按产业分								
第一产业	80					80		
第二产业	12624	980		2620		4144	980	
第三产业	20126	1700	973	3335	1400	2093	410	8221
按构成分								
建筑工程	16268	980	973	4240	1020	5047	765	
安装工程	980			130		160	180	
设备工器具购置	5805	1700		1360		860	435	
其他费用	10007			305	380	250	160	8221

3-14 分行业固定资产投资(一)

(2001 年)

单位:万元

行业	合计	#住宅	按计划管理渠道分					项目个数及建成投产率				按建设性质分		
			基本建设	更新改造	其他投资	城镇集体	私营个体	本年施工项目(个)	#新开工个数	本年投产项目(个)	项目建成投产率(%)	新建	扩建	改建
总计	**1350286**	**144688**	**1013497**	**228767**	**64913**	**33060**	**10049**	**842**	**490**	**342**	**40.62**	**573064**	**401212**	**235555**
农、林、牧、渔业	**5508**	**380**	**3398**		**1800**	**310**		**16**	**11**	**6**	**37.50**	**5105**		**100**
农业	2745	50	865		1800	80		5	2	2	40.00	2745		
林业	90		90					1	1			90		
畜牧业	1300	330	1070			230		6	6	4	66.67	1200		100
农、林、牧、渔服务业	1373		1373					4	2			1070		
采掘业	**34839**	**330**	**23964**	**10155**	**720**			**22**	**19**	**15**	**68.18**	**20596**	**3378**	**10155**
煤炭采选业	34513	4	23638	10155	720			21	18	15	71.43	20596	3378	10155
木材及竹材采运业	326	326	326					1	1					
制造业	**228627**	**32065**	**140963**	**68103**	**5558**	**12324**	**1679**	**167**	**101**	**84**	**50.30**	**90169**	**59432**	**41827**
食品加工业	7146		7146					5	4	2	40.00	7146		
食品制造业	10062	10	5298	1882	852	2030		15	10	6	40.00	4448	5562	
饮料制造业	5320		3869	1451				3	2	2	66.67	3339	530	
烟草加工业	4214	1960	4214					3		1	33.33	44	2210	
纺织业	9408	6264	6254	1475	1300	180	199	16	8	8	50.00	1000	499	1475
服装及其他纤维制品制造业	3934		1100		334	2500		3	2	3	100.00	3600	334	
木材加工及竹藤棕草制品业	380	20	150			230		2	2	1	50.00			
家具制造业	1400		1400					2	1	2	100.00	1400		
造纸及纸制品业	260				260									
印刷业	1648	350	1048	250		350		5	2	4	80.00	613	685	
文教体育用品制造业	441		441					1	1		0.00	441		
石油加工及炼焦业	1000						1000	1	1	1	100.00	1000		
化学原料及化学制品制造业	19970	827	15776	3094	740	360		15	8	8	53.33	1332	15253	640
医药制造业	12418		11292	826	300			10	4	7	70.00	11192	400	826
橡胶制品业	1000		1000					1	1	1	100.00	1000		
塑料制品业	7801		7501				300	3	2	1	33.33	7501		
非金属矿物制品业	20908	1650	12189	6280	725	1534	180	30	25	15	50.00	10764	3299	2071
黑色金属冶炼及压延加工业	3614		3614					2	1			3614		
有色金属冶炼及压延加工业	82902	12888	35107	47795				7	2	1	14.29	8801	25230	35983
金属制品业	2916	304	666	550	400	1300		7	6	4	57.14	1762	50	800
普通机械制造业	7044	868	5194	100		1750		11	6	5	45.45	4580	1450	

3-14 续表1 (2001年) 单位:万元

行业	合计	#住宅	按计划管理渠道分					项目个数及建成投产率				按建设性质分		
			基本建设	更新改造	其他投资	城镇集体	私营个体	本年施工项目(个)	#新开工个数	本年投产项目(个)	项目建成投产率(%)	新建	扩建	改建
专用设备制造业	5181	1038	2353	738		2090		10	5	5	50.00	1933	1515	32
交通运输设备制造业	8633	5066	5509	3020	104			4	1	3	75.00	5509	1800	
电气机械及器材制造业	192	120	192					2		1	50.00		72	
电子及通信设备制造业	6841		6650	191				6	6	3	50.00	6650		
仪器仪表及文化、办公用机械制造业	3494	200	2500	451	543			2				2500	543	
其他制造业	500	500	500					1	1					
电力、煤气及水的生产和供应业	**149661**	**14933**	**141392**	**8269**				**36**	**13**	**9**	**25.00**	**86577**	**46888**	**11945**
电力、蒸汽、热水的生产和供应业	121826	14933	119274	2552				22	7	6	27.27	73149	33112	11945
煤气生产和供应业	16768		16768					9	5			11214	4923	
自来水的生产和供应业	11067		5350	5717				5	1	3	60.00	2214	8853	
建筑业	**7614**	**5509**	**4234**	**1470**	**210**	**300**	**1400**	**14**	**5**	**9**	**64.29**	**2801**	**355**	**337**
土木工程建筑业	3802	1697	1822	1470	210	300		10	5	7	70.00	490	355	337
线路、管道和设备安装业	2412	2412	2412					3		2	66.67	911		
建筑物的装修装饰业	1400	1400					1400	1				1400		
地质勘查业、水利管理业	**39158**	**6395**	**38638**			**520**		**8**	**5**	**2**	**25.00**	**5920**	**2050**	**31023**
地质勘查业	1766	165	1766					4	1	2	50.00	1600		1
水利管理业	37392	6230	36872			520		4	4			4320	2050	31022
交通运输、仓储及邮电通信业	**251402**	**9515**	**157506**	**69014**	**24832**	**50**		**176**	**117**	**48**	**27.27**	**80845**	**25284**	**101656**
铁路运输业	83265	333	40426	42839				104	78	7	6.73	17440		65270
公路运输业	34253	314	24707	9496		50		12	8	8	66.67	22357	2216	1607
航空运输业	534			534				1					534	
交通运输辅助业	35738		11817	292	23629			21	15	11	52.38	6113	2069	26227
仓储业	5460	290	3657	600	1203			11	6	6	54.55	2418	2802	100
邮电通信业	92152	8578	76899	15253				27	10	16	59.26	32517	17663	8452
批发和零售贸易、餐饮业	**55962**	**9900**	**22119**	**1900**	**25261**	**3312**	**3370**	**46**	**28**	**18**	**39.13**	**29417**	**14553**	**9590**
食品、饮料、烟草和家庭用品	10128	1242	4126	700	4032	1270		15	11	6	40.00	2038	2610	4150
能源、材料和机械电子设备批	7384	12	5011		1400	973		5	1	1	20.00	4999	2373	
其他批发业	10412	3179	3923		5570	919		5	3			10412		
零售业	15958	5467	1759		14199			12	6	4	33.33	6568	7690	1700
餐饮业	12080		7300	1200	60	150	3370	9	7	7	77.78	5400	1880	3740
金融、保险业	**12426**	**8446**	**9725**	**2256**		**445**		**10**	**5**	**5**	**50.00**	**1963**	**445**	**609**
金融业	12426	8446	9725	2256		445		10	5	5	50.00	1963	445	609

3-14 续表 2 （2001 年） 单位：万元

行 业	合 计	#住宅	按计划管理渠道分					项目个数及建成投产率				按建设性质分		
			基本建设	更新改造	其他投资	城镇集体	私营个体	本年施工项目（个）	#新开工个数	本年投产项目（个）	项目建成投产率（%）	新建	扩建	改建
房地产业	**7439**	**4070**	**5089**		**1000**	**1350**		**11**	**8**	**8**	**72.73**	**7439**		
房地产开发与经营业	5057	2170	4057		1000			8	7	6	75.00	5057		
房地产管理业	900	550	900					1				900		
房地产代理与经纪业	1482	1350	132			1350		2	1	2	100.00	1482		
社会服务业	**221276**	**3024**	**155389**	**55586**	**4958**	**2303**	**3040**	**51**	**30**	**23**	**45.10**	**32238**	**157781**	**21204**
公共设施服务业	203520	574	150019	51801		1700		29	19	13	44.83	22720	153336	18301
居民服务业	4086	850	1246		1640		1200	5	3	3	60.00	3375		361
旅馆业	6665		1580	3785			1300	8	4	2	25.00	800	3965	1900
租赁服务业	540						540							
旅游业	780		780					2				600	180	
娱乐服务业	603					603		2	1	2	100.00	303	300	
计算机应用服务业	3380	1600	62		3318			2	1	1	50.00	3380		
其他社会服务业	1702		1702					3	2	2	66.67	1060		642
卫生、体育和社会福利业	**50029**	**6158**	**49604**	**320**		**105**		**28**	**11**	**6**	**21.43**	**31722**	**12313**	**644**
卫生	27610	4888	27185	320		105		21	7	6	28.57	10182	11434	644
体育	20668	1270	20668					4	2			19789	879	
社会福利保障业	1751		1751					3	2			1751		
教育、文化艺术及广播电影电视业	**119502**	**15386**	**109768**	**7970**	**574**	**630**	**560**	**111**	**54**	**47**	**42.34**	**63143**	**43419**	**2943**
教育	92713	15329	90529	420	574	630	560	93	47	40	43.01	44717	35113	2943
文化艺术业	12494	57	12494					11	4	4	36.36	11923	514	
广播电影电视业	14295		6745	7550				7	3	3	42.86	6503	7792	
科学研究和综合技术服务业	**22757**	**4111**	**21957**	**800**				**23**	**6**	**6**	**26.09**	**4974**	**12872**	**800**
科学研究业	10937	3738	10937					14	2	4	28.57	2183	5016	
综合技术服务业	11820	373	11020	800				9	4	2	22.22	2791	7856	800
国家机关、政党机关和社会团体	**107094**	**12779**	**98065**	**2924**		**6105**		**108**	**68**	**50**	**46.30**	**82131**	**15884**	**2502**
国家机关	99174	12559	96250	2924				97	58	43	44.33	74431	15884	2502
政党机关	98		98					1	1			98		
社会团体	1297		1297					1				1297		
基层群众自治组织	6525	220	420			6105		9	9	7	77.78	6305		
其他行业	**36992**	**11687**	**31686**			**5306**		**15**	**9**	**6**	**40.00**	**28024**	**6558**	**220**
其他行业	36992	11687	31686			5306		15	9	6	40.00	28024	6558	220

3-15 分行业固定资产投资(二)

(2001年)

单位:万元

行业	按构成分				本年新增固定资产(万元)	施工、竣工面积及竣工率					
	建筑工程	安装工程	设备工器具购置	其他费用		施工面积(平方米)	#住宅	竣工面积(平方米)	#住宅	竣工率	#住宅
总　计	**721721**	**99162**	**292459**	**236944**	**670101**	**6744142**	**2427242**	**1875966**	**703838**	**27.82**	**29.00**
农、林、牧、渔业	**2365**	**325**	**908**	**1910**	**4288**	**38250**	**8500**	**16250**	**8500**	**42.48**	**100.00**
农业	750	175	10	1810	2215	4000					
林业			90		90						
畜牧业	735	150	315	100	1300	16250	8500	16250	8500	100.00	100.00
农、林、牧、渔服务业	880		493		683	18000					
采掘业	**16138**	**1347**	**14435**	**2919**	**23412**	**10454**	**6914**	**3615**	**75**	**34.58**	**1.08**
煤炭采选业	15812	1347	14435	2919	23412	3615	75	3615	75	100.00	100.00
木材及竹材采运业	326					6839	6839				
制造业	**96072**	**33695**	**81159**	**17701**	**130222**	**1084357**	**530866**	**322733**	**109562**	**29.76**	**20.64**
食品加工业	3305	402	2138	1301	4428	28026		11656		41.59	
食品制造业	4564	633	3128	1737	6270	44610	300	22810	300	51.13	100.00
饮料制造业	1289	97	3904	30	1872	41200		16200		39.32	
烟草加工业	3728	326		160	2210	70170	36720	11450		16.32	
纺织业	6876	194	1883	455	3721	146996	139216	36757	36304	25.01	26.08
服装及其他纤维制品制造业	1360	219	1725	630	3934	16865		16865		100.00	
木材加工及竹藤棕草制品业	160	20	120	80	230	2300	300	500	300	21.74	100.00
家具制造业	620		400	380	1730	8800		8800		100.00	
造纸及纸制品业			260		260						
印刷业	967	218	250	213	1213	24200	8000	15200	8000	62.81	100.00
文教体育用品制造业	176	125		140		3160					
石油加工及炼焦业	300		620	80	1000	5340		5340		100.00	
化学原料及化学制品制造业	2932	3978	11105	1955	16161	63257	31729	13800	8200	21.82	25.84
医药制造业	4519	995	5666	1238	19372	51252		29068		56.72	
橡胶制品业	50	520	90	340	1000	800		800		100.00	
塑料制品业	433	195	6973	200	11144	15786		2000		12.67	
非金属矿物制品业	6648	3005	8098	3157	19369	70770	32684	56672	27644	80.08	84.58
黑色金属冶炼及压延加工业	2984	130	500			12523					
有色金属冶炼及压延加工业	33594	20703	26442	2163	17080	169671	128000				
金属制品业	1321	150	905	540	2212	13409	6366	4543		33.88	

3-15 续表 1 （2001 年） 单位：万元

行　　业	按构成分				本年新增固定资产（万元）	施工、竣工面积及竣工率					
	建筑工程	安装工程	设备工器具购置	其他费用		施工面积(平方米)	#住宅	竣工面积(平方米)	#住宅	竣工率	#住宅
普通机械制造业	4758	178	685	1423	2586	96577	24477	16997	6797	17.60	27.77
专用设备制造业	3608	33	1231	309	3361	54752	21000	19728		36.03	
交通运输设备制造业	5471	1138	2024		5374	91917	85487	23449	17019	25.51	19.91
电气机械及器材制造业	192				260	11711	4998	4998	4998	42.68	100.00
电子及通信设备制造业	3715	215	1741	1170	4441	10896		5100		46.81	
仪器仪表及文化、办公用机械制造业	2002	221	1271		994	23000	5220				
其他制造业	500					6369	6369				
电力、煤气及水的生产和供应业	**58901**	**32652**	**36505**	**21603**	**94175**	**201245**	**133186**	**76686**	**61186**	**38.11**	**45.94**
电力、蒸汽、热水的生产和供应业	45020	24580	35953	16273	85238	194317	133186	76686	61186	39.46	45.94
煤气生产和供应业	12494	2108	406	1760		6928					
自来水的生产和供应业	1387	5964	146	3570	8937						
建筑业	**5259**	**466**	**1335**	**554**	**7777**	**129293**	**120883**	**65387**	**56977**	**50.57**	**47.13**
土木工程建筑业	2032	215	1335	220	3632	37296	29286	20963	12953	56.21	44.23
线路、管道和设备安装业	2277	101		34	2745	84597	84597	37024	37024	43.77	43.77
建筑物的装修装饰业	950	150		300	1400	7400	7000	7400	7000	100.00	100.00
地质勘查业、水利管理业	**20196**	**414**	**2973**	**15575**	**1076**	**123227**	**68701**	**12798**	**2900**	**10.39**	**4.22**
地质勘查业	1276	20	250	220	1076	30191	5700	12798	2900	42.39	50.88
水利管理业	18920	394	2723	15355		93036	63001				
交通运输、仓储及邮电通信业	**108031**	**12470**	**90506**	**40395**	**114399**	**630157**	**105794**	**26013**		**4.13**	
铁路运输业	41230	5574	29668	6793	2780	166602	7080				
公路运输业	12754	250	8663	12586	26952	58757	14157	800		1.36	
航空运输业			534		534						
交通运输辅助业	25277	4104	1806	4551	24943	5998		5998		100.00	
仓储业	3769	49	388	1254	2003	43326	7339	10315		23.81	
邮电通信业	25001	2493	49447	15211	57187	355474	77218	8900		2.50	
批发和零售贸易、餐饮业	**39796**	**1317**	**9553**	**5296**	**27052**	**438988**	**169269**	**140493**	**28023**	**32.00**	**16.56**
食品、饮料、烟草和家庭用品	8651	234	990	253	2863	110148	33917	20500	3200	18.61	9.43
能源、材料和机械电子设备批	3879	117	44	3344	7073	32300	2900	29400		91.02	
其他批发业	9304		409	699		116918	46600				
零售业	6942	966	7050	1000	11336	139022	85852	65993	24823	47.47	28.91
餐饮业	11020		1060		5780	40600		24600		60.59	
金融、保险业	**9167**	**100**	**2318**	**841**	**13081**	**165463**	**142053**	**65687**	**46787**	**39.70**	**32.94**

3-15 续表 2 (2001 年) 单位:万元

行业	按构成分				本年新增固定资产(万元)	施工、竣工面积及竣工率					
	建筑工程	安装工程	设备工器具购置	其他费用		施工面积(平方米)	#住宅	竣工面积(平方米)	#住宅	竣工率	#住宅
金融业	9167	100	2318	841	13081	165463	142053	65687	46787	39.70	32.94
房地产业	**5776**	**76**	**20**	**1567**	**4996**	**157805**	**122563**	**76205**	**48963**	**48.29**	**39.95**
房地产开发与经营业	3870	30	20	1137	3320	44642	19200	43842	18400	98.21	95.83
房地产管理业	804	46		50	194	85000	77000	4200	4200	4.94	5.45
房地产代理与经纪业	1102			380	1482	28163	26363	28163	26363	100.00	100.00
社会服务业	**143297**	**7021**	**23258**	**47700**	**98671**	**538204**	**71188**	**74480**	**5200**	**13.84**	**7.30**
公共设施服务业	133097	5057	19687	45679	64368	63964	42718				
居民服务业	2554	211	1045	276	3725	19550	5200	17550	5200	89.77	100.00
旅馆业	2182	1400	1371	1712	27618	69000		47000		68.12	
租赁服务业			540		540						
旅游业	780					333600					
娱乐服务业	130	130	320	23	603	3500		3500		100.00	
计算机应用服务业	3318	2	60		62	42160	23270				
其他社会服务业	1236	221	235	10	1755	6430		6430		100.00	
卫生、体育和社会福利业	**38598**	**1773**	**4977**	**4681**	**7342**	**492587**	**145623**	**25910**	**20650**	**5.26**	**14.18**
卫生	20413	1373	4693	1131	7342	326307	114602	25910	20650	7.94	18.02
体育	17232	400	254	2782		137979	31021				
社会福利保障业	953		30	768		28301					
教育、文化艺术及广播电影电视业	**72031**	**1616**	**11459**	**34396**	**58556**	**1231704**	**442197**	**476830**	**184110**	**38.71**	**41.64**
教育	57399	933	3179	31202	41800	1103816	426497	445574	168410	40.37	39.49
文化艺术业	5118	14	4524	2838	5884	87122	15700	26656	15700	30.60	100.00
广播电影电视业	9514	669	3756	356	10872	40766		4600		11.28	
科学研究和综合技术服务业	**15102**	**1381**	**5110**	**1164**	**10216**	**262917**	**97937**	**84936**	**53776**	**32.31**	**54.91**
科学研究业	7447	250	3143	97	7424	145043	68834	61660	30500	42.51	44.31
综合技术服务业	7655	1131	1967	1067	2792	117874	29103	23276	23276	19.75	79.98
国家机关、政党机关和社会团体	**65089**	**4119**	**7913**	**29973**	**67328**	**732090**	**232468**	**230220**	**77129**	**31.45**	**33.18**
国家机关	62990	4119	7642	24423	60803	708731	226968	218450	71629	30.82	31.56
政党机关	48			50		1120					
社会团体	1001		271	25		10469					
基层群众自治组织	1050			5475	6525	11770	5500	11770	5500	100.00	100.00
其他行业	**25903**	**390**	**30**	**10669**	**7510**	**507401**	**29100**	**177723**		**35.03**	
其他行业	25903	390	30	10669	7510	507401	29100	177723		35.03	

3-16 农村固定资产投资

（2001 年）　　　　单位：万元，万平方米

项　目	全　市			中原区			二七区			管城区			金水区		
		非农户	农　户		非农户	农　户		非农户	农　户		非农户	农　户		非农户	农　户
本年固定资产投资完成额	**1073295**	**684655**	**388640**	**33430**	**27718**	**5712**	**42934**	**23900**	**19034**	**30601**	**21443**	**9158**	**101562**	**48359**	**53203**
按投资来源分															
国家资金	55045	55045		26	26		1738	1738		591	591		483	483	
国内贷款	70831	70831		440	440		2873	2873					4308	4308	
利用外资	8874	8874		4075	4075										
自筹资金	897300	522070	375230	28850	23138	5712	37258	18362	18896	29644	20486	9158	90960	40074	50886
其他资金	41246	27835	13411	38	38		1065	927	138	367	367		5812	3495	2317
按投资构成分															
建筑工程	653015	363873	289142	26317	21797	4520	26405	13245	13160	28891	19733	9158	95015	47045	47970
#水利	30100	30042	58	239	239		1054	1054		63	63		420	420	
房屋	488016	201945	286071	25413	20893	4520	24129	10969	13160	28828	19670	9158	92465	44495	47970
#住宅	295712	56156	239556	16264	11744	4520	14418	1258	13160	9712	554	9158	70549	22648	47901
安装工程	38893	38541	352	23	23		1762	1762		132	132		111	111	
设备工器具购置	314331	237145	77186	7015	5895	1120	11808	5997	5811	453	453		6436	1203	5233
#生产设备	203975	154452	49523	3072	3072		8966	3377	5589	242	242		1176	1051	125
其它	67057	45096	21961	75	3	72	2959	2896	63	1125	1125				
按投资方向分															
农业	181535	85030	96505	335	27	308	1018	993	25				16591	16352	239
采掘业	103056	103056													
制造业	279426	271759	7667	10645	10645		16978	11389	5589	271	271		2271	2271	
电力煤气及水的生产和供应业	5260	5202	58												
建筑业	20504	18130	2374				2819	2819		7081	7081				
地质勘探业、水利管理业	17517	17459	58	239	239								420	420	
交通运输仓储及邮电通信业	67566	36966	30600	814	2	812	95		95				7195	2133	5062
批发零售贸易业餐饮业	45218	39886	5332	537	537		3171	3171		450	450		19624	19624	
金融保险业	149	149													
房地产业	29992	29992		11716	11716		1258	1258							
社会服务业	4980	4665	315	47	47		41	41							
卫生体育和社会福利事业	6782	6782					416	416		1405	1405		300	300	
教育文化艺术及广播电影电视业	27897	27733	164	4361	4289	72	1121	1121		143	143		7119	7119	
科学研究和综合技术服务业	580	580													
国家机关政党机关社会团体	9365	9365		214	214		521	521		1546	1546		140	140	
其它行业	273463	27899	245564	4520		4520	15497	2172	13325	19706	10548	9158	47901		47901
按具体投资项目分															
房屋	488016	201945	286071	25413	20893	4520	24129	10969	13160	28828	19670	9158	92465	44495	47970
#住宅	295749	56193	239556	16264	11744	4520	14418	1258	13160	9712	554	9158	70549	22648	47901
道路	35901	35901		307	307		265	265		84	84		2083	2083	
桥梁	121	121													
设备	314331	237145	77186	7015	5895	1120	11808	5997	5811	453	453		6436	1203	5233
水利	30100	30042	58	239	239		1054	1054		63	63		420	420	
其它	204828	179501	25327	456	384	72	5678	5615	63	1174	1174		159	159	
本年施工房屋面积	**1661.5**	**462.5**	**1199.0**	**72.6**	**54.6**	**18.0**	**77.0**	**22.0**	**55.0**	**82.6**	**29.6**	**53.0**	**195.8**	**68.8**	**127.0**
#住宅	1004.2	74.2	930.0	42.5	24.5	18.0	56.6	1.6	55.0	54.2	1.2	53.0	132.0	6.0	126.0
#当年新开工	1474.0	323.0	1151.0	48.3	30.3	18.0	77.0	22.0	55.0	82.3	29.3	53.0	154.9	35.9	119.0
本年竣工房屋面积	**1503.7**	**370.7**	**1133.0**	**72.6**	**54.6**	**18.0**	**75.5**	**20.5**	**55.0**	**82.6**	**29.6**	**53.0**	**182.5**	**55.5**	**127.0**
#住宅	919.8	51.8	868.0	42.5	24.5	18.0	55.0		55.0	54.2	1.2	53.0	132.1	6.1	126.0
本年竣工房屋投资完成额	**448377**	**165707**	**282670**	**25413**	**20893**	**4520**	**23174**	**10014**	**13160**	**28828**	**19670**	**9158**	**89643**	**41673**	**47970**
#住宅	261492	24612	236880	16264	11744	4520	13160		13160	9712	554	9158	54303	6402	47901

3-16　续表1　　　　　　　　（2001年）　　　　　　　　单位:万元,万平方米

项　目	上街区	非农户	农户	邙山区	非农户	农户	中牟县	非农户	农户	巩义市	非农户	农户
本年固定资产投资完成额	**7406**	**3989**	**3417**	**23172**	**20789**	**2383**	**74457**	**30222**	**44235**	**195787**	**136604**	**59183**
按投资来源分												
国家资金				101	101		969	969		7304	7304	
国内贷款							242	242		28217	28217	
利用外资												
自筹资金	7406	3989	3417	21562	19179	2383	71528	27293	44235	157161	99557	57604
其他资金				1509	1509		1718	1718		3106	1527	1579
按投资构成分												
建筑工程	5303	3298	2005	15886	15509	377	38043	14303	23740	113129	55834	57295
#水利	7	7		327	269	58	2465	2465		6451	6451	
房屋	5274	3269	2005	11997	11678	319	28678	5987	22691	83261	27545	55716
#住宅	4630	2959	1671	2596	2596		21928	847	21081	28728	12744	15984
安装工程	70	70					2030	2030		7554	7459	95
设备工器具购置	967	620	347	6460	4608	1852	29301	9302	19999	69595	68144	1451
#生产设备	532	515	17	1337	1337		21518	2634	18884	58263	57485	778
其它	1067	2	1065	826	672	154	5083	4587	496	5510	5167	343
按投资方向分												
农业	1238		1238	2322	508	1814	28700	12830	15870	43913	3211	40702
采掘业										12496	12496	
制造业	696	696		3790	3790		5104	4778	326	81779	81779	
电力煤气及水的生产和供应业				58		58				4443	4443	
建筑业	1210	1210		580	580		2385	11	2374			
地质勘探业、水利管理业	7	7		142	84	58				6586	6586	
交通运输仓储及邮电通信业	283	103	180	1213	1195	18	3156	2422	734	5858	5185	673
批发零售贸易业餐饮业	333	193	140	7808	7808		5045	1636	3409	2263	2018	245
金融保险业				32	32					117	117	
房地产业	1779	1779		211	211					14807	14807	
社会服务业	122		122	1764	1764		936	936		821	821	
卫生体育和社会福利事业	2	2		10	10		2490	2490		455	455	
教育文化艺术及广播电影电视业	28		28	1762	1698	64	4838	4838		3832	3832	
科学研究和综合技术服务业				580	580							
国家机关政党机关社会团体				2502	2502		282	282		399	399	
其它行业	1708		1708	398	27	371	21521		21521	18017	454	17563
按具体投资项目分												
房屋	5274	3269	2005	11997	11678	319	28678	5987	22691	83261	27545	55716
#住宅	4630	2959	1671	2596	2596		21928	847	21081	28728	12744	15984
道路	22	22		2816	2816		2422	2422		3032	3032	
桥梁				28	28							
设备	967	620	347	6460	4608	1852	29301	9302	19999	69595	68144	1451
水利	7	7		327	269	58	2465	2465		6451	6451	
其它	1137	72	1065	1544	1390	154	11593	10047	1546	33449	31432	2017
本年施工房屋面积	**19.6**	**11.6**	**8.0**	**33.2**	**31.2**	**2.0**	**93.7**	**17.7**	**76.0**	**377.3**	**54.3**	**323.0**
#住宅	17.8	10.8	7.0	5.0	5.0		71.6	2.6	69.0	103.2	17.2	86.0
#当年新开工	18.1	11.1	7.0	33.2	31.2	2.0	93.7	17.7	76.0	363.2	52.2	311.0
本年竣工房屋面积	**16.0**	**8.0**	**8.0**	**31.7**	**29.7**	**2.0**	**93.7**	**17.7**	**76.0**	**349.3**	**38.3**	**311.0**
#住宅	14.4	7.4	7.0	3.8	3.8		71.6	2.6	69.0	75.1	1.1	74.0
本年竣工房屋投资完成额	**4608**	**2603**	**2005**	**10857**	**10538**	**319**	**28668**	**5987**	**22681**	**70274**	**15237**	**55037**
#住宅	4025	2354	1671	1456	1456		21918	847	21071	16109	465	15644

3-16 续表2 (2001年) 单位:万元,万平方米

项 目	荥阳市	非农户	农户	新密市	非农户	农户	新郑市	非农户	农户	登封市	非农户	农户
本年固定资产投资完成额	**117918**	**102268**	**15650**	**170670**	**123911**	**46759**	**149891**	**62704**	**87187**	**125467**	**82748**	**42719**
按投资来源分												
国家资金				1078	1078		4538	4538		38218	38218	
国内贷款	17265	17265		3121	3121		1543	1543		12822	12822	
利用外资							2672	2672		2127	2127	
自筹资金	94136	78486	15650	163480	116721	46759	127350	49539	77811	67966	25247	42719
其他资金	6516	6516		2991	2991		13789	4412	9377	4335	4335	
按投资构成分												
建筑工程	50093	46301	3792	102780	74260	28520	113017	29082	83935	38138	23468	14670
#水利	3419	3419		4851	4851		7303	7303		3502	3502	
房屋	29347	25555	3792	39697	11177	28520	100824	16889	83935	18104	3819	14285
#住宅	3654	80	3574	25290	617	24673	84046	111	83935	13899		13899
安装工程	9151	9151		10226	10226		2479	2479		5355	5098	257
设备工器具购置	50580	38755	11825	48371	32980	15391	27062	24183	2879	56283	45005	11278
#生产	9687	9500	187	33065	21441	11624	18604	15725	2879	47512	38072	9440
其它	8094	8061	33	9293	6446	2847	7334	6960	374	25691	9177	16514
按投资方向分												
农业	9447	6552	2895	44329	37918	6411	3304	1279	2025	30338	5360	24978
采掘业	10351	10351		24666	24666					55543	55543	
制造业	66218	66041	177	51649	50227	1422	32401	32274	127	7623	7597	26
电力煤气及水的生产和供应业	648	648					110	110				
建筑业				3122	3122		3308	3308				
地质勘探业、水利管理业	2834	2834					7290	7290				
交通运输仓储及邮电通信业	19621	10617	9004	13244	1443	11801	6787	6031	756	9300	7835	1465
批发零售贸易业餐饮业	785	785		1788	250	1538	3415	3415				
金融保险业												
房地产业							220	220				
社会服务业	558	558		47	47		398	398		246	53	193
卫生体育和社会福利事业	139	139		38	38		1518	1518		9	9	
教育文化艺术及广播电影电视业	459	459		1835	1835		332	332		2067	2067	
科学研究和综合技术服务业												
国家机关政党机关社会团体	310	310								3450	3450	
其它行业	6548	2974	3574	29952	4365	25587	90807	6527	84280	16890	833	16057
按具体投资项目分												
房屋	29347	25555	3792	39697	11177	28520	100824	16889	83935	18104	3819	14285
#住宅	3690	116	3574	25290	617	24673	84046	111	83935	13899		13899
道路	7029	7029		7879	7879		2292	2292		7671	7671	
桥梁										92	92	
设备	50580	38755	11825	48371	32980	15391	27062	24183	2879	56283	45005	11278
水利	3419	3419		4851	4851		7303	7303		3502	3502	
其它	27543	27510	33	69870	67023	2847	12412	12038	374	39814	22658	17156
本年施工房屋面积	**115.8**	**74.8**	**41.0**	**172.3**	**36.3**	**136.0**	**315.2**	**46.2**	**269.0**	**106.3**	**15.3**	**91.0**
#住宅	35.3	0.3	35.0	125.8	4.8	121.0	269.4	0.4	269.0	91.0		91.0
#当年新开工	45.6	26.6	19.0	164.9	28.9	136.0	306.4	37.4	269.0	86.4	0.4	86.0
本年竣工房屋面积	**39.9**	**28.9**	**11.0**	**161.9**	**34.9**	**127.0**	**306.9**	**37.9**	**269.0**	**91.3**	**15.3**	**76.0**
#住宅	10.3	0.3	10.0	115.6	4.6	111.0	269.4	0.4	269.0	76.0		76.0
本年竣工房屋投资完成额	**13944**	**9503**	**3541**	**37308**	**10863**	**26445**	**99291**	**15356**	**83935**	**17271**	**3372**	**13899**
#住宅	3439	116	3323	23187	589	22598	84019	84	83935	13899		13899

3-17 固定资产投资新增生产能力

（2001 年）

项　　目	单位	合 计				
			基本建设	更新改造	其他投资	集体
原煤开采	万吨/年	92	92			
氧化铝	吨/年	180000		180000		
电解铝	吨/年	35000	35000			
水 泥	万吨/年	2	2			
耐火材料制品	吨/年	93500	43500	25000		25000
烧碱	吨/年	10000		10000		
客车制造	辆/年	1000		1000		
啤酒	万吨/年	1	1			
方便主食品	吨/年	20000	20000			
灯泡	万只/年	20000	20000			
电话单机	万部/年	15000		15000		
新建公路	公里	198	93	85	20	
改建公路	公里	7	7			
二级公路	公里	7	7			
粮食仓库：储量	万公斤	16	16			
建筑面积	平方米	4950	4950			
高等院校：学生席位	个	13000	13000			
建筑面积	平方米	21637	21637			
中等学校：学生席位	个	1000	1000			
建筑面积	平方米	7673	7673			
小学校：学生席位	个	2900	2900			
建筑面积	平方米	14110	14110			
其他学校：学生席位	个	2600	2600			
建筑面积	平方米	52500	52500			
公共图书馆：藏书量	万册	30	30			
阅览室座席	个	300	300			
建筑面积	平方米	2800	2800			
医院病床	张	2100	2100			
宾馆、旅馆、招待所：客房数	间	285		285		
建筑面积	平方米	38600		38600		
城市自来水管道长度	公里	121	15	76	30	
城市公共交通车辆购置	辆	463		463		
城市道路扩建长度	公里	18		18		
城市道路扩建面积	万平方米	38		38		
城市排水管道铺设长度	公里	31	15	16		
城市永久性桥梁	座	8	7	1		

3－18 分县(市)区房地产开发投资

(2001年)　　单位:万元

指　标	全　市	中原区	二七区	管城区	金水区	上街区	邙山区	中牟县	巩义市	荥阳市	新郑市
计划总投资	**2357948**	**124080**	**19264**	**119006**	**294900**	**14905**	**67621**	**803**	**3500**	**3352**	**10610**
实际需要的总投资	2445089	127080	19270	136301	295230	14905	72921	803	3500	3352	10610
累计完成投资	1238281	36844	8241	103673	165536	9655	23961	733	2950	2568	6326
累计新增固定资产	326229	9861	4260	6566	44511	6605	7100	683		1020	987
未完工程累计投资	883803	26983	3981	97107	99226	3050	16461		2950	1225	
本年计划投资	583315	23880	13084	67485	76626	13905	21300	543	1500	2528	5854
本年完成投资	475927	13714	7121	61522	74583	9655	17638	473	1550	1793	4112
#商品房建设投资额	298463	12273	3770	31406	57467	6945	12374	473	1550	1620	1201
土地开发投资额	87417	1041	2100	15488	16359	2710	1043				228
按构成分											
建筑工程	300024	7580	3710	34429	57031	5445	12271	473	1550	1715	2939
安装工程	36574	1885	60	3654	181	1000	1360				
设备工器具购置	7833				79	500	265				
其他费用	131496	4249	3351	23439	17292	2710	3742			78	1173
按工程用途分											
住宅	350252	10148	5021	36943	70381	7594	14243	473	1550	1733	3195
办公楼	22380	100		643	80		3010				
商业营业用房	65792	3334		18738		219	20			58	220
其他	37503	132	2100	5198	4122	1842	365			2	697
本年新增固定资产	**198705**	**3561**	**4260**	**6566**	**28975**	**6605**	**6445**	**683**		**1020**	**221**
本年完成开发土地面积(平方米)	2892094	1314097	53360	48240	394667	40683	10000				1000
本年购置土地面积(平方米)	4713585	1322417	76800	175037	1134031	161683	239076			7170	80909
施工房屋面积(平方米)	6944419	264436	106788	561448	546668	189983	280237	14372	30300	71200	121638
#住宅	5484300	168615	106788	367903	543395	180191	261890	14372	30300	70700	120238
新开工面积(平方米)	3139872	49442	81788	242560	384488	155800	248037	11372		46500	59062
#住宅	2947890	34621	81788	194715	384488	147836	229690	11372		46500	57662
竣工房屋面积(平方米)	1535862	75494	38788	47100	142453	38983	36000	11372		24700	3670
#住宅	1394372	71494	38788	35300	142453	37154	36000	11372		24200	3100
竣工房屋价值(万元)	159270	3464	2804	6566	28896	3300	6000	583		1020	221
#住宅	136249	3144	2804	4000	28896	3081	6000	583		980	170
商品房实际销售面积(平方米)	1436511	93766	30155	29982	270287	39224	55335	9696		15659	3675
商品房预售面积(平方米)	1130850	30090	14200	190014	66801	44300	48000	6174	52000	1670	
商品房空置面积(平方米)	412549	20058	5033	10954	79355	3158	14000	6174		8696	
商品房实际销售额(万元)	282556	10666	7100	8514	52845	3435	7712	532		1092	324

3-19 房地产开发与

(2001 年)

指　标	总 计	内资合计	国有	集体	股份合作	国有集体联营	国有独资公司	其他有限公司
		按　登　记　注						
计划总投资	**2357948**	**1049701**	**157124**	**63484**	**4000**	**1510**	**22739**	**305940**
实际需要的总投资	2445089	1072400	163090	63660	4000	1510	22739	316502
累计完成投资	1238281	509131	112775	29416	4000	1215	10514	153303
累计新增固定资产	326229	170418	35280	5337				54493
未完工程累计投资	883803	317729	75849	21719	4000	1215	10514	89387
本年计划投资	**583315**	**349436**	**64306**	**24622**	**4000**	**835**	**6000**	**101761**
本年完成投资	**475927**	**282538**	**52144**	**22686**	**4000**	**835**	**6364**	**87522**
# 商品房建设投资额	298463	177153	34724	10717	2850	800	6364	56138
土地开发投资额	87417	55110	2735	1748		35		21339
按构成分								
建筑工程	300024	180065	40649	11611	2850	800	6364	55091
安装工程	36574	14853	4610	255				5567
设备工器具购置	7833	1268						623
其他费用	131496	86352	6885	10820	1150	35		26241
按工程用途分								
住宅	350252	210671	36546	12989	3850	800	6364	57111
办公楼	22380	13105	4949	45				3690
商业营业用房	65792	30136	5249	240				19834
其他	37503	28626	5400	9412	150	35		6887
本年新增固定资产	**198705**	**116280**	**16592**	**4571**				**51553**
土地开发(平方米)								
本年完成开发土地面积	2892094	1193245	116273	108518		6700		85748
正在开发的土地面积	1328140	954576		73403				205249
待开发土地面积	1468373	557021	76052					280012
本年购置土地面积	4713585	2065994	166765	185427	3300			284601
其他(面积:平方米)								
竣工住宅套数合计(套)	11456	8461	1143	770				2376
# 别墅、高档公寓套数	1069	735	154					41
经济适用房套数	2581	2581	653					506
拆迁还建竣工房屋面	17569	1772	1772					

经营(一)

单位:万元

册	类	型	分						
股份有限公司	私营个体	其他内资	港澳台商投资合计	合资经营	合作经营	独资	外商投资合计	合资经营	独资
210569	**284335**		**1078105**	**416965**	**63300**	**597840**	**230142**	**154530**	**75612**
210900	289999		1132837	430957	63300	638580	239852	159230	80622
82305	115603		649243	191663	36634	420946	79907	51255	28652
27391	47917		133494	64159	3134	66201	22317	19272	3045
48369	66676		514684	127239	32700	354745	51390	31983	19407
43405	**104507**		**177770**	**67197**	**30430**	**80143**	**56109**	**36809**	**19300**
35960	**73027**		**156432**	**57433**	**33566**	**65433**	**36957**	**21096**	**15861**
23530	42030		90588	30986	1456	58146	30722	16253	14469
6910	22343		26072	18152	1510	6410	6235	4843	1392
23902	38798		98184	28198	15175	54811	21775	10493	11282
903	3518		18564	5121	11566	1877	3157	2240	917
	645		4554	241	4000	313	2011	453	1558
11155	30066		35130	23873	2825	8432	10014	7910	2104
32259	60752		109155	47357	2250	59548	30426	18540	11886
30	4391		7304	6274		1030	1971	100	1871
1124	3689		33661	1893	29805	1963	1995	1995	
2547	4195		6312	1909	1511	2892	2565	461	2104
8244	**35320**		**69334**	**19532**	**3134**	**46668**	**13091**	**10046**	**3045**
212035	663971		318029	72392	90969	154668	1380820	1377453	3367
260679	415245		128066	23966		104100	245498	140000	105498
	200957		892323	62311		830012	19029		19029
372978	1052923		1059257	142776	89469	827012	1588334	1533187	55147
1934	2238		2445	1173	60	1212	550	406	144
192	348		210	210			124	124	
1062	360								
			15797			15797			

指标	总计	按登记注						
		内资合计	国有	集体	股份合作	国有集体联营	国有独资公司	其他有限公司
统建代建竣工房屋面积	7567	7567						5100
公益性建筑竣工面积	3200	3200						
年平均从业人员数(人)	10088	7435	1412	252	19	200	57	3543
年末从业人员数(人)	10079	7372	1378	238	17	180	57	3590
全年从业人员劳动报酬(万元)	10193	7109	1261	235	25	95	72	3601
空置面积中(平方米)								
空置一年以下	314403	191002	12785	27800				47509
空置一年及一年以上	98146	44775	16307	9622				14421
本年资金来源(万元)	**673672**	**376338**	**65696**	**31656**	**4210**	**1360**	**12733**	**118207**
上年末结余资金	91292	39146	6223	1045			1917	12724
本年资金来源小计	582380	337192	59473	30611	4210	1360	10816	105483
国家预算内资金								
国内贷款	130754	63509	11705	7507	2000			21822
利用外资	2053							
外商直接投资	2053							
自筹资金	177746	120831	14947	8227	2210	1360	2000	36035
#企事业单位自有资金	60756	53778	8524	773		475	2000	6004
其他资金来源	271827	152852	32821	14877			8816	47626
#集资	6864	4178	2588					1590
定金及预收款	243083	139095	26933	14877			8816	44663
本年各项应付款合计	71652	31610	4638	1887	729			14843
#工程款	46401	24724	4638	1887	729			11528
设备、器材款	3081	1595						1256
施工房屋面积(平方米)	**6944419**	**4130988**	**671503**	**404526**	**5600**	**17000**	**92200**	**1172805**
住宅	5484300	3574300	499451	398976	5600	17000	92200	975325
#别墅、高档公寓	709510	300357	20586					89456
经济适用房	1056979	1056979	147796				92200	315742
办公楼	470482	174808	87286	2230				31188
商业营业用房	858279	297128	48877	3320				148245
其他	131358	84752	35889					18047
本年新开工面积(平方米)	**3139872**	**2106708**	**235127**	**243506**	**5600**			**512890**

单位:万元

册	类	型	分						
股份有限公司	私营个体	其他内资	港澳台商投资合计	合资经营	合作经营	独资	外商投资合计	合资经营	独资
	2467								
3200									
828	1107	17	1994	1075	137	782	659	400	259
704	1188	20	2035	1096	139	800	672	419	253
720	1077	23	2363	1343	110	910	721	410	311
61481	41427		74498	27601		46897	48903	5940	42963
	4425		30186	21559	3946	4681	23185	9559	13626
54165	**88311**		**216855**	**85826**	**33592**	**97437**	**80479**	**45935**	**34544**
9640	7597		40222	15113	10421	14688	11924	6259	5665
44525	80714		176633	70713	23171	82749	68555	39676	28879
13570	6905		48895	28747		20148	18350	6450	11900
			1003			1003	1050	1050	
			1003			1003	1050	1050	
13027	43025		41709	17859	20210	3640	15206	5957	9249
5513	30489		6900	6400	500		78		78
17928	30784		85026	24107	2961	57958	33949	26219	7730
			2656	1604		1052	30	30	
14224	29582		70589	21000	640	48949	33399	26189	7210
6504	3009		35338	10418	3223	21697	4704	840	3864
3563	2379		18993	6962	1750	10281	2684	645	2039
67	272		607	293		314	879	195	684
689437	**1077917**		**2076243**	**942730**	**222597**	**910916**	**737188**	**324647**	**412541**
642112	943636		1269772	674220	46611	548941	640228	240407	399821
97809	92506		259315	254972		4343	149838	89838	60000
282236	219005								
14053	40051		263954	173535		90419	31720	19000	12720
14272	82414		495911	69000	175220	251691	65240	65240	
19000	11816		46606	25975	766	19865			
425444	**684141**		**646602**	**286740**	**39692**	**320170**	**386562**	**98527**	**288035**

指　标	总　计	按　登　记　注						
		内资合计	国有	集体	股份合作	国有集体联营	国有独资公司	其他有限公司
住宅	2947890	1936774	231661	239876	5600			474890
#别墅、高档公寓	251240	166738						73256
经济适用房	457325	457325	42813					101996
办公楼	27460	26775		2230				
商业营业用房	121370	118770	2077	1400				34000
其他	43152	24389	1389					4000
竣工房屋面积(平方米)	**1535862**	**1025039**	**147170**	**67807**				**384070**
住宅	1394372	935359	139082	65317				329263
#别墅、高档公寓	175985	108713	20586					12400
经济适用房	325720	325720	66396					133600
办公楼	70727	41525	5888					28504
商业营业用房	50138	31296	2200	2490				19845
其他	20625	16859						6458
竣工房屋价值(万元)	**159270**	**91654**	**13392**	**3571**				**38750**
住宅	136249	75844	12342	3418				28103
#别墅、高档公寓	15973	9835	2060					1612
经济适用房	20704	20704	4307					9532
办公楼	11655	7836	600					5890
商业营业用房	8781	5709	450	153				3881
其他	2585	2265						876
商品房实际销售面积(平方米)	**1436511**	**1026044**	**160084**	**38224**				**376625**
#个人	1123135	868728	139522	34554				332603
住宅	1368400	964966	145277	37356				348450
#别墅、高档公寓	184865	116997	18278					7000
经济适用房	405270	405270	67715					132900
#个人	899146	672659	125938	34256				221840
办公楼	14019	12021	5888					
商业营业用房	42882	40857	7960	570				26166
其他	11210	8200	959	298				2009
商品房预售面积(平方米)	**1130850**	**717712**	**167687**	**63500**			**62931**	**208090**
#个人	909769	607373	120986	63500			62931	177794

单位:万元

册	类	型	分						
股份有限公司	私营个体	其他内资	港澳台商投资合计	合资经营	合作经营	独资	外商投资合计	合资经营	独资
379919	604828		627154	280992	39692	306470	383962	95927	288035
57092	36390		84502	84502					
126366	186150								
14053	10492		685	685					
12472	68821						2600	2600	
19000			18763	5063		13700			
178087	**247905**		**396901**	**151307**	**11905**	**233689**	**113922**	**76416**	**37506**
173587	228110		359714	147622	6919	205173	99299	74513	24786
40717	35010		37850	37850			29422	29422	
93370	32354								
	7133		16482	685		15797	12720		12720
500	6261		16939		4220	12719	1903	1903	
4000	6401		3766	3000	766				
8244	**27697**		**58329**	**9578**	**2162**	**46589**	**9287**	**6921**	**2366**
7884	24097		52288	9348	1256	41684	8117	6803	1314
1930	4233		1725	1725			4413	4413	
4104	2761								
	1346		2767	50		2717	1052		1052
40	1185		2954		766	2188	118	118	
320	1069		320	180	140				
229206	**221905**		**256474**	**123652**	**7959**	**124863**	**153993**	**71035**	**82958**
141744	220305		164216	123652	7959	32605	90191	68213	21978
229206	204677		251281	120642	5776	124863	152153	69195	82958
21978	69741		38446	38446			29422	29422	
174660	29995								
116744	173881		159023	120642	5776	32605	67464	67013	451
	6133		1998		1998				
	6161		185		185		1840	1840	
	4934		3010	3010					
70187	**145317**		**300997**	**139853**		**161144**	**112141**	**103617**	**8524**
70187	111975		221726	122956		98770	80670	72146	8524

指 标	总 计	按登记注						
		内资合计	国有	集体	股份合作	国有集体联营	国有独资公司	其他有限公司
住宅	1061814	656663	164994	63500			62931	158276
#别墅、高档公寓	158381	81368						15221
经济适用房	223435	223435	70074				62931	60340
#个人	785202	552795	100000	63500			62931	156076
办公楼	8160	1643	1643					
商业营业用房	60876	59406	1050					49814
商品房空置面积(平方米)	**412549**	**235777**	**29092**	**37422**				**61930**
住宅	344713	191798	28892	26813				41456
#别墅、高档公寓	42931	42931	2308					19400
经济适用房	44587	43292	4774					2800
办公楼	10557							
商业营业用房	40131	26831	200	1920				16015
其他	17148	17148		8689				4459
商品房出租面积(平方米)	**104282**	**24725**	**19394**					**4221**
#外销(租)	535							
个人	2651	1280	900					
住宅	900	900	900					
#个人	900	900	900					
办公楼	32651	7800	7800					
商业营业用房	20731	16025	10694					4221
其他	50000							
商品房实际销售额(万元)	**282556**	**179788**	**25391**	**7233**				**72584**
#个人	207990	144612	17735	6910				56463
住宅	255531	154600	18459	7080				60288
#别墅、高档公寓	41455	20567	2672					1120
经济适用房	49022	49022	6768					19660
#个人	161394	105294	16683	6872				36781
办公楼	4545	3846	1700					
商业营业用房	20140	19244	5126	115				12068
其他	2340	2098	106	38				228

单位:万元

册	类	型	分						
股份有限公司	私营个体	其他内资	港澳台商投资合计	合资经营	合作经营	独资	外商投资合计	合资经营	独资
70187	136775		293010	134979		158031	112141	103617	8524
	66147		21500	17730		3770	55513	54832	681
30090									
68517	101771		221726	122956		98770	10681	10000	681
			6517	3404		3113			
	8542		1470	1470					
61481	**45852**		**104684**	**49160**	**3946**	**51578**	**72088**	**15499**	**56589**
52099	42538		88477	48475	1143	38859	64438	15499	48939
18739	2484								
33360	2358						1295		1295
			2907	685	2222		7650		7650
5382	3314		13300		581	12719			
4000									
380	**730**		**74215**	**64431**		**9784**	**5342**	**535**	**4807**
							535	535	
380			1371	1371					
			20044	13060		6984	4807		4807
380	730		4171	1371		2800	535	535	
			50000	50000					
32564	**42016**		**72749**	**27358**	**2314**	**43077**	**30019**	**17752**	**12267**
22125	41379		40459	27358	2314	10787	22919	16622	6297
32564	36209		71706	27116	1513	43077	29225	16958	12267
5754	11021		11473	11473			9415	9415	
20039	2555								
15875	29083		39416	27116	1513	10787	16684	16622	62
	2146		699		699				
	1935		102		102		794	794	
	1726		242	242					

3-20 房地产开发与经营情况(二)

(2001 年)

单位:万元

项目	总计	按隶属关系分						按资质等级分					
		中央	地方	省	市	县(市)	其他	一级	二级	三级	四级	其他	兼营
计划总投资	**2357948**	**44247**	**2313701**	**184648**	**498889**	**21176**	**160898**	**220000**	**877532**	**1011084**	**19654**	**34000**	**195678**
实际需要的总投资	2445089	47263	2397826	187688	506191	21512	168243	220000	941541	1032812	21058	34000	195678
累计完成投资	1238281	34480	1203801	103485	201340	15394	883582	179894	504357	472306	18635	11681	51408
累计新增固定资产	326229	15527	310702	18387	74168	4290	213857	57681	115310	140815	1623		10800
未完工程累计投资	883803	18953	864850	84693	126372	8388	645397	122213	376480	316556	16265	11681	40608
本年计划投资	**583315**	**19345**	**563970**	**53665**	**121669**	**13926**	**374710**	**65000**	**185652**	**298386**	**1871**	**4800**	**27606**
本年完成投资	**475927**	**16123**	**459804**	**35986**	**95619**	**11932**	**316267**	**51031**	**152387**	**244538**	**1829**	**4370**	**21772**
#商品房建设投资额	298463	11982	286481	27116	66119	8181	185065	44621	104425	138034	798	100	10485
土地开发投资额	87417		87417	5598	16025	908	64886	6410	23224	51332	241	1700	4510
按构成分													
建筑工程	300024	12868	287156	24314	69453	8851	184538	43736	95836	147210	906	2670	9666
安装工程	36574	1164	35410	1642	4201	410	29157		11926	23269	10		1369
设备工器具购置	7833		7833	335	453	500	6545	79	694	7060			
其他费用	131496	2091	129405	9695	21512	2171	96027	7216	43931	66999	913	1700	10737
按工程用途分													
住宅	350252	13031	337221	30569	69376	10423	226853	48736	118084	160313	1385	1799	19935
办公楼	22380	2970	19410	683	2121		16606		8735	11075		2570	
商业营业用房	65792	21	65771	2262	16769	58	46682		7805	57331			656
其他	37503	101	37402	2472	7353	1451	26126	2295	17763	15819	444	1	1181
本年新增固定资产	**198705**	**6000**	**192705**	**12567**	**37730**	**4290**	**138118**	**38668**	**39083**	**108531**	**1623**		**10800**
土地开发(平方米)													
本年完成开发土地面积	2892094		2892094	142075	1758396	6500	985123	154668	1701514	866642	10000	80000	79270
正在开发的土地面积	1328140		1328140		190580	127403	101015	104100	342679	748058	73403		59900
待开发土地面积	1468373		1468373	5400	128622	20000	131435	799200	118363	371110			179700
本年购置土地面积	4713585		4713585	121302	2028039	163013	240123	797700	1934829	1513921	91979	78500	296656
其他(面积:平方米)													
竣工住宅套数合计(套)	11456	442	11014	1033	2739	345	6897	1132	2151	7333	140		700
#别墅、高档公寓套数	1069	154	915	192	334		389		488	581			
经济适用房套数	2581	288	2293	236	1118	93	846		647	1548	36		350
拆迁还建竣工房屋面	17569		17569			1772	15797			17569			

3-20 续表 1 (2001 年) 单位:万元

项目	总计	按隶属关系分						按资质等级分					
		中央	地方					一级	二级	三级	四级	其他	兼营
				省	市	县(市)	其他						
统建代建竣工房屋面积	7567		7567		5100		2467			7567			
公益性建筑竣工面积	3200		3200				3200		3200				
年平均从业人员数(人)	10088	152	9936	1400	1839	1037	5660	341	1965	7054	162	381	185
年末从业人员数(人)	10079	157	9922	1432	1847	971	5672	340	1964	7017	174	402	182
全年从业人员劳动报酬(万元)	10193	195	9998	1352	1564	847	6235	371	2164	6968	126	403	161
空置面积中(平方米)													
空置一年以下	314403	2308	312095	38818	31697	13906	227674	31188	74823	193618	14774		
空置一年及一年以上	98146		98146	26356	30522	3823	37445	4681	28072	48867	16526		
本年资金来源(万元)	**673672**	**22623**	**651049**	**59228**	**132440**	**11028**	**448353**	**72501**	**238219**	**324212**	**3769**	**4663**	**30308**
上年末结余资金	91292	1500	89792	10750	21971	2140	54931	3500	33974	49857	598	2863	500
本年资金来源小计	582380	21123	561257	48478	110469	8888	393422	69001	204245	274355	3171	1800	29808
国家预算内资金													
国内贷款	130754	4000	126754	14889	23857	60	87948	17433	60770	48406			4145
利用外资	2053		2053				2053			1739			314
外商直接投资	2053		2053				2053			1739			314
自筹资金	177746	10623	167123	11578	23375	2389	129781	3117	37638	121709	1798	1800	11684
#企事业单位自有资金	60756	6112	54644	4696	7452	1609	40887		16213	35875	1798	1000	5870
其他资金来源	271827	6500	265327	22011	63237	6439	173640	48451	105837	102501	1373		13665
#集资	6864		6864		130	4038	2696	1052	150	4112			1550
定金及预收款	243083	6500	236583	16532	62355	2401	155295	47399	101633	81936			12115
本年各项应付款合计	71652		71652	8955	12707	1949	48041	12405	19831	35008	108	1823	2477
#工程款	46401		46401	5617	10321	1949	28514	9895	9601	23992	108	1823	982
设备、器材款	3081		3081	584	1215		1282		505	2576			
施工房屋面积(平方米)	**6944419**	**163649**	**6780770**	**672612**	**1576205**	**293736**	**423821**	**448308**	**1938863**	**3921119**	**100252**	**66000**	**469877**
住宅	5484300	135872	5348428	563944	1279205	289236	321604	434608	1488189	3090690	100252	12000	358561
#别墅、高档公寓	709510	20586	688924	170009	215274		303641		290396	415314			3800
经济适用房	1056979	69723	987256	25913	404800	115560	440983		361847	541232	3600		150300
办公楼	470482	21888	448594	29689	77552		341353		210888	205594		54000	
商业营业用房	858279	1000	857279	47390	198300	500	611089		217719	529244			111316
其他	131358	4889	126469	31589	21148	4000	69732	13700	22067	95591			
本年新开工面积(平方米)	**3139872**	**22342**	**3117530**	**220493**	**518280**	**158360**	**222039**	**320170**	**887969**	**1697280**	**26676**		**207777**
住宅	2947890	20953	2926937	203160	462888	154360	210652	306470	861638	1548645	26676		204461

3-20 续表2　　(2001年)　　单位:万元

项　目	总　计	按隶属关系分						按资质等级分					
		中央	地方	省	市	县(市)	其他	一级	二级	三级	四级	其他	兼营
# 别墅、高档公寓	251240		251240	57092	26166		167982		84502	166738			
经济适用房	457325	20953	436372		7600	85260	343512		157707	296018	3600		
办公楼	27460		27460	16283	4914		6263		5000	22460			
商业营业用房	121370		121370	1050	42478		77842		14879	103175			3316
其他	43152	1389	41763		8000	4000	29763	13700	6452	23000			
竣工房屋面积(平方米)	**1535862**	**50397**	**1485465**	**132553**	**383731**	**45060**	**924121**	**187183**	**301071**	**911508**	**16100**		**120000**
住宅	1394372	44509	1349863	130813	372583	44560	801907	187183	292343	778746	16100		120000
# 别墅、高档公寓	175985	20586	155399	40717	67272		47410		87858	88127			
经济适用房	325720	23923	301797	25913	184100	12960	78824		63181	138939	3600		120000
办公楼	70727	5888	64839		685		64154		5888	64839			
商业营业用房	50138		50138	1740	3463	500	44435		2840	47298			
其他	20625		20625		7000		13625			20625			
竣工房屋价值(万元)	**159270**	**5870**	**153400**	**9589**	**27385**	**2834**	**113592**	**38589**	**24320**	**86788**	**873**		**8700**
住宅	136249	5270	130979	9247	26309	2794	92629	38589	23228	64859	873		8700
# 别墅、高档公寓	15973	2060	13913	1930	6138		5845		8198	7775			
经济适用房	20704	1150	19554	1500	11497	1464	5093		3704	8107	193		8700
办公楼	11655	600	11055		50		11005		600	11055			
商业营业用房	8781		8781	342	526	40	7873		492	8289			
其他	2585		2585		500		2085			2585			
商品房实际销售面积(平方米)	**1436511**	**48094**	**1388417**	**123456**	**366477**	**31094**	**867390**	**109858**	**388387**	**782948**	**34132**		**121186**
# 个人	1123135	48089	1075046	121216	351880	31089	570861	17600	233340	716882	34132		121181
住宅	1368400	42201	1326199	121811	359318	31084	813986	109858	373601	729638	34122		121181
# 别墅、高档公寓	184865	18278	166587	41770	49072		75745		107350	58719	18796		
经济适用房	405270	23923	381347	28941	210024	13925	128457		116540	165904	2826		120000
# 个人	899146	42201	856945	113695	342849	28214	372187	17600	225159	503910	31296		121181
办公楼	14019	5888	8131				8131		5888	8131			
商业营业用房	42882		42882	1640	3200		38042		8600	34282			
其他	11210		11210		3974		7231		298	10912			
商品房预售面积(平方米)	**1130850**	**15200**	**1115650**	**69040**	**391543**	**104770**	**550297**	**135731**	**385771**	**483484**	**7774**		**118090**
# 个人	909769	14100	895669	64437	283697	104770	442765	76470	371684	335751	7774		118090
住宅	1061814	14100	1047714	67990	358000	104770	516954	135731	375537	425732	7774		117040

3-20 续表 3　　(2001 年)　　单位:万元

项　目	总　计	按隶属关系分						按资质等级分					
		中央	地方	省	市	县(市)	其他	一级	二级	三级	四级	其他	兼营
#别墅、高档公寓	158381		158381	4451	66919		87011	3770	112562	35049	7000		
经济适用房	223435	14100	209335		107635	99500	2200		90871	79790	774		52000
#个人	785202		785202	54211	228091	99900	403000	76470	288112	298442	7000		115178
办公楼	8160	1100	7060		3947		3113		1100	7060			
商业营业用房	60876		60876	1050	29596		30230		9134	50692			1050
商品房空置面积(平方米)	**412549**	**2308**	**410241**	**65174**	**62219**	**17729**	**265119**	**35869**	**102895**	**242485**	**31300**		
住宅	344713	2308	342405	57524	57334	9033	218514	35869	94006	183538	31300		
#别墅、高档公寓	42931	2308	40623	18739			21884		2308	26623	14000		
经济适用房	44587		44587	1295	5193	4000	34099		28941	14872	774		
商业营业用房	40131		40131		200	8696	31235		200	39931			
其他	17148		17148		4000		13148		8689	8459			
商品房出租面积(平方米)	**104282**		**104282**	**11218**	**63518**	**380**	**29166**		**17773**	**86509**			
#外销(租)	535		535		535				535				
个人	2651		2651		900	380	1371		2271	380			
住宅	900		900		900				900				
#别墅、高档公寓													
经济适用房													
#个人	900		900		900				900				
办公楼	32651		32651	4807	7800		20044		10684	21967			
商业营业用房	20731		20731	6411	4818	380	9122		6189	14542			
其他	50000		50000		50000					50000			
商品房实际销售额(万元)	**282556**	**6765**	**275791**	**26134**	**60840**	**2753**	**186064**	**37076**	**66851**	**150566**	**9256**		**18807**
#个人	207990	5064	202926	25203	58791	2752	116180	4786	44041	131101	9256		18806
住宅	255531	5064	250467	25289	59274	2751	163153	37076	59693	130702	9254		18806
#别墅、高档公寓	41455	2672	38783	13184	13768		11831		21840	12495	7120		
经济适用房	49022	2392	46630	2874	28424	1508	13824		13681	16517	184		18640
#个人	161394	5064	156330	23603	57646	2603	72478	4786	43284	85448	9070		18806
办公楼	4545	1700	2845				2845		1700	2845			
商业营业用房	20140		20140	844	1220		18076		5420	14720			
其他	2340		2340		350		1990		38	2302			

3-21 房地产开发

(2001 年)

项 目	总 计	按 登 记 注						
		内资合计	国有	集体	股份合作	国有集体联营	国有独资公司	其他有限责任公司
企业个数(个)	**306**	**212**	**54**	**116**	**1**	**1**	**1**	**71**
实收资本合计	**446434**	**267389**	**78188**	**15048**	**2500**	**1000**	**2000**	**77403**
#国家资本	27776	1900						1900
年末资产负债								
资产总计	1761063	872781	216190	72762	1963	2721	12634	301180
固定资产累计折旧	37862	10831	2981	670		106	43	4267
#本年折旧	9161	2265	437	158		15	22	821
负债总计	1370738	672108	178691	64257	302	1272	11206	248566
所有者权益合计	390325	200673	37499	8505	1661	1449	1428	52614
损益情况								
经营收入	**406210**	**226257**	**38788**	**13826**	**125**	**246**	**14012**	**86465**
土地转让收入	2117	2092	184					1908
商品房屋销售收入	323522	185632	29141	13280			14012	75058
#销售给个人	253453	157911	17341	12380			14012	69033
#住宅销售收入	303927	174030	20875	13111			14012	73064
#销售给个人	224748	142093	17133	12211			14012	57860
房屋出租收入	25742	550	390					150
其他收入	54829	37983	9073	546	125	246		9349
经营成本	**335021**	**198466**	**36387**	**13311**	**86**	**164**	**13459**	**70400**
销售费用	16646	9769	806	486	1	28	183	4752
经营税金及附加	18820	10338	1818	747	7	10	105	3875
其他业务利润	3784	955	538	109				165
管理费用及财务费用	63529	26612	6012	1882	23	26	297	10602
投资收益营业外收入	1452	1114	935	39				35
营业外支出	3856	2757	1084	47			2	1182
利润总额	**–26426**	**–19616**	**–5846**	**–2499**	**8**	**18**	**–34**	**–4146**

企业财务状况(一)

单位:万元

册 类 型 分									
股份有限公司	私营个体	其他内资	港澳台商投资合计	合资经营	合作经营	独资	外商投资合计	合资经营	独资
18	**46**	**4**	**69**	**55**	**4**	**10**	**25**	**14**	**10**
27780	61167	2303	149168	84385	18350	46433	29877	15028	14849
			25876	25876					
92910	168411	4010	695875	298929	69033	327913	192407	78213	114194
1097	1647	20	24825	8856	12360	3609	2206	1223	983
229	569	14	6159	2001	3114	1044	737	602	135
56293	109637	1884	535428	229631	47564	258233	163202	61494	101708
36617	58774	2126	160447	69298	21469	69680	29205	16719	12486
25117	47663	15	140533	46792	10477	83264	39420	27656	11764
			25	25					
18468	35673		103197	43619	2314	57264	34693	24975	9718
10258	34887		70906	43619	2314	24973	24636	18968	5668
17628	35340		95767	36990	1513	57264	34130	24975	9155
8244	32633		63476	36990	1513	24973	19179	18968	211
6	4		25179	868		24311	13	5	8
6643	11986	15	12132	2280	8163	1689	4714	2676	2038
19677	**44967**	**15**	**104855**	**36295**	**2516**	**66044**	**31700**	**22426**	**9274**
1013	2500		5505	2229	1048	2228	1372	1019	353
1343	2432	1	6477	2227	403	3847	2005	1431	574
138	5		1942	858		1084	887	308	579
2901	4798	71	31250	8516	6360	16374	5667	3080	2587
31	74		407	404		3	−69	50	−119
335	102	5	1045	891		154	54	45	9
17	**−7057**	**−77**	**−6250**	**−2104**	**150**	**−4296**	**−560**	**13**	**−573**

3-22 房地产开发企业财务状况(二)

(2001 年)

单位:万元

项目	合计	按隶属关系分						按资质等级分					
		中央	地方	省	市	县(市)	其他	一级	二级	三级	四级	其他	兼营
企业个数(个)	**306**	**5**	**301**	**57**	**51**	**13**	**180**	**4**	**29**	**234**	**5**	**25**	**9**
实收资本合计	**446434**	**13426**	**433008**	**80917**	**86849**	**7909**	**257333**	**30701**	**104899**	**260314**	**3714**	**37582**	**9224**
#国家资本	27776		27776	7727	1600		18449			12254		15522	
年末资产负债													
资产总计	1761063	33124	1727939	255934	300230	20587	115118	105945	590616	895233	16497	105910	46862
固定资产累计折旧	37862	224	37638	4628	3999	715	28296	769	7130	28049	155	899	860
#本年折旧	9161	80	9081	927	1130	209	6815	144	1940	6372	33	199	473
负债总计	1370738	19977	1350761	187650	252267	13673	897171	54428	509338	676922	13327	75898	40825
所有者权益合计	390325	13147	377178	68284	47963	6914	254017	51517	81278	218311	3170	30012	6037
损益情况													
经营收入	406210	6886	399324	36299	81487	5770	275768	55934	132934	175550	3929	18023	19840
土地转让收入	2117		2117		292		1825			133	184	1800	
商品房屋销售收入	323522	6114	317408	19879	75210	3549	218770	55934	98345	141015	3600	11480	13148
#销售给个人	253453	6000	247453	18619	67526	2949	158359	23643	82646	119536	3600	11480	12548
#住宅销售收入	303927	6000	297927	15907	67915	2780	211325	55934	93750	127574	2641	11480	12548
#销售给个人	224748	6000	218748	13772	64321	2632	138023	23643	82571	91925	2581	11480	12548
房屋出租收入	25742		25742	259	321	6	25156		24762	980			
其他收入	54829	772	54057	16161	5664	2215	30017		9827	33422	145	4743	6692
经营成本	**335021**	**4747**	**330274**	**27374**	**75583**	**4674**	**222643**	**36768**	**117960**	**145164**	**2897**	**15571**	**16661**
销售费用	16646	24	16622	1347	2691	180	12404	1705	4958	8596	117	485	785
经营税金及附加	18820	377	18443	1868	3669	282	12624	2677	5872	8386	199	669	1017
其他业务利润	3784		3784	556	380	3	2845	-17	3183	566		33	19
管理费用及财务费用	63529	1021	62508	6678	10770	429	44631	7452	22951	28704	493	2120	1809
投资收益营业外收入	1452	147	1305	724	86	50	445	-97	1285	231	30		3
营业外支出	3856	47	3809	1408	410	242	1749	16	502	2852	191	263	32
利润总额	**-26426**	**817**	**-27243**	**-1096**	**-11170**	**16**	**-14993**	**7202**	**-14841**	**-17355**	**62**	**-1052**	**-442**

3-23 城镇和工矿区私人建房情况

(2001 年)

项　　目	城镇工矿区个数(个)	本年竣工房屋面积(万平方米)	#住宅	本年竣工房屋价值(万元)	#住宅	建房户数(户)
总　　计	**7**	**117.98**	**99.61**	**57096**	**50394**	**3759**
#农户		78.33	71.19	31006	28324	1744
市	6	107.39	89.02	51992	45290	3351
#农户		67.74	60.61	25902	23220	1336
县城	1	10.59	10.59	5104	5104	408
#农户		10.59	10.59	5104	5104	408

3-24 各县(市)区城镇和工矿区私人建房情况

(2001 年)

县(市)区	城镇工矿区个数(个)	本年竣工房屋面积(平方米)	#住宅	本年竣工房屋价值(万元)	#住宅	建房户数(户)
合　计	**7**	**1179759**	**996099**	**57096**	**50394**	**3759**
中原区	1	45680	45680	1370	1370	290
二七区		92500	92500	4625	4625	287
管城区		17858	17858	661	661	147
金水区		15800	15800	3405	3405	126
上街区						
邙山区		13820	12100	553	484	24
中牟县	1	105892	105892	5104	5104	408
巩义市	1	259800	148000	9093	5638	395
荥阳市	1	150000	150000	7500	7500	1500
新密市	1	382900	317700	15892	12912	186
新郑市	1	35369	35369	6900	6900	120
登封市	1	60140	55200	1993	1795	276

3-25 重点建设项目投资情况

（2001 年）

单位：万元

单位(项目)名称	开工年月	竣工年月	计划总投资	自开始建设累计完成投资	本年计划投资	本年完成	#建筑工程	本年新增固定资产	本年资金来源	建设规模及能力
郑州市环城快速路工程	200103		158000	126499	158000	126499	94379		106345	全长 43.7 公里，新建立交 7 座
郑州市人大办公楼工程	200007		9960	14136	9800	11219	7356		8560	总建筑面积 3.64 万平方米
城东路立交拓宽改造	200008		2211	987		987	987		1000	
中原路立交拓宽改造	200004	200105	3912	3431		538	473		1000	
新郑路立交拓宽改造	200105	200112	745	679		679	613		660	
紫荆山南路工程	200008	200112	10023	8249		8249	4699		5149	全长 2.12 公里
嵩山南路拓宽改造工程	200012	200112	4550	4617	3050	4617	4532		3081	全长 3.82 公里
中原西路拓宽改造工程	200101		9684	9684	2657	9684	2657		1600	全长 8.5 公里
郑州市道路路灯改造工程	2001		15000	11000	7000	9802			7000	全长 80 公里
郑州市航海体育场工程	200105		5800	6731	4000	6731	5034		6300	3 万座位
黄河迎宾馆迎宾大道	200107	200112	3425	3811	2708	3811	2841		1538	全长 2.6 公里
郑州新村粮库	200008		1376	1171	600	600	477		600	库容 4.95 万吨
荥阳国家粮库	200006	200112	1553	1255	1173	875	817		875	库容 2.5 万吨
新郑国家糖库	200004		1300	1300	600	600		600	600	
城市电网改造工程	199812		161413	148961		29491	17998	15606	79992	5 个变电站及一户一表 2 万户
农村电网改造工程	1999		51198	49212	14512	13998	9826	9894	27583	线路 29.4 公里 35KV 变电站等
郑州市热力公司兴隆铺热电厂	1997		51056	37608		6991	2892		5130	2＊25MW 供热机组
人行郑州支行 POS 结算中心工程	200001	200112	4000	4600	662	662	300	4600	662	总建筑面积 3.29 万平方米
郑州市财税学校迁建	199908		6500	7072	800	1395	895		935	
郑州外国语中学迁建	200009		8662	3928	1700	2291	1739		2362	
郑州市体校综合楼	200006		803	1067		879	804		580	
河南省纺专电教综合楼	200010		690	680		420	420		455	
登封地方铁路工程	199712		64508	52044	14000	15205	11952		11298	全长 61.17 公里
郑州第二长途通信枢纽	199910		53611	17200	10000	6625	6625		6100	

3-25 续表 1 （2001 年） 单位：万元

单位(项目)名称	开工年月	竣工年月	计划总投资	自开始建设累计完成投资	本年计划投资	本年完成	建筑工程	本年新增固定资产	本年资金来源	建设规模或生产能力
新密电信综合生产楼	200001		6000	3426	2670	2696	2696	3426	2696	
世纪公园	2001		3050	1000	1000	1000			2651	
森林公园	200101		7246	800	500	500	400		502	
郑州市第一人民医院病房楼工程	200006		2628	1894	1900	1218	1001		1062	新增床位 450 张
郑州海关 EDI 管理中心工程	200001		7000	5000		1000	1000		1000	总建筑面积 1.47 万平方米
迪森科技大厦	200009		3000	3378	1200	2789	1796		3596	
省科学院同位素研究所综合楼	200011	200112	400	400	300	272	272	400	350	
邮电设计科研楼	199909		12800	9660	8000	5067	2243		8916	
郑州市嵩山风景名胜区工程	200009		18652	4089	4800	2139	2139		3520	
郑州市水产公司冷库工程	200101		1854	1908	1800	1908	1745		2015	库容 1 万吨
城市供电电缆入地工程	2000			13202		8903	8542			全长 11.85 公里
中方园小区	2001		100000	26547	15000	13000	7890	1500	19698	
开园银田小区	2001		15800	10465	8550	8335	8335		6865	
湖光苑	2001		22739	10514	6000	6364	6364		12733	
21 世纪安居新村	2001		91700	14400	6750	3800	3000		8100	
华厦军创卫士花园	2001		12000	6320	5000	1250	1250	3000		
锦江国际花园	2001		44200	12535	2355	2355	2355		9540	
中孚紫东苑	2001		14112	5609	5000	2810	2740		5611	
河医大一附院护士楼	200011		3085	2865		2613	2489		2632	
农业路节能高层住宅	2001		2080	2240	700	910	836		2970	
迎宾花园	2001		7500	3800	2000	2000	2000		2000	
市直机关高层住宅	200103		2550	1576	1500	1576	1160		1200	
富田丽景花园	2001		32000	17352	19000	17352	8772		20500	
锦绣正弘高层住宅	2001		10239	4967	3000	3121	2721		5952	
田下城—都市辉煌苑	2001		84353	16028	16767	16028	1124		26402	

3-25 续表 2 （2001 年） 单位：万元

单位(项目)名称	开工年月	竣工年月	计划总投资	自开始建设累计完成投资	本年计划投资	本年完成	建筑工程	本年新增固定资产	本年资金来源	建设规模或生产能力
郑州百货大楼集资住宅	200006		1731	2048	775	1092	1092		1389	
郑州—少林寺高速公路	200109		140990	20000	35000	20000	7890		30000	全长 53.01 公里
郑州—新密公路拓宽改造工程	200104		9337	2000	6882	2000	2000		2400	全长 20 公里
花园路中段拓宽改造工程	200107	200108		3677		3677	3415		2936	全长 2.1 公里
移动通信第一、二枢纽楼	200012		7710	5800	5800	5300	2929		5400	
河南移动通讯生产指挥中心大楼	200108		12000	6500		6500	100		6500	
小浪底生产调度指挥中心工程	200105		6000	4320	4000	4320	882		6000	总建筑面积 4.78 万平方米
东风渠市区段综合治理工程	200106		2000	2050	2000	2050	1950		2000	全长 7 公里
郑州市杂技馆工程	200104		1376	504	860	504	444		1000	共 800 座位
郑州邮政综合生产楼工程	200103		15000	5337	2180	5337	1476		5337	总建筑面积 4.12 万平方米
郑州市残疾人康复教育中心工程	200104		1500	1078		1078	953		1010	总建筑面积 1.04 万平方米
新建郑州师专	200103		21500	2364		2364	172		4750	
华亚商贸科技广场	2001		80000	3324	4300	1604	1604		1604	
银基商贸城三期	2001		38000	29800	25000	29800	13285		29000	
长江城中城	2001		3800	1844	1800	1844	1794		12252	
碧莎广场拆迁改造安置工程	200106		2535	2228	2535	2228	1473		2228	占地面积 11.63 亩的碧莎广场
市云鹤生态植物园	200010		6700	800	800	800	800		800	
河南金沙植物乐园	200103		15000	4245	3000	4245		158	4245	
郑州市第一老年公寓工程	200105		2257	1220	1100	1220	600		1500	总建筑面积 1.49 万平方米
登电集团铝硅钛多元合金工程	199910		19073	13217	6000	5165	650		4400	年产多元合金 1.5 万吨
郑州市油漆厂迁建工程	200011		10791	3945	6000	2245	966		2800	年产各种油漆产品 7000 吨
郑州玉龙生化公司产业化工程	1999		9778	2050	6700	51				年产 800 吨 PF 尼龙等
百鸽(集团)高档涂附磨具工程	2000		15800	4032	6000	1074			1080	年产 800 万平方米
河南庆安公司高技术产业化工程	200009	200112	13000	13000	12200	12200		12200	10860	年产 5 万吨

3-26 建筑业企业完成总产值前30名

(2001年)

单位:万元

名次	单位名称	建筑业总产值	名次	单位名称	建筑业总产值
1	郑州铁路建设集团有限公司	67384	16	郑州华盛建设开发有限公司	23710
2	河南省第五建筑安装工程公司	58085	17	郑州市东风建筑工程公司	23238
3	河南省第一建筑工程公司	51349	18	郑州市公路工程公司	23048
4	河南省交通公路工程局	50332	19	郑州国基建筑安装工程公司	21896
5	河南省大河筑路(集团)有限公司	50258	20	中国建筑第七工程局安装工程公司	21063
6	铁道部电气化工程局第三工程处	48788	21	郑州市市政工程总公司	21054
7	河南送变电建设公司	43984	22	郑州市第一建筑工程公司	20481
8	中国有色金属工业第六冶金建设公司	41841	23	中国石油天然气总公司管道第三工程公司	19821
9	河中国长城铝业公司建设公司	40262	24	河南省建筑安装总公司	15823
10	铁道部大桥工程局第一桥梁工程处	40022	25	郑州市市政工程管理处	15257
11	河南省通信工程局	31962	26	河南省建安总公司建筑装饰工程公司	14967
12	中国通信建设第四工程局	27171	27	荥阳市建筑工程总公司	14692
13	河南第二火电建设公司	26919	28	冶金部第九冶金建设公司机电安装公司	12518
14	郑州泰宏房屋营造有限公司	26919	29	河南黄河工程局	12022
15	郑州市正岩建设实业总公司	25500	30	郑州建筑工程有限公司	10740

3-27 房地产企业完成投资额前30名

(2001年)

单位:万元

名次	单位名称	本年完成投资额	名次	单位名称	本年完成投资额
1	河南德亿房地产开发有限公司	44996	16	中亨(河南)房地产开发管理有限公司	6200
2	河南银基房地产开发有限公司	29800	17	郑州金成房地产有限公司	6133
3	郑州振兴房地产开发公司	17352	18	河南建业房地产开发有限公司	6035
4	河南开祥天城置业股份有限公司	16028	19	河南姿华房地产开发公司	6033
5	中国房地产开发郑州公司	15090	20	中国建筑工程第七工程局中原房地产公司	6000
6	郑州中方园建设发展股份有限公司	13000	21	河南裕华置业有限公司	6000
7	郑州中诚置业发展有限公司	12860	22	康明(郑州)置业有限公司	5940
8	郑州中凯置业有限公司	12061	23	郑州未来房地产开发有限公司	5835
9	河南鑫苑置业有限公司	10500	24	郑州景瑞宝隆置业有限公司	5673
10	郑州开元房地产有限公司	8335	25	郑州晖达房地产开发有限公司	5300
11	郑州中原华丰投资中心有限公司	7122	26	河南东方置业有限公司	4979
12	郑州中达房地产开发有限公司	7050	27	郑州大宇房地产开发有限公司	4942
13	郑州清华园房地产开发公司	7000	28	河南裕鸿置业有限公司	4862
14	河南银田实业发展有限公司	6475	29	河南兆群房地产开发有限公司	4836
15	郑州国谊住宅集团公司	6364	30	河南长宏地产开发公司	4620

主要统计指标解释

全社会固定资产投资　固定资产投资是社会固定资产再生产的主要手段。通过建造和购置固定资产的活动,国民经济不断采用先进技术装备,建立新兴部门,进一步调整经济结构和生产力的地区分布,增强经济实力,为改善人民物质文化生活创造物质条件。这对我国的社会主义现代化建设具有重要意义。

固定资产投资额是以货币表现的建造和购置固定资产活动的工作量,它是反映固定资产投资规模、速度、比例关系和使用方向的综合性指标。全社会固定资产投资包括国有经济单位投资、城乡集体经济单位投资、各种经济类型的单位投资和城乡居民个人投资。按照我国现行计划管理体制,国有经济单位固定资产投资总额分为基本建设、更新改造、商品房屋建设投资和其他固定资产投资四个部分;城乡集体经济单位投资包括城镇集体所有制单位投资和农村集体所有制单位投资;各种经济类型的单位投资包括联营经济、股份制经济、中外合资经营、中外合作经营、外资、与大陆合资经营、与大陆合作经营、港澳台独资及其他经济类型的单位投资。城镇居民个人投资包括城市、县城、镇、工矿区所辖范围内的个人建房和农村个人建房及购买生产性固定资产的投资。

基本建设投资　基本建设投资是指利用国家预算内拨款、自筹资金、国内外基本建设贷款以及其他专项资金进行的,以扩大生产能力为主要目的的新建、扩建工程及有关的工作。

更新改造投资　更新改造指企业、事业单位对原有设施进行固定资产更新和技术改造,以及相应配套的工程和有关工作(不包括大修理和维护工程)。其综合范围为总投资 50 万元以上的更新改造项目。

固定资产投资的资金来源　根据固定资产投资的资金来源不同,分为上年末结余资金本年资金来源小计和各项应付款。其中本年资金来源小计又分为国家预算内资金、国内贷款、债券、利用外资、自筹资金和其他资金来源六种:

(1)国家预算内资金　指国家预算、地方财政、主要部门和国家专业投资公司拨给或委托银行贷给建设单位的基本建设拨款和中央基本建设基金,拨给企业单位的更新改造拨款,以及中央财政安排的专项拨款中用于基本建设的资金。

(2)国内贷款　指报告期企、事业单位向银行及非银行金融机构借入的用于固定资产投资的各种国内借款。国内贷款包括:银行利用自有资金及吸收的存款发放的贷款、上级主管部门拨入的国内贷款、国家专项贷款(包括煤代油贷款、劳改煤矿专项贷款等),地方财政专项资金安排的贷款、国内储备贷款、周转贷款等。

(3)债券　是企业(公司或金融机构通过发行各种债券筹集到的用于固定资产投资的资金,包括由银行代理国家专业投资公司发行的重点企业债券和重点建设债券。

(4)利用外资　指报告期收到的用于固定资产投资的国外资金,包括统借统还、自借自还的国外贷款,外商直接投资,以及无偿捐赠等。其中,国家统借统还的外资,是指由我国政府出面同外国政府、团体或金融组织签订贷款协议、并负责偿还本息的国外贷款。

5)自筹资金　指建设单位报告期收到的,用于进行固定资产投资的上级主管部门、地方和本单位自筹资金。

(6)其他资金来源　指报告期收到的除以上各种拨款、借款、自筹资金之外,其他用于固定资产投资的资金。

固定资产投资按国民经济行业分　建设项目归哪个行业,按其建成投产后的主要产品或主要用途及社会经济活动性质来确定。基本建设按建设项目划分国民经济行业,更新改造、国有经济单位其他固定资产投资及城镇集体投资根据整个企业、事业单位所属的行业来划分。一般情况下,一个建设项目或一个企业、事业单位只能属于一种国民经济行业。为了更准确地反映国民经济各行业之间的比例关系,联合企业(总厂)所属分厂属于不同行业的,原则上按分厂划分行业。

固定资产投资按建设性质分　建设项目的性质一般分为新建、扩建、改建、迁建、恢复。基本建设按建设项目划分建设性质,更新改造、国有经济单位其他固定资产投资及城镇集体投资按整个企业、事业单位的建设情况确定建设性质。目前基本建设和更新改造是根据我国现行的计划管理体制区分的,所以基本建设和更新改造都可以分别按新建、扩建等划分。

固定资产投资按用途分　固定资产投资按工程的经济用途分为用于为用于农林牧渔业用、工业建筑业用商业、运输邮电业用、其他五部分的建设,是研究不同用途的固定资产投资之间比例关系的重要指标。基本建设投资、国有经济单位其他固定资产投资及城镇集体投资的用途按单项工程确定，现有企业、事业单位更新改造投资的用途按更新改造项目确定。

固定资产投资按构成分 固定资产投资活动按其工作内容和实现方式分为建筑安装工程，设备、工具、器具购置，其他费用三个部分。

(1)建筑安装工程(建筑工作量) 指各种房屋、建筑物的建造工程和各种设备、装置的安装工程。包括各种房屋建造工程，各种用途设备基础和各种工业窑炉的砌筑工程；为施工而进行的各种准备工作和临时工程以及完工后的清理工作等；铁路、道路的铺设，矿井的开凿及石油管道的架设等；水利工程；防空地下建筑等特殊工程；以及各种机械设备的安装工程；为测定安装工程质量，对设备进行的试行工作。在安装工程中，不包括被安装设备本身价值。

(2)设备、工具、器具购置 指购置或自制达到固定资产标准的设备、工具、器具的价值，固定资产的标准按财务部门规定。新建单位、扩建单位的新建车间按照设计和计划要求购置或自制的全部设备、工具、器具，不论是否达到固定资产标准均计入“设备、工具、器具购置”中。

(3)其他费用 指除建筑安装工程和设备、工具、器具购置以外的投资完成额。它包括两种性质的费用，一种是属于增加固定资产的费用，主要有：建设单位管理费，土地、青苗等补偿费和安置补助费、勘察设计费、研究实验费、农林单位牲畜购置费、各种经济林木的营造费、办公和生活家具、器具购置费、引进技术和进口设备项目的其他费用、联合试运转费等；一种是属于不增加固定资产的费用，主要有：施工机械转移费、生产职工培训费、农业开荒费用及报废工程损失费等。

基本建设项目按大中小型划分 基本建设划分大中小型项目原则上应按照上级批准的设计任务书或初步设计所确定的总规模或总投资划分，没有正式批准设计任务书或初步设计的，按国家或省、自治区、直辖市年度基本建设投资计划中所列的总规模或总投资划分。上述两条均不具备的，按本年计划施工工程的建设总规模或总投资划分。生产单一产品的工业项目，按产品的设计能力划分；生产多种产品的工业项目，按其主要产品的设计能力划分。品种繁多，难以按生产能力划分的，按全部计划投资额划分。划分标准以国家颁发的《大中小型建设项目划分标准》依据。国家曾在 1958 年、1962 年、1977 和 1979 年先后五次修订《大中小型建设项目划分标准》，因此各历史时期的大中型项目数不完全可比。

施工项目 指报告期内曾进行建筑或安装工程施工活动的建设项目。包括报告期内新开工项目，报告期以前开工跨入报告期继续施工的项目以及报告期施过工并在报告期内全部建设投产或停缓建的项目。

全部建成投产项目 工业项目是指设计文件规定形成生产能力的主体工程及其相应配套的辅助设施全部建成，经负荷试运转，证明具备生产设计规定合格产品的条件，并经过验收鉴定合格或达到竣工验收标准，与生产性工程配套的生产福利设施可以满足近期正常生产的需要，正式移交生产的建设项目。非工业项目是指设计文件规定的主体工程和相应的配套工程全部建成，能够发挥设计规定的全部效益，经验收鉴定合格或达到竣工验收标准，正式移交使用的建设项目。

施工和竣工房屋建筑面积 房屋建筑面积是从房屋外墙线算起的各层平面面积的总和，包括房屋结构(如柱、墙)占用的面积和地下室面积。多层建筑按各自然层面积总和计算，包括房屋内的楼隔层，突出墙面的眺望间、门斗、有柱雨罩的面积。不包括突出墙面结构的构件、艺术装饰等所占的面积，如台阶等。凹阳台、挑阳台按其水平投影面积一半计算建筑面积。

住宅建筑面积 指施工和竣工房屋建筑面积中供居住用的施工和竣工房屋建筑面积。

竣工面积 指在报告期内房屋建筑按照设计要求已全部完工，达到住人和使用条件，经验收鉴定合格，正式移交使用单位的建筑面积。

房屋建筑面积竣工率 指一定时期内房屋竣工面积占同期房屋施工面积的比率。它是从房屋建筑施工速度的角度反映投资效果和建筑业经济效益的指标。

新增固定资产 指通过投资活动所形成的新的固定资产价值。包括已经建成投入生产或交付使用的工程价值和达到固定资产标准的设备、工具、器具的价值及有关应摊入的费用。它是以价值形式表示的固定资产投资成果的综合性指标，可以综合反映不同时期、不同部门、不同地区的固定资产投资成果。

建设项目投产率 指一定时期内全部建成投入生产项目个数占同期正式施工项目个数的比率。它是从项目建设速度的角度反映投资效果的指标。

固定资产交付使用率 指一定时期新增固定资产与同期完成投资额的比率。它是反映各个时期固定资产动用速度，衡量建设过程中投资效果的一个综合性指标。

未完工程占用率 指年末未完工程累计完成投资额占全年实际完成投资额的比率。它反映未完工程的相对规模,并可从资金占用的角度反映固定资产投资效果。由于未完工程是指已经开工,但尚未建成交付使用的工程,有个跨年度问题,因此未完工程占用率会出现大于1的情况。

四、价　格

4-1 市区居民消费价格指数

（以上年价格为 100）

类别	年度	月份											
		一	二	三	四	五	六	七	八	九	十	十一	十二
居民消费价格总指数	**100.7**	**101.0**	**99.9**	**101.1**	**102.4**	**101.5**	**100.5**	**99.6**	**99.5**	**101.1**	**101.6**	**100.4**	**100.1**
非食品价格指数	**100.8**	**101.3**	**100.8**	**100.7**	**100.7**	**100.3**	**100.5**	**99.6**	**99.4**	**101.7**	**102.0**	**101.5**	**101.4**
服务项目价格指数	**103.7**	**103.5**	**102.3**	**102.6**	**102.8**	**102.7**	**102.5**	**100.3**	**99.5**	**106.4**	**107.1**	**107.4**	**107.5**
扣除鲜菜鲜果总指数	**101.1**	**101.9**	**101.5**	**101.3**	**101.3**	**101.1**	**100.9**	**100.1**	**100.0**	**101.7**	**101.8**	**101.1**	**100.9**
消费品价格指数	**99.9**	**100.3**	**99.3**	**100.7**	**102.3**	**101.2**	**99.9**	**99.4**	**99.5**	**99.7**	**100.0**	**98.4**	**98.0**
食品	**100.5**	**100.2**	**98.3**	**101.8**	**106.0**	**104.0**	**100.3**	**99.5**	**99.6**	**100.1**	**100.8**	**98.1**	**97.4**
粮食	97.6	97.2	97.4	99.1	96.3	98.0	96.8	96.8	97.6	98.2	99.3	99.8	94.1
大米	95.7	99.1	99.5	99.9	94.5	98.6	95.5	95.3	94.5	94.9	97.7	93.2	86.1
面粉	100.9	96.8	95.9	101.3	101.0	101.4	101.0	101.1	102.5	103.7	104.0	104.1	97.8
粮食制品	96.0	95.2	96.2	96.5	93.6	94.0	94.0	94.1	95.6	96.0	96.1	102.3	97.9
其它	103.5	100.1	101.1	99.0	102.2	102.8	103.2	103.2	105.8	106.4	107.4	106.4	104.7
淀粉及薯类	99.8	101.8	101.8	100.5	99.0	99.0	99.0	99.0	99.0	99.5	100.0	99.1	100.2
淀粉及薯类	99.8	101.8	101.8	100.5	99.0	99.0	99.0	99.0	99.0	99.5	100.0	99.1	100.2
干豆类及豆制品	99.3	102.3	102.0	101.8	99.3	100.1	98.3	95.9	98.4	98.7	99.1	98.2	96.8
干豆	98.4	107.6	104.1	101.7	99.7	102.4	99.2	91.3	95.2	96.7	99.0	93.3	90.7
豆制品	99.4	101.3	101.5	101.8	99.2	99.6	98.2	96.9	99.1	99.1	99.1	99.3	98.1
油脂	90.0	91.3	90.6	92.8	91.2	92.9	89.2	89.3	88.4	88.4	88.4	89.5	87.7
植物油脂	90.0	91.5	90.6	92.9	91.3	93.0	89.3	89.4	88.5	88.5	88.5	89.2	87.5
植物油制品	85.6	82.8	82.8	83.1	83.1	83.1	83.1	82.3	83.3	83.3	83.3	99.0	98.1
其它	106.8	101.2	112.9	112.1	110.8	111.3	112.7	108.7	107.7	106.4	107.1	97.3	92.8
肉禽及其制品	104.4	107.8	109.4	107.0	108.5	107.5	106.8	103.2	102.9	102.8	101.6	97.6	98.1
食用畜肉及副产品	102.8	107.7	110.2	106.3	108.3	105.8	105.3	100.1	99.2	99.3	98.0	96.3	97.5
猪肉	102.6	108.1	110.3	107.6	110.4	108.1	107.0	100.6	97.6	97.6	95.7	94.0	94.2
牛肉	111.2	108.7	112.0	105.7	105.4	110.0	112.5	113.2	117.3	115.4	114.4	108.5	111.7
羊肉	107.3	112.7	119.7	105.8	109.4	102.4	103.1	97.1	105.2	106.4	108.1	104.9	112.3
畜肉副产品	101.4	101.8	104.1	102.3	101.2	100.7	102.0	100.7	101.4	101.1	100.1	100.8	101.0
其它	87.8	103.0	94.3	96.7	94.5	91.6	83.8	83.3	82.0	82.2	81.9	79.8	80.5
禽	114.0	111.6	113.2	112.6	116.6	121.8	119.5	117.3	119.4	118.0	114.7	102.3	101.1

4-1 续表1

类别	年度	月份 一	二	三	四	五	六	七	八	九	十	十一	十二
鸡	116.6	113.0	114.5	114.0	118.4	125.0	123.3	121.0	123.7	122.1	118.2	103.6	102.7
鸭	109.3	110.5	107.8	107.0	113.9	109.8	108.0	107.6	107.0	107.5	108.4	110.6	113.0
其它	93.0	100.0	102.8	101.9	101.8	96.4	89.9	88.2	86.0	86.2	86.8	89.7	86.5
肉禽加工制品	104.4	106.5	105.7	106.6	105.6	105.3	105.1	105.0	105.2	105.3	105.4	98.8	98.2
畜肉制品	102.1	103.6	102.1	103.7	101.5	101.5	101.9	102.7	103.1	103.2	103.2	99.6	99.6
禽制品	107.5	110.6	110.6	110.5	111.3	110.5	109.6	108.2	108.1	108.1	108.5	97.8	96.6
蛋	111.7	104.4	102.7	103.3	107.6	110.1	107.9	115.1	115.8	123.4	123.0	115.2	112.2
鲜蛋	112.5	104.8	103.0	103.6	108.3	110.9	108.5	116.2	116.8	124.6	124.3	116.1	112.7
蛋制品	99.5	98.9	97.9	97.9	97.2	97.2	97.9	97.9	97.9	101.8	103.2	102.2	104.3
水产品	98.2	102.8	102.3	102.1	100.5	99.4	97.2	94.3	95.8	95.3	95.4	95.7	97.7
鱼	98.5	105.2	105.7	105.3	100.8	97.9	95.4	92.4	96.1	95.7	96.6	94.4	96.8
淡水鱼	97.1	104.6	106.3	106.8	101.1	95.9	93.6	89.1	94.7	94.2	93.6	90.7	95.0
海水鱼	101.6	106.6	104.2	102.3	100.0	102.6	99.5	100.0	98.9	98.9	103.0	102.6	100.6
其它水产品	97.9	100.2	98.8	98.6	100.2	101.2	99.4	96.4	95.4	94.8	94.0	97.0	98.7
其它水产品	97.9	100.2	98.8	98.6	100.2	101.2	99.4	96.4	95.4	94.8	94.0	97.0	98.7
菜	92.9	91.6	78.8	97.4	116.8	106.9	89.9	88.3	88.9	87.7	98.6	82.5	87.9
鲜菜	92.3	90.0	76.9	96.6	118.4	107.7	88.9	87.1	87.7	86.4	98.8	81.2	87.6
干菜及菜制品	100.0	111.6	110.1	107.0	102.6	100.1	96.0	96.0	97.2	97.6	97.2	93.1	91.2
调味品	114.0	128.0	117.7	119.5	118.8	118.7	118.3	117.8	115.7	102.5	104.2	104.6	102.7
盐	120.5	131.1	131.1	131.1	131.1	131.1	131.1	129.7	129.7	100.0	100.0	100.0	100.0
酱油	101.2	102.2	101.7	101.7	101.7	102.3	102.3	102.3	101.8	99.0	99.0	100.1	100.6
醋	99.3	99.5	98.9	98.9	98.9	99.5	99.5	98.9	100.5	97.3	99.0	100.5	100.5
味精	104.8	193.8	97.3	97.3	96.5	96.5	96.2	98.0	96.6	96.6	96.6	96.0	96.6
其它	133.2	143.9	141.6	148.5	143.0	141.2	139.3	138.0	128.8	116.0	123.1	123.1	112.3
糖	101.4	100.6	100.4	100.7	100.9	101.1	100.8	101.0	102.2	102.8	102.8	102.2	101.4
食糖	103.3	101.8	101.8	102.5	103.2	104.4	103.1	102.9	102.9	104.3	104.3	104.3	104.3
糖果	100.3	99.9	99.5	99.9	99.9	99.5	99.9	99.5	101.6	101.6	101.6	100.9	99.2
巧克力制品	100.9	100.5	100.5	100.5	100.5	100.8	100.8	100.8	101.7	101.7	101.7	101.3	100.4
糖制小食品	103.1	101.1	101.1	101.1	101.1	101.1	99.7	103.4	104.1	106.6	106.6	104.9	106.3

4-1 续表2

类别	年度	月份 一	二	三	四	五	六	七	八	九	十	十一	十二
茶及饮料	97.9	97.3	96.7	96.7	96.7	96.7	96.8	96.7	98.2	98.3	98.9	100.6	100.9
茶　　叶	100.4	100.6	100.6	100.2	100.2	99.9	99.9	99.6	98.7	99.0	99.0	103.0	104.0
饮　料	97.4	96.7	96.1	96.1	96.1	96.1	96.3	96.2	98.1	98.1	98.8	100.2	100.3
固体饮料	97.5	95.9	94.9	94.9	94.7	94.2	95.3	95.3	99.3	99.3	100.2	103.0	103.0
液体饮料	96.8	96.2	95.7	95.7	95.8	96.0	95.9	95.7	97.2	97.2	97.9	99.0	99.2
冷冻饮品	100.0	100.0	100.0	100.0	100.0	100.0	100.0	100.0	100.0	100.0	100.0	100.0	100.0
干鲜瓜果	95.4	89.1	91.9	98.4	119.6	106.7	91.0	88.0	85.8	94.8	94.6	95.0	89.6
鲜果	94.9	86.3	90.2	98.1	127.0	110.0	90.0	85.4	82.2	96.2	95.6	93.0	84.8
干(坚)果及瓜果制品	96.3	99.2	98.0	99.2	98.2	95.8	93.1	92.1	91.6	90.9	91.8	100.8	104.6
糕点饼干面包	100.6	101.1	101.8	101.8	102.3	102.3	101.0	101.3	101.1	100.4	98.9	97.8	97.7
糕点	99.6	99.7	101.4	101.4	101.4	101.7	99.8	100.8	99.2	99.2	98.2	96.4	96.7
饼干	97.4	98.1	98.1	98.1	98.1	98.0	96.6	96.3	96.8	97.3	97.2	95.9	97.7
面包	105.2	106.0	106.0	106.0	107.6	107.6	107.0	106.9	107.9	105.2	101.4	101.6	98.9
奶及奶制品	103.3	101.0	101.0	101.0	104.3	105.5	103.5	103.7	103.9	103.9	103.9	103.8	103.8
鲜奶	102.9	102.7	102.7	102.7	102.7	105.2	102.7	102.7	102.7	102.7	102.7	102.7	102.7
奶粉	97.9	99.2	99.2	99.2	99.3	97.1	96.2	97.0	97.8	97.8	97.8	97.4	97.4
其它	109.6	100.0	100.0	100.0	112.5	115.0	112.5	112.5	112.5	112.5	112.5	112.5	112.5
在外用膳食品	103.2	103.7	103.7	103.7	103.7	103.7	102.8	102.8	102.8	102.8	102.8	102.8	102.8
主食	104.6	104.6	104.6	104.6	104.6	104.6	104.6	104.6	104.6	104.6	104.6	104.6	104.6
炒菜	98.2	100.0	100.0	100.0	100.0	100.0	97.0	97.0	97.0	97.0	97.0	97.0	97.0
地方小吃	109.4	109.4	109.4	109.4	109.4	109.4	109.4	109.4	109.4	109.4	109.4	109.4	109.4
其它食品及食品加工	95.0	95.6	95.1	95.2	95.5	95.1	95.5	95.0	95.1	94.7	94.7	94.7	93.7
其它食品	94.9	95.5	95.0	95.0	95.4	95.0	95.4	95.0	95.0	94.5	94.5	94.5	93.5
食品加工服务费	98.1	97.9	97.9	100.0	100.0	97.9	97.9	95.9	97.9	97.9	97.9	97.9	97.9
烟酒及用品	**101.8**	**102.9**	**102.5**	**102.4**	**102.5**	**100.7**	**101.0**	**101.2**	**101.3**	**101.7**	**101.9**	**101.9**	**101.3**
烟草	99.5	100.4	100.4	100.3	101.0	98.2	98.7	99.1	99.2	98.8	99.7	99.2	98.8
国产卷烟	98.6	101.0	101.0	101.0	102.1	97.6	98.0	97.8	97.8	97.0	96.8	96.8	96.1
进口卷烟	101.4	99.1	99.1	98.7	98.7	99.1	99.7	101.7	102.3	102.6	106.4	104.6	104.7

4-1 续表3

类别	年度	月份											
		一	二	三	四	五	六	七	八	九	十	十一	十二
其它	100.0	100.0	100.0	100.0	100.0	100.0	100.0	100.0	100.0	100.0	100.0	100.0	100.0
酒	102.0	104.2	102.7	102.6	101.5	100.3	100.7	100.7	100.8	103.0	102.3	103.4	102.3
白酒	103.6	106.3	104.0	104.0	102.6	101.4	102.2	102.2	102.1	105.3	104.1	105.3	103.8
果酒	97.9	98.2	99.4	98.1	97.6	96.6	96.6	96.6	96.8	97.3	98.5	99.6	99.0
啤酒	97.8	99.0	99.0	99.0	98.6	97.5	96.7	96.7	97.2	97.2	97.2	98.0	98.0
其它	110.1	111.1	111.1	111.1	110.7	111.5	111.5	111.5	110.0	108.2	108.2	108.2	108.5
吸烟饮酒用品	109.4	109.6	109.6	109.6	109.6	109.6	109.6	109.6	109.6	109.6	108.5	108.5	108.5
吸烟用品	101.8	101.8	101.8	101.8	101.8	101.8	101.8	101.8	101.8	101.8	101.8	101.8	101.8
饮酒用品	114.8	115.2	115.2	115.2	115.2	115.2	115.2	115.2	115.2	115.2	113.4	113.4	113.4
衣着	**97.6**	**98.8**	**98.7**	**98.3**	**97.5**	**97.5**	**98.1**	**97.5**	**97.8**	**97.8**	**97.6**	**96.1**	**96.0**
服装	98.0	99.3	99.3	99.2	97.9	97.9	98.6	98.1	98.3	98.0	97.9	95.7	95.6
男式服装	96.3	97.7	97.7	97.9	95.4	95.4	97.4	95.4	95.6	95.6	95.6	96.4	96.1
大衣	97.1	96.4	96.4	96.4	96.4	96.4	96.4	96.4	96.4	96.4	96.4	100.7	100.0
毛线衣	93.7	96.3	96.3	96.3	97.2	97.2	97.3	89.8	89.8	89.8	92.2	92.2	89.4
夹克衫	92.9	100.0	100.0	100.0	100.0	100.0	100.0	87.9	87.9	87.9	83.7	83.7	83.7
衬衫	92.2	97.6	97.6	95.1	88.9	88.9	91.3	91.3	91.3	91.3	91.3	91.3	91.3
裤子	94.7	97.8	97.8	97.8	90.3	90.3	94.5	94.5	94.5	94.8	94.8	94.8	94.8
西服	97.7	96.1	96.1	97.8	97.7	97.7	99.7	96.9	97.6	97.6	96.1	99.3	99.3
运动衫裤	97.5	100.0	98.0	96.8	96.8	96.8	97.4	97.4	97.4	97.4	97.4	97.4	97.4
内衣	102.7	96.8	98.4	101.4	101.4	101.4	104.7	104.7	104.7	104.7	104.7	104.7	104.7
羽绒衣	102.0	106.1	102.5	97.6	103.0	103.0	103.0	103.0	103.0	103.0	103.0	96.1	100.9
其它	100.5	100.0	100.0	100.0	98.7	98.7	98.7	98.7	100.0	100.0	103.8	103.8	103.8
女式服装	100.2	101.5	100.9	101.0	100.5	100.6	101.0	101.5	101.5	101.2	101.1	95.9	96.0
大衣	110.1	118.6	114.9	114.9	114.9	114.9	114.9	114.9	114.9	114.9	113.6	85.0	85.0
毛线衣	98.3	100.5	100.5	100.5	99.8	99.8	98.6	94.2	94.2	95.1	96.7	99.7	99.7
羽绒衣	109.4	120.5	120.5	107.3	107.3	107.3	107.3	107.3	107.3	107.3	105.8	103.6	111.4
套装	99.6	101.2	101.2	101.2	101.2	101.2	101.2	101.2	101.2	101.2	94.6	94.6	94.6
衬衫	98.4	98.4	98.4	98.4	98.4	98.4	98.4	98.4	98.4	98.4	98.4	98.4	98.4
裙子	98.3	97.0	97.0	97.0	94.6	94.6	94.6	102.2	102.2	100.0	100.0	100.0	100.0

4-1 续表4

类别	年度	月份											
		一	二	三	四	五	六	七	八	九	十	十一	十二
裤子	93.7	92.6	92.6	91.4	91.3	91.3	95.2	95.2	93.9	93.9	95.6	95.6	95.6
运动衫裤	97.6	99.3	99.3	99.3	99.3	99.3	97.1	97.1	97.7	97.7	97.7	93.8	93.8
内衣	101.8	98.6	98.6	101.4	101.4	101.4	102.9	102.9	102.9	102.9	102.9	102.9	102.9
其它	100.8	100.0	100.0	100.0	100.0	101.0	101.0	101.0	103.4	101.0	101.0	101.0	101.0
儿童服装	93.5	95.6	97.8	95.2	95.1	94.8	91.7	91.7	93.4	91.4	91.4	92.0	92.0
套装	91.9	92.1	97.3	94.3	94.2	94.2	92.4	92.4	92.4	87.5	87.5	89.5	89.5
裤子	94.9	97.1	96.4	92.7	92.7	92.7	92.7	92.8	96.3	96.3	96.3	96.3	96.3
裙子	95.7	101.8	101.8	100.7	100.5	99.2	90.2	90.2	92.8	92.8	92.8	92.8	92.8
其它	87.2	83.8	89.6	89.6	89.6	89.6	86.8	87.3	87.3	87.3	87.3	84.0	84.0
衣着材料	99.7	97.6	97.6	97.6	97.6	97.6	100.5	100.5	98.1	102.4	102.4	102.4	102.4
棉布	105.5	100.0	100.0	100.0	100.0	100.0	107.3	107.3	107.3	111.1	111.1	111.1	111.1
棉花化纤混纺布	97.8	100.0	100.0	100.0	100.0	100.0	101.6	101.6	101.6	92.3	92.3	92.3	92.3
化纤布	102.3	100.0	100.0	100.0	100.0	100.0	102.5	102.5	98.7	106.0	106.0	106.0	106.0
毛织品	79.9	79.9	79.9	79.9	79.9	79.9	79.9	79.9	79.9	79.9	79.9	79.9	79.9
丝织品	103.1	100.0	100.0	100.0	100.0	100.0	110.9	111.0	103.0	103.0	103.0	103.0	103.0
毛线	94.4	93.7	93.7	93.7	93.7	93.7	93.7	93.7	94.4	95.9	95.9	95.3	95.3
其它	100.0	100.0	100.0	100.0	100.0	100.0	100.0	100.0	100.0	100.0	100.0	100.0	100.0
鞋袜帽	95.9	96.9	97.3	95.8	96.1	96.1	96.1	94.8	96.1	95.8	95.5	95.2	95.2
鞋	96.6	97.5	97.8	96.6	96.9	96.9	96.8	95.4	96.9	96.5	96.1	95.8	95.8
男鞋	96.3	95.9	97.0	94.0	96.8	96.8	96.3	96.6	97.7	96.7	95.4	96.0	96.0
女鞋	97.8	97.9	97.9	97.9	97.9	97.9	99.2	95.8	97.9	97.9	98.1	97.8	97.8
童鞋	94.4	99.2	99.2	98.3	95.0	95.0	92.3	92.3	93.0	93.0	93.0	91.1	91.1
袜子	86.5	89.9	89.9	84.5	84.5	84.5	86.5	86.5	86.5	86.5	86.5	86.5	86.5
男袜	88.5	99.6	99.6	86.3	86.3	86.3	86.3	86.3	86.3	86.3	86.3	86.3	86.3
女袜	85.2	83.3	83.3	83.3	83.3	83.3	86.6	86.6	86.6	86.6	86.6	86.6	86.6
帽子	102.4	101.6	101.6	101.6	101.6	101.6	102.8	102.8	102.8	102.8	102.8	103.3	103.3
男帽	109.6	107.4	107.4	107.4	107.4	107.4	111.1	111.1	111.1	111.1	111.1	111.1	111.1
女帽	99.3	99.2	99.2	99.2	99.2	99.2	99.2	99.2	99.2	99.2	99.2	100.0	100.0
衣着加工服务	98.6	102.1	98.3	98.3	98.3	98.3	98.3	98.3	98.3	98.3	98.3	98.3	98.3

4-1 续表5

类 别	年 度	月 份											
		一	二	三	四	五	六	七	八	九	十	十一	十二
缝纫	100.0	105.2	99.5	99.5	99.5	99.5	99.5	99.5	99.5	99.5	99.5	99.5	99.5
清洗	96.5	97.5	96.4	96.4	96.4	96.4	96.4	96.4	96.4	96.4	96.4	96.4	96.4
家庭设备用品及维修服务	**97.8**	**98.4**	**98.4**	**98.3**	**98.4**	**98.1**	**98.4**	**98.0**	**97.8**	**97.6**	**96.9**	**97.1**	**96.8**
耐用消费品	96.1	97.4	97.1	96.8	96.8	96.4	96.4	95.8	95.6	95.4	95.0	95.4	95.2
家具	98.5	100.0	100.0	100.0	100.0	99.3	99.3	99.3	99.3	99.3	95.0	95.0	95.0
成套家具	96.0	100.0	100.0	100.0	100.0	96.4	96.4	96.4	96.4	96.4	90.0	90.0	90.0
床	100.0	100.0	100.0	100.0	100.0	100.0	100.0	100.0	100.0	100.0	100.0	100.0	100.0
桌	100.0	100.0	100.0	100.0	100.0	100.0	100.0	100.0	100.0	100.0	100.0	100.0	100.0
椅	104.4	100.0	100.0	100.0	100.0	100.0	100.0	100.0	100.0	100.0	117.8	117.8	117.8
沙发	96.5	100.0	100.0	100.0	100.0	100.0	100.0	100.0	100.0	100.0	85.9	85.9	85.9
其它	100.0	100.0	100.0	100.0	100.0	100.0	100.0	100.0	100.0	100.0	100.0	100.0	100.0
家庭设备	95.0	96.1	95.8	95.3	95.3	95.0	95.0	94.2	93.8	93.5	95.0	95.5	95.3
洗衣机	98.8	97.8	98.1	98.2	98.5	99.0	97.9	97.6	97.9	98.6	99.1	102.4	100.8
电风扇	101.0	97.3	97.3	97.3	101.3	101.3	101.2	101.2	103.0	103.0	103.0	103.0	103.0
电冰箱(柜)	94.8	98.7	98.0	96.6	95.6	93.3	93.5	94.3	93.4	93.3	93.2	93.2	94.1
抽排油烟机	100.6	101.2	101.2	101.2	101.2	101.2	101.2	101.2	101.2	99.4	99.4	99.4	99.4
空调器	91.0	92.4	92.2	90.0	90.1	89.9	90.5	89.5	90.0	89.5	93.0	92.8	92.5
热水器	94.0	93.9	94.9	93.9	95.8	95.7	95.7	94.1	93.5	93.1	93.1	92.7	90.9
微波炉	87.5	94.3	88.7	87.4	85.8	85.8	86.6	86.5	85.4	85.4	87.6	87.6	89.0
电炊具	92.1	99.3	97.7	97.2	97.6	97.6	88.1	90.3	87.1	87.1	87.8	87.4	87.4
钟	101.2	100.0	100.0	99.7	99.7	99.7	100.8	100.8	101.7	104.0	102.6	102.6	102.6
其它	103.3	101.9	101.9	106.1	106.1	106.1	106.0	103.4	101.6	100.8	100.8	102.6	102.6
室内装饰品	99.1	100.0	100.0	100.0	100.0	100.0	100.0	100.9	100.9	96.8	96.8	96.8	96.8
纺织装饰品	97.3	100.0	100.0	100.0	100.0	100.0	100.0	100.0	100.0	91.9	91.9	91.9	91.9
装饰灯具	102.0	100.0	100.0	100.0	100.0	100.0	100.0	104.1	104.1	104.1	104.1	104.1	104.1
其它	100.0	100.0	100.0	100.0	100.0	100.0	100.0	100.0	100.0	100.0	100.0	100.0	100.0
床上用品	97.3	95.8	95.8	96.0	94.8	94.8	97.9	97.4	97.5	99.3	99.3	99.3	99.3
毛毯	97.8	97.1	97.1	96.3	96.3	96.3	99.2	98.5	98.5	98.5	98.5	98.5	98.5
床单	105.5	101.6	101.6	101.6	101.6	101.6	106.4	106.4	106.4	109.8	109.8	109.8	109.8

4-1 续表6

类别	年度	月份											
		一	二	三	四	五	六	七	八	九	十	十一	十二
床罩	100.9	98.8	98.8	99.8	99.8	99.8	100.2	100.2	99.5	103.4	103.4	103.4	103.4
被套	95.8	93.3	93.3	93.3	93.3	93.3	95.0	95.0	97.2	99.0	99.0	99.0	99.0
其它	93.8	94.0	94.0	94.0	90.8	90.8	96.3	95.2	94.1	94.1	94.1	94.1	94.1
家庭日用杂品	100.4	99.2	100.0	100.7	101.0	101.0	101.7	101.4	100.3	100.3	99.9	99.9	99.9
茶具	97.9	96.5	96.5	96.5	96.5	96.5	96.4	96.4	99.8	99.8	99.8	99.8	99.8
餐具	101.3	97.2	97.2	97.2	97.2	97.2	100.0	104.9	104.9	104.9	104.9	104.9	104.9
厨具	98.3	97.0	97.0	97.0	97.0	97.0	99.2	99.2	99.2	99.2	99.2	99.2	99.2
家用工具	100.0	100.0	100.0	100.0	100.0	100.0	100.0	100.0	100.0	100.0	100.0	100.0	100.0
洗涤用品	102.7	100.6	104.2	106.9	108.4	108.4	108.4	105.8	99.0	99.0	97.2	97.2	97.2
其它	100.2	99.9	99.9	99.9	99.9	99.9	100.5	100.5	100.5	100.5	100.5	100.5	100.5
家庭服务及加工维修服务	101.2	101.4	101.4	101.4	102.0	102.0	102.0	102.0	102.0	102.0	99.5	99.5	98.6
家庭服务	111.0	108.9	108.9	108.9	112.4	112.4	112.4	112.4	112.4	112.4	112.4	112.4	106.6
加工维修服务费	99.3	100.0	100.0	100.0	100.0	100.0	100.0	100.0	100.0	100.0	97.0	97.0	97.0
医疗保健和个人用品	**105.7**	**97.7**	**97.6**	**97.4**	**97.8**	**98.1**	**98.9**	**98.1**	**98.2**	**118.9**	**121.6**	**122.3**	**122.1**
医疗保健	108.6	98.2	97.9	97.5	97.8	98.0	98.7	97.9	97.6	126.5	130.6	131.5	131.2
医疗器具及用品	100.6	100.0	100.0	100.0	100.0	100.0	100.0	100.0	100.0	101.7	101.7	101.7	101.7
医疗器具及用品	100.6	100.0	100.0	100.0	100.0	100.0	100.0	100.0	100.0	101.7	101.7	101.7	101.7
中药材及中成药	98.0	100.9	99.1	97.8	100.7	98.9	98.1	94.5	93.8	95.2	99.2	99.3	98.0
中药材	97.1	99.8	99.6	97.4	99.6	95.7	94.1	92.3	90.6	93.8	102.5	102.7	96.6
中成药	98.8	101.9	98.8	98.2	101.6	101.6	101.6	96.4	96.4	96.4	96.7	96.7	99.0
西药	97.8	96.3	96.7	96.5	95.1	95.9	98.2	98.5	98.2	98.2	98.9	100.7	100.7
胃药	101.3	99.5	99.5	99.5	99.2	102.5	102.5	102.5	102.5	102.5	102.5	101.6	101.6
感冒药	98.7	96.8	96.8	96.8	96.8	96.8	100.0	100.0	100.0	100.0	100.0	100.0	100.0
抗菌药针剂	96.8	97.4	97.4	97.4	97.4	97.4	93.5	96.0	96.0	96.0	98.6	97.3	97.3
抗菌药片剂	90.9	79.1	79.1	79.1	79.1	79.1	94.9	94.9	94.9	94.9	94.9	110.8	110.8
止泻药	100.0	100.0	100.0	100.0	100.0	100.0	100.0	100.0	100.0	100.0	100.0	100.0	100.0
外用药	99.8	115.8	115.8	112.1	94.9	94.9	96.8	96.8	93.5	93.5	94.5	94.5	94.5
心血管病用药	101.7	98.8	102.9	103.3	100.4	103.3	104.1	101.2	101.2	101.2	101.2	101.2	101.2
其它	95.2	94.8	94.8	94.8	93.4	93.4	94.8	94.4	94.4	94.4	94.4	99.5	99.5

4-1 续表 7

类别	年度	月份											
		一	二	三	四	五	六	七	八	九	十	十一	十二
保健器具及用品	96.4	88.9	88.9	88.9	93.0	98.9	99.2	99.8	99.8	99.8	100.0	100.0	100.0
保健器具	95.3	84.6	84.6	84.6	90.3	100.0	100.0	100.0	100.0	100.0	100.0	100.0	100.0
滋补保健用品	98.1	95.5	95.5	95.5	97.2	97.2	97.9	99.4	99.4	99.4	100.0	100.0	100.0
医疗保健服务	135.0	99.9	99.9	99.9	99.9	99.9	99.9	99.9	99.9	199.0	207.3	207.3	207.3
挂号费	162.4	100.0	100.0	100.0	100.0	100.0	100.0	100.0	100.0	287.2	287.2	287.2	287.2
注射费	188.4	100.0	100.0	100.0	100.0	100.0	100.0	100.0	100.0	365.1	365.1	365.1	365.1
检查费	103.0	100.0	100.0	100.0	100.0	100.0	100.0	100.0	100.0	109.1	109.1	109.1	109.1
手术费	108.3	100.0	100.0	100.0	100.0	100.0	100.0	100.0	100.0	100.0	133.1	133.1	133.1
住院费	107.0	100.0	100.0	100.0	100.0	100.0	100.0	100.0	100.0	120.9	120.9	120.9	120.9
理疗费	203.3	100.0	100.0	100.0	100.0	100.0	100.0	100.0	100.0	409.9	409.9	409.9	409.9
其它	92.7	87.5	87.5	87.5	87.5	87.5	87.5	87.5	87.5	103.1	103.1	103.1	103.1
个人用品及服务	98.2	96.6	96.8	97.4	97.9	98.4	99.3	98.8	99.8	98.7	98.2	98.4	98.4
化妆美容用品	95.9	93.1	93.1	93.6	93.6	93.6	97.7	96.3	99.2	99.2	97.4	97.4	97.4
化妆美容器具	98.1	99.2	99.2	99.2	99.2	99.2	99.9	97.2	97.3	97.3	96.6	96.6	96.6
化妆品	95.8	92.7	92.7	93.3	93.3	93.3	97.5	96.2	99.3	99.3	97.4	97.4	97.4
卫生用品	97.1	98.3	98.3	97.0	97.8	97.8	96.4	95.8	96.2	96.2	97.0	96.9	96.9
洗发用品	96.8	97.2	97.2	95.8	97.3	97.3	96.1	95.3	96.0	96.2	97.7	98.0	97.9
洗浴用品	97.7	99.5	99.5	98.7	98.9	98.9	97.3	96.8	96.8	96.7	96.9	96.3	96.3
其它	93.5	98.4	98.4	92.5	93.3	93.3	91.1	91.1	92.5	93.0	93.0	93.0	93.0
个人饰品	99.9	95.9	96.4	99.5	100.5	102.5	102.9	103.0	103.6	99.1	98.5	98.5	98.5
首饰	95.5	91.5	91.6	95.6	96.7	99.5	99.5	99.5	100.3	93.8	92.7	92.7	92.7
皮件	102.1	101.3	101.3	101.3	101.3	101.3	102.3	102.3	102.3	102.8	103.3	103.3	103.3
手表	101.1	101.8	100.1	99.9	97.7	97.7	100.3	102.4	102.4	102.9	102.9	102.9	102.9
领带	142.0	129.3	138.5	140.9	146.8	146.8	143.2	143.2	143.2	143.2	143.2	143.2	143.2
其它	90.0	82.0	82.0	82.0	82.0	82.0	92.5	92.5	92.5	92.5	100.0	100.0	100.0
个人服务	100.1	100.0	100.0	100.0	100.0	100.0	100.0	100.0	100.0	100.0	100.0	100.8	100.8
美容	100.3	100.0	100.0	100.0	100.0	100.0	100.0	100.0	100.0	100.0	100.0	102.1	102.1
理(烫)发	100.0	100.0	100.0	100.0	100.0	100.0	100.0	100.0	100.0	100.0	100.0	100.0	100.0
其它	100.0	100.0	100.0	100.0	100.0	100.0	100.0	100.0	100.0	100.0	100.0	100.0	100.0

4-1 续表8

类别	年度	月份											
		一	二	三	四	五	六	七	八	九	十	十一	十二
交通和通讯	**95.9**	**99.1**	**95.3**	**95.4**	**95.5**	**95.7**	**95.4**	**95.2**	**96.1**	**95.9**	**96.1**	**95.8**	**95.7**
交通	103.1	103.6	102.6	102.7	102.7	102.8	102.6	102.2	104.0	103.8	103.9	103.3	103.1
交通工具	108.3	108.3	108.3	108.3	108.3	108.3	108.3	108.3	108.3	108.3	108.3	108.3	108.3
摩托车	121.2	121.2	121.2	121.2	121.2	121.2	121.2	121.2	121.2	121.2	121.2	121.2	121.2
自行车	100.0	100.0	100.0	100.0	100.0	100.0	100.0	100.0	100.0	100.0	100.0	100.0	100.0
汽车	101.1	102.9	102.9	99.2	100.9	100.9	100.9	100.9	100.9	100.9	100.9	100.9	100.9
其它	100.0	100.0	100.0	100.0	100.0	100.0	100.0	100.0	100.0	100.0	100.0	100.0	100.0
车用燃料及零配件	97.3	107.2	102.9	105.0	104.3	102.8	99.8	94.0	92.6	89.5	90.8	90.4	88.0
汽油	95.8	116.0	108.6	114.7	113.8	109.3	101.0	87.3	84.2	77.6	81.4	80.2	75.4
柴油	105.2	134.9	111.7	111.3	106.7	105.6	106.0	101.2	99.8	96.4	96.8	98.9	92.5
零配件	97.9	98.0	98.0	98.0	98.0	98.0	98.0	98.0	98.0	98.0	97.3	97.3	97.3
其它	100.0	100.0	100.0	100.0	100.0	100.0	100.0	100.0	100.0	100.0	100.0	100.0	100.0
车辆使用及维修	99.4	99.2	99.2	99.2	99.2	100.0	100.0	100.0	100.0	100.0	100.0	98.3	98.3
驾驶证	97.3	96.0	96.0	96.0	96.0	100.0	100.0	100.0	100.0	100.0	100.0	91.6	91.6
保险费	100.0	100.0	100.0	100.0	100.0	100.0	100.0	100.0	100.0	100.0	100.0	100.0	100.0
停车费	100.0	100.0	100.0	100.0	100.0	100.0	100.0	100.0	100.0	100.0	100.0	100.0	100.0
车辆修理服务	100.0	100.0	100.0	100.0	100.0	100.0	100.0	100.0	100.0	100.0	100.0	100.0	100.0
其它	100.0	100.0	100.0	100.0	100.0	100.0	100.0	100.0	100.0	100.0	100.0	100.0	100.0
市区公共交通	103.1	100.0	100.0	100.0	100.0	100.0	100.0	100.0	107.4	107.4	107.4	107.4	107.4
公共汽车票	107.6	100.0	100.0	100.0	100.0	100.0	100.0	100.0	118.3	118.3	118.3	118.3	118.3
出租汽车	100.0	100.0	100.0	100.0	100.0	100.0	100.0	100.0	100.0	100.0	100.0	100.0	100.0
其它	100.0	100.0	100.0	100.0	100.0	100.0	100.0	100.0	100.0	100.0	100.0	100.0	100.0
城市间交通	101.5	105.8	101.3	101.3	101.3	101.3	101.3	101.3	101.3	101.3	101.3	100.0	100.0
飞机票	112.3	114.8	114.8	114.8	114.8	114.8	114.8	114.8	114.8	114.8	114.8	100.0	100.0
火车票	100.0	100.0	100.0	100.0	100.0	100.0	100.0	100.0	100.0	100.0	100.0	100.0	100.0
长途汽车	101.0	112.2	100.0	100.0	100.0	100.0	100.0	100.0	100.0	100.0	100.0	100.0	100.0
通信	90.7	95.8	90.0	90.1	90.3	90.5	90.1	90.1	90.2	90.1	90.3	90.3	90.3
通信工具	81.4	79.0	80.4	81.3	82.8	85.7	79.9	80.1	81.3	80.1	82.7	81.8	81.5

类 别	年 度	月					份						
		一	二	三	四	五	六	七	八	九	十	十一	十二
固定电话机	95.9	95.8	95.8	95.8	95.8	95.3	95.3	95.3	95.3	94.8	96.2	97.9	97.9
移动电话机	66.2	62.9	64.9	66.7	68.8	74.4	65.2	65.5	67.2	64.6	68.5	63.4	62.6
BP 机	86.0	98.6	98.6	97.2	97.2	97.2	77.3	75.3	78.1	78.1	78.1	78.1	78.1
其它	96.4	93.8	95.8	95.8	95.8	95.8	97.1	97.1	97.1	97.1	97.1	97.1	97.1
通信服务	91.5	97.5	91.0	91.0	91.0	91.0	91.0	91.0	91.0	91.0	91.0	91.0	91.0
市内电话通话费	100.0	100.0	100.0	100.0	100.0	100.0	100.0	100.0	100.0	100.0	100.0	100.0	100.0
长途电话通话费	73.6	100.0	71.1	71.1	71.1	71.1	71.1	71.1	71.1	71.1	71.1	71.1	71.1
月租费	88.1	91.3	87.8	87.8	87.8	87.8	87.8	87.8	87.8	87.8	87.8	87.8	87.8
信件邮寄	100.0	100.0	100.0	100.0	100.0	100.0	100.0	100.0	100.0	100.0	100.0	100.0	100.0
包裹邮寄	100.0	100.0	100.0	100.0	100.0	100.0	100.0	100.0	100.0	100.0	100.0	100.0	100.0
其它	100.0	100.0	100.0	100.0	100.0	100.0	100.0	100.0	100.0	100.0	100.0	100.0	100.0
娱乐教育文化用品及服务	**100.3**	**101.3**	**100.9**	**101.3**	**101.6**	**101.4**	**101.3**	**100.9**	**99.5**	**98.0**	**98.7**	**99.1**	**99.4**
文娱用耐用消费品及服务	92.5	94.4	92.4	92.2	92.8	92.6	93.1	91.6	93.8	91.4	92.1	92.1	92.0
电视机	83.2	88.5	83.7	83.0	84.3	83.7	82.6	81.0	85.6	79.9	81.8	82.1	81.7
影碟机	91.9	90.7	89.1	90.3	89.1	89.1	97.1	92.9	92.9	92.9	92.9	92.9	92.5
摄像机	90.6	97.6	92.3	92.3	91.9	91.9	91.9	88.8	91.0	87.4	87.4	87.4	87.4
照相机	101.4	99.6	102.1	102.1	102.1	102.1	102.6	102.6	102.7	100.6	100.3	99.6	99.6
音响	97.9	97.9	97.9	97.2	97.2	97.2	99.3	99.3	98.7	97.7	97.7	97.7	97.3
收音(录)机	93.1	100.0	100.0	100.0	100.0	100.0	97.1	97.1	93.2	84.7	80.3	80.3	84.7
电脑	100.1	100.0	100.0	100.1	100.1	100.1	100.1	100.1	100.1	100.1	100.1	100.1	100.1
修理服务费	100.3	98.4	98.4	98.4	101.7	101.7	101.7	101.7	101.7	101.7	101.7	98.4	98.4
其它	98.6	100.0	100.0	100.0	100.0	100.0	101.6	94.4	97.5	97.5	97.5	97.5	97.5
教育	103.0	104.5	104.5	104.5	104.5	104.5	104.5	104.5	103.8	100.2	100.2	100.2	100.2
教材及参考书	102.2	104.4	104.4	104.4	104.4	104.4	104.4	104.4	100.0	99.1	99.1	99.1	99.1
工具书	113.7	123.5	123.5	123.5	123.5	123.5	123.5	123.5	100.0	100.0	100.0	100.0	100.0
教材	99.5	100.0	100.0	100.0	100.0	100.0	100.0	100.0	100.0	98.5	98.5	98.5	98.5
参考书	100.0	100.0	100.0	100.0	100.0	100.0	100.0	100.0	100.0	100.0	100.0	100.0	100.0
学杂托幼费	103.1	104.5	104.5	104.5	104.5	104.5	104.5	104.5	104.5	100.3	100.3	100.3	100.3
义务教育杂费	100.3	100.0	100.0	100.0	100.0	100.0	100.0	100.0	100.0	100.8	100.8	100.8	100.8

4-1 续表10

类别	年度	月份											
		一	二	三	四	五	六	七	八	九	十	十一	十二
其它教育学杂费	106.1	109.1	109.1	109.1	109.1	109.1	109.1	109.1	109.1	100.0	100.0	100.0	100.0
托幼费	100.0	100.0	100.0	100.0	100.0	100.0	100.0	100.0	100.0	100.0	100.0	100.0	100.0
文化娱乐用品	100.1	99.6	100.2	100.0	99.5	99.5	99.8	99.7	99.8	99.8	101.1	101.1	101.1
文化娱乐	99.2	99.4	99.8	99.3	99.0	99.0	99.8	99.0	99.2	99.1	99.0	99.0	99.0
乐器	100.3	99.5	99.8	99.5	99.5	99.5	100.8	100.8	101.3	100.4	100.9	100.9	100.9
音响光盘和磁带	92.3	100.0	100.0	96.0	90.9	90.9	89.9	89.9	89.9	89.9	89.9	89.9	89.9
照相胶卷	98.1	100.1	100.0	100.0	100.0	100.0	98.3	97.0	97.0	97.0	96.0	96.0	96.0
录像磁带和视盘	99.4	100.0	100.0	100.0	100.0	100.0	100.0	100.0	98.5	98.5	98.5	98.5	98.5
儿童玩具	102.7	100.0	100.0	100.0	100.0	100.0	104.6	104.6	104.6	104.6	104.6	104.6	104.6
纸张用品	102.0	100.0	100.0	100.0	100.0	100.0	103.4	103.4	103.4	103.4	103.4	103.4	103.4
文具	101.2	100.0	100.0	101.5	101.5	101.5	101.5	101.5	102.5	102.5	100.5	100.5	100.5
体育用品	95.1	98.9	99.5	97.1	97.1	97.1	95.8	92.1	93.1	92.9	92.4	92.4	92.4
其它	101.8	94.9	98.8	99.8	100.6	100.6	101.6	101.6	102.4	102.4	106.2	106.2	106.2
书报杂志	100.3	100.0	100.0	100.0	100.0	100.0	100.0	100.5	100.5	100.5	100.5	100.5	100.5
书籍	100.0	100.0	100.0	100.0	100.0	100.0	100.0	100.0	100.0	100.0	100.0	100.0	100.0
报纸	100.5	100.0	100.0	100.0	100.0	100.0	100.0	101.0	101.0	101.0	101.0	101.0	101.0
杂志	100.0	100.0	100.0	100.0	100.0	100.0	100.0	100.0	100.0	100.0	100.0	100.0	100.0
文娱费	100.9	99.5	100.7	100.7	99.7	99.7	99.7	99.7	99.7	99.7	103.8	103.8	103.8
录像电影票	97.8	97.8	97.8	97.8	97.8	97.8	97.8	97.8	97.8	97.8	97.8	97.8	97.8
公园门票	110.4	100.0	100.0	100.0	100.0	100.0	100.0	100.0	100.0	100.0	141.4	141.4	141.4
有线电视	100.0	100.0	100.0	100.0	100.0	100.0	100.0	100.0	100.0	100.0	100.0	100.0	100.0
健身活动	96.2	100.0	100.0	100.0	94.9	94.9	94.9	94.9	94.9	94.9	94.9	94.9	94.9
其它	111.5	100.0	112.5	112.5	112.5	112.5	112.5	112.5	112.5	112.5	112.5	112.5	112.5
旅游及外出	104.7	105.6	105.2	108.3	110.3	108.9	107.1	107.0	96.5	99.3	100.4	103.2	104.9
旅行社收费	105.5	106.2	106.2	109.7	112.6	111.1	109.0	107.7	95.6	99.0	100.3	103.3	105.2
宾馆住宿	102.2	105.0	97.5	97.5	100.5	100.5	100.5	100.8	103.1	103.1	103.1	107.4	107.4
其它住宿	98.5	100.0	100.0	100.0	91.3	91.3	91.3	104.1	104.1	100.0	100.0	100.0	100.0
居住	**106.2**	**109.7**	**109.5**	**109.1**	**108.8**	**107.9**	**107.8**	**104.2**	**103.9**	**104.7**	**104.2**	**102.1**	**102.0**
建房及装修材料	100.9	102.3	101.7	101.4	102.0	101.3	101.3	100.9	100.8	101.2	99.5	98.8	99.0

4-1 续表 11

类别	年度	月份 一	二	三	四	五	六	七	八	九	十	十一	十二
木材	95.3	104.4	98.3	98.3	105.2	98.3	98.3	91.9	89.6	93.8	89.6	88.0	88.0
砖	105.3	106.9	106.9	106.9	104.4	104.4	104.4	103.6	105.3	105.3	105.3	105.3	105.3
水泥	102.7	100.3	100.3	100.3	100.3	100.3	100.3	105.0	105.0	105.0	105.0	105.0	105.0
涂料	107.4	110.4	110.4	110.4	110.4	110.4	110.4	110.4	110.4	110.4	106.0	94.3	94.3
胶合板	99.6	99.2	99.2	99.2	99.2	99.2	99.2	99.2	99.2	99.2	99.2	99.2	103.3
玻璃	103.4	106.9	106.9	102.6	102.6	102.6	102.6	102.6	102.6	102.6	102.6	102.6	102.6
粘胶	100.4	99.6	99.6	99.6	99.6	99.6	99.6	101.3	101.3	101.3	101.3	101.3	101.3
油漆	105.7	106.6	106.6	106.6	106.6	106.6	106.6	106.6	106.6	106.6	103.9	102.5	102.5
其它	100.4	100.8	100.8	100.8	100.8	100.8	100.8	100.8	100.8	100.8	99.2	99.2	99.2
租房	119.4	139.5	139.5	139.5	139.5	139.5	139.5	99.4	99.4	99.4	99.4	99.4	99.4
房租	133.3	166.7	166.7	166.7	166.7	166.7	166.7	100.0	100.0	100.0	100.0	100.0	100.0
其它费用	97.8	97.8	97.8	97.8	97.8	97.8	97.8	97.8	97.8	97.8	97.8	97.8	97.8
自有住房	100.0	100.0	100.0	100.0	100.0	100.0	100.0	100.0	100.0	100.0	100.0	100.0	100.0
房屋贷款利率	100.0	100.0	100.0	100.0	100.0	100.0	100.0	100.0	100.0	100.0	100.0	100.0	100.0
维护修理费用	100.0	100.0	100.0	100.0	100.0	100.0	100.0	100.0	100.0	100.0	100.0	100.0	100.0
其它	100.0	100.0	100.0	100.0	100.0	100.0	100.0	100.0	100.0	100.0	100.0	100.0	100.0
水、电、燃料	109.7	112.1	112.2	111.3	110.2	108.4	108.2	110.3	109.6	111.1	111.1	106.1	105.8
水	119.2	123.1	123.1	123.1	123.1	123.1	123.1	123.1	123.1	123.1	123.1	100.0	100.0
电	100.0	100.0	100.0	100.0	100.0	100.0	100.0	100.0	100.0	100.0	100.0	100.0	100.0
液化石油气	104.8	126.0	126.1	116.5	103.4	98.4	96.5	96.5	96.5	98.7	98.7	100.4	100.4
管道燃气	108.3	114.3	114.3	114.3	114.3	114.3	114.3	114.3	100.0	100.0	100.0	100.0	100.0
其它燃料	137.5	121.4	121.4	121.4	121.4	107.1	107.1	128.6	153.6	167.9	167.9	167.9	164.3

4-2 市区商品零售价格指数

（以上年价格为100）

类别	年度	月份											
		一	二	三	四	五	六	七	八	九	十	十一	十二
商品零售价格指数	**99.4**	**99.7**	**100.0**	**100.8**	**102.3**	**101.3**	**99.3**	**98.4**	**98.2**	**98.2**	**99.5**	**98.0**	**97.8**
食品类	**100.1**	**97.6**	**99.5**	**101.3**	**106.2**	**103.6**	**99.7**	**98.5**	**96.9**	**98.9**	**100.9**	**98.0**	**98.2**
粮食	100.5	90.4	99.2	98.1	97.6	100.5	101.3	101.2	102.8	102.7	102.8	102.1	100.0
细粮	100.4	90.0	99.0	97.9	97.4	100.4	101.2	101.2	102.8	102.7	102.8	102.1	99.9
粗粮	103.1	102.7	105.0	104.8	102.9	102.7	102.9	102.0	102.5	103.0	102.5	102.4	101.9
油脂类	85.8	79.0	87.3	87.9	85.2	87.8	83.8	83.8	83.3	83.4	83.2	92.2	92.2
肉禽蛋	105.1	104.4	106.9	105.7	110.2	109.4	106.9	105.2	100.9	103.6	104.1	100.8	101.9
水产品	97.8	114.0	106.9	109.2	105.7	99.6	95.2	90.0	93.9	94.2	92.8	90.4	93.0
鲜菜	90.5	92.4	82.5	97.5	116.7	107.7	90.2	87.9	91.4	87.4	98.4	83.3	90.9
干菜	99.3	104.7	103.3	102.9	100.0	99.8	97.4	97.7	97.9	98.1	98.5	97.9	97.9
鲜果	103.0	86.6	97.1	101.8	127.8	111.2	98.0	88.1	72.9	96.5	108.5	95.8	84.3
干果	93.5	109.0	95.8	95.6	95.2	93.2	91.3	90.8	90.6	90.3	90.0	95.7	94.5
其它食品类	102.6	103.1	104.6	105.4	107.3	103.8	102.5	102.4	101.6	101.6	100.4	101.0	100.1
调味品	115.9	116.3	126.8	127.1	130.0	117.3	116.8	116.9	114.1	113.2	106.9	108.0	105.0
食糖	105.0	122.6	103.9	104.5	105.3	108.2	106.4	103.8	104.0	104.2	104.2	106.1	106.1
糖果	98.8	99.1	98.9	99.2	98.6	98.9	99.2	98.6	99.4	98.9	98.9	98.4	98.5
糕点	96.3	97.4	98.1	97.5	99.1	95.6	94.4	94.4	94.3	95.3	95.3	95.3	96.6
奶及奶制品	98.8	97.6	99.2	99.2	99.2	101.7	98.2	98.1	98.0	98.0	98.0	98.8	98.8
罐头	99.0	94.5	88.9	96.1	103.3	99.9	101.2	101.2	100.4	100.4	102.7	103.5	99.4
饮食业	101.2	100.3	100.3	101.3	101.3	100.0	100.0	101.8	101.8	101.8	101.8	101.8	103.1
主食	101.2	101.2	101.2	105.0	105.0	100.0	100.0	100.0	100.0	100.0	100.0	100.0	105.0
炒菜	100.0	100.0	100.0	100.0	100.0	100.0	100.0	100.0	100.0	100.0	100.0	100.0	100.0
地方小吃	105.9	100.0	100.0	100.0	100.0	100.0	100.0	112.1	112.1	112.1	112.1	112.1	112.1
饮料烟酒类	**100.7**	**100.6**	**102.0**	**102.1**	**100.8**	**99.7**	**99.0**	**99.7**	**100.2**	**100.8**	**101.2**	**101.8**	**100.8**
饮料	97.7	90.5	93.7	97.3	97.4	97.8	97.8	97.7	99.3	99.3	99.3	100.2	100.3
烟酒	101.6	103.5	104.3	103.4	101.8	100.2	99.3	100.3	100.4	101.2	101.7	102.2	101.0
服装鞋帽类	**99.0**	**100.0**	**99.8**	**100.1**	**98.7**	**98.9**	**99.7**	**99.0**	**99.0**	**98.9**	**98.1**	**98.1**	**97.7**

4-2 续表

类别	年度	月份											
		一	二	三	四	五	六	七	八	九	十	十一	十二
服装	98.2	99.9	99.5	100.1	97.8	97.8	98.3	97.1	97.1	97.1	98.3	98.4	97.6
鞋	99.8	100.2	100.2	100.2	100.2	100.2	101.8	101.8	101.8	101.5	96.3	96.3	96.3
其它衣着	101.5	100.3	100.3	100.0	100.0	101.8	102.1	102.1	102.1	102.1	102.1	102.1	102.1
纺织品类	**102.1**	**105.3**	**105.3**	**105.3**	**105.0**	**104.8**	**100.0**	**100.0**	**100.0**	**100.3**	**100.3**	**100.3**	**100.7**
棉布	100.2	100.0	100.0	100.0	100.0	100.0	100.0	100.0	100.0	100.7	100.7	100.7	100.7
棉花化纤混纺布	100.0	100.0	100.0	100.0	100.0	100.0	100.0	100.0	100.0	100.0	100.0	100.0	100.0
化纤布	106.0	115.8	115.8	115.8	115.8	115.8	100.0	100.0	100.0	100.0	100.0	100.0	100.0
呢绒	100.0	100.0	100.0	100.0	100.0	100.0	100.0	100.0	100.0	100.0	100.0	100.0	100.0
绸缎	99.2	97.9	97.9	97.9	97.9	97.9	99.8	99.8	99.8	99.8	99.8	99.8	102.8
其他纺织品	101.0	102.3	102.3	102.3	101.1	100.0	100.0	100.0	100.0	101.1	101.1	101.1	101.1
中西药品类	**96.6**	**95.3**	**95.0**	**94.7**	**94.9**	**95.9**	**96.8**	**97.3**	**97.4**	**97.6**	**99.8**	**99.8**	**99.7**
中药	96.8	98.5	99.0	97.1	99.1	96.7	96.2	94.3	94.6	95.4	99.6	99.7	99.4
西药	96.1	92.5	92.1	92.4	92.6	95.0	96.7	98.3	98.3	98.3	100.0	100.0	100.0
医疗用品	99.7	103.8	102.2	102.5	98.4	99.0	99.0	99.0	99.0	99.0	99.0	99.0	98.4
化妆品类	**99.7**	**97.3**	**97.3**	**97.9**	**99.4**	**100.9**	**100.0**	**100.0**	**100.2**	**100.2**	**101.3**	**101.3**	**101.3**
书报杂志类	**97.8**	**107.0**	**100.0**	**100.0**	**100.0**	**100.0**	**100.0**	**96.0**	**96.0**	**95.5**	**95.5**	**95.5**	**95.5**
文化体育用品类	**99.6**	**99.1**	**99.2**	**99.2**	**99.3**	**98.4**	**100.3**	**100.3**	**100.6**	**99.8**	**99.8**	**99.8**	**100.3**
文化用品	99.6	99.3	99.3	99.2	99.2	97.6	100.6	100.6	100.7	99.7	99.7	99.7	100.3
体育用品	99.7	98.6	99.0	99.0	99.4	100.9	99.5	99.5	100.1	100.1	100.1	100.1	100.1
日用品类	**100.1**	**100.1**	**99.8**	**100.4**	**100.2**	**100.6**	**100.4**	**100.3**	**100.3**	**100.3**	**99.7**	**99.8**	**99.6**
一般日用品类	101.0	100.5	100.1	101.3	100.8	102.2	101.8	101.6	101.6	101.6	100.6	100.8	99.7
家具类	99.4	100.0	100.0	100.0	100.0	99.0	99.0	99.0	99.0	99.0	99.0	99.0	100.0
日用杂品	98.3	98.9	98.3	98.3	98.3	98.2	98.3	98.3	98.3	98.3	98.3	98.3	98.2
家用电器类	**96.2**	**98.9**	**98.7**	**99.6**	**98.6**	**97.2**	**94.6**	**94.6**	**95.3**	**94.2**	**94.2**	**94.1**	**94.8**
首饰类	**96.1**	**89.5**	**90.4**	**92.8**	**95.8**	**103.3**	**107.0**	**107.0**	**107.0**	**89.8**	**91.7**	**91.7**	**91.7**
燃料类	**99.2**	**112.4**	**107.6**	**112.8**	**111.5**	**103.7**	**97.4**	**91.0**	**95.1**	**90.3**	**104.2**	**91.2**	**87.5**
建筑装潢材料类	**102.7**	**102.3**	**103.1**	**101.9**	**101.3**	**104.0**	**104.0**	**101.8**	**102.3**	**103.1**	**102.9**	**102.7**	**101.9**
机电产品类	**98.2**	**98.7**	**99.0**	**96.7**	**99.6**	**100.4**	**98.2**	**98.2**	**98.2**	**97.7**	**97.7**	**97.7**	**97.7**

4-3 市区居民消费及零售商品平均价格

品名	规　格	单位	上年平均价格（元）	本年平均价格（元）	品名	规　格	单位	上年平均价格（元）	本年平均价格（元）
大米	郑州一等粳米散装	千克	2.017	2.328	植物油脂	郑州小磨油	千克	19.600	19.467
江米	郑州一等江米散装	千克	3.003	2.393	植物油制品	北京好乐门蛋黄沙拉酱215克瓶装	瓶装	9.454	9.286
面粉	郑州神象高金富强粉袋装	千克	2.011	1.952	植物油制品	郑州鲜奶油小盒装	盒	3.800	2.800
面粉	郑州金苑精制粉袋装	千克	1.326	1.389	其它	郑州猪板油一级	千克	6.218	6.626
粮食制品	郑州展翔牌精粉挂面450克	把	1.000	0.975	猪肉	郑州去骨后腿猪肉	千克	11.525	11.527
粮食制品	郑州三全凌汤圆(黑芝麻)15个	袋	4.740	4.733	猪肉	郑州去骨五花猪肉	千克	9.385	9.835
粮食制品	郑州湿面条精粉散装	千克	1.761	1.580	牛肉	郑州去骨腿肉	千克	12.436	13.835
粮食制品	郑州混饨皮精粉散装	千克	2.034	1.970	羊肉	郑州去骨统肉	千克	14.158	15.183
其它	郑州一等小米散装	千克	1.976	2.003	畜肉副产品	郑州猪肝	千克	6.254	6.093
其它	郑州一等玉米面散装	千克	1.847	1.952	畜肉副产品	郑州猪肚	千克	11.772	12.436
淀粉及薯类	郑州薯类淀粉	千克	3.133	3.133	其它	郑州兔肉	千克	12.750	10.910
淀粉及薯类	禹州红薯粉条	千克	4.014	4.000	其它	郑州狗肉	千克	13.417	12.060
干豆	郑州一等黄豆散装	千克	2.958	2.880	鸡	郑州活公鸡上等	千克	9.066	10.048
干豆	郑州一等绿豆散装	千克	5.246	5.202	鸡	郑州白条鸡上等	千克	7.533	9.208
豆制品	郑州水豆腐	千克	1.392	1.400	鸭	郑州活鸭上等	千克	7.788	8.506
豆制品	郑州豆腐皮	千克	3.128	3.097	其它	郑州活鸽子上等	只	7.406	6.879
豆制品	郑州豆腐干	千克	2.601	2.566	畜肉制品	洛阳春都王猪肉火腿肠100克/支	支	1.000	0.960
植物油脂	郑州菜籽油(一级)	千克	6.314	5.148	畜肉制品	郑州五香熟牛肉	千克	25.028	24.800

4-3　续表 1

品名	规　格	单位	上年平均价格（元）	本年平均价格（元）	品名	规　格	单位	上年平均价格（元）	本年平均价格（元）
畜肉制品	郑州熟猪头肉	千克	13.633	14.106	其它水产品	福建海带上等	千克	4.867	4.468
畜肉制品	郑州熟猪耳朵	千克	17.900	19.767	其它水产品	浙江鱿鱼一等水发	千克	8.167	8.608
禽制品	郑州烧鸡	千克	16.133	16.458	其它水产品	浙江冷冻虾散装	千克	28.839	27.950
禽制品	郑州鸡爪	千克	13.733	13.811	鲜菜	郑州大白菜一等	千克	0.934	1.119
禽制品	郑州鸡翅	千克	17.033	21.622	鲜菜	郑州洋白菜一等	千克	0.869	0.984
禽制品	郑州鸡珍	千克	30.622	31.067	鲜菜	郑州菠菜一等	千克	0.913	0.865
鲜蛋	郑州新鲜完整鸡蛋	千克	3.929	4.360	鲜菜	郑州油菜一等	千克	1.254	1.057
鲜蛋	郑州新鲜完整鸭蛋	千克	4.965	5.660	鲜菜	郑州芹菜一等	千克	1.285	1.080
蛋制品	郑州变鸡蛋	十个	3.010	3.108	鲜菜	郑州韭菜一等	千克	1.917	1.669
蛋制品	郑州松花蛋	十个	4.883	4.689	鲜菜	郑州空心菜一等	千克	0.734	0.573
淡水鱼	郑州鲤鱼 0.5 千克以上	千克	6.802	6.202	鲜菜	郑州菜花一等	千克	1.479	1.498
淡水鱼	郑州鲢鱼 0.5 千克以上	千克	5.703	5.933	鲜菜	郑州生笋一等	千克	1.193	1.105
淡水鱼	郑州草鱼 0.5 千克以上	千克	8.883	7.800	鲜菜	郑州黄瓜一等	千克	2.425	2.160
淡水鱼	郑州鲫鱼 0.1 千克以上	千克	9.157	9.372	鲜菜	郑州冬瓜一等	千克	1.595	1.355
淡水鱼	郑州中上等黄鳝	千克	24.494	24.722	鲜菜	郑州丝瓜一等	千克	2.209	2.887
海水鱼	浙江带鱼 0.5 千克以上	千克	9.807	9.902	鲜菜	郑州西红柿一等	千克	2.006	1.868
海水鱼	浙江扒皮鱼中等	千克	7.027	7.571	鲜菜	郑州茄子一等	千克	2.472	2.148
海水鱼	黄花鱼	千克	14.872	14.314	鲜菜	郑州萝卜一等	千克	0.803	0.940

4-3 续表 2

品名	规　　格	单位	上年平均价格（元）	本年平均价格（元）	品名	规　　格	单位	上年平均价格（元）	本年平均价格（元）
鲜菜	郑州胡萝卜一等	千克	1.507	1.208	盐	郑州 500 克加碘精盐	袋	0.674	0.800
鲜菜	郑州菜椒一等	千克	2.976	2.874	酱油	郑州双收牌瓶装酱油	瓶	1.893	1.843
鲜菜	郑州生姜一等	千克	3.097	3.354	酱油	郑州海天瓶装老抽	瓶	5.292	5.570
鲜菜	郑州四季梅一等	千克	3.242	2.657	醋	郑州双收牌瓶装五香醋	瓶	1.897	1.867
鲜菜	郑州洋葱头一等	千克	1.640	1.116	醋	江苏镇江姜汁瓶装香醋	瓶	3.156	3.164
鲜菜	郑州大葱一等	千克	1.340	1.035	味精	周口莲花牌含麸酸纳 99%500 克袋装	袋	7.907	8.038
鲜菜	郑州大蒜一等	千克	2.064	2.806	味精	杭州西湖牌含麸酸纳 80%454 克袋装	袋	5.500	5.958
鲜菜	郑州蒜苔一等	千克	4.199	3.215	其它	阿香婆麻辣酱	瓶	7.419	7.267
鲜菜	郑州莲藕一等	千克	2.483	2.308	其它	四川大红袍花椒	千克	27.767	42.617
鲜菜	郑州绿豆芽一等	千克	1.312	1.188	其它	广西八角甲级	千克	44.633	71.211
鲜菜	郑州土豆一等	千克	1.487	1.280	食糖	广西白沙糖一级	千克	4.767	5.052
鲜菜	郑州尖辣椒一等	千克	2.842	2.427	食糖	广西红糖一级	千克	4.833	4.867
鲜菜	郑州蒜苗一等	千克	0.902	0.754	糖果	上海大白兔软糖	千克	25.431	25.556
鲜菜	郑州西葫芦一等	千克	2.195	1.693	糖果	上海话梅硬糖	千克	18.319	18.319
干菜及菜制品	淮阳甲级黄花菜	千克	14.917	15.572	巧克力制品	北京德芙牌巧克力板糖 80 克	块	9.535	9.683
干菜及菜制品	柘城甲级干辣椒	千克	13.094	12.825	巧克力制品	上海朱古力豆袋装	袋	12.600	12.638
干菜及菜制品	郑州甲级五香大头菜	千克	2.460	2.343	糖制小食品	郑州芝麻糖 350 克	袋	6.401	6.567
干菜及菜制品	四川甲级乌江牌榨菜	千克	3.020	3.072	糖制小食品	郑州花生片糖 350 克	袋	6.292	6.517

4-3 续表3

品名	规 格	单位	上年平均价格（元）	本年平均价格（元）	品名	规 格	单位	上年平均价格（元）	本年平均价格（元）
茶叶	信阳龙潭绿茶一级	千克	43.497	45.233	干（坚）果及瓜果制品	郑州生花生米一级	千克	4.826	4.213
茶叶	湖南长沙猴王牌花茶一级	千克	50.942	49.372	干（坚）果及瓜果制品	郑州核桃一级	千克	9.953	10.647
固体饮料	雀巢咖啡150克	瓶	44.921	43.540	糕点	郑州鸡蛋糕方型	千克	12.240	12.190
固体饮料	上海生牌菊花精400克袋装	袋	8.868	8.690	糕点	郑州芋头酥	千克	13.252	13.217
液体饮料	河北承德露露240克罐装	听	2.276	2.059	糕点	郑州大麻饼	千克	13.273	13.223
液体饮料	广东健力宝330克罐装	听	1.954	1.926	饼干	深圳太平梳打饼干450克	千克	19.250	19.984
液体饮料	郑州太古可口可乐1.25升瓶装	瓶	4.819	4.783	饼干	郑州华英椰汁饼干800克	千克	10.931	10.256
液体饮料	郑州太古雪碧1.25升瓶装	瓶	4.825	4.783	饼干	广东嘉士力800克	千克	12.408	11.755
冷冻饮品	郑州食品雪兔牌冰激淋	个（盒）	1.000	1.000	面包	郑州那多切片面包760克	千克	7.912	8.840
冷冻饮品	内蒙伊犁火炬冰激淋	个（盒）	1.500	1.500	面包	郑州圆型普通精粉面包100克	千克	13.178	13.031
鲜果	郑州苹果一级	千克	1.994	2.785	鲜奶	郑州消毒鲜牛奶227克袋	袋	0.800	0.803
鲜果	砀山梨一级	千克	1.644	1.438	鲜奶	郑州消毒鲜牛奶散	千克	2.200	2.320
鲜果	四川桔子一级	千克	1.412	1.188	奶粉	郑州慈母牌400克全脂	袋	9.944	9.736
鲜果	郑州桃子一级	千克	1.919	2.318	奶粉	黑龙江双城力多精婴儿奶粉450克	袋	25.833	25.306
鲜果	郑州西瓜一级	千克	1.957	2.260	其它	郑州花花牛酸牛奶227克袋装	袋	0.800	0.877
鲜果	两广香蕉一级	千克	3.466	2.608	主食	大米饭二两一碗	碗	1.000	1.000
鲜果	郑州葡萄一级	千克	2.221	5.385	主食	馒头二两一个精粉	千克	2.000	2.500
干（坚）果及瓜果制品	新郑干红枣一级	千克	15.269	14.639	主食	油条一两一根	千克	6.000	6.000

4-3 续表4

品名	规　　格	单位	上年平均价格（元）	本年平均价格（元）	品名	规　　格	单位	上年平均价格（元）	本年平均价格（元）
主食	大肉包子一两一个	千克	6.000	6.000	其它食品	广西荔浦糖水桔子600克瓶装	瓶	6.760	5.937
主食	烧饼二两一个	千克	3.000	3.000	食品加工服务费	加工鸡蛋糕	次/千克	3.000	2.896
炒菜	鱼香肉丝	份	13.000	13.000	食品加工服务费	加工变鸡蛋	十个	0.500	0.498
炒菜	红烧肘子	份	16.000	16.000	国产卷烟	云南玉溪阿诗玛硬盒20支	盒	8.637	8.557
炒菜	糖醋里脊	份	12.000	12.000	国产卷烟	郑州散花	盒	2.737	2.663
炒菜	蒜苔炒腊肠	份	20.000	20.000	国产卷烟	郑州彩蝶软盒20支	盒	1.800	1.790
炒菜	金牌乳鸽	份	28.000	28.000	进口卷烟	英国三五牌硬盒20支	盒	14.608	15.194
炒菜	避风塘茄子	份	28.000	28.000	进口卷烟	美国希尔顿硬盒20支	盒	8.333	8.243
炒菜	蒜香吊烧鸡	份	38.000	32.167	其它	郑州邙山烟(雪茄)	盒	1.000	1.000
炒菜	脆皮炸乳鸽	份	38.000	38.000	白酒	四川宜宾五粮液52度斤装	瓶	284.486	330.153
炒菜	风味炒鳝片	份	38.000	38.000	白酒	河南渑池三星仰绍45度斤装	瓶	15.472	15.419
炒菜	桂鱼	份	88.000	88.000	白酒	四川全兴52度斤装	瓶	37.431	36.014
地方小吃	炒凉粉	碗	2.000	2.000	果酒	河南民权葡萄酒750毫升	瓶	8.353	8.328
地方小吃	胡辣汤	碗	0.550	0.600	果酒	甘肃张裕干红葡萄酒750毫升	瓶	33.110	31.803
地方小吃	豆腐脑	碗	0.500	0.600	啤酒	郑州金星啤酒斤装	瓶	1.500	1.500
其它食品	天津康师傅方便面120克袋装	袋	1.800	1.771	啤酒	青岛啤酒355毫升听装	听	3.333	3.191
其它食品	上海梅林牌340克午餐肉听装	听	8.033	7.656	其它	浙江绍兴加饭黄酒斤装	瓶	2.524	2.983
其它食品	上海梅林牌184克五香风尾鱼瓶装	瓶	7.450	7.328	其它	山东烟台张裕大香宾1500毫升	瓶	24.197	24.823

4-3 续表5

品名	规格	单位	上年平均价格（元）	本年平均价格（元）	品名	规格	单位	上年平均价格（元）	本年平均价格（元）
吸烟用品	烟灰缸	个	5.467	5.667	运动衫裤	广州多特男运动衫裤	套	210.000	202.917
吸烟用品	打火机	个	1.000	1.000	内衣	青岛豪门内衣(套)	套	78.450	81.700
饮酒用品	瓷酒杯	个	0.680	1.200	内衣	上海宜尔爽高领男内衣	套	76.604	77.542
饮酒用品	酒壶	个	4.200	4.150	羽绒衣	江西鸭鸭男羽绒衣	件	381.611	342.556
饮酒用品	玻璃高脚杯	个	3.000	2.600	羽绒衣	江苏波斯登男羽绒服	件	359.917	416.694
大衣	泉州虎都皮大衣(男)	件	1476.333	1458.000	其它	上海宜尔爽背心	件	15.800	15.883
大衣	宁波三益呢子大衣(男)	件	758.500	723.000	大衣	浙江贵亨女皮大衣	件	1097.500	1113.083
毛线衣	上海瑞祥开衫毛衣(男)	件	312.944	303.444	大衣	北京呢大衣(女)	件	1041.417	1202.000
毛线衣	上海企鹅套头衫(全毛)	件	286.833	259.556	毛线衣	上海恒源祥女毛线衣	件	228.000	242.167
夹克衫	江苏红豆夹克衫(男)	件	298.000	276.000	毛线衣	上海雅达女毛线衣	件	243.333	221.556
夹克衫	福建九牧王夹克衫	件	310.333	289.167	羽绒衣	江西鸭鸭女羽绒衣	件	333.667	370.250
衬衫	上海开开男衬衫	件	132.333	122.083	羽绒衣	常熟波斯登女羽绒服	件	315.500	340.528
衬衫	扬州虎豹男衬衫	件	157.600	145.417	套装	上海罗蒙三件套(女)西服	套	1593.333	1571.833
裤子	江苏红豆男裤	条	278.000	255.722	套装	宁波杉杉三件套(女)西服	套	1513.333	1520.333
裤子	福建九牧王男裤	条	307.267	300.017	衬衫	扬州虎豹女衬衫	件	138.000	133.667
西服	上海罗蒙男西服	套	1739.583	1741.083	衬衫	浙江步森女衬衫	件	167.000	167.000
西服	宁波雅戈尔男西服	套	1496.433	1425.800	裙子	上海化纤短裙	条	164.167	164.000
运动衫裤	福建阿迪达斯男运动衫裤	套	282.813	278.333	裙子	广东冰丝裙	条	202.000	195.722

4-3 续表6

品名	规　　格	单位	上年平均价格（元）	本年平均价格（元）	品名	规　　格	单位	上年平均价格（元）	本年平均价格（元）
裤子	西安雪邦女裤	条	199.542	177.500	化纤布	上海化纤布 144CM	米	41.667	43.778
裤子	浙江步云女西裤	条	191.000	188.333	化纤布	广州化纤布	米	39.333	39.250
运动衫裤	厦门女运动服	套	247.944	236.472	毛织品	新疆贡丝锦 144CM	米	145.333	112.667
运动衫裤	广东李宁女运动服	套	282.000	282.000	毛织品	新疆驼丝锦 144CM	米	146.667	120.667
内衣	上海宜尔爽女内衣	套	63.400	63.400	丝织品	杭州真丝缎 144CM	米	59.000	60.842
内衣	青岛豪门低领女内衣	套	85.792	88.917	丝织品	上海重磅真丝 140CM	米	94.333	97.183
其它	江苏黛安芬文胸	件	52.000	52.438	毛线	上海恒源祥100%纯毛中粗	千克	95.200	92.733
套装	浙江一休儿童套装	套	129.479	122.438	毛线	上海恒源祥70%混纺中粗	千克	78.000	71.300
套装	武汉九头鸟儿童套装	套	192.250	171.958	其它	广州铜拉链(7寸)	条	1.250	1.250
裤子	上海好孩子儿童裤子	条	138.833	123.917	男鞋	江苏森达男皮鞋	双	313.833	311.153
裤子	扬州童裤	条	69.000	69.583	男鞋	青岛双星旅游鞋	双	141.900	132.700
裙子	上海好孩子单裙	条	154.000	150.000	男鞋	上海大博文运动鞋	双	35.750	34.458
裙子	上海好孩子棉裙	条	209.750	197.208	女鞋	江苏森达女皮鞋	双	233.000	238.764
其它	上海童大衣	件	151.500	132.083	女鞋	江苏森达女皮凉鞋	双	168.000	157.646
棉布	郑州白布 90CM	米	6.833	6.911	女鞋	青岛双星女旅游鞋	双	116.875	113.958
棉布	山东床单布 150CM	米	14.500	15.983	童鞋	上海皮童鞋	双	85.000	79.708
棉花化纤混纺布	山西白涤棉 90CM	米	7.167	7.303	童鞋	福建运动鞋	双	97.800	86.617
棉花化纤混纺布	杭州装饰布 150CM	米	28.000	26.367	童鞋	上海童布鞋	双	43.200	43.833

4-3 续表 7

品名	规　格	单位	上年平均价格(元)	本年平均价格(元)	品名	规　格	单位	上年平均价格(元)	本年平均价格(元)
男袜	北京赛可赛思男袜(厚)	双	17.250	17.125	沙发	伊春光明木沙发 335＊72＊88 一等	套	4440.000	4148.750
男袜	北京赛可赛思男袜(单)	双	16.000	12.667	其它	成都掌上明珠电视柜 80 公分	件	300.000	300.000
女袜	北京赛可赛思女袜(厚)	双	11.000	11.000	其它	成都金帝 110＊55 玻璃茶几	件	380.000	380.000
女袜	上海浪沙(单长)	双	12.000	8.722	洗衣机	江门金羚全自动洗衣机 XQB40－16B	台	1064.767	1004.700
男帽	郑州华达呢鸭舌男帽	顶	18.000	19.722	洗衣机	长治海棠全自动洗衣机 XQB42－1F	台	1679.375	1737.042
女帽	郑州平绒太太帽	顶	20.333	20.194	洗衣机	济南小鸭圣吉奥全自动洗衣机 XQT50－156N	台	2398.000	2369.125
缝纫	男西服缝纫费	套	242.500	240.833	电风扇	广东美的台扇 FT40－B2	台	139.233	145.217
缝纫	毛料女裤缝纫费	条	68.750	69.167	电风扇	深圳金贝利落地扇 F2－35BCH	台	498.500	487.708
清洗	男毛料西服干洗费(深色)	套	10.750	10.000	电冰箱	顺德容声电冰箱 210/HC(无氟)	台	2358.750	2297.917
清洗	国产短皮大衣上光(黑)	次/件	58.750	58.854	电冰箱	新乡新飞电冰箱 BCD200 升	台	2682.500	2398.667
成套家具	伊春光明两组四门大衣柜 180＊60＊210	组	5725.000	5495.833	电冰柜	青岛海尔电冰柜 BD－170	台	1780.625	1703.542
床	郑州皇冠柞木双人床 200＊150＊45	张	1000.000	1000.000	电冰柜	新乡新飞电冰柜 BC/BD98L	台	1147.500	1112.000
床	郑州皇冠柞木单人床 200＊110＊45	张	650.000	650.000	抽排油烟机	宁波帅康抽油烟机 128－78	台	598.000	598.000
桌	北京天坛方桌(钢木一等)90＊90	张	340.000	340.000	抽排油烟机	浙江老板抽油烟机 CXW120－129	台	590.333	597.667
桌	伊春光明写字台 140＊70＊73	张	1690.000	1690.000	空调器	江苏春兰空调器窗式 KC－31/FC(单冷)	台	2164.444	1949.444
椅	北京天坛折叠(单面)椅 45＊45＊79 一等	把	115.000	115.000	空调器	广东美的空调 KFR－32GW/ZY1.5 匹	台	3511.250	3170.417
椅	伊春光明木椅 43＊40＊75 一等	把	310.000	340.000	空调器	青岛海尔单冷空调 KF－26GW/F	台	4202.333	3892.000
沙发	成都府河牛皮沙发 200＊95＊80	套	3300.000	3300.000	热水器	广东万家乐热水器 7－D3 燃气	台	1206.033	1104.633

4-3　续表 8

品名	规　　格	单位	上年平均价格（元）	本年平均价格（元）	品名	规　　格	单位	上年平均价格（元）	本年平均价格（元）
热水器	广东万和热水器 8LSTDBL 燃气	台	915.333	908.389	毛毯	宁波光洋 5 公斤	条	499.556	486.222
热水器	济南小鸭电热水器 40L－CF	台	1076.958	982.583	床单	常熟双猫床单 200＊230(双人)	条	121.208	130.979
微波炉	顺德格兰仕微波炉 WD900SL23－2	台	900.000	747.056	床单	上海太平洋单人床单	条	56.250	57.917
微波炉	合肥三洋 551S 微波炉	台	1288.375	1091.000	床罩	北京安睡宝床罩 155＊195	个	288.833	289.300
微波炉	天津 LC 牌 MG5529ST	台	1458.067	1390.633	床罩	江苏床罩	个	216.667	220.111
电炊具	广东中山三角电饭煲 700W	个	240.900	222.900	被套	上海双猫被套 150＊195	个	62.250	64.229
电炊具	广东中山科盛电烤箱	个	304.000	257.375	被套	上海民光被套 200＊230	个	165.900	147.646
电炊具	顺德希贵 DCL－50A	个	202.000	202.000	其它	北京安睡宝枕头	对	152.250	132.917
钟	深圳霸王挂钟 9851	个	87.250	94.514	其它	杭州软缎被面	条	123.430	124.400
钟	广东天王闹钟 8116	个	93.500	89.708	茶具	南京玻璃杯	个	2.133	2.133
钟	烟台北极星落地钟 9904	个	1235.000	1233.194	茶具	泰国玻璃杯	个	6.820	6.528
其它	江门金羚排风扇 APB25－5－2	台	126.028	130.222	餐具	湖南瓷碗	个	3.450	3.367
纺织装饰品	郑州化纤窗帘 36.＊2.5	付	180.000	180.000	餐具	广西建城铁木筷子(把)	把	9.500	9.975
纺织装饰品	北京棉台布 180＊200	件	186.000	176.333	厨具	广东十八子菜刀	把	39.611	39.333
装饰灯具	广东 6＋1 吸顶灯	个	120.000	125.000	厨具	上海不锈钢铲子	把	11.533	11.223
装饰灯具	广东 8141 吊灯	个	196.000	196.000	家用工具	河南卫辉虎头牌钳子 200MM	把	9.767	9.767
其它	广东花瓶(陶瓷)	个	77.750	77.750	家用工具	天津木柄大号罗丝刀	把	3.400	3.400
毛毯	上海华姿毛毯 5 公斤	条	400.889	393.611	洗涤用品	上海白猫洗涤剂	瓶	3.028	3.000

4-3 续表 9

品名	规　格	单位	上年平均价格(元)	本年平均价格(元)	品名	规　格	单位	上年平均价格(元)	本年平均价格(元)
洗涤用品	广东汰渍洗衣粉(400 克)	袋	5.156	5.464	中药材	黄芪一级	千克	30.278	26.389
其它	上海春兴 36CM 塘瓷盆	个	30.000	30.000	中成药	郑州牛黄解毒片(24)	盒(瓶)	0.938	0.924
其它	新乡金鸡 5 磅暖水瓶	个	16.260	16.125	中成药	河南银翘解毒丸	盒(瓶)	3.367	3.403
其它	郑州拖把	个	6.400	6.500	中成药	广东白云山板兰根冲剂(20 袋)	袋	6.300	6.000
家庭服务	保母费(看小孩)	月	300.000	310.000	中成药	禹州霍香正气丸(10 丸)	盒	4.500	4.500
家庭服务	钟点工(做家务)	(时)	5.450	6.500	中成药	广西中华跌打丸(6 丸)	盒	3.375	3.308
加工维修服务费	配门锁铜钥匙	把	1.000	1.000	胃药	西安杨森吗丁啉(30 粒)	盒	16.375	16.800
加工维修服务费	加工窗帘 3 * 2.5M 双拉开	付	17.000	16.750	胃药	日本联华胃仙 U(30 粒)	盒	45.900	45.900
医疗器具及用品	上海体温计	个	2.589	2.633	感冒药	哈尔滨感康 10 粒	盒	10.278	10.000
医疗器具及用品	医用胶布 1CM100CM(小合)	盒	2.867	2.867	感冒药	广州明兴牌感冒通 24 片	盒	1.800	1.800
医疗器具及用品	上海注射器	支	0.967	0.967	抗菌药针剂	河北华药青霉素针 80 万	支	0.642	0.600
中药材	甘草一级	千克	21.528	26.667	抗菌药针剂	深圳先锋 5 号	支	3.658	3.667
中药材	银花一级	千克	103.333	100.000	抗菌药片剂	广州白云山已酰螺旋霉素	盒	2.083	2.000
中药材	菊花一级	千克	56.667	35.833	抗菌药片剂	广州白云山头孢氨苄胶囊	盒	2.950	2.492
中药材	陈皮一级	千克	10.000	11.250	止泻药	四川黄连素 100 片	瓶	2.000	2.000
中药材	黄连一级	千克	289.167	366.667	止泻药	河南氟派酸 12 粒	盒	1.800	1.800
中药材	党参一级	千克	41.111	38.333	外用药	上海紫药水 40ML	瓶	2.500	2.500
中药材	当归一级	千克	22.778	20.000	外用药	广州皮炎平 15g	支	7.506	7.375

4-3　续表 10

品名	规　　格	单位	上年平均价格（元）	本年平均价格（元）	品名	规　　格	单位	上年平均价格（元）	本年平均价格（元）
心血管病用药	成都地奥心血康 20 片	盒	8.622	8.500	住院费	普通病房住院费(四人间)	天	5.000	5.500
心血管病用药	石家庄心脑康 100 片	瓶	16.503	17.300	住院费	干部病房住院费(两人间)	天	20.000	20.833
其它	郑州维生素 C	瓶	1.967	1.800	理疗费	超短波治疗	次	2.000	4.444
其它	济南优福定片	瓶	16.708	16.525	理疗费	针灸(体针)	次	5.000	9.333
保健器具	深圳周林频普仪 WC－301C	台	460.000	460.000	其它	儿童保健	次	3.000	3.667
保健器具	浙江 9 型按摩器	件	46.300	40.708	其它	成人体检	次	15.667	11.333
保健器具	河南中号健身球	对	28.000	28.000	化妆美容器具	珠海飞利蒲电吹风 HP481	件	171.433	167.850
滋补保健用品	上海人参蜂王浆 10 支	盒	9.483	9.400	化妆美容器具	广州眉夹	个	10.000	9.667
滋补保健用品	深圳太太静心口服液 10 支	盒	35.450	35.000	化妆美容器具	珠海飞利蒲剃须刀	个	185.867	185.600
滋补保健用品	哈尔滨低糖牦牛骨髓壮骨粉	盒	59.167	57.000	化妆品	广州丽花丝宝护理日霜 30g	瓶	57.750	55.944
挂号费	普通西医挂号费	次	0.500	0.833	化妆品	上海梦巴黎香水 50ML	瓶	54.200	54.200
挂号费	专家(主任医师)挂号费	次	2.000	3.167	化妆品	天津奇士美口红	支	26.653	24.111
注射费	肌肉注射费	次	0.500	1.167	洗发用品	上海海欧洗发膏 340 克	瓶	7.733	7.408
注射费	静脉注射费	次	1.500	2.333	洗发用品	上海夏士莲黑芝麻洗发露 400ML	瓶	26.547	25.887
检查费	检查费(头部 CT 平扫)	次	144.000	136.000	洗发用品	广州飘柔洗发水 400ML	瓶	30.805	29.952
检查费	检查费(B 超黑白)	次	17.500	20.000	洗浴用品	上海力士 100 克香皂	块	2.807	2.768
手术费	阑尾手术费	次	65.000	72.181	洗浴用品	上海力士浴液 300ML	瓶	27.104	25.913
手术费	剖腹产手术费	次	120.000	126.854	洗浴用品	天津舒肤佳香皂 125 克	块	4.028	3.986

4-3　续表 11

品名	规　　格	单位	上年平均价格（元）	本年平均价格（元）	品名	规　　格	单位	上年平均价格（元）	本年平均价格（元）
其它	北京舒尔美卫生巾 20 片	包	3.433	3.111	其它	男染发中等进口药	次	33.600	33.600
其它	上海白猫短卷卫生纸	卷	2.133	2.061	其它	大池淋浴	次	5.000	5.000
首饰	金饰品	克	105.181	101.764	摩托车	青岛 QM50W—3	辆	2300.000	2300.000
首饰	南阳玉手镯	件	422.500	397.500	摩托车	日本大黑鲨 125	辆	23000.000	23000.000
皮件	广州红富士男士皮带	条	122.000	121.583	摩托车	济南金鸟 TT362—3 轻骑	辆	1600.000	2850.000
皮件	广州金豹男士公文包	件	326.667	285.389	自行车	上海凤凰 660MM65 型女车	辆	362.500	362.500
皮件	天津男士皮手套(李宁)	双	111.000	135.900	自行车	安阳三枪 26 型	辆	240.000	240.000
手表	上海精达石英表(男士)	块	145.333	147.306	自行车	天津飞鸽 26 型	辆	350.000	350.000
手表	瑞士梅花机械女表	块	2350.000	2359.000	汽车	上海桑塔纳 99 型新秀	辆	128750.000	125833.333
手表	上海宝石花机械男表	块	120.000	120.467	汽车	长春解放 CA6400 型	辆	98250.000	90333.333
手表	日本西铁城机械男表	块	362.400	371.717	汽车	湖北东风 140—I 型汽油货车	辆	54500.000	62666.667
领带	浙江梦丽达	条	100.556	192.722	其它	山东鲁雁三轮车	辆	410.000	410.000
领带	浙江罗蒙	条	249.000	261.833	汽油	90＃汽油	升	2.692	2.495
其它	发夹	个	27.517	24.600	汽油	93＃汽油	升	2.888	2.761
美容	皮肤护理	次	28.800	29.000	柴油	0＃柴油	升	2.775	2.683
美容	纹眉	次	140.000	140.000	柴油	－10＃柴油	升	2.450	2.777
理(烫)发	男理全活	次	10.000	10.000	零配件	许昌 26 型自行车内胎	只	6.800	6.763
理(烫)发	女短烫发	次	31.600	31.600	零配件	郑州空气三芯	个	5.000	5.000

4-3 续表 12

品名	规 格	单位	上年平均价格（元）	本年平均价格（元）	品名	规 格	单位	上年平均价格（元）	本年平均价格（元）
零配件	长春 1018 型化油器	个	260.000	245.000	飞机票	郑州－北京（1316 公里）	人公里	0.840	0.940
其它	北京 3.5 公升机油（润化油）	桶	10.000	10.000	火车票	郑州－北京西 180 次快速空调	人公里	0.140	0.140
驾驶证	大货车 B 证	个	2776.667	2710.000	火车票	郑州－北京南 2554 次普快（695 公里）	人公里	0.070	0.070
驾驶证	小汽车 C 证	个	2148.333	2081.667	长途汽车	郑州－北京豪华车（座）680 公里	人公里	0.220	0.223
保险费	盗抢险费率（%）轿车	年	0.800	0.800	长途汽车	郑州－北京豪华（卧）	人公里	0.280	0.283
保险费	车损险费率（%）轿车	年	1.200	1.200	固定电话机	广东 TCL 牌 HA868（3）P/TSD	部	191.639	180.972
停车费	小汽车路边停车	辆	4.000	4.000	固定电话机	深圳万德莱 HA	部	162.625	151.792
停车费	摩拖车停车	辆	1.000	1.000	固定电话机	深圳步步高 HW007	部	263.979	264.500
车辆修理服务	自行车补内胎小孔	个	1.000	1.000	移动电话机	摩托罗拉 V998	部	4155.833	2521.667
车辆修理服务	桑塔纳 2000 型	次	900.000	900.000	移动电话机	诺基亚 3210	部	1445.833	1047.194
其它	小汽车清洗	次	10.000	10.000	BP 机	精英王 BP 机	部	896.250	770.729
其它	桑塔纳 2000 年审	年	60.000	60.000	其它	松下传真机	部	3620.833	3489.167
公共汽车票	九路车单程票	张	1.000	1.000	市内电话通话费	市内公用电话三分钟	次	0.400	0.400
公共汽车票	成人月票	张	25.000	29.167	长途电话通话费	郑州－北京长途电话	分钟	0.880	0.715
出租汽车	夏利出租车	车公里	1.000	1.000	长途电话通话费	郑州－广州长途电话	分钟	1.100	0.733
出租汽车	桑塔纳出租车	车公里	1.200	1.200	月租费	民用住宅电话	月	21.600	20.133
其它	机动三轮车运费	车公里	0.950	0.950	月租费	全球通月租	月	60.000	50.000
飞机票	郑州－北京（687 公里）	人公里	0.820	0.920	信件邮寄	外阜（20g 以内）	封	0.800	0.800

4-3　续表 13

品名	规　格	单位	上年平均价格（元）	本年平均价格（元）	品名	规　格	单位	上年平均价格（元）	本年平均价格（元）
包裹邮寄	郑州－洛阳投递区不含保价费	千克	2.600	2.600	收音(录)机	南通三洋双卡四喇叭立体收录机	台	539.000	512.958
其它	普通电报费	十字	1.400	1.400	电脑	海信 D55064M/84G/15 寸/56K 电脑	台	8900.000	8900.000
电视机	广东王牌 2980GG)彩电	台	4562.292	3884.583	电脑	联想天禧 6640PM800/64M15"/56K	台	10988.000	10988.000
电视机	青岛海尔 2999(HP)彩电	台	3269.167	2962.500	电脑	方正飞越 8630PM733/64M/20G/40	台	7979.000	7995.667
电视机	厦门厦华 XF－2998TBV 彩电	台	3565.417	2281.250	修理服务费	照相机检修费(理光 30SD)	次	30.000	30.000
电视机	四川长虹彩电	台	3025.000	2727.292	修理服务费	25 寸彩电带摇控检修费	次	51.389	51.667
电视机	深圳康佳 T2983 彩电	台	2836.111	2536.000	其它	小霸王学习机 968	台	351.500	346.750
影碟机	深圳先科 733 影碟机	台	794.056	766.556	工具书	现代汉语词典 32 开	本	55.000	55.000
影碟机	广东金正 350D 影碟机	台	920.417	908.333	工具书	牛津高阶双解英汉词典	本	88.000	88.000
影碟机	广东步步高 AB209	台	876.458	713.917	工具书	辞海 16 开(上海)	本	232.500	320.000
摄像机	日本松下 VS5 摄像机	台	5267.917	4880.833	教材	高一语文 32 开(人民教育)	本	7.300	7.220
摄像机	上海索尼 317E 摄像机	台	4048.333	3590.000	教材	初一语文(人民教育)	本	5.630	5.653
照相机	日本理光 30SD 照像机	台	655.333	638.500	教材	小学一年级语文(人民教育)	本	4.630	5.297
照相机	上海海欧 35－70MM 照像机	台	346.000	370.000	参考书	小学语文段篇章 32 开	本	4.800	4.800
照相机	常州红梅 300D 照像机	台	422.500	422.500	参考书	中学生新概念 32 开	本	35.000	35.000
音响	广东金正 SA－N900	台	1306.667	1317.222	参考书	当代中学生分类 32 开	本	10.000	10.000
音响	深圳先科金星三号	台	792.222	753.667	义务教育杂费	小学一年级(学杂费)	学期	181.500	182.500
收音(录)机	广东德生 6 管 909 型	台	100.250	91.396	义务教育杂费	初中一年级	学期	252.000	252.000

4-3　续表 14

品名	规　　格	单位	上年平均价格（元）	本年平均价格（元）	品名	规　　格	单位	上年平均价格（元）	本年平均价格（元）
其它教育学杂费	高中一年级学杂费	学期	412.000	412.000	纸张用品	郑州信纸	本	2.740	2.740
其它教育学杂费	大学一年级学杂费	学年	2200.000	2600.000	纸张用品	笔记本 32K100 页	本	6.050	6.050
其它教育学杂费	成人理工类函授学杂费	学年	650.000	650.000	纸张用品	郑州有光纸	张	0.633	0.672
托幼费	普通班托幼费	月	110.000	110.000	文具	上海英雄墨水	瓶	2.350	2.381
托幼费	实验班托幼费	月	195.000	195.000	文具	上海永生 86212 色彩笔	盒	12.000	12.000
乐器	广州红棉吉它 917	件	168.333	170.556	文具	上海英雄 616 依金笔	支	8.375	8.563
乐器	北京星海钢琴 123K	架	14600.000	14600.000	体育用品	天津利生成人篮球	个	135.750	129.208
乐器	天津雅马哈电子琴 KB21061 键	架	2905.729	2895.000	体育用品	天津鑫冠足球	个	111.333	108.472
音响光盘和磁带	上海音响光盘 CD(单)	片	28.750	23.854	体育用品	上海威士羽毛球拍	只	46.375	43.000
音响光盘和磁带	广东四海空白带	盒	6.100.0	6.275	其它	宁波三 A 一级纸牌	付	5.333	5.431
照相胶卷	保定乐凯 135 超金 100°胶卷	卷	13.967	13.775	其它	上海大家乐塑料盘跳棋	付	12.667	12.278
照相胶卷	日本富士 135 胶卷	卷	21.600	21.083	其它	广州冠军拉力器	件	41.500	44.222
录像磁带和视盘	广东画王录像空白带 180 分	盒	28.250	27.729	书籍	水浒全传 16 开	本	80.000	80.000
录像磁带和视盘	上海单面 VCD	盒	17.667	17.667	书籍	365 夜知识童话 32 开	本	40.000	40.000
录像磁带和视盘	广东四海录像带 300 分	盒	57.500	57.500	书籍	WINDOWS98 宝典 16 开	本	108.000	108.000
儿童玩具	上海积木	件	20.333	20.333	书籍	十万个为什么 32 开	本	168.000	168.000
儿童玩具	广东电动小狗	件	40.750	40.750	书籍	98－99 中国经济形势与展望	本	15.900	15.900
儿童玩具	上海环球小汽车	件	69.667	75.500	报纸	大河报	份	0.500	0.500

4-3 续表 15

品名	规格	单位	上年平均价格（元）	本年平均价格（元）	品名	规格	单位	上年平均价格（元）	本年平均价格（元）
报纸	郑州晚报	份	0.600	0.550	宾馆住宿	三星级宾馆标准间	天、间	321.750	335.729
报纸	人民日报	份	0.900	0.900	宾馆住宿	三星级宾馆(套房)	天、套	919.000	923.813
报纸	郑州电视报	份	0.800	0.900	其它住宿	一级宾馆标准间	天、间	125.000	125.000
杂志	读者	本	3.000	3.000	其它住宿	一级宾馆三人间	天、床	30.000	29.167
杂志	家庭医生	本	3.900	3.900	木材	东北红松板材 4 米 *4 公分(立方米)	立方米	1416.667	1320.833
杂志	女友	本	6.000	6.000	木材	东北白松原木 6 米 *30 公分(立方米)	立方米	1030.000	964.167
杂志	故事大王	本	2.500	2.500	木材	东北水曲柳原木 4 米 * 30 公分(立方米)	立方米	1550.000	1537.500
录像电影票	豪华厅录像票	张	6.000	6.000	砖	民用砖	块	0.120	0.140
录像电影票	国产片首轮电影票	张	9.200	8.800	砖	地板砖 30*30	块	3.500	3.500
公园门票	人民公园门票	张	2.000	2.000	砖	地板砖 500*500	块	14.000	14.000
公园门票	动物园	张	5.000	6.250	水泥	水泥 500 号	袋	11.500	11.375
有线电视	河南有线费	月	10.000	10.000	水泥	水泥 400 号	袋	9.500	10.125
有线电视	郑州有线电视费	月	10.000	10.000	涂料	郑州 888 涂料	千克	1.033	1.017
健身活动	舞会票(夜场)	次	3.000	3.000	涂料	郑州 106 涂料	千克	0.678	0.842
健身活动	保龄球(下午)	次	5.000	4.625	涂料	立邦漆(千克)	桶	24.100	24.100
其它	戏曲票	张	40.000	44.583	胶合板	三合板	张	12.667	12.667
旅行社收费	郑州 - 黄山(标准等、双卧)	次/人	915.625	1017.917	胶合板	五合板	张	25.333	25.000
旅行社收费	郑州 - 桂林(标准等、双卧)	次/人	1088.333	1082.361	胶合板	九厘板	张	34.667	34.667

4-3　续表 16

品名	规　　格	单位	上年平均价格（元）	本年平均价格（元）	品名	规　　格	单位	上年平均价格（元）	本年平均价格（元）
玻璃	洛阳玻璃 3MM	平方米	14.333	15.667	房租	公有住房砖混一级	平方米	1.160	1.450
玻璃	洛阳玻璃 5MM	平方米	30.333	30.667	其它费用	居民小区一级物业	平方米	0.445	0.435
玻璃	洛阳玻璃 8MM	平方米	47.667	47.667	房屋贷款利率	5 年期利率%	年	5.310	5.310
粘胶	北京华表牌白乳胶	瓶	4.033	4.067	房屋贷款利率	10 年期利率%	年	5.580	5.580
粘胶	万能胶	瓶	13.267	13.333	房屋贷款利率	20 年期利率%	年	5.580	5.580
粘胶	地板胶	瓶	6.167	6.167	维护修理费用	疏通下水道	次	30.000	30.000
油漆	天津三宝牌瓷漆	千克（桶）	16.667	16.667	维护修理费用	换水阀门	次	9.000	9.000
油漆	郑州调和漆	千克（桶）	8.122	9.000	其它	换纱窗	扇	6.000	6.000
油漆	广东聚脂漆	千克（桶）	29.133	31.067	水	居民用水	吨	1.350	1.600
其它	江西中档瓷片 150＊150MM	片	1.350	1.350	电	居民生活用电	度	0.410	0.410
其它	木地板 400＊90	9 平方米	108.333	106.667	液化石油气	液化气	千克	3.560	3.733
其它	上海华美壁纸	平方米	6.500	6.700	管道燃气	天燃气	立方米	1.483	1.600
其它	郑州 8 分铁钉	千克	4.333	4.333	其它燃料	蜂窝煤	块	0.070	0.096

主要统计指标解释

零售价格指数 是反映城乡商品零售价格变动趋势的一种经济指数。零售物价的调整变动直接影响到城乡居民的生活支出和国家的财政收入,影响居民购买力和市场供需平衡,影响消费与积累的比例。因此,计算零售价格指数,可以从一个侧面对上述经济活动进行观察和分析。

零售价格指数采用加权算术平均公式计算。每年根据住户调查资料调整一次权数。1992 年全国有 146 个市、80 个县城作为基层填报单位。城市指数所选商品 352 种左右,县城指数所选商品 404 种左右。每种商品的指数采用代表规格品的平均价格计算。

居民消费价格总指数 是反映一定时期内城乡居民所购买的生活消费品价格和服务项目价格变动趋势和程度的相对数。是综合了城市居民消费价格指数和农民消费价格指数计算取得。利用居民消费价格指数,可以观察和分析消费品的零售价格和服务价格变动对城乡居民实际生活费支出的影响程度。

1952 年以前采用固定数量加权综合法(即总值法)计算,1953 年到 1956 年采用加权算术平均公式计算,1957 年以后根据消费品零售价格指数与服务项目价格指数汇编居民生活费用价格指数。1993 年计算指数所选商品和服务项目为 382 种。

城市居民消费价格指数 是反映城市职工及其家庭所购买的生活消费品和服务项目价格变动趋势及其程度的相对数。编制城市居民消费价格指数,可以观察和分析消费品的零售价格和服务项目价格变动对职工货币工资的影响,作为研究职工生活和确定工资政策的依据。

五、人民生活

5-1 全市及县(市)城镇居民家庭基本情况

(2001 年)

项　　目	单位	全市	市区	县(市)	中牟县	巩义市	荥阳市	新密市	新郑市	登封市
调查户数	**户**	**700**	**400**	**300**	**50**	**50**	**50**	**50**	**50**	**50**
家庭人口数	**人**	**2180.06**	**1188.25**	**1053.42**	**181.34**	**180.00**	**161.00**	**162.67**	**175.25**	**195.17**
平均每户家庭人口数	**人**	**3.11**	**2.97**	**3.51**	**3.36**	**3.56**	**3.22**	**3.25**	**1.52**	**3.90**
就业人口数	**人**	**1045.68**	**539.83**	**567.67**	**98.00**	**97.00**	**97.58**	**106.00**	**76.00**	**92.75**
平均每户就业人口数	人	1.49	1.35	1.89	1.97	1.94	1.95	2.12	3.51	1.86
平均每一就业者负担人数	人	2.08	2.20	1.86	1.85	1.86	1.65	1.53	2.31	2.10
平均每人全年实际收入	**元**	**6689.85**	**7325.38**	**5205.10**	**4767.55**	**5640.59**	**5059.57**	**5300.10**	**5685.61**	**4823.86**
#可支配收入	元	6633.36	7265.85	5155.72	4738.82	5615.54	5024.29	5216.87	5605.81	4776.97
#生活费收入	元	6181.29	6805.51	4722.96	4345.45	5124.89	4550.87	4777.97	5226.75	4353.53
平均每人全年实际支出	**元**	**6118.69**	**6617.77**	**4952.70**	**5151.94**	**5303.72**	**5288.19**	**5205.51**	**4978.43**	**3936.83**
#消费性支出	元	5409.46	5894.02	4277.43	4209.33	4556.13	4491.43	4724.05	4421.52	3408.30
恩格尔系数	%	**37.40**	**38.68**	**33.26**	**31.65**	**32.55**	**30.49**	**32.48**	**31.86**	**41.53**
居住面积	**平方米**	**35752.69**	**15664.71**	**25192.56**	**2500.00**	**2319.50**	**2880.00**	**4013.00**	**5728.45**	**7751.61**
平均每户居住面积	平方米	51.08	39.16	83.98	50.00	46.39	57.60	80.26	114.57	155.03
平均每人居住面积	平方米	16.40	13.18	23.92	13.79	12.89	17.89	24.67	32.69	39.72
辅助面积	**平方米**	**19611.35**	**10208.37**	**10472.23**	**1929.00**	**1810.00**	**1972.00**	**1862.00**	**1022.00**	**1877.23**
平均每户辅助面积	平方米	28.02	25.52	34.91	38.58	36.20	39.44	37.24	20.44	37.54
平均每人辅助面积	平方米	9.00	8.59	9.94	10.08	10.06	12.45	11.45	5.83	9.62
居住间数	**间**	**1963.92**	**970.00**	**1157.00**	**149.00**	**147.00**	**157.00**	**178.00**	**254.00**	**272.00**
平均每间居住人数	人	1.11	1.23	0.91	1.22	1.22	1.03	0.91	0.69	0.72

注:1.恩格尔系数是食品支出占全部消费性支出的比重。

2.平均每一个就业者负担人数包括就业者本人。

3.人均居住(辅助)面积是按常住人口计算的。

4.全市数据为市区和六县(市)数据利用其非农业人口数和调查户数作权数计算所得。

5-2 全市按收入等级分的城镇居民家庭生活基本情况

（2001 年）

项　　目	单位	总平均	最低收入户	#困难户	低收入户	中等偏下户	中等收入户	中等偏上户	高收入户	最高收入户
调查户数	户	700	70	37	70	140	140	140	70	70
比重	%	100	10	5.0	10	20	20	20	10	10
家庭人口数	人	2180.06	257.70	147.22	245.98	480.91	423.69	406.73	188.07	176.98
就业人口数	人	1045.68	97.11	55.29	102.79	208.85	210.70	219.82	99.90	106.52
平均每户										
家庭人口数	人	3.11	3.68	3.99	3.51	3.44	3.03	2.91	2.69	2.53
就业人口数	人	1.49	1.39	1.50	1.47	1.49	1.51	1.57	1.43	1.52
平均每一就业者负担人数	人	2.08	2.65	2.66	2.39	2.30	2.01	1.85	1.88	1.66
平均每人全年										
实际收入	元	6689.85	2370.46	1994.47	3628.30	4977.01	6427.90	8336.75	10456.17	14728.78
#可支配收入	元	6633.36	2328.18	1966.81	3587.02	4930.96	6377.33	8282.23	10381.89	14602.27
#生活费收入	元	6181.29	2236.47	1911.28	3433.37	4683.67	6010.77	7726.16	9651.71	12984.05
实际支出	元	6118.69	2444.29	2116.16	3378.24	4710.08	5664.67	7455.32	10441.58	12526.17
#消费性支出	元	5409.46	2288.29	2017.16	3191.26	4300.01	5201.40	6674.24	8628.02	10223.14

5-3 全市按不同收入分组的城镇居民家庭生活基本情况

（2001 年）

项　　目	单位	总平均	按平均每人每月可支配收入分组						
			200 元以下	200－400	400－600	600－800	800－1000	1000－1200	1200 元以上
调查户数	户	700	38	170	215	124	81	43	28
比重	%	100.00	5.47	24.27	30.77	17.72	11.62	6.21	3.94
家庭人口数	人	2180.06	148.46	599.21	684.78	357.88	213.95	112.33	63.45
就业人口数	人	1045.68	54.27	259.55	332.61	192.14	104.82	68.79	33.52
平均每户									
家庭人口数	人	3.11	3.88	3.53	3.18	2.86	2.63	2.58	2.30
就业人口数	人	1.49	1.42	1.53	1.54	1.55	1.29	1.58	1.21
平均每一就业者负担人数	人	2.08	2.74	2.31	2.06	1.86	2.04	1.63	1.89
平均每人全年									
实际收入	元	6689.86	1957.83	3754.18	5937.16	8324.82	10767.32	13205.83	19102.77
#可支配收入	元	6633.36	1923.91	3707.41	5887.82	8267.77	10707.85	13086.22	18949.46
实际支出	元	6118.69	2151.53	3677.43	5279.70	7616.11	9839.19	11836.69	16396.22
#消费性支出	元	5409.46	2068.68	3333.44	4851.48	6775.18	8710.49	9250.89	13219.06

5-4 市区按收入等级分的城镇居民家庭生活基本情况

(2001 年)

项目	单位	总平均	最低收入户	# 困难户	低收入户	中等偏下户	中等收入户	中等偏上户	高收入户	最高收入户
调查户数	户	400	40	20	40	80	80	80	40	40
比重	%	100	10	5	10	20	20	20	10	10
家庭人口数	人	1188.25	139.75	75.00	136.42	261.33	230.16	221.91	102.93	95.75
就业人口数	人	539.83	50.00	25.17	54.42	110.33	105.58	115.57	49.51	54.42
平均每户										
家庭人口数	人	2.97	3.49	3.75	3.41	3.27	2.88	2.77	2.57	2.39
就业人口数	人	1.35	1.25	1.26	1.36	1.38	1.32	1.44	1.24	1.36
平均每一就业者负担人数	人	2.20	2.80	2.98	2.51	2.37	2.18	1.92	2.08	1.76
平均每人全年										
实际收入	元	7325.38	2348.73	1899.01	3772.11	5391.02	7040.83	9252.25	11645.60	16505.08
# 可支配收入	元	7265.85	2301.83	1868.21	3728.64	5343.51	6991.76	9196.51	11561.99	16363.33
# 生活费收入	元	6805.51	2235.52	1893.57	3583.60	5097.65	6633.73	8651.75	10882.68	14478.45
实际支出	元	6617.77	2453.17	2076.26	3498.84	4870.60	6145.00	8133.66	11620.21	14154.03
# 消费性支出	元	5894.02	2300.12	1985.88	3333.19	4577.68	5708.92	7322.40	9559.72	11574.52

5-5 市区按不同收入分组的城镇居民家庭生活基本情况

(2001 年)

项目	单位	总平均	按平均每人每月可支配收入分组						
			200 元以下	200－400	400－600	600－800	800－1000	1000－1200	1200 元以上
调查户数	户	400	24	69	115	83	58	30	21
比重	%	100	6.00	17.25	28.75	20.75	14.50	7.50	5.25
家庭人口数	人	1188.25	89.00	225.42	357.58	240.90	150.60	76.33	48.42
就业人口数	人	539.83	30.17	89.92	152.91	123.48	71.93	45.33	26.09
平均每户									
家庭人口数	人	2.97	3.58	3.27	3.11	2.9	2.6	2.54	2.31
就业人口数	人	1.35	1.26	1.3	1.33	1.49	1.24	1.51	1.24
平均每一就业者负担人数	人	2.2	2.95	2.51	2.34	1.95	2.09	1.68	1.86
平均每人全年									
实际收入	元	7325.38	1976.23	3748.8	5937.7	8307.05	10767.53	13221.11	19172.17
# 可支配收入	元	7265.85	1939.15	3699.28	5888.97	8250.57	10706.74	13106.74	19020.09
实际支出	元	6617.77	21358.62	3573.56	5137.61	7555.93	9901.37	2016.7	16568.16
# 消费性支出	元	5894.02	2058.33	3374.71	4830.09	6813.96	8850.23	9311.78	13370.62

5-6　县(市)按收入等级分的城镇居民家庭生活基本情况

(2001 年)

项　　目	单位	总平均	最低收入户	# 困难户	低收入户	中等偏下户	中等收入户	中等偏上户	高收入户	最高收入户
调查户数	户	300	30	18	30	60	60	60	30	30
比重	%	100	10	6	10	20	20	20	10	10
家庭人口数	人	1053.42	126.00	82.00	114.00	234.01	206.33	196.08	90.00	87.00
就业人口数	人	567.67	53.00	37.00	53.00	108.17	121.00	115.00	58.00	59.00
平均每户										
家庭人口数	人	3.51	4.20	4.56	3.80	3.90	3.44	3.27	3.00	2.90
就业人口数	人	1.89	1.77	2.06	1.77	1.80	2.02	1.92	1.95	1.97
平均每一就业者负担人数	人	1.86	2.38	2.22	2.15	2.16	1.71	1.71	1.55	1.47
平均每人全年										
实际收入	元	55205.10	2420.25	2175.19	3271.77	4019.62	5011.88	6190.79	7639.14	10679.08
# 可支配收入	元	5155.72	2388.58	2153.48	3235.93	3976.94	4957.85	6139.12	7586.96	10587.32
# 生活费收入	元	4722.96	2238.58	2047.00	3060.93	3726.37	4571.55	5556.26	6736.26	9576.99
实际支出	元	4952.70	2425.16	2193.51	3079.40	4338.98	4555.01	5865.25	7650.12	8814.98
# 消费性支出	元	4277.43	2261.00	2076.31	2839.40	3657.91	4028.91	5154.91	6421.39	7142.27

5-7　县(市)按不同收入分组的城镇居民家庭生活基本情况

(2001 年)

项　　目	单位	总平均	按平均每人每月可支配收入分组						
			200 元以下	200 - 400	400 - 600	600 - 800	800 - 1000	1000 - 1200	1200 元以上
调查户数	户	300	12	131	109	28	11	8	1
比重	%	100.00	4.00	43.67	36.33	9.33	3.67	2.67	0.33
家庭人口数	人	1053.42	55.00	499.09	363.33	78.00	33.00	23.00	2.00
就业人口数	人	567.67	25.00	232.17	219.50	54.00	20.00	17.00	0.00
平均每户									
家庭人口数	人	3.51	4.58	3.81	0.33	2.79	3.00	2.88	2.00
就业人口数	人	1.89	2.08	1.77	2.01	1.93	1.82	2.13	0.00
平均每一就业者负担人数	人	1.86	2.20	2.15	1.66	1.44	1.65	1.35	0.00
平均每人全年									
实际收入	元	5205.10	1896.15	3759.29	5935.99	8438.20	10763.12	13098.46	15648.50
# 可支配收入	元	5155.72	1872.78	3715.09	5885.41	8377.48	10715.85	12942.93	15433.50
实际支出	元	4952.70	2204.80	3774.66	5569.29	8000.78	9249.46	10597.32	7797.00
# 消费性支出	元	4277.43	2103.35	3294.89	4895.04	6526.90	7387.86	8830.74	5637.50

5-8 全市按不同收入分组的平均每人全年现金收支情况

（2001年）

单位:元

项　　目	总计	按平均每人每月可支配收入分组						
		200元以下	200－400	400－600	600－800	800－1000	1000－1200	1200元以上
期初手存现金	**639.98**	**244.76**	**410.60**	**555.82**	**1031.37**	**853.06**	**983.55**	**1104.97**
可支配收入	**6633.36**	**1923.91**	**3707.41**	**5887.82**	**8267.77**	**10707.85**	**13086.22**	**18949.46**
实际收入	**6689.86**	**1957.83**	**3754.18**	**5937.16**	**8324.82**	**10767.32**	**13205.83**	**19102.77**
#国有集体职工收入	3541.34	657.74	1845.03	3382.57	4506.04	5220.07	7596.24	9740.93
工资性收入	3449.83	638.38	1817.65	3313.77	4428.32	4905.29	7362.71	9556.42
非工资性收入	91.51	19.36	27.38	68.80	77.71	314.78	233.54	184.50
储蓄、借贷收入	**1284.50**	**513.73**	**502.32**	**705.22**	**1737.45**	**2660.00**	**2567.47**	**7262.18**
实际支出	**6118.69**	**2151.53**	**3677.43**	**5279.70**	**7616.11**	**9839.19**	**11836.69**	**16396.22**
#消费性支出	5409.46	2068.68	3333.44	4851.48	6775.18	8710.49	9250.89	13219.06
食品	2023.09	940.09	1327.76	1920.88	2597.51	3137.48	2755.54	3932.53
衣着	615.47	175.27	355.06	567.81	766.67	1078.85	1229.39	1116.72
家庭设备用品及服务	463.22	36.00	168.72	309.87	545.51	825.37	786.07	3642.16
医疗保健	456.81	130.88	254.71	407.70	585.45	911.26	647.02	1063.19
交通与通讯	358.86	107.04	241.63	331.79	410.83	476.83	841.13	802.61
娱乐、教育、文化服务	526.39	226.89	315.57	406.39	665.71	959.43	1282.60	928.38
居住	762.42	431.09	595.27	755.29	841.61	1044.03	1120.01	1163.66
杂项商品与服务	203.21	21.42	74.71	151.75	361.87	277.24	589.13	569.81
储蓄、借贷支出	**1997.75**	**392.74**	**688.27**	**1452.32**	**2797.63**	**3700.27**	**4113.34**	**10008.22**
期末手存现金	**497.90**	**172.06**	**301.40**	**466.18**	**679.90**	**740.93**	**806.82**	**1065.48**

5-9 市区按不同收入分组的平均每人全年现金收支情况

（2001 年）

单位：元

项　　目	总计	按平均每人每月可支配收入分组						
		200 元以下	200－400	400－600	600－800	800－1000	1000－1200	1200 元以上
期初手存现金	**748.12**	**236.93**	**469.37**	**640.80**	**1113.98**	**885.92**	**1005.02**	**1124.26**
可支配收入	**7265.85**	**1939.15**	**3699.28**	**5888.97**	**8250.57**	**10706.77**	**13106.74**	**19020.09**
实际收入	**7325.38**	**1976.23**	**3748.80**	**5937.70**	**8307.05**	**10767.53**	**13221.11**	**19172.17**
#国有集体职工收入	3614.73	595.03	1451.50	2994.71	4264.30	5147.56	7344.88	9935.46
工资性收入	3499.69	577.89	1426.49	2908.96	4185.40	4810.06	7083.88	9747.27
非工资性收入	115.04	17.15	25.02	85.75	78.91	337.49	260.99	188.19
储蓄、借贷收入	**1524.66**	**562.06**	**469.54**	**721.22**	**1769.68**	**2683.61**	**2735.29**	**7407.21**
实际支出	**6617.77**	**2135.62**	**3573.56**	**5137.61**	**7555.93**	**9901.37**	**2016.70**	**16568.16**
#消费性支出	5894.02	2058.33	3374.71	4830.09	6813.96	8850.23	9311.78	13370.62
食品	2280.07	971.33	1556.38	2039.00	2675.53	3233.81	2879.19	3956.79
衣着	619.96	153.59	259.09	490.70	734.68	1073.37	1258.59	1124.06
家庭设备用品及服务	561.60	36.08	194.54	350.38	570.48	777.81	796.32	3709.60
医疗保健	516.74	127.84	260.79	415.86	618.83	980.40	604.97	1079.16
交通与通讯	351.78	98.30	190.69	284.83	379.78	466.31	835.25	804.39
娱乐、教育、文化服务	553.07	236.38	265.91	371.54	635.84	997.02	1235.29	944.63
居住	773.12	413.29	577.47	727.20	819.30	1036.41	1066.59	1173.08
杂项商品与服务	237.67	21.51	69.84	150.58	379.52	285.09	635.59	578.91
储蓄、借贷支出	**2453.27**	**491.32**	**841.97**	**1713.44**	**2943.28**	**3714.36**	**4091.28**	**10082.25**
期末手存现金	**527.12**	**148.28**	**272.19**	**448.66**	**691.51**	**721.34**	**853.45**	**1053.24**

5-10 县(市)按不同收入分组的平均每人全年现金收支情况

(2001 年) 单位:元

项　　目	总计	按平均每人每月可支配收入分组						
		200 元以下	200 – 400	400 – 600	600 – 800	800 – 1000	1000 – 1200	1200 元以上
期初手存现金	**387.34**	**271.02**	**355.63**	**382.60**	**502.92**	**542.30**	**835.79**	**139.47**
可支配收入	**5155.72**	**1872.78**	**3715.09**	**5885.41**	**8377.48**	**10715.85**	**12942.93**	**15433.50**
实际收入	**5205.10**	**1896.15**	**3759.29**	**5935.99**	**8438.20**	**10763.12**	**13098.46**	**15648.50**
# 国有集体职工收入	3369.86	867.88	2213.20	4173.13	6052.14	5904.38	9322.68	0.00
工资性收入	3333.33	841.12	2183.60	4138.88	5982.08	5804.36	9277.90	0.00
非工资性收入	36.53	26.77	29.59	34.25	70.07	100.02	44.78	0.00
储蓄、借贷收入	**723.43**	**351.76**	**532.98**	**672.6**	**1531.19**	**2436.27**	**1413.52**	**0.00**
实际支出	**4952.70**	**2204.80**	**3774.66**	**5569.29**	**8000.78**	**9249.46**	**10597.32**	**7797.00**
# 消费性支出	4277.43	2103.35	3294.89	4895.04	6526.90	7387.86	8830.74	5637.50
食品	1422.73	835.39	1113.93	1680.10	2098.42	2226.33	1905.17	2721.25
衣着	604.97	247.91	444.84	725.00	971.31	1130.39	1028.47	750.50
家庭设备用品及服务	233.38	35.73	144.57	227.29	385.79	1274.68	715.49	265.50
医疗保健	316.78	141.07	249.03	391.06	371.95	257.59	935.94	263.50
交通与通讯	375.40	136.32	289.28	427.50	609.43	576.18	881.41	714.50
娱乐、教育、文化服务	464.05	195.05	362.04	477.43	856.74	603.89	1607.57	114.75
居住	737.41	490.75	611.94	812.54	984.31	1115.82	1487.01	693.00
杂项商品与服务	122.71	21.12	79.26	154.12	248.96	202.98	269.67	114.5
储蓄、借贷支出	**933.53**	**62.36**	**544.51**	**920.05**	**1865.89**	**3566.34**	**4264.25**	**6310**
期末手存现金	**429.64**	**251.77**	**328.73**	**501.86**	**605.64**	**925.9**	**486.21**	**1680.97**

5-11　各区城镇居民平均每人全年现金收支情况

（2001年）

单位：元

项　　目	市区	中原区	二七区	管城区	金水区	上街区	邙山区
期初手存现金	**748.12**	**552.79**	**1304.36**	**290.25**	**719.52**	**1165.85**	**482.05**
可支配收入	**7265.85**	**6992.42**	**7253.58**	**6008.55**	**8007.64**	**10053.12**	**5511.11**
恩格尔系数	38.68	36.87	40.20	41.26	36.88	34.24	39.29
实际收入	**7325.38**	**7065.62**	**7286.79**	**6105.27**	**8035.52**	**10200.46**	**5561.44**
#国有集体职工收入	3614.74	2704.22	3717.97	2992.42	4272.72	6328.41	2073.89
工资性收入	3499.70	2652.85	3677.07	2970.26	4007.70	6115.02	2061.40
非工资性收入	115.04	51.38	40.91	22.16	265.02	213.39	12.49
储蓄、借贷收入	**1524.66**	**1195.72**	**1493.47**	**594.61**	**1843.19**	**4047.66**	**1138.25**
实际支出	**6617.77**	**6737.55**	**5973.86**	**5320.07**	**7650.09**	**8763.35**	**4946.88**
#消费性支出	5894.02	5945.73	5640.36	4841.42	6544.32	7007.18	4450.84
食品	2280.07	2192.25	2267.47	2014.92	2413.67	2399.14	1748.81
衣着	619.96	565.47	529.03	436.69	813.55	790.42	555.19
家庭设备用品及服务	561.60	807.27	612.02	275.11	521.55	915.63	156.87
医疗保健	516.74	599.83	434.15	458.50	626.27	441.31	307.03
交通与通讯	351.78	324.12	312.85	304.96	386.10	528.33	349.68
娱乐、教育、文化服务	553.07	510.55	457.15	395.00	724.49	781.22	376.88
居住	773.12	695.80	866.99	679.29	814.84	807.32	772.83
杂项商品与服务	237.67	250.43	160.70	276.95	243.85	343.81	183.53
#非消费性支出	723.59	791.01	333.49	478.39	897.70	1756.17	496.04
购房与建房支出	177.58	136.21	32.92		278.03	872.09	
储蓄、借贷支出	**2453.27**	**1671.51**	**3472.06**	**1378.73**	**2342.46**	**5586.51**	**2040.37**
期末手存现金	**527.12**	**405.07**	**638.70**	**291.33**	**605.68**	**1064.11**	**194.49**

5-12 全市及各县(市)城镇居民家庭每人全年现金收支情况

(2001 年)　　单位:元

项　　目	全市	市区	县(市)	中牟县	巩义市	荥阳市	新密市	新郑市	登封市
期初手存现金	**639.98**	**748.12**	**387.34**	**330.87**	**259.83**	**342.73**	**417.54**	**670.39**	**313.58**
可支配收入	**6633.36**	**7265.85**	**5155.72**	**4738.82**	**5615.54**	**5024.29**	**5216.87**	**5605.81**	**4776.97**
现金收入	**7974.35**	**8850.04**	**5928.53**	**5897.84**	**6292.83**	**6140.97**	**6153.71**	**6100.69**	**5107.22**
实际收入	6689.85	7325.38	5205.10	4767.55	5640.59	5059.57	5300.10	5685.61	4823.86
#生活费收入	6181.29	6805.51	4722.96	4345.45	5124.89	4550.87	4777.97	5226.75	4353.53
国有单位职工工资	3196.48	3324.70	2896.94	2943.60	3518.19	3127.57	3474.70	1430.75	2931.72
集体单位职工工资	344.86	290.04	472.92	288.94	181.95	731.35	682.10	1011.98	37.66
其他经济类型单位职工全部收入	130.85	125.75	142.78	80.68	699.90	32.61	0.00	0.00	30.44
个体经营者的净收益	237.60	214.24	292.17	80.21	18.60	51.80	111.43	1239.74	236.70
个体被雇者收入	113.52	111.65	117.91	27.00	15.73	101.61	82.38	234.33	234.09
离退休再就业人员收入	82.71	111.34	15.81	0.00	15.69	28.47	0.00	52.95	0.00
其它就业者收入	5.38	7.68	0.00	0.00	0.00	0.00	0.00	0.00	0.00
其它劳动收入	106.13	126.72	58.04	43.01	59.26	74.25	83.24	85.84	11.53
财产性收入	415.16	383.81	488.37	694.90	666.54	181.08	423.75	730.71	223.73
#利息	14.06	13.96	14.29	18.59	13.06	14.58	19.45	17.35	4.11
转移收入	2050.17	2628.71	698.59	609.22	464.73	730.84	436.06	775.88	1117.74
#离退休金	1747.83	2273.78	519.08	378.55	401.93	383.91	153.53	644.53	1060.10
赡养收入	118.88	160.28	22.17	3.31	0.00	6.21	73.77	47.93	6.92
赠送收入	97.06	102.86	83.49	71.08	42.11	293.89	101.68	19.00	1.96
亲友搭伙费	16.02	21.89	2.29	0.00	0.00	0.58	0.00	10.27	2.66
记帐补贴	45.97	47.04	43.49	28.37	19.89	33.48	83.11	52.61	46.09
家庭副业生产收入	7.00	0.76	21.58	0.00	0.00	0.00	6.45	123.43	0.26
借贷收入	1284.49	1524.66	723.43	1130.29	652.25	1081.41	853.61	415.07	283.36
#提取储蓄存款	924.70	1105.43	502.48	977.40	459.55	344.10	742.67	318.26	196.25
借入款	112.86	104.37	132.70	90.93	76.40	497.08	33.20	75.70	56.36
现金支出	**8116.43**	**9071.04**	**5886.23**	**5914.42**	**6126.29**	**6286.18**	**5722.08**	**6305.37**	**5071.56**
实际支出	6118.69	6617.77	4952.70	5151.94	5303.72	5288.19	5205.51	4978.43	3936.83
#消费性支出	5409.46	5894.02	4277.43	4209.33	4556.13	4491.43	4724.05	4421.52	3408.30
非消费性支出	708.30	723.59	672.57	942.61	747.59	796.20	4724.05	541.15	528.53
购房与建房支出	168.63	177.58	147.71	268.80	213.89	248.45		70.96	83.75
借贷支出	1997.74	2453.27	933.53	762.49	822.57	998.00	516.57	1326.94	1134.74
#存入储蓄款	1402.40	1736.93	620.85	300.36	463.85	547.36	245.51	1033.53	1064.77
归还借款	81.73	57.36	138.67	182.81	200.00	140.62	30.12	217.64	59.69
借出款	72.38	93.75	22.45	39.70	34.55	0.99	0.00	47.93	8.92
期末手存现金	**497.90**	**527.12**	**429.64**	**314.30**	**426.37**	**197.52**	**849.18**	**465.71**	**349.24**

5-13 全市按等级分城镇居民家庭平均每人全年现金收支情况

(2001 年)

单位:元

项目	总平均	最低收入户	#困难户	低收入户	中等偏下户	中等收入户	中等偏上户	高收入户	最高收入户
期初手存现金	**639.98**	**271.96**	**261.48**	**405.20**	**570.85**	**656.88**	**880.23**	**756.90**	**973.23**
可支配收入	**6633.36**	**2328.18**	**1966.81**	**3587.02**	**4930.96**	**6377.33**	**8282.23**	**10381.89**	**14602.27**
现金收入	**7974.35**	**2777.30**	**2472.93**	**4011.64**	**5688.06**	**7315.32**	**9951.23**	**13446.27**	**18480.40**
实际收入	6689.85	2370.46	1994.47	3628.30	4977.01	6427.90	8336.75	10456.17	14728.78
#生活费收入	6181.29	2236.47	1911.28	3433.37	4683.67	6010.77	7726.16	9651.71	12984.05
国有单位职工工资	3196.48	648.95	534.14	1269.62	2243.64	3179.65	4016.42	5521.35	7858.60
集体单位职工工资	344.86	152.64	197.95	348.83	301.33	375.61	467.11	442.25	279.41
其他经济类型单位职工全部收入	130.85	205.50	77.86	101.02	122.18	142.06	138.19	37.41	142.77
个体经营者的净收益	237.60	156.93	227.54	198.55	293.85	197.87	339.27	65.64	300.65
个体被雇者收入	113.52	120.47	146.30	230.85	88.34	129.55	70.27	0.00	190.44
离退休再就业人员收入	82.71	13.49	0.00	54.60	42.96	72.29	73.72	288.48	157.49
其它就业者收入	5.38	8.55	14.97	18.18	0.00	0.00	12.41	0.00	0.00
其它劳动收入	106.13	115.44	151.32	95.23	124.86	80.09	70.29	107.15	200.44
财产性收入	415.16	245.98	231.31	308.22	340.23	417.93	465.20	473.95	829.58
#利息	14.06	10.41	16.40	5.77	9.48	12.77	14.03	19.25	40.96
转移收入	2050.17	696.69	407.85	1000.05	1416.12	1823.88	2668.29	3519.94	4762.80
#离退休金	1747.83	523.79	312.69	896.50	1234.45	1568.79	2383.83	3143.32	3592.39
赡养收入	118.88	20.43	9.51	13.94	48.07	96.22	87.54	56.82	792.73
赠送收入	97.06	38.76	11.65	33.72	51.21	89.64	126.66	217.70	216.09
亲友搭伙费	16.02	14.56	0.87	7.05	8.88	22.74	10.03	46.24	15.51
记帐补帖	45.97	42.27	27.66	39.32	44.13	43.47	45.69	55.86	61.77
家庭副业生产收入	7.00	5.80	5.23	3.15	3.51	8.97	15.57	0.00	6.59
借贷收入	1284.49	406.85	478.46	383.34	711.05	887.42	1615.04	2990.10	3751.62
#提取储蓄存款	924.70	170.87	168.08	220.05	491.26	573.18	1190.34	2313.09	2935.20
借入款	112.86	81.40	106.71	98.21	82.32	22.81	144.32	300.87	205.55
现金支出	**8116.43**	**2840.00**	**2559.82**	**4172.46**	**5866.85**	**7515.24**	**10090.72**	**13449.69**	**18628.43**
实际支出	6118.69	2444.72	2116.81	3378.24	4710.08	5664.67	7455.32	10441.58	12526.17
#消费性支出	5409.46	2288.29	2017.16	3191.26	4300.01	5201.40	6674.24	8628.02	10223.14
非消费性支出	708.30	156.42	99.65	186.58	408.99	460.10	781.08	1813.56	2302.71
购房与建房支出	168.63	60.84	36.68	4.47	110.78	46.24	127.23	953.92	264.56
借贷支出	1997.74	395.29	443.01	794.23	1156.77	1850.56	2635.40	3008.12	6102.25
#存入储蓄款	1402.40	161.01	170.23	502.20	760.91	1250.99	1784.71	1980.56	5073.74
归还借款	81.73	28.29	18.47	92.24	48.45	35.96	132.06	59.93	252.49
借出款	72.38	2.97	0.00	26.11	25.79	113.43	49.85	188.14	194.82
期末手存现金	**497.90**	**209.26**	**174.59**	**244.37**	**392.06**	**456.96**	**741.31**	**75347.00**	**825.21**

5-14 市区按等级分城镇居民家庭平均每人全年现金收支情况

（2001 年）

单位:元

项　　目	总平均	最低收入户	#困难户	低收入户	中等偏下户	中等收入户	中等偏上户	高收入户	最高收入户
期初手存现金	**748.12**	**287.14**	**248.41**	**478.91**	**644.26**	**759.56**	**1073.45**	**850.05**	**1196.46**
可支配收入	**7265.85**	**2301.83**	**1868.21**	**3728.64**	**5343.51**	**6991.76**	**9196.51**	**11561.99**	**16363.33**
现金收入	**8850.04**	**2834.37**	**2497.44**	**4237.42**	**6010.44**	**8186.89**	**11175.16**	**15330.91**	**21190.52**
实际收入	7325.38	2348.73	1899.01	3772.11	5391.02	7040.83	9252.25	11645.60	16505.08
#生活费收入	6805.51	2235.52	1839.57	3583.60	5097.65	6633.73	8651.75	10882.68	14478.45
国有单位职工工资	3324.70	589.51	551.23	1209.01	2370.24	3262.84	4147.69	5686.93	8638.06
集体单位职工工资	290.04	119.28	116.47	227.71	240.34	332.83	447.80	411.99	164.07
其他经济类型单位职工全部收入	125.75	251.90	107.35	141.78	105.32	100.59	132.31	0.00	154.99
个体经营者的净收益	214.24	45.21	57.33	173.51	274.44	127.82	381.34	0.00	405.46
个体被雇者收入	111.65	106.40	126.00	233.32	57.87	118.40	88.28	0.00	250.65
离退休再就业人员收入	111.34	19.36	0.00	76.63	61.53	103.58	99.09	366.74	203.47
其它就业者收入	7.68	12.27	22.87	25.51	0.00	0.00	17.71	0.00	0.00
其它劳动收入	126.72	119.86	152.88	120.55	158.04	96.42	90.71	129.35	213.45
财产性收入	383.81	222.97	202.90	263.57	316.78	371.56	421.69	455.44	837.50
#利息	13.96	11.78	21.95	3.89	6.83	15.54	14.90	13.83	45.11
转移收入	2628.71	861.95	561.97	1300.51	1806.46	2526.80	3425.62	4595.14	5628.03
#离退休金	2273.78	631.63	429.72	1173.16	1589.14	2198.00	3081.38	4134.63	4417.30
赡养收入	160.28	29.32	14.53	18.33	68.85	134.00	111.83	69.08	1076.45
赠送收入	102.86	51.56	16.13	43.98	55.70	115.47	155.41	276.45	51.70
亲友搭伙费	21.89	20.89	1.33	9.90	12.55	32.59	14.19	57.32	19.95
记帐补帖	47.04	46.90	30.80	41.86	45.88	44.53	43.80	57.66	59.84
家庭副业生产收入	0.76	0.00	0.00	0.00	0.00	0.00	0.00	0.00	9.40
借贷收入	1524.66	485.64	598.42	465.31	619.43	1146.06	1922.92	3685.31	4685.44
#提取储蓄存款	1105.43	179.61	159.42	276.98	398.60	753.31	1418.71	2825.03	3838.01
借入款	104.37	94.38	139.87	103.28	44.88	13.03	138.34	395.53	110.70
现金支出	**9071.04**	**2918.82**	**2602.29**	**4475.01**	**6247.28**	**8514.14**	**11398.84**	**15358.36**	**21490.48**
实际支出	6617.77	2453.17	2076.26	3498.84	4870.60	6145.00	8133.66	11620.21	14154.03
#消费性支出	5894.02	2300.12	1985.88	3333.19	4577.68	5708.92	7322.40	9559.72	11574.52
非消费性支出	723.59	153.05	90.38	165.65	292.17	436.08	811.26	2060.48	2579.51
购房与建房支出	177.58	87.32	56.04		0.96	38.50	178.90	1233.85	240.21
借贷支出	2453.27	465.65	526.03	976.17	1376.68	2369.14	3265.19	3738.16	7336.45
#存入储蓄款	1736.93	141.93	110.67	625.19	878.76	1572.57	2298.35	2376.47	6397.50
归还借款	57.36	31.63	26.93	90.16	37.27	31.28	87.87	43.72	109.66
借出款	93.75	3.58	0.00	36.65	26.79	154.24	53.63	262.31	255.87
期末手存现金	**527.12**	**202.69**	**143.56**	**241.32**	**407.42**	**432.30**	**849.77**	**823.05**	**896.51**

5-15　县(市)按等级分城镇居民家庭平均每人全年现金收支情况

(2001 年)

单位:元

项　　目	总平均	最　低 收入户	# 困 难户	低收 入户	中　等 偏下户	中　等 收入户	中等偏 上　户	高收 入户	最高收 入　户
期初手存现金	**387.34**	**237.06**	**286.23**	**222.50**	**401.08**	**419.65**	**427.33**	**535.20**	**464.36**
可支配收入	**5155.72**	**2388.58**	**2153.48**	**3235.93**	**3976.94**	**4957.85**	**6139.12**	**7586.96**	**10587.32**
现金收入	**5928.53**	**2646.06**	**2426.37**	**3154.93**	**4942.61**	**5301.78**	**7084.18**	**8982.61**	**12301.94**
实际收入	5205.10	2420.25	2175.19	3271.77	4019.62	5011.88	6190.79	7639.14	10679.08
# 生活费收入	4722.96	2238.58	2047.00	3060.93	3726.37	4571.55	5556.58	6736.26	9576.99
国有单位职工工资	2896.94	785.46	501.73	1419.78	1950.91	2987.50	3708.68	5129.31	6081.48
集体单位职工工资	472.92	229.27	352.29	649.01	442.40	474.43	512.36	513.94	542.30
其他经济类型单位职工全部收入	142.78	98.90	21.98	0.00	161.17	237.87	152.00	126.03	114.93
个体经营者的净收益	292.17	413.57	549.97	260.61	338.78	359.73	240.67	221.11	61.72
个体被雇者收入	117.91	152.78	184.76	224.71	158.81	155.33	28.05	0.00	53.20
离退休再就业人员收入	15.81	0.00	0.00	0.00	0.00	0.00	14.24	103.10	52.69
其它就业者收入	0.00	0.00	0.00	0.00	0.00	0.00	0.00	0.00	0.00
其它劳动收入	58.04	105.28	148.35	32.48	48.14	42.36	22.43	54.56	170.77
财产性收入	488.37	298.83	285.11	418.86	394.47	525.07	567.18	517.82	811.46
# 利息	14.29	7.27	5.89	10.43	15.60	6.37	12.00	32.11	31.50
转移收入	698.59	317.02	115.87	255.35	513.33	199.92	893.11	973.28	2790.36
# 离退休金	519.08	276.03	90.99	210.79	414.12	115.14	748.79	795.33	1711.91
赡养收入	22.17	0.00	0.00	3.07	0.00	8.72	30.60	27.78	145.98
赠送收入	83.49	9.37	3.17	8.29	40.83	29.97	59.27	78.56	590.80
亲友搭伙费	2.29	0.00	0.00	0.00	0.40	0.00	0.26	20.00	5.40
记帐补帖	43.49	31.63	21.71	33.03	40.06	41.00	50.11	51.61	66.15
家庭副业生产收入	21.58	19.13	15.13	10.96	11.62	29.69	52.07	0.00	0.17
借贷收入	723.43	225.82	251.18	180.16	922.99	289.90	893.39	1343.47	1622.86
# 提取储蓄存款	502.48	150.79	184.15	78.95	705.61	157.03	655.04	1100.56	877.20
借入款	132.70	51.59	43.90	85.61	168.90	45.41	158.32	76.67	421.72
现金支出	**5886.23**	**2658.78**	**2479.23**	**3422.50**	**4987.15**	**5207.51**	**7024.43**	**8929.11**	**12103.67**
实际支出	4952.70	2425.16	2193.51	3079.22	4338.98	4555.01	5865.25	7650.12	8814.98
# 消费性支出	4277.43	2261.00	2076.31	2839.40	3657.91	4028.91	5154.91	6421.39	7142.27
非消费性支出	672.57	164.17	117.20	238.43	679.20	515.61	710.33	1228.73	1671.67
购房与建房支出	147.71			15.56	364.79	64.14	6.12	290.89	320.06
借贷支出	933.53	233.62	285.73	343.28	648.17	652.50	1159.18	1278.99	3288.69
# 存入储蓄款	620.85	204.84	283.04	197.37	488.38	508.05	580.72	1042.83	2056.07
归还借款	138.67	20.63	2.44	97.37	74.32	46.77	235.62	98.33	578.05
借出款	22.45	1.59	0.00	0.00	23.50	19.14	41.00	12.44	55.63
期末手存现金	**429.64**	**224.34**	**233.37**	**251.92**	**356.54**	**513.92**	**487.08**	**588.69**	**662.63**

5-16 全市及市区城市住户实物收入调查表

（2001 年）

项目	单位	全市		# 来自工作单位		市区		# 来自工作单位		县（市）		# 来自工作单位	
		数量	金额(元)	数量	金额(元)	数量	金额(元)	数量	金额(元)	数量	金额(元)	数量	金额(元)
总计			**101236.29**		**85274.64**		**54771.40**		**45620.70**		**49762.50**		**42983.30**
食品			**91336.74**		**75787.46**		**51354.40**		**42495.70**		**40880.70**		**34161.50**
面粉	千克	3796.6	6061.50	2784.8	4471.84	1362.5	2311.50	835.0	1447.50	3298.5	4984.20	1760.0	4211.00
大米	千克	7327.6	14896.28	6688.8	13549.63	3727.5	7599.00	3380.0	6841.00	4092.5	8275.50	3782.5	7674.50
油脂类	千克	2308.9	19405.48	2032.1	17165.17	1348.0	11516.00	1170.0	10060.00	930.2	7432.10	852.8	6836.10
猪肉	千克	253.2	2707.54	225.7	2429.30	118.1	1309.80	107.1	1189.80	163.5	1652.00	142.0	1452.00
牛羊肉	千克	73.0	1271.05	61.9	1098.61	32.7	577.00	32.7	577.00	50.0	854.00	32.0	576.00
家禽	千克	59.1	692.33	43.0	545.33	34.5	430.00	25.0	339.00	23.8	225.50	17.5	177.00
鲜蛋	千克	1395.2	6053.96	1220.9	5309.72	681.0	3020.90	621.5	2756.90	838.8	3502.80	681.0	2849.80
鱼	千克	510.7	4081.01	432.1	3504.02	341.0	2743.40	288.5	2347.40	117.0	897.00	99.0	787.00
鲜菜	千克	895.5	1663.68	248.2	1015.98	508.0	946.10	108.0	546.00	391.5	722.50	176.5	507.00
食糖	千克	253.7	1269.98	195.6	986.08	146.5	718.60	118.0	554.60	105.5	559.00	71.0	441.00
卷烟	盒	176.1	1274.07	144.2	1170.93	110.0	800.00	90.0	740.00	56.0	397.00	46.0	355.00
酒	千克	186.8	5846.68	125.9	4149.74	87.0	3421.00	70.5	2372.00	121.0	2340.00	57.0	1777.00
茶叶	千克	25.7	1171.42	23.9	1067.92	19.2	863.50	18.5	823.50	1.5	100.00	0.2	16.00
饮料			6173.62		3793.31		4068.50		2771.50		1526.00		375.00
鲜瓜果	千克	2507.4	5514.96	1808.0	4314.25	1119.5	2890.00	853.5	2290.50	1723.5	2905.00	1147.0	2211.00
糕点			3877.47		3182.16		2096.10		1749.00		1909.50		1507.50
其它食品			9375.72		8033.49		6043.00		5090.00		2598.60		2408.60
衣着			**9430.61**		**9018.25**		**3052.00**		**2760.00**		**8881.80**		**8821.80**
家庭设备用品			**468.93**		**468.93**		**365.00**		**365.00**				

注:1.全市调查户数 700 户,家庭人口数 2180.06 人。有实物收入户数 300 户,其中:从工作单位得到实物收入人数 417 人。2.市区调查户数 400 户,家庭人口数 1188.25 人。有实物收入户数 168 户,其中:从工作单位得到实物收入人数 229 人。3.县(市)调查户数 300 户,家庭人口数 1053.42 人。有实物收入户数 135 户,其中:从工作单位得到实物收入人数 198 人。

5-17 全市及各县(市)城镇居民家庭年人均消费性支出

(2001 年)

单位:元

项 目	全市	市区	县(市)	中牟县	巩义市	荥阳市	新密市	新郑市	登封市
消费性支出	**5409.46**	**5894.02**	**4277.43**	**4209.33**	**4556.13**	**4491.43**	**4724.05**	**4421.52**	**3408.30**
食品	**2023.12**	**2280.07**	**1422.73**	**1332.28**	**1482.90**	**1369.37**	**1534.21**	**1408.70**	**1415.60**
粮食	253.24	277.18	197.30	168.42	216.12	166.43	178.17	209.31	237.61
#细粮	244.6	268.22	189.43	164.19	208.60	163.17	171.49	199.68	222.79
粗粮	8.64	8.96	7.88	4.23	7.52	3.26	6.68	9.63	14.82
淀粉及薯类	27.86	30.07	22.68	16.36	20.14	12.43	23.28	30.00	32.26
干豆类及制品	36.86	38.71	32.52	21.95	28.93	28.50	36.37	42.68	36.59
油脂类	91.61	100.54	70.75	45.61	72.76	40.35	83.40	97.72	82.60
肉禽及制品	360.25	419.36	222.17	229.93	251.08	212.42	202.82	214.83	219.36
#猪肉	164.39	186.89	111.81	101.27	121.30	101.18	107.86	130.37	108.31
生牛羊肉	43.74	53.71	20.45	10.35	30.76	9.66	11.97	20.69	36.18
家禽	81.68	95.42	50.02	65.54	47.01	66.30	43.55	31.61	46.79
蛋类	84.14	91.82	66.18	62.91	68.55	55.50	57.86	80.26	70.15
#鲜蛋	74.73	80.08	62.24	59.05	64.66	53.36	53.35	77.32	64.18
水产品类	76.86	96.65	30.62	49.00	33.66	24.42	31.31	21.09	23.89
#鱼	50.75	62.02	24.41	35.74	27.84	20.08	23.59	17.92	20.87
菜类	236.87	256.43	191.17	139.54	195.46	175.71	235.07	198.13	205.15
#鲜菜	211.22	226.22	176.2	132.25	182.08	166.93	214.99	181.64	182.09
干菜	20.18	23.47	12.51	4.55	10.40	6.11	17.00	14.55	21.54
菜制品	5.47	6.75	2.46	2.74	2.98	2.67	3.08	1.94	1.52
调味品	29.89	33.31	21.89	14.25	30.69	16.82	25.26	20.60	23.50
糖类	38.53	43.24	27.50	28.67	24.56	30.25	32.05	21.51	28.41
#食糖	11.41	12.36	9.18	8.11	5.28	4.80	8.57	10.70	16.53
烟草类	100.31	113.11	70.40	54.13	72.09	55.51	42.23	89.99	102.14
#卷烟	100.19	112.99	70.31	53.64	72.04	55.51	42.23	89.99	102.14
酒和饮料	137.52	159.04	86.40	103.21	87.31	67.29	83.95	68.21	104.07
#白酒	50.49	58.77	31.14	46.69	24.11	21.87	28.21	20.70	42.56
啤酒	17.65	18.98	4.6	16.23	17.08	10.81	15.41	10.63	16.56
其它酒	10.78	12.91	5.77	10.79	5.06	5.27	8.39	2.73	2.72
茶叶	9.36	11.38	4.65	0.91	5.57	1.84	2.70	3.82	11.99
干鲜瓜果类	155.18	168.57	123.90	127.22	125.17	118.03	153.80	108.99	112.96
#鲜瓜果	144.61	128.13	117.26	121.13	116.60	111.13	147.27	104.16	106.10
坚果及果仁	36.39	40.14	27.62	24.19	28.74	21.36	34.35	21.93	34.42
糕点类	33.72	37.49	24.92	31.07	37.48	22.58	21.81	23.44	13.61
奶及奶制品	92.76	107.74	57.76	50.30	71.68	62.01	79.45	44.26	42.55
#鲜 奶	25.74	31.71	11.80	7.27	18.64	10.39	2.42	16.88	14.20
其它食品	10.97	12.93	6.38	22.38	1.02	5.87	6.87	1.07	1.18
在外用餐	218.64	251.91	140.91	139.99	116.31	253.01	203.60	113.04	44.51
#购单位食堂	58.90	63.30	48.63	61.39	57.93	20.02	92.13	41.52	21.99
购自饮食业	159.74	188.60	92.29	78.61	58.38	232.99	111.46	71.52	22.52
食品加工费	1.52	1.46	1.65	3.15	1.14	0.86	2.55	1.64	0.64
衣着支出	**615.47**	**619.96**	**604.97**	**546.52**	**591.63**	**729.04**	**712.64**	**556.21**	**523.13**
服装	417.50	418.78	414.50	368.35	394.78	508.74	478.86	381.70	373.46

5-17 续表

项　　目	全市	市区	县(市)	中牟县	巩义市	荥阳市	新密市	新郑市	登封市
#男士服装	170.34	170.8	169.25	162.76	154.43	170.08	183.24	176.22	170.20
女士服装	208.47	212.32	199.47	165.23	203.45	268.09	244.60	170.31	159.62
童装	38.69	35.66	45.78	40.36	36.90	70.57	51.02	35.16	43.63
衣着材料	30.63	34.00	22.76	35.11	14.45	18.40	14.51	22.05	29.95
#棉布	6.3	7.15	4.31	10.46	1.60	2.72	1.03	5.55	4.01
化纤布	4.01	4.3	3.34	1.95	1.78	6.72	0.89	1.72	6.74
绸缎	1.16	1.23	1.00	2.32	0.21	0.00	0.00	0.79	2.36
呢绒	1.11	1.57	0.03	0.00	0.17	0.00	0.00	0.00	0.00
毛线	12.64	13.26	11.22	14.67	9.93	5.22	12.08	11.40	13.24
鞋袜帽及其它	156.88	154.83	161.67	137.26	173.88	192.67	214.70	149.71	114.18
#皮鞋	82.05	80.99	84.53	66.79	103.31	99.22	108.93	72.25	62.46
旅游鞋	16.46	16.38	16.64	15.10	20.31	17.76	17.16	18.70	11.52
拖鞋	6.56	6.84	5.89	5.56	5.78	6.56	7.17	5.73	4.82
衣着加工费	10.45	12.34	6.04	5.81	8.52	9.23	4.56	2.76	5.54
设备用品及服务	**463.22**	**561.60**	**233.38**	**199.89**	**203.01**	**448.43**	**162.18**	**324.23**	**92.54**
耐用消费品	306.60	376.91	142.33	88.62	118.61	309.55	88.02	243.13	30.69
室内装饰品	36.97	51.42	3.21	7.33	0.06	5.98	2.50	0.17	3.31
床上用品	11.49	11.85	10.66	21.64	6.38	10.88	7.22	13.06	4.90
家庭日用杂品	63.48	66.20	57.12	61.53	52.02	85.69	43.40	57.25	45.42
家具材料	0.53	0.16	1.38	6.92	0.00	0.00	0.00	0.00	1.02
家庭服务	44.15	55.06	18.67	13.85	25.95	36.33	21.04	10.62	7.19
#保姆费	2.73	2.78	2.62	0.00	0.00	2.80	0.00	6.28	6.20
医疗保健	**456.81**	**516.74**	**316.78**	**323.44**	**314.70**	**354.01**	**242.42**	**407.01**	**262.72**
医疗器具	5.83	7.80	1.22	1.03	2.65	1.31	0.40	0.35	1.50
保健用品	18.46	20.02	14.82	1.83	14.61	31.92	6.57	32.54	3.92
医药费	375.49	420.42	270.53	278.64	289.39	239.02	218.84	351.57	242.12
补药品	17.47	18.85	14.25	15.84	3.31	49.11	7.65	7.26	5.76
医疗保健服务	39.55	49.65	15.96	26.10	4.74	32.65	8.97	15.29	9.41
交通和通讯	**358.86**	**351.78**	**375.40**	**283.93**	**372.07**	**426.05**	**598.14**	**375.60**	**235.79**
交通	74.89	68.32	90.25	41.80	92.51	66.79	228.24	116.14	14.30
通讯	283.96	283.46	285.15	242.13	279.55	359.26	369.90	259.46	221.49
娱乐文教服务	**526.39**	**553.07**	**464.05**	**490.59**	**545.24**	**459.07**	**600.56**	**489.92**	**232.44**
耐用消费品	126.20	136.94	101.11	116.23	67.83	62.75	173.21	190.00	9.16
教育	315.85	319.67	306.94	300.54	422.30	335.80	352.48	258.80	189.12
文化娱乐	84.34	96.46	56.00	73.81	55.12	60.51	74.87	41.12	34.16
居住	**762.42**	**773.12**	**737.41**	**857.11**	**923.56**	**538.89**	**751.68**	**764.95**	**583.56**
住房	397.67	383.82	430.03	623.86	626.35	200.82	391.44	462.10	263.35
#房租	363.47	349.14	396.94	615.33	590.30	144.65	389.72	415.49	215.16
水电燃料其它	364.74	389.30	307.38	233.26	297.21	338.07	360.24	302.85	320.21
杂项商品和服务	**203.21**	**237.67**	**122.71**	**175.56**	**123.02**	**166.57**	**122.22**	**94.90**	**62.51**
#个人用品	48.64	52.84	38.85	21.70	45.25	56.37	54.16	29.78	29.86
理发美容用品	21.75	22.38	20.27	25.49	20.86	29.15	29.59	14.91	4.60
旅游	73.82	93.62	27.56	51.70	46.07	24.65	17.31	13.67	11.65

5-18 全市按收入等级分的城镇居民家庭年人均消费性支出

(2001年)　　单位:元

项　目	总平均	最低收入户	#困难户	低收入户	中等偏下户	中等收入户	中等偏上户	高收入户	最高收入户
消费性支出	**5409.46**	**2288.29**	**2017.16**	**3191.26**	**4300.01**	**5201.40**	**6674.24**	**8628.02**	**10223.14**
食品	**2023.09**	**1030.62**	**917.92**	**1414.60**	**1681.37**	**2055.73**	**2502.52**	**2951.60**	**3075.92**
粮食	253.24	185.34	165.90	221.23	228.44	267.88	280.00	313.31	303.59
#细粮	244.60	180.11	161.50	213.43	220.11	260.21	270.08	301.82	291.66
粗粮	8.64	5.22	4.40	7.80	8.33	7.67	9.92	11.48	11.93
淀粉及薯类	27.86	21.49	20.40	24.50	27.42	28.53	28.28	35.12	32.65
干豆类及制品	36.86	24.64	20.83	29.60	34.59	36.98	41.05	48.47	48.68
油脂类	91.61	74.10	70.36	79.46	88.95	97.76	93.78	114.02	97.72
肉禽及制品	360.25	176.87	154.54	288.21	324.97	378.83	435.07	469.45	490.83
#猪肉	164.39	100.41	95.13	142.16	148.80	175.92	196.20	196.74	195.67
生牛羊肉	43.74	22.22	12.98	41.16	49.98	46.39	44.83	59.41	36.22
家禽	81.68	31.73	27.48	55.51	72.97	87.65	98.91	111.19	129.30
蛋类	84.14	66.00	58.16	70.66	78.24	85.05	96.37	107.18	90.50
#鲜蛋	74.73	59.05	54.86	66.42	71.63	75.63	83.93	92.67	75.17
水产品类	76.86	26.89	21.05	41.40	50.38	95.66	97.30	131.30	120.98
#鱼	50.75	21.97	18.92	31.31	36.41	62.19	63.86	76.16	74.09
菜类	236.87	148.44	147.49	176.72	209.52	254.89	276.97	305.51	315.32
#鲜菜	211.22	139.16	139.71	162.95	190.43	226.62	243.48	264.58	272.06
干菜	20.18	7.10	5.94	10.55	15.64	23.81	25.28	32.58	31.36
菜制品	5.47	2.18	1.84	3.22	3.45	4.46	8.21	8.35	11.80
调味品	29.89	16.44	13.22	23.91	28.03	32.33	34.48	32.99	43.10
糖类	38.53	19.44	15.72	24.17	30.59	42.79	47.06	60.95	54.18
#食糖	11.41	10.02	8.95	10.56	11.19	12.14	11.98	12.47	11.00
烟草类	100.31	46.15	44.12	79.67	92.61	101.02	111.34	132.77	167.26
#卷烟	100.19	46.15	44.12	79.53	92.42	100.75	111.32	132.73	167.26
酒和饮料	137.52	48.25	38.94	68.46	115.38	139.82	161.51	231.75	262.89
#白酒	50.49	16.71	14.24	26.04	48.25	46.06	51.50	79.13	117.58
啤酒	17.65	7.90	7.97	11.34	17.37	19.52	19.68	27.93	21.31
其它酒	10.78	3.25	2.25	3.66	8.25	11.10	13.38	13.99	23.69
茶叶	9.36	2.26	1.62	4.11	6.01	10.43	10.07	20.78	19.81
干鲜瓜果类	155.18	65.92	55.43	101.14	126.70	156.25	202.27	220.82	257.11
#鲜瓜果	99.30	62.33	52.92	96.29	101.19	122.05	152.78	169.46	227.42
坚果及果仁	36.39	15.72	12.97	22.97	29.68	35.83	45.82	51.09	67.36
糕点类	33.72	14.16	8.86	19.60	28.31	38.02	42.04	46.07	54.03
奶及奶制品	92.76	37.67	36.22	57.40	74.55	90.25	119.14	140.47	166.29
#鲜奶	25.74	4.93	4.43	9.68	17.09	25.60	34.94	41.72	64.13
其它食品	10.97	4.41	1.71	7.27	8.61	8.31	15.06	24.85	14.26
在外用餐	218.64	38.07	31.58	77.60	103.39	163.42	372.21	484.18	487.80
#购单位食堂	58.90	16.57	13.89	35.43	23.48	42.54	113.33	119.11	99.53
购自饮食业	159.74	21.51	17.68	42.17	79.91	120.88	258.88	365.06	388.27
食品加工费	1.49	0.62	0.42	0.63	1.01	2.10	2.78	1.31	1.38
衣着支出	**615.47**	**191.28**	**168.29**	**293.72**	**446.62**	**630.87**	**787.78**	**1143.99**	**1144.60**
服装	417.50	117.68	105.45	184.25	287.62	417.30	539.49	818.16	825.53

5-18 续表

项目	总平均	最低收入户	#困难户	低收入户	中等偏下户	中等收入户	中等偏上户	高收入户	最高收入户
#男士服装	170.34	39.60	42.21	78.27	113.02	158.82	214.11	351.87	378.47
女士服装	208.47	56.73	44.86	82.96	143.46	212.56	273.59	412.47	404.25
童装	38.69	21.35	18.38	23.02	31.14	45.92	51.78	53.82	42.81
衣着材料	30.63	13.72	7.93	17.87	25.64	39.63	34.83	34.93	50.80
#棉布	6.30	2.18	0.84	3.19	4.64	9.63	5.53	7.81	13.33
化纤布	4.01	1.52	0.42	3.60	3.31	2.60	6.31	5.24	6.85
绸缎	1.16	1.06	0.44	0.09	0.64	1.46	0.52	1.62	4.44
呢绒	1.11	0.00	0.00	0.20	0.67	0.60	2.24	0.12	4.85
毛线	12.64	5.66	4.93	8.41	11.56	17.50	14.31	13.29	15.50
鞋袜帽及其它	156.88	56.98	53.44	86.16	126.16	161.75	199.72	270.66	253.08
#皮鞋	82.05	19.94	20.88	36.17	66.15	78.39	111.71	157.39	140.09
旅游鞋	16.46	8.31	7.87	12.89	12.49	21.78	18.88	26.95	14.61
拖鞋	6.56	3.01	2.39	3.22	5.12	7.09	7.94	10.88	11.22
衣着加工费	10.45	2.89	1.46	5.45	7.20	12.19	13.73	20.24	15.18
设备用品及服务	**463.22**	**68.69**	**48.36**	**165.55**	**279.24**	**323.89**	**542.35**	**704.28**	**1846.87**
耐用消费品	306.60	31.32	21.23	98.77	142.13	214.22	264.29	546.76	1506.35
室内装饰品	36.97	0.02	0.00	1.88	38.09	1.36	146.22	1.92	7.91
床上用品	11.49	1.66	0.72	6.62	9.85	13.62	11.54	15.70	27.39
家庭日用杂品	63.48	24.93	19.18	40.11	50.55	63.47	70.88	100.96	130.43
家具材料	0.53	0.00	0.00	0.00	0.26	1.65	0.57	0.10	0.46
家庭服务	44.15	10.76	7.23	18.16	38.37	29.57	48.86	38.84	174.34
#保姆费	2.73	0.00	0.00	3.13	0.58		9.26	0.00	6.42
医疗保健	**456.81**	**168.64**	**134.12**	**258.53**	**383.93**	**364.41**	**628.95**	**885.86**	**719.65**
医疗器具	5.83	0.73	0.83	5.10	2.41	7.17	1.31	4.01	32.63
保健用品	18.46	2.03	1.68	8.39	9.65	18.17	21.99	44.48	45.27
医药费	375.49	151.67	120.30	221.86	313.44	296.33	530.82	719.83	550.19
补药品	17.47	2.25	2.24	6.49	12.19	20.76	24.09	31.43	31.37
医疗保健服务	39.55	11.96	9.07	16.70	46.25	21.98	50.74	86.10	60.19
交通和通讯	**358.86**	**123.57**	**110.32**	**200.90**	**318.63**	**303.89**	**446.49**	**569.71**	**736.46**
交通	74.89	14.35	10.01	31.35	84.69	53.26	82.31	131.32	171.76
通讯	283.96	109.21	100.31	169.55	233.95	250.63	364.18	438.39	564.70
娱乐文教服务	**526.39**	**215.97**	**178.69**	**215.37**	**376.30**	**544.69**	**629.96**	**976.01**	**1058.91**
耐用消费品	126.20	8.82	1.17	2.69	80.58	97.09	143.38	263.35	477.21
教育	315.85	180.65	159.28	178.26	240.48	371.00	362.83	567.61	401.27
文化娱乐	84.34	26.50	18.24	34.42	55.23	76.60	123.75	145.05	180.43
居住	**762.42**	**459.87**	**436.82**	**581.14**	**683.94**	**759.62**	**889.28**	**978.06**	**1154.14**
住房	397.67	255.44	248.95	287.60	353.79	398.62	452.71	503.92	635.35
#房租	363.47	253.39	248.07	267.85	303.98	377.70	429.47	418.25	574.33
水电燃料其它	364.74	204.42	187.87	293.55	330.15	360.99	436.57	474.14	518.80
杂项商品和服务	**203.21**	**29.67**	**22.63**	**61.43**	**129.99**	**218.30**	**246.91**	**418.51**	**486.59**
#个人用品	48.64	17.05	14.31	26.69	43.53	45.29	51.94	83.18	102.81
理发美容用品	21.75	5.27	3.52	9.36	17.90	20.23	22.30	41.59	54.66
旅游	73.82	0.82	1.01	7.20	35.05	69.14	67.83	201.88	266.94

5-19 市区按收入等级分的城镇居民家庭年人均消费性支出

（2001年）

单位:元

项　　目	总平均	最低收入户	#困难户	低收入户	中等偏下户	中等收入户	中等偏上户	高收入户	最高收入户
消费性支出	**5894.02**	**2300.12**	**1985.88**	**3333.19**	**4577.68**	**5708.92**	**7322.40**	**9559.72**	**11574.52**
食品	**2280.07**	**1094.57**	**948.00**	**1581.62**	**1906.57**	**2337.15**	**2806.86**	**3369.88**	**3495.22**
粮食	277.18	198.93	170.56	236.33	250.10	299.50	301.15	347.23	338.97
#细粮	268.22	194.23	167.32	228.97	240.69	291.99	290.64	334.27	327.11
粗粮	8.96	4.70	3.25	7.36	9.40	7.51	10.51	12.96	11.86
淀粉及薯类	30.07	23.44	23.13	23.37	30.08	30.49	29.76	41.14	37.09
干豆类及制品	38.71	25.59	20.93	30.79	36.43	37.68	44.12	50.31	52.92
油脂类	100.54	79.46	69.39	80.81	101.69	108.82	97.12	131.53	111.04
肉禽及制品	419.36	195.33	169.73	341.97	382.33	444.00	505.79	540.64	567.70
#猪肉	186.89	109.88	105.81	165.00	170.38	204.21	219.87	223.98	217.60
生牛羊肉	53.71	26.61	14.05	51.53	64.05	57.35	53.75	71.16	40.53
家禽	95.24	34.15	18.70	63.97	86.21	103.30	118.04	123.64	150.86
蛋类	91.82	69.18	58.73	76.12	85.87	93.34	104.07	121.81	99.19
#鲜蛋	80.08	60.02	54.49	71.10	77.75	82.34	88.12	103.29	79.43
水产品类	96.65	30.70	23.32	50.73	62.16	122.94	122.24	169.91	151.17
#鱼	62.02	21.67	21.16	38.76	43.96	77.30	77.95	95.97	88.78
菜类	256.43	153.45	150.94	193.66	225.70	278.23	300.17	329.07	348.18
#鲜菜	226.22	143.89	142.74	178.49	204.18	244.47	260.71	280.55	292.28
干菜	23.47	7.19	5.95	11.42	17.40	28.30	29.33	37.74	40.39
菜制品	6.75	2.37	2.25	3.75	4.12	5.47	10.13	10.78	15.51
调味品	33.31	17.52	12.99	26.91	32.27	36.09	37.37	35.91	49.38
糖类	43.24	20.05	15.27	25.18	34.97	48.57	53.55	67.58	62.58
#食糖	12.36	11.28	9.40	10.52	12.82	13.41	12.29	13.03	12.23
烟草类	113.11	57.05	54.96	98.14	108.75	115.18	109.88	137.20	204.81
#卷烟	112.99	57.05	54.96	97.93	108.65	114.80	109.88	137.14	204.81
酒和饮料	159.40	50.13	41.50	80.26	137.44	161.24	177.07	280.19	316.43
#白酒	58.77	16.63	15.82	31.36	59.59	52.72	53.68	94.70	144.80
啤酒	18.98	6.33	7.73	12.94	19.83	20.67	18.58	34.10	24.29
其它酒	12.91	3.22	2.24	4.44	10.33	13.00	18.31	17.96	28.05
茶叶	11.38	2.50	1.48	5.27	6.90	12.94	12.42	25.82	23.59
干鲜瓜果类	168.57	68.05	56.59	107.27	138.41	169.64	219.37	243.12	284.45
#鲜瓜果	156.32	64.31	54.33	102.36	130.36	156.25	206.16	228.56	245.27
坚果及果仁	40.14	15.93	12.59	24.91	31.74	38.60	50.48	60.28	78.19
糕点类	37.49	13.68	6.99	20.08	31.75	42.43	48.06	53.92	58.69
奶及奶制品	107.74	41.37	41.52	70.14	88.03	105.20	139.61	156.64	191.70
#鲜奶	31.71	4.95	5.10	12.77	21.61	30.39	43.55	49.85	81.59
其它食品	12.93	5.54	1.83	8.18	10.32	9.41	16.22	32.24	17.68
在外用餐	251.91	28.97	16.93	86.29	117.60	194.02	447.38	570.21	523.74
#购单位食堂	63.30	14.59	9.09	37.17	21.07	47.89	128.15	115.91	117.15
购自饮食业	188.60	14.39	7.84	49.13	96.53	146.14	319.23	454.30	406.58
食品加工费	1.46	0.21	0.08	0.49	0.94	1.75	3.46	0.95	1.32
衣着支出	**619.96**	**161.89**	**132.31**	**264.69**	**421.60**	**633.95**	**833.39**	**1200.73**	**1183.47**
服装	418.78	98.43	82.62	164.62	267.14	413.48	565.65	868.89	850.84

5-19 续表

项目	总平均	最低收入户	#困难户	低收入户	中等偏下户	中等收入户	中等偏上户	高收入户	最高收入户
#男士服装	170.80	30.63	31.27	70.87	100.04	155.55	218.83	382.62	408.55
女士服装	212.32	46.50	33.91	73.42	141.01	215.04	293.79	442.40	404.15
童装	35.66	21.30	17.45	20.33	26.09	42.89	53.03	43.87	38.14
衣着材料	34.00	13.26	8.61	20.87	27.36	46.50	41.28	35.30	52.79
#棉布	7.15	2.11	0.91	3.69	4.71	11.35	6.77	8.54	15.41
化纤布	4.30	0.95	0.38	4.72	3.03	2.88	8.44	4.39	5.74
绸缎	1.23	1.52	0.67	0.12	0.67	1.94	0.14	2.30	3.55
呢绒	1.57			0.28	0.96	0.79	3.20	0.17	6.98
毛线	13.26	4.50	5.36	8.88	12.39	19.25	15.16	14.07	14.91
鞋袜帽及其它	154.83	47.61	40.07	72.86	118.81	158.49	209.28	272.83	264.60
#皮鞋	80.99	12.52	10.35	29.58	60.83	76.18	120.15	156.39	149.00
旅游鞋	16.38	8.47	7.08	11.15	12.29	23.05	18.20	29.18	12.52
拖鞋	6.84	2.94	2.63	3.16	4.87	7.89	8.39	11.57	11.97
衣着加工费	12.34	2.58	1.02	6.34	8.29	15.48	17.18	23.71	15.24
设备用品及服务	**561.60**	**64.74**	**35.36**	**208.89**	**326.84**	**371.61**	**676.57**	**847.04**	**2313.46**
耐用消费品	376.91	25.75	7.84	137.21	156.34	249.41	315.67	691.68	1942.97
室内装饰品	51.42			2.31	51.81	0.22	208.03	2.45	8.10
床上用品	11.85	1.27	0.19	7.69	11.84	15.25	11.38	13.50	24.41
家庭日用杂品	66.20	24.81	19.64	41.20	56.70	69.71	79.53	101.39	111.02
家具材料	0.16						0.81	0.14	
家庭服务	55.06	12.91	7.69	20.49	50.15	37.02	61.15	37.88	226.95
#保姆费	2.78			4.40			10.82		3.13
医疗保健	**516.74**	**162.69**	**145.84**	**258.33**	**432.93**	**412.31**	**717.17**	**1051.50**	**842.12**
医疗器具	7.80	0.90	1.11	6.42	3.36	9.75	0.59	5.71	46.21
保健用品	20.02	2.20	1.46	5.76	8.70	22.06	25.16	59.98	37.47
医药费	420.42	141.40	127.41	220.25	352.71	332.36	599.23	839.84	644.05
补药品	18.85	2.79	2.75	5.72	13.12	20.45	25.33	36.54	38.82
医疗保健服务	49.65	15.41	13.11	20.18	55.05	27.69	66.86	109.43	75.57
交通和通讯	**351.78**	**115.61**	**102.42**	**204.46**	**284.50**	**310.70**	**413.09**	**585.72**	**795.16**
交通	68.32	10.85	10.53	38.17	55.78	56.95	63.42	142.59	188.24
通讯	283.46	104.77	91.89	166.29	228.72	253.75	349.67	443.13	606.92
娱乐文教服务	**553.07**	**224.36**	**175.55**	**189.65**	**343.81**	**601.46**	**696.00**	**1035.12**	**1156.04**
耐用消费品	136.94	5.95	1.60	3.42	40.22	138.10	193.42	246.69	530.66
教育	319.67	193.40	157.23	148.71	241.03	373.00	363.33	615.18	415.13
文化娱乐	96.46	25.02	16.72	37.52	62.55	90.36	139.25	173.25	210.25
居住	**773.12**	**446.94**	**423.34**	**555.14**	**724.73**	**764.34**	**902.63**	**989.82**	**1179.81**
住房	383.82	233.42	225.16	238.25	365.38	380.33	431.90	494.89	638.63
#房租	349.14	231.19	223.88	235.96	301.91	354.40	410.73	394.63	607.14
水电燃料其它	389.30	213.53	198.18	316.89	359.35	384.01	470.73	494.93	541.18
杂项商品和服务	**237.67**	**29.32**	**23.06**	**70.42**	**136.71**	**277.41**	**276.69**	**479.91**	**609.24**
#个人用品	52.84	18.53	15.14	30.90	53.02	50.56	43.53	97.76	112.40
理发美容用品	22.38	5.09	3.56	10.72	19.37	19.56	19.89	48.02	57.37
旅游	93.62	0.77	1.37	9.84	40.49	95.01	85.72	223.39	369.05

5-20　县(市)按收入等级分的城镇居民家庭年人均消费性支出

(2001 年)

单位:元

项　　目	总平均	最低收入户	# 困难户	低收入户	中等偏下户	中等收入户	中等偏上户	高收入户	最高收入户
消费性支出	**4277.43**	**2261.00**	**2076.31**	**2839.40**	**3657.91**	**4028.91**	**5154.91**	**6421.39**	**7142.27**
食品	**1422.73**	**883.65**	**860.91**	**1000.62**	**1160.54**	**1405.57**	**1789.12**	**1960.93**	**2120.01**
粮食	197.30	154.10	157.06	183.79	178.35	194.81	230.42	232.98	222.93
# 细粮	189.43	147.68	150.47	174.90	172.51	186.77	221.87	224.98	210.83
粗粮	7.88	6.42	6.59	8.89	5.84	8.04	8.55	8.00	12.10
淀粉及薯类	22.68	17.02	15.21	27.29	21.27	24.01	24.81	20.88	22.53
干豆类及制品	32.52	22.44	20.69	26.66	30.27	35.37	33.87	44.13	39.02
油脂类	70.75	61.79	72.20	76.12	59.49	72.22	85.96	72.55	67.35
肉禽及制品	222.17	134.46	125.75	154.96	192.30	228.26	269.30	300.84	315.58
# 猪肉	111.81	78.64	74.89	85.57	98.90	110.55	140.70	132.21	145.68
生牛羊肉	20.45	12.15	10.96	15.46	17.42	21.08	23.91	31.57	26.37
家禽	50.02	26.14	23.11	34.53	42.35	51.48	51.07	81.69	80.11
蛋类	66.18	58.68	57.09	57.14	60.60	65.90	78.31	72.51	70.67
# 鲜蛋	62.24	56.83	55.55	54.81	57.45	60.17	74.10	67.53	65.46
水产品类	30.62	18.12	16.76	18.29	23.15	32.65	38.84	39.84	52.15
# 鱼	24.41	15.80	14.68	12.84	18.92	27.32	30.83	29.21	40.60
菜类	191.17	136.91	140.94	134.75	172.11	200.96	222.57	249.71	240.40
# 鲜菜	176.20	128.27	133.95	124.45	158.64	185.40	203.07	226.74	225.96
干菜	12.51	6.91	5.91	8.41	11.56	13.46	15.79	20.36	10.78
菜制品	2.46	1.74	1.07	1.89	1.90	2.11	3.71	2.60	3.66
调味品	21.89	13.96	13.67	16.45	18.22	23.65	27.71	26.08	28.77
糖类	27.50	18.03	16.57	21.69	20.46	29.43	31.85	45.23	35.05
# 食糖	9.18	7.12	8.11	10.66	7.43	9.22	11.24	11.15	8.19
烟草类	70.40	21.11	23.58	33.91	55.28	68.28	114.75	122.28	81.67
# 卷烟	70.31	21.11	23.58	33.91	54.90	68.28	114.70	122.28	81.67
酒和饮料	86.40	43.91	34.08	39.21	64.37	90.36	125.03	117.02	140.82
# 白酒	31.14	16.88	11.24	12.85	22.02	30.67	46.38	42.26	55.54
啤酒	14.55	11.51	8.42	7.36	11.67	16.85	22.26	13.31	14.54
其它酒	5.77	3.32	2.28	1.70	3.45	6.71	8.52	4.59	13.74
茶叶	4.65	1.73	1.88	1.23	3.94	4.64	4.55	8.83	11.21
干鲜瓜果类	123.90	61.02	53.22	85.93	99.64	125.30	162.18	168.01	194.76
# 鲜瓜果	117.26	57.77	50.22	81.21	93.68	118.14	154.21	157.86	186.70
坚果及果仁	27.62	15.25	13.69	18.18	24.92	29.45	34.88	29.31	42.66
糕点类	24.92	15.28	12.39	18.40	20.37	27.83	27.92	27.46	43.41
奶及奶制品	57.76	29.17	26.16	25.82	43.40	55.71	71.16	102.18	108.37
# 鲜奶	11.80	4.89	3.17	2.02	6.66	14.52	14.75	22.47	24.33
其它食品	6.38	1.83	1.49	5.00	4.66	5.75	12.33	7.35	6.47
在外用餐	140.91	58.99	59.32	56.05	70.54	92.72	196.02	280.40	405.85
# 购单位食堂	48.63	21.12	22.99	31.14	29.07	30.18	78.59	126.72	59.36
购自饮食业	92.29	37.87	36.34	24.91	41.46	62.54	117.43	153.68	346.49
食品加工费	1.65	1.57	1.05	0.97	1.16	2.91	1.18	2.16	1.55
衣着支出	**604.97**	**258.78**	**236.43**	**365.68**	**504.50**	**623.78**	**680.84**	**1009.62**	**1055.94**
服装	414.50	161.89	148.71	232.91	335.00	426.12	478.16	698.03	767.81

5-20 续表

项目	总平均	最低收入户	#困难户	低收入户	中等偏下户	中等收入户	中等偏上户	高收入户	最高收入户
#男士服装	169.25	60.20	62.95	96.62	143.04	166.39	203.05	279.06	309.89
女士服装	199.47	80.21	65.61	106.61	149.13	206.83	226.25	341.57	404.46
童装	45.78	21.48	20.15	29.68	42.83	52.90	48.87	77.40	53.47
衣着材料	22.76	14.77	6.65	10.41	21.65	23.77	19.70	34.05	46.27
#棉布	4.31	2.35	0.70	1.96	4.47	5.68	2.62	6.08	8.58
化纤布	3.34	2.85	0.48	0.82	3.97	1.95	1.33	7.27	9.39
绸缎	1.00				0.60	0.36	1.43		6.46
呢绒	0.03					0.15			
毛线	11.22	8.32	4.10	7.25	9.65	13.44	12.32	11.44	16.83
鞋袜帽及其它	161.67	78.50	78.78	119.12	143.17	169.30	177.33	265.53	226.81
#皮鞋	84.53	36.97	40.83	52.49	78.44	83.49	91.92	159.77	119.77
旅游鞋	16.64	7.94	9.37	17.21	12.96	18.84	20.49	21.68	19.36
拖鞋	5.89	3.16	1.95	3.38	5.70	5.24	6.89	9.24	9.49
衣着加工费	6.04	3.62	2.29	3.24	4.68	4.58	5.65	12.02	15.04
设备用品及服务	**233.38**	**77.77**	**72.98**	**58.14**	**169.15**	**213.64**	**227.74**	**366.16**	**783.23**
耐用消费品	142.33	44.13	46.59	3.51	109.27	132.91	143.86	203.50	511.03
室内装饰品	3.21	0.08		0.83	6.34	4.00	1.33	0.67	7.47
床上用品	10.66	2.55	1.74	3.98	5.25	9.85	11.91	20.92	34.17
家庭日用杂品	57.12	25.21	18.31	37.41	36.32	49.05	50.58	99.97	174.65
家具材料	1.38				0.85	5.45			1.49
家庭服务	18.67	5.81	6.34	12.41	11.11	12.37	20.06	41.11	54.40
#保姆费	2.62				1.92		5.61		13.91
医疗保健	**316.78**	**182.30**	**111.91**	**259.03**	**270.60**	**253.76**	**422.18**	**493.55**	**440.45**
医疗器具	1.22	0.37	0.29	1.82	0.21	1.22	3.02		1.66
保健用品	14.82	1.65	2.09	14.90	11.83	9.18	14.55	7.77	63.04
医药费	270.53	175.25	106.83	225.83	222.61	213.10	370.46	435.60	336.21
补药品	14.25	1.00	1.27	8.41	10.03	21.48	21.18	19.35	14.41
医疗保健服务	15.96	4.03	1.43	8.07	25.92	8.78	12.97	30.82	25.13
交通和通讯	**375.40**	**141.84**	**125.28**	**192.08**	**397.60**	**288.15**	**524.76**	**531.80**	**602.64**
交通	90.25	22.42	9.03	14.44	151.54	44.74	126.57	104.63	134.20
通讯	285.15	119.42	116.25	177.64	246.06	243.41	398.19	427.17	468.45
娱乐文教服务	**464.05**	**196.67**	**184.63**	**279.11**	**451.46**	**413.55**	**475.15**	**836.02**	**837.44**
耐用消费品	101.11	15.40	0.37	0.88	173.95	2.34	26.09	302.82	355.33
教育	306.94	151.37	163.15	251.49	239.21	366.39	361.65	454.94	369.65
文化娱乐	56.00	29.89	21.12	26.74	38.30	44.82	87.41	78.25	112.46
居住	**737.41**	**489.53**	**462.34**	**645.58**	**589.62**	**748.70**	**858.00**	**950.22**	**1095.58**
住房	430.03	306.03	294.00	409.89	326.99	440.88	501.50	525.31	627.83
#房租	396.94	304.36	293.87	346.88	308.79	431.53	473.38	474.21	499.50
水电燃料其它	307.38	183.50	168.34	235.69	262.63	307.82	356.50	424.91	467.75
杂项商品和服务	**122.71**	**30.46**	**21.83**	**39.15**	**114.44**	**81.76**	**177.12**	**273.08**	**207.00**
#个人用品	38.85	13.63	12.73	16.25	21.58	33.10	71.64	48.67	80.95
理发美容用品	20.27	5.68	3.43	5.99	14.50	21.78	27.94	26.36	48.48
旅游	27.56	0.95	0.32	0.64	22.49	9.39	25.91	150.94	34.16

5-21 全市城镇居民家庭每人全年购买的主要商品数量和金额

（2001 年）

项目名称	数量单位	全市		市区		县(市)	
		数量	金额(元)	数量	金额(元)	数量	金额(元)
细粮	千克	104.9	244.60	111.3	268.22	89.9	189.43
粗粮	千克	4.1	8.64	4.2	8.96	4.1	7.88
干豆	千克	2.9	11.18	2.9	11.37	2.9	10.73
豆付	千克	9.0	15.29	9.1	15.29	8.9	15.31
植物油	千克	11.2	91.28	12.0	100.14	9.5	70.57
猪肉	千克	14.8	164.39	16.6	186.89	10.4	111.81
生牛肉	千克	0.8	11.15	1.0	13.87	0.3	4.78
生羊肉	千克	2.1	32.59	2.6	39.84	1.0	15.67
家禽	千克	6.9	81.68	8.1	95.24	4.0	50.02
鲜蛋	千克	17.2	74.73	18.5	80.08	14.4	62.24
鱼类	千克	6.3	50.75	7.7	62.02	3.3	24.41
鲜菜	千克	170.3	211.22	177.5	226.22	153.6	176.20
干菜	千克	0.9	20.18	0.9	23.47	0.7	12.51
食糖	千克	2.4	11.41	2.6	12.36	2.0	9.18
卷烟	千克	30.7	100.19	34.3	112.99	22.2	70.31
白酒	千克	3.1	50.49	3.8	58.77	1.5	31.14
啤酒	千克	6.9	17.65	7.4	18.98	0.4	4.60
其他酒	千克	0.6	10.78	0.7	12.91	0.5	5.77
茶叶	千克	0.2	9.36	0.2	11.38	0.1	4.65
鲜瓜果	千克	99.3	144.61	96.3	128.13	87.0	117.26
干果	千克	1.0	10.57	1.1	12.25	0.7	6.64
鲜奶	千克	9.2	25.74	11.2	31.71	4.3	11.80
奶粉	千克	1.0	26.08	1.1	28.32	0.9	20.85
酸奶	千克	5.0	17.04	5.9	20.56	2.9	8.82
糕点	千克	3.1	33.72	3.3	37.49	2.7	24.92
男士服装	件	2.3	170.34	2.2	170.80	2.3	169.25
女士服装	件	3.1	208.47	3.2	212.32	3.0	199.47
童装	件	1.4	38.69	1.3	35.66	1.6	45.78
棉布	米	0.9	6.30	0.9	7.15	0.8	4.31
化纤布	米	0.3	4.01	0.3	4.30	0.2	3.34
绸缎	米		1.16	0.1	1.23		1.00
呢绒	米		1.11		1.57		0.03
皮鞋	双	0.8	82.05	0.8	80.99	0.9	84.53
旅游鞋	双	0.3	16.46	0.3	16.38	0.4	16.64
拖鞋	双	0.9	6.56	0.9	6.84	0.7	5.89

5-22 全市城镇居民家庭人均购买鲜菜情况

（2001 年）

品　　名	全市			市区			县(市)		
	平均价格（元）	数量（千克）	金额(元)	平均价格（元）	数量（千克）	金额(元)	平均价格（元）	数量（千克）	金额(元)
鲜菜	**1.24**	**170.3**	**211.22**	**1.27**	**177.5**	**226.22**	**1.15**	**153.6**	**176.20**
白菜	0.58	18.8	10.98	0.62	18.1	11.33	0.50	20.4	10.16
洋白菜	0.85	3.6	3.07	0.86	4.4	3.77	0.82	1.8	1.44
菠菜	0.93	5.3	4.92	0.98	5.3	5.21	0.81	5.2	4.23
油菜	0.97	7.0	6.83	0.98	9.0	8.81	0.96	2.3	2.21
芹菜	1.14	7.3	8.31	1.16	7.3	8.52	1.08	7.3	7.84
韭菜	1.60	5.4	8.58	1.62	5.6	9.02	1.53	4.9	7.56
空心菜	1.06	1.4	1.54	1.10	1.5	1.66	0.96	1.3	1.26
大葱	0.89	12.7	11.33	0.91	12.0	10.96	0.85	14.4	12.20
菜花	1.34	3.5	4.67	1.36	4.1	5.63	1.24	1.9	2.42
萝卜	0.55	8.9	4.90	0.59	8.8	5.18	0.46	9.2	4.25
胡萝卜	0.83	4.0	3.30	0.84	4.1	3.43	0.79	3.8	3.00
葱头	0.98	3.0	2.93	0.99	3.1	3.12	0.93	2.7	2.47
生姜	3.13	2.1	6.67	3.14	2.2	7.03	3.10	1.9	5.82
莴笋	1.10	1.1	1.25	1.13	1.3	1.51	0.96	0.7	0.65
蒜苔	2.72	3.2	8.80	2.75	3.3	8.98	2.63	3.2	8.37
蒜头	1.87	2.8	5.21	1.83	2.9	5.29	1.99	2.5	5.01
黄瓜	1.38	11.9	16.52	1.39	12.7	17.62	1.36	10.2	13.95
冬瓜	0.80	5.8	4.62	0.83	6.5	5.42	0.65	4.2	2.73
丝瓜	1.29	1.5	1.92	1.29	1.9	2.52	1.35	0.4	0.54
西红柿	1.39	15.7	21.77	1.41	16.0	22.66	1.33	14.8	19.70
茄子	1.05	6.5	6.81	1.09	6.9	7.53	0.92	5.6	5.12
青椒	1.79	6.8	12.25	1.82	6.8	12.38	1.73	6.9	11.96
豆角	1.60	7.4	11.76	1.63	7.8	12.71	1.50	6.4	9.53
莲藕	1.98	3.1	6.11	1.99	3.4	6.80	1.92	2.3	4.49
豆芽菜	1.29	5.4	7.03	1.32	5.2	6.92	1.24	5.9	7.30
其他鲜菜	1.83	15.9	29.15	1.89	17.0	32.21	1.64	13.4	22.01

5-23 全市城镇居民家庭每百户购买耐用消费品情况

(2001年)

项目	单位	全市		市区		县(市)	
		数量	金额(元)	数量	金额(元)	数量	金额(元)
毛皮大衣	件	3.5	2696.20	1.3	876.70	4.3	3355.10
毛毯	条	0.6	102.20	0.3	66.70	0.8	115.00
组合家俱	套	1.5	5641.33	1.8	6537.50	1.0	3166.67
沙发床	个	1.6	3125.74	1.5	3700.00	2.0	1540.00
沙发	个	4.1	3572.30	4.8	4400.00	2.3	1286.67
大衣柜	个	1.0	1870.85	1.0	2150.00	1.0	1100.00
摩托车	辆	1.2	4030.46	1.3	3100.00	1.0	6600.00
自行车	辆	10.0	2963.33	11.8	3472.25	5.3	1558.00
洗衣机	台	3.9	4887.54	4.8	6058.75	1.7	1653.33
电风扇	台	6.0	523.83	7.5	643.75	2.0	192.67
电冰箱	台	3.2	8281.16	3.5	8855.00	2.3	6696.67
冰柜	台	0.6	969.94	0.8	862.50	0.3	1266.67
微波炉	台	1.8	1285.13	2.3	1561.25	0.7	522.67
电炊具	台	4.0	762.15	5.3	1014.00	0.7	66.67
空调器	台	8.1	22549.48	8.5	23300.25	7.0	20476.67
淋浴热水器	台	1.6	1632.52	1.8	1779.50	1.3	1226.67
抽排油烟机	台	1.0	633.09	1.0	717.50	1.0	400.00
吸尘器	台	0.4	167.02	0.5	227.50	0.0	0.00
彩色电视机	台	5.8	14582.62	6.8	17949.00	3.0	5286.67
影碟机	台	1.9	1883.44	2.0	2192.50	1.7	1030.00
家用电脑	台	2.4	16205.61	2.3	14263.75	2.7	21568.33
组合音响	套	0.7	1183.55	0.8	1075.00	0.7	1483.33
录音机	台	1.5	441.44	1.5	483.00	1.3	326.67
摄象机	台	0.2	673.58	0.3	917.50	0.0	0.00
照相机	架	0.5	589.05	0.3	587.50	1.3	593.33
中高档乐器	件	1.0	1646.40	1.0	227.50	1.0	3670.00

5-24 全市及各县(市)城市居民家庭每百户年末主要耐用消费品拥有量

(2001年底)

项目	单位	全市	市区	县(市)	中牟县	巩义市	荥阳市	新密市	新郑市	登封市
毛皮大衣	件	69	73	58	68	62	62	40	64	50
呢大衣	件	176	198	116	170	130	82	108	94	110
毛毯	条	116	111	130	140	172	76	184	84	128
地毯	平方米	85	44	200	34	138	282	226	116	408
组合家俱	套	69	67	75	74	76	66	86	76	76
沙发床	个	70	59	101	106	88	68	170	60	138
沙发	个	197	178	251	254	248	270	306	190	248
大衣柜	个	97	92	110	132	110	94	108	94	126
写字台	张	83	78	98	70	88	78	112	88	152
摩托车	辆	23	18	37	28	32	38	18	32	78
自行车	辆	189	200	158	234	114	188	70	216	138
家用汽车	辆			3	2	6		6	2	2
缝纫机	辆	55	53	62	58	58	52	34	86	86
洗衣机	台	96	96	96	104	100	90	102	92	92
电风扇	台	175	174	178	180	228	154	144	188	180
电冰箱	台	88	92	77	72	74	74	90	78	80
冰柜	台	12	13	9	4	4	10	10	16	12
彩色电视机	台	123	125	118	114	106	102	132	116	146
影碟机	台	45	45	44	54	22	48	58	38	48
录放像机	台	18	20	13	26	8	10	18	10	10
家用电脑	台	15	17	11	18	16	10	16	6	4
组合音响	套	21	21	22	14	12	26	30	30	22
录音机	台	41	41	42	40	32	42	44	44	50
摄像机	台	2	2	2	6			2	2	2
照相机	架	43	45	38	52	36	28	50	26	38
钢琴	架	1	1	1	4	2		2		2
中高档乐器	件	5	4	6	14	2	6	8	8	2
微波炉	台	18	21	8	12	10	10	8	6	6
空调器	台	71	77	55	40	66	62	68	68	28
电炊具	个	54	65	24	38	24	28	24	22	120
淋浴热水器	台	46	55	22	36	16	24	34	16	8
抽排油烟机	台	47	52	34	48	30	40	52	32	6
吸尘器	台	6	7	6	2	2	10	8	4	10
健身器材	件	3	4	2		4	4			4
移动电话	台	32	30	37	38	26	52	34	40	36

5-25 全市城镇住户住房情况

（2001年末）

项　　目	全市		市区		县(市)	
	调查户数(户)	家庭常住人口数(人)	调查户数(户)	家庭常住人口数(人)	调查户数(户)	家庭常住人口数(人)
总计	**700.00**	**2178.86**	**400.00**	**1188.00**	**300.00**	**1052.00**
按居住面积分						
4平方米以下	0.62	1.86			1.00	3.00
4－－6平方米	24.37	90.42	18.00	67.00	2.00	7.00
6－－8平方米	91.48	323.67	63.00	222.00	17.00	62.00
8－－10平方米	75.49	257.62	52.00	173.00	14.00	57.00
10－－12平方米	84.93	275.57	55.00	172.00	23.00	88.00
12－－14平方米	66.99	216.69	42.00	131.00	21.00	78.00
14平方米以上	356.12	1013.03	170.00	423.00	222.00	757.00
按房屋产权分						
公房	87.67	259.83	61.00	181.00	15.00	44.00
租赁私房	7.66	26.23	5.00	18.00	2.00	5.00
自有房	129.02	437.04	42.00	120.00	121.00	456.00
部份产权的自有房	475.64	1455.76	292.00	869.00	162.00	547.00
按自来水使用情况分						
无自来水	24.81	93.05			40.00	150.00
独用自来水	656.22	2028.88	392.00	1163.00	246.00	862.00
公用自来水	18.96	56.93	8.00	25.00	14.00	40.00
按卫生设备拥有情况分						
无卫生设备	6.34	18.39	3.00	9.00	4.00	11.00
有浴室厕所	450.52	1406.87	257.00	759.00	194.00	696.00
有厕所无浴室	204.86	629.20	116.00	342.00	90.00	306.00
公用卫生设备	38.28	124.40	24.00	78.00	12.00	39.00
按取暖设备拥有情况分						
无取暖设备	13.03	47.76			21.00	77.00
空调设备	70.44	218.86	36.00	110.00	39.00	125.00
暖气	204.94	589.09	146.00	417.00	28.00	86.00
其他	411.58	1323.14	218.00	661.00	212.00	764.00

5-25 续表 （2001年）

项目	全市		市区		市县	
	调查户数（户）	家庭常住人口数(人)	调查户数（户）	家庭常住人口数(人)	调查户数（户）	家庭常住人口数(人)
按厨房使用情况分						
无厨房	3.81	8.95	2.00	6.00	2.00	2.00
独用厨房	686.62	2142.44	392.00	1164.00	295.00	1043.00
公用厨房	9.57	27.47	6.00	18.00	3.00	7.00
按燃料使用情况分						
管道煤气	322.16	946.34	244.00	711.00	14.00	53.00
液化石油气	335.12	1093.31	144.00	443.00	242.00	845.00
煤	42.71	139.21	12.00	34.00	44.00	154.00
按电话拥有情况						
无电话	66.59	191.71	33.00	85.00	39.00	133.00
公费电话	2.48	7.44			4.00	12.00
自费电话	630.93	1979.71	367.00	1103.00	257.00	907.00
按住宅建筑式样分						
家庭单栋配套楼房	6.20	25.43			10.00	41.00
单元式配套住宅	586.44	1775.32	371.00	1096.00	177.00	592.00
一居室	33.40	87.36	26.00	68.00		
二居室	290.27	860.93	210.00	617.00	33.00	110.00
三居室	233.22	734.83	126.00	388.00	115.00	381.00
四居室及以上	29.55	92.20	9.00	23.00	29.00	101.00
普通楼房	32.70	103.27	24.00	77.00	3.00	7.00
普通平房及其它	74.66	274.84	5.00	15.00	110.00	412.00

注：全市居住面积35753平方米，居住间数1964间，辅助面积19611平方米。市区居住面积15665平方米，居住间数970间，辅助面积10208平方米。县(市)居住面积25193平方米，居住间数1157间，辅助面积10472平方米。

5-26 农村居民

（2001 年）

项　　目	单位	全市	中原区	二七区	管城区	金水区
调查户数	户	945	60	50	50	50
常住人口	人	3735	220	172	189	199
#整半劳动力	人	2341	140	117	127	131
劳动力文化程度						
文盲半文盲	人	74	4	9	3	2
小学程度	人	383	19	18	23	29
初中程度	人	1431	90	63	64	73
高中程度	人	350	17	20	27	20
中专程度	人	77	7	6	7	5
大专以上程度	人	26	3	1	3	2
经营耕地面积						
#耕地面积	亩	415299	21585	11996	20010	16380
#自留地面积	亩	4144	260	324		
经营山地面积	亩	5620			150	
经营园地面积	亩	12070	50	750	6330	550
经营牧草地面积	亩	150				
经营养殖水面面积	亩	6900				1000
年内新建(购)住房面积	平方米	17481		1496	990	5660
#砖木结构面积	平方米	1650		120	300	
钢筋混凝土结构面积	平方米	15631		1376	690	5660
年内新建(购)住房价值	万元	507.6		43	17	209
新建楼房面积	平方米	14795		1376	690	5600
年末住房面积	平方米	149709	10571	11012	8979	15227
砖木结构面积	平方米	36894	3650	2703	1319	1328
钢筋混凝土结构面积	平方米	110197	6801	8309	7582	13874

家庭基本情况

上街区	邙山区	中牟县	巩义市	荥阳市	新密市	新郑市	登封市
35	50	150	100	100	100	100	100
122	187	614	421	413	417	372	409
93	127	353	237	262	277	220	257
	6	10	6	2	17	1	14
11	22	69	25	39	42	34	52
48	69	193	154	188	164	158	167
20	19	74	48	27	42	18	18
10	6	6	3	6	7	9	5
4	5	1	1		5		1
6725	28896	98380	34490	47147	35750	54470	39470
	720		740	580			1520
	5280						190
	220		1900	800	1470		
					150		
		5850		50			
1996	340	1014	375	44	2795	2267	504
		75			905	250	
1636	340	939	355	44	1850	2237	504
46	6	26.7	8.9	0.4	65.8	75	9.64
1966	340	710	355		1850	1688	220
8036	7986	16785	13100	14788	15805	13488	13932
550	1505	6644	600	578	13820	2144	2053
7486	6105	9806	10867	14315	1820	11376	11856

5-27 农民人均

（2001 年）

项　　目	全市	中原区	二七区	管城区	金水区
总　收　入	**4293.99**	**5124.88**	**4110.04**	**5898.14**	**5674.08**
工资性收入	**1202.4**	**1182.71**	**1419.97**	**1361.05**	**1825.15**
在非企业组织中劳动得到	190.98	54.5	422.84	357	1390.22
在本地企业中劳动得到的	645.6	250.62	210.4	321.96	363.18
常住人口外出从业得到的	156.52	72.09	69.88	220.11	1.43
其他	209.3	805.5	716.84	461.99	70.32
家庭经营收入	**2616.6**	**2300.54**	**1351.84**	**3840.87**	**1885.35**
农业收入	1097.17	942.49	601.37	1004.63	879.13
#种植业收入	1090.12	935.32	601.37	1002.24	868.55
林业收入	25.48	1.27	11.48	1.98	40.7
牧业收入	596.32	14.6	133.97	543.08	176.36
渔业收入	63.21				386.58
工业收入	273.47	320.98		1401.26	14.07
建筑业收入	59.76			68.66	60.65
交通、运输、邮电业收入	169.64	910.14	224.83	201.42	41.11
批发、零售贸易、餐饮业收入	195.84	30	191.12	66.56	152.6
社会服务业收入	30.05	81.06	99.94	30.69	53.29
文教卫生业收入	32.46				
其他家庭经营收入	73.19		89.13	522.59	80.85
转移性收入	**277.37**	**1013.21**	**332.08**	**203.19**	**132.2**
家庭非常住人口寄回和带回	65.91		2.33		
亲友赠送	88.05	96.75	72.21	74.24	25.93
#农村外部亲友赠送	40.78		7.97	31.75	
调查补贴	18.52	16.55	38.6	20.59	32.97
财产性收入	**197.63**	**628.42**	**1006.15**	**493.03**	**1831.39**
可支配收入	**3069**	**3874.35**	**3366.66**	**4203.56**	**4920.16**
纯收入	**3154.66**	**4005.37**	**3559.9**	**4442.39**	**4923.52**

总收入纯收入

单位:元

上街区	邙山区	中牟县	巩义市	荥阳市	新密市	新郑市	登封市
7397.82	**6713.99**	**4334.79**	**4528.7**	**3977.08**	**4104.06**	**4246.63**	**3211.36**
3283.11	**1204.6**	**460.17**	**1451.1**	**1229.31**	**1687.48**	**972.23**	**1081.04**
592.02	716.91	144.24	237.05	70.09	74.8	74.47	157.48
2323.73	241.6	8.93	969.36	598.36	1169.03	581.68	776.48
2.46	27.04	304.39	14.07	501.83	52	77.48	95.82
364.89	219.04	2.61	230.62	59.02	391.66	238.6	51.27
1822.34	**4321.88**	**3786.65**	**2511.33**	**2102.83**	**2256.83**	**3038.86**	**1922.14**
1132.27	1491.94	2597.85	582.68	1003.89	431.34	1514.39	699.53
1056.02	1475.76	2586.82	569.24	1002.15	430.38	1504.13	697
1.23	74.22	35.71	4.17	30.39	14.03	48.4	27.43
451.9	1594.94	385.07	1315.86	199.38	243.67	821.81	679.81
		358.11				11.31	
139.83	82.91	55.97	99.96	387.86	663.09	313.24	24.31
	59.25	167.1	117.97			36.66	53.2
12.27	378.53	26.64	85.75	142.89	368.64	42.71	115.7
29.92	424.6	78.89	130.23	57.7	481.09	124	311.71
9.84	123.57	46.28	8.43		30.33	42.35	8.59
	0.16	5.47	11.61	160.09	6.64	51.38	
45.08	91.74	29.55	154.67	120.63	18	32.61	1.87
1877.94	**286.65**	**69.96**	**497.99**	**448.76**	**141.34**	**163.11**	**124.57**
125.01	2.67	7.15	125.17	224.17	21.58	71.47	3.42
135.66	12.8	46.91	274.09	46.15	67.97	29.1	58.13
55.41	1.07		174.63	33.06		9.3	41.1
18.03	26.25	13.69	16.14	15.76	15.62	18.3	25.26
414.43	**900.86**	**18.01**	**68.28**	**196.18**	**18.41**	**72.42**	**83.6**
5442.84	**3952.32**	**2698.05**	**3410.62**	**2609.25**	**2951.71**	**3097.85**	**2549.16**
5592.02	**3999.47**	**2805.35**	**3424.26**	**2909**	**2971.87**	**3140.7**	**2557.57**

5-28 农民

（2001 年）

项　　目	全　市	中原区	二七区	管城区	金水区
总　支　出	**3681.72**	**3256.99**	**4049**	**4567.83**	**11460**
家庭经营费用支出	**895.98**	**851.45**	**324.43**	**1270.05**	**591.55**
农业生产支出	293.05	258.71	99.19	163.6	214.11
#种植业支出	279.57	249.3	99.19	163.6	214.11
林业生产支出	1.23		0.57		0.1
牧业生产支出	285.1	3.39	34.07	243.16	50.94
渔业生产支出	43.25		0.07		292.47
工业生产支出	131.2	124.2		770.12	
建筑业支出	15.53		63.43	7.51	
交通、运输和邮电业支出	50.02	429.48	53.02	20.19	9.28
批发、零售贸易、餐饮	47.52	13.95	23.81	7.62	21.48
社会服务业支出	6.38	21.43	23.52		
文教卫生业支出	11.02		0.47		
其他家庭经营支出	11.67	0.28	26.28	57.85	3.17
购置生产用固定资产支出	**284.02**	**5.91**	**8.57**	**9.66**	**92.31**
税费支出	**73.8**	**55.95**	**23.88**	**23.98**	**32.43**
缴纳生产税	23.12		0.86	16.68	5.53
村提留	20.45	31	0.99	3.6	10.86
乡统筹	20.13	9.48	10.51	1.27	16.04
其他各项收费	10.09	15.47	11.53	2.43	
生活消费支出	**2275.07**	**2177.45**	**3353.98**	**2950.3**	**10676.4**
财产性支出	**17.73**	**0.2**	**20.47**	**1.52**	**3.12**
转移性支出	**135.12**	**166.03**	**317.67**	**312.33**	**64.11**
寄给和带给家庭非常住人口	9.58		140.95	7.94	
赠送亲友	77.96	144.27	151.28	75.03	63.86
#赠送农村外亲友	5.59	107.34	6.38		
缴纳保险费	2.54	3.64	23.74		0.25
缴纳罚款	0.03				
其他	45.01	18.12	1.69	229.37	

人均总支出

单位:元

上街区	邙山区	中牟县	巩义市	荥阳市	新密市	新郑市	登封市
7272.29	**5113.33**	**3042.73**	**3727.91**	**3016.79**	**4325.02**	**3837.81**	**1998.63**
1278.56	**2410.2**	**1228.52**	**869.12**	**865.81**	**808.18**	**966.68**	**410.03**
885.3	385.37	717.98	131.01	348.34	113.51	434.22	103.46
147.37	371.82	717.91	130.25	272.25	113.51	433.9	103.46
1.38	1.71	0.04	0.36	3.12	3.39	0.83	0.23
246.93	1275.48	167	655.99	168.17	125.96	382.28	138.18
	118.18	222.5		0.58		0.23	
36.72	11.37	7.17	12.1	162.25	421.05	124.26	2.79
99.18	11.82	70.22	11.28			1.6	9.04
1.19	64	4.02	32.37	44.64	80.65	5.3	45.1
4.47	376.46	18.8	13.18	32.73	62.42	11.54	109.96
	83.39	10.59	4.57			3.74	0.12
	3.92		6.62	66.35	1.2	2.69	0.46
3.39	78.5	10.2	1.64	39.62			0.68
656.7	**1.93**	**169.63**	**864.95**	**200.94**	**291.64**	**282.22**	**35.28**
	18.6	**107.41**	**23.21**	**76**	**117.59**	**98.7**	**66.31**
	4.57	27.17	19.87	12.19	58.36	16.91	17.63
	4.59	46.66		20.71	16.43	37.9	14.66
		18.36	2.52	22.23	29.47	34.29	30.57
	9.44	15.21	0.82	20.87	13.32	9.59	3.45
5062.52	**2562.44**	**1333.78**	**1923.39**	**1499.02**	**2967.61**	**2447.67**	**1416.17**
44.61	**18.26**	**2.06**	**2.1**	**93.28**	**14.51**	**0.27**	**4.32**
229.9	**101.89**	**201.33**	**45.14**	**281.73**	**125.51**	**42.27**	**66.53**
1.48	2.99	32.1	7.15	0.1	0.72		1.22
140.09	84.01	104.68	37.79	78.96	120.14	31.15	62.71
14.75	6.95	1.58	4.19	3.7	0.07		0.28
30.82		2.27		1.25	0.86	8.92	0.15
	0.16				0.19		
57.52	14.73	62.29	0.2	201.43	3.6	2.2	2.44

5-29 农民人

(2001年)

项目	全市	中原区	二七区	管城区	金水区
生活消费支出	**2275.07**	**2177.45**	**3353.98**	**2950.3**	**10676.4**
#货币性消费	1967.12	1887.31	3244.07	2622.78	10528.7
食品性消费支出	**726.76**	**882.74**	**839.61**	**891.12**	**750.42**
#货币性消费	420.07	592.6	729.7	563.6	602.69
主食	201.08	256.51	157.03	172.97	154.11
副食	327.81	362.95	349.48	453.33	308.86
其他食品	126.49	179.94	193.23	229.3	189.25
在外饮食	62.66	73.52	131.82	22.26	92.03
食品加工	8.72	9.82	8.06	13.25	6.18
衣着消费支出	**174.59**	**227.05**	**211.03**	**195.24**	**293.28**
货币性消费	173.78	227.05	211.03	195.24	293.28
居住消费支出	**708.19**	**153.59**	**1530.72**	**1181.29**	**8544.77**
货币性消费	708.19	153.59	1530.72	1181.29	8544.77
#住房	611.16	25.74	1389.55	1075.14	8348.68
电费	47.99	68.31	91.52	53.07	107.94
燃料	35.67	43.18	32.5	51.84	73.89
家庭设备用品及服务	**99.74**	**192.72**	**134.42**	**146.3**	**167.4**
#货币性消费	99.3	192.72	134.42	146.3	167.4
医疗保健消费支出	**129.5**	**186.31**	**218.32**	**149.46**	**172.65**
#货币性消费	129.5	186.31	218.32	149.46	172.65
#医药卫生保健用品	42.23	26.89	46.32	29.87	27.95
医疗保健服务费	77.25	159.15	100.7	119.58	142.52
交通和通讯消费支出	**139.71**	**183.93**	**135.89**	**173.94**	**415.61**
货币性消费	139.71	183.93	135.89	173.94	415.61
#交通费	8.71	12.34	17.85	13.53	14.94
邮电费	58.05	59.3	50.52	82.18	113.66
文教娱乐用品及服务支出	**217.65**	**296.83**	**65.44**	**161.67**	**151.17**
货币性消费	217.65	296.83	65.44	161.67	151.17
文化教育娱乐用品	42.84	136.29	25.58	66.01	40.89
文化教育娱乐服务	174.81	160.54	39.86	95.66	110.28
其他商品和服务消费总支出	**78.94**	**54.29**	**218.56**	**51.29**	**181.14**
货币性消费	78.94	54.29	218.56	51.29	181.14
商品性支出	9.64	22.54	7.23	2.07	81.54
服务支出	69.3	31.75	211.33	49.22	99.6

均生活费支出

单位:元

上街区	邙山区	中牟县	巩义市	荥阳市	新密市	新郑市	登封市
5062.52	**2562.44**	**1333.78**	**1923.39**	**1499.02**	**2967.61**	**2447.67**	**1416.17**
4864.12	2309.68	996.7	1636.64	1286.71	2677.39	2026.47	1016.85
975.61	**837.96**	**600.31**	**629.34**	**516.05**	**920.1**	**937.91**	**649.94**
777.21	623.11	264.48	342.6	303.75	629.88	516.7	250.68
176.8	207.52	204.47	183.94	175.53	215.07	238.64	200.2
474.71	385.58	282.08	306.22	232.95	329.92	445.25	341.63
206.75	157.64	83.03	58.38	81.58	276.93	135.01	52.06
110.41	81.05	21.88	74.24	17.24	90.06	106.06	48.1
6.94	6.17	8.84	6.56	8.75	8.12	12.95	7.96
167.47	**227.03**	**83.28**	**154.68**	**133.94**	**341.01**	**134.57**	**122.03**
167.47	204.35	82.03	154.68	133.94	341.01	134.57	122.03
1999.68	**421.73**	**219.13**	**472.75**	**145.42**	**994.07**	**632.19**	**184.06**
1999.68	421.73	219.13	472.75	145.42	994.07	632.19	184.06
1794.95	313.37	144.86	332.44	83.85	901.15	547.47	104.46
112.35	55.3	36.47	63.58	22.22	39.43	53.56	44.09
65.16	52.24	37.79	27.57	35.96	39.04	29.23	28.69
282.29	**189.59**	**118.24**	**87.04**	**60.09**	**93.18**	**110.42**	**58.48**
282.29	174.36	118.24	87.04	60.09	93.18	110.42	58.42
163.15	**148.49**	**63.9**	**144.79**	**174.22**	**76.31**	**203.77**	**78.83**
163.15	148.49	63.9	144.79	174.22	76.31	203.77	78.83
96.2	79.42	12.82	84.35	37.18	54.57	34.11	20.05
56.52	62.41	51.08	46.07	136.97	0.99	163.26	46.02
532.29	**250.53**	**106.92**	**107.89**	**148.42**	**173.78**	**82.86**	**112.99**
532.29	250.53	106.92	107.89	148.42	173.78	82.86	112.99
23.39	10.87	0.28	12.9	8.15	8.72	6.74	9.65
79.37	97.61	38.14	60.93	52.05	73.09	43.31	54.77
323.47	**320.58**	**117.04**	**265.07**	**192.78**	**289.12**	**277.68**	**157.89**
323.47	320.58	117.04	265.07	192.78	289.12	277.68	157.89
163.09	85.61	40.2	83.13	31.44	20.37	25.16	14.33
160.38	234.96	76.84	181.94	161.34	268.75	252.53	143.56
618.57	**166.53**	**24.97**	**61.82**	**128.1**	**80.03**	**68.27**	**51.95**
618.57	166.53	24.97	61.82	128.1	80.03	68.27	51.95
20.77	17.72	5	6.54	16.32	4.92	4	4.07
597.8	148.81	19.97	55.28	111.78	75.12	64.27	47.88

5-30 农民人均消费品消费量

(2001 年)

单位:千克

项 目	全市	中原区	二七区	管城区	金水区	上街区	邙山区
粮食	196.12	247.39	134.66	174.59	141.87	148.13	189.43
#小麦	157.8	158.75	97.61	130.98	110.49	121.43	124.97
稻谷	6.77	25.39	3.33	4.09	28.79	11.07	37.24
蔬菜及菜制品	161.82	144.75	104.94	177.47	36.05	224.14	279.43
油脂类	10.31	6.55	8.7	8.34	5.46	13.93	4.05
植物油	10.26	6.5	8.7	7.89	5.46	13.44	4.03
动物油	0.05	0.05		0.45	0.01	0.48	0.02
肉禽及其制品	12.51	10.24	18.4	25.03	14.26	17.17	12.02
#猪肉	10.51	7.67	14.16	19.5	11.38	12.9	12.5
牛肉	0.08	0.11	0.68	0.16	0.34	0.34	0.28
羊肉	0.32	0.11	0.13	0.46	0.2	1.46	0.03
家禽	1.18	0.37	1.06	4.66	1.28	1.76	-1.47
奶和奶制品	0.54	1.99	3.45	0.9	0.67	5.75	1.58
水产品	0.74	1.96	2.12	1.44	1.61	1.71	1.6
糖类	0.95	3.14	2.74	1.16	0.83	0.88	0.76
酒和饮料	5.18	16.55	15.35	7.52	22.4	10.39	12.3
糕点	2.14	1.93	17.15	0.67	0.3	3.98	1.45
水果及水果制品	21.27	34.32	36.08	21.97	28.16	42.87	27.28

5-30 续表 (2001 年)

项 目	中牟县	巩义市	荥阳市	新密市	新郑市	登封市
粮食	206.68	178.69	182.96	196.49	233.97	198.34
#小麦	172.91	169.6	160.16	158.81	185.61	129.39
稻谷	8.46	5.27	2.54	4.07	2.8	3.32
蔬菜及菜制品	169.83	172.19	104.26	109.8	243.69	195.79
油脂类	6.82	7.51	4.57	19.99	13.42	13.01
植物油	6.71	7.5	4.53	19.99	13.4	12.96
动物油	0.11	0.01	0.05		0.03	0.06
肉禽及其制品	9.16	7.01	7.22	16.11	15.38	18.42
#猪肉	8.13	4.82	5.24	13.16	14.57	16.41
牛肉	0.44	0.33	0.54	0.36	0.16	-1.76
羊肉	0.02	0.58	0.43	0.55	0.02	0.34
家禽	0.48	0.88	0.25	2.04	0.17	3.39
奶和奶制品	0.08	0.22	0.94	0.23	0.52	0.05
水产品	0.64	0.6	0.85	0.61	0.6	0.14
糖类	0.39	1	0.77	0.66	1.45	0.7
酒和饮料	4.49	2.46	5.23	3.23	4.45	1.83
糕点	2.37	0.9	0.96	3.94	2.1	0.74
水果及水果制品	20.95	17.86	19.25	22	27.24	12.02

5-31 农民百户耐用消费品拥有量

（2001 年底）

名　　称	单位	全市	中原区	二七区	管城区	金水区	上街区	邙山区
洗衣机	台	82	90	86	92	86	111	86
电风扇	台	223	233	210	260	544	226	290
电冰箱	台	31	43	44	56	58	97	44
空调机	台	9	10	8	8	32	34	14
抽油烟机	台	7	20	12	4	32	20	10
微波炉	台	1	2	2		8	9	2
热水器	台	6	5	8	8	10	14	4
自行车	辆	151	192	152	236	206	200	184
摩托车	辆	43	53	28	46	38	77	62
汽车(生活用)	辆	12			40	40	57	20
电话机	部	67	52	72	80	82	71	78
移动电话	部	15	13	12	26	42	31	22
寻呼机	台	14	18	26	38	48	14	38
彩色电视机	台	81	77	76	88	92	131	102
黑白电视机	台	36	35	38	40	32		22
录像机	台	3	0	14	4	2	6	8
影碟机	台	20	23	34	32	36	26	34
组合音响	台	12	17	22	14	20	20	22
收录机	台	19	13	20	38	28	17	28
照相机	架	7	3	10	12	18	20	24
家用计算器	台	5	17		22	18	23	16
中高档乐器	件	1			4			2

5-31　续表　　　　（2001 年底）

名　　称	单位	中牟县	巩义市	荥阳市	新密市	新郑市	登封市
洗衣机	台	55	80	91	91	102	64
电风扇	台	145	227	230	194	223	143
电冰箱	台	17	20	24	32	20	13
空调机	台	3	15	4	8	2	1
抽油烟机	台		13	3	2	1	
微波炉	台		4				
热水器	台	2	10	4	9	3	2
自行车	辆	131	110	195	93	180	77
摩托车	辆	21	36	57	63	30	43
汽车(生活用)	辆	13			10		10
电话机	部	51	75	77	77	65	51
移动电话	部	11	11	10	21	7	6
寻呼机	台	7	7	3	9	5	3
彩色电视机	台	45	101	88	97	79	66
黑白电视机	台	57	24	32	29	35	50
录像机	台	1	1	1	10	2	1
影碟机	台	6	12	11	30	13	25
组合音响	台	2	13	11	13	8	12
收录机	台	7	18	22	27	11	20
照相机	架	1	9	3	10	1	3
家用计算器	台		2	1			2
中高档乐器	件		1		2		2

主要统计指标解释

城镇居民家庭就业人口 指城镇居民从事社会劳动并取得劳动报酬或经营收入的人口。就业人口包括通过国家统筹规划和指导由劳动部门介绍就业,自愿组织起来就业和自谋职业等方式,在国有制、集体所有制、中外合资、中外合作、外资在华独资的企事业单位和私营企业单位工作或从事个体劳动的有固定性职业或临时性职业的人口。被聘用和留用的离退休人员也计入就业人口。

城镇居民家庭可支配收入 指被调查城镇居民家庭在支付个人所得税之后,所余下的实际收入。

城镇居民家庭生活费收入 指被调查的城镇居民家庭全部收入中能用于安排家庭日常生活的实际收入。即城镇居民家庭的全部实际收入除"赡养支出"、"赠送支出"和缴纳的各种税款以及被调查户非本家庭人口的经常用饭人口所交的"搭伙费"。

城镇居民家庭消费性支出 指被调查的城镇居民家庭用于日常生活的全部支出,包括购买商品支出和文化生活、服务等非商品性支出。共分八类:食品、衣着、设备用品及服务、医疗保健、交通和通讯、娱乐文教服务、居住、杂项商品和服务。不论自用的或赠送亲友的都包括在内。不包括罚没、丢失款和缴纳的各种税款(如个人所得税、牌照税、房产税等),也不包括个体劳动者生产经营过程中发生的各项费用。

农村居民家庭常住人口 是指经济生活和本户连成一体的人口。在外劳动的合同工、临时工和其他副业工要计算在内。在家居住,生活和本户连成一体的国家职工、退体人员也要计算在内。但是参军、在外居住的职工等,则不计入。

农民家庭总收入 是指农村住户年内从各种来源得到的全部实际收入(包括现金收入和实物收入)。由工资性收入、家庭经营收入、财产性收入和转移性收入四部分组成。

(一)工资性收入:指受雇于单位或个人,出卖劳动而得到的收入。包括在乡村组织中等非企业组织中劳动得到的收入、在企业劳动得到的收入、常住人口外出务工收入和其他单位劳动得到的收入。

(二)家庭经营收入:它是农村住户从事各项生产的收入,包括种植业收入、林业收入、牧业收入、渔业收入、工业收入、建筑业收入、交通运输业收入、批发和零售贸易、餐饮业收入、社会服务业收入和文教卫生业、转让无形资产净收入、租赁收入和其他家庭经营收入。

(三)转移性收入:包括在外人口寄回和带回、农村外部亲友赠送、调查补贴、救济金、保险赔偿收入、退休金、土地征用补偿收入和其他转移性收入

(四)财产性收入:包括利息收入、股息收入、租金收入、出售财物收入、转让无形资产收入、其他财产收入。

农民家庭可支配收入:是农村居民家庭可用于最终消费支出和其他非义务性支出以及储蓄的总和。是总收入扣除相对应的各项费用性支出后,归农民所有或支配的收入。计算公式为:

农村居民家庭可支配收入 = 农村居民家庭总收入 - 家庭经营费用支出 - 交纳税金 - 村提留 - 乡统筹 - 其他各项收费 - 生产性固定资产折旧 - 调查补贴 - 财产性支出 - 转移性支出。

农民家庭总支出 是指农村住户全年用于生产、生活和再分配等方面的全部实际支出。包括家庭经营费用支出、购置生产用固定资产支出、生产性固定资产折旧、税费支出、生活消费支出和转移性支出。

农民家庭生活消费支出 指农民家庭年内用于物质生活和精神生活方面的实际支出。它直接反映农民的生活水平,是研究农民消费结构变化的基本指标。它包括食品、衣着、居住、家庭设备、用品及服务、医疗保健、交通和通讯、文化教育娱乐用品及服务、其他商品和服务等八大类支出。

六、城市公用事业和环保

6-1 城市设施水平

指　　标	计量单位	2000 年	2001 年
人口密度	人/平方公里	2103	2201
人均拥有城市维护建设资金	元	728.55	1005
人均住宅使用面积	平方米	13.88	14.49
人均住宅居住面积	平方米	9.52	10.35
人均日生活用水量	升	208.13	196.65
用水普及率	%	100	100
每万人拥有公共交通车辆	标台	9.22	7.65
用气普及率	%	97.5	86.8
人均拥有道路面积	平方米	6.21	6.74
排水管道密度	公里/平方公里	8.55	8.59
污水处理率	%	1.73	37.98
人均公共绿地面积	平方米	4.58	4.68
建成区绿地率	%	14.26	16.21
建成区绿化覆盖率	%	30.24	31.3
垃圾粪便无害化处理率	%	96.24	98.14

6-2 城市建设用地

单位:平方公里

指　　标	2000 年	2001 年
城市市区面积	1010.30	1010.30
建成区面积	133.22	142.44
#城市建设用地面积	114.19	124.61
#工业	21.62	23.75
仓库	8.53	8.83
对外交通	9.74	10.94
居住	29.40	32.64
公共设施	18.58	20.32
道路广场	13.41	13.87
市政公共设施	2.87	3.68
绿地	8.46	8.96
特殊用地	1.58	1.62
本年征用土地面积	8.51	15.25

6-3 城市供水供电

指　　标	计量单位	2000年	2001年
供水			
水厂数	个	6	6
自来水综合生产能力	万立方米/日	124.2	124.7
#地下水	万立方米/日	42.7	43.2
供水管道长度	公里	1087	1168
全年供水总量	万立方米	28783	26855
#生产用水	万立方米	9631	7457
生活用水	万立方米	16121	15694
#家庭用量	万立方米	9755	12094
用水人口	万人	212.21	222.41
节约用水			
计划用水量	万立方米	22464	21690
取水量	万立方米	20958	19335
生产用水重复利用量	万立方米	24145	78190
节约用水量	万立方米	1506	2355
供电			
公用配电线路长度	公里	3530.2	4395.1
全年销售总量	亿千瓦时	78.7	91.2
#生活用电	亿千瓦时	13.2	13.7
售给居民每千度电售价	元	334.2	333.1

6-4 城市燃气及供热

指　　标	计量单位	2000 年	2001 年
液化石油气			
储气能力	吨	425	1180
外购气量	吨	8653	24855
供气总量	吨	27367	24577
#家庭用量	吨	11729	16550
用气家庭户数	户	85029	146135
用气人口数	万人	29.76	46.90
天然气			
储气能力	万立方米	20	20
供气总量	万立方米	6540	7809
#家庭用量	万立方米	5500	5606
用气家庭户数	户	341150	369444
用气人口数	万人	119.40	146.10
输送管道长度	公里	1238	1417
供热能力			
蒸汽	吨/小时	925	925
热水	兆瓦	664	694
供热总量			
蒸汽	万吨	210	604
热水	万百万千焦	491	523
管道长度			
蒸汽	公里	168	169
热水	公里	560	578
集中供热面积	**万平方米**	1383	1430
#住宅	万平方米	917	904

6-5 市政设施及公共交通

指　　标	计量单位	2000 年	2001 年
实有铺装道路长度	公里	684	738
实有铺装道路面积	万平方米	949	1500
人行道面积	万平方米	418	446
实有桥梁数	座	75	109
#立交桥	座	12	19
路灯盏数	盏	14184	32068
排水管道长度	公里	1138	1223
污水年排放量	万立方米	23026	21484
污水处理厂	座	2	2
处理能力	万立方米/日	40.93	40.93
污水年处理量	万立方米	399	8159
防洪堤长度	公里	38	38
公共汽、电车运营车	辆	1342	1660
公共汽车	辆	1235	1582
#小公共	辆	429	422
无轨电车	辆	107	78
标准运营车	标台	1410	1702
运营线路网长度	公里	403	469
全年客运总量	万人次	27098	28725
公共汽车	万人次	24565	27047
#小公共	万人次	2219	3282
无轨电车	万人次	2533	1678
实有出租汽车	辆	10660	10764

6-6 园林绿化及环境卫生

名　　称	计量单位	2000 年	2001 年
绿化覆盖面积	公顷	4485	4389
#建成区	公顷	4029	4304
园林绿地面积	公顷	2356	2336
#建成区	公顷	1900	2309
公共绿地面积	公顷	700.97	1040.56
公园个数	个	59	54
公园面积	公顷	635.47	623.06
苗圃面积	公顷	223.21	223.21
游人量	万人次	2989	3000
实际清扫面积	万平方米	1302.0	1842.0
生活垃圾清运量	万吨	78.78	80.8
垃圾无害化处理厂(场)	座	3	3
无害化处理能力	吨/日	2205	2205
公厕数量	座	377	375
#水冲式	座	313	375
市容环卫专用车辆总数	台		198

说明:公园个数减少是因为有个别公园改为广场。

6-7 城市房屋面积及住宅

名　称	计量单位	2000年	2001年
实有房屋建筑面积	万平方米	6304	6491
# 直管房	万平方米	72	78
私房	万平方米	1218	1433
# 物业管理房	万平方米	1000	1250
实有住宅建筑面积	万平方米	3296	3470
# 直管房	万平方米	62	68
私房	万平方米	1206	1319
# 物业管理房	万平方米	850	1100
实有住宅使用面积	万平方米	2307	2602
实有住宅居住面积	万平方米	1582	1735
居住人口	万人	166.3	170
缺房户数	户	40001	33042
# 人均居住面积在4平方米以下	户	1889	6054
解决缺房户数	户	500	3874
本年房屋竣工建筑面积	万平方米	395	290
# 住宅	万平方米	264	273
本年房屋减少建筑面积	万平方米	39	105
# 住宅	万平方米	30	80
危险住宅建筑面积	万平方米	22	40
房租收入	万元	950	1007

6-8 房产市场交易

名　　称	计量单位	2000 年	2001 年
房产买卖			
成交面积	万平方米	439.46	437.95
#住宅	万平方米	410.62	384.00
办公用房	万平方米	9.02	9.83
商服用房	万平方米	19.82	37.39
成交金额	万元	432647.89	416551.53
#住宅	万元	356583.89	316039.56
办公用房	万元	22550	98345
商服用房	万元	53514	37439
房产租赁			
出租面积	万平方米	195.7	244.7
#住宅	万平方米	29.7	81.5
办公用房	万平方米	12.7	13.2
商服用房	万平方米	153.2	150
租金收入	万元	49662	58547
#住宅	万元	2126	8340
办公用房	万元	2286	3426
商服用房	万元	45250	46781
向个人出售住宅			
新建住宅出售面积	万平方米	108	117
新建住宅出售销售额	万元	142317.24	262885.59
旧住宅出售面积	万平方米	217.00	185.35
旧住宅出售销售额	万元	52341.40	59375.66

6-9 工业“三废”排放处理及综合利用情况

（2001 年）

项　目	单　位	数　量
工业废水排放量	**万吨**	**10957.84**
工业废水排放达标量	万吨	10388.11
工业废气排放总量	**万标立方米**	**15257339**
燃料燃烧过程中废气排放量	万标立方米	9192245
生产工艺过程中废气排放量	万标立方米	6065094
废气中工业二氧化硫排放量	吨	78115.28
#生产工艺过程中排放的	吨	5432.87
工业烟尘排放量	**吨**	**89234.35**
工业烟尘去除量	**吨**	**1340427**
工业粉尘排放量	**吨**	**111738.1**
工业粉尘去除量	**吨**	**723248.4**
工业固体废物产生量、排放及处理利用情况		
工业固体废物产生量	万吨	448.69
工业固体废物储存量	万吨	47.71
工业固体废物综合利用量	万吨	342.95
#综合利用往年储存量	万吨	0.51
工业固体废物处置量	万吨	58.53
工业锅炉	**台/蒸吨**	**786/8203.1**
#烟尘排放达标的	台/蒸吨	750/8118.7
工业炉窑数	**台**	**941**
#烟尘排放达标的	台	768
其他		
汇总工业企业数	个	835
汇总工业企业工业总产值	万元	2975045
汇总工业企业环保人员数	人	2698
“三废”综合利用产品产值	万元	27045.1

6-10 全市工业污染治理项目建设情况

（2001年）

指标名称	计量单位	数量	指标名称	计量单位	数量
工业企业数	**个**	**89**	环境保护补助资金	万元	143.8
施工项目总数	**个**	**105**	环保贷款	万元	472.7
废水治理项目	个	24	其他资金	万元	4590.2
废气治理项目	个	73	#利用外资	万元	100
固体废物治理项目	个	3	**竣工项目**	**个**	**102**
噪声治理项目	个	1	废水治理项目	个	23
其他治理项目	个	4	废气治理项目	个	72
施工项目完成投资额	**万元**	**5844**	固体废物治理项目	个	3
废水治理项目	万元	626	噪声治理项目	个	1
废气治理项目	万元	4424.4	其他治理项目	个	3
固体治理废物项目	万元	570.5	**竣工项目新增设计处理能力**		
噪声治理项目	万元	4.1	治理废水	吨/日	45295
其他治理项目	万元	219	治理废气	万标方/时	149.08
施工项目投资来源	**万元**	**5844**	治理固体废物	吨/日	3110
国家预算内资金	万元	637.3			

6-11 生活、其他污染排放情况及污水处理厂运行情况

（2001年）

指　　标	计量单位	数值			
污染排放			**污水处理厂运行情况**		
城镇生活污水排放系数	千克/人.天	200	污水处理厂数	座	4
城镇生活污水排放量	万吨	22900	煤炭消费总量	万吨	1128
城镇生活污水COD产生系数	克/人.天	60	#工业消费量	万吨	1058
污水处理厂去除生活污水中COD量	吨	20154	#生活及其他消费量	万吨	70
生活污水中COD排放量	吨	48545	污水处理能力	吨/日	41
生活及其他煤炭含硫量	%	0.5	污水处理量	万吨	8164
生活及其他二氧化硫排放量	吨	5600	#处理工业污水量	万吨	717
生活及其他煤炭灰份	%	25	化学需氧量去除量	吨	22096
生活及其他烟尘排放量	吨	7000	本年运行费用	万元	4454

主要统计指标解释

年底自来水生产能力 指年底城建部门管理的自来水厂和自备水源的社会单位取水、净化、送水、出厂输水干管等环节的实际生产能力。

年底供水管道长度 指从送水泵到用户水表之间所有管道的长度。

全年供水总量 指公用自来水厂和自备水源的社会单位全年的供水总量,包括有效供水量及损失水量。

生活用水量 指居民日常生活与公共福利设施的用水量。包括居民、饮食店、旅馆、医院、理发店、浴池、洗衣店、游泳池、商店、学校、机关、部队等单位的用水量。

城市人口用水普及率 指城市用水的非农业人口数(不包括临时人口和流动人口)与城市非农业人口总数之比。计算公式:

$$用水普及率=\frac{城市用水的非农业人口数}{城市非农业人口数}\times 100\%$$

全年供气总量 指全年售给各类用户的全部煤气量。包括工业用量、家庭用量和其他用量。

城市用气普及率 指使用煤气(包括人工煤气、液化石油气、天然气)的城市非农业人口数(不包括临时人口和流动人口)与城市非农业人口总数之比。计算公式:

$$城市煤气普及率=\frac{城市用气的非农业人口数}{城市非农业人口数}\times 100\%$$

城市供热管道长度 指热电厂、热力公司和达到标准的集中采暖锅炉房管理的集中供热热源到用户之间的全部供气、供热水的管道长度。

年底实有铺装道路长度 指除土路外,路面经过铺装宽度在3.5米以上的道路,包括高级、次高级道路和普通道路。

城市桥梁 指城市范围内,修建在河道上的桥梁和道路与道路立交、道路跨越铁路的立交桥,以及人行天桥。包括永久性桥和半永久性桥,不包括临时性桥、铁路桥、涵洞。

城市下水道总长度 指所有排水总管、干管、支管及暗渠、检查井、连接井进出水口等长度之和。

营运线路长度 指设置的固定营运线路长度,包括郊区营运线路长度。不包括临时行驶的线路长度。

城市园林绿地面积 指城市公共绿地、专用绿地、生产绿地、防护绿地、郊区风景名胜区的全部面积。

公共绿地 指供游览休息的各种公园、动物园、植物园、陵园以及花园、游园和供游览休息用的林荫道绿地、广场绿地。不包括一般栽植的人行道及林荫道的面积。

废气排放总量 指燃料燃烧和生产工艺过程中排放的各种废气总量,以标准状态下每年万标立方米表示。

工业固体废物产生量 指工业企业在生产过程中产生的固体状、半固体状和高浓度液体状废弃物的总量,包括冶炼废渣、粉煤灰、炉渣、煤矸石、化工废渣、尾矿、放射性废渣和其它废渣等;不包括矿山开采的剥离废石和掘进废石(煤矸石和呈酸性或碱性的废石除外)。酸性或碱性废石是指采掘的废石其流经水、雨淋水PH值小于4或PH值大于10.5者。

工业固体废物处置量 指以符合环境保护要求的方式将固体废物放置在不再回取的场所的固体废物量,如填埋、焚烧、经封场处理的专业贮存场(库)、深层灌注、回填矿井等(包括当年处置往年的堆存量)。

工业废水处理量 指报告期内各种水治理设施实际处理的工业废水量,包括处理后外排的和处理后回用的工业废水量。虽经处理但未达到国家或地方排放标准的废水量也应计算在内。计算时,如遇有车间和厂排放口均有治理设施,并对同一废水分级处理时,不应重复计算工业废水处理量。

工业废水处理率: 工业废水处理量占需处理的工业废水量的百分率。

工业污染治理投资总额:环境污染的环境治理工程的各种资金来源合计〉

工业废水排放量: 指经过企业厂区所有排放口排到企业外部的工业废水量。包括生产废水、外排的直接冷却水、超标排放的矿井地下水和与工业废水混排的厂区生活污水,不包括外排的间接冷却水(清污不分流的间接冷却水应计算在内)。

工业废气排放量: 指企业厂区内燃料燃烧和生产工艺过程中产生的各种排放空气的含有污染物的气体的总量,以标准状态〔273K,101325Pa〕计。

七、农　　业

7-1 农村基本情况及从业人员

(2001年底)

项 目	单位	总计	中原区	二七区	管城区	金水区	上街区
农村基层组织情况							
乡镇个数	个	112	5	3	4	4	1
#镇个数	个	74	2	1	1	3	
村委会个数	个	2300	84	52	62	70	7
乡村人口从业人员							
乡村户数	万户	104.82	4.04	2.68	2.75	3.2	0.36
乡村人口	万人	410.03	14.23	9.47	10.18	10.95	1.14
乡村从业人员数	万人	223.97	7	5.71	5.18	6.04	0.57
按性别分							
#男劳动力	万人	119.52	3.42	2.95	2.74	3.14	0.31
女劳动力	万人	104.45	3.58	2.76	2.44	2.9	0.26
按行业分							
农业从业人员	万人	144.36	3.86	3.28	3.36	3.87	0.2
工业从业人员	万人	34.57	1.12	0.72	0.57	0.61	0.18
建筑业从业人员	万人	13.69	0.57	0.42	0.29	0.39	0.03
交通仓储及邮电运输业人员	万人	9.78	0.44	0.5	0.24	0.28	0.02
批零贸易及餐饮业从业人员	万人	12.11	0.53	0.32	0.47	0.5	0.09
其他从业人员	万人	9.46	0.48	0.47	0.25	0.39	0.05

注:乡镇数不包括县(市)所在地的城关镇。

7-1 续表 (2001年底)

项 目	单位	邙山区	中牟县	巩义市	荥阳市	新密市	新郑市	登封市
农村基层组织情况								
乡镇个数	个	4	19	17	15	14	13	13
#镇个数	个	4	10	17	10	11	9	6
村委会个数	个	54	431	290	306	303	334	307
乡村人口从业人员								
乡村户	万户	3.15	14.36	16.84	14.78	15.96	13.25	13.45
乡村人口	万人	11.76	58.94	66.49	56.68	64.11	51.72	54.36
乡村从业人员数	万人	6.73	34.31	31.56	32.63	32.67	32.26	29.31
按性别分								
#男劳动力	万人	3.41	18.09	17.05	17.4	18.15	17.14	15.72
女劳动力	万人	3.32	16.22	14.51	15.23	14.52	15.12	13.59
按行业分								
农业从业人员	万人	4.94	30.48	15.29	20.4	17.64	21.46	19.51
工业从业人员	万人	0.7	1.04	9.06	4.75	7.19	3.51	5.12
建筑业从业人员	万人	0.38	0.96	2.15	2.54	1.99	2.76	1.21
交通仓储及邮电运输业人员	万人	0.22	0.41	1.68	1.4	2.09	1.52	0.98
批零贸易及餐饮业从业人员	万人	0.31	0.97	1.78	2.07	2.12	1.72	1.23
其他从业人员	万人	0.18	0.45	1.6	1.4	1.64	1.29	1.26

7-2 耕地面积变动情况

(2001 年)

单位:千公顷

项目	全市	中原区	二七区	管城区	金水区	上街区	邙山区	中牟县	巩义市	荥阳市	新密市	新郑市	登封市
年初实有耕地面积	292.08	8.66	6.31	7.25	6.26	0.25	7.24	61.22	33.86	45.16	41.89	40.6	33.38
年内增加耕地面积	0.46	0.02			0.01			0.07	0.02	0.02	0.02	0.08	0.22
其中:新开荒地面积	0.23							0.07	0.02		0.01	0.08	0.05
当年减少耕地面积	2.63	0.31	0.07	0.29	0.54		0.17	0.08	0.06	0.28	0.46	0.04	0.33
#国家基建占地	1.43	0.28	0.05	0.19	0.2		0.13	0.03	0.04	0.06	0.31		0.14
#乡村集体占地	0.66	0.02	0.01	0.04	0.18		0.01	0.04	0.01	0.13	0.1	0.04	0.08
#农民个人建房占地	0.11		0.01	0.01				0.01	0.01	0.02	0.05		
年末实有耕地面积	289.91	8.37	6.24	6.96	5.73	0.25	7.07	61.21	33.82	44.9	41.45	40.64	33.27
#水田	13.33	0.42		0.52	3.46		1.67	6.68				0.55	0.03
#旱地	276.58	7.95	6.24	6.44	2.27	0.25	5.4	54.53	33.82	44.9	41.45	40.09	33.24

7-3 农业机械、电气、化学、水利情况

(2001 年)

项　　目	单位	合计	中原区	二七区	管城区	金水区	上街区	邙山区	中牟县	巩义市	荥阳市	新密市	新郑市	登封市
农业机械化情况														
实际机耕面积	千公顷	232.18	7.33	3.33	3.83	5.3	0.15	7.09	55.24	28.46	32.96	27.03	37	24.46
当年机播面积	千公顷	175.87	7.24	3.33	2.08	4.67	0.15	2.8	22.25	25.86	28.89	27.98	27.19	23.43
机收面积	千公顷	175.23	6.78	3.32	3.4	7.72	0.15	5.29	32.3	21.3	26.18	22.2	23.5	23.09
农村用电量	万千瓦时	305567	12999	9374	8923	14127	2308	5888	6469	104875	27590	54337	14247	44430
农用化肥施用量														
按折纯量计算	吨	207389	5124	2862	3217	5846	256	3533	45400	32960	31576	28486	30684	17445
#氮肥	吨	88333	1359	1273	1366	2940	99	1264	16044	15207	15835	14243	13640	5063
#磷肥	吨	43846	620	722	383	1155	33	758	10472	7292	7616	8378	3560	2857
#钾肥	吨	19895	161	131	364	388	60	197	5832	2382	2770	1676	3059	2875
#复合肥	吨	55315	2984	736	1104	1363	64	1314	13052	8079	5355	4189	10425	6650
农田水利化情况														
有效灌溉面积	千公顷	184.71	7.57	3.04	5.73	5.69	0.39	6.98	57.42	15.37	29.38	14.39	26.22	12.53
机电井数量	眼	44393	1792	841	2845	3065	100	2892	14581	2141	5622	1480	6852	2182

7-4　农业机械主要生产情况

（2001 年底）

项　　目	单位	总计	中原区	二七区	管城区	金水区	上街区	邙山区	中牟县	巩义市	荥阳市	新密市	新郑市	登封市
农业机械总动力	**万千瓦**	**361.28**	**7.72**	**12.69**	**11.8**	**12.8**	**0.29**	**16.94**	**79.61**	**44.74**	**61.28**	**34.22**	**46.99**	**32.19**
拖拉机及配套机械														
拖拉机	万台	9.88	0.07	0.22	0.1	0.07	0.01	0.08	5.19	1.25	0.58	0.32	0.66	1.33
	万千瓦	106.28	1.34	2.26	1.65	1.32	0.09	1.81	48.52	11.82	9.01	3.78	8.24	16.44
大中型拖拉机	万台	0.49	0.02		0.02	0.02		0.04	0.14	0.05	0.13	0.01	0.04	0.02
	万千瓦	16.84	0.83	0.04	0.75	0.72		1.37	4.31	1.5	4.79	0.49	1.35	0.69
小型拖拉机	万台	9.38	0.04	0.22	0.08	0.05	0.01	0.04	5.05	1.21	0.44	0.3	0.63	1.31
	万千瓦	89.44	0.51	2.21	0.9	0.6	0.09	0.44	44.22	10.33	4.22	3.28	6.89	15.75
拖拉机配套农具	万部	16.12	0.03	0.22	0.2	0.17	0.01	0.16	7.03	1.87	1.09	0.85	1.51	2.98
种植业机械														
耕整地及种植业机械														
机引犁	万台	7.27	0.03	0.19	0.09	0.03		0.06	3.48	0.94	0.54	0.3	0.66	0.95
机引耙	万台	5.74	0.02	0.01	0.02	0.05		0.02	3.25	0.5	0.31	0.26	0.35	0.95
机引播种机	万台	1.47	0.01		0.01	0.02		0.02	0.06	0.23	0.07	0.09	0.11	0.85
化肥深施机	万台	0.28		0.01				0.01	0.09	0.09	0.01	0.04	0.01	0.02
秸秆粉碎还田机	万台	0.3	0.02			0.02		0.02	0.03	0.03	0.09	0.02	0.05	0.02
农用排灌动力机械														
排灌动力机械	万台	6.18	0.2	0.1	0.47	0.48	0.01	0.33	1.12	0.4	0.75	0.49	0.7	1.13
	万千瓦	54.39	1.85	1.61	2.92	4.77	0.08	1.58	6.26	6.01	10.66	5.06	6.56	7.03
#柴油机	万台	1.54	0.04		0.19	0.19			0.59	0.04	0.08	0.03	0.16	0.22
	万千瓦	15.78	0.32		1.2	3.46			4.66	0.4	0.82	0.33	1.76	2.83
#电动机	万台	4.64	0.17	0.09	0.28	0.29	0.01	0.33	0.53	0.36	0.67	0.46	0.54	0.91
	万千瓦	38.61	1.53	1.61	1.72	1.31	0.08	1.58	1.6	5.61	9.84	4.73	4.8	4.2
农用水泵	万台	9.07	0.18	0.1	0.41	0.63	0.01	0.33	4.57	0.41	0.59	0.31	0.62	0.91
节水喷灌机械	万套	0.44	0.05							0.02	0.09	0.02	0.04	0.22
植保机械														
机动喷雾(粉)机	万台	0.36	0.02	0.01	0.01	0.01		0.02	0.04	0.05	0.05	0.08	0.03	0.04
	万千瓦	0.95	0.07	0.03	0.03	0.03		0.03	0.08	0.08	0.12	0.17	0.06	0.25
收获机械														
联合收获机	万台	0.22	0.02		0.01	0.02		0.02	0.01	0.03	0.06	0.02	0.02	0.01
	万千瓦	6.95	0.91	0.04	0.22	0.69	0.01	0.72	0.28	0.67	1.84	0.78	0.61	0.18

7-4 续表 （2001 年底）

项　　目	单位	总计	中原区	二七区	管城区	金水区	上街区	邙山区	中牟县	巩义市	荥阳市	新密市	新郑市	登封市
脱粒烘干机械														
机动脱粒机	万台	3.79	0.08	0.02		0.02		0.02	0.14	1.24	0.14	0.98	0.09	1.06
农副产品加工机械														
动力机械合计	万台	3.91	0.03	0.03	0.16	0.04		0.05	0.57	0.91	0.62	0.76	0.42	0.32
	万千瓦	27.64	0.2	0.24	1.25	0.15		0.46	2.44	5.21	5.01	5.76	3.63	3.29
柴油机	万台	0.07									0.04	0.01	0.02	
	万千瓦	0.63								0.03	0.32	0.11	0.17	
电动机	万台	3.84	0.03	0.03	0.16	0.04		0.05	0.57	0.9	0.59	0.75	0.4	0.32
	万千瓦	27.01	0.2	0.23	1.25	0.15		0.46	2.44	5.18	4.69	5.65	3.47	3.29
加工作业机械														
粮食加工机械	万台	2.53	0.02	0.01	0.15	0.02		0.03	0.31	0.5	0.21	0.65	0.39	0.24
棉花加工机械	万台	0.13	0.01						0.03	0.02	0.02	0.03		0.02
油料加工机械	万台	0.25	0.01	0.01	0.01	0.02		0.01	0.05		0.04	0.04	0.03	0.03
运输机械														
农用运输车	万辆	7.55	0.2	0.22	0.32	0.4	0.01	0.5	1.99	0.3	2.23	0.55	0.66	0.17
	万千瓦	96.36	2.98	2.12	2.95	4.2	0.1	5.9	18.89	4.06	24.4	7.34	21.47	1.95
#三轮运输车	万辆	6.48	0.18	0.06	0.27	0.32	0.01	0.49	1.93	0.2	2.17	0.43	0.33	0.09
	万千瓦	72.9	2.36	0.42	2.37	3	0.08	5.34	17.93	1.76	22.71	5.05	10.93	0.95
四轮运输车	万辆	1.07	0.02	0.16	0.04	0.08		0.02	0.06	0.1	0.07	0.13	0.32	0.07
	万千瓦	23.46	0.62	1.69	0.59	1.2	0.02	0.56	0.96	2.3	1.69	2.28	10.55	1
牧业机械														
饲料粉碎机	万台	0.68	0.01	0.01	0.01			0.07	0.07	0.07	0.05	0.22		0.17

7-5 水果产量

（2001 年）

单位：吨

项　　目	总计	中原区	二七区	管城区	金水区	上街区	邙山区	中牟县	巩义市	荥阳市	新密市	新郑市	登封市
水果产量	**195908**	**3865**	**7712**	**9363**	**5414**	**336**	**2662**	**39307**	**22570**	**27754**	**11467**	**43035**	**22423**
苹果	67781	641	655	2198	2199	231	626	10896	14856	8190	5884	6596	14809
#红富士	20487	33	335	928	87	55	309	3271	6407	2870	144	1500	4548
国光	6439	54	60	429	11	4	143	855	624	2338	85	1248	588
梨	14168	53	686	1075	2387	36	342	4277	968	410	815	1414	1705
#雪花梨	4847	14	231	291			5	1395	555	13	134	722	1487
鸭梨	1481	15	239	591		36	60		226	1	26	263	24
其它	113959	3171	6371	6090	828	69	1694	24134	6746	19154	4768	35025	5909
#桃子	27739	2636	1118	4686	245	11	498	7390	1480	4162	533	2954	2026
猕猴桃	972		25							923			24
葡萄	20711	535	4886	474	473	58	1194	2055	2047	1438	1966	3623	1962
红枣	40708		6	911				10294	1192	174	96	27819	216
柿子	14457		189	11				1294	2015	10055	564	12	317

7-6 果园面积

（2001 年）

单位：千公顷

项　　目	总计	中原区	二七区	管城区	金水区	上街区	邙山区	中牟县	巩义市	荥阳市	新密市	新郑市	登封市
果园面积	**25.8**	**0.39**	**0.66**	**1.31**	**0.18**	**0.02**	**0.26**	**5.28**	**1.82**	**2.3**	**1.63**	**8.65**	**3.3**
苹果园	8.54	0.06	0.1	0.25	0.08	0.01	0.07	0.99	1.32	0.99	0.95	1.21	2.51
梨园	1.46	0	0.07	0.12	0.05		0.03	0.5	0.13	0.06	0.13	0.23	0.14
桃园	2.64	0.25	0.09	0.5	0.02		0.04	0.67	0.13	0.35	0.12	0.24	0.23
猕猴桃园	0.03									0.02		0.01	
葡萄园	2.37	0.07	0.27	0.08	0.03	0.01	0.12	0.16	0.09	0.09	0.18	1.09	0.18
枣园	8.91	0.01	0.04	0.36				2.59	0.08	0.07	0.01	5.73	0.02
柿园	0.27		0.02					0.09	0.06		0.06		0.04

7-7 林业生产情况

（2001 年）

单位:公顷

县(市)区	当年造林面积	用材林	经济林	四旁植树(万株)	育苗面积	幼林抚育实际面积	成林抚育面积
总　计	**4973**	**646**	**2468**	**907**	**965**	**5261**	**13712**
中原区	14		14	11	87		
二七区	9	1	8	12	19		
管城区	85		85	20	55		
金水区	7	2	5	19	14		
上街区				1	4		
邙山区	12		12	30	16		
中牟县	946	61	520	158	112	261	6649
巩义市	890	160	31	195	89	5000	7063
荥阳市	489	79	117	129	139		
新密市	906		629	80	72		
新郑市	1225		1000	60	280		
登封市	390	343	47	192	65		
其　它					13		

7-8 渔业生产情况

（2001 年）

项　　目	单位	合计	中原区	二七区	管城区	金水区	邙山区	中牟县	巩义市	荥阳市	新密市	新郑市	登封市
水产品总产量	吨	**55181**	**420**	**200**	**550**	**23907**	**9607**	**16871**	**951**	**980**	**600**	**405**	**690**
#养殖产量	吨	55127	420	200	550	23907	9601	16832	942	980	600	405	690
#鱼类产量	吨	55041	401	200	550	23905	9585	16801	940	964	580	405	690
虾蟹类产量	吨	25				2		19		4			
养殖面积	**公顷**	**6971**	**108**	**35**	**139**	**1970**	**622**	**1556**	**174**	**526**	**535**	**376**	**930**
池塘	公顷	4825	108	35	119	1970	622	1406	90	182	223	30	40
湖泊	公顷												
水库	公顷	1955			20				84	303	312	346	890
河沟	公顷	191						150		41			
其它	公顷												

7-9 牧业主要产品产量

（2001 年）

项目	单位	合计	中原区	二七区	管城区	金水区	上街区	邙山区	中牟县	巩义市	荥阳市	新密市	新郑市	登封市
猪出栏头数	万头	175.96	2.86	2.59	6.42	6.35	0.31	2.4	43.72	13.1	29.8	19.49	26.2	22.72
牛出栏头数	万头	15.13	0.04	0.07	0.38	0.09		0.06	5.02	2.01	1.4	1.15	1.3	3.61
羊出栏只数	万只	78.21	0.45	0.42	1.28	0.54	0.09	0.33	38.88	5.18	11.77	9.03	5.57	4.67
禽出栏只数	万只	2338.45	84.77	67.87	49.84	18.91	7.68	276.31	411.11	170.07	441.33	245.59	443.87	121.1
肉类总产量	吨	195444	3502	3123	6382	5672	350	5664	51210	15761	31313	21666	26144	24657
#猪肉产量	吨	134321	2288	2072	5136	5210	236	1920	33500	10480	21754	15591	18912	17222
牛肉产量	吨	17704	48	84	446	128		72	6024	1910	1680	1380	1600	4332
羊肉产量	吨	8997	52	48	147	63	10	39	4470	596	1354	1040	641	537
禽肉产量	吨	29047	1102	882	648	255	100	3592	5344	2211	5737	3139	4409	1574
兔肉产量	吨	2248	11	25	3	9	4	2	259	336	708	268	184	439
奶类总产量	吨	62084	4728	1760	2297	7315	410	5688	5936	1776	27702	1758	2229	485
#牛奶产量	吨	33929	4600	1152	2095	7300	375	4280	5000	1453	5375	764	1050	485
山羊毛产量	吨	319						6	35	46		183	18	31
绵羊毛产量	吨	631						5	58	54	35	358	8	113
蜂蜜产量	吨	1049			2			28	317	73	111	144	129	245
禽蛋产量	吨	143480	3290	4680	2585	2680	426	6600	18993	12000	39235	16412	23085	13494

7-10 农作物主要

（2001 年）

项　　目	全市	中原区	二七区	管城区	金水区
农作物总播种面积	**536.54**	**17.99**	**8.59**	**11.56**	**10.51**
粮食作物播种面积	**385.08**	**10.91**	**6.3**	**7.37**	**8.44**
总产量	1498831	54381	14421	34488	42137
夏收粮食播种面积	193.48	5.98	3.18	4	3.9
总产量	760771	27885	6089	18197	15231
秋收粮食播种面积	191.6	4.93	3.12	3.37	4.54
总产量	738060	26496	8332	16291	26906
谷物合计播种面积	341.52	10.74	5.54	6.73	7.75
总产量	1368052	53897	13459	31877	40550
稻谷播种面积	10.16	0.4		0.12	2.83
总产量	72128	2488		720	19630
小麦播种面积	193.47	5.98	3.18	4	3.9
总产量	760679	27885	6089	18197	15231
玉米播种面积	129.35	4.36	2.27	2.59	1.02
总产量	517943	23524	7220	12915	5689
谷子播种面积	8.17		0.09		
总产量	16568		148		
高梁播种面积	0.19				
总产量	470				
其它谷物播种面积	0.18			0.02	
总产量	264		2	45	
豆类合计播种面积	21.24	0.12	0.58	0.09	0.68
总产量	30238	209	450	162	1545
大豆播种面积	16.7	0.07	0.31	0.09	0.68
总产量	26568	151	280	162	1541
绿豆播种面积	4.39	0.05	0.27		
总产量	3318	56	165		4
红小豆播种面积	0.05				
总产量	62	1			

产品生产情况

单位：千公顷、吨

上街区	邙山区	中牟县	巩义市	荥阳市	新密市	新郑市	登封市
0.44	**14.46**	**126.04**	**62.26**	**77.08**	**70.56**	**75.75**	**61.3**
0.29	**6.9**	**65.7**	**55.41**	**60.48**	**59.82**	**52.4**	**51.06**
1625	36219	345806	164692	254588	187624	244983	117867
0.14	2.98	33.33	27.9	31.28	28.64	27.62	24.53
793	14436	170741	98738	127134	97119	119138	65270
0.15	3.92	32.37	27.51	29.2	31.18	24.78	26.53
832	21783	175065	65954	127454	90505	125845	52597
0.29	6.29	54.62	50.48	55.28	52.85	48.53	42.42
1625	35097	295099	154366	238231	171593	229812	102446
	1.55	5.06	0.01	0.19			
	12577	35255	30	1425		3	
0.14	2.98	33.33	27.9	31.28	28.64	27.61	24.53
793	14436	170696	98738	127134	97119	119091	65270
0.15	1.76	15.84	19.19	21.33	23.16	20.46	17.22
832	8084	87935	50813	103802	72254	108961	35914
		0.25	3.3	2.48	1.03	0.39	0.63
		894	4725	5870	2176	1651	1104
		0.11			0.02	0.06	
		297	60		44	69	
		0.03	0.08			0.01	0.04
		22				37	158
	0.58	4.15	2.66	2.56	3.74	0.98	5.1
	998	10429	2493	2900	4464	1935	4653
	0.58	4.11	1.34	1.51	2.79	0.91	4.31
	998	10356	1712	2062	3603	1823	3880
		0.04	1.25	1.05	0.92	0.07	0.74
		26	651	774	831	97	714
							0.05
			2				59

7-10　续表　　(2001 年)

项　　目	全市	中原区	二七区	管城区	金水区
红薯播种面积	22.32	0.05	0.18	0.55	0.01
总产量	100541	275	512	2449	42
油料合计播种面积	**56.63**	**2.14**	**1**	**1.79**	**0.35**
总产量	167174	5040	1348	4192	821
花生播种面积	44.57	1.63	0.74	1.72	0.14
总产量	150271	4573	1097	4119	383
油菜籽播种面积	9.17	0.48	0.18	0.07	0.21
总产量	13817	438	229	70	438
芝麻播种面积	2.48	0.03	0.08		
总产量	1865	29	58	3	
向日葵播种面积	0.41				
总产量	1221				
棉花播种面积	**5.61**	**0.04**	**0.02**		
总产量	6239	26	5		
糖料合计播种面积	**0.01**				
总产量	752				
烟叶播种面积	**6.27**				
总产量	12997				
药材播种面积	**0.74**				**0.11**
蔬菜瓜类播种面积	**79.52**	**4.67**	**1.27**	**2.4**	**1.57**
蔬菜(含菜用瓜)播种面积	68.05	4.54	1.27	1.84	1.55
总产量	2126875	134685	49525	69281	45781
瓜类(果用瓜)播种面积	11.47	0.13		0.56	0.02
总产量	397370	2825	51	8942	600
#西瓜播种面积	10.26	0.08		0.13	0.02
总产量	378278	1563	50	2580	600
其他作物播种面积	**2.01**	**0.23**			

单位:千公顷、吨

上街区	邙山区	中牟县	巩义市	荥阳市	新密市	新郑市	登封市
	0.03	6.93	2.27	2.64	3.23	2.89	3.54
	124	40278	7833	13457	11567	13236	10768
	0.39	**20.93**	**4.08**	**6.06**	**4.1**	**12.58**	**3.21**
	758	80638	4600	16022	8179	42186	3354
	0.26	17.86	2.05	4.6	2.55	11.09	1.93
	618	74049	2832	13940	6244	40053	2363
	0.12	2.5	0.85	1.01	1.27	1.38	1.1
	124	5151	1124	1705	1673	2011	854
	0.01	0.16	1.18	0.45	0.28	0.11	0.18
	16	217	644	377	262	122	137
		0.41					
		1221					
	0.01	**3.39**	**0.74**	**0.37**	**0.12**	**0.13**	**0.79**
	9	4892	380	279	115	118	415
				0.01			
				750		2	
		1.24		**0.01**	**0.33**	**1.07**	**3.62**
		3801		32	743	2596	5825
				0.07	**0.23**		**0.33**
0.15	**7.16**	**34.41**	**1.93**	**9.93**	**4.96**	**9.21**	**1.86**
0.15	7.13	26.69	1.41	9.41	4.63	7.89	1.54
7100	235857	837793	62789	343968	67203	217411	55482
	0.03	7.72	0.52	0.52	0.33	1.32	0.32
22	1060	302767	10805	21183	4460	37009	7646
	0.03	7.32	0.52	0.48	0.18	1.24	0.26
	1060	296689	10755	20484	2699	35652	6146
		0.27	**0.1**	**0.05**	**0.95**	**0.36**	**0.05**

7-11 农林牧

（2001年）

指　　标	全　市	中原区	二七区	管城区	金水区
农林牧渔业总产值	**787345**	**23255**	**13217**	**19145**	**34034**
农业	**471484**	**17237**	**7823**	**12146**	**11817**
种植业	446814	16497	6978	11907	11107
主产品	425998	15779	6789	11435	10600
粮食作物	159390	5537	1535	3563	4946
谷物	138968	5448	1349	3200	4606
豆类	6950	52	117	35	334
薯类	13472	37	69	328	6
油料	38516	1153	330	960	179
棉花	7424	31	6		
糖料	62				
烟叶	7538				
中药材	1303				245
蔬菜(含食用菌)	150911	8371	3546	4208	3746
#蔬菜	141341	8230	3514	4192	3744
#食用菌	9570	141	32	16	2
水果	52188	687	1372	2704	650
#水果	34615	558	1370	2585	623
#瓜类	17573	129	2	119	27
茶叶	50				
其他种植业	8616				834
#花卉园艺	3076				834
#其他农作物	5540				
副产品	20816	718	189	472	507
粮食作物副产品	17662	632	167	400	495
其他副产品	3154	86	22	72	12
其他农业	24670	740	845	239	710
采集	1100				
农民家庭兼营商品性工业	23570	740	845	239	710
林业	**20135**	**144**	**100**	**125**	**66**
营林	4580	109	36	95	36
林产品	1594		29		
竹木采伐	13961	35	35	30	30
牧业	**261079**	**5525**	**5166**	**6547**	**7187**
大牲畜	145452	2175	1924	4290	4512
大牲畜繁殖增长增重	16719	206	105	205	306
猪	115652	1915	1753	3915	4086
羊	13081	54	66	170	120
家禽饲养	23772	1013	810	676	146
活的畜禽产品	78330	2330	2422	1576	2520
捕猎	887				
其他动物饲养	12638	7	10	5	9
渔业	**34647**	**349**	**128**	**327**	**14964**
鱼类	34171	244	128	327	14961
虾蟹类	37				3
其他	439	105			

注:产值为分级核算数,按当年价格计算。

渔业总产值

单位:万元

上街区	邙山区	中牟县	巩义市	荥阳市	新密市	新郑市	登封市
1616	**34758**	**229340**	**59048**	**120479**	**70755**	**111687**	**72885**
981	**20097**	**160778**	**35019**	**67037**	**34446**	**74861**	**32031**
781	19880	157862	29409	62142	30156	73056	29691
763	19444	152250	27306	58856	27795	69481	28154
163	4094	38099	17197	26509	19787	25187	12776
163	3861	30438	15521	23985	17176	22982	10241
	216	2264	626	721	1061	431	1092
	17	5397	1050	1803	1550	1774	1443
	176	18391	1224	3746	1916	9651	791
	11	5821	452	332	137	140	494
				62			
		2205		19	431	1506	3379
				579	210		835
556	14672	65819	4828	20910	3229	17060	4039
443	14620	60373	4026	20666	3176	15171	3191
113	52	5446	802	244	53	1889	848
44	463	21277	3300	4840	1754	12050	3048
44	415	7706	2808	3879	1551	10366	2711
	48	13571	492	961	203	1684	337
							50
	28	638	305	1859	331	3887	2742
	28	8	65	1491	71		406
		630	240	368	260	3887	2336
18	436	5612	2103	3286	2361	3575	1537
18	424	4042	2014	3009	2218	2829	1412
	12	1570	89	277	143	746	125
200	217	2916	5610	4895	4290	1805	2340
		150	110	242	530	5	200
200	217	2766	5500	4653	3760	1800	2140
17	**104**	**3924**	**3231**	**933**	**2750**	**876**	**7924**
5	51	1005	1596	375	326	588	343
			633	266	400		338
12	53	2919	1002	292	2024	288	7243
618	**8452**	**54273**	**20198**	**51859**	**33086**	**35712**	**32483**
247	1897	40333	10939	22527	15852	19700	21083
12	311	5222	1327	963	1302	1717	5070
212	1522	28988	8661	19445	12840	17134	15180
23	64	6123	951	2119	1710	849	833
104	2513	3076	1747	5109	2156	4998	1424
266	4002	9702	6422	22671	8317	10808	7295
		325	110	192	80		180
1	40	837	980	1360	6681	206	2501
	6105	**10365**	**600**	**650**	**473**	**238**	**447**
	6026	10271	589	578	362	238	447
		28		6			
	79	66	11	66	111		

7-12 农林牧

（2001年）

指标		全市	中原区	二七区	管城区
合计	农林牧渔业总产值	787345	23255	13217	19145
	中间消耗	334205	9747	6044	8606
	中间物质消耗	289181	9687	5749	7535
	生产服务支出	45024	60	295	1071
	增加值	453140	13508	7173	10539
	固定资产折旧	24068	944	1322	830
	劳动报酬	402839	12163	404	9493
	生产税净额	8859	212	95	68
	营业盈余	17374	189	5352	148
农业	总产值	471484	17237	7823	12146
	中间消耗	190952	7020	3608	5391
	中间物质消耗	163243	7020	3519	4421
	生产服务支出	27709		89	970
	增加值	280532	10217	4215	6755
种植业	总产值	446814	16497	6978	11907
	中间消耗	181086	6798	3199	5298
	中间物质消耗	154698	6798	3121	4328
	生产服务支出	26388		78	970
	增加值	265728	9699	3779	6609
其它农业	总产值	24670	740	845	239
	中间消耗	9866	222	409	93
	中间物质消耗	8545	222	398	93
	生产服务支出	1321		11	
	增加值	14804	518	436	146
# 农民家庭兼营商品性工业	总产值	23570	740	845	239
	中间消耗	9310	222	409	93
	增加值	14260	518	436	146
林业	总产值	20135	144	100	125
	中间消耗	7508	49	34	56
	中间物质消耗	6182	49	29	40
	生产服务支出	1326		5	16
	增加值	12627	95	66	69
牧业	总产值	261079	5525	5166	6547
	中间消耗	120186	2517	2344	3017
	中间物质消耗	105454	2457	2150	2937
	生产服务支出	14732	60	194	80
	增加值	140893	3008	2822	3530
渔业	总产值	34647	349	128	327
	中间消耗	15559	161	58	142
	中间物质消耗	14302	161	51	137
	生产服务支出	1257		7	5
	增加值	19088	188	70	185

注：增加值为分级核算数，按当年价格计算。增加值包含利息分摊，生产服务支出包括对物质生产部门和非物质生产部门的劳务支出。

渔业增加值

单位:万元

金水区	上街区	邙山区	中牟县	巩义市	荥阳市	新密市	新郑市	登封市
34034	1616	34758	229340	59048	120479	70755	111687	72885
14470	722	15825	96089	24591	50637	28671	46935	32863
13423	712	15021	74150	23678	44439	25323	39091	31368
1047	10	804	21939	913	6198	3348	7844	1495
19564	894	18933	133251	34457	69842	42084	64752	40022
3200	30	3974	3043	2120	2353	2000	2590	1662
15779	584	13675	127813	28994	65493	35695	58078	34762
311	30	259	529	260	1018	3500	1630	947
274	250	1025	1866	3083	978	889	2454	2651
11817	981	20097	160778	35019	67037	34446	74861	32031
4432	436	8496	66167	14807	26622	11624	28540	14658
3941	430	8058	53314	14257	23567	9799	21516	14250
491	6	438	12853	550	3055	1825	7024	408
7385	545	11601	94611	20212	40415	22822	46321	17373
11107	781	19880	157862	29409	62142	30156	73056	29691
4172	346	8391	64884	12395	24298	10134	27875	13675
3698	342	7965	52274	11923	21529	8729	21029	13341
474	4	426	12610	472	2769	1405	6846	334
6935	435	11489	92978	17014	37844	20022	45181	16016
710	200	217	2916	5610	4895	4290	1805	2340
260	90	105	1283	2412	2324	1490	665	983
243	88	93	1040	2334	2038	1070	487	909
17	2	12	243	78	286	420	178	74
450	110	112	1633	3198	2571	2800	1140	1357
710	200	217	2766	5500	4653	3760	1800	2140
260	90	105	1216	2365	2209	1306	663	813
450	110	112	1550	3135	2444	2454	1137	1327
66	17	104	3924	3231	933	2750	876	7924
33	8	49	1766	1237	351	774	276	2934
28	7	44	1311	1182	331	687	245	2288
5	1	5	455	55	20	87	31	646
33	9	55	2158	1994	582	1976	600	4990
7187	618	8452	54273	20198	51859	33086	35712	32483
3420	278	4194	23695	8293	23376	16057	18010	15072
3194	275	3946	15637	8041	20290	14667	17252	14695
226	3	248	8058	252	3086	1390	758	377
3767	340	4258	30578	11905	28483	17029	17702	17411
14964		6105	10365	600	650	473	238	447
6585		3086	4461	254	288	216	109	199
6260		2973	3888	198	251	170	78	135
325		113	573	56	37	46	31	64
8379		3019	5904	346	362	257	129	248

7-13 主要牲畜未存栏情况

项　　目	单位	合计	中原区	二七区	管城区	金水区	上街区	邙山区	中牟县	巩义市	荥阳市	新密市	新郑市	登封市
大牲畜年未总头数	**万头**	**36.72**	**0.26**	**0.3**	**0.78**	**0.39**	**0.01**	**0.42**	**11.53**	**4.39**	**3.01**	**2.94**	**4.92**	**7.77**
其中:从事农事劳役	万头	17.04	0.02	0.1	0.2	0.02	0.01	0.13	3.46	1.91	1.46	2.24	2.41	5.08
牛年未总头数	万头	31.24	0.25	0.27	0.74	0.38	0.01	0.35	8.59	3.76	2.66	2.57	4.45	7.21
其中:能繁殖的母畜	万头	14.88	0.16	0.15	0.18	0.22	0.01	0.3	3.55	1.37	1.18	1.36	1.97	4.43
当年生仔畜	万头	10.24	0.09	0.05	0.1	0.12		0.14	2.75	0.83	0.6	0.87	1.04	3.65
黄牛年未总头数	万头	29.6	0.05	0.17	0.65	0.06		0.07	8.43	3.73	2.42	2.45	4.37	7.2
其中:能繁殖的母畜	万头	13.65	0.01	0.06	0.12	0.02		0.03	3.45	1.35	1	1.27	1.92	4.42
当年生仔畜	万头	9.75	0.01	0.03	0.06	0.01		0.01	2.72	0.82	0.58	0.84	1.02	3.65
乳牛年未总头数	万头	1.64	0.2	0.1	0.09	0.32	0.01	0.28	0.16	0.03	0.24	0.12	0.08	0.01
其中:能繁殖的母畜	万头	1.23	0.15	0.09	0.06	0.2	0.01	0.27	0.1	0.02	0.18	0.09	0.05	0.01
当年生仔畜	万头	0.32	0.05	0.01	0.03	0.11		0.01	0.03	0.01	0.02	0.03	0.02	
水牛年未总头数	万头													
马年未总头数	万头	1.11						0.01	0.6	0.1	0.07	0.08	0.02	0.23
其中:能繁殖的母畜	万头	0.58						0.01	0.38	0.04	0.03	0.02	0.01	0.09
当年生仔畜	万头	0.38							0.28	0.03	0.01	0.01		0.05
驴年未总头数	万头	2.73		0.02	0.03	0.01		0.04	1.42	0.3	0.18	0.15	0.38	0.2
其中:能繁殖的母畜	万头	1.33						0.02	0.85	0.16	0.06	0.04	0.12	0.08
当年生仔畜	万头	0.96						0.01	0.65	0.09	0.04	0.02	0.1	0.05
骡年未总头数	万头	1.64	0.01	0.01	0.01			0.02	0.92	0.23	0.1	0.14	0.07	0.13
其中:当年生仔畜	万头	0.4							0.31	0.05		0.01		0.03
猪年未总头数	**万头**	**158.32**	**2.63**	**2.41**	**5.93**	**4.13**	**0.31**	**2.01**	**39.32**	**13**	**23.81**	**19.31**	**24.6**	**20.86**
其中:能繁殖母猪	万头	15.74	0.16	0.13	0.29	0.28	0.04	0.18	5.16	1.44	2.03	1.7	2.74	1.59
羊年未总只数	**万只**	**85.01**	**0.6**	**0.58**	**1.3**	**0.53**	**0.08**	**1.22**	**37.46**	**4.91**	**13.2**	**10.11**	**6.17**	**8.85**
其中:能繁殖的母羊	万只	39.18	0.35	0.32	0.49	0.18	0.02	0.71	15.77	2.78	6.37	4.14	2.89	5.16
山羊年未总只数	万只	72.13	0.5	0.57	1.18	0.41	0.08	1.08	34.65	3.24	12.63	7.16	5.61	5.02
其中:能繁殖的母羊	万只	32.66	0.3	0.32	0.45	0.14	0.02	0.62	14.75	1.74	6.1	2.88	2.68	2.66
绵羊年未总只数	万只	12.88	0.1	0.01	0.12	0.12		0.14	2.81	1.67	0.57	2.95	0.56	3.83
其中:能繁殖的母羊	万只	6.52	0.05		0.04	0.04		0.09	1.02	1.04	0.27	1.26	0.21	2.5
家禽(鸡、鸭、鹅)	**万只**	**2211.56**	**75.11**	**68.42**	**59.09**	**28.83**	**7.5**	**139.75**	**327.85**	**204.36**	**481.77**	**236.96**	**379.8**	**202.12**
养兔	**万只**	**110.05**	**0.5**	**0.72**	**0.23**	**0.61**	**0.1**	**1.35**	**22.49**	**22.52**	**14.4**	**12.11**	**7.69**	**27.33**

7-14　全市粮经比

单位:%

县(市)区	1995年	1996年	1997年	1998年	1999年	2000年	2001年
全市	**79.8:20.2**	**79.7:20.3**	**80.1:19.9**	**79.4:20.6**	**77.6:22.4**	**74.9:25.1**	**71.8:28.2**
中原区			77.1:22.9	66.5:33.5	63.8:36.2	54.9:41.0	60.6:39.4
二七区			76.7:23.3	75.3:24.7	74.0:26.0	73.4:26.6	73.3:26.7
管城区	79.0:21.0	78.3:21.7	80.4:19.6	80.4:19.6	81.0:29.0	76.4:23.6	63.8:26.2
金水区			92.0:8.0	90.6:9.4	91.7:8.3	87.9:12.1	80.3:19.7
上街区	46.1:53.9	43.6:56.4	47.1:52.9	71.7:28.3	73.3:26.7	66.7:33.3	65.9:34.1
邙山区			57.0:43.0	53.9:46.1	53.3:46.7	48.8:51.2	47.7:52.3
中牟县	65.9:34.1	65.0:35.0	65.0:35.0	64.0:36.0	61.2:38.8	56.6:43.4	52.1:47.9
巩义市	89.0:11.0	89.7:10.3	90.5:9.5	90.7:9.3	91.1:8.9	90.0:10.0	89.0:11.0
荥阳市	84.9:15.1	84.4:15.6	85.0:15.0	85.0:15.0	82.8:17.2	82.3:17.7	78.5:21.5
新密市	88.7:11.3	88.8:11.2	89.0:11.0	89.0:11.0	87.5:12.5	86.6:13.4	84.8:15.2
新郑市	78.6:21.4	80.1:19.9	80.1:19.9	80.0:20.0	80.1:19.9	71.8:28.2	69.2:30.8
登封市	86.1:13.9	84.9:15.1	85.4:14.6	85.5:14.5	83.8:16.2	84.8:15.2	83.3:16.7

主要统计指标解释

农林牧渔业总产值 是以货币表现的农、林、牧、渔业全部产品的总量,它反映一定时期内农业生产的总规模和总成果。

农林牧渔四业统计范围 是:(1)种植业:包括粮、棉、油、糖料、麻类、烟叶、蔬菜、药材、瓜类、采集野生植物,农民家庭兼营的工业和其他农作物的种植以及茶园、桑园、果园的生产经营。

(2)林业:包括林木的栽培、林产品的采集和村以下的竹木采伐。

(3)牧业:包括除渔业以外的一切动物饲养和放牧及捕猎野兽。

(4)渔业:包括水生动物和海藻类植物养殖和捕捞。

农业总产值的计算方法通常是以农、林、牧、渔业产品及副产品的产量乘以该项单位价格而得该项产品产值。少数生产周期较长,当年没有产品或产品不易统计的则采用间接方法匡算产值。四业产品产值之和即为农业总产值。

农业增加值 指各单位生产经营或劳务活动提供最终产品的货币表现,即本单位或本行业对社会所做的贡献。农业增加值是社会各经济单位,即企业、事业单位和行政单位及个体经营户在报告期内生产经营和业务活动最终成果的货币表现。农业增加值主要采用生产法和分配法(收入法)两种方法计算。

农作物种植业 包括谷物、豆类、薯类、棉、油料、糖料、麻类、烟叶、蔬菜、药材、瓜类和其他农作物的种植,以及茶园、桑园、果园的生产经营。

其他农业 包括采集野生植物的果实、纤维、树胶、树脂、油料以及柴草、野生药材、菌类等及农民家庭兼营的商品性工业。

粮食产量 指全社会的产量。包括国有经济经营的、集体统一经营的和农民家庭经营的粮食产量,还包括工矿企业家属办的农场和其他生产单位的产量。粮食除包括稻谷、小麦、玉米、高粱、谷子及其他杂粮外,还包括薯类和大豆。其产量计算方法,豆类按去豆荚后的干豆计算;薯类(包括甘薯和马铃薯,不包括芋头和木薯)1963 年以前按每 4 公斤鲜薯折 1 公斤粮食计算,从 1964 年开始及以后改为按 5 公斤鲜薯折 1 公斤粮食计算。郑州辖区作为蔬菜的薯类(如:马铃薯等)按鲜品计算,并且不做为粮食统计。其他粮食一律按脱粒后的原粮计算。

油料产量 指全部油料作物的生产量。包括花生、油菜籽、芝麻、向日葵籽、胡麻籽(亚麻籽)和其他油料。不包括大豆,也不包括木本油料和野生油料。花生以带壳干花生计算。

水产品产量 指人工养殖的水产品和天然生长的水产品的捕捞量。包括海水的鱼类、虾蟹类、贝类和藻类以及内陆水域的鱼类、虾蟹类和贝类,不包括淡水生植物。

猪、牛、羊肉产量 指当年出栏并已屠宰后除去头蹄下水后带骨肉(即胴体重)的重量。

耕地面积 指年初可以用来种植农作物、经常进行耕锄的田地,除包括熟地、当年新开荒地、连续撩荒未满三年的耕地和当年的休闲地(轮歇地)外,还包括以种植农作物为主并附带种植桑树、茶树、果树和其他林木的土地,以及沿海、沿湖地区已围垦利用的“海涂”、“湖田”等面积。但不包括属于专业性的桑园、茶园、果园、果木苗圃、林地、芦苇地、天然或人工草地面积。

农作物播种面积 指实际播种或移植有农作物的面积,凡是实际种植有农作物的面积,不论种植在耕地上还是种植在非耕地上,均包括在农作物播种面积中,同时还包括因遭灾而重新改种和补种的农作物面积,种一公顷算一公顷。

农用化肥施用量 指本年内实际用于农业生产的化肥数量。包括氮肥、磷肥、钾肥和复合肥。化肥施用量要求按折纯量计算数量。折纯法化肥施用量是把氮肥、磷肥和钾肥分别按含氮、含五氧化二磷、含氧化钾的百分之百有效成份计算。复合肥按其所含主要成分折算。

农业机械总动力 指主要用于农、林、牧、渔业的各种动力机械的动力总和。包括耕作机械、排灌机械、收获机械、农产品加工机械、运输机械、植物保护机械、牧业机械、林业机械、渔业机械和其他农业机械〔内燃机按引擎马力折成瓦(特)计算,电动机按功率折成瓦(特)计算〕。不包括专门用于乡、镇、村、组办工业、基本建设、非农业运输、科学试验和教学等非农业生产方面用的动力机械与作业机械。

八、工　　业

8-1 历年工业总产值

单位:万元

年份	总产值	国有企业	集体企业	城乡个体	其他各种经济类型	轻工业	重工业
1949	2391					1442	949
1952	9245					5920	3325
1957	39610					31164	8446
1962	52525					36771	15754
1965	106270					78153	28117
1970	183222					100343	82879
1975	246211					129373	116838
1978	320288					172370	147918
1979	370045					202538	167507
1980	402306					237482	164823
1981	437552					267258	170294
1982	461194					269036	192158
1983	505017					284771	220246
1984	582897					307364	275533
1985	701472	451080	188981	61320	91	352272	349200
1986	776624	471644	201654	103104	222	376233	400391
1987	962439	572500	255739	133200	1000	455922	506517
1988	1296981	718879	378715	196431	2956	583835	713146
1989	1599014	879788	486687	228480	4059	654211	944803
1990	1744453	936757	532972	265956	8768	713715	1030738
1991	2063844	1025336	687014	340414	11080	823051	1240793
1992	2672758	1208014	932739	488193	43812	1016999	1655759
1993	3693136	1419814	1378271	747666	147385	1278879	2414257
1994	4803181	1459319	1755649	1061093	527120	1747437	3055774
1995	6479164	1799927	2188574	1711875	778788	2127630	4351534
1995	[6058858]	[1602463]	[2054439]	[1711875]	[690081]	[1940774]	[4118084]
1996	7919258	1832055	2738886	2019137	1329180	2362282	5556976
1997	8886488	1765398	3026673	2429311	1665106	2668548	6217940
1998	8777675	1260921	2462846	2478534	2575374	2753908	6023767
1999	8872394	1881049	2474148	2470286	2046911	2508519	6363875
2000	10052967	2066754	2686440	2885928	2413845	2900651	7152316
2001	11127574	2245286	2905406	3158835	2818047	3255391	7872183

注:1.本表按当年价格计算;2.1995 年以前为原规定,括号内及 1996 年始为新规定;3.1999 年及以后国有企业为国有及国有控股企业。

8-2 历年工业总产值指数

（以 1952 年为 100）

年份	总产值	国有企业	集体企业	城乡个体	其他各种经济类型	轻工业	重工业
1949	25.9					24.4	28.5
1952	100.0					100.0	100.0
1957	499.8					614.0	2963.3
1962	660.5					722.0	550.7
1965	1333.5					1531.4	980.9
1970	2291.5					1959.6	2881.7
1975	3054.8					2506.4	4030.2
1978	3955.3					3321.2	5082.9
1979	4562.8					3895.5	5749.6
1980	4954.7					4661.3	5865.4
1981	5369.9					5121.7	5810.4
1982	5655.5					5151.6	6551.1
1983	6193.0					5453.0	7508.9
1984	6937.8					5712.4	9117.4
1985	8097.0	100.0	100.0	100.0		6349.4	11206.1
1986	8891.7	104.6	106.7	163.5		6724.0	12748.6
1987	10068.7	116.7	135.3	172.8		7776.1	14147.7
1988	12274.4	130.7	200.4	243.0		8924.8	18234.7
1989	13415.9	135.8	257.5	268.3		9299.6	20933.4
1990	14636.7	140.1	281.9	308.0	100.0	10145.9	22838.4
1991	17081.1	149.4	363.4	395.7	127.6	11272.1	27862.8
1992	20804.8	166.3	493.5	550.1	501.7	13098.1	35246.5
1993	26713.3	174.1	729.4	767.9	1588.5	15901.1	47195.0
1994	30399.7	152.2	920.3	926.8	4848.0	17888.8	54179.9
1995	35506.9	164.7	1238.7	1254.0	6442.9	19767.1	65666.0
1996	42324.2	171.6	1651.2	1432.1	6713.6	21506.6	82148.2
1997	48588.2	165.8	1824.6	1722.8	8163.7	24367.0	92170.3
1998	50240.2	124.0	1554.6	1827.9	13225.2	26413.8	93737.2
1999	53321.5	194.2	1640.1	1913.8	11043.0	25263.2	103981.2
2000	58760.3	209.3	1736.9	2149.2	12710.5	27001.3	116084.6
2001	63913.5	222.6	1795.6	2329.1	14971.7	28575.5	127739.5

8-3　全部工业总产出、总产值及增加值

（2001 年）

项　　目	单位数（个）	工业总产出（万元）	工业总产值（万元）	工业增加值（万元）
总　　计	**50444**	**12011922**	**11127574**	**3446895**
按轻重工业分				
轻工业	26729	3513686	3255391	973835
重工业	23715	8498236	7872183	2473060
按登记注册类型分				
国有及国有控股	372	2588002	2245286	842546
集体工业	4640	3137785	2905406	909971
城乡个体工业	41506	3158835	3158835	863664
其他各种经济类型	3926	3127300	2818047	830714
国有及年产品销售收入 500 万元以上非国有工业	**1584**	**7284851**	**6400503**	**2100940**
按轻重工业分				
轻工业	544	2052444	1794149	580143
重工业	1040	5232407	4606354	1520797
按登记注册类型分				
国有及国有控股	280	2562976	2220260	835713
集体工业	778	2326967	2094588	647446
其他各种经济类型	526	2394908	2085655	617781
年产品销售收入 500 万元以下非国有工业	**48860**	**4727071**	**4727071**	**1345955**
按轻重工业分				
轻工业	26185	1461242	1461242	393692
重工业	22675	3265829	3265829	952263
按登记注册类型分				
集体工业	3862	810818	810818	262525
城乡个体工业	41506	3158835	3158835	863664
其他各种经济类型	3492	757418	757418	219766

注：本表工业总产出、总产值、增加值按当年价格计算。

8-4 各县(市)、区工业企业单位数

(2001 年底)

单位:个

县(市)区	合计	国有及规模以上企业	规模以下企业	城乡个体企业	轻工业	重工业	大型企业	中型企业	小型企业
全　市	**50444**	**1584**	**7354**	**41506**	**26729**	**23715**	**49**	**56**	**50339**
市　直	1090	305	785		534	552	39	24	1027
中原区	2264	64	673	1527	1087	1168			2264
二七区	471	22	206	243	104	356	1	2	468
管城区	936	13	76	847	832	127	1		935
金水区	1799	29	246	1524	630	1144			1799
上街区	240	37	155	48	74	162	1	2	237
邙山区	407	25	40	342	245	162			407
中牟县	6745	60	268	6417	6160	768		1	6744
巩义市	7101	320	927	5854	1280	5648	4	3	7094
荥阳市	6977	148	577	6252	2792	5307		6	6971
新密市	6456	281	1256	4919	4139	2366	1	9	6446
新郑市	11690	128	896	10666	7716	4079	1	7	11682
登封市	4268	152	1249	2867	2416	1876	1	2	4265

8-5 各县(市)、区工业总产值

(2001 年)

单位:万元

县(市)区	合计	国有及规模以上企业	规模以下企业	城乡个体企业	轻工业	重工业	大型企业	中型企业	小型企业
全　市	**11127574**	**6400503**	**1568236**	**3158835**	**3255391**	**7872183**	**1492896**	**547799**	**9086879**
市　直	2019168	1945402	73766	0	579183	1439985	1086338	213691	719139
中原区	251848	106055	46883	98910	99580	152268			251848
二七区	154794	136029	12401	6364	46177	108617	33512	14324	106958
管城区	139880	124664	7208	8008	128503	11377	29049		
金水区	207926	157286	29294	21346	167247	40679			207926
上街区	142619	105150	32011	5458	17402	125217	20429	12454	109736
邙山区	89266	43422	11156	34688	61195	28071			89266
中牟县	449092	160796	66976	221320	227912	221180		8577	440515
巩义市	2596544	1460844	302620	833080	184397	2412147	79287	110276	2406981
荥阳市	1315910	559613	210524	545773	192685	1123225		37696	1278214
新密市	1271444	560677	315976	394791	567125	704319	9797	53657	1207990
新郑市	1737222	609707	258584	868931	887210	850012	147056	66838	1523328
登封市	751861	430858	200837	120166	96778	655083	87428	30287	634146

8-6 各县(市)、区工业增加值

(2001年)

县(市)区	全部工业		国有及规模以上		规模以下		城乡个体	
	增加值(万元)	增加值率(%)	增加值(万元)	增加值率(%)	增加值(万元)	增加值率(%)	增加值(万元)	增加值率(%)
全　市	**3446895**	**28.7**	**2100940**	**28.84**	**482291**	**30.75**	**863664**	**27.34**
市　直	662286	28.53	641115	28.53	21171	28.70	0	0.00
中原区	67815	25.6	28803	24.19	13339	28.45	25673	25.96
二七区	44244	26.34	38881	26.06	3562	28.72	1801	28.30
管城区	47859	29.96	43744	30.27	2014	27.94	2101	26.24
金水区	54511	24.6	40766	23.84	8141	27.79	5604	26.25
上街区	40203	25.91	29694	25.23	9068	28.33	1441	26.40
邙山区	24284	25.13	12057	23.74	3057	27.40	9170	26.44
中牟县	124748	26.63	47201	26.20	18061	26.97	59486	26.88
巩义市	770028	27.53	448812	27.02	90786	30.00	230430	27.66
荥阳市	383245	27.57	171922	27.14	62687	29.78	148636	27.23
新密市	413636	30.69	190498	29.90	113781	36.01	109357	27.70
新郑市	533307	29.43	224717	32.84	72691	28.11	235899	27.15
登封市	280729	34.66	182730	37.38	63933	31.83	34066	28.35

注:1.本表按当年价格计算;2.全部国有及规模以上工业是指全部国有工业企业及年销售收入在500万元以上的非国有工业企业;3.规模以下工业是指年销售收入500万元以下的非国有工业企业和非工业法人单位附营的工业产业活动单位。

8-7 全部国有及规模以上工业企业单位数、总产值、增加值及销售产值

(2001年)

项　　目	单位数(个)	工业总产值(万元)	工业总产值指数(上年=100)	工业增加值(万元)	工业销售产值(万元)
总　　计	**1584**	**6400503**	**110.1**	**2100940**	**6205827**
#国有及国有控股企业	280	2220260	105.6	835713	2193195
集体企业	778	1908061	106.9	591007	1845698
港澳台商投资企业	57	394218	117.7	143933	387213
外商投资企业	42	180689	118.8	53176	171437
按轻重工业分					
轻工业	544	1794149	105.5	580142	1750094
以农产品为原料	413	1513410	108.2	498794	1480618
以非农产品为原料	131	280739	93.0	81348	269476
重工业	1040	4606354	112.0	1520797	4455733
采掘工业	151	450424	116.6	220967	443002
原料工业	231	1826732	109.1	629342	1780418
加工工业	658	2329198	113.4	670488	2232313
按企业规模分					
大型工业	49	1492896	101.0	567298	1479412
中型工业	56	547798	111.4	188415	539332
小型工业	1479	4359809	113.4	1345227	4187084

注:本表工业总产值、增加值、销售产值按当年价格计算,指数按可比价计算。

8-8 全部国有及规模以上工业企业分行业单位数、总产值、增加值及销售产值

（2001 年）

行业	单位数（个）	工业总产值（万元）	工业增加值（万元）	工业销售产值（万元）
总计	**1584**	**6400503**	**2100940**	**6205827**
煤炭采选业	136	391351	205185	385267
有色金属矿采选业	4	9646	3149	9412
非金属矿采选业	11	49427	12634	48323
食品加工业	65	198840	43634	195935
食品制造业	29	136024	36833	129165
饮料制造业	14	95423	30409	92094
烟草加工业	7	256318	146194	256187
纺织业	38	202685	51619	197502
服装及其他纤维制品制造业	21	55466	14134	54700
皮革、毛皮、羽绒及其制品业	9	12095	3391	11384
木材加工及竹、腾、棕、草制造业	16	17216	4721	16822
家具制造业	7	4845	1464	4591
造纸及纸制品业	141	272584	79287	266709
印刷业、记录媒介的复制	48	107132	32590	105121
文教体育用品制造业	2	287	75	289
石油加工及炼焦业	5	17283	5771	17750
化学原料及化学制品制造业	97	342011	96209	330067
医药制造业	31	149513	51657	142494
化学纤维制造业	5	23677	7795	22787
橡胶制品业	10	36724	11087	34721
塑料制品业	37	95723	24600	91317
非金属矿物制品业	357	1035858	326230	988304
黑色金属冶炼及压延加工业	27	140034	37802	128032
有色金属冶炼及压延加工业	40	781301	220284	763607
金属制品业	60	122695	32308	117890
普通机械制造业	87	225183	66616	216808
专用设备制造业	107	441916	124719	422815
交通运输设备制造业	50	384394	103195	370498
电气机械及器材制造业	61	203428	50320	199627
电子及通信设备制造业	17	43288	11961	39754
仪器仪表及文化、办公用机械制造业	9	17593	4712	17450
其他制造业	5	19007	5970	18773
电力、蒸汽、热水的生产和供应业	22	469252	236821	467797
煤气生产和供应业	1	14060	4272	14025
自来水的生产和供应业	8	28224	13292	27810

8-9 各县(市)、区全部国有及规模以上工业企业企业单位数

(2001 年底)

单位:个

县(市)区	合计	# 国有及国有控股	# 集体	# 港澳台投资	# 外商投资	轻工业	重工业	# 大型	# 中型
全　市	**1584**	**280**	**778**	**57**	**42**	**544**	**1040**	**49**	**56**
市　直	305	179	49	32	15	155	150	39	24
中原区	64	2	41	3	5	22	42	0	0
二七区	22	0	10	1	3	9	13	1	2
管城区	13	0	7	1	0	9	4	1	0
金水区	29	1	12	6	0	23	6	0	0
上街区	37	6	11	1	0	10	27	1	2
邙山区	25	1	13	0	1	18	7	0	0
中牟县	60	14	27	3	2	36	24	0	1
巩义市	320	16	171	1	4	30	290	4	3
荥阳市	148	14	79	4	2	23	125	0	6
新密市	281	20	219	1	1	144	137	1	9
新郑市	128	10	43	1	7	54	74	1	7
登封市	152	17	96	3	2	11	141	1	2

8-10 各县(市)、区全部国有及规模以上工业总产值

(2001 年)

单位:万元

县(市)区	合计	# 国有及国有控股	# 集体	# 港澳台投资	# 外商投资	轻工业	重工业	# 大型	# 中型
全　市	**6400503**	**2220260**	**2094588**	**394218**	**180689**	**1794149**	**4606354**	**1492896**	**547799**
市　直	1945404	1501850	128927	200920	104170	548501	1396903	1086338	213691
中原区	106055	414	71512	2072	5726	41029	65026		
二七区	136029		98988	441	7173	42378	93652	33512	14324
管城区	124664		43037	74882		118511	6153	29049	
金水区	157286	2128	88378	13654		144448	12839		
上街区	105150	10601	36902	2190		9873	95277	20429	12454
邙山区	43422	318	14134		907	37663	5759		
中牟县	160796	28727	76735	4836	1101	89812	70984		8577
巩义市	1460844	174882	614449	11934	22214	86000	1374843	79287	110276
荥阳市	559613	82767	205906	57668	3835	57036	502577		37696
新密市	560677	59431	365749		8300	263366	297311	9797	53657
新郑市	609707	201551	162124	1700	23037	342221	267486	147056	66838
登封市	430858	157591	187747	23920	4226	13314	417544	87428	30287

注:本表按当年价格计算。

8-11 各县(市)、区全部国有及规模以上工业销售产值

(2001 年)

单位:万元

县(市)区	合计	# 国有及国有控股	# 集体	# 港澳台投资	# 外商投资	轻工业	重工业	# 大型	# 中型
全　市	**6205827**	**2193195**	**2018922**	**387213**	**171437**	**1750094**	**4455733**	**1479412**	**539331**
市　直	1917855	1485123	130835	197477	95893	540571	1377284	1078646	210211
中原区	102877	479	69585	2066	5509	39704	63172		
二七区	132279		95870	667	7335	41566	90713	30753	14225
管城区	123692		42991	73953		117692	6000	29040	
金水区	154547	2098	87474	13074		141902	12645		
上街区	100724	10252	36369	2130		9628	91096	20307	12142
邙山区	39632	296	13323		1032	33890	5742		
中牟县	159132	28431	76563	4460	1024	88640	70492		8589
巩义市	1378298	172120	567708	11516	21293	80791	1297506	77268	108131
荥阳市	540072	78497	198187	56330	3867	55293	484780		37301
新密市	543927	58634	359805		8045	257319	286608	9569	52734
新郑市	591476	199511	160100	1637	22077	330662	260814	145813	65996
登封市	421316	157753	180113	23903	5363	12436	408881	88016	30003

注:本表按当年价格计算。

8-12 各县(市)、区全部国有及规模以上工业增加值

(2001 年)

单位:万元

县(市)区	合计	# 国有及国有控股	# 集体	# 港澳台投资	# 外商投资	轻工业	重工业	# 大型	# 中型
全　市	**2100940**	**835713**	**647446**	**143933**	**53176**	**580142**	**1520797**	**567298**	**188414**
市　直	641116	515121	36998	69341	27527	182693	458422	383288	55765
中原区	28803	90	18715	619	1549	11113	17690		
二七区	38881		27854	104	2229	11845	27036	10141	4498
管城区	43744		14165	28088		42137	1607	10257	
金水区	40766	465	23509	3437		36860	3906		
上街区	29694	2850	11086	666		2626	27068	6286	3752
邙山区	12057	88	3937		231	10296	1761		
中牟县	47201	9595	20737	1263	275	25085	22116		2394
巩义市	448812	66342	187964	5869	10130	24325	424487	27220	43276
荥阳市	171922	27651	62526	22336	1141	14612	157310		15435
新密市	190498	27771	118380		2119	75475	115023	3229	24805
新郑市	224717	108036	47783	471	6692	139582	85135	83881	22438
登封市	182730	77705	73791	11738	1284	3493	179238	42997	16052

注:本表按当年价格计算。

8-13 历年主要工业产品产量

产品名称	计量单位	1978 年	1980 年	1985 年	1990 年	1995 年	1998 年	1999 年	2000 年	2001 年
原煤	万吨	868	897	1352	1628	2220	2613	1724	1830	2039
配混合饲料	吨		5319	33381	53277	65580	115153	162648	215885	272902
方便主食品	吨				8228	32419	103375	118378	133124	155634
啤酒	吨			6964	72189	147464	358414	382317	396963	387349
软饮料	吨		1590	13624	16084	44677	20164	67591	63745	82490
卷烟	箱	486039	700893	886309	912137	952623	824439	846019	857320	786128
纱	吨	76695	85174	79366	88264	88391	76245	83826	69194	72798
布	万米	41876	44804	38904	40510	40981	32762	30530	23391	21735
印染布	万米	15086	19188	13210	8758	20321	10321	9884	14620	14833
服装	万件		1529	1730	2260	1619	939	912	1132	1240
人造板	立方米		1548	5622	3788	196849	46744	75312	51276	47750
家具	件		232101	659500	721200	494176	85912	82450	99407	59984
机制纸机制纸板	吨	26940	36380	92237	67370	353613	598722	909452	923175	1012583
硫酸	吨	5089	8939	13321	28207	133400	114976	97393	93872	73233
盐酸	吨		16129	31573	43597	64340	55265	67038	81140	91590
烧碱	吨	14518	19665	26157	39702	90905	70342	88621	98771	105313
纯碱	吨	1641		11059	25057	94300	148291	150748	88799	180016
化学农药	吨			435	768	1976	3264	4772	2684	5390
中成药	吨	422	895	1851	1322	1763	2774	2634	3276	4618
化学肥料	吨	89175	37836	34013	79752	117152	181701	158962	156862	150639
肥皂	吨	9131	13828	22850	21165	17340	9617	8376	6639	5999
合成洗涤剂	吨		271	330	6445	19868	19400	751	17240	12136
轮胎外胎	条		80059	197512	365400	500265	499106	355890	278349	290083
塑料制品	吨			15210	18997	55574	42436	50374	58394	63127
水泥	万吨	38	55	119	227	737	881	966	932	1006
工业陶瓷	吨					16244	20604	9465	11412	7139
日用玻璃制品	吨		17049	32002	26344	72692	42836	35341	21017	11080
磨具	吨	13426	15525	18006	19329	41958	93966	71005	52096	41484
钢	吨	21755	37114	44666	59252	129927	163113	118326	16368	11489
成品钢材	吨		19087	44666	74061	154566	251181	276168	140913	146538
铝	吨	17636	28975	33796	40282	59323	129791	154579	157612	264902
氧化铝	吨	400200	406000	533000	600630	665680	731320	875000	965904	1070767
阀门	吨		584	1669	9717	38565	34594	30357	31939	36820
内燃机	万千瓦		13	29	104	297	177	197	120	29
小型拖拉机	台	8623	13954	34090	59661	41916	17898	13420	15048	8450
汽车	辆	695	1577	1625	1043	16187	10118	7698	7689	9129
变压器	千伏安	548660	368803	624600	501100	941719	983235	1286972	1698622	1683641
电力电缆	公里	2513	3533	6318	7853	5732	4633	11810	7801	6970
发电量	万千瓦小时	133304	110609	106411	183327	656946	877658	769910	851185	951062
供热量	万百万千焦		451	468	464	1901	2297	2040	2862	1166
自来水生产量	万吨		13127	17570	19435	30119	26427	27766	26079	25465

8-14 各县(市)区

(2001年)

产 品 名 称	计量单位	全市	市直	中原区	二七区
原煤	吨	20393538	8345248		
配混合饲料	吨	272902	26651	601	
食用植物油	吨	11811	4741		
方便主食品	吨	155635	20351		56872
饮料酒	吨	387983	38113	28007	
白酒	吨	634			
啤酒	吨	387349	38113	28007	
软饮料	吨	82490	60591		3629
卷烟	箱	786128	360728		
纱	吨	72798	65487	1887	
布	万米	21735	20893	442	
印染布	万米	14833	2868	5239	
服装	万件	1240	655		
锯材	立方米	22692		3859	
人造板	立方米	47750	22850	7677	
家具	件	59984	18060	12434	
机制纸	吨	140693	394	1371	
机制纸板	吨	871890			
润滑油	吨	19020	16243		
硫酸(折100%)	吨	73233			
盐酸(含量31%以上)	吨	91590	25891		
氢氧化钠(烧碱)(折100%)	吨	105313	36799		
碳酸钠(纯碱)	吨	180016	65400		
合成氨	吨	235217	42167		
农用氮、磷、钾化学肥料总计	吨	150639	17787		
氮肥(折含N100%)	吨	125390	17787		
磷肥(折合P205100%)	吨	25249			
化学农药	吨	5390	4420		
油漆	吨	7670	5377		
合成洗涤剂	吨	12136	2745		
化学原料药	吨	632	13	263	
中成药	吨	4618	1438		
化学纤维	吨	15557	1899		
轮胎外胎	条	290083	290083		
塑料制品	吨	63127	23104	2395	
水泥	万吨	1006	93		78
日用玻璃制品	吨	11080	4122		
墙地砖	万平方米	891			
卫生陶瓷	吨	21879			
工业陶瓷	吨	7139			

主要工业产品产量

管城区	金水区	上街区	邙山区	中牟县	巩义市	荥阳市	新密市	新郑市	登封市
					2247214	691654	3211287	22910	5875225
26378	173770			9199		5833	242	30228	
				614				6456	
	6448			523			6149	65292	
215811	105418						634		
							634		
215811	105418								
	395			1835	6008			2522	7510
								425400	
				3167				2257	
							21	379	
	2633					4093			
			55			414	107	9	
									18833
							320	4801	12102
	28490				1000				
20547				48780			48242	16124	5235
							871890		
					2777				
					11644	61589			
					65442	257			
					68514				
					114616				
				45780		59436		87834	
				29731	1677	45892	15414	40138	
				29731		37734		40138	
					1677	8158	15414		
						970			
			458			1811		24	
					9391				
				67	97	192			
2996			146			38			
	502				11304			1852	
	2603		3146	19297	7242	450	551	4339	
					363	88	157	44	183
								6958	
					45		230	616	
							1232	20647	
					7139				

8-14 续表 （2001年）

产品名称	计量单位	全市	市直	中原区	二七区
耐火材料制品	吨	1888949		733	
磨具	吨	41484	8016	5111	
钢	吨	11489	11489		
成品钢材	吨	146538	10355	20492	112052
普通小型钢材	吨	58196			55696
钢带	吨	13581			12442
焊接钢管	吨	72136	7910	20492	43914
铁合金	吨	38320			
铝	吨	264902	75617		
铝材	吨	121353	38199	456	
氧化铝	吨	1070767	1070000		
建筑用金属品	吨	7817			
日用精铝制品	吨	4596			
工业锅炉	蒸发量吨	848	848		
内燃机	万千瓦	29	29		
泵	台	22717	677		
轴承	万套	271	112		
阀门	吨	36820	3		
水泥设备	吨	154			
小型拖拉机	台	8450	8450		
汽车	辆	9129	9129		
载货汽车	辆	7189	7189		
公路客车	辆	1940	1940		
改装汽车	辆	12847	7813		
发电设备	千瓦	24626	24626		
变压器	千伏安	1683641	944890		
电力电缆	公里	6970	4856	2114	
通讯电缆	公里	5864	1871		
电线	公里	115672	10555	51200	
钢芯铝绞线	吨	87422	7556		
程控交换机	线	63604	63604		
数字程控交换机	线	63604	63604		
电教设备	台	5737	5737		
微型电子计算机	部	5778			
发电量	万千瓦小时	951062	373586		
供电量	万千瓦小时	1468639	917129		
供热量	万百万千焦	1166	1015		
自来水生产量	万吨	25465	21535		

管城区	金水区	上街区	邙山区	中牟县	巩义市	荥阳市	新密市	新郑市	登封市
					839045	14019	645409		389743
					25228			2905	224
								3639	
								2500	
								1139	
									38320
					133299	24270			31716
	3386	308		7287	59189	1270		1872	9386
									767
			5749				953		1115
						4596			
				489	1451	20100			
							159		
		4836				31981			
					154				
				1079		3955			
					24500		19015	695236	
						3993			
		2115			51802				
		1790			78076				
5778									
				9048	158766	106506	14500	50103	238553
				26532	186745	53839	69497	50056	164841
						107		44	
				429	1659	411	597	673	171

8-15 全部国有及规模以上工业企业全员劳动生产率

(2001 年)

单位:元/人·年

项目	合计	# 国有及国有控股	# 集体	# 港澳台投资	# 外商投资
全市	**44246**	**36535**	**44588**	**117312**	**57056**
按企业规模分					
大型企业	32721	32121	42527	197967	
中型企业	51305	57534	25105		
小型企业	50403	39466	45262	115250	57056
按轻重工业分					
轻工业	45285	44324	46123	102114	35289
以农产品为原料	48859	49885	50603	102525	28211
以非农产品为原	31278	19851	31633	98473	59720
重工业	43855	34229	43965	132236	68395
采掘工业	23188	17916	29617		
原料工业	62887	63512	41256	141800	56316
加工工业	44848	26294	53153	62222	73498

8-16 各县(市)、区全部国有及规模以上工业企业全员劳动生产率

(2001 年)

单位:元/人·年

县(市)区	合计	# 国有及国有控股	# 集体	# 港澳台投资	# 外商投资	轻工业	重工业	大型	中型	小型
全市	**44246**	**36535**	**44588**	**117312**	**57056**	**45285**	**43855**	**32721**	**51305**	**50403**
市直	30823	28862	32065	98519	55109	32015	30345	25403	45077	43432
中原区	39673	11740	42094	59510	37153	30862	48345			39673
二七区	43249		45122	8780	89883	32569	50505	48289	23937	48378
管城区	120076		49597	561762		129136	42276	77824		144028
金水区	52197	46470	106763	78479		50177	84177			52197
上街区	48299	36777	30650	71624		43122	48868	21410	83380	71166
邙山区	20809	13984	22651		67882	20910	20239			20809
中牟县	27781	26030	25017	49156	16147	24846	32080		20815	28287
巩义市	64515	34064	63215	59463	72047	49072	65700	21615	69913	74495
荥阳市	58037	58881	44348	118180	44039	34131	62075		78113	56602
新密市	44741	38629	44389		117722	52592	40752	35098	53585	43875
新郑市	78818	172527	48521	58825	72664	109700	53927	314986	42130	57693
登封市	42713	78056	30718	152442	18607	26339	43237	179454	58306	32866

8-17 全部国有及规模以上工业企业分行业全员劳动生产率

（2001 年）

单位：元/人·年

行　　业	合计	# 国有及国有控股	# 集体	# 港澳台投　资	# 外商投　资
全　　市	**44246**	**36535**	**44588**	**117312**	**57056**
煤炭采选业	22542	17992	28909		
有色金属矿采选业	56730		58577		
非金属矿采选业	34025	3586	31919		
食品加工业	42745	27265	63393	113983	14263
食品制造业	26419	23048	38542	25255	15914
饮料制造业	61359	3509	92270	56288	
烟草加工业	193021	262914	38984		
纺织业	19230	16464	34752	32843	8736
服装及其他纤维制品制造业	23722	3840	27526	35257	125095
皮革、毛皮、羽绒及其制品业	27192	13550	24175		27897
木材加工及竹、藤、棕、草制品业	25315	56251	28290	36150	17409
家具制造业	23845	45616	12799	46297	
造纸及纸制品业	55857	4066	54666	41026	
印刷业、记录媒介的复制	35625	26239	55623	69338	100150
文教体育用品制造业	6130	3576			7067
石油加工及炼焦业	103432		63161		
化学原料及化学制品制造业	35453	19255	45499	87662	26848
医药制造业	64211	28710	23744	498053	63221
化学纤维制造业	40137	15732	62182		130213
橡胶制品业	49318	9729	75768		
塑料制品业	48511		48073	130994	
非金属矿物制品业	44165	19747	47999	75542	53940
黑色金属冶炼及压延加工业	64763		74664		
有色金属冶炼及压延加工业	66479	46916	66672	118214	
金属制品业	37080	14163	27430	82695	117722
普通机械制造业	32095	8743	45121		56894
专用设备制造业	39598	22997	61975	28812	41089
交通运输设备制造业	57787	55539	37419	81951	80030
电气机械及器材制造业	41054	16632	48199		
电子及通信设备制造业	28464	11599	16495	76103	
仪器仪表及文化、办公用机械制造业	27850	18525			
其他制造业	80140	94675	28833		78667
电力、蒸汽、热水的生产和供应业	142999	163346	68485	148292	94098
煤气生产和供应业	29277	29277			
自来水的生产和供应业	27205	27205		12764	

8-18 全部国有及规模以

（2001 年）

指　　标	合　计	# 国有及国有控股	# 集体
企业单位数(个)	1584	280	778
# 亏损企业	334	112	94
平均从业人数(人)	468252	22118	145144
工业总产值(现价)	6400503	2220260	2094588
# 新产品产值	185946	153017	
工业增加值(生产法)	2100940	835713	647446
工业销售产值	6205827	2193195	2018922
# 出口交货值	149389	92833	35956
资产总计	8082555	4755278	1444871
流动资产合计	3687615	2040718	727039
# 应收帐款净额	907057	427306	230266
# 存货	1176896	665541	228374
# 产成品	500750	240833	137790
流动资产平均余额	3546182	1956491	695456
固定资产合计	3602661	2168906	621125
固定资产原值	4792883	2969554	830889
# 生产经营用	3602955	2340404	648008
累计折旧	1630436	1104181	275748
# 本年折旧	214981	121039	45910
固定资产净值	3162447	1865373	555141
固定资产净值年平均余额	3167193	1849504	594147
无形及递延资产合计	438774	313273	38597
# 无形资产	381912	277808	28883
负债合计	5246039	3065424	946534
# 流动负债	3932777	2266375	716079
长期负债	1301211	797338	230219
所有者权益	2836515	1689854	498337

上工业企业主要经济指标

单位:万元

# 港澳台投资	# 外商投资	轻工业	重工业	大型企业	中型企业	小型企业
57	42	544	1040	49	56	1479
16	22	147	187	19	22	293
12237	9320	127924	340328	164933	36724	266595
394217	180689	1794149	4606354	1492895	547799	4359809
4555	657	10829	175117	47454	94123	44369
143933	53176	580142	1520798	567299	188414	1345227
387213	171437	1750094	4455733	1479412	539331	4187084
4330	8441	93001	56388	88605	797	59987
549470	314372	2156190	5926365	3574990	759374	3748191
232996	184038	1057429	2630186	1534656	324354	1828605
58840	53931	224777	682280	321421	75381	510255
40681	62202	393578	783318	527566	95080	554250
15861	21026	132257	368493	171915	42792	286043
237837	174587	959653	2586529	1452733	314579	1778870
277041	114053	826822	2775839	1612551	369123	1620987
473111	144236	1132768	3660115	2140267	511977	2140639
254203	96586	870922	2732033	1778079	430866	1394010
200510	34911	396641	1233795	807460	176149	646827
32112	5984	53061	161920	78765	26522	109694
272601	109324	736127	2426320	1332806	335828	1493813
262699	111957	748624	2418569	1319004	335338	1512851
10883	9803	184846	253928	254700	33936	150138
9559	7416	172798	209114	228431	29277	124204
339749	236609	1438783	3807256	2330208	463554	2452277
292299	195133	1224671	2708106	1724102	319234	1889441
36113	41477	213296	1087915	605882	144213	551116
209721	77762	717407	2119108	1244781	295820	1295914

指　　标	合　计	# 国有及国有控股	# 集体
# 实收资本	1909523	998586	381090
# 国家资本	823215	802060	4791
# 集体资本	293519	4535	213438
# 法人资本	448093	124561	101724
# 港澳台资本	71030	27325	2616
产品销售收入	6011226	2121287	1953239
# 产品销售成本	4833844	1605904	1621682
产品销售费用	283477	71105	96626
产品销售税金及附加	130338	104122	17144
产品销售利润	763567	340156	217787
管理费用	388031	235877	75120
# 税金	10638	5042	3939
财产保险费	3922	2578	666
劳动待业保险费	48519	44668	1969
财务费用	166869	77730	45903
# 利息支出	160863	76741	42315
营业利润	225739	37569	99628
利润总额	258414	66986	98678
# 应交所得税	70341	33501	17543
应付利润	47025	22801	8315
亏损企业亏损额	86791	58997	12141
利税总额	687607	315138	192805
本年应交增值税	288216	138988	73044
本年销项税	884438	342806	252927
本年进项税	599174	213529	179377
本年应付工资总额	422916	252392	92115
本年应付福利费总额	56703	34773	11283

单位:万元

		按轻重工业分		按企业规模分		
# 港澳台投　资	# 外商投　资	轻工业	重工业	大型企业	中型企业	小型企业
142913	71701	511434	1398089	763185	145215	1001123
32944	681	239524	583691	608348	79869	134998
7087	6165	76673	216846	28689	9201	255629
34492	29783	105769	342324	99617	27783	320693
66906	768	36306	34724	4302		66728
386115	168263	1740785	4270441	1424878	516502	4069846
287247	136835	1356539	3477305	1044988	411491	3377365
41118	6682	113168	170309	59351	14171	209955
351	509	104693	25645	105936	2741	21661
57399	24237	166384	597183	214603	88099	460866
18507	9234	98872	289159	160159	54181	173691
61	57	2986	7652	3671	911	6056
384	124	1436	2486	1818	481	1623
894	96	10019	38500	37346	4891	6282
9070	9960	43619	123250	61169	14328	91372
9070	9460	41785	119078	60574	13641	86648
30342	5207	24654	201085	– 14	21825	203928
31498	5475	26522	231892	27840	23245	207329
4599	1306	9975	60366	20480	9503	40358
14676	187	8209	38816	11997	84	34944
4768	2493	43754	43037	44019	7940	34832
62461	12564	222850	464757	231870	54098	401639
30551	65216	88649	199567	94424	27200	166592
62461	23852	258295	626143	229135	83647	571656
32696	18253	171898	427276	140323	58810	400041
15810	8303	103329	319587	193564	34666	194686
4039	445	14794	41909	25192	5322	26189

8-19 全部国有及规模以上工

(2001年)

项目	企业单位数(个)	资产总计	流动资产合计	流动资产年平均余额	固定资产合计	固定资产原值
总计	**1584**	**8082555**	**3687615**	**3546182**	**3602661**	**4792883**
按轻重工业分						
轻工业	544	2156190	1057430	959653	826822	1132768
以农产品为原料	413	1737740	886872	796493	633587	892595
以非农产品为原料	131	418450	170558	163160	193235	240173
重工业	1040	5926364	2630185	2586529	2775839	3660115
采掘工业	151	837234	272766	255847	524219	595053
原材料工业	231	2542379	958270	967021	1400891	1891889
加工工业	658	2546751	1399149	1363661	850729	1173173
按企业规模分						
大型企业	49	3574990	1534656	1452733	1612551	2140267
中型企业	56	759374	324354	314579	369123	511977
小型企业	1479	3748191	1828605	1778870	1620987	2140639
按行业分						
煤炭采选业	136	815639	263515	246259	513571	582025
有色金属矿采选业	4	5639	3041	3112	1922	2319
非金属矿采选业	11	15958	6210	6475	8725	10708
食品加工业	65	151455	79592	81589	58587	80751
食品制造业	29	115129	71207	51536	35114	37602
饮料制造业	14	131097	53215	54206	62763	88670
烟草加工业	7	536405	351744	281668	165752	232499
纺织业	38	261453	85562	96408	88016	170333
服装及其他纤维制品制造业	21	35950	21062	20109	13516	16629
皮革、毛皮、羽绒及其制品业	9	14629	10407	10575	2058	3219

业企业分行业主要经济指标

单位：万元

固定资产净值年平均余额	所有者权益	#实收资本	流动负债合计	长期负债合计	产品销售收入	产品销售费用	产品销售税金及附加	产品销售利润	利润总额	利税总额
3167193	**2836515**	**1909523**	**3932777**	**1301211**	**6011226**	**283477**	**130338**	**763567**	**258414**	**687607**
748624	717407	511434	1224671	213296	1740785	113168	104693	166385	26522	222850
576112	555959	382148	1035936	145032	1483844	100779	102997	140215	25305	208245
172512	161448	129286	188735	68264	256941	12389	16956	26170	1217	14605
2418569	2119108	1398089	2708106	1087915	4270441	170309	25645	597183	231892	464757
453334	337034	214211	252070	248078	422166	16133	6182	71554	29391	62880
1203945	908934	552342	1113347	518865	1698024	37570	8025	256249	122834	223618
761290	873140	631536	1342689	320972	2150251	116606	11438	269380	79667	178259
1319004	1244781	763185	1724102	605882	1424878	59351	105936	214603	27840	231870
335338	295820	145215	319234	144213	516502	14171	2741	88099	23245	54098
1512851	1295914	1001123	1889441	551116	4069846	209955	21661	460866	207329	401639
443641	324149	206448	245272	246166	364802	14746	5329	66336	25503	55789
1992	4798	1460	410	430	9412	187	172	699	273	784
7700	8087	6302	6388	1482	47982	1199	681	4518	3614	6307
52224	18764	40779	110481	22172	180176	6619	173	4287	－3703	－1548
25916	33024	24054	75438	6665	125370	12562	478	11042	5061	10812
57767	50783	33332	75564	4749	96339	9721	6872	7310	－19	12039
155615	102733	77402	407933	25737	280874	18788	92511	25192	－19587	94270
83777	112956	65593	130995	17501	197652	2206	770	16042	712	11253
11572	1957	9385	31128	2864	55573	2424	116	2929	－191	1502
2007	4698	4474	9782	78	14109	851	33	1018	－357	183

项目	企业单位数（个）	资产总计	流动资产合计	流动资产年平均余额	固定资产合计	固定资产原值
木材加工及竹、藤、棕、草制品业	16	9170	4397	4609	4722	6506
家具制造业	7	5326	3561	2997	1490	2598
造纸及纸制品业	141	107634	53758	52309	50665	71443
印刷业、记录媒介的复制	48	155747	66358	57956	76291	103761
文教体育用品制造业	2	1613	1283	1289	327	645
石油加工及炼焦业	5	15306	4277	4307	3771	6260
化学原料及化学制品制造业	97	433817	185605	178248	178230	263906
医药制造业	31	164601	82269	85689	61245	62662
化学纤维制造业	5	59831	16466	15083	40545	50515
橡胶制品业	10	47550	17603	16911	26058	28647
塑料制品业	37	60532	32609	30406	23447	36949
非金属矿物制品业	357	1028677	458686	461094	436993	617076
黑色金属冶炼及压延加工业	27	120031	53838	51739	58508	60146
有色金属冶炼及压延加工业	40	921502	316864	347005	556653	681327
金属制品业	60	103245	48864	44826	46718	57327
普通机械制造业	87	291031	173839	167223	96258	124923
专用设备制造业	107	468769	257980	248136	159321	223574
交通运输设备制造业	50	463685	270702	264565	162623	200482
电气机械及器材制造业	61	286370	150807	143429	90371	132232
电子及通信设备制造业	17	112563	71005	67954	18929	20945
仪器仪表及文化、办公用机械制造	9	77845	51596	44144	16537	16709
其他制造业	5	13438	5201	6091	4562	4891
电力、蒸汽、热水的生产和供应业	22	843530	312733	307941	460372	700960
煤气生产和供应业	1	114776	81236	68270	24195	29170
自来水的生产和供应业	8	92608	20518	22012	53792	64457

单位:万元

固定资产净值年平均余额	所有者权益	#实收资本	流动负债合计	长期负债合计	产品销售收入	产品销售费用	产品销售税金及附加	产品销售利润	利润总额	利税总额
4654	2882	2763	4569	1718	16629	873	194	1839	493	1340
1355	2084	1868	2489	752	4472	406	17	321	28	230
49595	53119	29795	34988	18822	267311	7625	1186	36072	25693	41912
68047	64839	43897	71034	19871	98660	2038	359	15798	6755	12542
333	70	413	1315	228	108	15	1	-33	-108	-99
3734	7849	7876	7166	291	16183	827	44	1039	-11	385
166394	118360	82435	238638	76718	313025	12593	1420	33583	7770	22267
46025	82138	45943	74477	7985	139401	36303	729	17128	7700	21587
38274	4717	10869	26017	29096	19128	773	13	561	-3369	-2435
23508	14651	11865	19845	13053	34577	3041	245	7338	10	1368
22005	28001	25978	26933	5597	92508	1222	164	5545	2232	4562
415168	326658	276750	481957	210592	939568	55437	5145	114988	41909	87903
56011	46568	36589	61965	11496	116064	2018	239	8106	2097	4984
414354	330255	216609	373138	218109	758848	12486	3831	114249	66968	109651
45775	35361	35535	60174	7559	116470	2967	796	9521	3900	8319
81442	88913	60154	172665	29452	201483	14087	1162	19903	-538	7472
135542	153815	113209	254391	60330	417366	27936	3552	49032	14679	36388
140801	151914	81878	260040	51731	353255	15509	1185	55684	13747	30559
81698	94097	65415	153991	38282	194191	5670	592	17257	3215	9732
13613	54576	35003	55452	2534	51720	3321	644	13182	6890	9606
11451	43880	37679	31341	2623	16059	1459	122	5622	4321	5955
4335	5217	1382	7557	664	17303	477	26	677	35	597
435930	367027	161836	336869	138399	402540	3544	1019	84691	38232	72629
20470	38414	25441	65363	10999	25213	1911	337	5965	3426	5466
44454	59154	29098	16998	16453	26874	1625	174	6116	1034	3286

8-20 国有及国有控股

（2001 年）

项 目	企业单位数（个）	资产总计	流动资产合计	流动资产年平均余额	固定资产合计	固定资产原值
总 计	**280**	**4755278**	**2040718**	**1956491**	**2168906**	**2969554**
按轻重工业分						
轻工业	124	1199578	558588	495200	450673	660068
以农产品为原料	89	1013521	505209	444584	351550	536319
以非农产品为原料	35	186056	53380	50617	99123	123749
重工业	156	3555701	1482130	1461290	1718233	2309486
采掘工业	16	672443	206573	192197	434957	485556
原材料工业	37	1674563	655655	646441	892610	1245914
加工工业	103	1208695	619903	622652	390665	578016
按企业规模分						
大型企业	43	3433774	1463518	1384191	1544968	2033761
中型企业	35	612154	266834	261838	291505	411688
小型企业	202	709350	310367	310462	332433	524105
按行业分						
煤炭采选业	14	667863	205031	190094	432550	483492
非金属矿采选业	2	4579	1541	2103	2407	2064
食品加工业	22	81927	39933	40245	32193	45585
食品制造业	9	6786	3776	3764	2609	3246
饮料制造业	1	7540	1143	1124	1398	2298
烟草加工业	4	521636	342912	271659	162133	226498
纺织业	11	218755	64414	77188	71314	150634
服装及其他纤维制品制造业	4	7079	4112	4130	2338	3685
皮革、毛皮、羽绒及其制品业	1	172	139	163	33	58

工业企业主要经济指标

单位:万元

固定资产净值年平均余额	所有者权益	#实收资本	流动负债合计	长期负债合计	产品销售收入	产品销售费用	产品销售税金及附加	产品销售利润	利润总额	利税总额
1849504	**1689854**	**998586**	**2266375**	**797338**	**2121287**	**71106**	**104122**	**340155**	**66986**	**315138**
418078	360624	258254	707145	131805	557608	27044	93645	53634	-23993	106557
331906	277529	202131	653355	82636	513846	24490	93381	46942	-20628	106488
86172	83095	56123	53791	49169	43762	2554	264	6692	-3366	68
1431426	1329231	740332	1559230	665533	1563679	44062	10477	286521	90979	208581
368534	253566	161278	196979	221897	187491	9333	2961	42033	9468	29716
732973	662886	312925	723800	286643	834165	13711	5016	167044	87993	156994
329919	412779	266128	638450	156992	542024	21018	2501	77444	-6482	21871
1254254	1189827	717123	1656159	587565	1305901	47047	100284	201527	26174	219881
273639	259481	116069	242394	110179	428186	10948	2433	75514	21875	48360
321610	240547	165393	367822	99594	387200	13110	1405	63115	18936	46897
367179	250880	159480	195268	221716	187057	9259	2953	41931	9469	29646
1355	2686	1799	1712	182	434	74	8	103	-1	70
28758	4623	18811	64294	13010	49838	2317	31	1410	-1135	-294
2726	2800	3485	3424	562	9692	843	47	846	-124	88
1309	2289	955	5118	134	349	5	2	116	-69	-41
151961	97474	74284	398425	25737	264345	18674	92389	22069	-20017	92765
70284	101495	53583	105529	11730	137545	1033	603	13613	1172	10081
2333	-5074	2987	12001	152	1809	45	6	70	-1013	-932
33	97	101	61	14	330			28	-3	18

项　　目	企业单位数(个)	资产总计	流动资产合计	流动资产年平均余额	固定资产合计	固定资产原值
木材加工及竹、藤、棕、草制品业	3	1533	727	687	764	1777
家具制造业	1	1824	1212	1182	514	970
造纸及纸制品业	4	2687	1194	1224	1428	2141
印刷业、记录媒介的复制	24	86105	32002	28104	50124	67965
文教体育用品制造业	1	380	143	147	235	412
化学原料及化学制品制造业	21	256260	86473	88475	110238	171497
医药制造业	6	4593	2914	2745	1395	2258
化学纤维制造业	2	32413	3797	3852	26591	30341
橡胶制品业	1	20192	9931	9881	7023	11428
非金属矿物制品业	18	295225	106973	124078	100237	158604
黑色金属冶炼及压延加工业	1	10847	3645	7542	6202	652
有色金属冶炼及压延加工业	5	695281	264242	266842	393030	500127
金属制品业	9	8658	4062	3443	4302	5024
普通机械制造业	15	158416	90162	88665	54759	66375
专用设备制造业	29	302350	162440	156564	102958	156440
交通运输设备制造业	21	248911	137263	135613	92915	111542
电气机械及器材制造业	14	184308	96655	89497	56657	91687
电子及通信设备制造业	4	33190	21669	20873	4380	7053
仪器仪表及文化、办公用机械制造	7	15404	5435	5657	6067	9011
其他制造业	2	6487	1620	3499	1492	1636
电力、蒸汽、热水的生产和供应业	14	666494	243405	237171	362630	561427
煤气生产和供应业	1	114776	81236	68271	24195	29171
自来水的生产和供应业	8	92609	20518	22012	53792	64457

单位:万元

固定资产净值年平均余额	所有者权益	#实收资本	流动负债合计	长期负债合计	产品销售收入	产品销售费用	产品销售税金及附加	产品销售利润	利润总额	利税总额
827	1071	965	462		3499	60	4	39	69	216
380	856	915	868	100	957	153		99	-35	39
1291	409	1373	1793	485	504	32	3	4	-109	-65
44824	40172	28344	38074	7858	32073	298	223	7273	1417	4493
240	101	252	218	60	38	2	1	1	-29	-20
106538	59886	39418	129552	66722	100094	3450	478	10883	-2914	2550
1210	1237	1518	2333	1024	3984	393	29	810	215	581
24777	-2211	4286	9788	24836	4311	30	14	-1474	-3310	-3106
5622	6674	5000	11372	2146	2966	263	56	-86	-573	-453
93412	106757	104682	132722	55746	72980	7055	291	8576	-8284	-4002
1605	3946	2617	6014	887					-461	-449
268686	295038	154104	294748	105495	394739	4781	3376	86987	57811	93167
2773	4065	3626	3897	547	2769	51	11	321	-5	141
40562	42819	23247	97435	18161	26279	1007	139	2533	-5081	-3463
89186	68903	49658	184794	48429	157001	2857	701	20768	-1793	6135
71390	110262	39563	113261	25388	202310	7778	986	35909	9405	20557
51368	66403	38208	87669	30236	50521	2253	203	5046	-2161	8
4267	16301	13248	16779	110	5995	683	43	1268	125	627
5595	6327	5721	6453	2624	2973	451	34	991	241	645
1494	3591	480	2232	664	8096	182	17	369	-13	361
342596	302408	111334	257720	105131	345714	3542	966	67575	29731	57022
20470	38414	25442	65363	10999	25213	1911	337	5965	3426	5466
44454	59155	29099	16999	16453	26874	1625	174	6116	1034	3286

8-21 各县(市)、区全部国有及规模以上工业企业主要经济指标

(2001年)

单位:万元

县(市)区	企业单位数(个)	资产总计	流动资产合计	流动资产年平均余额	固定资产合计	固定资产原值	固定资产净值年平均余额	所有者权益	# 实收资本
全市	**1584**	**8082555**	**3687615**	**3546182**	**3602661**	**4792883**	**3167193**	**2836515**	**1909523**
市直	305	4212882	1942539	1848478	1722735	2332121	1396370	1602230	1023491
中原区	64	80647	47055	46709	26332	31722	23506	31707	29865
二七区	22	182363	76342	65653	90262	108015	74669	69886	64602
管城区	13	64676	36575	40545	25845	42745	25414	21512	9295
金水区	29	125356	81720	76111	38277	50732	36530	12987	15088
上街区	37	94734	56670	51788	34603	37793	31228	28296	23031
邙山区	25	50104	31270	27210	15550	20651	13705	9909	10980
中牟县	60	88282	45103	43135	41290	53134	36319	22506	23127
巩义市	320	1163205	465485	494440	626906	835784	620818	346422	299652
荥阳市	148	414388	181051	171304	207828	280805	186106	151645	119299
新密市	281	421904	185485	174681	214576	284230	202250	139632	95402
新郑市	128	560024	302979	277026	233252	311991	215842	141111	83051
登封市	152	623990	235341	229102	325205	403160	304436	258672	112640

8-21 续表

(2001年)

单位:万元

县(市)区	流动负债合计	长期负债合计	产品销售收入	产品销售费用	产品销售税金及附加	产品销售利润	利润总额	利税总额
全市	**3932777**	**1301211**	**6011227**	**283477**	**130338**	**763568**	**258414**	**687607**
市直	2057118	551240	1866403	84855	52319	295165	66619	236152
中原区	46572	2368	95798	5151	1030	6845	754	4320
二七区	93277	19200	118430	10633	2030	11873	3253	9740
管城区	38528	4636	122979	32167	3600	11358	6000	20037
金水区	95082	17287	131388	5908	1684	5107	901	3997
上街区	56410	10029	84460	3482	535	10886	2750	6316
邙山区	38705	1488	45485	3958	155	5476	607	3567
中牟县	50176	15324	158570	3487	908	11355	4384	11980
巩义市	498071	318712	1349986	55485	4224	160781	62666	116407
荥阳市	218483	44260	512258	19143	2188	50048	21583	41662
新密市	174490	107782	522846	20786	3623	76317	47654	81940
新郑市	341860	77051	584504	26111	53207	51168	9948	91321
登封市	224005	131834	418120	12311	4836	67189	31295	60168

8-22 各县(市)、区国有及国有控股工业企业主要经济指标

(2001 年)　　单位:万元

县(市)区	企业单位数(个)	资产总计	流动资产合计	流动资产年平均余额	固定资产合计	固定资产原价	固定资产净值年平均余额	所有者权益	#实收资本
全　市	**280**	**4755278**	**2040718**	**1956491**	**2168906**	**2969554**	**1849504**	**1689854**	**998586**
市　直	179	3439713	1513741	1444883	1486923	2044375	1202731	1279124	780900
中原区	2	931	537	466	393	658	391	-269	93
金水区	1	1408	917	917	492	587	386	231	202
上街区	6	20563	14048	11814	5681	6351	5627	9624	4572
邙山区	1	247	235		12	154		92	108
中牟县	14	44488	24854	23571	18539	26123	16100	2871	4563
巩义市	16	343946	102154	106853	207953	301058	203801	107345	80594
荥阳市	14	56406	26091	25710	27024	35989	21249	27581	12922
新密市	20	112933	32799	36139	72386	90451	70148	25549	16037
新郑市	10	347169	184267	167607	148831	210089	145322	79143	42930
登封市	17	387474	141075	138531	200671	253719	183750	158564	55664

8-22　续表　　(2001 年)　　单位:万元

县(市)区	流动负债合计	长期负债合计	产品销售收入	产品销售费用	产品销售税金及附加	产品销售利润	利润总额	利税总额
全　市	**2266375**	**797338**	**2121287**	**71106**	**104122**	**340155**	**66986**	**315138**
市　直	1650878	508129	1428757	50433	49485	226048	44458	189090
中原区	1185	14	781	43		59		
金水区	1177		2099	43		140	51	52
上街区	9997	942	7538	345	51	483	278	684
邙山区	125	30	45	8		11	-3	1
中牟县	32605	8913	28505	842	137	2618	-588	621
巩义市	142714	93887	163824	3612	1263	31010	3759	16359
荥阳市	24068	4757	77338	921	228	8895	3744	5997
新密市	39619	47766	57864	4258	373	9262	1159	5369
新郑市	216925	51099	195123	8371	51926	20451	-4900	63663
登封市	147083	81800	159414	2230	659	41178	19029	33301

8-23 规模以上集体工

（2001年）

项　　目	企业单位数（个）	资产总计	流动资产合计	流动资产年平均余额	固定资产合计	固定资产原值
总　　计	**778**	**1444871**	**727039**	**695456**	**621125**	**830890**
按轻重工业分						
轻工业	248	412034	207615	200246	168084	228095
以农产品为原料	205	302232	153379	146942	126328	175771
以非农产品为原料	43	109802	54236	53305	41756	52324
重工业	530	1032837	519424	495209	453041	602795
采掘工业	114	132695	52167	49781	71643	87768
原材料工业	99	318223	135059	127992	158483	215631
加工工业	317	581920	332199	317436	222914	299395
按企业规模分						
大型企业	6	141216	71138	68542	67583	106505
中型企业	10	48045	16797	14688	26086	32375
小型企业	762	1255611	639104	612226	527456	692010
按行业分						
煤炭采选业	103	118344	45632	43472	64544	78005
有色金属矿采选业	3	3912	2120	2191	1440	1798
非金属矿采选业	8	10439	4415	4119	5660	7965
食品加工业	20	34845	20565	19701	12515	15847
食品制造业	5	24189	10027	7555	8761	9905
饮料制造业	5	62031	30310	29196	28676	47192
烟草加工业	3	14769	8832	10010	3619	6002
纺织业	15	29374	14821	14302	9724	11982
服装及其他纤维制品制造业	10	18887	9182	8600	9171	10264

业企业主要经济指标

单位:万元

固定资产净值年平均余额	所有者权益	#实收资本	流动负债合计	长期负债合计	产品销售收入	产品销售费用	产品销售税金及附加	产品销售利润	利润总额	利税总额
594147	**498337**	**381091**	**716079**	**230219**	**1953239**	**96626**	**17144**	**217787**	**98678**	**192805**
155274	147126	101805	218295	46505	650319	26964	7397	64084	31569	67035
117361	105997	64514	159243	36885	548366	19984	7006	53903	29477	59821
37913	41130	37291	59052	9620	101953	6980	390	10180	2092	7214
438873	351211	279286	497784	183714	1302920	69661	9747	153704	67109	125769
68179	71354	45562	39905	21384	178115	5600	2818	23543	15967	27099
158695	90069	85862	154800	73354	289057	11528	1910	30633	10411	22351
211999	189788	147861	303079	88976	835749	52533	5020	99528	40731	76320
64750	54955	46062	67943	18318	118978	12304	5652	13077	1666	11989
22030	9568	10080	24984	13486	29329	1256	38	4119	-922	-221
507367	433814	324949	623152	198416	1804932	83066	11455	200591	97935	181036
61007	63666	39709	34944	19682	133494	4366	2079	19740	13209	21923
1510	3160	1400	350	402	6175	125	112	455	186	513
5662	4528	4454	4611	1300	38445	1109	626	3348	2572	4663
11538	6596	6240	19664	8549	79465	2406	115	2381	580	1593
4501	11605	7649	10936	1649	32923	1828	139	2952	2086	3739
28639	15889	8781	42483	3659	47279	3732	5207	4713	646	8661
3655	5260	3118	9509		16530	115	122	3124	430	1506
8470	4722	5202	19183	5470	41875	996	132	1909	-374	713
7229	4561	3399	11614	2712	39606	1655	80	1871	72	993

8-23 续表 (2001年)

项 目	企业单位数(个)	资产总计	流动资产合计	流动资产年平均余额	固定资产合计	固定资产原值
皮革、毛皮、羽绒及其制品业	4	4124	3112	3122	990	1506
木材加工及竹、藤、棕、草制品业	5	3418	1213	1278	2198	2494
家具制造业	2	802	622	497	177	421
造纸及纸制品业	125	85534	41047	40283	42580	59470
印刷业、记录媒介的复制	10	10655	4847	3868	5487	6780
石油加工及炼焦业	4	3803	2637	2668	1145	1559
化学原料及化学制品制造业	37	91134	54988	54496	31895	49908
医药制造业	7	39125	19904	20449	13634	13627
化学纤维制造业	1	22407	10642	9094	11106	16957
橡胶制品业	7	24366	6138	5498	17595	16263
塑料制品业	21	30057	16955	16480	11323	21061
非金属矿物制品业	216	433923	215964	205873	188790	267010
黑色金属冶炼及压延加工业	12	93680	42688	37103	44496	50907
有色金属冶炼及压延加工业	7	2835	1846	1805	662	914
金属制品业	28	39595	18477	17094	15494	19382
普通机械制造业	50	83286	55437	52959	24926	37616
专用设备制造业	39	78758	39930	37976	33652	37626
交通运输设备制造业	13	25900	15419	16578	9235	10913
电器机械及器材制造业	13	42513	25445	24851	13578	17961
电子及通信设备制造业	2	885	788	1004	97	197
其他制造业	1	695	370	519	35	124
电力、蒸汽、热水的生产和供应业	2	10586	2666	2820	7920	9236

单位:万元

固定资产净值年平均余额	所有者权益	#实收资本	流动负债合计	长期负债合计	产品销售收入	产品销售费用	产品销售税金及附加	产品销售利润	利润总额	利税总额
992	2291	2210	1718	45	5991	161	24	345	-97	163
2173	308	604	1788	1322	5448	275	90	775	199	646
177	407	160	320	76	1015	19	2	49	13	44
42107	46095	23289	26286	13153	240211	6988	1050	33824	24957	40083
4500	4160	2232	5486	1009	18088	104	26	1045	353	641
1107	743	770	2770	291	10221	281	15	441	49	247
31834	24371	19381	62317	4446	118843	4767	568	12038	5722	10395
10879	16100	15433	19851	3174	14714	2230	69	1080	-1299	-440
10653	4437	3804	13709	4261	12673	699		2200	173	902
17140	5359	5248	8205	10802	27975	2073	138	5712	567	1725
11187	12179	11867	14280	3599	53452	816	107	3138	1118	2278
187593	128968	96303	199515	105370	567660	34455	3230	74281	35168	62122
46656	35651	27568	47692	10338	62942	1215	75	5776	1115	2646
656	661	927	2137	38	13170	592	33	899	385	698
14866	13542	15254	25170	884	53410	1493	197	3880	751	2647
25327	20723	19783	55488	7075	111430	7685	423	11850	2161	5831
25278	44966	37004	26463	7321	129593	13115	2180	12066	6397	12572
8714	6747	4735	14468	4685	25049	2004	87	2394	108	1435
11826	7720	6640	31553	3241	40399	1177	186	4485	1384	3424
98	321	60	454	110	1112	142	7	292	99	176
43	463	167	232		365	2	2	9	-32	3
8131	2142	7700	2885	5559	3687	3	25	715	-19	266

8-24 各县(市)、区规模以上集体工业企业主要经济指标

(2001年) 单位:万元

县(市)区	企业单位数(个)	资产总计	流动资产合计	流动资产年平均余额	固定资产合计	固定资产原价	固定资产净值年平均余额	所有者权益	#实收资本
全市	**778**	**1444871**	**727039**	**695456**	**621125**	**830890**	**594147**	**498337**	**381091**
市直	49	145447	73286	73299	50234	69243	38986	47636	37143
中原区	41	46944	28618	28005	12481	17797	11648	17045	15766
二七区	10	107249	48655	40910	46796	56071	40239	46933	44450
管城区	7	49192	25601	24404	22510	38342	22145	14045	8298
金水区	12	58266	36182	34454	18484	24903	17352	7826	5282
上街区	11	31135	16598	16394	13656	12891	12828	5072	8496
邙山区	13	22790	14858	14480	6584	9922	6259	1767	4308
中牟县	27	26875	14293	13971	12249	16172	11388	10857	8870
巩义市	171	427344	214828	210583	190251	264971	195191	137882	99286
荥阳市	79	120862	64637	62086	51162	69826	49630	36785	40391
新密市	219	195139	94938	85459	93860	124748	88737	76683	54592
新郑市	43	49466	29559	28586	18647	22439	17339	15556	9822
登封市	96	164162	64986	62826	84211	103566	82406	80251	44388

8-24 续表 (2001年) 单位:万元

县(市)区	流动负债合计	长期负债合计	产品销售收入	产品销售费用	产品销售税金及附加	产品销售利润	利润总额	利税总额
全市	**716079**	**230219**	**1953239**	**96626**	**17144**	**217787**	**98678**	**192805**
市直	86067	11737	121089	5278	490	13234	-34	5935
中原区	29574	324	64125	3843	182	4259	-109	1511
二七区	48559	11756	82287	8653	1949	7065	1957	6985
管城区	30511	4636	42879	3337	3594	4666	592	6381
金水区	42466	7974	76833	3248	1638	2854	807	3515
上街区	19737	6326	34514	669	255	4536	692	1810
邙山区	19750	1273	13335	1030	35	532	-349	386
中牟县	9841	6000	77862	1119	265	5786	3112	6846
巩义市	207271	82190	554513	34255	1851	70478	29637	53226
荥阳市	65640	18437	185596	8593	833	14770	4018	9496
新密市	78672	39784	361716	11346	2117	52228	39339	62180
新郑市	29409	4501	162720	7237	436	16330	8446	12403
登封市	48582	35279	175771	8017	3500	21050	10570	22131

8-25 全部国有及规模以上工业企业主要经济效益指标

(2001 年)　　单位:%

项　　目	总资产贡献率	成本费用利润率	资　产负债率	产　品销售率	流动资产周转次数(次)
总　计	**10.76**	**4.56**	**64.91**	**97.00**	**1.70**
按轻重工业分					
轻工业	12.83	1.65	66.73	97.50	1.81
以农产品为原料	14.64	1.87	68.01	97.94	1.86
以非农产品为原料	5.17	0.48	61.42	95.99	1.57
重工业	10.02	5.71	64.24	96.70	1.65
采掘工业	8.89	7.58	59.74	98.35	1.65
原材料工业	11.40	7.67	64.25	97.39	1.76
加工工业	8.96	3.85	65.72	95.84	1.58
按企业规模分					
大型企业	8.48	2.10	65.18	99.06	0.98
中型企业	8.75	4.70	61.04	98.45	1.64
小型企业	13.19	5.38	65.43	96.07	2.29
按行业分					
煤炭采选业	8.19	7.61	60.26	98.45	1.48
有色金属矿采选业	15.48	3.04	14.90	97.58	3.02
非金属矿采选业	39.73	8.25	49.32	97.77	7.41
食品加工业	0.57	-2.01	87.61	98.54	2.21
食品制造业	11.83	4.22	71.32	94.96	2.43
饮料制造业	10.00	-0.02	61.26	96.51	1.78
烟草加工业	22.92	-9.71	80.85	99.95	1.00
纺织业	5.73	0.36	56.80	97.44	2.05
服装及其他纤维制品制造业	5.88	-0.34	94.56	98.62	2.76
皮革、毛皮、羽绒及其制品业	4.24	-2.47	67.89	94.12	1.33
木材加工及竹、藤、棕、草制品业	21.24	3.05	68.57	97.72	3.61
家具制造业	4.54	0.63	60.87	94.77	1.49
造纸及纸制品业	42.05	10.68	50.65	97.85	5.11
印刷业、记录媒介的复制	9.63	7.15	58.37	98.12	1.70
文教体育用品制造业	-5.14	-43.96	95.67	100.66	0.08
石油加工及炼焦业	3.12	-0.07	48.72	102.70	3.76
化学原料及化学制品制造业	6.78	2.54	72.72	96.51	1.76
医药制造业	14.46	5.88	50.10	96.41	1.63
化学纤维制造业	-0.24	-14.97	92.12	96.24	1.27
橡胶制品业	8.25	0.03	69.19	94.55	2.04
塑料制品业	8.81	2.48	53.74	95.40	3.04
非金属矿物制品业	11.07	4.68	68.24	95.41	2.04
黑色金属冶炼及压延加工业	6.44	1.85	61.20	91.43	2.24
有色金属冶炼及压延加工业	14.59	9.44	64.16	97.74	2.19
金属制品业	10.06	3.50	65.75	96.08	2.60
普通机械制造业	3.91	-0.27	69.45	96.28	1.20
专用设备制造业	9.10	3.64	67.19	95.68	1.68
交通运输设备制造业	8.70	4.06	67.24	96.37	1.34
电气机械及器材制造业	5.19	1.68	67.14	98.13	1.35
电子及通信设备制造业	9.38	15.41	51.52	91.84	0.76
仪器仪表及文化、办公用机械制造	9.56	31.83	43.63	99.18	0.36
其他制造业	5.26	0.20	61.18	98.77	2.84
电力、蒸汽、热水的生产和供应业	11.31	10.34	56.49	99.65	1.31
煤气生产和供应业	8.15	13.84	66.53	99.75	0.37
自来水的生产和供应业	4.09	3.92	36.12	98.53	1.22

8-26 国有及国有控股工业企业主要经济效益指标

(2001 年)

单位:%

项　　目	总资产贡献率	成本费用利润率	资 产负债率	产 品销售率	流动资产周转次数(次)
总　　计	**8.39**	**3.37**	**64.46**	**98.75**	**1.08**
按轻重工业分					
轻工业	11.35	-4.89	69.94	99.03	1.13
以农产品为原料	13.40	-4.66	72.62	98.98	1.16
以非农产品为原料	0.87	-7.00	55.34	99.58	0.86
重工业	7.45	6.07	62.62	98.66	1.07
采掘工业	5.55	5.37	62.29	98.63	0.98
原材料工业	11.63	11.41	60.41	99.87	1.29
加工工业	2.91	-1.17	65.85	96.89	0.87
按企业规模分					
大型企业	8.38	2.16	65.35	99.9	0.94
中型企业	9.4	5.37	57.61	98.5	1.64
小型企业	7.69	5.11	66.09	97.01	1.25
按行业分					
煤炭采选业	5.58	5.38	62.44	98.64	0.98
非金属矿采选业	1.52	-0.21	41.34	93.22	0.21
食品加工业	1.13	-2.18	94.36	99.83	1.24
食品制造业	2.20	-1.26	58.74	96.54	2.57
饮料制造业	-0.60	-16.61	69.65	96.71	0.31
烟草加工业	23.34	-10.76	81.31	100.00	0.97
纺织业	6.02	0.84	53.60	97.43	1.78
服装及其他纤维制品制造业	-9.00	-35.51	171.68	118.87	0.44
皮革、毛皮、羽绒及其制品业	10.05	-0.98	43.37	106.31	2.03
木材加工及竹、藤、棕、草制品业	12.16	1.95	30.13	96.78	5.09
家具制造业	2.46	-3.51	53.05	84.68	0.81
造纸及纸制品业	-1.21	-16.19	84.77	99.96	0.41
印刷业、记录媒介的复制	6.26	4.33	53.35	95.85	1.14
文教体育用品制造业	-3.97	-29.82	73.29	105.37	0.26
化学原料及化学制品制造业	2.39	-2.81	76.63	96.27	1.13
医药制造业	8.77	5.93	73.07	96.57	1.45
化学纤维制造业	-5.51	-43.41	106.82	98.62	1.12
橡胶制品业	-1.81	-16.71	66.95	102.10	0.30
非金属矿物制品业	0.24	-10.1	63.84	102.17	0.59
黑色金属冶炼及压延加工业	-1.90	-60.91	63.62		0
有色金属冶炼及压延加工业	15.26	16.33	57.57	99.85	1.48
金属制品业	1.05	-0.16	53.06	107.17	0.80
普通机械制造业	-1.99	-15.76	72.97	102.22	0.30
专用设备制造业	3.18	-1.11	77.21	93.95	1.00
交通运输设备制造业	8.99	4.90	55.70	98.14	1.49
电气机械及器材制造业	1.76	-4.09	63.97	96.45	0.56
电子及通信设备制造业	2.12	1.93	50.89	104.93	0.29
仪器仪表及文化、办公用机械制造	4.29	7.94	58.92	103.13	0.53
其他制造业	5.33	-0.16	44.65	99.32	2.31
电力、蒸汽、热水的生产和供应业	11.32	9.32	54.63	99.85	1.46
煤气生产和供应业	8.15	13.84	66.53	99.75	0.37
自来水的生产和供应业	4.09	3.92	36.12	98.53	1.22

8-27 集体工业企业主要经济效益指标

（2001年）

单位：%

项　　目	总资产贡献率	成本费用利润率	资　产负债率	产　品销售率	流动资产周转次数（次）
总　　计	**15.71**	**5.36**	**65.51**	**96.70**	**2.81**
按轻重工业分					
轻工业	18.89	5.16	64.29	98.21	3.25
以农产品为原料	22.11	5.76	64.93	98.73	3.73
以非农产品为原料	9.77	2.10	62.54	95.69	1.91
重工业	15.00	5.46	66.00	95.51	2.63
采掘工业	21.91	10.03	46.23	98.10	3.58
原材料工业	9.70	3.76	71.70	93.71	2.26
加工工业	16.30	5.14	67.39	95.64	2.63
按企业规模分					
大型企业	10.63	1.48	61.08	95.81	1.74
中型企业	1.36	-3.04	80.09	98.9	2.00
小型企业	17.28	5.77	65.45	96.38	2.95
按行业分					
煤炭采选业	20.01	11.19	46.20	98.24	3.07
有色金属矿采选业	14.35	3.16	19.22	96.93	2.82
非金属矿采选业	46.55	7.30	56.62	97.80	9.33
食品加工业	6.79	0.74	81.07	98.21	4.03
食品制造业	18.18	6.75	52.03	99.34	4.36
饮料制造业	14.70	1.56	74.39	98.51	1.62
烟草加工业	10.54	2.74	64.39	99.26	1.65
纺织业	4.29	-0.90	83.92	100.2	2.93
服装及其他纤维制品制造业	7.44	0.18	75.85	98.52	4.61
皮革、毛皮、羽绒及其制品业	4.95	-1.60	44.46	88.62	1.92
木材加工及竹、藤、棕、草制品业	27.97	3.78	90.99	99.11	4.26
家具制造业	5.63	1.30	49.33	102.65	2.04
造纸及纸制品业	48.63	11.65	46.11	98.79	5.96
印刷业、记录媒介的复制	6.75	1.99	60.96	102.63	4.68
石油加工及炼焦业	7.50	0.48	80.47	99.94	3.83
化学原料及化学制品制造业	13.55	5.04	73.26	96.98	2.18
医药制造业	0.65	-7.93	58.85	88.10	0.72
化学纤维制造业	8.91	1.39	80.20	95.87	1.39
橡胶制品业	13.36	2.07	78.01	94.13	5.09
塑料制品业	8.89	2.14	59.48	95.06	3.24
非金属矿物制品业	17.76	6.64	70.28	95.20	2.76
黑色金属冶炼及压延加工业	5.10	1.82	61.94	88.59	1.70
有色金属冶炼及压延加工业	28.95	3.02	76.70	95.75	7.30
金属制品业	10.73	1.44	65.80	97.54	3.12
普通机械制造业	10.22	1.98	75.12	94.96	2.10
专用设备制造业	18.12	5.25	42.91	95.03	3.41
交通运输设备制造业	8.51	0.43	73.95	92.54	1.51
电气机械及器材制造业	9.19	3.56	81.84	103.14	1.63
电子及通信设备制造业	16.40	9.82	63.69	135.23	1.11
其他制造业	0.29	-7.97	33.40	208.2	0.70
电力、蒸汽、热水的生产和供应业	6.89	-0.52	79.77	100.00	1.31

8-28 各县(市)区全部国有及规模以上工业企业主要经济效益指标

(2001年)

单位:%

县(市)区	总资产贡献率	成本费用利润率	资产负债率	产品销售率	流动资产周转次数(次)
全　市	**10.76**	**4.56**	**64.91**	**97.00**	**1.70**
市　直	7.19	3.73	61.97	98.60	1.01
中原区	6.23	0.80	60.68	97.00	2.05
二七区	7.76	2.83	61.68	97.20	1.80
管城区	32.17	5.31	66.74	99.20	3.03
金水区	5.03	0.70	89.64	98.30	1.73
上街区	9.56	3.33	70.13	95.80	1.63
邙山区	8.77	1.41	80.22	91.30	1.67
中牟县	15.55	2.88	74.51	99.00	3.68
巩义市	13.44	4.88	70.22	94.40	2.73
荥阳市	13.53	4.38	63.41	96.50	2.99
新密市	20.29	10.06	66.90	97.00	2.99
新郑市	19.68	1.90	74.80	97.00	2.11
登封市	12.20	8.18	58.55	97.80	1.83

8-29 各县(市)区国有及国有控股工业企业主要经济效益指标

(2001年)

单位:%

县(市)区	总资产贡献率	成本费用利润率	资产负债率	产品销售率	流动资产周转次数(次)
全　市	**8.41**	**3.37**	**64.46**	**98.75**	**1.08**
市　直	6.95	3.24	62.81	98.85	0.99
中原区			128.91	115.85	1.68
金水区	6.99	2.51	83.57	98.61	2.29
上街区	3.45	3.39	53.2	96.71	0.64
邙山区	0.04	-5.06	62.72	92.9	0.18
中牟县	3.28	-2.04	93.55	98.97	1.21
巩义市	6.71	2.36	68.79	98.42	1.53
荥阳市	11.69	5.07	51.1	94.84	3.01
新密市	6.3	2.02	77.38	98.66	1.6
新郑市	22.04	-3.34	77.2	98.99	1.16
登封市	11.78	13.5	59.08	100.1	1.15

8-30 各县(市)区集体工业企业主要经济效益指标

(2001年)

单位:%

县(市)区	总资产贡献率	成本费用利润率	资产负债率	产品销售率	流动资产周转次数(次)
全　市	**16.09**	**5.36**	**65.51**	**96.39**	**2.81**
市　直	5.40	-0.03	67.25	101.49	1.65
中原区	4.44	-0.17	63.69	97.30	2.29
二七区	8.85	2.46	56.24	96.85	2.01
管城区	14.28	1.53	71.45	99.89	1.76
金水区	7.87	1.08	86.57	98.98	2.23
上街区	6.63	2.04	83.71	98.56	2.11
邙山区	3.24	-2.50	92.25	94.26	0.92
中牟县	27.35	4.24	59.60	99.78	5.57
巩义市	16.44	5.66	67.74	92.39	2.63
荥阳市	11.80	2.21	69.56	96.25	2.99
新密市	33.92	12.27	60.70	98.37	4.23
新郑市	28.85	5.48	68.55	98.75	5.69
登封市	15.22	6.56	51.11	95.93	2.80

8-31 工业企业能源购进、消费及库存

（2001年）

行业	计量单位	年初库存	购进量		消费量			年末库存
			实物量	金额（万元）	合计	工业生产消费	非工业生产消费	
原煤	**吨**	**790225**	**11870825**	**174930**	**11832334**	**11700464**	**131870**	**828429**
煤炭采选业	吨	5351	473902	5215	476170	445659	30511	4075
有色金属矿采选业	吨		20		15		15	
非金属矿采选业	吨		20254	245	20254	20214	40	
食品加工业	吨	1951	41659	636	41244	40434	810	2397
食品制造业	吨	2698	68183	1433	67816	66275	1541	3070
饮料制造业	吨	12096	93289	1659	95923	94820	1103	9462
烟草加工业	吨	755	24135	543	24756	15636	9120	134
纺织业	吨	2048	26393	467	23429	20544	2885	5012
服装及其他纤维制品制造业	吨	86	13460	239	12054	12038	16	1549
皮革、毛皮、羽绒及其制品业	吨		817	16	793	753	40	24
木材加工及竹、藤、棕、草制品业	吨	54	8062	186	7815	7749	66	301
造纸及纸制品业	吨	6941	341198	5007	341983	341119	864	6150
印刷业、记录媒介的复制	吨	310	5009	89	4888	4883	5	433
文教体育用品制造业	吨		2		2	2		
石油加工及炼焦业	吨	972	6408	99	5108	5064	44	2271
化学原料及化学制品制造业	吨	82088	985347	19987	987834	981414	6420	66430
医药制造业	吨	2913	33516	694	31871	31319	552	4557
化学纤维制造业	吨	1963	10751	171	11409	11290	119	1305
橡胶制品业	吨	828	14406	252	13270	13050	220	1898
塑料制品业	吨	380	8687	162	8615	7915	700	452
非金属矿物制品业	吨	109775	2117058	32208	2100019	2089741	10278	126651
黑色金属冶炼及压延加工业	吨	690	29557	534	29785	29756	29	462
有色金属冶炼及压延加工业	吨	118334	1879623	29559	1873417	1846315	27102	125056
金属制品业	吨	888	18684	367	19034	18772	262	538
普通机械制造业	吨	741	22772	490	23008	22751	257	504
专用设备制造业	吨	21318	26308	501	30089	23353	6736	14729
交通运输设备制造业	吨	7147	28989	668	32351	32287	64	3784
电气机械及器材制造业	吨	2032	31756	721	32956	23841	9115	832
电子及通信设备制造业	吨		49	1	49		49	
仪器仪表及文化、办公用机械制造业	吨		3		3		3	
其他制造业	吨	16	3009	40	2991	2991		34
电力、蒸汽、热水的生产和供应业	吨	407850	5537259	72735	5513123	5490479	22644	446319
自来水的生产和供应业	吨		260	7	260		260	
洗精煤	**吨**	**683**	**10140**	**269**	**10313**	**10313**		**510**
化学原料及化学制品制造业	吨	550	5380	147	5790	5790		140
非金属矿物制品业	吨	133	4760	122	4523	4523		370
其它洗煤	**吨**	**15**	**106102**	**2125**	**106117**	**106117**		
煤炭采选业	吨		105500	2110	105500	105500		
非金属矿物制品业	吨	15			15	15		
专用设备制造业	吨		602	15	602	602		

8-31 续表 1 (2001 年)

行业	计量单位	年初库存	购进量		消费量			年末库存
			实物量	金额（万元）	合计	工业生产消费	非工业生产消费	
型煤	**吨**	**32**	**1474**	**32**	**1499**	**1190**	**309**	**7**
木材加工及竹、藤、棕、草制品业	吨		50	1	50		50	
化学原料及化学制品制造业	吨		60	1	60	40	20	
塑料制品业	吨		2		2	2		
非金属矿物制品业	吨		990	20	990	810	180	
普通机械制造业	吨	31	170	5	196	147	49	5
专用设备制造业	吨	1	163	5	162	152	10	2
交通运输设备制造业	吨		39	1	39	39		
焦炭	**吨**	**5365**	**112190**	**4517**	**114017**	**113710**	**307**	**3533**
食品加工业	吨		253	5	253	253		
纺织业	吨		14	1	14	14		
服装及其他纤维制品制造业	吨		240	8	240	240		
造纸及纸制品业	吨	8	220	6	222	219	3	6
石油加工及炼焦业	吨	251	330	15	331	331		250
化学原料及化学制品制造业	吨	8	151	3	156	156		3
塑料制品业	吨		21	1	21		21	
非金属矿物制品业	吨	568	35017	1284	35452	35282	170	133
黑色金属冶炼及压延加工业	吨	94	19029	826	18911	18911	0	212
有色金属冶炼及压延加工业	吨	3923	38439	1606	40484	40408	76	1878
金属制品业	吨	71	2992	118	2907	2907		156
普通机械制造业	吨	243	10501	453	10447	10415	32	296
专用设备制造业	吨	105	4254	158	3810	3805	5	545
交通运输设备制造业	吨	94	729	33	769	769		54
其它焦化产品	**吨**	**111**	**8730**	**342**	**8442**	**8442**		**409**
化学原料及化学制品制造业	吨		4185	210	4101	4101		84
非金属矿物制品业	吨	17	184	10	211	211		
黑色金属冶炼及压延加工业	吨	94	4361	122	4130	4130		325
高炉煤气	**万立方米**		**1260**	**246**	**1260**	**1260**		
有色金属冶炼及压延加工业	万立方米		1260	246	1260	1260		
天然气	**万立方米**		**71**	**127**	**71**	**69**	**2**	
纺织业	万立方米		6	10	6	6		
非金属矿物制品业	万立方米		3	6	3	3		
专用设备制造业	万立方米		20	36	20	20		
交通运输设备制造业	万立方米		2	3	2		2	
电气机械及器材制造业	万立方米		40	72	40	40		
原油	**吨**		**62**	**9**	**62**	**59**	**3**	
煤炭采选业	吨		2		2		2	
纺织业	吨		1		1		1	
非金属矿物制品业	吨		8	2	8	8		
黑色金属冶炼及压延加工业	吨		43	6	43	43		
金属制品业	吨		5	1	5	5		

8-31 续表 2 (2001 年)

行业	计量单位	年初库存	购进量		消费量			年末库存
			实物量	金额（万元）	合计	工业生产消费	非工业生产消费	
专用设备制造业	吨		3	1	3	3		
汽油	**吨**	**632**	**29915**	**8858**	**29838**	**20045**	**9793**	**633**
煤炭采选业	吨	45	2970	989	2972	2284	688	43
有色金属矿采选业	吨		5	2	5		5	
非金属矿采选业	吨	1	353	90	352	338	14	2
食品加工业	吨	6	1097	264	1095	109	986	8
食品制造业	吨	4	557	186	558	98	460	3
饮料制造业	吨	5	113	34	115	54	61	3
烟草加工业	吨	3	72	24	74	30	44	1
纺织业	吨	23	176	50	194	160	34	5
服装及其他纤维制品制造业	吨		58	15	58	35	23	
皮革、毛皮、羽绒及其制品业	吨		27	9	27	16	11	
木材加工及竹、藤、棕、草制品业	吨		26	7	26	4	22	
家具制造业	吨		14	4	14	4	10	
造纸及纸制品业	吨		495	135	483	33	450	
印刷业、记录媒介的复制	吨	15	425	121	423	309	114	16
文教体育用品制造业	吨		6	1	6	6		
石油加工及炼焦业	吨		12	4	12		12	
化学原料及化学制品制造业	吨	87	3839	1117	3633	2834	799	290
医药制造业	吨	5	147	38	149	102	47	3
化学纤维制造业	吨		43	16	43	13	30	
橡胶制品业	吨	1	78	23	78	74	4	1
塑料制品业	吨		192	60	192	87	105	
非金属矿物制品业	吨	20	11995	3464	11888	8340	3548	64
黑色金属冶炼及压延加工业	吨		171	57	171	40	131	
有色金属冶炼及压延加工业	吨	281	1625	493	1816	1480	336	90
金属制品业	吨	7	288	80	279	218	61	16
普通机械制造业	吨	6	562	165	561	309	252	7
专用设备制造业	吨	29	842	232	832	591	241	38
交通运输设备制造业	吨	7	854	267	855	669	186	7
电气机械及器材制造业	吨	1	567	162	567	365	202	1
电子及通信设备制造业	吨		311	96	311	90	221	
仪器仪表及文化、办公用机械制造业	吨		98	38	98	98		
其他制造业	吨	1	4	1	5	5		
电力、蒸汽、热水的生产和供应业	吨	66	1567	503	1607	1105	502	26
煤气生产和供应业	吨	8	102	35	104	104		9
自来水的生产和供应业	吨	11	224	77	235	41	194	
煤油	**吨**	**7**	**250**	**57**	**234**	**218**	**16**	**23**
纺织业	吨	1	11	2	10	10		2
印刷业、记录媒介的复制	吨	2	22	6	20	15	5	4
化学原料及化学制品制造业	吨		19	4	19	19		

8-31 续表 3 (2001 年)

行业	计量单位	年初库存	购进量		消费量			年末库存
			实物量	金额（万元）	合计	工业生产消费	非工业生产消费	
非金属矿物制品业	吨	1	12	3	13	5	8	
金属制品业	吨		113	25	105	105		8
普通机械制造业	吨	1	25	6	25	25		1
专用设备制造业	吨	1	29	7	26	25	1	4
交通运输设备制造业	吨	1	15	4	12	12		4
电气机械及器材制造业	吨		2		2	2		
电子及通信设备制造业	吨		2		2		2	
柴油	**吨**	**1707**	**31945**	**9118**	**31995**	**25622**	**6373**	**1647**
煤炭采选业	吨	11	2712	808	2690	2137	553	33
有色金属矿采选业	吨	2	380	119	360	358	2	13
非金属矿采选业	吨	2	498	113	495	488	7	5
食品加工业	吨	3	206	62	207	112	95	2
食品制造业	吨	18	2039	676	2044	65	1979	13
饮料制造业	吨		461	142	461	344	117	
烟草加工业	吨	3	149	46	142	137	5	10
纺织业	吨	11	9	3	15	15		5
服装及其他纤维制品制造业	吨		53	13	53	46	7	
皮革、毛皮、羽绒及其制品业	吨		8	2	8	8		
木材加工及竹、藤、棕、草制品业	吨		28	8	28	28		
家具制造业	吨		1		1		1	
造纸及纸制品业	吨		2	1	2	2		
印刷业、记录媒介的复制	吨	2	167	45	163	143	20	6
石油加工及炼焦业	吨		8	2	8	7	1	
化学原料及化学制品制造业	吨	65	1487	422	1504	1162	342	45
医药制造业	吨	4	34	8	36	25	11	2
化学纤维制造业	吨		371	112	371	313	58	
塑料制品业	吨		148	55	148	147	1	
非金属矿物制品业	吨	163	5787	1552	5841	5257	584	109
黑色金属冶炼及压延加工业	吨	15	474	151	476	382	94	13
有色金属冶炼及压延加工业	吨	81	6156	1746	6197	4848	1349	40
金属制品业	吨	48	1546	454	1539	1519	20	55
普通机械制造业	吨	6	473	141	472	437	35	7
专用设备制造业	吨	13	1025	248	1017	999	18	21
交通运输设备制造业	吨	37	2467	657	2503	2503		1
电气机械及器材制造业	吨	4	315	91	317	309	8	2
电子及通信设备制造业	吨		63	19	63	60	3	
仪器仪表及文化、办公用机械制造业	吨		61	15	61	61		
电力、蒸汽、热水的生产和供应业	吨	1201	4626	1348	4570	3636	934	1255
煤气生产和供应业	吨	15	39	12	49	49		9
自来水的生产和供应业	吨	3	152	45	154	25	129	1
燃料油	**吨**	**12956**	**126622**	**19483**	**126593**	**125356**	**1237**	**12985**

8-31　续表 4　　　　　　　　　　　　（2001 年）

行　　业	计量单位	年初库存	购进量		消费量			年末库存
			实物量	金额（万元）	合计	工业生产消费	非工业生产消费	
煤炭采选业	吨		22	4	22	22		
食品制造业	吨		326	68	297	297		29
化学原料及化学制品制造业	吨	319	255	41	168	168		406
非金属矿物制品业	吨	549	4091	546	4182	4182		458
有色金属冶炼及压延加工业	吨	11561	118859	18336	118519	117282	1237	11901
专用设备制造业	吨		312	68	312	312		
电气机械及器材制造业	吨	53	1771	222	1814	1814		10
电力、蒸汽、热水的生产和供应业	吨	474	986	197	1279	1279		181
液化石油气	**吨**	**5**	**2139**	**473**	**2138**	**2123**	**15**	**6**
纺织业	吨		559	154	559	559		
印刷业、记录媒介的复制	吨		8	2	8		8	
医药制造业	吨	1	12	4	12	10	2	1
非金属矿物制品业	吨	2	1053	168	1051	1049	2	4
有色金属冶炼及压延加工业	吨		23	8	23	22	1	
金属制品业	吨		67	21	67	67		
普通机械制造业	吨		1		1	1		
专用设备制造业	吨		386	105	386	386		
电气机械及器材制造业	吨	2	28	9	29	29		1
自来水的生产和供应业	吨		2	1	2		2	
其它石油制品	**吨**	**14784**	**122315**	**18337**	**133816**	**133809**	**7**	**3281**
煤炭采选业	吨	3	20	4	19	12	7	4
有色金属矿采选业	吨		12	2	10	10		2
食品加工业	吨	6	54	9	51	51		9
烟草加工业	吨	1	7	1	7	7		1
橡胶制品业	吨	5	28	3	31	31		2
非金属矿物制品业	吨	141	1343	152	1453	1453		31
有色金属冶炼及压延加工业	吨	14624	120100	18015	131497	131497		3227
普通机械制造业	吨	2	14	3	13	13		3
电气机械及器材制造业	吨	2	737	148	735	735		2
热力	**百万千焦**		**1561331**	**2539**	**16947848**	**16095908**	**851940**	
食品制造业	百万千焦		2592	5	2592	2017	575	
饮料制造业	百万千焦		25162	40	25162	25162		
烟草加工业	百万千焦		173703	512	173703	112906	60797	
纺织业	百万千焦		1183734	1732	1183734	946161	237573	
服装及其他纤维制品制造业	百万千焦		2110	4	2110	2110		
印刷业、记录媒介的复制	百万千焦		2110	4	2110	2110		
医药制造业	百万千焦		1695	3	1695	1695		
非金属矿物制品业	百万千焦		110353	154	110353	829	109524	
有色金属冶炼及压延加工业	百万千焦				14839742	14600867	238875	
专用设备制造业	百万千焦		57124	79	57124	57124		
电力、蒸汽、热水的生产和供应业	百万千焦		2748	5	549523	344927	204596	

8-31 续表 5 (2001 年)

行业	计量单位	年初库存	购进量		消费量			年末库存
			实物量	金额（万元）	合计	工业生产消费	非工业生产消费	
电力	**万千瓦时**		**1030977**	**406546**	**1069533**	**1045026**	**24507**	
煤炭采选业	万千瓦时		91424	40132	90424	81374	9050	
有色金属矿采选业	万千瓦时		291	224	291	275	16	
非金属矿采选业	万千瓦时		634	351	634	628	6	
食品加工业	万千瓦时		8676	3822	8676	8360	316	
食品制造业	万千瓦时		3999	1625	3999	3759	240	
饮料制造业	万千瓦时		5319	2329	5289	5264	25	
烟草加工业	万千瓦时		3680	1842	3680	2950	730	
纺织业	万千瓦时		29531	12304	29531	27955	1576	
服装及其他纤维制品制造业	万千瓦时		1057	449	1057	926	131	
皮革、毛皮、羽绒及其制品业	万千瓦时		343	172	346	343	3	
木材加工及竹、藤、棕、草制品业	万千瓦时		577	280	577	574	3	
家具制造业	万千瓦时		109	56	109	81	28	
造纸及纸制品业	万千瓦时		39941	20732	39941	39809	132	
印刷业、记录媒介的复制	万千瓦时		4527	2276	4527	4455	72	
文教体育用品制造业	万千瓦时		15	7	15	15		
石油加工及炼焦业	万千瓦时		334	161	334	327	7	
化学原料及化学制品制造业	万千瓦时		80907	29550	80907	79971	936	
医药制造业	万千瓦时		2487	1332	2487	2430	57	
化学纤维制造业	万千瓦时		3401	1510	3405	3141	264	
橡胶制品业	万千瓦时		1392	635	1392	1392		
塑料制品业	万千瓦时		5495	2601	5495	5475	20	
非金属矿物制品业	万千瓦时		177483	75858	182059	179079	2980	
黑色金属冶炼及压延加工业	万千瓦时		28191	10969	28191	28137	54	
有色金属冶炼及压延加工业	万千瓦时		368828	137979	368828	363548	5280	
金属制品业	万千瓦时		7271	3629	7271	7257	14	
普通机械制造业	万千瓦时		14791	5719	14791	14566	225	
专用设备制造业	万千瓦时		15591	7276	15591	14941	650	
交通运输设备制造业	万千瓦时		7502	3504	7502	6983	519	
电气机械及器材制造业	万千瓦时		5003	2196	5003	4848	155	
电子及通信设备制造业	万千瓦时		400	175	400	362	38	
仪器仪表及文化、办公用机械制造业	万千瓦时		280	137	280	227	53	
其他制造业	万千瓦时		189	94	189	189		
电力、蒸汽、热水的生产和供应业	万千瓦时		113459	33080	148462	147877	585	
煤气生产和供应业	万千瓦时		328	162	328	247	81	
自来水的生产和供应业	万千瓦时		7522	3378	7522	7261	261	
其它燃料	**吨标准煤**		**7**		**7**	**7**		
化学原料及化学制品制造业	吨标准煤		7		7	7		

8-31 续表 6　　　　　　　　　　(2001 年)

行　　业	计量单位	年初库存	购进量		消费量			年末库存
			实物量	金额(万元)	合计	工业生产消费	非工业生产消费	
能源合计	**吨标准煤**	**607235**	**13311554**	**648008**	**13969246**	**13720739**	**248507**	**630145**
煤炭采选业	吨标准煤	3907	768975	49263	766526	706342	60184	3256
有色金属矿采选业	吨标准煤	3	1763	347	1728	1642	86	39
非金属矿采选业	吨标准煤	3	18274	800	18274	18190	84	7
食品加工业	吨标准煤	1411	66526	4798	66644	63141	3503	1736
食品制造业	吨标准煤	1957	69218	3993	68923	62738	6185	1706
饮料制造业	吨标准煤	8647	89690	4203	86609	85459	1150	6783
烟草加工业	吨标准煤	550	38364	2967	38800	27194	11606	113
纺织业	吨标准煤	1515	179858	14725	177776	161192	16584	3596
服装及其他纤维制品制造业	吨标准煤	61	13812	727	13425	12841	584	1104
皮革、毛皮、羽绒及其制品业	吨标准煤	66	1773	199	2013	1957	56	17
木材加工及竹、藤、棕、草制品业	吨标准煤	39	8196	481	8019	7894	125	215
家具制造业	吨标准煤		463	61	463	334	129	
造纸及纸制品业	吨标准煤	4964	405605	25880	405583	403777	1806	4379
印刷业、记录媒介的复制	吨标准煤	251	22179	2544	23898	23388	510	346
文教体育用品制造业	吨标准煤		55	9	55	55		
石油加工及炼焦业	吨标准煤	938	6280	282	5350	5272	78	1869
化学原料及化学制品制造业	吨标准煤	59816	1050204	51483	1051859	1041808	10051	48559
医药制造业	吨标准煤	2094	34253	2079	33079	32367	712	3263
化学纤维制造业	吨标准煤	1402	22025	1809	22494	21213	1281	933
橡胶制品业	吨标准煤	596	16039	913	15231	15061	170	1358
塑料制品业	吨标准煤	272	28922	2879	28809	28054	755	325
非金属矿物制品业	吨标准煤	77507	2307661	115549	2315391	2285975	29416	91994
黑色金属冶炼及压延加工业	吨标准煤	745	161043	12665	160737	160173	564	1040
有色金属冶炼及压延加工业	吨标准煤	127320	3196958	207988	3714053	3660913	53140	119511
金属制品业	吨标准煤	784	48077	4695	48183	47818	365	682
普通机械制造业	吨标准煤	805	87876	6982	88013	86437	1576	682
专用设备制造业	吨标准煤	15392	92422	8730	94681	86853	7828	11152
交通运输设备制造业	吨标准煤	5261	56614	5137	59114	56684	2430	2769
电气机械及器材制造业	吨标准煤	1538	47895	3620	48958	41511	7447	616
电子及通信设备制造业	吨标准煤		2201	291	2201	1680	521	
仪器仪表及文化、办公用机械制造业	吨标准煤		1367	190	1337	1121	216	
其他制造业	吨标准煤	12	2919	135	2907	2907		24
电力、蒸汽、热水的生产和供应业	吨标准煤	289324	4431947	107868	4565973	4538651	27322	322043
煤气生产和供应业	吨标准煤	34	1532	209	1550	1222	328	26
自来水的生产和供应业	吨标准煤	21	30568	3508	30590	28875	1715	2

8-32　全市工业企业综合实力50强

（2001年）

名次	工业企业名称	名次	工业企业名称
1	中国长城铝业公司	26	郑州市自来水总公司
2	河南省新郑卷烟厂	27	河南耕生实业(集团)有限公司
3	郑州宇通客车股份有限公司	28	河南竹林众生制药股份有限公司
4	郑州正星机器有限公司	29	郑州三全食品厂
5	郑州卷烟厂	30	河南嵩岳集团郑州一棉有限公司
6	郑州新力电力有限公司	31	郑州海嘉食品有限公司
7	登封市登电集团公司	32	河南少林汽车股份有限公司
8	郑州煤炭工业(集团)有限责任公司	33	河南奥克啤酒实业有限公司
9	河南豫联能源集团有限责任公司	34	郑州祥和电力集团有限公司
10	河南金星啤酒集团有限公司	35	河南思达电子仪器股份有限公司
11	郑州日产汽车有限公司	36	河南省庆安化工(集团)有限公司
12	郑州中岳电力有限公司	37	新郑市热电厂
13	河南省正龙食品有限公司	38	郑州煤矿机械厂
14	郑州食品机械制造总公司	39	国投煤炭郑州能源开发有限公司
15	郑州龙祥铝业有限公司	40	巩义市天久冶金有限公司
16	郑州宏大新型纺机有限责任公司	41	郑州郑工机械集团有限责任公司
17	郑州市燃气有限公司	42	郑州市铝业股份有限公司
18	河南嵩岳集团郑州三棉有限公司	43	河南竹林汇发实业有限公司
19	郑州天方集团有限公司	44	河南明泰铝业有限公司
20	河南省新郑市水泥机制瓦厂	45	郑州新登企业集团有限公司
21	河南永安铝电集团有限公司	46	河南思维自动化设备有限公司
22	河南嵩岳集团郑州四棉有限公司	47	郑州市大峪沟矿务局
23	巩义市恒星金属制品有限公司	48	郑州中联电力有限公司
24	发祥五龙电厂	49	郑州华美彩印纸品有限公司
25	郑州太古可口可乐饮料有限公司	50	郑州东方企业集团股份有限公司

8-33 全市中小工业企业经济效益50佳

（2001年）

名次	工业企业名称	名次	工业企业名称
1	郑州市华盛医疗电器有限责任公司	26	郑州市郑韩香精集团
2	巩义市胶合板设备总厂	27	巩义市白河耐火材料厂
3	郑州新亚复合超硬材料有限公司	28	新郑市恒源实业公司
4	新郑市防水材料有限公司	29	巩义市科瑞耐火材料厂
5	河南恒生企业集团有限公司	30	河南省新郑市大隗弘达造纸厂
6	河南省郑州长安电熔耐火材料有限公司	31	郑州合英实业总公司
7	荥阳市崔庙建材开发有限公司	32	巩义市孝义金刚砂冶炼厂
8	巩义市宏达新型炉料厂	33	巩义市八一耐火材料有限公司
9	巩义市振兴铝合金厂	34	巩义市振兴耐火材料有限公司
10	郑州卓立电线电缆有限公司	35	巩义市红旗耐火材料公司
11	郑州金翔印刷有限公司	36	郑州紫江包装有限公司
12	巩义市联合耐火材料厂	37	新密市新发纸制品厂
13	河南省登封市钨钼材料厂	38	郑州中兴耐火材料有限公司
14	河南雪城科技股份有限公司	39	河南生茂光电科技股份有限公司
15	巩义市免烧砖机制造厂	40	河南省经协造纸厂
16	郑州东东石油机械制造有限责任公司	41	河南仲景保健药业有限公司
17	郑州大宇耐火材料有限公司	42	郑州市嵩山企业集团翱翔医药包装有限公司
18	郑州金门制罐包装有限公司	43	新密市群鑫造纸总厂
19	巩义市孝北耐火材料二厂	44	河南金芒果印刷有限公司
20	河南郑州市嵩山企业集团有限公司	45	新郑市电碳厂
21	河南省少林重型机器有限公司	46	河南永峰电力有限公司
22	新密市青屏耐火材料厂	47	郑州恒科实业有限公司
23	郑州市春雨实业有限公司	48	河南省新密市民政社会福利造纸厂
24	郑州市长风电缆厂	49	河南省新密市第一白板纸厂
25	巩义市振华炉料有限公司	50	新密市观察板纸厂

主要统计指标解释

按照国家统计方法制度规定,1998 年独立核算工业统计范围由原乡及乡以上调整为全部国有及年销售收入 500 万元以上非国有工业企业(即新口径)。同时,统计分类中的原经济组织类型分组相应地调整为按企业登记注册类型分组。

工业 指从事自然资源的开采,对采掘品和农产品进行加工和再加工的物质生产部门。具体包括:(1)对自然资源的开采,如采矿、晒盐、森林采伐等(但不包括禽兽捕猎和水产捕捞);(2)对农副产品的加工、再加工,如粮油加工、食品加工、轧花、缫丝、纺织、制革等;(3)对采掘品的加工、再加工,如炼铁、炼钢、化工生产、石油加工、机器制造、木材加工等,以及电力、自来水、煤气的生产和供应等;(4)对工业品的修理、翻新,如机器设备的修理,交通运输工具(包括小卧车)的修理等。

1984 年以前农村的村及村以下办工业归属农业,1984 年以后划归工业。

工业统计调查单位 工业统计调查单位分为两类:独立核算法人工业企业和工业活动单位。

(1)独立核算法人工业企业 是指从事工业生产经营活动的单位。独立核算法人工业企业应同时具备以下条件:①依法成立,有自己的名称、组织机构和场所,能够承担民事责任;②独立拥有和使用资产,承担负债,有权与其他单位签订合同;③独立核算盈亏,并能够编制资产负债表。

(2)工业活动单位 是指在一个场所从事一种或主要从事一种工业生产活动的经济单位。它包括独立核算工业企业按主营业务活动(即工业生产活动)划分的主营业务活动单位和非工业企业所属的工业生产活动单位(即原非独立核算工业生产单位)。工业活动单位,一般应同时具备以下三个条件:①具有一个场所,从事一种或主要从事一种工业活动;②单独组织工业生产、经营或业务活动;③单独核算收入和支出。

企业登记注册类型: 是指具有法人资格的各类企业在工商行政管理机关登记注册的类型。本年鉴中,国有经济、集体经济、股份制经济、国有控股等概念与过去含义有所区别。

国有经济工业(即过去的全民所有制工业或国营工业) 指生产资料归国家所有的一种经济类型。包括中央和地方各级国家机关、部队、科研机构、学校、人民团体和国有经济企事业单位等举办的国有经济工业。1957 年以前的公私合营和私营工业,后均改造为国营工业,1992 年改为国有工业,这部分工业的资料不单独分列时,均包括在国有工业内。按登记注册类型分组,国有经济的含义为:企业全部资产归国家所有,并按《中华人民共和国企业法人登记管理条例》规定登记注册的非公司制经济组织,不包括有限责任公司中的国有独资公司。

集体经济工业 指生产资料归公民集体所有的一种经济类型,是社会主义公有制经济的组成部分。包括城乡所有使用集体投资举办的企业,以及部分个人通过集资自愿放弃所有权并依法经工商行政管理机关认定的集体所有制的企业。按登记注册类型分组,集体经济的含义为:企业资产归集体所有,并按《中华人民共和国企业法人登记管理条例》规定登记注册的经济组织。

其他经济类型工业 指除国有经济工业、集体经济工业以外的其他经济类型工业企业(单位)。包括私营经济、联营经济、股份制经济(股份有限公司、有限责任公司);外商投资经济(中外合资经营、中外合作经营、外资企业);港、澳、台投资经济(与大陆合资经营、与大陆合作经营、港、澳、台独资企业)及其他经济类型的工业。

轻工业 指主要提供生活消费品和制作手工业工具的工业。按其所使用的原料不同,可分为两大类:(1)以农产品为原料的轻工业,是指直接或间接以农产品为基本原料的轻工业。主要包括食品制造、饮料制造、烟草加工、纺织、缝纫、皮革和毛皮制作、造纸以及印刷等工业;(2)以非农产品为原料的轻工业,是指以工业品为原料的轻工业。主要包括文教体育用品、化学药品制造、合成纤维制造、日用化学制品、日用玻璃制品、日用金属制品、手工工具制造、医疗器械制造、文化和办公用机械制造等工业。

重工业 是指为国民经济各部门提供物质技术基础的主要生产资料的工业。按其生产性质和产品用途,可以分为下列三类:(1)采掘(伐)工业,是指对自然资源的开采,包括石油开采、煤炭开采、金属矿开采、非金属矿开采和木材采伐等工业;(2)原材料工业,指向国民经济各部门提供基本材料、动力和燃料的工业。包括金属冶炼及加工、炼焦及焦炭化学、化工原料、水泥、人造板以及电力、石油和煤炭加工业等工业;(3)加工工业,是指对工业原材料进行再加工制造的工业。包括装备国民经济各部门的机械设备制造工业、金属结构、水泥制品等工业,以及为农业提供的生产资料如化肥、农药等工业。

根据上述划分原则,修理业中以重工业产品为修理作业对象的划为重工业,反之划为轻工业。

工业总产值 是以货币表现的工业企业在一定时期内生产的已出售或可供出售工业产品总量,它反映一定时间的工业生产的总规模的总水平

包括:在本企业内不再进行加工、经检验、包装入库(规定了需包装的产品除外)的成品价值工业性作业价值,自制半成品、在产品期末初差额价值(生产周期较长的企业计算)。工业总产值采用“工厂法”计算,以工业企业作为一个整体,按企业工业生产活动的最终成果计算,企业内部不允许重复计算,不能把企业内部各个车间(分厂)生产的成果相加。但在企业之间、行业之间、地区之间存在着重复计算。

轻重工业总产值的划分也是按“工厂法”计算的,即一个工业企业在正常情况下生产的主要产品的性质属于轻工业,则该企业的全部总产值作为轻工业总产值;一个工业企业生产的主要产品的性质属于重工业,则该企业的全部总产值作为重工业总产值。

工业增加值 是指工业行业在报告期内以货币表现的工业生产活动的最终成果。

固定资产原值 固定资产原值指企业在建造、购置、安装、改建、技术改造某项固定资产时所支出的全部货币总额。它一般包括买价、包装费、运杂费和安装费等。

流动资产 流动资产是指可以在一年或者超过一年的一个营业周期内变现或者耗用的资产,包括现金及各种存款、短期投资、应收及预付货款、存货等。

工业成本利润率 指在一定时期内实现的利润与成本费用之比,是反映工业生产成本及费用投入的经济效益指标,同时也是反映降低成本的经济效益的指标。计算公式:

$$\text{工业成本费用利润率}(\%)=\frac{\text{利润总额}}{\text{成本费用总额}}\times 100\%$$

工业增加值率 指在一定时期内工业增加值占同期工业总产值的比重,反映降低中间消耗的经济效益,计算公式:

$$\text{工业增加值率}(\%)=\frac{\text{工业增加值(现价)}}{\text{工业总产值(现价)}}\times 100\%$$

流动资产周转次数 指在一定时期内流动资产完成的周转次数,反映流动资产的周转速度。计算公式:

$$\text{流动资产周转次数}=\frac{\text{报告期现价工业销售产值}}{\text{报告期现价工业总产值}}\times 100\%$$

全员劳动生产率 指根据产品的价值量指标计算的平均每个职工在单位时间内的产品生产量。是考核企业经济活动的重要指标,是企业生产技术水平、经营管理水平、职工技术熟练程度和劳动积极性的综合表现。目前我国的全员劳动生产率是将工业企业的工业增加值除以同一时期全部职工的平均人数来计算的。计算公式:

$$\text{全员劳动生产率}=\frac{\text{工业增加值}}{\text{全部职工平均人数}}$$

总资产贡献率 该指标反映企业全部资产的获利能力,是企业经营业绩和管理水平的集中体现,是评价和考核企业盈利能力的核心指标。计算公式为:

$$\text{总资产贡献率}=(\text{利润总额}+\text{税金总额}+\text{利息支出})/\text{平均资产总额}\times\frac{12}{\text{累计月数}}$$

其中:税金总额为产品销售税金及附加与应交增值税之和;平均资产总额为期初期末资产总计的算术平均值。

资本保值增值率 该指标反映企业净资产的变动状况,是企业发展能力的集中体现。计算公式为:

资本保值增值率=报告期期末所有者权益/上年同期期末所有者权益

所有者权益等于资产总计减负债总计。

资产负债率 该指标既反映企业经营风险的大小,也反映企业利用债权人提供的资金从事经营活动的能力。计算公式为:

资产负债率=负债总额/资产总额

产品销售率 该指标反映工业产品已实现销售的程度,是分析工业产销衔接情况、研究工业产品满足社会需求的指标。计算公式为:

产品销售率=工业销售产值/工业总产值(现价)

产品销售收入 指企业销售产品的销售收入和提供劳务等主要经营业务取得的业务总额。

产品销售成本 指企业销售产品和提供劳务等主要经营业务的实际成本。

产品销售费用 指企业在报告期内在产品销售和提供工业性劳务等主要经营业务过程中所发生的各项费用,包括运输费、装卸费、包装费、保险费、展览费、广告费,以及为销售本企业产品而专设的销售机构的职工工资、福利费、业务费等经常费用。

产品销售税金及附加 指企业在报告期销售产品和提供工业性劳务等应负担的销售税金及附加,包括产品税、增值税、营业税、城市维护建设税、资源税和教育费附加。

利润总额 指企业在报告期内实现的利润,反映企业最终的财务成果。亏损以"—"表示,计算公式为:

利润总额 = 营业利润 + 投资收益 + 补贴收入 + 营业外收入 - 营业外支出 + 以前年度损益调整

利税总额 指企业产品销售税金及附加和利润总额之和。

资本金 指企业在工商行政管理部门登记的注册资金合计。企业资本金按投资主体可分为国家资本金、法人资本金、个人资本金和外商资本金等。资本金合计包括企业各种投资主体注册的全部资本金。

总资产 指企业拥有或控制的全部资产。包括流动资产、长期投资、固定资产、无形及递延资产、其他资产等,即为企业资产负债表的资产总计项。

(1)流动资产 指企业可以在一年内或者超过一年的一个生产周期内变现或耗用的资产合计。包括现金及各种存款、短期投资、应收及预付款项、存货等。

(2)固定资产 指企业固定资产净值、固定资产清理、在建工程、待处理固定资产损失所占用的资金合计。

(3)无形资产 指企业长期使用而没有实物形态的资产。包括专利权、非专利技术、商标权、著作权、土地使用权、商誉等。

总负债 指企业承担并需要偿还的全部债务。包括流动负债和长期负债等。即为企业资产负债表的负债合计项。

(1)流动负债 指企业在一年内或者超过一年的一个营业周期内需要偿还的债务合计,其中包括短期借款、应付及预收款项、应付工资、应交税金和应交利润等。

(2)长期负债 指企业在一年以上或者超过一年的一个生产周期以上需要偿还的债务合计,其中包括长期借款、应付债务、长期应付款项等。

所有者权益 指企业投资人对企业净资产的所有权。企业净资产等于企业全部资产减去全部负债后的余额,其中包括投资者对企业的最初投入,以及公积金、盈余公积金和未分配利润,对股份制企业即为股东权益。

九、建　筑　业

9-1 建筑业生产情况(一)

指 标	单位	合 计		#国有企业		#集体企业	
		2000年	2000年	2000年	2001年	2000年	2001年
企业个数	个	405.0	375.0	89.0	93	145.0	118
从业人员	人	172358.0	181867	88137.0	92673	52247.0	41400
计算劳动生产率的平均人数	人	175786.0	178210	88713.0	96986	45159.0	44278
建筑业总产值	万元	1060084.4	1336690.5	695133.6	877819.1	185154.6	217085.7
建筑工程	万元	814076.5	1078855.1	502725.1	674874.1	147676.2	189831.4
安装工程	万元	216906.5	223752.2	186637.3	192375.8	17977.7	9686.7
房屋构筑物修理	万元	22727.4	22819.2	634.1	576.2	19392.8	16555.5
非标准设备制造	万元	6374.0	11264.0	5137.1	9993	107.9	1012.1
建筑业增加值	万元	213052.4	333047.1	145734.5	232077.9	32948.2	44549.1
建筑业竣工产值	万元	512566.0	879239.1	330542.1	648066	102246.6	124056.2
全员劳动生产率							
按建筑业总产值计算	元/人	60305.4	75006.5	78357.6	90509.9	41000.6	49027.9
按建筑业增加值计算	元/人	12120.0	8071.1	16427.6	7688.1	7296.0	8744.5
单位工程施工个数	个	5289.0	5943.0	3013.0	3391	1403.0	1354
#本年新开工	个	3017.0	3617.0	1799.0	2092	728.0	791
#投标承包个数	个	3146.0	3671.0	1798.0	2009	777.0	902
#本年新开工	个	1758.0	2092.0	1074.0	1212	384.0	450
单位工程竣工个数	个	2772.0	3405.0	1550.0	1974	770.0	748
#优良工程个数	个	1430.0	1821.0	978.0	1315	304.0	243
房屋建筑施工面积	万平方米	1216.5	1466.5	543.7	657.2	421.9	475.7
#本年新开工	万平方米	502.6	689.8	216.2	280.8	182.9	231.2
#投标承包面积	万平方米	1024.7	1279.6	461.5	563.3	346.2	418.3
#本年新开工	万平方米	434.7	582.6	194.7	228.2	151.1	184.9
房屋建筑竣工面积	万平方米	439.9	517.0	171.9	198.9	168.8	186.9
#优良工程	万平方米	227.7	220.6	112.8	107.8	71.1	54.4
房屋竣工率	%	36.2	35.3	31.6	30.3	40.0	39.3
工程质量优良品率							
按单位工程个数计算	%	51.6	53.5	63.1	66.6	39.5	32.5
按房屋竣工面积计算	%	51.8	42.7	65.6	54.2	42.1	29.1
施工工程招投标承包面							
按单位工程个数计算	%	59.5	61.8	59.7	59.2	55.4	66.6
按房屋施工面积计算	%	84.2	87.3	84.9	85.7	82.1	87.9
年底自有机械设备总台数	台	60473.0	66482.0	28970.0	32298	16017.0	16842
年底自有机械设备总功率	万千瓦	108.3	121.4661	63.9	72.1623	22.3	21.7135
#施工机械	万千瓦	85.5	92.1278	49.8	58.3622	16.7	14.0953
年底自有机械设备净值	万元	112978.5	164155.1	75290.2	105853.4	17099.9	23224.4
年末拖欠工程款	万元	158512.2	155113.4	131940.1	107775.2	12194.8	27319.3
#竣工欠款	万元	91193.4	84739.3	77463.8	59414.6	7017.8	15382.9

注:1.本表统计范围为资质等级四级及四级以上的独立核算建筑业企业(下同)。

2.本表中的部分指标是按原始计量单位计算的(下同)。

9-2 建筑业生产情况(二)

(2001 年)

指　标	单位	合　计	土木工程建筑业	#房 屋	#铁路、公路隧道、桥梁	线路管道设备安装业	装修装饰业
企业个数	个	375.0	250.0	185.0	17.0	53.0	71.0
从业人员	人	181867	151057	111217	21053	13984	16826
计算劳动生产率的平均人数	人	178210	154285	111092	22839	15649	8276
建筑业总产值	万元	1336690.5	1061436.3	602808.4	309544.7	211970.6	63283.6
建筑工程	万元	1078855.1	973627.7	548451.6	306578.7	67130.1	38097.3
安装工程	万元	223752.2	61826.8	32718.5	2885.3	138030.8	23894.6
房屋构筑物修理	万元	22819.2	21402.8	20472.4	0.0	124.7	1291.7
非标准设备制造	万元	11264.0	4579.0	1165.9	80.7	6685.0	0.0
建筑业增加值	万元	333047.1	258882.0	146286.4	81638.0	60049.5	14115.6
建筑业竣工产值	万元	879239.1	694065.2	297852.8	296898.8	147640.7	37533.2
全员劳动生产率							
按建筑业总产值计算	元/人	75006.5	68797.1	54262.1	135533.4	135453.1	76466.4
按建筑业增加值计算	元/人	8071.1	9172.7	9098.3	9904.2	3167.0	6020.1
单位工程施工个数	个	5943.0	3919.0	2605.0	635.0	1359.0	11.0
#本年新开工	个	3617.0	2024.0	1214.0	329.0	986.0	7.0
#投标承包个数	个	3671.0	2586.0	2028.0	343.0	560.0	
#本年新开工	个	2092.0	1373.0	986.0	253.0	385.0	
单位工程竣工个数	个	3405.0	1902.0	1130.0	358.0	865.0	5.0
#优良工程个数	个	1821.0	821.0	457.0	253.0	606.0	3.0
房屋建筑施工面积	万平方米	1466.5	1395.1	1281.9	15.3	14.7	56.7
#本年新开工	万平方米	689.8	654.6	577.0	3.3	5.7	29.4
#投标承包面积	万平方米	1279.6	1213.0	1166.3	14.3	13.9	52.6
#本年新开工	万平方米	582.6	549.1	533.2	3.2	5.7	27.8
房屋建筑竣工面积	万平方米	517.0	490.1	435.2	5.1	4.8	22.2
#优良工程	万平方米	220.6	205.8	191.7	5.0	2.1	12.6
房屋竣工率	%	35.3	35.1	34.0	33.6	32.6	39.1
工程质量优良品率							
按单位工程个数计算	%	53.5	43.2	40.4	70.7	70.1	60.0
按房屋竣工面积计算	%	42.7	42.0	44.0	96.9	44.3	56.9
施工工程招投标承包面							
按单位工程个数计算	%	61.8	66.0	77.9	54.0	41.2	
按房屋施工面积计算	%	87.3	86.9	91.0	93.8	94.9	
年底自有机械设备总台数	台	66482.0	56296.0	41120.0	6905.0	6345.0	3841.0
年底自有机械设备总功率	万千瓦	121.4661	101.3	54.4	25.1	14.1	6.0
#施工机械	万千瓦	92.1278	79.1	42.4	21.7	10.4	2.6
年底自有机械设备净值	万元	164155.1	130609.5	63948.1	47825.8	29158.5	4387.1
年末拖欠工程款	万元	155113.4	105918.2	83018.5	10008.2	43573.3	5621.9
#竣工欠款	万元	84739.3	48530.8	30089.1	7453.5	32522.8	3685.7

9-3 建筑业主要经济指标(一)

单位:万元

指　标	合　计		#国有企业		#集体企业	
	2000年	2001年	2000年	2001年	2000年	2001年
年末资产负债						
资产总计	1014362.2	1227898.6	767786.5	910504.9	118636.9	145149.8
流动资产合计	656337.2	790434.3	505934.1	604336.3	72912.9	79071.2
#存货	178067.4	214408.6	112935.2	129108	38153.9	44930.3
#在建工程	93200.1	113174.4	56878.0	64700.1	20489.6	28763.5
固定资产合计	238422.0	303118.2	160677.6	194102.1	39040.2	58248.4
固定资产原价	339626.3	420845.8	245507.5	287906.6	49000.1	71213.2
#生产经营用	253880.0	346975.5	179750.2	229912.4	39304.9	61338.8
累计折旧	110241.1	129774.3	89605.0	104177.4	11413.4	13967.6
#本年折旧	21078.2	20312.3	15388.5	13957.1	3141.1	2384
无形及递延资产合计	82511.7	92665.4	75211.0	84198.2	1643.4	1456.5
#无形资产	78817.5	89248.5	73797.9	82582.3	1103.9	1219.2
负债合计	658262.0	769350.8	540951.2	645655.2	60210.1	60485.8
流动负债	645105.2	740752.3	534874.9	627012.2	56572.2	52315.8
长期负债	13156.8	28598.5	6076.3	18643	3637.9	8170
所有者权益合计	356100.2	458547.8	226835.3	264849.7	58426.8	84664
#实收资本	260888.7	379474.1	146721.0	202023.7	50164.7	76093.7
#国家	81323.2	134422.7	78331.1	125735.6		3240.6
集体	28747.1	43976.6		3763.9	25668.8	32844
法人	123111.5	139534.1	68389.9	72372.2	24436.1	39336.7
损益及分配						
工程结算收入	856013.2	1160817.3	595994.1	809669.4	118896.3	145672.9
工程结算成本	738611.2	1027044.1	511102.1	718457.7	103298.5	127345.6
工程结算税金及附加	30473.6	38913.7	18708.2	24185.7	6921.7	4986.5
工程结算利润	86928.4	94859.5	66183.8	67026	8676.1	13340.8
管理费用	83911.4	89187.2	68603.4	71749.2	7066.6	8509.1
#税金	1367.8	971.3	920.1	649.9	332.1	181.3
财产保险费	243.7	244.7	157.4	79.2	34.1	75.5
劳动待业保险费	23953.2	21131.3	19783.8	20350.5	3390.0	629.1
财务费用	3240.4	2922.6	1141.4	1556.5	787.6	653.4
#利息支出	3169.6	2683.9	1705.8	1730.4	520.2	474.3
营业利润	4394.3	8308.4	374.9	-1170.4	1211.3	4418.2
利润总额	2829.4	8327.9	-705.6	-1324.4	1755.4	4319
#应交所得税	2948.0	4693.8	1432.3	1970.7	708.5	800.4
应付利润	904.2	3330.2	540.4	761.8	179.7	687.5
利税总额	34670.8	48212.9	18922.7	23511.2	9009.2	9486.8
工资、福利费						
本年应付工资总额	126734.3	149004.9	87818.7	100000.3	17352.7	22364.9
本年应付福利费总额	13766.2	16180.9	10404.9	12003.9	1198.1	1996.8
亏损企业个数(个)	**132**	**102**	**21**	**21**	**40**	**30**

9-4 建筑业主要经济指标(二)

(2001年)　　单位:万元

指　标	合　计	土木工程建筑业	#房屋	#铁路、公路隧道、桥梁	线路管道设备安装业	装修装饰业
年末资产负债						
资产总计	1227898.6	990345.5	527144.9	330210.1	195043.2	42509.9
流动资产合计	790434.3	628160.2	276529.3	260001.1	130567.6	31706.5
#存货	214408.6	178371.1	86286.6	57990.2	19342.9	16694.6
#在建工程	113174.4	97392.5	49076.3	28186.5	4941.6	10840.3
固定资产合计	303118.2	241405.8	144078.9	63259.9	52826.8	8885.6
固定资产原价	420845.8	316714.6	173509.7	89805.4	92488.0	11643.2
#生产经营用	346975.5	265797.7	136132.5	81910.9	71910.0	9267.8
累计折旧	129774.3	87021.5	36761.1	30058.4	39963.9	2788.9
#本年折旧	20312.3	15165.3	6733.5	6330.5	4308.9	838.1
无形及递延资产合计	92665.4	89608.6	84163.6	2897.7	2915.4	141.4
#无形资产	89248.5	86817.5	82031.4	2726.4	2398.3	32.7
负债合计	769350.8	616413.7	272186.3	263221.3	134583.9	18353.2
流动负债	740752.3	595850.1	257318.4	258503.3	131975.8	12926.4
长期负债	28598.5	20563.6	14867.9	4718.0	2608.1	5426.8
所有者权益合计	458547.8	373931.8	254958.6	66988.8	60459.3	24156.7
#实收资本	379474.1	308209.8	197618.3	64591.3	48293.6	22970.7
#国家	134422.7	119430.3	60775.9	27917.7	14732.4	260.0
集体	43976.6	41547.0	33073.3	4751.0	1413.8	1015.8
法人	139534.1	99215.1	64625.3	27525.7	29548.3	10770.7
损益及分配						
工程结算收入	1160817.3	923744.7	516339.4	292092.0	189622.7	47449.9
工程结算成本	1027044.1	826371.2	467246.9	256149.0	161364.0	39308.9
工程结算税金及附加	38913.7	31451.9	19811.0	8981.1	5904.1	1557.7
工程结算利润	94859.5	65921.6	29281.5	26961.9	22354.6	6583.3
管理费用	89187.2	59465.3	27957.7	21981.1	25509.9	4212.0
#税金	971.3	672.9	509.2	152.5	192.6	105.8
财产保险费	244.7	110.2	71.9	32.2	36.3	98.2
劳动待业保险费	21131.3	15867.2	4843.5	9885.8	4951.4	312.7
财务费用	2922.6	2277.8	1462.0	453.2	309.1	335.7
#利息支出	2683.9	2094.5	1292.0	708.6	286.6	302.8
营业利润	8308.4	9904.1	2472.5	6936.7	-3708.7	2113.0
利润总额	8327.9	10221.0	2769.6	7094.3	-4006.2	2113.1
#应交所得税	4693.8	3035.1	1181.1	1593.0	871.0	787.7
应付利润	3330.2	1782.0	315.1	1360.8	1016.3	531.9
利税总额	48212.9	42345.8	23089.8	16227.9	2090.5	3776.6
工资、福利费						
本年应付工资总额	149004.9	123755.5	82286.2	26841.7	20893.9	4355.5
本年应付福利费总额	16180.9	12899.7	7836.2	3569.3	2663.9	617.3
亏损企业个数(个)	**102**	**64**	**49**	**3**	**14**	**24**

9-5 建筑业企业建筑材料消耗情况

（2001 年）

类　　别	材料费用合计（万元）	#钢材	#木材	#水泥	消耗量 钢材（吨）	木材（立方米）	水泥（吨）
总　　计	**564831.7**	**166030.4**	**27582.2**	**81789.2**	**640098**	**215050**	**3305514**
#一、二级企业	470501.3	137498.0	22762.5	59385.1	518103	167519	2364825
#国有及国有控股	331629.8	110517.1	10012.8	37821.2	406103	74032	1540189
按登记注册类型分							
内资企业	564173.3	165944.7	27539.1	81736.7	639819	214749	3303360
#国有企业	332802.5	109537.1	10116.0	37090.5	401552	74465	1512879
集体企业	93962.4	22864.0	8018.3	23048.5	98533	67342	955531
股份合作企业	15705.9	3933.4	2960.9	1050.8	15744	19763	41785
联营企业	157.0	75.0	58.3	23.6	278	486	1126
有限责任公司	59165.0	18452.1	3919.1	11022.8	79225	27282	473706
股份有限公司	14017.4	6476.1	744.3	4174.0	26465	13131	177264
私营企业	47546.2	4083.5	1634.9	5314.0	15969	11698	140526
港澳台商投资企业	383.4		12.0	3.0		80	86
外商投资企业	275.0	85.7	31.1	49.5	279	221	2068
按行业分							
土木工程建筑业	453240.1	124466.6	26236.7	72467.3	503411	202400	2943809
房屋	305790.8	95304.6	22530.6	53311.9	392557	174333	2277456
矿山	6345.4	382.0	71.2	304.8	1528	595	13383
铁路公路隧道桥梁	100919.6	15328.4	2373.1	12714.9	60068	16347	404764
堤坝电站码头	2949.0	731.2	54.6	375.9	2814	396	14757
其他土木工程	37235.3	12720.4	1207.2	5759.8	46444	10729	233449
线路管道设备安装业	86217.4	35499.2	128.8	1604.6	113663	982	57243
线路管道安装业	52481.5	11297.3	84.6	912.6	31587	604	35576
设备安装业	33735.9	24201.9	44.2	692.0	82076	378	21667
装修装饰业	25374.2	6064.6	1216.7	7717.3	23024	11668	304462

9-6 建筑业企业房屋建筑工程生产情况

单位：万平方米

类　　别	2000 年	2001 年
总　　计	**439.4**	**517.0**
厂房	34.8	24.2
住宅	310.3	344.1
办公用房	31.0	44.7
商业、居民服务业用房	7.7	15.9
文化教育用房	24.2	48.0
医疗用房	3.7	5.3
科研用房	5.1	0.2
其他	23.2	34.6

9-7 各县(市)区建筑业企业个数

(2001 年底)

单位:个

县(市)区	企业个数	#国有企业	#地方	#资质一、二级	#集体企业	#资质一、二级
全　市	**375**	**93**	**64**	**63**	**118**	**24**
市　直	209	81	54	61	36	10
中原区	18	1	1		8	1
二七区	16				9	3
管城区	8				7	
金水区	22	2	1	1	4	2
上街区	7				2	
邙山区	11				6	1
中牟县	8	4	3	1	4	1
巩义市	13	1	1		3	
荥阳市	25	1	1		20	3
新密市	13	1	1		6	
新郑市	18	2	2		9	2
登封市	7				4	1

9-8 各县(市)区建筑业职工平均人数

(2001 年)

单位:人

县(市)区	计算劳动生产率的平均人数	#国有企业	#地方	#资质一、二级	#集体企业	#资质一、二级
全　市	**178210**	**96986**	**64135**	**86731**	**44278**	**22865**
市　直	126464	94228	62967	85141	15234	8480
中原区	4595	73	73		3204	115
二七区	1264				1255	857
管城区	862				826	
金水区	9623				1410	531
上街区	2140				1193	
邙山区	8459				6836	4284
中牟县	3023	1880	290	1590	1143	480
巩义市	3107	341	341		282	
荥阳市	9072	320	320		7471	6209
新密市	1775				1174	
新郑市	6461	144	144		2885	1867
登封市	1365				1365	42

9-9 各县(市)区建筑业总产值

(2001年)

单位:千元

县(市)区	总产值	#国有企业	#地方	#资质一、二级	#集体企业	#资质一、二级
全　市	**13366905**	**8778191**	**4430833**	**8371831**	**2170857**	**1227053**
市　直	10564185	8541503	4392355	8173621	919662	565007
中原区	122401	599	599		77119	5480
二七区	52995				51701	34462
管城区	41419				40735	
金水区	565588				144200	30399
上街区	104516				43415	
邙山区	405435				329213	232380
中牟县	278524	205730	7520	198210	72794	48000
巩义市	117109	15991	15991		12500	
荥阳市	345494	7400	7400		306677	237870
新密市	46582				23202	
新郑市	668387	6968	6968		95369	71805
登封市	54270				54270	1650

9-10 各县(市)区建筑业总产值中建筑工程产值

(2001年)

单位:千元

县(市)区	建筑工程产值	#国有企业	#地方	#资质一、二级	#集体企业	#资质一、二级
全　市	**10788551**	**6748741**	**3965156**	**6368315**	**1898314**	**1135993**
市　直	8590625	6710862	3927277	6368315	873474	563507
中原区	79100				68460	5480
二七区	51572				51572	34462
管城区	34531				34531	
金水区	466701				117645	30399
上街区	64891				21316	
邙山区	233948				204018	146540
中牟县	73580	7520	7520		66060	48000
巩义市	116659	15991	15991		12500	
荥阳市	327458	7400	7400		291247	234150
新密市	45782				22402	
新郑市	649632	6968	6968		81017	71805
登封市	54072				54072	1650

9-11 各县(市)区建筑业增加值

(2001 年)

单位:千元

县(市)区	增加值	#国有企业	#地方	#资质一、二级	#集体企业	#资质一、二级
全 市	**3330471**	**2320779**	**1065571**	**2189451**	**445491**	**266522**
市 直	2771330	2256670	1056249	2134664	216596	138210
中原区	30131	20	20		21926	1398
二七区	17710				17383	13180
管城区	7011				6289	
金水区	120540				16336	10921
上街区	18196				10616	
邙山区	52024				34383	19923
中牟县	66327	55428	641	54787	10899	6006
巩义市	38866	4001	4001		2420	
荥阳市	88567	2855	2855		70806	59110
新密市	7578				4974	
新郑市	107108	1805	1805		27780	17114
登封市	5083				5083	660

9-12 各县(市)区建筑业竣工产值

(2001 年)

单位:千元

县(市)区	竣工产值	#国有企业	#地方	#资质一、二级	#集体企业	#资质一、二级
郑州市	**8792391**	**6480660**	**2662693**	**6247854**	**1240562**	**845941**
市 直	7566064	6396985	2627278	6199594	548364	386655
中原区	92286	599	599		75954	10120
二七区	43506				42212	40432
管城区	18196				17512	
金水区	191562				18246	16916
上街区	59780				24848	
邙山区	165308				106085	97585
中牟县	133384	61350	13090	48260	72034	46000
巩义市	68789	14438	14438		8960	
荥阳市	272238	7160	7160		254143	233470
新密市	27004				6024	
新郑市	110004	128	128		21910	13663
登封市	44270				44270	1100

9-13 各县(市)区建筑业全员劳动生产率

(2001 年)

单位:元/人

县(市)区	全员劳动生产率		国有企业		地方国有		集体企业	
	按总产值计算	按增加值计算	按总产值计算	按增加值计算	按总产值计算	按增加值计算	按总产值计算	按增加值计算
全　市	**75006**	**18688**	**90510**	**23929**	**69086**	**16615**	**49028**	**10061**
市　直	83535	21914	90647	23949	69756	16775	60369	14218
中原区	26638	6557	8205	274	8205	274	24070	6843
二七区	41926	14011					41196	13851
管城区	48050	8133					49316	7614
金水区	58775	12526					102270	11586
上街区	48839	8503					36391	8899
邙山区	47929	6150					48159	5030
中牟县	92135	21941	109431	29483	25931	2210	63687	9535
巩义市	37692	12509	46894	11733	46894	11733	44326	8582
荥阳市	38084	9763	23125	8922	23125	8922	41049	9477
新密市	26243	4269					19763	4237
新郑市	103449	16578	48389	12535	48389	12535	33057	9629
登封市	39758	3724					39758	3724

9-14 各县(市)区建筑业单位工程施工、竣工个数

(2001 年)

单位:个

县(市)区	施工个数	#国有企业	#地方	#集体企业	竣工个数	#国有企业	#地方	#集体企业
全　市	**5943**	**3391**	**1715**	**1354**	**3405**	**1974**	**892**	**748**
市　直	4510	3283	1644	522	2579	1915	842	261
中原区	143	31	31	65	113	31	31	50
二七区	50			37	29			16
管城区	42			35	25			18
金水区	207			30	102			8
上街区	102			71	78			54
邙山区	132			91	64			35
中牟县	184	48	11	136	128	16	7	112
巩义市	76	10	10	15	34	6	6	6
荥阳市	251	10	10	204	100	5	5	89
新密市	46			30	27			12
新郑市	145	9	9	63	89	1	1	50
登封市	55			55	37			37

9-15 各县(市)区建筑业房屋建筑施工、竣工面积

(2001年)

单位:平方米

县(市)区	施工面积	#国有企业	#地方	#集体企业	竣工面积	#国有企业	#地方	#集体企业
全　市	**14665322**	**6572338**	**5940363**	**4756533**	**5170238**	**1988546**	**1726379**	**1869097**
市　直	9990969	6432031	5800056	1911548	3151171	1902564	1640397	617353
中原区	304115			205387	208338			155738
二七区	139211			136961	44739			42489
管城区	71409			71409	28630			28630
金水区	917605			103733	308441			6375
上街区	289177			172805	140664			79313
邙山区	546615			488956	195231			156171
中牟县	273572	27653	27653	245919	217607	27653	27653	189954
巩义市	300431	50831	50831	41617	153429	37976	37976	24466
荥阳市	1234315	37933	37933	1052454	547571	20353	20353	501233
新密市	150377			94302	58370			5845
新郑市	320012	23890	23890	103928	66561			12044
登封市	127514			127514	49486			49486

9-16 各县(市)区建筑业工程质量优良品率

(2001年)

单位:%

县(市)区	按单位工程个数计算	#国有企业	#地方	#集体企业	按房屋建筑竣工面积计算	#国有企业	#地方	#集体企业
全　市	**53.5**	**66.6**	**48.8**	**32.5**	**42.7**	**54.2**	**52.2**	**29.1**
市　直	59.0	68.1	51.5	31.0	51.6	56.3	54.5	37.0
中原区	3.5			4.0	5.3			7.1
二七区	89.7			81.3	61.5			64.8
金水区	59.8			12.5	60.0			31.1
上街区	76.9			88.9	66.7			81.8
邙山区	50.0			42.9	39.8			49.8
中牟县	36.7	56.3		33.9	40.4			46.3
巩义市	32.4	16.7	16.7	16.7	30.8	16.8	16.8	17.6
荥阳市	9.0			10.1	7.0			7.6
新密市	7.4							
新郑市	51.7			66.0	13.2			
登封市	5.4			5.4	4.7			4.7

9-17 各县(市)区建筑业自有机械设备总功率

(2001 年)

单位:千瓦

县(市)区	总功率	#国有企业	#地方	#资质一、二级	#集体企业	#资质一、二级
全　市	**1214661**	**721623**	**423751**	**691025**	**217135**	**111768**
市　直	933354	666051	420747	638457	97850	51433
中原区	10642	32	32		7747	902
二七区	10379				10331	9111
管城区	7219				7219	
金水区	42857				7782	4179
上街区	4468				2159	
邙山区	34221				19685	6876
中牟县	79752	52568		52568	27184	26480
巩义市	21612	2300	2300		1199	
荥阳市	19609	192	192		17210	9881
新密市	8959				5465	
新郑市	34139	480	480		5854	2786
登封市	7450				7450	120

9-18 各县(市)区建筑业自有机械设备净值

(2001 年)

单位:千元

县(市)区	自有设备净值	#国有企业	#地方	#资质一、二级	#集体企业	#资质一、二级
全　市	**1641551**	**1058534**	**592780**	**1015229**	**232244**	**114067**
市　直	1239677	980044	589301	940218	98990	58938
中原区	17463	60	60		10155	416
二七区	10839				10779	9732
管城区	4755				4755	
金水区	85761				16669	8987
上街区	8709				2856	
邙山区	40407				28204	19770
中牟县	77400	75011		75011	2389	2300
巩义市	20730	181	181		2018	
荥阳市	27865	2450	2450		21559	9561
新密市	18191				13094	
新郑市	79291	788	788		10313	4163
登封市	10463				10463	200

9-19 各县(市)区建筑业实收资本

(2001年)

单位:千元

县(市)区	实收资本	#国有企业			#集体企业	
			#地方	#资质一、二级		#资质一、二级
全 市	**3794741**	**2020237**	**1139570**	**1888741**	**760937**	**437952**
市 直	2873751	1947976	1131730	1824320	307913	187877
中原区	76039	200	200		53698	11640
二七区	19525				18525	16189
管城区	31630				21630	
金水区	194902				37698	16329
上街区	12588				5892	
邙山区	105793				81182	62580
中牟县	86165	64421		64421	21744	21000
巩义市	55776	520	520		6600	
荥阳市	138564	6000	6000		118584	85709
新密市	29868				21717	
新郑市	156889	1120	1120		52503	36138
登封市	13251				13251	490

9-20 各县(市)区建筑业流动资产

(2001年)

单位:千元

县(市)区	流动资产合计	#国有企业			#集体企业	
			#地方	#资质一、二级		#资质一、二级
全 市	**7904343**	**6043363**	**3387152**	**5857010**	**790712**	**409555**
市 直	6861555	5836289	3370781	5666307	410508	205008
中原区	59192	138	138		39910	14184
二七区	24479				23734	21509
管城区	26231				23693	
金水区	188307				38896	18905
上街区	65815				29174	
邙山区	84794				72779	61510
中牟县	196001	190823	120	190703	5178	3462
巩义市	44582	966	966		1768	
荥阳市	78837	3620	3620		66586	43637
新密市	20671				14151	
新郑市	245299	11527	11527		55755	40440
登封市	8580				8580	900

9-21 各县(市)区建筑业固定资产原价

(2001 年)

单位:千元

县(市)区	固定资产原价	#国有企业			#集体企业	
			#地方	#资质一、二级		#资质一、二级
全 市	**4208458**	**2879066**	**1486039**	**2773623**	**712132**	**426941**
市 直	3219501	2592151	1480451	2492296	296855	186590
中原区	52095	135	135		39627	5047
二七区	18592				18442	15725
管城区	16914				16649	
金水区	114258				29333	18975
上街区	15200				5146	
邙山区	92122				74153	54344
中牟县	316628	281327		281327	35301	32127
巩义市	51363	594	594		10000	
荥阳市	120354	3989	3989		98185	75785
新密市	23465				17237	
新郑市	152362	870	870		55600	37808
登封市	15604				15604	540

9-22 各县(市)区建筑业工程结算收入

(2001 年)

单位:千元

县(市)区	工程结算收入	#国有企业			#集体企业	
			#地方	#资质一、二级		#资质一、二级
全 市	**11608173**	**8096694**	**4202332**	**7744137**	**1456729**	**889603**
市 直	9328706	7718571	4172780	7395566	713149	420294
中原区	63822	60	60		35184	4311
二七区	50322				49025	36176
管城区	13414				12730	
金水区	454046				67869	30279
上街区	41073				23502	
邙山区	156311				108871	69084
中牟县	445962	348631	60	348571	97331	89060
巩义市	108180	9594	9594		5123	
荥阳市	288449	6380	6380		232338	190918
新密市	18775				12515	
新郑市	608651	13458	13458		68630	48401
登封市	30462				30462	1080

9-23 各县(市)区建筑业利润总额

(2001 年)

单位:千元

县(市)区	利润总额	#国有企业			#集体企业	
			#地方	#资质一、二级		#资质一、二级
全　市	**83279**	**-13244**	**12657**	**-14413**	**43190**	**36782**
市　直	61597	13227	12244	12471	37933	33119
中原区	-508	1	1		-579	-566
二七区	-184				-233	-205
管城区	191				692	
金水区	9179				368	274
上街区	163				26	
邙山区	3268				485	401
中牟县	-26167	-26887	-3	-26884	720	652
巩义市	6816	274	274		-258	
荥阳市	3961	106	106		1316	958
新密市	-426				-73	
新郑市	24813	35	35		2217	1709
登封市	576				576	440

9-24 各县(市)区建筑业利税总额

(2001 年)

单位:千元

县(市)区	利税总额	#国有企业			#集体企业	
			#地方	#资质一、二级		#资质一、二级
全　市	**482129**	**235112**	**148216**	**221988**	**94868**	**67046**
市　直	384285	251098	146554	239636	62613	47853
中原区	1270	3	3		788	-204
二七区	1477				1385	1006
管城区	669				1097	
金水区	24810				2859	1279
上街区	1514				764	
邙山区	8538				4192	2800
中牟县	-13723	-17651	-3	-17648	3928	3591
巩义市	10926	589	589		-55	
荥阳市	15758	424	424		11132	7335
新密市	200				344	
新郑市	44731	649	649		4147	2786
登封市	1674				1674	600

主 要 统 计 指 标 解 释

建筑业 是国民经济中专门从事建筑安装工程施工的物质生产部门。它是以工农业产品为原料,经过建筑安装活动形成各种用途的固定资产。其主要活动包括:

1.各种房屋、建筑物和构筑物的建造;

2.各种线路、管道和机械设备的安装;

3.原有房屋、建筑物和构筑物的修理;

4.部分非标准设备的制造。

建筑业统计单位 指从事房屋、构筑物建造和设备安装活动的法人企业。建筑业法人企业应同时具备的条件是:①依法成立,有自己的名称、组织机构和场所,能够承担民事责任;②独立拥有和使用资产,承担负债,有权与其他单位签订合同;③独立核算盈亏,能够编制资产负债表。

建筑业总产值 也是自行完成施工产值。是以货币表现的建筑安装企业和附营施工单位在一定时期内生产的建筑业产品的总和。是反映建筑业生产规模、发展速度、经营成果的重要标志,也是用以计算建筑业经济效益、劳动生产率和建筑业在国民经济中所占比重的依据。它包括建筑工程产值、设备安装工程产值、房屋构筑物修理产值及非标准设备制造产值。

建筑业增加值 是建筑业企业在报告期内以货币表现的建筑业生产经营活动的最终成果。其计算方法有两种:一是生产法,即建筑业总产出减去建筑业中间消耗后的余额;二是分配法(收入法),即从收入的角度出发,根据生产要素在生产过程中应得到的收入份额计算,具体构成项目有固定资产折旧、劳动者报酬、生产税净额、营业盈余。本《年鉴》建筑业增加值是按分配法计算的。

考虑到独立核算企业和内部单独核算附营单位的会计资料不完全一致,其计算公式为:

独立核算企业建筑业增加值的计算公式为:

建筑业增加值=本年提取的固定资产折旧+主营业务应付工资+主营业务应付福利费+管理费用中的劳动待业保险费+工程结算税金及附加+管理费用中的税金+营业利润-转作奖金的利润

附营单位建筑业增加值的计算公式为:

建筑业增加值=本年提取的固定资产折旧+从业人员报酬+本年应付福利费(推算数)+工程结算税金及附加+营业利润

建筑业竣工产值 是以货币表现的建筑业生产所形成的成品的价值,反映建筑业的成就,是考核建筑业施工速度和经济效益的依据之一。它一般是以单位工程为对象,当该工程按照设计所规定的工程内容全部完成,达到了设计规定的交工条件,经有关部门检查验收鉴定合格的单位工程价值。

年底自有机械设备总功率 是指建筑业企业自有施工机械、生产设备、运输设备以及其他设备等列为在册固定资产的生产性机械设备年底总功率,按设定能力或查定能力计算。包括机械本身的动力和为该机械服务的单独动力设备。

资本金 是指企业在工商行政管理部门登记注册的资金。企业筹集的资本金按其投资主体一般分为国家资本金、法人资本金、个人资本金及外商资本金等。

1.国家资本金 指有权代表国家投资的政府部门或者机构以国有资产投入企业形成的资本金。

2.法人资本金 指其他法人单位以其依法可以支配的资产投入企业形成的资本金。

3.个人资本金 指社会个人或者企业内部职工以个人合法财产投入企业形成的资本金。

4.外商资本金 指外国投资者以及我国香港、澳门和台湾地区投资者投入企业形成的资金。

流动资产 是指可以在一年或者超过一年的一个营业周期内变现或者耗用的资产,包括现金及各种存款、短期投资应收及预付款项、存货等。

固定资产原价 指建筑业企业在建造、购置、安装、改建扩建、技术改造某项固定资产时所支出的全部货币总额。它一般包括买价、包装费、运杂费和安装费等。

利税总额 指建筑业企业实现利润与上缴税金(利前税)之和,包括利润总额、工程结算、税金及附加、管理费用中的税金。

工程结算收入 指企业承包工程实现的工程价款结算收入,以及向发包单位收取的除工程价款以外的按规定列作营业收入的各种款项,如临时设施费、劳动保险费、施工机械调迁费等以及向发包单位收取的各种索赔款。

工程结算利润　指已结算工程实现的利润,如亏损以“-”号表示。计算公式为:

工程结算利润=工程结算收入-工程结算成本-工程结算税金及附加

企业总收入　指与企业生产经营直接有关的各项收入,包括工程结算收入和其他业务收入。计算公式为:

企业总收入=工程结算收入+其他业务收入

十、交通运输、邮电通信

10-1 公路里程、桥梁涵洞及养路费收入

（2001 年）

指　标	单位	合计	国道	省道	县道	乡道	专用道
公路里程	**公里**	**5689.3**	**253.7**	**527.8**	**861.2**	**3798.4**	**248.2**
一级公路	公里	22.2	22.2				
二级公路	公里	1188.6	215.1	360.3	383.5	201.9	27.8
三级公路	公里	1324.3	16.4	104.6	290.7	806.3	106.3
四级公路	公里	2910.7		56.8	185.1	2572	96.8
等外公路	公里	243.5		6.1	1.9	218.2	17.3
有路面里程	**公里**	**5522.4**	**253.8**	**527.8**	**859.3**	**3650.7**	**230.8**
高级、次高级里程	公里	5191.8	253.8	504.3	846.7	3364.9	222.1
中级里程	公里	282.5		13.8	10.1	249.9	8.7
低级里程	公里	48.1		9.7	2.5	35.9	
养护里程	**公里**	**5477.7**	**253.8**	**527.8**	**810.9**	**3644.7**	**240.5**
专用道班养护	公里	1696.7	253.8	527.8	338.9	558	18.2
# 油路养护	公里	1696.7	253.8	527.8	338.9	558	18.2
群众养护	公里	3781			472	3086.7	222.3
公路绿化里程	**公里**	**4000.4**	**186.4**	**417.3**	**708.7**	**2487.6**	**200.4**
涵洞	**米/道**	**48591.7/3707**	**15055.6/3707**	**13073.6/605**	**5957.2/538**	**11742.8/1515**	**2762.5/270**
隧道	**米/道**	**2736.1/15**		**110/1**	**868.4/2**	**1292.7/10**	**465/2**
桥梁	**米/座**	**26134.7/659**	**7740.8/69**	**4972.8/117**	**5024.6/139**	**7676.1/305**	**720.4/29**
# 大中桥	米/座	18256.4/202	7218.8/42	3783.4/43	3208.9/41	3805.1/73	240.2/3
大桥	米/座	7404.7/24	5449.3/14	1813.7/6	99.7/2	42/2	

附：1.养路费收入总计 40197 万元，其中汽车 35147 万元。2.公路通车里程中，市区 837.2 公里，荥阳市 941.3 公里，中牟县 752.2 公里，新郑市 757.9 公里，巩义市 872.6 公里，登封市 606.6 公里，新密市 921.6 公里。

10-2 民用车辆拥有量

(2001 年底)

指 标	计量单位	总计	#市区	#私人
民用汽车	**辆**	**197118**	**137870**	**93666**
载客汽车	辆	136158	100497	73170
	客位	1062032	783877	453654
#大型	辆	5463	4210	537
	客位	268233	206711	21856
普通载货汽车	辆	56866	34743	20279
	吨位	208698	127507	63473
#大型	辆	37330	19159	9769
	吨位	191130	98094	47673
专用载货汽车	辆	1812	1210	162
	吨位	10328	7417	680
其它专用载货汽车	辆	618	402	5
特种汽车	辆	1664	1018	50
轮胎式拖拉机	**辆**	**98545**	**6300**	**98545**
摩托车	**辆**	**208679**	**112980**	**203186**
#两轮	辆	173482	98706	167604
其它机动车	**辆**	**85032**	**16785**	**82436**
挂车	**辆**	**4570**	**2090**	**2778**

附:机动车驾驶人员总计 657209 人,其中汽车驾驶人员 421446 人。

10-3 社会客货运输量

(2001 年)

指 标	计量单位	总计	铁路	航空	公路	#独立核算
货运量	万吨	16909	2070	1	14829	334
#市区	万吨	7249	569	1	6679	298
货运周转量	万吨公里	2526769	1808313	2369	716078	41941
#市区	万吨公里	830645	447770	2369	380506	38787
客运量	万人	13794	1591	74	12129	6207
#市区	万人	9982	1553	74	8355	2523
客运周转量	万人公里	1430299	668973	159285	602041	251112
#市区	万人公里	1311068	614601	159285	537182	214065
换算周转量	万吨公里	3267573	2477286	13996	776282	67052
#市区	万吨公里	1510591	1062371	13996	434224	60193

注:总计中含天然气管道运输量 9 万吨,换算周转量 9 万吨公里。

10-4 邮电业务

(2001年)

指　标	单　位	总　计	#市区
邮电业务总量(2000不变价)	万元	364387	240107
#邮政	万元	37390	27155
电信	万元	326997	212952
函件	万件	7203	5960
包件	万件	70	57
特快专递	万件	102	88
汇票	万张	121	98
邮政储蓄余额	万元	469453	255940
集邮	万枚	3268	2283
订销报纸累计份数	万份	14359	9531
订销杂志累计份数	万份	1743	1551
报刊流转额	万元	14481	11328
电报	万份	19	16
长途电话	万份	21520	17853
传真	万份	4	3
邮电局(所)数	处	379	135
邮路总长度	公里	52166	50912
#航空邮路	公里	32844	32844
订销报纸期发份数	万份	118	94
订销杂志期发份数	万份	111	99
电报电路数	路	41	41
长话电路数	路	69127	69127
市话总容量	万门	212	113
长途直拨有权用户期末数	万户	211.3	127
移动电话用户期末数	万户	118.2	74.3
无线寻呼期末数	万户	71	62
固定电话期末到达户数	万户	166.3	87.9
#住宅电话	万户	125.6	58.1
公用电话	万户	2.8	2.1
社会期末电话机数	万部	287.3	167.5
互联网用户期末数	万户	27.9	

主要统计指标解释

公路里程 指在一定时期内实际达到《公路工程技术标准 JTJ01—88》规定的等级公路，并经公路主管部门正式验收交付使用的公路里程数。其计算单位为:km。它包括大中城市的郊区公路以及通过小城镇街道部分的公路里程，也包括桥梁、渡口的长度，但不包括大中城市的街道、厂矿、林区生产用道和农业生产用道的里程。两条或多条公路共同经由同一路段，只计算一次，不得重复诸里程长度。公路里程是反映公路建设发展规模的重要指标，也是计算运输网密度等指标的基础资料。

货(客)运量 指在一定时期内，各运输部门实际运送的货物(旅客)数量。是反映运输业为国民经济和人民生活服务的数量指标，也是制定和检查运输生产计划，研究运输发展规模和速度的重要指标。货运按吨计算，客运按人计算。货物不论运输距离长短，货物类别，均按实际重量统计;旅客不论里程远近或票价多少，均按一人一次作为客运量统计。半价票、小孩票也按一人统计。

货物(旅客)周转量 指在一定时期内，由各种运输工具运送的货物(旅客)数量与其相应运输距离的乘积之总和，是反映运输业生产总成果的重要指标，也是编制和检查运输生产计划，计算运输效率、劳动生产率以及核算运输单位成本的主要基础资料。通常以吨公里和人公里为计算单位。计算货物周转量通常按发出站到达站之间的最短距离，也就是计费距离计算。

邮电业务总量 指以货币表现的邮电部门用于传递信息和提供其他邮电服务的总数量。它综合反映了一定时期邮电工作的总成果，是研究邮电业务量构成和发展趋势的重要指标。根据邮电管理体制不同，分为中央国营业务总量和地方国营业务总量。它用各种邮电分类业务量，如函件件数、电报份数、长话张数、市内电话和农村电话的年均户数、订销报刊累计份数等，分别乘以相应的平均单价(不变价)，加总后再加上出租电路和设备的收入、代用户维护电话交换机和线路等设备的收入、其他业务收入求得。

十一、国 内 贸 易

11-1 社会消费品零售总额

(2001年)　　单位:万元

项　　目	合　计	贸易餐饮企业	贸易餐饮个体	制造业零售	其他
社会消费品零售总额	**3865164**	**921404**	**1981187**	**396106**	**566467**
按销售地区分					
市的零售额	2632805	835267	1336678	146339	314521
县的零售额	184430	8519	84735	44756	46420
县以下的零售额	1047929	77618	559774	205011	205526
按行业分					
批发和零售贸易业	2330791	859790	1471001		
餐饮业	571800	61614	510186		
制造业	396106			396106	
农业生产者	415787				415787
其他	150680				150680

11-2 分县(市)区社会消费品零售总额

(2001年)　　单位:万元

县(市)区	合　计	市　区	县(市)	县(市)以下	批发和零售贸易业	餐饮业	制造业	农业生产者	其他
中原区	268691	268691			140234	58336	12800	37415	19906
二七区	343492	343492			19669	3213	2010	7085	
管城区	336909	336909			107298	53893	38564	83234	53921
金水区	360104	360104			260261	74973	8149	9919	6802
上街区	56546	56546			33319	10773	2140	6993	3322
邙山区	89255	89255			48396	12293	2578	14200	11788
中牟县	213443		137006	76438	78338	55478	43505	26105	10017
巩义市	342570	163685		178883	152103	77370	59614	35030	18452
荥阳市	300059	139001		161058	141408	30746	55899	51742	20282
新密市	303934	128651		175282	181285	29804	45771	32312	14762
新郑市	300311	150385		149927	181580	36461	38289	31069	12912
登封市	248541	116202		132336	141945	29238	38920	26880	11560

11-3 分县(市)区限额以上批发零售贸易业批发总额

(2001 年)

单位:万元

县(市)区	批发总额	#食品饮料烟草类	#日用品类	#纺织服装鞋帽类	#文化体育用品类	#家用电器类	#医用类	#书报杂志类
市直对	2529491	402641	32092	196372	73041	85223	94108	149684
中原区	20081	944		405				
二七区	187822	350	128	194				
管城区	2441	64				2104		
金水区	116120	50000	90146	40000	204897			421
上街区	27686	2191	157		87	4	299	
邙山区	8357	2870						
中牟县	52860	20657	1166	84	1		177	1203
巩义市	34986	15017	722	233	31	337	440	1304
荥阳市	31813	12328	2060	1089	61	1619	497	663
新密市	29945	15620	236	58	8	4	571	791
新郑市	148017	112050		111935			39	
登封市	23065	7383	46	71			263	367

11-4 分县(市)区限额以上批发零售贸易业零售总额

(2001 年)

单位:万元

县(市)区	零售总额	#食品饮料烟草类	#日用品类	#纺织服装鞋帽类	#文化体育用品类	#家用电器类	#医用类	#书报杂志类
市直对	474327	59495	33220	74437	20775	44034	14748	8978
中原区	2262	365		1283				
二七区	4058	2286		102	6			
管城区	1650	199				1168		
金水区	2610		64		2310			
上街区	6317	2060	364	139	133	671	572	5
邙山区	876	192						
中牟县	13457	7747	720	1078	145	332	403	807
巩义市	27970	3872	2993	3239	428	5502	492	617
荥阳市	13887	3785	979	3030	210	1020	1916	778
新密市	23465	3044	1725	5862	584	2647	839	1174
新郑市	36751	3657	1290	1510	259	648	134	1147
登封市	16194	1992	1265	2423	413	1977	427	921

11-5 分县(市)区限额以上批发零售贸易企业主要经济指标

(2001 年)

单位:万元

	流动资产合计	#存货	固定资产合计	固定资产原价	资产总计	所有者权益	#实收资本	商品销售收入(营业收入)
市直对	1178557	238868	356716	377117	1813443	320361	261256	2645583
中原区	15518	7492	2376	3731	19049	589	3498	21191
二七区	5851	3361	1868	2506	8974	894	1676	13527
管城区	1384	255	184	247	2419	686	1394	3342
金水区	15816	4036	1667	1912	17642	3876	4203	64137
上街区	3721	937	2209	2583	6174	1642	908	25844
邙山区	11383	7716	1359	994	13045	-1908	681	8860
中牟县	48865	25288	8255	9129	60863	-8091	4909	51045
巩义市	36350	10730	14745	15900	61556	22545	24637	63636
荥阳市	9542	2712	4688	5923	15514	2806	2846	42667
新密市	22978	7475	14433	16248	38817	4046	7051	48267
新郑市	143780	67216	9042	10650	155440	5081	4743	161227
登封市	17775	4226	7901	10044	26174	5332	3235	35560

11-5 续表

(2001 年)

单位:万元

	商品销售收入净额	商品销售成本(营业成本)	商品销售税金及附加费	商品销售利润	管理费用	#税金	利润总额	应缴增值税
市直对	2606532	2464729	1845	40661	69858	1228	-16316	18775
中原区	21191	19909	32	136	925	12	-394	308
二七区	13527	12506	169	473	443	2	-128	91
管城区	3342	3208	6	37	59	2	-216	11
金水区	64137	61786	71	1128	1022	22	221	317
上街区	25844	24153	20	684	556	42	219	339
邙山区	8860	8597	3	-172	361	8	-413	29
中牟县	50858	47606	43	1370	2075	13	719	349
巩义市	63540	59284	140	1848	1848	148	-83	1269
荥阳市	42529	39721	214	1515	997	14	102	358
新密市	48160	44052	107	2175	2393	114	-2404	767
新郑市	161190	142437	548	8692	3466	17	-739	3120
登封市	35505	30863	224	3061	2113	33	467	1316

11-6 限额以上批发零售

（2001年）

项　　目	法人企业单位数（个）	产业活动单位数（个）	从　业人　数（人）	商品购进总额（万元）
总　　计	**388**	**7**	**55769**	**3700661**
批发业	**155**	**4**	**24175**	**3009571**
#国有及国有控股	105	3	18348	2602417
按登记注册类型分				
内资企业	153	4	24097	3002863
国有企业	88	3	16985	2470795
集体企业	23		3126	200264
股份合作企业	3		1051	106917
联营企业	2		115	3543
国有联营企业	1		20	3543
其他联营企业	1		95	
有限责任公司	23		1029	118765
其他有限责任公司	23		1029	118765
股份有限公司	9	1	1533	94776
私营企业	5		258	7804
私营独资企业	3		210	1111
私营有限责任公司	2		48	6693
港、澳、台商投资企业	1		51	4608
合资经营企业	1		51	4608
外商投资企业	1		27	2100
中外合资经营企业	1		27	2100
按国民经济行业分				
食品.饮料.烟草和家用	71		12393	1130781
食品、饮料、烟草	29		5276	565890
#粮食.食用油	9		1459	81536
烟草及其制品	8		1254	413178
棉、麻、土畜产品	5		1292	128941
纺织品、服装和鞋帽	10		1267	168160
日用百货	6		1324	67381
日用杂品	2		320	6124
五金、交电、化工	9		688	96685
药品及医疗器械	10		2226	97600
能源、材料和机电设备	**59**	**1**	**8475**	**1574257**
能源	19		4591	1278522
#石油及制品	11		1858	1243900
煤炭及制品	8		2733	34622
化工材料	4		243	15164
建筑材料	1	1	102	6287
矿产品	3		388	3000
金属材料	19		1693	95556
机械、电子设备	8		594	73843
汽车、摩托车及零配件	4		782	101782
#汽车	2		730	101604
再生物资回收	1		82	103

贸易业商品购、销、存总额

#进口	商品销售总额（万元）	批发合计	#出口	对居民和社会集团零售	期末库存（万元）
35475	**3912149**	**3315647**	**357466**	**596503**	**538159**
35475	**3204202**	**3069718**	**351432**	**134484**	**415415**
34973	2761220	2641876	328496	119344	376982
35475	3196885	3064226	351432	132659	415220
33606	2623611	2509100	292875	114512	358888
	232269	227945	101	4324	18053
	109218	102971	516	6247	12959
	3788	3788			5
	3788	3788			5
1242	121662	115840	41219	5822	14693
1242	121662	115840	41219	5822	14693
627	98448	96729	16722	1719	10378
	7888	7854		34	245
	1141	1107		34	138
	6747	6747			107
	5010	4509		501	106
	5010	4509		501	106
	2307	983		1324	89
	2307	983		1324	89
19802	1253594	1221828	282151	31766	298451
4263	635890	626676	49759	9215	224891
4263	93746	91985	47761	1762	24036
	457724	455407	1897	2317	190416
1465	140140	140139	41127	1	7232
13572	196939	196939	153508		25173
	78581	71302	33190	7279	11213
502	5873	5261	4567	612	625
	95268	94561		707	15092
	100904	86951		13954	14225
15673	**1629404**	**1529208**	**59578**	**100197**	**87378**
	1322773	1302715		20058	52309
	1284053	1263994		20058	51160
	38720	38720			1150
175	18381	18347		34	901
	6513	6513			4
	3566	3566	1497		7262
13298	101649	100902	2385	748	16366
2200	76245	76245	55697		3893
	100174	20817		79356	6644
	99943	20598		79346	6131
	103	103			

项目	法人企业单位数(个)	产业活动单位数(个)	从业人数(人)	商品购进总额(万元)
其他	**25**	**3**	**3307**	**304532**
工艺美术品	1		100	
图书报刊	3	2	437	151655
农业生产资料	13		1426	84519
其他类未包括的	8	1	1344	68358
零售业	**233**	**3**	**31594**	**691091**
#国有及国有控股	70	3	15119	209387
按登记注册类型分				
内资企业	228	3	30545	625184
国有企业	66	3	13708	160928
集体企业	100		8533	103544
股份合作企业	3		94	19791
有限责任公司	37		1300	166237
其他有限责任公司	37		1300	166237
股份有限公司	9		5428	68311
私营企业	13		1482	106374
私营有限责任公司	13		1482	106374
港、澳、台商投资企业	4		1042	62432
合资经营企业	2		938	61227
港澳台独资企业	2		104	1205
外商投资企业	1		7	3475
中外合资经营企业	1		7	3475
按国民经济行业分				
食品、饮料和烟草	25	1	2996	41316
#粮食.食用油食品	13		1547	29157
副食品	8		1201	8380
日用百货	95		21860	329043
#百货	78		20811	313988
文化体育用品	1		37	1068
纺织品、服装和鞋帽	11		816	13985
日用杂品	5		336	5619
五金、交电、化工	24	1	1420	28155
药品及医疗器械	5		1117	4115
图书报刊	8		837	22538
其他零售业	60	1	2212	246322
#家具零售业	2		44	1911
汽车摩托及其配件零售业	12		352	110919
计算机及软件办公设备零售业	22		628	66311
按业态分				
百货商店	98		22345	301245
超级市场	5		1118	31688
专业店	59		5484	124663

#进口	商品销售总额（万元）	批发合计	#出口	对居民和社会集团零售	期末库存（万元）
	321203	**318682**	**9703**	**2521**	**29586**
					1258
	146198	145573		625	14329
	104163	102267		1896	5314
	70843	70843	9703		8686
	707947	**245929**	**6034**	**462019**	**122744**
	219909	69031	6034	150878	52629
	641380	245929	6034	395451	121347
	169654	64409	6034	105245	46009
	112692	55456		57237	11506
	20065	13919		6147	639
	167441	87420		80021	15769
	167441	87420		80021	15769
	76583	6406		70177	30058
	94945	18320		76625	17367
	94945	18320		76625	17367
	63021			63021	1397
	61489			61489	1392
	1533			1533	5
	3546			3546	
	3546			3546	
	42499	21733		20766	24264
	29046	18270		10776	22775
	9903	2660		7243	1006
	339951	45270		294681	63773
	324214	38572		285642	60521
	1092	928		164	1755
	14452	7375		7077	4737
	5806	3218		2588	567
	29432	11699		17733	4366
	4678	3019		1659	953
	20826	7581		13245	4809
	250303	146035	6034	104268	19276
	1502	915		587	242
	110454	69995	6034	40459	9603
	67765	45247		22519	3785
	314599	50571		264028	56037
	31081	343		30738	7090
	124637	44326		80311	38213

11-7 分县(市)区限额以上批发零售贸易业商品购销存总额

单位:万元

县(市)区	购进总额	#进口	销售总额	批发	#出口	零售	年末库存额
市直对	3154731	34010	3311382	2867468	316339	443914	404855
中原区	24223		233481	229913		3568	8118
二七区	11793		14207	9720		4487	3050
管城区	4116		562544	481866		80678	314
金水区	73889		794696	785423		9273	4658
上街区	27885		53330	24428		28903	1080
邙山区	9127		79027	46300		32727	7733
中牟县	60166		83473	63054		20420	23817
巩义市	66740		87840	39648		48192	11727
荥阳市	41548		89606	32790		56816	2986
新密市	50047		93402	37422		55979	8835
新郑市	158403		184976	143227		41750	68123
登封市	39101		46005	24526		21479	5440

11-8　限额以下批发零售贸易业商品销售总额

（2001 年）

项　　目	法人企业单位数（个）	产业活动单位数（个）	从业人数（人）	商品销售总额（万元）	批发合计	对居民和社会集团商品零售
总　　计	**3800**	**202**	**75623**	**859392**	**615395**	**243997**
批发业	**1988**	**75**	**46240**	**581489**	**512455**	**69034**
# 国有及国有控股	496	46	23664	273989	265855	8135
按登记注册类型分						
内资企业	1964	75	45885	581489	512455	69034
国有企业	451	46	22611	195080	187472	7608
集体企业	540	17	9959	92620	65062	27558
股份合作企业	19		204			
联营企业	17		228			
国有联营企业	7		136			
集体联营企业	5		33			
国有与集体联营企业	2		41			
其他联营企业	3		18			
有限责任公司	396	10	6734	156980	133279	23701
国有独资企业	6	6	192			
其他有限责任公司	390	4	6542	156980	133279	23701
股份有限公司	99	2	1767	64723	61115	3608
私营企业	441		4374	72085	65527	6558
私营独资企业	98		796	16619	13867	2752
私营合伙企业	7		59	2435	2435	
私营有限责任公司	304		3205	53031	49225	3806
私营股份有限公司	32		314			
其他企业	1		8			
港、澳、台商投资企业	6		130			
合资经营企业	2		22			
港澳台独资企业	3		68			
港澳台投资股份有限公司	1		40			
外商投资企业	18		225			
中外合资经营企业	14		149			
中外合作经营企业	1		9			
外资企业	3		67			
按国民经济行业分						
食品、饮料、烟草和家用	**626**	**37**	**19709**	**265925**	**236589**	**29336**

11-8 续表 1　　　　　　　　　　(2001 年)

项　　目	法人企业单位数(个)	产业活动单位数(个)	从业人数(人)	商品销售总额(万元)	批发合计	对居民和社会集团商品零售
食品、饮料、烟草	197	7	8953	152627	140082	12545
#粮食、食用油	85	2	3040	85797	74884	10913
烟草及其制品	1		12			
棉、麻、土畜产品	22	1	1517	3182	3182	
纺织品、服装和鞋帽	76	2	2850	45212	32828	12384
日用百货	81	3	1607	18264	17766	498
日用杂品	17		335	1231	1231	
五金、交电、化工	185	12	2883	35715	32703	3012
药品及医疗器械	48	12	1564	9695	8798	897
能源、材料和机电设备	1187	24	22645	290896	253742	37154
能源	91	2	2909	23253	22992	261
#石油及制品	45	1	1179	14561	14300	261
煤炭及制品	44	1	1708	8692	8692	
化工材料	102	1	1838	35975	35975	
木材	32		1390	7843	2984	4860
建筑材料	200	6	2908	22684	20502	2182
矿产品	20		447			
金属材料	198	4	4213	104868	100774	4094
机械、电子设备	486	10	6808	93309	68976	24333
汽车、摩托车及零配件	40	1	1352	2964	1539	1425
#汽车	15		949			
再生物资回收	18		780			
其他	**175**	**14**	**3886**	**24668**	**22124**	**2545**
工艺美术品	7		120			
图书报刊	9	1	226			
农业生产资料	84	6	2339	17509	14964	2545
其他类未包括的	75	7	1201	7160	7160	
零售业	**1812**	**127**	**29383**	**277904**	**102941**	**174963**
#国有及国有控股	260	55	8825	45580	18667	26913
按登记注册类型分						
内资企业	1795	127	29154	277904	102941	174963
国有企业	208	54	7132	44987	18443	26544
集体企业	497	58	7522	118981	21843	97139
股份合作企业	37	2	381	1097		1097
联营企业	23		260	1386	378	1009
国有联营企业	5		86			

11-8 续表 2 （2001 年）

项目	法人企业单位数（个）	产业活动单位数（个）	从业人数（人）	商品销售总额（万元）	批发合计	对居民和社会集团商品零售
集体联营企业	9		112	1386	378	1009
国有与集体联营企业	2		42			
其他联营企业	7		20			
有限责任公司	482	5	7355	65765	40475	25289
其他有限责任公司	482	5	7355	65765	40475	25289
股份有限公司	116	3	2260	14382	6425	7957
私营企业	432	5	4244	31306	15377	15929
私营独资企业	78	1	546	2133	870	1263
私营合伙企业	12	1	112			
私营有限责任公司	296	3	3110	25559	10893	14666
私营股份有限公司	46		476	3614	3614	
港、澳、台商投资企业	8		126			
合资经营企业	7		121			
港澳台独资企业	1		5			
外商投资企业	9		103			
中外合资经营企业	6		77			
外资企业	3		26			
按国民经济行业分						
食品、饮料和烟草	199	20	4830	24036	1094	22942
#粮食、食用油食品	80		2825	11682	224	11458
副食品	56	12	1050	1609		1609
日用百货	270	29	8153	53562	17095	36467
#百货	190	25	6800	36451	15801	20650
文化体育用品	40	4	468	2374	149	2225
纺织品、服装和鞋帽	106	5	1970	50681	8328	42353
日用杂品	35	3	406	2548	9	2538
五金、交电、化工	408	19	4699	36384	19990	16393
药品及医疗器械	112	12	1050	6830	2274	4557
图书报刊	23	5	250	6207		6207
其他	659	34	8025	97656	54150	43506
#家具	23	2	297	8580	461	8119
按业态分						
百货商店	234		6910	37158	14927	22231
超级市场	19		357	11116		11116
专业店	650		9584	101706	11580	90126

11-9 限额以上批发、零售

（2001年）

项　目	企　业 单位数 （个）	亏　损 企　业 单位数 （个）	年　末　资			
			流动资产 合　计	#存货	长期投资	固定资产 合　计
总　计	**377**	**173**	**1491478**	**369897**	**134293**	**419330**
批发业	**145**	**66**	**1202724**	**271491**	**123639**	**255576**
#国有及国有控股	105	49	986084	232533	89425	214614
按登记注册类型分组						
内资企业	143	64	1201897	271348	123635	255165
国有企业	90	40	953732	223329	83971	207114
集体企业	20	9	93061	16299	20971	21828
股份合作企业	3	1	100206	16486	12265	19067
联营企业	1	1	440	4	165	32
国有联营企业	1	1	440	4	165	32
有限责任公司	21	9	34793	6104	1091	3521
其他有限责任公司	21	9	34793	6104	1091	3521
股份有限公司	6	4	19365	8917	5172	3553
私营企业	2		301	209		51
私营独资企业	1		169	118		4
私营有限责任公司	1		132	92		47
港、澳、台商投资企业	1	1	207	102		
合资经营企业	1	1	207	102		
外商投资企业	1	1	620	42	4	411
中外合资经营企业	1	1	620	42	4	411
按国民经济行业分						
食品、饮料、烟草和家用批发业	**66**	**29**	**609071**	**171499**	**84430**	**103115**
食品、饮料、烟草	25	9	324879	113472	44081	50252
#粮食.食用油	8	4	94412	28980	25634	10831
烟草及其制品	7		192037	75044	3769	26061
棉、麻、土畜产品	6	2	37321	7584	6142	6994
纺织品、服装和鞋帽	10	6	81756	14544	21000	15021
日用百货	6	3	74848	14183	12604	20206
日用杂品	2	1	3920	734		2067

贸易企业财务状况(一)

单位:万元

产	负	债					
固定资产原价合计	#生产经营用	累计折旧	#本年提取折旧	无形递延资产合计	#无形资产	资产合计	流动负债合计
449136	**414158**	**115626**	**20664**	**92113**	**63474**	**2212026**	**1667716**
279025	**255695**	**83260**	**16230**	**43057**	**39175**	**1691647**	**1289281**
207350	184463	51098	7369	36908	33556	1340259	1038051
278339	255009	82935	16179	43057	39175	1690394	1289017
199397	176553	49198	6928	22269	19099	1280314	1000228
44181	43741	25172	2426	4461	3970	193732	93243
25328	25328	6286	6259	553	520	132091	133754
77	77	45	10			637	206
77	77	45	10			637	206
5399	5354	1881	350	1508	1325	40912	35328
5399	5354	1881	350	1508	1325	40912	35328
3892	3892	339	201	14266	14260	42357	26077
66	66	16	6			351	183
7	7	3	1			173	43
59	59	13	5			179	140
						218	218
						218	218
686	686	325	51			1035	46
686	686	325	51			1035	46
133493	**121752**	**52138**	**11678**	**21127**	**19103**	**876496**	**635937**
51902	47668	14879	2156	5927	4928	428937	324004
17590	14245	7640	826	2141	2126	136816	76244
17084	16739	3016	618	544	2	222412	200233
27467	27315	20852	2167	841	199	104609	27541
13769	7424	4916	641	189	47	118169	81415
27563	27018	7382	6355	535	518	108436	108688
1185	1185	564	29	80		6067	5477

项目	企业单位数(个)	亏损企业单位数(个)	年末资			
			流动资产合计	#存货	长期投资	固定资产合计
五金、交电、化工	8	5	51277	8379	91	909
药品及医疗器械	9	3	35069	12605	514	7666
能源、材料和机电设备	**54**	**25**	**473352**	**74837**	**32735**	**110434**
能源	18	8	303960	44353	6722	78694
#石油及制品	11	5	284602	43420	6410	71195
煤炭及制品	7	3	19358	934	312	7499
化工材料	4	1	5845	992	634	1172
建筑材料	1					
矿产品	3	3	39331	7268	2371	2347
金属材料	16	6	68333	14148	12655	12133
机械、电子设备	8	4	41017	3564	7428	5192
汽车、摩托车及零配件	3	2	14847	4514	2928	10897
#汽车	2	1	14205	4075	2928	10811
再生物资回收	1	1	19			
其他	**25**	**12**	**120301**	**25156**	**6474**	**42026**
工艺美术品	1	1	4857	1359	984	1492
图书报刊	5	2	35842	7696	300	16947
农业生产资料	12	6	49833	10344	3051	11521
其他类未包括的	7	3	29768	5756	2139	12066
零售业	**232**	**107**	**288754**	**98405**	**10654**	**163754**
#国有及国有控股	71	43	130979	57984	1441	76763
按登记注册类型分						
内资企业	228	104	287191	98392	10654	162651
国有企业	67	40	117310	53837	1387	65925
集体企业	98	29	42371	11612	8015	27881
股份合作企业	3	3	2545	549	100	159
有限责任公司	38	20	50390	15223	265	19045
其他有限责任公司	38	20	50390	15223	265	19045
股份有限公司	9	7	54369	13885	832	47682
私营企业	13	5	20207	3286	55	1959

单位:万元

产	负	债					
固定资产原价合计	#生产经营用	累计折旧	#本年提取折旧	无形递延资产合计	#无形资产	资产合计	流动负债合计
888	873	242	62	888	853	53165	50290
10719	10268	3302	267	12667	12557	57112	38521
112814	**107497**	**22895**	**4033**	**18223**	**16546**	**642643**	**525206**
77690	76397	11708	2529	1728	1061	395704	313540
67176	66207	7056	1974	1377	710	368184	294794
10514	10190	4652	555	351	351	27520	18747
1490	1127	469	76	227	219	7878	6084
1595	1521	674	97	257	243	44305	49000
17883	15294	6159	652	26	3	93211	70052
7279	6283	2569	486	14656	14562	68301	53450
6877	6877	1317	193	1328	459	33225	33069
6785	6785	1311	191	1328	459	32497	31886
						19	11
32719	**26446**	**8227**	**520**	**3707**	**3526**	**172508**	**128139**
686	686	498		905	905	8237	14334
9327	3468	2747	386	1008	894	54098	25149
13502	13088	2854	48	1288	1265	65693	56287
9204	9204	2128	86	506	462	44479	32370
170111	**158464**	**32366**	**4434**	**49056**	**24299**	**520379**	**378435**
77773	68216	11783	1407	17045	8022	229634	182177
168170	156523	31529	4332	48913	24156	517570	377526
66216	57097	9060	810	7644	2605	195671	156244
32278	31348	7188	193	4795	2131	84438	42309
230	230	72	26	2		2805	3014
24343	23766	5302	1473	6690	6436	76781	54243
24343	23766	5302	1473	6690	6436	76781	54243
42550	41541	8399	1449	27887	12970	133757	106121
2555	2542	1508	382	1896	14	24117	15595

项目	企业单位数（个）	亏损企业单位数（个）	年末资			
			流动资产合计	#存货	长期投资	固定资产合计
私营有限责任公司	13	5	20207	3286	55	1959
港、澳、台商投资企业	3	2	1497	14		1078
合资经营企业	1	1	921	10		1073
港澳台独资企业	2	1	576	4		5
外商投资企业	1	1	66			26
中外合资经营企业	1	1	66			26
按国民经济行业分						
食品、饮料和烟草	24	15	43455	25651	95	6624
#粮食.食用油食品	13	9	40965	24873	15	4967
副食品	7	5	2161	651	80	924
日用百货	95	33	164598	43792	9925	133896
#百货	78	28	160167	42339	9722	131836
文化体育用品	1		213	134		6
纺织品、服装和鞋帽	11	5	7058	3528	1	2691
日用杂品	5	1	1403	555	244	522
五金、交电、化工	25	12	15728	3429	43	4606
药品及医疗器械	5	4	2752	890		1148
图书报刊	8		7247	4013	2	7128
其他	59	37	46514	16547	344	7139
#家具	2	1	207	58		123
汽车摩托及其配件	12	5	25426	8666	203	749
计算机及软件办公设备	22	13	11282	3290	141	1328
按经营方式分						
独立商店	195	83	248343	83439	10604	154080
连锁总店	3	3	17837	7013		3706
连锁分商	1	1	344	280		
按业态分						
百货商店	91	32	146684	36291	8792	127611
超级市场	4	3	17348	7052	80	4056
专业店	53	31	71646	36871	1464	18712

单位:万元

产	负	债					
固定资产原价合计	#生产经营用	累计折旧	#本年提取折旧	无形递延资产合计	#无形资产	资产合计	流动负债合计
2555	2542	1508	382	1896	14	24117	15595
1906	1906	828	95	143	143	2718	871
1889	1889	816	92	143	143	2137	339
17	17	13	2			581	533
35	35	9	8			92	39
35	35	9	8			92	39
8638	7027	2024	205	865	835	54240	42845
6283	4672	1317	58			49129	39161
1479	1479	563	138	865	835	4048	3258
133758	125419	24674	3260	46034	21922	358991	244242
131286	123080	24243	3230	44914	21861	351171	239834
7	7	1				226	182
3737	3665	1045	129	433	158	10186	6297
454	414	115	5	6		2175	1583
5782	5608	1243	84	95	19	20649	24495
1537	1326	443	47	30	7	4128	3820
7319	7224	863	191	239	239	14616	8753
8887	7781	1959	513	1354	1119	55395	46400
156	142	33	2	4		335	954
1114	620	369	64	132	72	26550	24427
1533	1383	408	92	19	1	12773	9778
158134	147615	30057	3777	42874	21993	462887	328015
4358	4358	653	265	4985	1259	26528	23443
						344	423
127968	119588	23745	3044	41186	20942	328824	219261
4875	4875	820	273	5337	1610	26821	23660
20674	18758	4431	464	527	492	94740	78518

11-10 限额以上批发、零

(2001 年)

项目	年末资产				
	长期负债合计	负债合计	所有者权益合计	实收资本(股本)	国家资本
总计	**190808**	**1858525**	**353502**	**316341**	**182308**
批发业	**108353**	**1397634**	**294013**	**222260**	**155734**
#国有及国有控股	53690	1091740	248518	184328	151778
按登记注册类型分					
内资企业	108353	1397370	293024	221200	154984
国有企业	52223	1052451	227863	160387	133057
集体企业	54228	147471	46262	29109	7
股份合作企业	85	133839	－1748	4448	2888
联营企业		206	431	393	393
国有联营企业		206	431	393	393
有限责任公司	1816	37144	3769	8464	1697
其他有限责任公司	1816	37144	3769	8464	1697
股份有限公司		26077	16280	18224	16942
私营企业		183	168	175	
私营独资企业		43	130	125	
私营有限责任公司		140	39	50	
港、澳、台商投资企业		218		60	
合资经营企业		218		60	
外商投资企业		46	989	1000	750
中外合资经营企业		46	989	1000	750
按国民经济行业分					
食品、饮料、烟草和家用	71196	707133	169363	93138	57655
食品、饮料、烟草	11593	335597	93340	32410	30602
#粮食.食用油	8749	84992	51823	22534	22474
烟草及其制品		200233	22178	2826	2710
棉、麻、土畜产品	50556	78097	26512	22574	230
纺织品、服装和鞋帽	1772	83187	34982	22915	18227
日用百货	176	108864	－428	5871	5210
日用杂品	811	6288	－221	1114	

售贸易企业财务状况(二)

单位:万元

负债					损益及分配		
集体资本	法人资本	个人资本	港澳台资本	外商资本	商品销售收入	商品销售收入净额	商品销售成本
45232	**56221**	**25584**	**6746**	**250**	**3187632**	**3147877**	**2961820**
28891	**32724**	**4661**		**250**	**2654873**	**2616781**	**2469427**
1414	28513	2622			2279829	2242265	2109468
28891	32664	4661			2648710	2610618	2463677
610	24640	2080			2172719	2135164	2014709
27101	1031	970			193095	192567	185129
	1488	72			95023	95023	93224
					3238	3238	3166
					3238	3238	3166
1181	4385	1202			106659	106649	99625
1181	4385	1202			106659	106649	99625
	1060	222			71235	71235	61157
	60	115			6742	6742	6666
	60	65			975	975	936
		50			5767	5767	5730
	60				4200	4200	3928
	60				4200	4200	3928
				250	1964	1964	1822
				250	1964	1964	1822
24055	8559	2870			961693	960682	891402
1113	644	50			419216	419186	378297
	60				129291	129291	122622
116					235225	235225	209054
20868	406	1070			124190	124190	119526
	4320	368			168052	168045	156580
88		574			68700	67819	63832
984	130				5582	5582	5021

项 目	年末资产				
	长期负债合计	负 债 合 计	所有者权益合计	实收资本（股本）	国家资本
五金、交电、化工	720	51010	2155	2991	
药品及医疗器械	5568	44089	13023	5263	3386
能源、材料和机电设备	**35223**	**560428**	**82215**	**111363**	**85337**
能源	24398	337938	57766	57580	53868
#石油及制品	22326	317119	51065	51148	50028
煤炭及制品	2072	20819	6701	6432	3840
化工材料	180	6264	1614	1541	56
建筑材料					
矿产品	121	49122	－4816	7024	1100
金属材料	9300	79351	13860	20878	12458
汽车、摩托车及零配件	210	33278	－54	4739	4689
#汽车	210	32095	402	4689	4639
再生物资回收		11	8	3	
其他	**1934**	**130073**	**42435**	**17759**	**12742**
工艺美术品		14334	－6097	1452	1452
图书报刊	104	25253	28845	3845	3755
农业生产资料	1179	57466	8227	5291	1019
其他类未包括的	651	33020	11459	7171	6516
零售业	**82455**	**460891**	**59488**	**94081**	**26574**
#国有及国有控股	57693	239870	－10236	25666	21271
按登记注册类型分					
内资企业	82455	459981	57589	91915	25074
国有企业	51610	207853	－12182	20794	19100
集体企业	9228	51537	32901	34984	233
股份合作企业		3014	－210	236	100
有限责任公司	1142	55384	21397	16731	2737
其他有限责任公司	1142	55384	21397	16731	2737
股份有限公司	20380	126501	7256	16460	2904
私营企业	97	15691	8426	2711	

单位:万元

负　债					损　益　及　分　配		
集　体 资　本	法　人 资　本	个　人 资　本	港澳台 资　本	外商 资本	商品销售 收　　入	商品销售 收入净额	商品销售 成　　本
1001	1815	175			81435	81435	79418
	1245	632			94517	94424	88728
1256	**23852**	**669**		**250**	**1399632**	**1399630**	**1343463**
	3208	254		250	1132214	1132213	1090935
	797	74		250	1097257	1097255	1059453
	2412	180			34958	34958	31482
698	502	285			15593	15593	14918
	5924				3293	3293	3023
144	8216	60			89147	89147	85145
		50			86748	86748	85315
		50			86551	86551	85131
	3				88	88	87
3581	**313**	**1123**			**293548**	**256470**	**234562**
					21	21	20
90					133529	96451	86205
3491	163	618			100444	100444	94852
	150	505			59554	59554	53485
16341	**23497**	**20923**	**6746**		**532759**	**531096**	**492393**
530	2536	1329			151270	149819	138346
16341	23464	20923	6113		528029	526366	487987
530	1073	91			119350	117899	107469
15575	3593	15583			99827	99697	95391
	6	130			17569	17569	17329
137	5583	2161	6113		201797	201715	188733
137	5583	2161	6113		201797	201715	188733
100	11528	1928			48544	48544	41762
	1681	1030			40942	40942	37304

项目	年末资产				
	长期负债合计	负债合计	所有者权益合计	实收资本(股本)	国家资本
私营有限责任公司	97	15691	8426	2711	
港、澳、台商投资企业		871	1847	2100	1500
合资经营企业		339	1798	2050	1500
港澳台独资企业		533	48	50	
外商投资企业		39	53	66	
中外合资经营企业		39	53	66	
按国民经济行业分					
食品、饮料和烟草	25155	68000	－13760	5367	4726
#粮食.食用油食品	25003	64164	－15035	4134	4080
副食品	107	3365	683	881	363
日用百货	51516	295757	63234	67578	14515
#百货	50283	290117	61054	64088	14513
文化体育用品	3	185	41	3	3
纺织品、服装和鞋帽	717	7014	3173	3281	1724
日用杂品	36	1619	556	507	
五金、交电、化工	2284	26779	－6131	3764	201
药品及医疗器械	2	3822	306	728	648
图书报刊	34	8787	5829	2272	2235
其他	2713	49113	6282	10584	2525
#家具	182	1136	－801	75	45
汽车摩托及其配件		24427	2124	3193	105
计算机及软件办公设备	414	10192	2580	3887	751
按经营方式分					
独立商店	77569	405584	57303	87670	24619
连锁总店	1745	25187	1341	1147	
连锁分商		423	－79	180	180
按业态分					
百货商店	48854	268114	60710	64962	15181
超级市场	2151	25811	1010	1332	32
专业店	26125	104644	－9903	16799	7498

单位：万元

负债					损益及分配		
集体资本	法人资本	个人资本	港澳台资本	外商资本	商品销售收入	商品销售收入净额	商品销售成本
	1681	1030			40942	40942	37304
			600		1699	1699	1436
			550		588	588	485
			50		1111	1111	950
	33		33		3031	3031	2970
	33		33		3031	3031	2970
328		312			30881	30881	28745
54					19037	19037	18249
218		300			9130	9130	7963
13373	16049	17528	6113		220728	220728	197722
11764	16049	15650	6113		205319	205319	182943
					1001	1001	952
289	510	158	600		12194	12194	11051
188		319			5707	5707	5542
1462	981	1120			26188	26106	24797
	80				4081	4081	3470
38					18584	17003	13180
663	5878	1485	33		214396	214396	207888
	30				567	567	476
	2836	220	33		94590	94590	92611
106	2110	920			58324	58324	57027
15131	20747	20478	6696		415538	414144	383680
97	1000		50		26728	26728	22771
					2118	2118	1790
12833	14179	16657	6113		197241	197241	176996
	1000	300			26696	26696	22784
2178	5019	1472	633		101253	100092	93764

（2001年）

项　　目	损益					
	经营费用	#运杂装卸费	商品销售税金及附加	商品销售利润	代购代销收入	主营业务利润
总　　计	**121262**	**50437**	**3213**	**61582**	**1943**	**63525**
批发业	**96199**	**49079**	**2104**	**49052**	**1890**	**50942**
#国有及国有控股	85814	46509	1959	45025	1841	46866
按登记注册类型分						
内资企业	95614	49002	2103	49223	1890	51113
国有企业	75452	37875	1899	43104	1413	44518
集体企业	4246	1150	88	3103		3103
股份合作企业	2707	62	27	-935		-935
联营企业	40	14	4	28		28
国有联营企业	40	14	4	28		28
有限责任公司	4092	1739	49	2883	178	3061
其他有限责任公司	4092	1739	49	2883	178	3061
股份有限公司	9045	8144	36	998	300	1297
私营企业	33	18	2	41		41
私营独资企业	23	18	1	15		15
私营有限责任公司	10		1	26		26
港、澳、台商投资企业	468	69		-196		-196
合资经营企业	468	69		-196		-196
外商投资企业	116	9		25		25
中外合资经营企业	116	9		25		25
按国民经济行业分						
食品、饮料、烟草和家用	34279	9921	1037	33964	1194	35158
食品、饮料、烟草	17274	3789	806	22809	588	23397
#粮食、食用油	5900	1870	11	758	352	1110
烟草及其制品	8270	1069	601	17300	236	17536
棉、麻、土畜产品	3500	1165	13	1151	76	1228
纺织品、服装和鞋帽	6526	4288	28	4911	350	5261
日用百货	2912	80	69	1006	180	1187
日用杂品	505	287	6	50		50

易企业财务状况(三)

单位:万元

及分配							
其他业务收入	其他业务利润	管理费用	#税金	#财产保险	#劳动待业保险费	财务费用	#利息支出
73052	**26889**	**85809**	**1590**	**728**	**6740**	**30337**	**27866**
22552	**10359**	**58584**	**909**	**528**	**4445**	**21888**	**20594**
20964	9440	47167	741	510	4080	20901	20211
22468	10355	58454	906	527	4445	21891	20597
20030	9246	44948	713	470	3984	20373	19784
767	428	6613	68	13	313	827	306
728	728	3437	96		46	－12	－63
		50		1	5		
		50		1	5		
943	－48	2688	28	18	80	291	162
943	－48	2688	28	18	80	291	162
		681	1	24	17	414	408
		38					
		14					
		24					
82	3					－1	－1
82	3					－1	－1
2	1	131	3	1		－2	－2
2	1	131	3	1		－2	－2
13514	2747	36021	528	289	2262	11892	11250
2116	1426	17256	213	182	1257	8279	7917
1433	1314	4993	60	43	312	2693	2331
33	－171	7955	99	69	412	3175	3175
204	164	4767	49	15	213	172	124
8689	－36	5241	67	41	362	2115	2012
1306	956	4895	107	9	96	671	619
143	140	185	8		27		

项目	经营费用	#运杂装卸费	商品销售税金及附加	商品销售利润	代购代销收入	主营业务利润
						损益
五金、交电、化工	1963	117	18	37		37
药品及医疗器械	1598	195	98	4000		4000
能源、材料和机电设备	**54178**	**36865**	**849**	**1141**	**696**	**1837**
能源	44743	33690	560	-4025		-4025
#石油及制品	41215	33436	512	-3925		-3925
煤炭及制品	3528	253	48	-100		-100
化工材料	645	401	9	22		22
矿产品	651	438	3	-384		-384
金属材料	1561	743	215	2227	186	2413
机械、电子设备	5650	1593	13	2844	510	3355
汽车、摩托车及零配件	929	1	48	456		456
#汽车	926		47	447		447
再生物资回收			1			
其他	**7742**	**2293**	**218**	**13947**		**13947**
工艺美术品	20			-19		-19
图书报刊	2936	578	158	7151		7151
农业生产资料	2648	323	52	2893		2893
其他类未包括的	2138	1392	8	3923		3923
零售业	**25064**	**1358**	**1109**	**12530**	**53**	**12583**
#国有及国有控股	8171	656	502	2800	53	2853
按登记注册类型分						
内资企业	24846	1356	1109	12424	53	12476
国有企业	7042	645	480	2908	53	2961
集体企业	2629	186	341	1336		1336
股份合作企业	189	9	5	46		46
有限责任公司	4804	408	82	8097		8097
其他有限责任公司	4804	408	82	8097		8097
股份有限公司	5783	98	141	859		859
私营企业	4399	11	61	-822		-822

及　分　配

其他业务收入	其他业务利润	管理费用	#税金	#财产保险	#劳动待业保险费	财务费用	#利息支出
885	-58	619	13	10	45	-109	-109
171	156	3058	72	32	262	763	687
7761	**6346**	**14619**	**211**	**150**	**1384**	**8517**	**8402**
4108	3389	5337	84	113	392	3754	3752
1888	1170	3739	68	111	338	3647	3645
2220	2219	1598	17	2	54	107	107
199	199	349	9	6	49	155	146
186	178	495	9		83	1765	1755
1305	727	3185	57	12	568	1817	1813
1605	1495	3995	24	19	240	827	738
358	358	1259	28		52	199	197
358	358	1253	28		52	183	183
1278	**1266**	**7944**	**170**	**90**	**799**	**1480**	**943**
		44	2		11		
1040	1032	2844	91	56	433	-192	-195
121	117	2622	12	1	118	709	189
117	117	2435	66	33	236	963	948
50500	**16530**	**27225**	**681**	**199**	**2295**	**8449**	**7273**
2562	2176	8132	289	61	1168	5400	5216
50446	16479	26968	662	194	2295	8451	7275
2028	1671	6743	289	43	1162	4868	4684
1216	1176	2255	141	31	156	456	228
		273		3		31	3
4722	4488	6801	133	31	126	654	201
4722	4488	6801	133	31	126	654	201
3011	2912	5805	75	86	846	2168	2156
39469	6233	5092	24		5	275	2

项目	经营费用	#运杂装卸费	商品销售税金及附加	商品销售利润	代购代销收入	主营业务利润
	损益					
私营有限责任公司	4399	11	61	-822		-822
港、澳、台商投资企业	144	1		120		120
合资经营企业	24	1		79		79
港澳台独资企业	119			41		41
外商投资企业	74			-13		-13
中外合资经营企业	74			-13		-13
按国民经济行业分						
食品、饮料和烟草	2027	362	271	-163	53	-110
#粮食、食用油食品	1103	316	36	-352	53	-299
副食品	752	30	226	189		189
日用百货	14737	333	554	7716		7716
#百货	14104	241	518	7754		7754
文化体育用品	2	2	1	46		46
纺织品、服装和鞋帽	913	22	31	199		199
日用杂品	72	1	13	80		80
五金、交电、化工	634	61	56	620		620
药品及医疗器械	340	30	18	253		253
图书报刊	1865	53	62	1896		1896
#家具	156	19	11	-76		-76
汽车摩托及其配件	1052	325	24	903		903
计算机及软件办公设备	874	32	23	400		400
按经营方式分						
独立商店	17696	1107	952	11816	53	11869
连锁总店	4115	31	19	-177		-177
连锁分商	257	2	15	57		57
按业态分						
百货商店	11294	328	548	8403		8403
超级市场	4059	45	32	-179		-179
专业店	4291	526	162	1875	53	1928

及　分　配

其他业务收入	其他业务利润	管理费用	#税金	#财产保险	#劳动待业保险费	财务费用	#利息支出
39469	6233	5092	24		5	275	2
54	51	256	19	5		-2	-2
54	51	213	19	5		-1	-2
		43				-1	-1
318	313	2117	35	6	223	1733	1678
139	134	1554	9		112	1631	1576
76	76	450	13	5	109	95	95
48481	14937	18516	427	158	1530	5437	4376
48355	14811	18211	422	158	1513	5386	4338
		25			5	2	2
296	293	501	22	7	3	73	72
42	41	89	2		3	23	23
449	327	907	84	3	101	826	824
95	90	438	13	1	26	57	57
252	240	1541	44	16	322	104	100
		32				20	20
170	158	952	37	1	57	2	-7
386	123	1066	12	3	26	95	51
48796	15122	24349	629	150	2006	8072	6910
1239	1164	972	9	45	147	268	263
55	54	243	3		35	9	2
47167	13691	18005	424	117	1483	5035	4115
1224	1154	1049	20	47	169	327	275
842	724	4579	156	28	467	2454	2415

(2001年)

项　　目	损益及分配				
	营业利润	补贴收入	利润总额	#应交所得税	#应付利润
总　　计	**-25732**	**6839**	**-19069**	**11344**	**3579**
批发业	**-19171**	**4370**	**-14070**	**9505**	**3396**
#国有及国有控股	-11762	4045	-5313	8906	3031
按登记注册类型分					
内资企业	-18877	4370	-13776	9505	3396
国有企业	-11556	4000	-5168	8821	3031
集体企业	-3908	206	-3065	76	
股份合作企业	-3632		-6018	87	65
联营企业	-21		-21		
国有联营企业	-21		-21		
有限责任公司	34	156	294	368	76
其他有限责任公司	34	156	294	368	76
股份有限公司	202	9	198	152	224
私营企业	4		4	1	
私营独资企业	1		1		
私营有限责任公司	3		3	1	
港、澳、台商投资企业	-192		-188		
合资经营企业	-192		-188		
外商投资企业	-102		-106		
中外合资经营企业	-102		-106		
按国民经济行业分					
食品、饮料、烟草和家用	-10007	4089	-4150	3294	1161
食品、饮料、烟草	-712	3323	5883	2689	738
#粮食.食用油	-5262	2906	218	250	
烟草及其制品	6236		6876	2257	667
棉、麻、土畜产品	-3548	265	-3227	12	
纺织品、服装和鞋帽	-2132	320	-1328	21	124
日用百货	-3425	130	-5527	243	233
日用杂品	5	9	13		

易企业财务状况(四)

单位:万元

工资福利及增值税						
本年应付工资总额	#主营业务应付工资	本年应付福利费总额	#主营业务付福利费	本年应缴增值税额	本年进项增值税额	本年销项增值税额
35948	**34593**	**5304**	**5089**	**26485**	**447412**	**466156**
23321	**22467**	**3780**	**3649**	**20083**	**361875**	**374785**
20985	20277	3457	3384	18185	329927	342756
23170	22315	3761	3630	20003	360886	373723
20195	19554	3349	3291	17508	314475	326949
1409	1263	171	113	941	9866	10775
225	225	90	90	276	12006	11753
15	15	2	2	35	515	550
15	15	2	2	35	515	550
1036	969	116	102	798	12037	11478
1036	969	116	102	798	12037	11478
279	279	31	31	426	10855	11070
11	11	1	1	19	1132	1146
7	7	1	1	10	156	166
4	4	1	1	9	976	980
95	95	10	10	53	682	728
95	95	10	10	53	682	728
57	57	9	9	28	306	334
57	57	9	9	28	306	334
13668	13280	2343	2289	12374	119062	126450
8257	8049	1145	1121	7699	54994	60084
1861	1807	254	247	182	12857	10740
4269	4269	625	625	5545	34238	39499
1209	1179	123	119	791	8984	9364
1467	1385	679	669	1745	22547	23305
560	551	120	119	638	2181	2803
92	92	12	12	236	595	831

项目	损益及分配				
	营业利润	补贴收入	利润总额	#应交所得税	#应付利润
五金、交电、化工	-531	43	-471	51	
药品及医疗器械	336		507	277	65
能源、材料和机电设备	**-14953**	**225**	**-15773**	**3418**	**1562**
能源	-9727		-10256	3187	1371
#石油及制品	-10141		-10660	2885	863
煤炭及制品	414		404	303	508
化工材料	-283	16	264		
建筑材料					
矿产品	-2466	4	-3095		
金属材料	-1862	5	-1767	47	115
机械、电子设备	28	199	-134	184	76
汽车、摩托车及零配件	-643		-784		
#汽车	-631		-771		
再生物资回收					
其他	**5789**	**56**	**5853**	**2793**	**672**
工艺美术品	-63		-63		
图书报刊	5532		5485	2097	618
农业生产资料	-322	30	-232	56	
其他类未包括的	642	26	662	641	55
零售业	**-6561**	**2468**	**-4999**	**1839**	**183**
#国有及国有控股	-8504	2457	-5485	155	17
按登记注册类型分					
内资企业	-6464	2468	-4902	1839	183
国有企业	-6980	2457	-3815	154	17
集体企业	-199		-157	19	
股份合作企业	-257		-259		
有限责任公司	5131	4	3342	1586	166
其他有限责任公司	5131	4	3342	1586	166
股份有限公司	-4203		-4064	2	
私营企业	45	7	52	78	

单位:万元

工资福利及增值税						
本年应付工资总额	# 主营业务应付工资	本年应付福利费总额	# 主营业务付福利费	本年应缴增值税额	本年进项增值税额	本年销项增值税额
572	550	69	60	420	14315	13982
1511	1475	196	191	846	15445	16082
7860	7502	776	740	6023	219003	223028
4692	4672	285	284	4805	186961	191149
1736	1716	232	231	4479	182693	186565
2956	2956	53	53	326	4268	4584
198	179	47	44	151	2498	2648
188	188	22	22	26	298	273
1135	888	231	207	763	13880	14621
1206	1135	141	133	62	7334	6088
441	440	50	50	202	8031	8234
439	439	50	50	195	8006	8200
				15		15
1794	1684	661	621	1686	23811	25307
					3	3
840	840	518	518	1596	14445	15949
526	417	78	38	12	349	344
427	427	65	65	78	9013	9011
12626	**12127**	**1525**	**1440**	**6402**	**85536**	**91371**
5210	5050	496	483	1839	15654	17385
12516	12016	1510	1426	6312	84589	90334
4803	4643	435	422	1617	10567	12076
2067	2055	157	157	1130	6128	7248
78	78	8	8	50	2970	3020
1789	1779	456	455	2218	51368	53182
1789	1779	456	455	2218	51368	53182
3023	2706	347	277	672	7267	7895
756	756	107	107	625	6290	6915

项目	损益及分配				
	营业利润	补贴收入	利润总额	#应交所得税	#应付利润
私营有限责任公司	45	7	52	78	
港、澳、台商投资企业	-84		-84		
合资经营企业	-83		-83		
港澳台独资企业	-2		-2		
外商投资企业	-13		-13		
中外合资经营企业	-13		-13		
按国民经济行业分					
食品、饮料和烟草	-3646	2453	-364	3	
#粮食.食用油食品	-3350	2396	-263	1	
副食品	-280	39	-111	1	
日用百货	-1301	4	-2423	1551	
#百货	-1033	3	-2136	1551	
文化体育用品	18				
纺织品、服装和鞋帽	-82		-116	27	
日用杂品	9		9	3	
五金、交电、化工	-787	4	-765	18	
药品及医疗器械	-152		-141	2	
图书报刊	490		273	69	17
其他	-1092	7	-1472	167	166
#家具	-128		-128	2	
汽车摩托及其配件	107		114	102	160
计算机及软件办公设备	-638	7	-568	4	5
按经营方式分					
独立商店	-5431	2418	-3564	1792	176
连锁总店	-252		-153		
连锁分商	-142		-74		
按业态分					
百货商店	-947	4	-2040	1597	5
超级市场	-400	36	-264		
专业店	-4380	2317	-1468	61	11

单位:万元

工资福利及增值税						
本年应付工资总额	#主营业务应付工资	本年应付福利费总额	#主营业务付福利费	本年应缴增值税额	本年进项增值税额	本年销项增值税额
756	756	107	107	625	6290	6915
105	105	15	15	80	442	522
49	49	7	7	15	85	100
55	55	8	8	65	357	422
6	6			10	505	515
6	6			10	505	515
1200	1189	91	90	206	1120	1316
862	858	53	52	62	479	532
279	272	34	34	141	576	717
7535	7142	982	909	3546	22323	25793
7201	6807	977	905	3531	22126	25582
307	307	42	42	220	1422	1634
85	85	6	6	57		55
465	453	47	47	279	2936	3188
331	321	47	46	131	532	540
1144	1144	132	132	592	1712	2240
1560	1487	178	168	1371	55492	56606
13	13	2	2	9	11	20
269	228	24	18	301	36330	36375
478	463	64	62	357	9590	9943
10052	9701	1222	1183	5376	46565	51411
1456	1379	170	135	350	4347	4672
185	185	21	21	56	318	366
6470	6145	889	852	3364	20484	23784
1456	1388	171	135	306	4067	4349
2755	2743	246	245	1258	12259	13376

11-13 限额以上餐饮

（2001年）

项 目	企业单位数（个）	亏损企业单位数（个）	年末资			
			流动资产合计	#存货	长期投资	固定资产合计
总 计	**73**	**32**	**16374**	**1881**	**49**	**46212**
#国有及国有控股	16	8	7866	709	29	21603
按登记注册类型分						
内资企业	67	26	12419	1394	49	42092
国有企业	14	6	7465	677	29	21572
集体企业	12	5	943	229		2266
股份合作企业	1	1	19	7		122
有限责任公司	5	5	823	52		2521
其他有限责任公司	5	5	823	52		2521
私营企业	35	9	3171	429	19	15610
私营独资企业	27	4	2085	230		13599
私营合伙企业	3	2	137	83		349
私营有限责任公司	4	3	553	89	19	1225
私营股份有限公司	1		396	28		436
港、澳、台商投资企业	3	3	3518	434		3826
合资经营企业	1	1	300	28		19
港澳台独资企业	2	2	3218	407		3807
外商投资企业	3	3	437	53		294
中外合资经营企业	3	3	437	53		294
按国民经济行业分						
正餐	67	26	14962	1512	49	44261
快餐	6	6	1412	369		1951

企业财务状况 （一）

单位:万元

产	负	债					
固定资产原价合计	#生 产经营用	累 计折 旧	#本年提取折旧	无形递延资产合计	#无形资产	资 产合 计	流动负债合 计
56696	**55501**	**12206**	**2653**	**6813**	**4357**	**71058**	**26002**
27281	26239	5759	1346	1995	1438	32593	11893
51854	50659	10217	2392	6473	4226	62211	22633
27180	26138	5688	1337	1851	1438	32017	11548
2629	2629	362	75	224	178	3433	2360
347	249	225	3	276	276	417	245
2769	2769	480	150	3763	2216	7117	4912
2769	2769	480	150	3763	2216	7117	4912
18930	18874	3461	827	360	118	19227	3568
16725	16725	3267	745	269	118	16020	1608
469	468	120	55			487	780
1275	1220	50	4	39		1836	835
461	461	25	23	51		884	345
4345	4345	1785	237	317	131	8093	3294
53	53	34	9	144		462	220
4292	4292	1751	228	173	131	7631	3074
498	498	204	25	23		754	75
498	498	204	25	23		754	75
53359	52192	10812	2628	6748	4357	67198	23065
3337	3310	1394	25	65		3860	2937

项目	年末资				
	长期负债合计	负债合计	所有者权益合计	实收资本（股本）	国家资本
总计	**11803**	**37805**	**33253**	**27516**	**14228**
# 国有及国有控股	5872	17765	14828	10169	9728
按登记注册类型分					
内资企业	8208	30841	31371	23863	14228
国有企业	5872	17420	14597	9769	9728
集体企业	2	2362	1071	1532	
股份合作企业		245	172	78	
有限责任公司	2246	7157	-40	4185	
其他有限责任公司	2246	7157	-40	4185	
私营企业	88	3656	15572	8299	4500
私营独资企业	78	1686	14335	6089	4500
私营合伙企业		780	-293	386	
私营有限责任公司	10	845	991	1287	
私营股份有限公司		345	539	537	
港、澳、台商投资企业	3595	6890	1203	2763	
合资经营企业		220	242	300	
港澳台独资企业	3595	6669	962	2463	
外商投资企业		75	679	890	
中外合资经营企业		75	679	890	
按国民经济行业分					
正餐	11308	34373	32825	25949	14214
快餐	495	3432	428	1567	14

单位:万元

产	负	债			损益及分配	
集体资本	法人资本	个人资本	港澳台资本	外商资本	营业收入合计	营业成本
1704	**7967**	**1392**	**1297**	**928**	**36038**	**17957**
42	100	300			14239	7162
1529	7285	821			29259	14693
42					12695	6041
1186	255	90			4867	2499
		78			595	439
	4085	100			2205	1157
	4085	100			2205	1157
301	2945	553			8898	4557
201	989	399			5426	2447
100	266	20			1267	809
	1287				1424	894
	403	134			781	408
	600	300	1200	663	5602	2653
		300			1182	844
	600		1200	663	4420	1809
175	82	271	97	265	1178	611
175	82	271	97	265	1178	611
1529	7885	1121	1200		31759	16043
175	82	271	97	928	4280	1914

11-13 续表 2

项　　目	损				益
	经营费用	营业税金及附加	经营利润	其他业务收入	其他业务利润
总　　计	**11473**	**2001**	**4608**	**165**	**114**
# 国有及国有控股	4881	721	1475	135	90
按登记注册类型分					
内资企业	8974	1598	3995	164	114
国有企业	4647	636	1371	135	90
集体企业	1576	268	524	2	2
股份合作企业	93	13	51	21	21
有限责任公司	814	130	104	6	1
其他有限责任公司	814	130	104	6	1
私营企业	1843	552	1945		
私营独资企业	1089	317	1573		
私营合伙企业	280	74	104		
私营有限责任公司	258	119	154		
私营股份有限公司	217	43	113		
港、澳、台商投资企业	2109	345	494		
合资经营企业	150	65	122		
港澳台独资企业	1959	280	372		
外商投资企业	390	59	118	2	
中外合资经营企业	390	59	118	2	
按国民经济行业分					
正餐	9743	1735	4238	162	112
快餐	1730	266	369	3	2

单位:万元

及分配					
管理费用	税金	财产保险	劳动待业保险费	财务费用	利息支出
6108	**181**	**37**	**301**	**471**	**351**
1662	41	8	249	244	235
5136	166	36	296	468	348
1441	40	8	227	244	235
684	15		27	45	8
68	1		32	4	4
519	9			93	21
519	9			93	21
2424	101	28	10	83	79
1916	97	26	9	12	12
260	2				
144	2	2	2	63	63
104				8	4
798	14		3	3	3
137					
661	14		3	3	3
174	1	1	1		
174	1	1	1		
5456	176	36	299	474	353
652	5	1	1	-2	-2

项目	工资福利							
	营业利润	利润总额	应交所得税	应付利润	本年应付工资总额	主营业务应付工资	本年应付福利费总额	主营业务付福利费
总计	**-1972**	**-1799**	**53**	**26**	**5104**	**4989**	**520**	**502**
#国有及国有控股	-431	-184	6	23	1966	1929	223	218
按登记注册类型分								
内资企业	-1609	-1435	53	26	4397	4282	503	485
国有企业	-314	-67	6	23	1839	1802	209	205
集体企业	-204	-205	10	2	748	709	92	87
股份合作企业	-22	-1			101	61	14	6
有限责任公司	-508	-535			365	365	43	43
其他有限责任公司	-508	-535			365	365	43	43
私营企业	-562	-628	37	1	1344	1344	145	145
私营独资企业	-355	-419	21	1	768	768	74	74
私营合伙企业	-155	-157	16		231	231	25	25
私营有限责任公司	-53	-53	1		262	262	35	35
私营股份有限公司	1	1			83	83	11	11
港、澳、台商投资企业	-307	-314			588	588	9	9
合资经营企业	-15	-15			65	65	9	9
港澳台独资企业	-292	-299			523	523		
外商投资企业	-56	-49			119	119	9	9
中外合资经营企业	-56	-49			119	119	9	9
按国民经济行业分								
正餐	-1691	-1518	53	26	4735	4620	511	493
快餐	-281	-281			369	369	10	10

11-14 分县(市)区限额以上餐饮企业主要经济指标

(2001年)　　单位:万元

县(市)区	流动资产合计	#存货	固定资产合计	固定资产原价	资产总计	所有者权益	#实收资本	营业收入
市直对	14176	1361	25964	32292	44605	22261	16154	25119
中原区	382	14	843	989	1458	995	1118	1857
二七区	175	51	538	415	963	668	769	1649
管城区	252	100	560	672	846	373	575	1810
金水区	977	278	1429	1543	2929	169	1587	7654
上街区	511	123	755	989	1538	419	660	1207
邙山区	127	23	678	858	820	702	226	618
中牟县	101	37	17	39	147	24	51	264
巩义市	663	191	4638	5127	6737	2328	2982	3249
荥阳市	118	49	436	513	791	215	311	632
新密市	836	26	2470	3286	4000	2066	1365	3658
新郑市	534	115	3112	3645	4540	365	1610	1124
登封市	2028	434	19196	22137	22917	12885	13427	4658

11-14 续表　　(2001年)　　单位:万元

县(市)区	营业成本	营业费用	营业税金及附加	经营利润	管理费用	#税金	营业利润	利润总额
市直对	11491	8746	1400	3482	4633	117	-1244	-1206
中原区	1275	288	77	218	187	9	28	31
二七区	1223	224	91	111	80	28	29	56
管城区	1241	236	166	166	161	8	-34	-34
金水区	4928	2157	416	154	558	1	-419	-397
上街区	689	328	70	120	304	4	-221	-152
邙山区	409	140	34	34	74	4	-40	-40
中牟县	141	94	1	29	16	0	10	10
巩义市	2289	472	168	320	528	17	-224	-135
荥阳市	379	101	49	102	43	2	57	57
新密市	2343	686	170	459	234	17	134	124
新郑市	569	484	114	-43	288	13	-367	-391
登封市	1323	2964	210	161	495	25	-515	-517

11-15 限额以上批发、

指标	计量单位	合计		
		2000年	2001年	2001年比2000年±%
粮食	吨	238059	340958	43.22
	千元	288407	431065	65.50
食用植物油	吨	53336	62613	17.39
	千元	321771	324734	0.92
食糖	吨	17479	9427	-46.07
	千元	57419	41062	-28.49
棉花	吨	227684	77298	-66.05
	千元	2301412	835457	-63.70
鞋	百双	54745	62419	14.02
	千元	188238	242349	28.75
布	百米	83608	143032	71.07
	千元	65501	105165	60.55
电视机	台	127209	119031	-6.43
	千元	281038	242373	-13.76
组合音响	台	10453	9349	-10.56
	千元	15752	12766	-18.96
摄像机	台	323	1106	242.41
	千元	1893	5295	179.71
录像机	台	51	55	7.84
	千元	58	73	25.86
影碟机	台	34314	58914	71.69
	千元	36459	36923	1.27
家用电冰箱	台	67739	51114	-24.54
	千元	147468	109123	-26.00
家用洗衣机	台	56760	71335	25.68
	千元	72221	82321	13.98
房间空调器	台	38644	208874	440.51
	千元	133018	761710	472.64
微波炉	台	63042	58540	-7.14
	千元	51288	44506	-13.22
微型计算机	台	23943	59796	149.74
	千元	186659	387472	107.58
普通电话机	部	413025	220887	-46.52
	千元	24895	25614	2.89
移动电话机	部	11092	28802	159.66
	千元	22621	46816	106.96
寻呼机	部	26009	1203	-95.37
	千元	9440	358	-96.21

零 售 贸 易 业 商 品 销 售 数 量

批发			零售		
2000年	2001年	2001年比2000年±%	2000年	2001年	2001年比2000年±%
201227	276402	37.36	36832	64556	75.27
242168	351801	45.27	46239	79264	71.42
48943	56222	14.87	4393	6391	45.48
286443	281530	-1.72	35328	43204	22.29
13023	6940	-46.71	4456	2487	-44.19
46355	28572	-38.36	11064	12490	12.89
227681	77296	-66.05	3	2	-33.33
2301379	835451	-63.70	33	6	-81.82
40452	39395	-2.61	14293	23024	61.09
110217	116806	5.98	78021	125543	60.91
63233	127090	100.99	20375	15942	-21.76
44665	84330	88.81	20836	20835	0.00
59618	57445	-3.64	67591	61586	-8.88
119596	112999	-5.52	161442	129374	-19.86
5513	2412	-56.25	4940	6937	40.43
3456	1527	-55.82	12296	11239	-8.60
38	474	1147.37	285	632	121.75
258	2129	725.19	1635	3166	93.64
			51	55	7.84
			58	73	25.86
7766	34319	341.91	26548	24595	-7.36
7722	15541	101.26	28737	21382	-25.59
36616	20472	-44.09	31123	30642	-1.55
72059	41681	-42.16	75409	67442	-10.57
15412	30272	96.42	41348	41063	-0.69
16678	31718	90.18	55543	50603	-8.89
12410	179176	1343.80	26234	29698	13.20
36880	665324	1704.02	96138	96386	0.26
28866	23874	-17.29	34176	34666	1.43
21583	18203	-15.66	29705	26303	-11.45
15830	49247	211.10	8105	10549	30.15
109880	315069	186.74	76779	72403	-5.70
385009	192728	-49.94	28016	28159	0.51
19753	20760	5.10	5142	4854	-5.60
3215	11166	247.31	7877	17636	123.89
5840	18053	209.13	16781	28763	71.40
24005		-100.00	2004	1203	-39.97
8821		-100.00	619	358	-42.16

11-15 续表

指　标	计量单位	合　计		
		2000 年	2001 年	2001 年比 2000 年 ± %
化学肥料	吨	899397	789938	-12.17
	千元	1227193	950568	-22.54
化学农药	吨	10734	4281	-60.12
	千元	111772	98381	-11.98
农用塑料薄膜	吨	11401	5306	-53.46
	千元	59849	43855	-26.72
煤炭	吨	3307156	2165645	-34.52
	千元	534457	342389	-35.94
木材	立方米	23574	26287	11.51
	千元	69953	86766	24.03
汽油	吨	1257520	1421737	13.06
	千元	3484015	4110763	17.99
煤油	吨	37984	17994	-52.63
	千元	82698	55182	-33.27
柴油	吨	1887078	3096449	64.09
	千元	4906722	8495916	73.15
钢材	吨	365322	212441	-41.85
	千元	1128101	688910	-38.93
铜	吨	2097	1287	-38.63
	千元	38960	19614	-49.66
铝	吨	7292	8277	13.51
	千元	27350	70608	158.16
水泥	吨	63718	28728	-54.91
	千元	16159	8195	-49.29
汽车	辆	17620	20520	16.46
	千元	1873145	2225548	18.81
#轿车	辆	6460	6521	0.94
	千元	1023467	1184440	15.73
摩托车	辆	8325	27072	225.19
	千元	48322	137636	184.83
拖拉机	台	2664	1004	-62.31
	千元	28697	31797	10.80

批发			零售		
2000年	2001年	2001年比2000年±%	2000年	2001年	2001年比2000年±%
899397	789938	-12.17			
1227193	950568	-22.54			
10734	4281	-60.12			
111772	98381	-11.98			
11401	5306	-53.46			
59849	43855	-26.72			
3306843	2165645	-34.51	313		-100.00
534442	342389	-35.94	15		-100.00
23574	26287	11.51			
69953	86766	24.03			
1099552	1248606	13.56	157968	173131	9.60
3027456	3612539	19.33	456559	498224	9.13
37984	17994	-52.63			
82698	55182	-33.27			
1887078	3096449	64.09			
4906722	8495916	73.15			
365322	212441	-41.85			
1128101	688910	-38.93			
2097	1287	-38.63			
38960	19614	-49.66			
7292	8277	13.51			
27350	70608	158.16			
63718	28728	-54.91			
16159	8195	-49.29			
4741	6890	45.33	12879	13630	5.83
595053	860188	44.56	1278092	1365360	6.83
1152	1595	38.45	5308	4926	-7.20
199182	318695	60.00	824285	865745	5.03
3992	19599	390.96	4333	7473	72.47
21011	99714	374.58	27311	37922	38.85
2664	1004	-62.31			
28697	31797	10.80			

11-16 限额以上批发、零售贸易业商品销售类值

单位:万元

指标	合计		批发		零售	
	2000年	2001年	2000年	2001年	2000年	2001年
类值合计	**3666950**	**3769466**	**3113726**	**3162587**	**553224**	**606880**
食品饮料烟酒类	756091	669363	675957	581624	80134	87740
#肉禽蛋类	35579	42904	25788	30395	9791	12508
其他食品类	143096	152792	103207	105949	39888	46843
饮料类	26678	19074	14800	6427	11878	12647
烟酒类	548008	454594	532006	438853	16001	15741
服装.鞋帽针、纺织品类	263604	294447	192600	201045	71004	93402
化妆品类	22711	19713	10452	5940	12260	13772
金银珠宝类	14938	16562	75	221	14863	16341
日用品类	87390	78998	50441	36467	36950	42530
#其中:洗涤用品类	19655	24748	10014	10054	9641	14694
儿童玩具类	5344	4280	2973	959	2371	3321
五金、电料类	12787	12971	4943	4861	7845	8110
体育、娱乐用品类	11909	12709	4697	6353	7212	6355
书报、杂志类	153676	168770	140945	154432	12731	14338
电子出版物及音像制品类	4025	5336	2441	2876	1584	2460
家用电器及音像器材类	95058	148166	33320	90467	61738	57699
中西药品类	94289	114797	73491	96019	20798	18778
#西药类	63482	75552	51781	66158	11702	9394
中草药中成药品类	22073	32692	16597	27399	5476	5293
文化、办公用品类	72285	113799	54299	95233	17986	18566
家具类	6579	4107	1255	370	5324	3737
通讯器材类	14968	11704	11172	6405	3796	5298
煤炭及制品类	56385	35693	56381	35693	4	0
木材及制品类	10973	11882	10881	11880	92	2
石油及制品类	856062	1279187	806737	1225250	49326	53936
化工材料及制品类	199990	165437	197052	162846	2938	2591
#化肥类	122252	95907	122244	95885	7	22
金属材料类	139042	96080	138904	95990	138	90
建筑材料类	39514	36996	38134	36604	1380	392
机电设备及零件类	306986	306946	171969	162750	135017	144195
#农机类	7962	6002	7892	5933	70	69
汽车类	191731	225126	64498	88561	127233	136565
种子饲料类	8226	8316	8145	8274	82	43
棉麻、土畜产品类	294827	117928	294762	117820	65	108
其他类	144635	98387	134675	81990	9960	16397

11-17 全市批发、零售贸易企业年销售额前50名排序

(2001年)

单位:万元

序号	批发行业		零售行业	
	单位名称	销售额	单位名称	销售额
1	中国石油化工股份有限公司河南分公司	800800	河南金博大购物中心有限公司	62816
2	中国石油天然气华北分公司河南分公司	283193	郑州丹尼斯百货有限公司	60804
3	河南省烟草公司郑州分公司	165233	河南思达商业有限公司	29654
4	河南省新华书店	137884	新郑市裕达石油储运有限公司	28546
5	郑州卷烟厂供销公司	114694	河南新纪元汽车销售有限公司	22377
6	新郑卷烟销售公司	101913	长安汽车销售有限公司河南分公司	21802
7	河南省机电设备总公司	97092	河南万兴实业有限公司	18958
8	河南省石油总公司郑州公司	90786	中牟粮局城关中心粮店	16741
9	河南省棉麻总公司	87809	郑州百货大楼股份有限公司	16487
10	河南省服装进出口公司	85505	郑州市鑫利汽车贸易有限公司	15966
11	河南格力电器销售有限责任公司	68649	郑州市紫荆山百货大楼	15187
12	河南省农业生产资料总公司	66104	郑州商业大厦股份有限公司	14064
13	中油淮海销售有限公司	64997	豫港(河南)开发有限公司	11889
14	河南省粮油食品进出口公司	47761	郑州豪爵摩托车销售有限公司	11556
15	河南省印刷物资总公司	44955	郑州华联商厦	10616
16	河南省医药公司	41542	郑州正道花园商厦股份有限公司	10580
17	中国抽纱河南进出口公司	33579	郑州友谊商业(集团)总公司	10546
18	河南省轻工业品进出口公司	32674	河南省新华书店郑州市店	10311
19	郑州百文股份有限公司	29997	河南省商城大厦集团有限责任公司	9696
20	中国磨料磨具进出口联营公司	26781	郑州源流汽车销售有限公司	9088
21	河南省豫星畜产品进出口有限公司	26593	郑州石油公司中牟公司	7126
22	中国石油物资郑州公司	23060	郑州众诚科技发展有限公司	6570
23	郑州市果品食杂总公司	22129	河南省汇科电子有限公司	6383
24	河南省纺织工业总公司	20966	中国重型汽车销售公司郑州分公司	6034
25	中国烟草河南进出口公司	20515	河南江铃汽车销售有限公司	5948
26	鞍山钢铁公司中南供销公司	19644	郑州石油公司荥阳分公司	5878
27	河南省烟草公司登封市分公司	17728	郑州市上街区石油公司石化产品经销部	5149
28	中国烟草总公司河南省公司卷烟销	17638	登封市石油销售有限公司	5124
29	河南省通用机械进出口有限公司	16435	河南省步步高电子有限公司	4997
30	河南省物华化工有限公司	14911	郑州东旺鄂尔多斯工贸中心	4916
31	河南益隆进出口有限公司	14873	巩义市米河供销合作社	4749
32	郑州铁路分局煤炭运销公司	14317	郑州市润恒专业软件制作有限公司	4450
33	河南省油脂公司	14249	郑州新联佳电子商贸有限公司	3751
34	河南省粮食贸易公司	14180	厦门金龙旅行车有限公司郑州分公司	3546
35	河南省有色金属工业公司	13754	巩义市孝义供销合作社	3459
36	郑州市医药总公司	13052	郑州碧沙岗副食品有限公司	3383
37	河南省副食品公司	12970	新密市屏峰商场	3203
38	河南省丝绸进出口公司	12908	登封市商业批发公司	2999
39	中纺河南棉花进出口公司	12404	巩义市粮食收储公司	2990
40	河南省电信器材公司	11950	郑州市红外线技术发展公司	2978
41	河南省烟草公司新密市支公司	11304	郑州市双凤皮鞋厂	2905
42	郑州金保康药业有限公司	11175	巩义市金博商厦	2791
43	河南省信达国际贸易有限责任公司	11055	郑州海科商用机器有限公司	2786
44	郑州 TCL 电器销售有限公司	10865	河南省计算机公司	2752
45	北京同仁堂药业有限责任公司	10573	河南省荥阳市商业大厦	2702
46	河南省宝豫实业有限公司	10505	郑州高科电子有限公司	2664
47	河南省烟草公司新郑市公司	9972	郑州天意商贸有限公司海尔特许专卖店	2574
48	河南南光进出口有限公司	9679	新密市五金交电化工公司	2500
49	河南省新密市石油公司	9586	河南省阿波罗实业有限公司	2488
50	中国药材郑州公司	9477	郑州市石油总公司	2379

主要统计指标解释

社会消费品零售额　指各种经济类型的批发零售贸易业、餐饮业、制造业和其他行业对城乡居民和社会集团的消费品零售额。这个指标反映通过各种商品流通渠道向居民和社会集团供应的生活消费品来满足他们生活需要,是研究人民生活,社会消费品购买力、货币流通等问题的重要指标。社会消费品零售额包括:(1)售给城乡居民作为生活用的商品和修建房屋用的建筑材料;(2)售给机关、团体、学校、部队、企业、事业单位的职工食堂和旅店(招待所)附设专门供本店旅客食用,不对外营业的食堂的各种食品、燃料;企业、单位和国营农场直接售给本单位职工和职工食堂的自己生产的产品;(3)售给部队干部、战士生活用的粮食、副食品、衣着品、日用品、燃料;(4)售给来华的外国人、华侨、港澳台同胞的消费品;(5)居民自费购买的中、西药品、中药材及医疗用品;(6)报社、出版社直接售给居民和社会集团的报纸、图书、杂志、集邮公司出售的新、旧纪念邮票、特种邮票、首日封、集邮册、集邮工具等;(7)旧货寄售商店自购、自销部分的商品零售额;(8)煤气公司、液化石油气站售给居民和社会集团的煤气灶具和罐装液化石油气;(9)农民售给非农业居民和社会集团的商品。不包括售给国民经济各部门企业、事业单位(包括国有经济的农场)生产经营用的各种原材料、燃料、设备、工具等和售给批发零售贸易业、餐饮业作为转卖用的商品、旧货寄售商店受托寄售卖出的商品、服务业的营业收入、邮局出售邮票的收入、自来水、电力、煤气生产(供应)单位的产品供应收入,也不包括农民之间的商品销售。

批发零售贸易业商品购、销、存总额　指以各种经济类型的批发、零售贸易业(不包括个体)为总体的商品购、销、存。

商品购进总额　指从本企业(单位)以外的单位和个人购进(包括从国外直接进口)作为转卖或加工后转卖的商品。这个指标反映批发零售贸易业从国内、国外市场上购进商品的总量。商品购进总额包括:(1)从工农业生产者购进的商品;(2)从出版社、报社的出版发行部门购进的图书、杂志和报纸;(3)从各种经济类型的批发零售贸易企业(单位)购进的商品;(4)从其他单位购进的商品,如从机关、团体、企业、单位购进的剩余物资,从餐饮业、服务业购进的商品,从海关、市场管理部门购进的缉私和没收的商品,从居民收购的废旧商品等;(5)从国(境)外直接进口的商品。不包括企业(单位)为自身经营用,和未通过买卖行为而收入的商品以及销售退回、商品升溢等。

商品销售总额　指对本企业(单位)以外的单位和个人出售(包括对国(境)外直接出口)的商品。这个指标反映批发零售贸易业在国内市场上销售商品以及出口商品的总量。商品销售总额包括:(1)售给城乡居民和社会集团消费用的商品;(2)售给工业、农业、建筑业、运输邮电业、批发零售贸易业、餐饮业、服务业等作为生产、经营使用的商品;(3)售给批发零售贸易业作为转卖或加工后转卖的商品;(4)对国(境)外直接出口的商品。不包括:出售本企业(单位)自用的废旧包装用品,未通过买卖行为付出的商品,经本单位介绍,由买卖双方直接结算,本单位只收取手续费的业务,购货退出的商品以及商品损耗和损失等。

批发零售贸易业年末库存　指年末各种经济类型的批发零售贸易企业(单位)已取得所有权的商品。它反映各地区、各批发零售贸易企业(单位)的商品库存情况,和对市场商品供应的保证程度。期末库存包括:(1)存放在批发零售贸易业经营单位(如门市部、批发站、经营处)仓库、货场、货柜和货架中的商品;(2)挑选、整理、包装中的商品;(3)已记入购进而尚未运到本单位的商品,即发货单或银行承兑证已到而货未到的部分;(4)寄放他处的商品,如因购贷方拒绝承付而暂时存放在购货方的商品和已办完加工成品收回手续而未提回的商品;(5)委托其他单位代销(未作销售或调出)尚未售出的商品;(6)代其他单位购进尚未交付的商品。

不包括所有权不属于本单位的商品、拨付除批发零售贸易业以外的其他行业所属独立核算加工厂等加工生产尚未收回成品的商品、代国家物资储备部门保管的商品等。库存总额采用的计算价格是:农副产品采购单位按购进价计算;批发单位按进贷价计算;零售单位按核算价格计算,即按什么价格核算就按什么价格计算。

限额以上企业　指批发贸易企业年销售额在2000万元及以上,年末从业人员在20人及以上;零售贸易企业年销售额在500万元及以上,年末从业人员60人及以上;餐饮业年营业额在200万元及以上,年末从业人员在40人及以上的企业。

十二、对外经济贸易和旅游

12-1 全市进出口金额

单位:万美元

项　　目	2000 年	2001 年	2001 年比 2000 年 ± %
直接进出口总值	**89982**	**99377**	**10.4**
#直接出口总值	62145	65743	5.8
市属及以下直接进出口总值	19216	24368	26.8
#直接出口总值	12313	16855	36.9
#国内企业	8765	12532	43.0
外资企业	3548	4323	21.8

12-2 全市直接进出口总值

单位:万美元

县(市)区	2000 年	2001 年	2001 年比 2000 年 ± %
直接进出口总值	**19216**	**24368**	**26.8**
#出口总值	12313	16855	36.9
#市直	6177	9777	58.3
中原区	787	815	3.6
二七区	293	260	-11.3
管城区	135	102	-24.4
金水区	1216	1492	22.7
邙山区	89	129	44.9
中牟县	137	169	23.4
巩义市	275	431	56.7
荥阳市	707	900	27.3
新密市	17	81	376.5
新郑市	328	193	-41.1
登封市	451	563	24.8
经济技术开发区	81	58	-28.4
高新技术产业开发区	1620	1885	16.4

注:1.此数据均为海关数,不包括省直进出口公司。
2.区统计范围包括区属企业和区内三资企业。

12-3 出口总额 分类(一)

单位:万美元

类　别	2000年	2001年	2001年比2000年±%
总　计	**62145**	**65743**	**5.8**
动物类	4528	4713	4.1
植物类	2927	3746	28.0
食品、饮料、烟草及制品	2186	2173	-0.6
矿产品	1204	2144	78.1
化学工业及相关工业的产品	8453	8033	-5.0
塑料、橡胶及其制品	279	403	44.4
皮革制品	2024	2971	46.8
木及木制品	2272	2164	-4.8
木浆及其制品	367	190	-48.2
纺织原料及纺织制品	19613	21155	7.9
鞋、帽、羽毛及其制品	3317	3667	10.6
建材制品	2289	2316	1.2
珍珠、宝石、首饰、贵金属及其制品	800	777	-2.9
贱金属及其制品	4148	3931	-5.2
机械、电气、图象、声音录放设备	4484	4513	0.6
交通运输设备	1864	1540	-17.4
光学、计量、医疗设备、精密仪器	309	394	27.5
杂制品	997	835	-16.2

注:本表含省直外贸公司。

12-4 向各大洲出口总额(一)

单位:万美元

项　目	2000年	2001年	2001年比2000年±%
直接出口总值	**62145**	**65743**	**5.8**
亚洲	33119	33091	-0.1
非洲	2195	2663	21.3
欧洲	13574	15223	12.2
南美洲	3258	3708	13.8
北美洲	9310	10336	11.0
大洋洲	689	722	4.8

注:本表含省直外贸公司。

12-5 出口总额分类(二)

单位:万美元

类　别	2000年	2001年	2001年比2000年±%
总　计	**12313**	**16855**	**36.9**
动物类	10	50	400
植物类	150	385	156.7
食品、饮料、烟草及制品	110	95	-13.6
矿产品	826	1025	24.1
化学工业及相关工业的产品	3674	3770	2.6
塑料、橡胶及其制品	13	90	592.3
皮革制品	373	317	-15
木及木制品	248	141	-43.1
木浆及其制品		1	
纺织原料及纺织制品	3296	4263	29.3
鞋、帽、羽毛及其制品	688	1286	86.9
建材制品	332	1164	250.6
珍珠、宝石、首饰、贵金属及其制品	697	639	-8.3
贱金属及其制品	866	1396	61.2
机械、电气、图象、声音录放设备	787	1848	134.8
交通运输设备	48	137	185.4
光学、计量、医疗设备、精密仪器	98	85	-13.3
杂制品	95	162	70.5

注:本表不含省直外贸公司。

12-6 向各大洲出口总额(二)

单位:万美元

地　区	2000年	2001年	2001年比2000年±%
直接出口总值	**12313**	**16855**	**36.9**
亚洲	7213	8685	20.4
非洲	150	433	188.7
欧洲	1660	2223	33.9
南美洲	827	1382	67.1
北美洲	2326	3921	68.6
大洋洲	137	211	54.0

注:本表不含省直外贸公司。

12-7 外商投资企业主要经济指标

(2001 年)　　单位:万元

指标	数值
企业个数(个)	**439**
资本负债及所有者权益	
流动资产合计	1343440
固定资产合计	799951
#本年折旧	59495
资产总计	2414805
负债合计	1631018
#流动负债	1250117
长期负债	353447
所有者权益合计	785444
#实收资本	674718
#国家	119566
港澳台	265555
外商	121880
损益及分配	
产品销售(营业)收入	903844
产品销售(营业)成本	683463
产品销售(营业)费用	781403
产品销售(营业)税金及附加	11625
管理费用	81726
#税金	824
劳动待业保险费	1439
财务费用	47201
营业利润	29825
利润总额	28642
应交所得税	9089
本年应付工资总额	**55174**
本年应付福利费总额	**5483**
本年应交增值税	**45327**
本年进项税额	66546
本年销项税额	109197

12-8 与郑州市建立友好关系的城市

国家	城市	建立时间
日本	浦和市	1981.1
美国	里士满市	1994.9
罗马尼亚	克鲁日－纳波卡市	1995.5
韩国	晋州市	2000.7
俄罗斯	萨马拉市	2000.8
纳米比亚	马林塔尔市	2001.8
约旦	伊尔比德市	2002.2

12-9 利用外资签订合同个数及金额

指　标	2000年		2001年	
	个数	金额（万美元）	个数	金额（万美元）
总　计	**78**	**36901**	**58**	**16702**
对外借款	**8**	**24041**		
外国政府贷款	6	14363		
国际金融组织贷款	2	4627		
出口信贷		1156		
外国银行商业贷款		3895		
外商直接投资	**70**	**12860**	**58**	**16702**
独资经营	22	4620	25	4005
合资经营	38	2307	25	5533
合作经营	10	5933	8	7164

12-10 实际利用外资金额

单位:万美元

指　标	2000年	2001年
总　计	**11318**	**9088**
对外借款	**2107**	**1948**
外国政府贷款	2084	1944
国际金融组织贷款	23	4
外商直接投资	**9211**	**7140**
独资经营	1801	2908
合资经营	7380	2399
合作经营	29	1833

12-11 外商和港澳台地区在郑直接投资

（2001年）

项目	新签合同 合同个数（个）	新签合同 投资额（万美元）	实际投入资金（万美元）
总计	**58**	**16702**	**7140**
按登记注册类型分			
与外商和港澳台商合资经营	25	5533	2399
与外商和港澳台商合作经营	8	7164	1832
外商和港澳台商独资	25	4005	2909
按国民经济行业分			
农、林、牧、渔业	2	160	385
工业	35	7448	4890
建筑业	3	630	208
交通运输、仓储及邮电通信业	1	60	
批发零售贸易业、餐饮业	5	77	30
房地产业、公用事业、服务业	8	4957	1627
其他各类行业	4	3370	
按地区、国别分			
香港	22	10544	3863
台湾	10	365	445
日本	3	214	227
新加坡	1	30	900
德国			52
美国	9	3094	969
泰国	2	22	4
澳大利亚	2	489	76
其他	9	1944	604

12-12 各县(市)、区外商直接投资金额

单位:万美元

县(市)区	实际利用外商直接投资		
	2000年	2001年	2001年比2000年±%
全　　市	**9211**	**7140**	**-22.5**
中　原　区	160	197	
二　七　区	10	92	
管　城　区		751	
金　水　区	361	1686	
邙　山　区		1186	
中　牟　县	163	92	-43.6
巩　义　市	1388	70	-95.0
荥　阳　市	1135	991	-12.7
新　密　市	20	27	35.0
新　郑　市	341	585	71.6
登　封　市	20		-1.0
高新技术产业开发区	2020	1027	-49.2
经济技术开发区	207	436	110.6

注:2001年数据完全按地域划分;2000年五区数据按区属管辖原则划分,与地域划分相比少3386万美元。

12-13 外商和港澳台商在郑直接投资企业主要经济指标

(2001年)

单位:万元

类　　别	资产总额	负债总额	主营业务收入	实交各种税金及附加	利润总额
总　　计	**2414805**	**1631018**	**903844**	**66865**	**28642**
港澳台商投资经济	**1613063**	**1067473**	**623552**	**45934**	**24363**
#与港澳台商合资经营	969636	665163	457882	33162	12521
与港澳台商合作经营	154205	85319	23793	1199	-681
港澳台商独资	471454	302540	137662	11458	13006
外商投资经济	**801743**	**563545**	**280292**	**20931**	**4279**
#与外商合资经营	708925	507035	245942	19859	7348
与外商合作经营	8115	4121	3527	307	-1091
外商独资	84703	52389	30822	767	-1978

12-14 对外承包工程和劳务合作

指　标	单　位	2000 年	2001 年	2001 年比 2000 年 ± %
新签合同金额	万美元	3013	7712	156.0
营业额	万美元	5008	6340	26.6
派出人员	人次	3157	4641	47.0

12-15 国　际　旅　游

指　标	单　位	2000 年	2001 年	2001 年比 2000 年 ± %
旅游设施				
旅游饭店	个	97	105	8.3
床　　位	张	26140	27294	4.4
旅游汽车	辆	271	292	7.8
从业人员	人	100541	102378	1.8
接待过夜海外旅游者人数	人次	81004	89500	10.5
旅游(外汇)收入	万美元	4653	5013	7.7

注:旅游收入为旅游部门抽样调查数。

12-16 接待国外和港澳台地区旅游人数

指　标	单　位	2000 年	2001 年	2001 年比 2000 年 ± %
接待旅游人数	**人次**	**81004**	**89500**	**10.5**
# 外国人	人次	39287	40100	2.04
华侨	人次	4084	-	-
港澳台同胞	人次	37633	49400	31.3
# 台湾同胞	人次	18900	14200	-7.5

注:本表接待国外和港澳台旅游人数仅含过夜人数。

12-17 开发区主要经济指标

指 标	单 位	2001年
年末全部企业数	**个**	**1368**
#三资企业	个	303
内联企业	个	1241
利用外资批准合同数	**个**	**20**
合同外资额	**万美元**	**8244**
实际投资额	**万元**	**228397**
外商实际投资额	万元	20526
全部企业年末人数	**人**	**38521**
#三资企业年末人数	人	7916
年末全部投产(开业)企业数	**个**	**549**
#三资企业	个	106
内联企业	个	313
总收入	**万元**	**2106910**
#工业销售收入	万元	1518709
外商及港澳台商投资企业收入	万元	190973
亏损企业	**个**	**91**
亏损额	**万元**	**5839**
税收总额	**万元**	**73998**
#工商企业纳税额	万元	61227
外商及港澳台商投资企业纳税额	万元	8514
出口总值	**万美元**	**2996**
#外商及港澳台商投资企业出口	万美元	1796
进口总值	**万美元**	**556**
#外商及港澳台商投资企业出口	万美元	236
土地出让金收入	**万元**	**20082**
财政收入	**万元**	**30237**
财政支出	**万元**	**34868**

12-18 全市出口企业30强

(2001年)

单位:万美元

序号	企业名称	出口额	序号	企业名称	出口额
1	河南省粮油食品进出口公司	8301	16	河南省梭织服装进出口有限公司	904
2	河南省服装进出口公司	4378	17	中国冶金进出口河南公司	899
3	河南省轻工业品进出口公司	3809	18	河南省中新机械设备进出口有限公司	884
4	河南省豫星畜产品进出口有限责任公司	3102	19	中国河南国际经济技术合作公司	880
5	中国磨料磨具进出口联营公司	2825	20	河南省工艺品进出口公司	870
6	中国抽纱河南进出口公司	2237	21	郑州市国际贸易公司	868
7	河南益隆进出口有限公司	2142	22	河南省国际经济贸易公司	861
8	中国长城铝业公司	2105	23	中国烟草河南进出口公司	856
9	河南省针织服装进出口有限公司	1746	24	河南省家用纺织品进出口有限公司	851
10	河南省通用机械进出口有限公司	1674	25	河南中经进出口有限责任公司	851
11	中纺河南棉花进出口公司	1650	26	河南省东方国际贸易有限公司	653
12	河南省信达国际贸易有限责任公司	1341	27	郑州东昌印染有限公司	621
13	白鸽(集团)股份有限公司	1248	28	中国出口商品基地建设河南公司	608
14	河南省丝绸进出口公司	1229	29	河南省中原石油天然气开发总公司	599
15	河南南光进出口有限公司	977	30	河南凯达国际经贸发展股份有限公司	558

注:包括省直外贸公司

12-19 全市三资企业利税总额50强

(2001年)

单位:万元

名次	企业名称	利税总额	名次	企业名称	利税总额
1	郑州新力电力有限公司	16227	26	郑州金翔印刷有限公司	972
2	郑州华夏医药保健品有限公司	14195	27	郑州美艺发制品有限公司	924
3	中岳电力有限公司	9745	28	河南省中州普兰太克斯化纤工业有限公司	900
4	郑州丹尼斯百货有限公司	7377	29	郑州鸿润纺织有限公司	801
5	河南德亿房地产开发有限公司	6338	30	郑州晖达房地产开发有限公司	778
6	郑州日产汽车有限公司	5105	31	郑州登峰熔料有限公司	747
7	建业住宅集团(中国)有限公司	4895	32	郑州紫江包装有限公司	719
8	发祥五龙电厂	4849	33	郑州太可思服装有限公司	649
9	郑州华登电力有限公司	4334	34	河南圣来斯时装有限公司	598
10	郑州中联电力有限公司	3885	35	河南姿华房地产开发有限公司	595
11	河南永峰电力有限公司	3482	36	河南中山置业有限公司	562
12	郑州华鑫电力有限公司	2716	37	郑州新亚复合超硬材料有限公司	554
13	郑州登源电力有限公司	2704	38	河南大井星光汽车零部件制造有限公司	543
14	郑州登威电力有限公司	2458	39	河南南川印刷有限公司	492
15	河南安峰电力有限公司	2333	40	郑州大方机械制造有限公司	482
16	郑州龙祥铝业有限公司	2073	41	河南裕鸿置业有限公司	433
17	河南华懋电力(巩义)有限公司	2021	42	西亚斯国际工商管理学院	420
18	郑州太古可口可乐饮料有限公司	1868	43	河南银基房地产开发有限公司	372
19	郑州海嘉食品有限公司	1796	44	河南金天地置业有限公司	357
20	郑州金门制罐包装有限公司	1308	45	河南国信房地产有限公司	354
21	河南大地房地产开发有限公司	1131	46	郑州通利公共交通有限公司	340
22	郑州宏阳纺织有限公司	1070	47	河南小汽车修理有限公司	306
23	河南富原公路工程发展有限公司	1034	48	英协(河南)房地产有限公司	294
24	郑州未来房地产开发有限公司	1025	49	河南新丰置业有限公司	283
25	河南蓝马啤酒有限公司	1016	50	河南宇宙人工晶状体研制有限公司	278

12-20 全市三资企业营业收入100强

(2001年)

单位:万元

序号	企业名称	营业收入	序号	企业名称	营业收入
1	郑州日产汽车有限公司	76934	51	河南大地房地产开发有限公司	3409
2	郑州华夏医药保健品有限公司	73612	52	郑州人友置业有限公司	3322
3	郑州新力电力有限公司	71853	53	河南南川印刷有限公司	3285
4	郑州丹尼斯百货有限公司	57769	54	河南国信房地产有限公司	3262
5	河南德亿房地产开发有限公司	32290	55	河南裕鸿置业有限公司	3259
6	郑州龙祥铝业有限公司	30258	56	郑州民众制药有限公司	3196
7	郑州太古可口可乐饮料有限公司	28571	57	郑州新亚复合超硬材料有限公司	3194
8	郑州海嘉食品有限公司	26851	58	郑州银基商贸城有限公司	3189
9	建业住宅集团(中国)有限公司	23643	59	郑州白鸽诺顿有限公司	3183
10	中岳电力有限公司	22912	60	郑州郑荣食品有限公司	3173
11	发祥五龙电厂	15411	61	郑州中法供水有限公司	3163
12	河南省中州普兰太克斯化纤工业有限公司	12673	62	河南新丰置业有限公司	3123
13	郑州未来房地产开发有限公司	12391	63	河南光彩交通建设有限公司	3107
14	英协(河南)房地产有限公司	10873	64	郑州蓝牧皮业有限公司	2871
15	郑州中联电力有限公司	9945	65	河南圣来斯时装有限公司	2773
16	河南蓝马啤酒有限公司	9796	66	郑州德克士食品开发有限公司	2758
17	郑州金门制罐包装有限公司	8210	67	河南富寓房地产有限公司	2695
18	河南姿华房地产开发有限公司	7941	68	郑州金翔印刷有限公司	2419
19	河南永峰电力有限公司	7910	69	郑州大学升达经贸管理学校	2322
20	郑州布姆雪燕制粉有限公司	7757	70	河南金天地置业有限公司	2314
21	郑州华登电力有限公司	7742	71	郑州台隆房地产开发有限公司	2294
22	河南华懋电力(巩义)有限公司	7694	72	郑州中原显示技术有限公司	2277
23	河南银基房地产开发有限公司	7479	73	郑州太可思服装有限公司	2203
24	郑州裕达国贸饭店有限公司	7285	74	郑州中原差别化纤维有限公司	2145
25	郑州登源电力有限公司	7224	75	河南万成畜产制品有限公司	2048
26	郑州宏阳纺织有限公司	7140	76	郑州泰和房地产开发有限公司	1978
27	郑州登威电力有限公司	7033	77	河南豫嘉石油有限公司	1964
28	郑州美艺发制品有限公司	6764	78	河南国光食品油脂有限公司	1955
29	河南安峰电力有限公司	6629	79	郑州金龙汽车座椅制品有限公司	1953
30	郑州华鑫电力有限公司	6327	80	河南大廾星光汽车零部件制造有限公司	1883
31	郑州紫江包装有限公司	6208	81	河南金星雄峰印刷包装有限公司	1798
32	河南太极置业有限公司	6007	82	河南东方正大有限公司种猪场	1713
33	郑州康立制药有限公司	5999	83	河南德亿娱乐有限公司	1662
34	郑州易嘉织造有限公司	5497	84	西亚斯国际工商管理学院	1660
35	郑州鸿润纺织有限公司	5399	85	郑州中法原水有限公司	1643
36	郑州登峰熔料有限公司	5267	86	TCL通讯设备股份有限公司郑州专营部	1640
37	郑州大方机械制造有限公司	5032	87	郑州福星木业有限公司	1611
38	河南中亨建设开发有限公司	4827	88	河南竹林安特制药有限公司	1585
39	中孚(河南)速冻食品有限公司	4666	89	澳中环宇(河南)羊皮制品有限公司	1541
40	郑州台利铝业有限公司	4391	90	河南中山置业有限公司	1519
41	河南大和减震器有限公司	4339	91	河南裕利房地产开发有限公司	1518
42	北京统一食品有限公司郑州分公司	4199	92	河南建业教育产业有限公司	1501
43	郑州亚能热电有限公司	4073	93	厦门豪享来餐饮娱乐有限公司郑州铭功路分公司	1478
44	河南中豫电子有限公司	3926	94	河南恒基房地产有限公司	1466
45	河南富原公路工程发展有限公司	3772	95	郑州华顿电力设备工程有限公司	1456
46	新美陶瓷工业有限公司郑州分公司	3698	96	河南台兴房产有限公司	1369
47	郑州晖达房地产开发有限公司	3655	97	桐林木业(郑州)有限公司	1330
48	郑州通利公共交通有限公司	3526	98	河南华银水松纸制品有限公司	1272
49	中亨(河南)房地产开发管理有限公司	3518	99	郑州中富容器有限公司	1263
50	河南小汽车修理有限公司	3456	100	河南永威特种服装有限公司	1234

主要统计指标解释

进出口总值　是指实际进出我国国境的货物总金额。包括对外贸易实际进出口货物,来料加工装配进出口货物、中外合资企业、合作企业和外商独资企业进出口货物和公用物品,以及国家间、联合国及国际组织无偿援助的物资和赠送品,华侨、港澳台同胞、外籍华人的捐赠品的金额。进口按到岸价格计算,出口按离岸价格计算。

出口总值　指在对外贸易中实际离开我国口岸或边境直接出口或转口的商品,包括来料加工装配(工缴费)和补偿贸易出口。

进口总值　指在对外贸易中实际到达我国口岸或边境的进口商品。

利用外资　是指我国各级政府、部门、企业、中国银行和其他单位通过对外借款、吸收外商直接投资和外商其他投资方式,从国外和港澳台地区筹措的资金。

利用外资协议金额　是指在一定时期内,经主管部门批准的与境外政府、部门、银行、企业和国际组织新签订的借款或投资协议(合同)资金总额。包括大陆与港、澳、台同胞及华侨签订的协议金额。它是反映全国及各地区、各部门同境外发生借贷关系和利用外资规模、方式、来源、用途及其效益的重要统计指标。

利用外资金额包括我国各级政府、部门、企业和其他经济组织的对外借款(政府贷款、国际金融组织贷款、出口信贷、外国银行商业贷款、对外发行债券股票),吸收外商直接投资(合资、合作、外商独资经营和合作开发),以及外商补偿贸易、加工装配、国际租赁等其他境外现汇、设备、技术投资。其计量单位都折算成美元统计。

对外借款　指由我国政府、部门、企业和其他经济组织在境外借入的资金或发行的外币债券等。包括由我国政府和政府授权部门对外提供担保的借款。

外商直接投资　是指外国企业和经济组织或个人(包括华侨、港澳台胞以及我国在境外注册的企业)按我国有关政策、法规,用现汇、实物、技术等在我国境内开办外商独资企业、与我国境内的企业或经济组织共同举办中外合资经营企业、合作经营企业或合作开发资源的投资(包括外商投资收益的再投资)以及经政府有关部门批准的项目投资总额内,企业从境外借入的资金。

外商其他投资　指除对外借款和外商直接投资以外的各种利用外资的形式。包括企业在境内外股票市场公开发行的以外币计价的股票(目前主要是在香港证券市场发行的H股和在境内证券市场发行的B股)发行价总额,国际租赁进口设备的应付款,补偿贸易中外商提供的进口设备、技术、物料的价款,加工装配贸易中外商提供的进口设备、物料的价款。

对外劳务合作　指以收取工资的形式向业主或承包商提供技术和劳务的活动。我国对外承包公司在境外开办的合营企业,中国公司同时又提供劳务的,其劳务部分也纳入劳务合作统计。劳务合作营业额按报告期内向雇主提交的结算数(包括工资、加班费和奖金等)统计。

旅游人数　指来我国参观、访问、旅行、探亲、访友、休养、考察、参加会议和从事经济、科技、文化、教育、体育、宗教等活动的外国人、华侨、港澳和台湾同胞的人数。不包括外国在我国的常住机构,如领事馆、通讯社、企业办事处的工作人员;来我国常住的外国专家、留学生以及在岸逗留不过夜人员。

旅游外汇收入　指国内各部门为来我国旅游的外国人、华侨、港澳和台湾同胞提供商品和劳务而获得的外汇收入。包括供应商品、饮食和提供住宿、交通、邮电文化娱乐、导游等各项服务所得到的全部外汇收入。

十三、财 政 金 融

13-1 金融机构信贷收支

（2001 年底）

单位:万元

项　　目	全　市	2001 年比年初 ± %	市区	中牟县	巩义市	荥阳市	新密市	新郑市	登封市	上街区
各项存款合计	**16273174**	**23.6**	**13745618**	**181436**	**589372**	**362589**	**497391**	**306418**	**278565**	**311785**
企业存款	6649368	18.8	6318784	13454	65730	33597	60113	41127	25520	91043
财政存款	434146	110.8	427979	101	331	2717	385	335	2298	
机关团体存款	149125	22.7	124556	1252	4145	8385	3613	2195	4316	663
城镇储蓄存款	6927806	20.6	4800450	162441	484734	311613	476867	241769	239143	210789
农业存款	216085	22.4	160349	4858	33658	4143	61	5388	6465	2163
信托存款	38008	-7.0	38008							
委托存款	166229	-25.4	223582	-1575	-3797	-1371	-46327	4	-4287	
其他存款	1692407	60.5	1651910	905	4572	3505	2679	15600	6109	7127
各项贷款合计	**12568238**	**26.2**	**10687509**	**160780**	**475160**	**226162**	**417194**	**252068**	**174717**	**174648**
短期贷款	6973500	10.1	5409333	143287	444254	173415	336174	220588	139268	107181
工业贷款	2418086	9.7	1991860	11372	126638	33380	75358	79448	23215	76815
商业贷款	1688761	-0.5	1381565	67593	39889	45476	48970	72604	29586	3078
建筑业贷款	109762	10.2	107625	51	245	130	105	1606		
农业贷款	467533	14.2	207251	47750	54991	42031	42618	35717	28808	8367
乡镇企业贷款	544810	-0.4	160787	9589	195374	42144	63937	25017	45972	1990
三资企业贷款	195473	3.7	185480	200	1346	5088	2699	165	495	
私营企业及个体贷款	31332	15.6	21335	1510	342	404	7346	310		85
其他短期贷款	1517744	30.8	1353431	5222	25428	4762	95141	5721	11193	16846
中期流动资金贷款	1220604	78.6	1169537	696	5420	895	14129	1910	5717	22300
中长期贷款	3786759	48.8	3526202	16797	25043	50955	66891	27878	28164	44829
基本建设贷款	1588640	34.2	1561291	676	4113	9000	7613	767	3880	1300
技术改造贷款	297777	-17.9	199446	8199	8988	5725	18503	10413	4773	41730
其他中长期贷款	1900343	90.4	1765467	7922	11942	36230	40775	16698	19510	1799

13-2 金融机构现金收支

（2001 年底）

单位：万元

项目	全市	2001 年比 2000 年 ± %	市区	中牟县	巩义市	荥阳市	新密市	新郑市	登封市	上街区
收入合计	**36355154**	**24.3**	**29700209**	**687053**	**1422480**	**426699**	**1488114**	**1141207**	**849297**	**640095**
商品销售收入	4844820	31.6	4382855	42840	76539	25062	100286	119402	33386	64450
服务业收入	1541762	25.3	1247600	38219	59147	15905	80675	35546	40941	23729
税款收入	179689	29.4	74665	6972	21043	3573	31444	20777	17941	3274
城乡个体经营收入	2055538	34.8	1810488	9017	58912	22496	42702	91056	15272	5595
储蓄存款收入	22838816	24.6	17975894	498121	1102294	319774	1096144	731281	625207	490101
其他金融机构收入	420570	23.2	319590	13372	23160	3414	10002	34970	14339	1723
居民归还贷款收入	203100	71.9	95301	31624	10426	14737	7688	21828	19703	1793
汇兑收入	490404	1.5	415648	6056	25808	1291	18807	12078	7834	2882
有价证券收入	82195	－14.8	71462	3018	306	134	345	5109	219	1602
其他收入	3698259	12.0	3306707	37814	44844	20313	100021	69160	74454	44946
支出合计	**33075334**	**27.0**	**26078757**	**754945**	**1585759**	**433030**	**1487974**	**1112413**	**878996**	**743460**
工资性支出	2125258	21.4	1534435	39229	115541	20541	157531	79517	87317	91147
农副产品采购支出	764024	28.7	612040	32407	17153	7736	33342	38160	19360	3826
工矿及其他产品采购支出	549934	48.0	412590	1521	9974	10905	24104	38645	14525	37670
行政企事业管理费支出	2180654	37.8	1837560	22171	112173	13991	88933	37766	24304	43756
城乡个体经营支出	1896988	17.4	1484096	12210	156497	33193	87454	74899	35285	13354
储蓄存款支出	21665930	26.8	16877363	537137	1079827	304655	1070190	722159	586450	488149
其他金融机构支出	307293	46.3	237769	13654	16427	1084	7601	15031	14567	1160
居民提取贷款支出	220833	92.5	87169	36150	12982	20164	10826	31045	20599	1898
汇兑支出	186498	42.2	118362	19447	10945	1807	12722	16279	5507	1429
有价证券支出	99177	12.8	89616	4592	241	23	721	1033	145	2805
其他支出	3078746	23.0	2787756	36426	53999	18931	－5450	57879	70939	58266
投放（＋）回笼（－）	**－3279820**	**2.5**	**－3621452**	**67892**	**163279**	**6331**	**－140**	**－28794**	**29699**	**103365**

13-3 国有独资商业银行综合信贷收支

（2001 年底）

单位：万元

项　　目	全市	2001 年比年初 ± %	市区	中牟县	巩义市	荥阳市	新密市	新郑市	登封市	上街区
各项存款合计	**8290592**	**15.8**	**6596353**	**97203**	**378648**	**220766**	**375769**	**221265**	**168485**	**232103**
企业存款	3073926	3.9	2817204	11963	52402	31718	37390	39296	23726	60227
机关团体存款	101649	10.3	93345	1252	1345		785		4259	663
储蓄存款	4408705	21.2	3026497	82390	3195150	177164	336781	164355	135578	166790
农业存款	14833	49.3	10629	801	1226	24	61	250	34	1808
其他存款	691480	48.4	648679	797	4525	11860	752	17364	4888	2615
各项贷款合计	**6851247**	**21.5**	**5900392**	**71413**	**196476**	**113033**	**186818**	**164274**	**92182**	**126659**
短期贷款	3201610	－4.4	2483191	54953	170758	87628	139845	139310	66363	59662
工业贷款	1524075	－9.7	1170174	11372	102286	32178	63913	78862	23215	42075
商业贷款	853747	－4.7	706635	32955	19883	19322	21833	39288	12471	1360
建筑业贷款	82894	11.4	80757	51	245	130	105	1606		
农业贷款	94765	－2.6	44102	5620	12558	9122	7644	7002	7686	1031
乡镇企业贷款	179222	1.7	67442	1254	31787	18032	29110	8552	21055	1990
三资企业贷款	153089	7.2	143096	200	1346	5088	2699	165	495	
私营企业及个体贷款	8117	35.7	5677	1510	342	404	168	16		
其他短期贷款	305703	12.8	267310	1991	2310	2943	14373	2128	1442	13206
中期流动资金贷款	873999	83.7	822932	696	5420	895	14129	1910	5717	22300
中长期贷款	2377887	45.2	2198757	15764	19855	24610	32844	23054	18534	44469
基本建设贷款	1323390	40.7	1296041	676	4113	9000	7613	767	3880	1300
技术改造贷款	181606	－12.5	83275	8199	8988	5725	18503	10413	4773	41730
其他中长期贷款	872892	78.3	819443	6889	6754	9885	6728	11874	9880	1439

13-4 县级城市信用社综合信贷收支

(2001年底)

单位:万元

项　目	全市	2001年比年初±%	市区	荥阳市	新密市
各项存款合计	**105713**	**-13.4**	**56732**	**15317**	**33664**
企业存款	10323	-20.0	2753	1561	6009
储蓄存款	93858	-12.8	52453	13756	27649
农业存款	1526		1526		
其他存款	6	-40.0			6
各项贷款合计	**154491**	**-7.3**	**77472**	**24666**	**52353**
短期贷款	107477	17.8	77472	1403	28602
工业贷款	37585	16.1	24938	1202	11445
商业贷款	19989	35.2	10529		9460
农业贷款	5560		5560		
乡镇企业贷款	28830		28830		
其他短期贷款	8041	-13.4	7321	201	519

13-5 农村信用社综合信贷收支

（2001 年底）

单位：万元

项　　目	合计	2001 年比年初 ± %	市区	中牟县	巩义市	荥阳市	新密市	新郑市	登封市	上街区
各项存款合计	**935562**	**8.3**	**869588**	**65974**	**123421**	**76051**	**56455**	**54714**	**85525**	**22897**
企业存款	47717	76.8	15723	725	10151	67	8431	1100	1588	9932
机关团体存款	5684	256.1			2799	2828	57			
储蓄存款	672725	0.5	283257	61084	79538	71835	43275	48045	77228	8463
农业存款	197648	21.3	147997	4057	30906	4119		5138	5431	
其他荐款	11788	354.4	3548	108	27	30	1921	431	1221	4502
各项贷款合计	**860153**	**9.4**	**344211**	**53699**	**192365**	**60815**	**88767**	**48600**	**64360**	**7336**
短期贷款	831357	8.4	342091	53696	187427	58433	78801	48563	55010	7336
农业贷款	357078	20.8	153019	42130	36873	32909	34974	28715	21122	7336
乡镇企业贷款	330869	-1.7	87456	8335	134757	24112	34827	16465	24917	
其他短期贷款	143410	6.6	101616	3231	15797	1412	9000	3383	8971	
中长期贷款	28217	45.4	1541	3	4938	2382	9966	37	9350	

13-6 财 政

（2001 年）

预 算 科 目	全市	市本级	中原区	二七区	管城区	金水区
地方预算内财政收入	**559191**	**262403**	**22037**	**26240**	**16564**	**31604**
财政一般预算收入	**519808**	**236648**	**21317**	**26088**	**16540**	**31422**
增值税	88389	40492	2657	4032	2670	5279
国有企业增值税	26511	21181	10	4	－50	5
集体企业增值税	9952	176	770	791	840	570
股份制企业增值税	31375	7937	1306	1303	638	3260
联营企业增值税	236	9	6	1		4
港澳台和外商投资企业增值税	12368	5295	5		171	15
私营企业增值税	1422	10	81	27	11	21
其他增值税	9780	1205	612	2104	1137	1405
增值税税款滞纳金、罚款收入	516	142	12	19	32	31
福利企业增值税退税	－3123	－33	－143	－208	－56	－29
软件集成电路增值税退税	－156	－20	－3			
废旧物资回收增值税退税	－182	－3	－5	－8	－50	
三线搬迁增值税退税	－137	－90	－8	－1		
宣传文化单位增值税退税	－81	－8				
森工综合利用增值税退税	－44	－31				－3
其他增值税退税	－408	－111	－5		－3	
免抵调增增值税	360	202	19			
营业税	115720	53815	7884	8143	5332	14741
一般营业税	115139	53481	7810	8098	5326	14725
营业税税款滞纳金、罚款收入	584	337	74	45	6	16
其他营业税退税	－3	－3				
企业所得税	82077	20744	5452	6612	1765	3171
企业所得税退税						
个人所得税	56159	28744	1982	4017	2789	3428
资源税	3503	1		2		
固定资产投资方向调节税	371	247				
城市维护建设税	38616	15836	1815	2228	1767	2665
房产税	17698	14440				
印花税	4178	3335				
其他印花税	4097	3292				
印花税税款滞纳金、罚没收入	81	43				
城镇土地使用税	1448	906				
土地增值税	55	37				
车船使用和牌照税	1131	841				
屠宰税	692	116		1	2	61
筵席税						
农业税	2894		125	65	68	148
农业特产税	3144		52	73	10	299
牧业税						
耕地占用税	1218	481	9	23		75
契税	12738	11352				
国有资产经营收益	20326	14042				
国有企业计划亏损补贴	－2750	－2600				

收　　入

单位:万元

上街区	邙山区	高新开发区	经济开发区	中牟县	巩义市	荥阳市	新密市	新郑市	登封市
12659	**9682**	**15353**	**10548**	**12087**	**36089**	**24118**	**25781**	**30330**	**23696**
12237	**9665**	**15337**	**10543**	**8234**	**33229**	**21756**	**24714**	**28915**	**23163**
1245	2833	3188	1443	768	7897	4375	6914	3897	5330
142	12	112	1	290	917	509	1268	1726	384
346	160	40	12	79	2169	820	2016	388	775
397	205	2018	1525	87	3628	1677	3457	1950	1987
	16	17			162	3	14	1	3
73	1789	870	35	115	864	1125	90	114	1807
165	85	5	1	38	559	38	218	70	93
123	585	24	2	212	830	257	649	260	375
17	15	7		17	36	22	82	54	30
－14	－31			－7	－1127	－74	－672	－617	－112
			－133						
	－3			－20	－25	－7	－26	－28	－7
		－10		－28					
				－15	－15	－11	－14	－8	－10
								－10	
－4		－3			－101	－10	－168	－3	
		108				26			5
2098	3043	2602	1934	2940	2713	2370	2203	3871	2031
2096	3033	2597	1896	2938	2705	2367	2198	3866	2003
2	10	5	38	2	8	3	5	5	28
760	1820	4248	5326	339	9890	5274	4507	6331	5838
2567	642	2907	178	898	2105	1448	1299	1692	1463
30				1	588	258	1322	53	1248
			54		1		4	65	
2579	584	1048	568	216	1828	770	1438	4511	763
547		532	111	251	373	249	291	591	313
151		148	90	22	86	36	91	174	45
151		143	83	22	79	32	77	174	44
		5	7		7	4	14		1
235			1	33	56	30	34	107	46
								18	
23				14	80	70	46	25	32
121	8			39	104	125	38	39	38
6	106			357	395	477	420	418	309
2	33			804	46	287	132	447	959
2	229				212	22	40	117	8
16		206	570	72	54	153	4	220	91
8					737	1950	1477	1865	247
							－100		－50

预 算 科 目	全市	市本级	中原区	二七区	管城区	金水区
行政性收费收入	16418	9718	190	111	56	245
公安行政性收费收入	6480	5985				
民政行政性收费收入	395	277	4	14	2	7
劳动保障行政性收费收入	17	5				
其他行政性收费收入	9526	3451	186	97	54	238
罚没收入	25841	10920	1052	653	1714	1095
交通罚没收入	893	327	99	60	40	21
物价罚没收入	1258	715	54	57	70	121
公安罚没收入	13159	5979				
检察院罚没收入	1463	401	358	78	16	100
法院罚没收入	346	6	10	50	63	
卫生罚没收入	290	28	50	40	25	133
烟草罚没收入	87					
税务部门其它罚没收入	114	30	1	52	8	11
其他罚没收入	8231	3434	480	316	1492	709
海域场地矿区使用费收入	316	139				
专项收入	28684	17226	87	128	167	215
排污费收入	8973	4101	87	128	167	215
城市水资源费收入	2061	1718				
教育费附加收入	17456	11379				
矿产资源补偿费收入	194	28				
其他收入	942	447	12		200	
利息收入	189	167	12			
其他收入	753	280			200	
财政基金预算收入	**39383**	**25755**	**720**	**152**	**24**	**182**
工业交通部门基金收入	7611	6983				
电力建设基金收入	92					
养路费收入	5168	5168				
散装水泥专项资金收入	167	155				
贴费收入	362					
墙体材料专项基金收入	1822	1660				
文教部门基金收入	8758	495	705	136	13	165
农村教育附加费收入	7930		667	90		
文化事业建设费收入	828	495	38	46	13	165
农业部门基金收入	－14	－39				
育林基金收入	3					
地方水利建设基金收入	－17	－39				
地方其他水利建设基金收入	－17	－39				
土地有偿使用收入	16933	15674				
国有土地使用权有偿使用收入	16933	15674				
政府住房基金收入	1383	1383				
地方财政税费附加收入	4712	1259	15	16	11	17
农业税附加收入	434		15	10	11	17
城镇公用事业附加收入	4272	1259				
其他附加收入	6			6		

单位:万元

上街区	邙山区	高新开发区	经济开发区	中牟县	巩义市	荥阳市	新密市	新郑市	登封市
165	120		1	368	1766	1818	489	463	908
76				82	116	29	41	82	69
1	41			1	32	3	5	3	5
	1					11			
88	78		1	285	1618	1775	443	378	834
441	229	3	3	792	2000	1031	1990	1606	2312
	14			87	39	29	27	14	136
4	11			40	69	34	31	37	15
367				450	1477	570	1367	1108	1841
2	10			31	41	172		118	136
6	3			6	49	11	14	114	14
1	1			5	1	1	1	2	2
				9	9	6		59	4
	1	3	3						5
61	189			164	315	208	550	154	159
									177
1240	18	455	264	320	2291	1013	2074	2288	898
127	18		9	141	1311	580	1045	658	386
16			10	36	79	30		172	
1097		455	245	143	871	402	914	1458	492
					30	1	115		20
1					7		1	117	157
1								3	6
					7		1	114	151
422	**17**	**16**	**5**	**3853**	**2860**	**2362**	**1067**	**1415**	**533**
				121	122	204	84	52	45
					92				
									12
				121	30	204			7
							84	52	26
4	4	16	5	1936	1650	1553	873	1042	161
				1930	1639	1550	864	1034	156
4	4	16	5	6	11	3	9	8	5
	3								22
	3								
									22
									22
249					516	324	80	16	74
249					516	324	80	16	74
169	10			1796	572	281	30	305	231
1	10			114	42	83	6	95	30
168				1682	530	198	24	210	201

（2001 年）

预 算 科 目	全 市	市本级	中原区	二七区	管城区	金水区
地方预算内财政支出	**630224**	**308365**	**21758**	**19720**	**15364**	**27650**
财政一般预算支出	**597148**	**285296**	**21050**	**19584**	**15364**	**27475**
基本建设支出	61820	35361	1055	511	250	2932
企业挖潜改造资金	33099	27045	258	200		
科技三项费用	8584	2882	305	270	309	462
流动资金	1935					
支援农村生产支出	10814	1314	423	631	208	592
小型农田水利和水土保持补助费	6010	950	74	432	61	221
支援农村合作生产组织资金	3241	80	278	196	135	226
农村农技推广和植保补助费	409	82	45			33
农村草场和畜禽保护补助费	109	71				4
农村造林和林木保护补助费	341	66	18	3	7	53
农村水产补助费	284	35	8		5	55
粮食自给工程资金	420	30				
农业综合开发支出	2995	850	80	98	113	600
中央立项开发的项目投资	1250	825			15	20
地方立项开发的项目投资	1745	25	80	98	98	580
农林水气象等部门事业费类	14999	6337	334	318	188	540
农垦事业费	24	20				
农场事业费	82	45				
农业事业费	3968	1777	40	93	77	153
畜牧事业费	1651	663	18	55	23	31
农机事业费	948	368	20	9	13	43
林业事业费	2165	1207	13	28	17	74
水利事业费	3087	1618	81	62	22	64
水产事业费	401	347				18
气象事业费	237	140				
乡镇企业事业费	584	64	30		35	
农业资源调查和区划费	10	10				
土地管理事业费	820		121			
其他农林水事业费	1022	78	11	71	1	157
工业交通等部门的事业费	2288	377	151	34	51	124
其他工业事业费	2288	377	151	34	51	124

支　出

单位:万元

上街区	邙山区	高新开发区	经济开发区	中牟县	巩义市	荥阳市	新密市	新郑市	登封市
11336	**11131**	**14741**	**10303**	**23045**	**43959**	**29635**	**30999**	**33273**	**28945**
11015	**11114**	**14725**	**10303**	**20091**	**42149**	**28445**	**30044**	**32208**	**28285**
110		8591	5480	461	1165	1281	1622	907	2094
200					3012		406	1478	500
136	92	800	937	330	460	552	257	500	292
		1590	345						
15	641			942	1776	925	1035	1171	1141
15	295			332	960	588	873	417	792
	215			399	690	225	117	534	146
	62			74	9	8		36	60
				28	1			5	
	9			55	36	4	8	68	14
	60			54		20	7	31	9
					80	80	30	80	120
22	296			37	102	418	179	60	140
					55	140		60	135
22	296			37	47	278	179		5
55	540			980	1355	928	906	1252	1266
						4			
	2			17		2	16		
46	157			215	250	183	337	411	229
1	43			208	98	136	120	119	136
3	16			66	86	64	69	138	53
3	39			232	67	94	102	160	129
2	94			137	181	152	194	319	161
	2			25		2	2	5	
				12	10	5	31	23	16
	92				363				
	60				282				357
	35			68	18	286	35	77	185
17	43				715	82	337	135	222
17	43				715	82	337	135	222

预 算 科 目	全 市	市本级	中原区	二七区	管城区	金水区
流通部门事业费	406		138		2	60
其他事业费	406		138		2	60
文体广播事业费	12320	5732	371	271	216	493
文化事业费	2819	1842	28	37	37	85
文物事业费	931	646				
体育事业费	595	440	3	1	13	5
档案事业费	309	130	3		31	5
地震事业费	79	70	1			1
广播电影电视事业费	1571	861	29	24	13	46
计划生育事业费	4513	703	298	209	104	330
党政群干部训练事业费	1429	1040	9		18	21
其他文教事业费	74					
教育事业费	83007	23868	5568	3601	3099	5849
高等学校经费	1124	1124				
中等专业学校经费	4048	4048				
技工学校经费	1650	1639				
职业教育经费	4187	2117		103	60	52
中学经费	33825	12271	1688	749	558	810
小学经费	32303	234	3646	2601	2266	4650
幼儿教育经费	1520	241	186	113	134	173
普通业余教育经费	119	23				
教师进修及干部培训经费	640	189	48			
特殊教育经费	561	283		35	33	44
广播电视教育经费	335	335				
其他教育事业费	2695	1364			48	120
科学事业费类	1931	1425	32	11	10	9
自然科学事业费	1221	892	30	10		7
科协事业费	604	429	2	1	10	2
社会科学事业费	106	104				
卫生经费	27658	18989	882	493	702	549
卫生事业费	9920	6701	253	183	239	259

单位:万元

上街区	邙山区	高新开发区	经济开发区	中牟县	巩义市	荥阳市	新密市	新郑市	登封市
	71				3	13	3	3	113
	71				3	13	3	3	113
183	275			475	1298	749	790	753	714
47	35			51	233	60	77	219	68
				6	137	13	6	33	90
11				2	33	38	4	26	19
18	23			12		22	3	26	36
						3	2	1	1
36	33			38	171	63	62	138	57
51	153			328	662	511	553	237	374
20	31			38	20	39	51	73	69
					42		32		
879	2055	285		5235	8249	5469	6530	6066	6254
11									
64	47			148	348	244	294	504	206
279	778	285		2054	4000	2357	2611	2546	2839
377	1007			2747	3600	2646	2986	2661	2882
53				58	47	80	235	95	105
	74								22
	7			62	76	48	69	53	88
				26		24	30	61	25
95	142			140	178	70	305	146	87
106	29		85	10	49	26	10	100	29
103	21			3	27	13	6	94	15
3	8		85	5	22	13	4	6	14
				2					
279	673	75		459	1330	1068	438	982	739
115	201	40		96	447	316	271	409	390

预算科目	全市	合计	市本级	中原区	二七区	管城区	金水区
中医事业费	1165	953	953		10	40	
药品监督管理事业费	30						
行政事业单位医疗经费	16543	11370	11335	629	300	423	290
税务等部门事业费	13663	2426	1947	605	734	238	483
统计经费	1039	391	391	51		90	24
财政事业费	2265	725	694	107	93	64	342
审计经费	473	30		35			
国有资产管理事业费	10			5			
旅游事业费	1028	149	149				
华侨事业费	4						
劳动保障事业费	88			28			
行政机关事业费	6459	990	572	295	585	70	
党派团体事业补助费	230	88	88	8			
其他部门事业费	2067	53	53	76	56	14	117
抚恤和社会福利救济费类	12398	6101	6101	392	445	316	456
抚恤事业费	3616	681	681	121	89	69	256
军队移交地方安置离退休人员费用	2713	2271	2271	56	84	47	72
社会救济福利事业费	2653	1746	1746	56	124	62	48
救灾支出	1120	185	185	29	23	33	26
其他民政事业费	2096	1116	1116	124	125	70	46
残疾人事业费	200	102	102	6		35	8
行政事业单位离退休经费	42550	16960	16960	2017	2308	1604	2197
行政单位离退休经费	10640	3653	3653	442	650	349	641
公检法司机关离退休经费	3881	2786	2786	74	75	63	89
农业等事业单位离退休经费	1384	315	315	21	41	24	26
教育事业单位离退休经费	17748	4191	4191	1272	1002	884	1164
科学事业单位离退休经费	263	229	229				
其它事业单位离退休经费	8634	5786	5786	208	540	284	277
社会保障补助支出	25075	19151	19151	350	563	328	450
财政对社会保险基金的补贴支出	14651	11307	11307	240	457	249	241
社会保险经办机构经费	2192	902	902	110	106	79	118
城镇就业补助费	103						83
国有企业下岗职工基本生活保障	4342	3779	3779				

单位:万元

上街区	邙山区	高新开发区	经济开发区	中牟县	巩义市	荥阳市	新密市	新郑市	登封市
				21	23	80	13		25
					6	12			12
164	472	35		342	854	660	154	573	312
794	657	418	61	133	2016	997	1331	2043	1206
87	59				68	62	61	95	51
57	15		31	5	30	575	53		199
12	38		30			142	95	80	41
									5
	48			4		54		51	722
						4			
7							53		
514	256	418		22	1589	43	841	1250	4
102					28	4			
15	241			102	301	113	228	567	184
97	217			586	812	811	963	644	558
36	68			280	352	510	543	326	285
3	3			12	42	28	48	28	19
17	19			76	109	83	141	89	83
5	27			182	136	131	192	74	77
32	100			36	163	41	24	125	94
4					10	18	15	2	
764	1084			1680	3643	2898	2595	2841	1959
334	362			576	654	581	897	904	597
52	56			64	239	99	120	104	60
	62				162	157	165	298	113
223	457			974	2185	1943	1179	1285	989
					7	8		19	
155	147			66	396	110	234	231	200
209	312			310	1350	447	708	417	480
98	68			161	819	269	215	277	250
46	232			78	172	82	104	65	98
							20		
6				44	283	45	70	51	64

预 算 科 目	全 市	合计	市本级	中原区	二七区	管城区	金水区
其他社会保障补助支出	3787	3163	3163				8
行政管理费	70304	24060	20770	3608	3809	3808	4342
人大经费	2596	976	976	120	166	122	107
政府机关经费	50698	17520	14230	2896	2856	2827	3262
政协经费	1836	737	737	91	83	99	70
共产党机关经费	13946	4170	4170	472	612	676	858
民主党派机关经费	354	247	247		52		
社会团体机关经费	874	410	410	29	40	84	45
公检法司支出	60448	39044	39044	955	691	720	931
公安支出	43390	30459	30459				
国家安全支出							
检察院支出	6038	1993	1993	619	360	332	556
法院支出	7147	3467	3467	305	303	342	334
司法支出	1346	598	598	31	28	46	41
监狱支出	775	775	775				
劳教支出	1752	1752	1752				
城市维护费	39587	23503	22703	2165	2541	1697	2328
政策性补贴支出	1595	491	491	24	49	55	139
粮食风险基金	159						
国家储备粮油利息费用补贴	52	2	2	1		1	10
粮食财务挂帐利息补贴	8						
地方粮油价外补贴	101						101
副食品风险基金	78	78	78				
市镇居民肉食价格补贴	74						
农业生产资料价差补贴	30	30	30				
其他农业生产资料价差补贴	30	30	30				
其他政策性补贴	1093	381	381	23	49	54	28
支援不发达地区支出	1073	139	139		60	5	
财政扶贫资金	1004	76	76		60		
民族工作经费	69	63	63			5	
海域开发建设和场地使用费支出	277	100	100				
港澳台和外商投资企业场地使用费支出	277	100	100				
专项支出	30386	17448	16917	892	500	637	1282

单位:万元

上街区	邙山区	高新开发区	经济开发区	中牟县	巩义市	荥阳市	新密市	新郑市	登封市
59	12			27	76	51	299	24	68
1504	1900	1646	1644	5405	4493	5028	4352	3917	4078
80	89			96	219	163	160	178	120
1030	1067	1646	1644	4381	2696	3720	3238	2401	2804
35	69			76	138	109	107	137	85
324	636			801	1403	1036	737	1201	1020
13					15		27		
22	39			51	22		83		49
1344	577			1526	3796	2364	2324	3083	3093
979				1168	2576	1662	1808	2202	2536
114	228			172	410	376	209	360	309
206	280			127	724	224	219	430	186
45	69			59	86	102	88	91	62
2107	911	327	473	106	1267	493	1291	555	623
6	8			94	276	172	65	92	124
								50	109
	1				2	2	2	28	3
							1		7
					74				
6	7			94	200	170	62	14	5
				29	195	185	202	47	211
				29	195	185	202	47	210
									1
									177
									177
964	77	176	355	335	2247	929	1915	2293	867

13-7 续表 4 (2001 年)

预 算 科 目	全 市	合计	市本级	中原区	二七区	管城区	金水区
排污费支出	9508	4511	4502	100	110	219	327
城市水资源费支出	4431	4127	4117				
教育费附加支出	16268	8741	8229	792	390	418	955
矿产资源补偿费支出	179	69	69				
其他支出	37936	18533	16793	445	1446	808	2657
兵役征集费	130	58	58	10			14
人民防空费	30						30
住房改革支出	3636	2447	2447		357	303	314
宣传文化发展发展专项资金	150	150	150				
其他支出	33990	15878	14138	435	1089	505	2299
财政基金预算支出	**33076**	**23085**	**23069**	**708**	**136**		**175**
工业交通部门基金支出	4690	4099	4099				
电力建设基金支出	155						
养路费支出	4010	4010	4010				
散装水泥专项资金支出	99	89	89				
贴费支出	380						
墙体材料专项基金支出	46						
文教部门基金支出	5432	178	162	693	120		112
农村教育附加费支出	5069			667	90		
文化事业建设费支出	363	178	162	26	30		112
农业部门基金支出	637	430	430				
新菜地开发基金支出	50	50	50				
育林基金支出	3						
地方水利建设基金支出	584	380	380				
地方其他水利建设基金支出	584	380	380				
土地有偿使用支出	17218	15808	15808				63
城市土地开发建设支出	17216	15806	15806				63
耕地开发专项支出	2	2	2				
政府住房基金支出	1339	1339	1339				
地方财政税费附加支出	3760	1231	1231	15	16		
农业税附加支出	284			15	10		
城镇公用事业附加支出	3470	1231	1231				
其他附加支出	6				6		

单位:万元

上街区	邙山区	高新开发区	经济开发区	中牟县	巩义市	荥阳市	新密市	新郑市	登封市
137	18		9	153	1276	590	1012	658	397
12			10	36	59	26		171	
815	59	176	336	146	892	309	844	1464	443
					20	4	59		27
1224	656	817	923	958	2540	2610	1785	2869	1405
12	6			10		6	3	6	5
74					141				
1138	650	817	923	948	2399	2604	1782	2863	1400
321	**17**	**16**		**2954**	**1810**	**1190**	**955**	**1065**	**660**
				121	30	204		181	55
								155	
									10
				121	30	204			25
								26	20
	4	16		1090	1139	376	865	759	96
				1090	1128	376	865	759	94
	4	16			11				2
6	3			20		40			138
	3								
6				20		40			138
6				20		40			138
237				10	618	157	84	73	168
237				10	618	157	84	73	168
78	10			1713	23	413	6	52	203
	10			57	3	124	6	52	7
78				1656	20	289			196

主 要 统 计 指 标 解 释

财政收入 国家财政参与社会产品分配所取得的收入，是实现国家职能的财力保证。财政收入所包括的内容几经变化，目前主要包括：增值税、营业税、企业所得税、企业所得税退税、外商投资企业和外国企业所得税、个人所得税、资源税、固定资产投资方向调节税、城市维护建设税、房产税、印花税、城镇土地使用税、土地增值税、车船使用税、屠宰税、筵席税、农业税、农业特产税、牧业税、耕地占用税、契税、国有资产经营收益、国有企业计划亏损补贴、行政性收费收入、罚没收入、土地和海域有偿使用收入、专项收入、其他收入。

财政支出 国家财政将筹集起来的资金进行分配使用，以满足经济建设和各项事业的需要，主要包括：基本建设支出、企业挖潜改造资金、简易建筑费、地质勘探费、科技三项费用、流动资金、支援农村生产支出、农业综合开发支出、农林水利气象等部门的事业费、工业交通等部门的事业费、流通部门事业费、文体广播事业费、教育事业费、科学事业费、卫生经费、税务统计财政审计等部门的事业费、抚恤和社会福利救济费、行政事业单位离退休经费、社会保障补助支出、国防支出、行政管理费、外交外事支出、武装警察部队支出、公检法司支出、城市维护费、政策性补贴支出、支援不发达地区支出、土地和海域开发建设支出、专项支出、其他支出、总预备费。

中央财政收入和地方财政收入 按财政体制划分的中央本级收入和地方本级收入。1994 年分税制财政体制以后，属于中央财政的收入包括关税、海关代征消费税和增值税，消费税，中央企业所得税，地方银行和外资银行及非银行金融企业所得税，铁道、银行总行、保险总公司等集中缴纳的营业税、所得税、利润和城市维护建设税，增值税的 75%部分，海洋石油资源税和证券(印花)税 50%部分。属于地方财政的收入包括营业税，地方企业所得税 ，个人所得税 ，城镇土地使用税，固定资产投资方向调节税，城镇维护建设税，房产税，车船使用税，印花税，屠宰税，农牧业税，农业特产税，耕地占用税，契税，增值税 25%部分，证券交易税(印花税)的 50%部分和除海洋石油资源税以外的其他资源税。

中央财政支出和地方财政支出 根据政府在经济和社会活动中的不同职责，划分中央和地方政府的责权，按照政府的责权划分确定的支出。中央财政支出包括国防支出，武装警察部队支出，中央级行政管理费和各项事业费，重点建设支出以及中央政府调整国民经济结构、协调地区发展，实施宏观调控的支出。地方财政支出主要包括地方行政管理和各项事业费，地方统筹的基本建设、技术改造支出，支援农村生产支出，城市维护和建设经费，价格补贴支出等。

信贷资金 国家银行用于发放贷款的资金叫信贷资金。中国人民银行信贷资金的来源有各项存款、对国际金融机构负债、流通中货币、银行自有资金及当年结益等。信贷资金的运用有各项贷款、黄金占款、外汇占款、财政借款及在国际金融机构中的资产等。

各项存款 企业、机关、团体或居民根据可以收回的原则，把货币资金存入银行或其他信用机构保管并取得一定利息的一种信用活动形式。根据存款对象的不同可划分为企业存款、财政存款、机关团体存款、基本建设存款，城镇储蓄存款、农村存款等科目。它是银行信贷资金的主要来源。

贷款 银行或其他信用机构根据必须归还的原则，按一定利率，为企业、个人等提供资金的一种信用活动形式。我国银行贷款分为流动资金贷款、固定资产贷款、城乡个体工商户贷款以及农业贷款等科目。

十四、教育、科技、文化、卫生和体育

14-1 教育卫生事业主要综合指标

（2001 年）

单位：所、人

指　标	数　值	指　标	数　值
平均每万人拥有各类学校数	**3.73**	**适龄儿童入学率(%)**	**99.95**
普通高等学校	0.04	**小学在校学生巩固率(%)**	**100.23**
普通中等学校	0.07	**小学生毕业率(%)**	**99.26**
技工学校	0.04	**中学在校学生巩固率(%)**	
普通中学	0.70	初中	98.44
职业中学	0.09	高中	100.61
小学校	2.78	**平均每万人各类学校教职工数**	**155.57**
平均每万人各类学校在校生数	**2319.01**	#专任教师	113.28
普通高等学校	247.14	#普通高等学校	13.89
普通中等学校	143.96	普通中等学校	6.06
技工学校	28.90	技工学校	2.68
普通中学	724.48	普通中学	35.97
职业中学	84.28	职业中学	4.52
小学校	1088.44	小学校	44.64

14-2 学校教育基本情况

（2001 年）

单位：所、人

项目	全市	市区	县(市)	中牟县	巩义市	荥阳市	新密市	新郑市	登封市
各类学校合计数									
学校数	2483	599	1884	246	360	292	374	254	358
毕业生数	335755	128443	207312	34552	40575	32470	36694	33091	29930
招生数	390014	180500	209514	36551	38606	30954	39936	31802	31665
在校学生数	1543304	622648	920656	162219	178586	134410	176198	138294	130949
教职工数	103532	56248	47284	6985	8110	7265	10094	6893	7937
#专任教师	75391	34055	41336	6018	7270	6391	8350	5955	7352
高等学校									
学校数	24	24							
毕业生数	20295	20295							
#研究生	447	447							
招生数	63339	63339							
#研究生	1316	1316							
在校学生数	164469	164469							
#研究生	2862	2862							
教职工数	21253	21253							
#专任教师	9247	9247							
中等专业学校									
学校数	47	44	3	1		2			
毕业生数	33120	30407	2713	729		1984			
招生数	28168	26674	1494	659		835			
在校学生数	95803	88213	7590	3354		4236			
教职工数	7184	6484	700	275		425			
#专任教师	4030	3582	448	123		325			
技工学校数									
学校数	28	23	5		2			3	
毕业生数	5354	4346	1008		358			650	
招生数	7947	6076	1871		293			1578	
在校学生数	19231	14058	5173		1189			3984	
教职工数	2652	2219	433		142			291	
#专任教师	1786	1486	300		95			205	
普通中学									
学校数	464	138	326	42	86	41	67	32	58
毕业生数	106792	29343	77449	12046	15457	11797	13978	13005	11166
#高中	17462	7264	10198	1551	2060	1728	1813	1703	1343
招生数	179289	49608	129681	20822	25706	19684	24116	19558	19795
#高中	31023	11756	19267	2377	4619	3457	2996	3114	2704
在校学生数	482140	129341	352799	54162	69836	51671	64255	52385	60490
#高中	81548	31662	49886	6532	11682	8415	7622	8158	7477
教职工数	29903	10447	19456	2618	3953	2877	4064	2900	3044
#专任教师	23935	7498	16437	2198	3465	2424	3154	2395	2801

单位:所、人

项目	全市	市区	县(市)	中牟县	巩义市	荥阳市	新密市	新郑市	登封市
职业中学									
学校数	60	23	37	5	4	8	7	9	4
毕业生数	20468	6867	13601	3162	2888	2073	1156	2971	1351
招生数	23685	5259	18426	4997	1943	2577	2727	3158	3024
在校学生数	56086	16692	39394	9943	5230	5497	5856	6758	6110
教职工数	4135	1398	2737	619	280	432	463	540	403
#专任教师	3006	881	2125	418	230	314	369	421	373
小学									
学校数	1848	341	1507	197	267	240	299	209	295
毕业生数	149578	37077	112501	18596	21872	16605	21560	16456	17412
招生数	87417	29457	57960	10047	10651	7847	13079	7502	8834
在校学生数	724355	209277	515078	94640	102245	72910	105993	75055	64235
教职工数	31875	10380	21495	3258	3349	3312	4822	2793	3961
#专任教师	29707	9238	20469	3144	3247	3186	4415	2690	3787
特殊教育学校									
学校数	11	5	6	1	1	1	1	1	1
毕业生数	132	92	40	19		11		9	1
招生数	153	71	82	26	13	11	14	6	12
在校学生数	1148	526	622	120	86	96	94	112	114
教职工数	285	112	173	29	15	25	36	40	28
#专任教师	217	83	134	19	13	25	24	32	21
工读学校									
学校数	1	1							
毕业生数	16	16							
招生数	16	16							
在校学生数	72	72							
教职工数	24	24							
#专任教师	13	13							
x未包括在学校教育中的幼儿园									
幼儿园数	**[276]**	**[122]**	**[154]**	**[13]**	**[45]**	**[6]**	**[35]**	**[18]**	**[37]**
招生数	[61852]	[16281]	[45571]	[7989]	[8669]	[6525]	[9113]	[7126]	[6149]
在园数	[110747]	[41016]	[69731]	[9436]	[15206]	[10701]	[16568]	[8592]	[9228]
教职工数	6221	3931	2290	186	371	194	709	329	501
#专任教师	3450	2027	1423	116	220	117	388	212	370

14-3 成人教育基本情况

(2001年)

单位:所、人

项目	全市	市区	县(市)						
				中牟县	巩义市	荥阳市	新密市	新郑市	登封市
各类成人教育合计									
学校数	2070	219	1851	275	261	324	326	347	318
毕业生数	524173	130638	393535	38187	94483	44504	80234	52156	83971
招生数	477828	130199	347629	22352	64280	44641	80019	52216	84121
在校学生数	321113	134953	186160	19927	67666	44641	45551	1380	6995
教职工数	12074	10304	1770	66	174	383	550	556	41
# 专任教师	6514	5317	1197	44	51	37	510	533	22
成人高等学校									
学校数	12	12							
毕业生数	19728	19728							
招生数	35027	35027							
在校学生数	80358	80358							
教职工数	3586	3586							
# 专任教师	1856	1856							
成人中等教育									
学校数	2058	207	1851	275	261	324	326	347	318
毕业生数	494396	110452	383944	34961	88118	44504	80234	52156	83971
招生数	434685	94706	339979	22352	56767	44504	80019	52216	84121
在校学生数	232658	54086	178572	19927	60215	44504	45551	1380	6995
教职工数	8486	6716	1770	66	174	383	550	556	41
# 专任教师	4656	3459	1197	44	51	37	510	533	22
成人中等专业学校									
学校数	34	26	8	1	1	1	2	2	1
毕业生数	30754	29923	831				280	551	
招生数	10714	10040	674				63	611	
在校学生数	44676	42917	1759				379	1380	
教职工数	6887	6363	524	66	30	44	182	161	41
# 专任教师	3633	3240	393	44	17	30	142	138	22
成人中学									
学校数	3	3							
毕业生数	66	66							
招生数	65	65							
在校学生数	203	203							
教职工数	28	28							
# 专任教师	18	18							
成人技术培训学校									
学校数	2021	178	1843	274	260	323	324	345	317
毕业生数	463576	80463	383113	34961	88118	44504	79954	51605	83971
招生数	423906	84601	339305	22352	56767	44504	79956	51605	84121
在校学生数	187779	10966	176813	19927	60215	44504	45172		6995
教职工数	1571	325	1246		144	339	368	395	
# 专任教师	1005	201	804		34	7	368	395	
成人初等学校									
学校数	[88]		[88]	[1]	[87]				
毕业生数	10049	458	9591	3226	6365				
招生数	8116	466	7650		7513	137			
在校学生数	8097	509	7588		7451	137			
教职工数	2	2							
# 专任教师	2	2							
# 扫盲班招生数	137		137			137			
# 扫盲班在校学生数	137		137			137			

14－4　全市教育部门教育经费总收入情况

（2001年）

单位：千元

类　别	总收入	预算内教育经费	教育事业费	教育基建费	其他教育经费	#社会保障费	各级政府征收用于教育的税收	城市教育费附加	农村教育费附加	地方教育附加费	预算外收入	校办产业	捐资集资	事业收入	#学费杂费	其他收入
总　计	**1680809**	**977459**	**783148**	**9554**	**184757**	**182757**	**255126**	**174556**	**80150**	**420**	**448224**	**24984**	**45234**	**328934**	**167659**	**49072**
普通高等学校	10046	5100	4244		856	856					4946	82		4841	4070	23
成人高等学校	3639	2310	1894		416	416					1329			1329	1010	
中等技术学校	24146	10983	9530		1453	1453					13163	88		8652	6750	4423
中等师范学校	26121	17936	15052		2884	2884					8185	300		7207	6812	678
成人中专学校	15596	6940	4999		1941	1941	2247	2247			6409			5906	3076	503
普通中学	749917	411298	336482	6219	68597	67197	125888	88072	37816		212731	14550	26477	154563	68139	17141
高中	246501	106101	82075	1000	23026	22526	42287	42287			98113	5944	13082	73397	32369	5690
初中	503416	305197	254407	5219	45571	44671	83601	45785	37816		114618	8606	13395	81166	35770	11451
成人中学	1372	1203	1076		127	127	120	14	106		49	4		40	30	5
职业中学	121762	53417	40713	200	12504	12054	35457	35197		260	32888	1250	1203	28451	20639	1984
普通小学	615388	413273	324392	3135	85746	85746	76629	34431	42148	50	125486	7721	12289	86441	51056	19035
特殊教育学校	8441	7358	5839		1519	1519	60	50		10	1023	202	56	552	147	213
幼儿园	31640	17508	14034		3474	3474	1248	1248			12884	50	171	11841	5930	822
其他教育机构	72741	30133	24893		5240	5090	13477	13297	80	100	29131	737	5038	19111		4245

说明：1."其他教育经费"总计中：(1)社会保障费182757千元，其中：离退休经费171045千元，住房公积金11133千元；(2)城市维护费2000千元；2."城市教育费附加"总计中：(1)地方征收174466千元；(2)中央补助90千元。

14-5 分县(市)区教育部门教育经费收入情况

(2001 年)

单位:千元

县(市)区	总收入	预算内教育经费					各级政府征收用于教育的税费				预算外收入					
			教育事业费	教育基建费	其他教育经费	#离退休经费		城市教育费附加	农村教育费附加	地方教育附加费		校办产业	捐资集资	事业收入	#学费杂费	其他收入
总计	**1680809**	**977459**	**783148**	**9554**	**184757**	**182757**	**255126**	**174556**	**80150**	**420**	**448224**	**24984**	**45234**	**328934**	**167659**	**49072**
市区	**885055**	**517645**	**405982**	**6360**	**105303**	**103303**	**144179**	**131763**	**12416**		**223231**	**16715**	**22818**	**149938**	**68271**	**33760**
市直	456543	245727	195485	1760	48482	46482	77338	77338			133478	10505	19913	90109	38547	12951
中原区	114939	72604	55684	3000	13920	13920	20187	13514	6673		22148	1314	434	18268	8279	2132
二七区	70388	47739	36001		11738	11738	6910	5360	1550		15739	930	720	7286	4507	6803
管城区	63683	41419	30989		10430	10430	7613	7051	562		14651	1942		8267	4779	4442
金水区	116399	73683	58492	1600	13591	13591	16304	14724	1580		26412	1371	156	19517	7087	5368
上街区	25462	11242	8785		2457	2457	11173	11173			3047	337	121	2200	965	389
邙山区	37641	25231	20546		4685	4685	4654	2603	2051		7756	316	1474	4291	4107	1675
县(市)	**795754**	**459814**	**377166**	**3194**	**79454**	**79454**	**110947**	**42793**	**67734**	**420**	**224993**	**8269**	**22416**	**178996**	**99388**	**15312**
荥阳市	121963	71930	54700		17230	17230	19520	4020	15500		30513	815	1530	27749	14516	419
中牟县	121720	65285	52347	3194	9744	9744	12101	1430	10671		44334	2567	6793	30148	13527	4826
新郑市	131025	73508	60660		12848	12848	24922	14578	10344		32595	894	3213	26807	12819	1681
巩义市	171650	100336	82489		17847	17847	25092	8705	16387		46222	1590	6454	36626	14997	1552
登封市	107428	72613	62541		10072	10072	6481	4920	1561		28334	843	416	22912	14328	4163
新密市	141968	76142	64429		11713	11713	22831	9140	13271	420	42995	1560	4010	34754	29201	2671

说明:1."其他教育经费"总计中:(1)社会保障费 182757 千元;(2)城市维护费 2000 千元。

2."城市教育费附加"总计中:(1)地方征收 174466 千元;(2)中央补助 90 千元。

14-6　全市教育部门教育经费支出情况(一)

(2001年)

单位:千元

类　别	总支出	预算内教育经费支出					各级政府征收用于教育的税费支出					预算外教育经费支出
			教　育事业费	教　育基建费	其他教育经费	#社会保障		城市教育费	#中央及省补助	农村教育费附加	地方教育费附加	
总计	**1638693**	**974301**	**780806**	**9554**	**183941**	**181941**	**234361**	**170480**	**90**	**63461**	**420**	**430031**
普通高等学校	10046	5100	4244		856	856						4946
成人高等学校	4173	2310	1894		416	416						1863
中等技术学校	22283	10983	9530		1453	1453						11300
中等师范学校	27206	17936	15052		2884	2884						9270
成人中专学校	15463	6940	4999		1941	1941	2247	2247				6276
普通中学	724120	409860	335044	6219	68597	67197	110720	81757	30	28963		203540
高中	235517	105375	81349	1000	23026	22526	38914	38914	30			91228
初中	488603	304485	253695	5219	45571	44671	71806	42843		28963		112312
成人中学	1401	1202	1075		127	127	118	14		104		81
职业中学	123845	53368	40664	200	12504	12054	37068	36808			260	33409
普通小学	608541	411797	322916	3135	85746	85746	68975	34531	60	34394	50	127769
特殊教育学校	8397	7338	5819		1519	1519	60	50			10	999
幼儿园	30376	17308	13834		3474	3474	1248	1248				11820
其他教育机构	62842	30159	25735		4424	4274	13925	13825			100	18758

说明:“其他教育经费”支出中:(1)社会保障费181941千元,其中:离退休经费170222千元,住房公积金11140千元,医疗经费579千元;(2)城市维护费2000千元。

14-7 全市教育部门教育

(2001 年)

类 别	总支出	事业性经费支出	个人部分	基本工资	补助工资	其他工资	职工福利费	社会保障费	助学金
总 计	**1638693**	**1501799**	**891083**	**376715**	**226814**	**67778**	**27925**	**184489**	**7362**
普通高等学校	10046	10046	4223	1159	476	992	85	856	655
成人高等学校	4173	4173	1577	497	203	425	36	416	
中等技术学校	22283	22283	9522	2708	1310	2669	506	1453	876
中等师范学校	27206	27206	15876	4604	1598	3012	757	2884	3021
成人中专学校	15463	12579	6504	2762	1367	275	156	1941	3
普通中学	724120	647903	357353	158000	81841	35553	11985	67936	2038
高中	235517	209168	95631	33339	20157	13508	5048	22673	906
初中	488603	438735	261722	124661	61684	22045	6937	45263	1132
成人中学	1401	1387	1118	597	340	49	5	127	
职业中学	123845	86430	48352	17721	9226	7383	1563	12084	375
普通小学	608541	589558	408392	173824	121589	13702	11647	87256	374
特殊教育学校	8397	8397	6266	2365	1448	724	190	1519	20
幼儿园	30376	29328	17234	6770	4830	1566	471	3597	
其他教育机构	62842	62509	14666	5708	2586	1428	524	4420	

经费支出情况(二)

单位:千元

公用部分	公务费	业务费	设备购置费	修缮费	业务招待费	其他费用	教育基建支出
610716	**163050**	**72510**	**153592**	**160105**	**2774**	**58685**	**136894**
5823	1083	2101	1412	900	38	289	
2596	465	900	705	386	16	124	
12761	6122	964	1569	3876	97	133	
11330	5281	1656	2080	1462	90	761	
6075	1575	1538	1499	1175	44	244	2884
290550	73462	27734	93351	73915	868	21220	76217
113537	26686	9658	45223	22287	314	9369	26349
177013	46776	18076	48128	51628	554	11851	49868
269	101	123	30	12	3		14
38078	12472	4144	7791	9970	894	2807	37415
181166	48686	18966	36971	59499	415	16629	18983
2131	566	173	760	496		136	
12094	3264	2159	2117	3044	33	1477	1048
47843	9973	12052	5307	5370	276	14865	333

14-8　分县(市)区教育部门教育经费支出情况

（2001 年）

单位：千元

县(市)区	总支出	预算内教育经费支出					各级政府征收用于教育的税费					预算外教育经费支出
			教育事业费	教育基建费	其他教育经费	#社会保障费		城市教育费附加	#中央及省补助	农村教育费附加	地方教育附加费	
总计	**1638693**	**974301**	**780806**	**9554**	**183941**	**181941**	**234361**	**170480**	**90**	**63461**	**420**	**430031**
市区	**869686**	**514487**	**403640**	**6360**	**104487**	**102487**	**141851**	**129618**		**12233**		**213348**
市直	443247	244665	195239	1760	47666	45666	79773	79773				118809
中原区	115866	72604	55684	3000	13920	13920	20187	13514		6673		23075
二七区	66709	45643	33905		11738	11738	5327	3960		1367		15739
管城区	63227	41419	30989		10430	10430	7613	7051		562		14195
金水区	119642	73683	58492	1600	13591	13591	15004	13424		1580		30955
上街区	23944	11242	8785		2457	2457	9883	9883				2819
邙山区	37051	25231	20546		4685	4685	4064	2013		2051		7756
县(市)	**769007**	**459814**	**377166**	**3194**	**79454**	**79454**	**92510**	**40862**	**90**	**51228**	**420**	**216683**
荥阳市	116411	71930	54700		17230	17230	15184	3090		12094		29297
中牟县	120216	65285	52347	3194	9744	9744	12021	1350		10671		42910
新郑市	129814	73508	60660		12848	12848	22226	14642	90	7584		34080
巩义市	166755	100336	82489		17847	17847	20197	8913		11284		46222
登封市	105507	72613	62541		10072	10072	5366	4425		941		27528
新密市	130304	76142	64429		11713	11713	17516	8442		8654	420	36646

说明：1、预算内"其他教育经费"总计中：(1)社会保障费 181941 千元；(2)城市维护费 2000 千元。

2、市直的"教育事业费"支出中含郑州市教育局直拨各县(市)区的 3403 千元。

14-9 艺术表演团体情况

(2001 年)

县(市)区	机构数(个)	从业人员(人)	#高级职称	#中级职称	国内演出场次(场)	#到农村演出
总 计	**17**	**1452**	**170**	**345**	**2605**	**1982**
市区	10	1100	167	329	1037	448
六县(市)	7	352	3	16	1568	1534
中牟县	1	53		3	70	70
巩义市	1	45	1	4	200	200
荥阳市	1	35		1	290	260
新密市	2	81			304	304
新郑市	1	63	2	6	304	300
登封市	1	75		2	400	400

14-10 图书馆、群众艺术馆、文化馆情况

(2001 年)

县(市)区	机构数(个)	从业人员(个)	#高级职称	#中级职称	年末藏书(千册)	书刊借阅(千册次)	举办展览个数(个)	举办训练班数(次)	组织文艺活动(次)
图书馆	**7**	**327**	**29**	**88**	**3430**	**1395**			
市区	2	262	29	78	3185	972			
六县(市)	5	65		10	245	423			
中牟县	1	12		1	46	75			
巩义市	1	13		2	45	62			
新密市	1	8		2	62	160			
新郑市	1	20		3	59	104			
登封市	1	12		2	33	22			
群众艺术馆	**2**	**100**	**18**	**35**			**17**	**25**	**40**
市区	2	100	18	35			17	25	40
文化馆	**20**	**239**	**35**	**46**	**56**		**110**	**668**	**404**
市区	9	95	3	15	23		54	10	284
六县(市)	11	144	32	31	33		56	658	120
中牟县	2	15	8	2			11	14	
巩义市	3	38	2	4			8	13	47
荥阳市	1	18	1	6			3	5	16
新密市	2	23	2	5	4		7	5	33
新郑市	2	37	18	11	25		21	619	21
登封市	1	13	1	3	4		6	2	3

14-11 艺术表演场所基本情况

（2001 年）

县(市)区	机构数（个）	从业人员（人）	#高级职称	#职称职称	座席数（个）	演(映)出场次（场）	艺术出场	电影放映场次	观众人次（千人次）	艺术演出观众人次	电影放映观众人次
总 计	**13**	**479**	**4**	**19**	**10326**	**18924**	**283**	**18641**	**1827**	**258**	**1569**
市区	9	318	3	17	5472	11035	169	10866	557	205	352
各县(市)	**4**	**161**	**1**	**2**	**4854**	**7889**	**114**	**7775**	**1270**	**53**	**1217**
中牟县	1	35			1500						
巩义市	1	31			1654	965	65	900	220	39	181
新密市	1	20		2	1700	116	46	70	12	10	2
新郑市	1	75	1			6808	3	6805	1038	4	1034

14-12 文物事业基本情况

（2001 年底）

县(市)区	机构数（个）	从业人员（人）	藏品件数（件）	#一级品	业务活动		
					陈列（个）	展览（次）	观众人数（千人次）
总 计	**15**	**782**	**203430**	**601**	**11**	**32**	**696**
博物馆	7	580	171862	577	11	32	601
#市区	4	545	14857	559	11	32	598
文物保护管理单位	8	202	31568	24			95
#各县(市)合计	6	193	31460	35			70
中牟县	1	5	534	2			
巩义市	1	58	4678	11			
荥阳市	1	14	1200	1			
新密市	1	16					50
新郑市	1	18	23128	18			20
登封市	1	82	1920	3			

14-13　卫生事业基本情况

（2001 年）

项　　目	机构数（个）	床位数（个）	人员数（人）	#卫生技术人员											
					中医师	西医师	中西医结合师	护师	中药师	西药师	检验师	其他技师	中医士	西医士	护士
总　计	**682**	**25791**	**40334**	**30451**	**1926**	**9305**	**102**	**7023**	**645**	**1311**	**1117**	**966**	**191**	**1337**	**3094**
市区	453	17816	27972	20344	1337	6753	100	5359	374	949	779	681	72	401	1978
县（市）	229	7975	12362	10107	589	2552	2	1664	271	362	338	285	119	936	1116
中牟县	36	1295	1794	1469	114	344		231	59	58	46	27	14	161	139
巩义市	50	1488	2430	1979	122	476		320	51	53	57	45	30	195	277
荥阳市	36	898	1662	1375	61	268		201	34	36	48	27	15	204	129
新密市	48	2216	3420	2755	134	774		564	62	124	112	114	27	183	304
新郑市	35	1211	1732	1408	68	373		179	23	53	39	39	12	135	179
登封市	24	867	1324	1121	90	317	2	169	42	38	36	33	11	58	88
医院	**109**	**20576**	**28297**	**21589**	**1236**	**6404**	**67**	**6070**	**418**	**990**	**712**	**736**	**122**	**530**	**2346**
县及县以上	109	20576	28297	21589	1236	6404	67	6070	418	990	712	736	122	530	2346
#市区	104	19896	27395	20855	1181	6230	67	5891	390	952	683	727	112	486	2256
综合医院	76	11968	17494	13561	383	4313	12	3880	194	698	442	443	31	392	1474
中医院	15	2425	2857	2264	493	390		412	121	62	66	56	83	80	264
医学院校附属医院	6	3329	4444	3150	245	884	55	1037	77	129	115	130	3	20	271
眼科病医院	1	20	38	30	4	6		4	1	2	2				5
精神病医院	2	550	250	178	13	43		29	4	6	2	2		13	53
妇幼保健院	2	226	396	303	4	85		76	3	16	12	2		13	31
儿童医院	1	310	485	383	9	106		122	7	13	10	12			42
肿瘤医院	1	800	726	523		188		109		29	16	43		1	43
口腔医院	1	30	202	161	1	80		21	2	8	2	19		6	10
骨科医院	1	400	635	479	71	105		153	7	5	18	18	3		48
其他专科医院	1	341	451	326		125		79		12	16	6		1	74
卫生院	**110**	**2842**	**3961**	**3404**	**208**	**782**		**283**	**101**	**54**	**60**	**74**	**41**	**524**	**368**
疗养院	**1**	**252**	**95**	**48**	**3**	**17**		**20**	**2**	**4**	**2**				
门诊部（所）	**31**	**1116**	**1360**	**1091**	**138**	**356**	**3**	**178**	**32**	**67**	**37**	**19**	**7**	**29**	**119**
专科防治所、站	**3**	**120**	**129**	**62**		**37**		**10**		**4**	**7**	**4**			
卫生防疫站	**17**	**116**	**1665**	**1265**	**19**	**639**		**45**	**7**	**21**	**211**	**17**	**5**	**80**	**61**
妇幼保健所、站	**10**	**332**	**530**	**432**	**5**	**188**		**63**	**1**	**17**	**12**	**6**	**2**	**26**	**51**
药品检验所、室	**5**		**96**	**74**	**3**				**18**	**30**	**1**	**1**		**2**	
医学科学研究机构	**6**	**287**	**568**	**262**	**71**	**58**	**6**	**48**	**12**	**7**	**2**	**35**			**14**
高等医学院校	**2**	**100**	**1042**	**102**	**56**	**13**	**2**	**8**	**16**	**3**	**2**	**1**			**1**
中等医药院校	**10**	**50**	**476**	**151**	**19**	**51**		**22**	**5**	**6**	**5**	**2**	**2**	**12**	**4**
其他医疗卫生机构	**3**		**250**	**106**	**1**	**15**		**17**		**3**	**10**	**31**		**2**	**3**

14-13 续表 （2001 年）

项目	人员数(人)											其它技术人员	业务管理人员	行政管理人员	工勤人员
	助产士	中药剂士	西药剂士	检验技士	其它技士	其它中医	护理员	中药剂员	西药剂员	检验员	其它初级卫生技术人员				
总计	**269**	**219**	**323**	**320**	**255**	**32**	**500**	**89**	**151**	**106**	**1170**	**2434**	**1192**	**1568**	**4689**
市区	144	108	165	175	119	5	246	44	62	43	450	1986	858	1099	3685
县(市)	125	111	158	145	136	27	254	45	89	63	720	448	334	469	1004
中牟县	10	9	16	27	17	4	34	10	15	25	109	76	47	57	145
巩义市	6	44	39	32	18	2	50	9	13	8	132	114	54	76	207
荥阳市	19	17	29	26	20	2	41	2	13	6	177	38	43	67	139
新密市	32	13	28	19	18	4	59	4	16	8	156	84	110	164	307
新郑市	37	12	34	24	42	15	25	12	20	5	72	103	48	43	130
登封市	21	16	12	17	21		45	8	12	11	74	33	32	62	76
医院	**160**	**133**	**204**	**207**	**162**	**17**	**346**	**51**	**95**	**58**	**525**	**1151**	**885**	**987**	**3685**
县及县以上	160	133	204	207	162	17	346	51	95	58	525	1151	885	987	3685
#市区	155	128	197	197	159	17	344	50	91	50	492	1133	865	961	3581
综合医院	109	62	127	133	78	14	254	26	72	39	380	672	444	635	2182
中医院	5	38	25	16	18	3	39	16	8	4	65	78	103	111	301
医学院校附属医院	17	27	32	31	38		5			6	28	193	194	100	807
眼科病医院			2	2			2					4		2	2
精神病医院	1	1	2	3	1			2	1		2	6	6	6	54
妇幼保健院	27		1	3	2		5				23	31	6	9	47
儿童医院		1	4	2	3		36	1	10	5		21	10	24	47
肿瘤医院			1		3							55	35	19	94
口腔医院		1		2	7						2	5	26	6	4
骨科医院		2		2	6		4	6	3	3	25	41	25	21	87
其他专科医院			5	6	2							45	28	22	30
卫生院合计	**77**	**55**	**56**	**66**	**53**	**11**	**114**	**28**	**39**	**30**	**380**	**136**	**82**	**100**	**239**
疗养院												**4**		**9**	**34**
门诊部(所)	**4**	**16**	**23**	**12**	**12**		**4**	**7**	**4**	**4**	**20**	**69**	**58**	**49**	**93**
专科防治所、站												**49**	**5**	**8**	**5**
卫生防疫站	**1**	**1**	**5**	**17**	**10**	**3**	**5**		**2**	**10**	**106**	**79**	**43**	**83**	**195**
妇幼保健所、站	**9**	**1**	**6**	**10**	**2**		**1**				**32**	**30**	**21**	**24**	**23**
药品检验所、室		**1**	**5**							**2**	**11**	**9**	**1**	**5**	**7**
医学科学研究机构		**6**			**3**							**184**	**36**	**24**	**62**
高等医学院校												**493**	**17**	**228**	**202**
中等医药院校	**1**	**1**			**4**		**7**				**10**	**199**	**20**	**34**	**72**
其他医疗卫生机构											**24**	**31**	**24**	**17**	**72**

14-14 卫生部门县(市)及县(市)以上医院主要指标

(2001 年)

类　别	平均每所医院每天诊疗人次（人次）	病床使用率（%）	病床周转次数（次）	出院者平均住院日（日）	平均药品加成率（%）	平均每诊疗人次医疗费（元）	#药费	#检查费	平均每一出院者住院医疗费（元）
综合医院	**744.1**	**72.7**	**22.3**	**11.6**	**18.7**	**101.6**	**59.7**	**16.8**	**4395.6**
省属	1363.3	77.8	19.6	14.5	18.7	142.0	90.8	22.1	7012.0
市属	808.9	78.1	20.2	12.9	19.7	94.2	52.9	14.0	4817.1
区、县级市属	436.8	62.7	25.8	8.9	16.1	57.4	26.5	12.8	1943.7
县属	385.0	56.4	38.6	5.2	21.4	40.9	18.0	11.3	910.9
中医医院	**495.0**	**77.3**	**20.5**	**12.5**	**9.0**	**96.2**	**65.1**	**10.0**	**2846.7**
省属	1084.3	86.99	13.06	22.1	4.88	159.9	123.44	10.2	5755.2
市属	811.4	61.6	10.4	17.5	13.9	93.4	60.4	7.2	5264.0
区、县级市属	283.1	77.6	30.5	8.7	37.0	43.8	18.8	10.1	1460.6
县属	272.0	51.7	36.2	5.1	-36.6	45.7	14.0	14.9	1164.6

14-14　续表　　(2001 年)

类　别					出院者平均每天住院医疗费	平均每一职工			平均每一医生		
	床位费	药费	治疗费	检查费		每年负担的诊疗人次	每年负担的住院床日	年业务收入（元）	每年负担的诊疗人次	每年负担的住院床日	年业务收入（元）
综合医院	**127.66**	**2129.1**	**1274.59**	**176.91**	**379.2**	**374.33**	**165.19**	**99296**	**1418**	**625.8**	**376144**
省属	173.57	3656.8	2147.8	329.97	484.2	377.4	187.8	144593.0	1822.6	907.1	698337
市属	127.89	2313.8	1234.9	147.47	374.0	395.6	158.5	91296.0	1320.3	529.2	304734
区、县级市属	98.13	670.3	546.4	55.41	217.7	347.6	145.6	52443.0	1131.7	473.9	170768
县属	37.18	369.0	292.6	46.13	174.2	364.6	130.1	37114.0	1349.8	481.5	137391
中医医院	**133.8**	**1513.3**	**696.3**	**100.5**	**227.4**	**401.8**	**181.3**	**76404.0**	**1216.0**	**548.6**	**231231**
省属	238.57	3494.8	1224.0	180.32	260.0	389.3	211.4	112748.0	1449.6	787.2	419819
市属	208.6	3074.9	1516.9	79.84	300.8	427.7	151.2	76757.0	1430.0	505.6	256627
区、县级市属	83.27	589.7	404.4	74.27	167.2	406.5	171.7	44782.0	995.9	420.6	109711
县属	85.21	325.7	314.3	58.7	227.0	387.28	123.55	45291	1270	405.2	148529

14-15 全市卫生部门县(市)及

(2001 年)

类 别	机构数	平均每所医院总收入	#业务收入	门诊收入	挂号费	检查费	其他	住院收入
综合医院	**22**	**6110.1**	**5599.4**	**882.8**	**32.2**	**354.1**	**496.5**	**1776.2**
省属	5	14994.0	14022.6	1876.8	89.4	809.6	977.8	4221.8
市属	6	6525.3	5622.3	1005.5	19.0	340.0	646.5	1725.8
区、县级市属	9	2005.2	1903.1	389.6	15.8	161.8	212.0	758.4
县属	2	1126.0	1106.0	249.5	3.0	123.0	123.5	393.5
中医医院	**10**	**3219.9**	**2797.9**	**456.6**	**20.3**	**146.6**	**289.7**	**644.8**
省属	2	9342.0	8123.5	1023.5	39.5	286.0	689.0	1416.5
市属	1	5590.0	4260.0	783.0	25.0	171.0	587.0	850.0
区、县级市属	6	1150.8	1077.0	243.7	15.7	99.0	129.0	387.0
县属	1.0	1020.0	1010.0	274.0	5.0	129.0	140.0	443.0

14-16 全市卫生部门县及县

(2001 年)

类 别	平均每所医院总支出(万元)	#业务支出	人员经费	#离退人员经费	药品费	其他业务支出
综合医院	**6384.7**	**5805.2**	**1543.5**	**246.8**	**2468.0**	**1802.8**
省属	16579.8	14743.2	3877.6	516.2	6676.8	4188.8
市属	6604.7	6040.0	1695.5	429.7	2409.5	1935.0
区、县级市属	1724.9	1718.6	372.6	27.4	632.3	713.7
县属	1206.0	1146.0	422.5	12.0	381.5	342.0
中医医院	**3166.7**	**3138.2**	**804.7**	**139.5**	**1550.0**	**783.5**
省属	9323.5	9300.5	2602.0	461.0	5398.5	1309.0
市属	5557.0	5557.0	1495.0	405.0	2305.0	1757.0
区、县级市属	1072.2	1032.3	178.8	6.2	325.7	527.8
县属	1030.0	1030.0	275.0	31.0	462.0	293.0

县(市)以上医院收入情况

单位:万元

床位费	治疗费	检查费	其他	药品收入	住院收入	门诊收入	业务补助	专项补助	其它收入
100.1	**998.9**	**138.6**	**538.7**	**2929.6**	**1668.5**	**1261.1**	**304.7**	**104.0**	**102.0**
218.4	2702.6	415.2	885.6	7922.8	4601.4	3321.4	595.8	120.2	255.4
88.2	851.3	101.7	684.7	2884.5	1595.2	1289.3	582.5	255.3	65.2
58.4	325.4	33.0	341.6	733.9	399.2	334.7	25.4	17.2	59.4
27.0	212.5	33.5	120.5	463.0	268.0	195.0			20.0
64.7	**336.7**	**48.6**	**194.8**	**1690.1**	**731.8**	**958.3**	**216.8**	**72.2**	**133.0**
149.5	767.0	113.0	387.0	5652.5	2190.0	3462.5	749.5	34.0	435.0
81.0	589.0	31.0	149.0	2627.0	1194.0	1433.0	600.0	606.0	124.0
37.0	179.7	33.0	137.3	446.0	262.0	184.0	9.8	8.0	56.0
45.0	166.0	31.0	201.0	293.0	172.0	121.0	10.0		

以上医院经费支出情况

	平均每所医院					
其他支出	年固定资产总金额(万元)	#专业设备总金额	平均每床占用固定资产(元)	#专业设备总金额	年内病人欠费 总额(万元)	欠费率(%)
579.5	**4840.4**	**2631.6**	**137959.2**	**75003.1**	**70.0**	**1.3**
1836.6	9745.0	5212.2	151847.1	81216.8	139.6	1.0
564.7	6892.3	4019.2	201195.0	117324.0	97.5	1.7
6.3	1598.0	738.6	69200.3	31982.6	18.9	1.0
60.0	1014.0	535.5	53889.8	28459.6	43.0	3.9
28.5	**2385.4**	**853.5**	**101340.6**	**36259.8**	**22.8**	**0.8**
23.0	5043.0	1607.0	105123.4	33498.6	21.0	0.3
	3990.0	1934.0	106874.0	51803.1		
39.8	1464.8	489.5	100421.2	33557.5	31.0	2.9
	989.0	450.0	67809.7	30853.8		

14-17　全市医院、卫生院

（2001年）

项　目	机构数（个）	诊疗人次数（人次）	#门、急诊人次数	门诊人次	急诊人次数	#死亡人数	观察室收容病人数（人）	#死亡人数（人）
县(市)及县(市)以上医院	**108**	**13579972**	**11376321**	**10545808**	**830513**	**617**	**531268**	**213**
卫生部门	41	7036041	6200638	5731423	469215	529	270997	144
综合医院	18	3594337	3267550	3014215	253335	290	136015	58
省属	1	780308	780308	725709	54599	30	2262	30
市属	6	1461593	1277210	1131206	146004	111	97701	17
县(市)区属	11	1352436	1210032	1157300	52732	149	36052	11
中医医院	8	910330	724741	665071	59670	171	27888	12
医学院校附属医院	6	1648517	1615436	1533550	81886	39	38354	74
传染病院	1	26849	24514	23669	845	6	1925	
精神病院	1	25121	25121	24025	1096		2531	
妇幼保健院	2	173321	166855	159159	7696		2985	
儿童医院	1	417320	180238	125520	54718	4	58775	
肿瘤医院	1	98817	61632	61557	74	3	1595	
眼科医院	1	19777	19777	19731	46			
骨科医院	1	101523	94646	84823	9823		909	
其他专科医院	1	20129	20129	20103	26	16	20	
工业及其他部门	56	5859609	4620397	4302612	317785	88	233935	69
集体所有制	11	684322	555286	511773	43513		26336	
卫生院	**110**	**2514461**	**2243699**	**2164405**	**79294**	**44**	**66176**	**7**
农村卫生院	110	2514461	2243699	2164405	79294	44	66176	7
中心卫生院	26	784366	680585	658749	21836	9	14691	2
乡(镇)卫生院	84	1730095	1563114	1505656	57458	35	51485	5
#无床乡卫生院	3	55190	32491	32491				

补充资料：医院全年开设家庭病床总数14453张。

病床使用及病人动态

健康检查人数	入院人数	出院人数（人）	#出院病人数	治愈	好转	未愈	死亡	住院病人手术人次数（人次）
334949	**333927**	**335962**	**305982**	**222599**	**71252**	**8764**	**3367**	**89064**
148854	259686	261640	236589	172566	53998	7546	2479	73095
64273	135575	137926	124377	91518	27526	3739	1594	35063
	28483	28433	25269	18120	5981	875	293	9616
25489	41357	41365	38459	29011	7377	1170	901	11871
38784	65735	68128	60649	44387	14168	1694	400	13576
26255	36143	35824	32607	25096	6498	754	259	6481
28343	49686	49676	46493	29921	13979	2074	519	18779
1461	2034	2037	2008	1370	497	127	14	139
25456	915	918	918	736	165	17		
2265	11315	11305	6745	6395	300	41	9	2568
	8666	8641	8641	7855	698	65	23	1162
107	6535	6524	6074	3612	1983	437	42	3391
	1149	1036	1036	930	84	22		802
565	5091	5107	5044	4160	829	52	3	3897
129	2577	2646	2646	973	1439	218	16	813
150841	63839	64103	59716	42911	14951	990	864	12793
35254	10402	10219	9677	7122	2303	228	24	3176
210979	**49671**	**49377**	**44481**	**39596**	**4287**	**513**	**85**	**10412**
210979	49671	49377	44481	39596	4287	513	85	10412
48165	21139	21083	18751	16406	2074	247	24	3908
162814	28532	28294	25730	23190	2213	266	61	6504
65								

14-17 续表 (2001年)

项　　目	实有病床数	实际开放总床日数	平均开放病床数	实际占用总日数	出院者占用总床日数	治愈率(%)	好转率(%)
县(市)及县(市)以上医院	**20552**	**6890155**	**18877**	**4485170**	**4260413**	**72.75**	**23.29**
卫生部门	13600	4464683	12232	3306513	3182565	72.94	22.82
综合医院	6242	2174688	5958	1553810	1504477	73.58	22.13
省属	1568	528517	1448	415132	417124	71.71	23.67
市属	2205	750228	2055	585800	532782	75.43	19.18
县(市)区属	2469	895943	2455	552878	554571	73.19	23.36
中医医院	1655	508956	1394	359212	327939	76.97	19.93
医学院校附属医院	3329	1075582	2947	836617	810364	64.36	30.07
传染病院	127	45872	126	26372	27203	68.23	24.75
精神病院	150	54750	150	41460	38556	80.17	17.97
妇幼保健院	226	56940	156	56828	52965	94.81	4.45
儿童医院	310	109800	301	96085	84293	90.90	8.08
肿瘤医院	800	165440	453	156880	157454	59.47	32.65
眼科医院	20	21900	60	11250	8744	89.77	8.11
骨科医院	400	146000	400	99449	100837	82.47	16.44
其他专科医院	341	104755	287	68550	69733	36.77	54.38
工业及其他部门	5862	2050352	5617	976108	886639	71.86	25.04
集体所有制	1090	375120	1028	202549	191209	73.60	23.80
卫生院	**2842**	**952191**	**2609**	**284554**	**259570**	**89.02**	**9.64**
农村卫生院	2842	952191	2609	284554	259570	89.02	9.64
中心卫生院	913	322285	883	102199	96529	87.49	11.06
乡(镇)卫生院	1929	629906	1726	182355	163041	90.13	8.60

病死率（%）	病床周转次数（次）	病床工作日（%）	病床使用率（%）	出院者平均住院日（日）	每床与每日门、急诊诊次之比	每百门、急诊的入院人数	门、急诊诊次占总诊次的百分比%	急诊死亡率（%）	观察室死亡率（%）
1.10	**17.80**	**237.60**	**65.10**	**12.68**	**2.32**	**2.94**	**83.77**	**0.07**	**0.04**
1.05	21.39	270.32	74.06	12.16	1.95	4.19	88.13	0.11	0.05
1.28	23.15	260.79	71.45	10.91	2.11	4.15	90.91	0.11	0.04
1.16	19.64	286.69	78.55	14.67	2.08	3.65	100.00	0.05	1.33
2.34	20.13	285.06	78.08	12.88	2.36	3.24	87.38	0.08	0.02
0.66	27.75	225.2	61.71	8.14	1.93	5.43	89.47	0.28	0.03
0.79	25.70	257.68	70.58	9.15	2.00	4.99	79.61	0.29	0.04
1.12	16.86	283.89	77.78	16.31	2.12	3.08	97.99	0.05	0.19
0.70	16.17	209.3	57.49	13.35	0.76	8.3	91.3	0.71	
	6.12	276.4	75.73	42.00	0.65	3.64	100.00		
0.13	72.47	364.28	99.8	4.69	4.15	6.78	96.27		
0.27	28.71	319.22	87.51	9.76	2.14	4.81	43.19	0.01	
0.69	14.4	346.31	94.83	24.13	0.54	10.6	62.37	4.05	
	17.27	187.5	51.37	8.44	1.30	5.81	100.00		
0.06	12.77	248.62	68.12	19.74	0.90	5.38	93.23		
0.60	9.22	238.85	65.44	26.35	0.28	12.80	100.00	61.54	
1.45	11.41	173.78	47.61	13.83	3.17	1.38	78.85	0.03	0.03
0.25	9.94	197.03	54	18.71	2.08	1.87	81.14		
0.19	**18.98**	**109.07**	**29.88**	**5.26**	**3.35**	**2.21**	**89.23**	**0.06**	**0.01**
0.19	18.98	109.07	29.88	5.26	3.35	2.21	89.23	0.06	0.01
0.13	23.88	115.74	31.71	4.58	3	3.11	86.77	0.04	0.01
0.24	16.39	105.65	28.95	5.76	3.53	1.83	90.35	0.06	0.01

14-18 农村村级卫生组织

(2001 年)

项　目	单　位	数　量
村数	**个**	**2305**
#实行合作医疗或医疗保险的村数	个	778
无医疗点的村数	个	42
村设置的医疗点数	**个**	**2828**
村或群众集体办	个	1784
乡村医生或卫生员联合办	个	278
乡卫生院设点	个	199
个体办	个	544
其他	个	23
乡村医生和卫生员数	**人**	**6858**
乡村医生	人	6042
#会接生	人	572
卫生员数	人	816
#会接生	人	158
农村接生员总数	**人**	**260**

14-19 全市县(市)及县(市)以上综合医院分科门诊人次数

(2001 年)

单位:人次

项　目	门　诊 总人次数	内科	外科	妇产科	儿科	中医科
综合医院	**8351540**	**2364893**	**903211**	**640463**	**466893**	**722797**
卫生部门	3972401	839141	379482	401239	276412	246484
省属	1683895	374642	202809	218665	124255	40707
市属	1131206	126875	64969	89152	57141	27863
县(市)区属	1157300	337624	111704	92422	95016	147914
工业及其他部门	4231089	1446907	485081	228938	183015	463508
集体所有制	148050	78845	38648	10286	7466	12805

14-20 全市县(市)及县(市)以上医院一般医疗设备

(2001 年)

项目	机构数	800MA以上X光机	B超	纤维镜	产程监护仪	心电图机	激光治疗机	电动牙科椅	手术显微镜	高压液相色谱仪	1/万分析天平	各种分光光度计	血气分析仪	救护车	计算机
县(市)及县(市)以上医院	**89**	**186**	**196**	**165**	**42**	**405**	**133**	**241**	**96**	**6**	**75**	**130**	**42**	**163**	**1673**
卫生部门	38	109	115	108	26	226	84	145	73	5	35	82	28	115	1363
综合医院	17	49	52	58	12	128	49	65	37		18	34	13	65	727
省属	1	4	9	15		18	7	7	6		1	5	1	4	286
市属	6	22	17	25	4	61	20	34	20		8	13	6	29	307
区、县级市属	8	19	21	13	7	41	21	21	8		6	14	5	26	108
县属	2	4	5	5	1	8	1	3	3		3	2	1	6	26
中医医院	7	18	19	16	4	22	18	25	9		6	13	4	25	113
医学院校附属医院	6	14	28	23	3	54	12	50	23	4	7	23	5	11	274
传染病院	1	2	3	1		2	1	1			1	2		3	20
精神病院	1	1	1		1	1			1			1		1	
妇幼保健院	2	3	5		6	5	2	1			1	2	2	5	39
儿童医院	1	3	1	1		2	2	3				2	2	1	59
肿瘤医院	1	1	2	6		2					1	1		1	70
骨科医院	1	16	3			5			3					2	13
其他专科医院	1	2	1	3		5				1	1	4	2	1	48
工业及其他部门	40	63	68	49	15	156	40	75	21	1	33	40	13	38	259
集体所有制	11	14	13	8	1	23	9	21	2		7	8	1	10	51

14-21　全市县(市)及县(市)以上医院大型医疗设备

(2001年)

项目	机构数	800MA以上X光机	CT	BCT	模拟定位机	钴60治疗器	心脏监护仪	肾渗透仪	超速离心机	医用直线加速器	核磁共振仪	彩色多普勒超声仪	自动生化分析仪	超声心动图仪	V相机
县(市)及县(市)以上医院	**89**	**23**	**45**	**13**	**4**	**8**	**390**	**87**	**37**	**5**	**9**	**47**	**62**	**11**	**1**
卫生部门	38	15	34	13	4	8	316	72	21	4	6	34	43	8	1
综合医院	17	5	16	1	1	3	140	31	14	1	5	16	22	4	
省属	1	1	2	1	1	1	23	4	3	1	1	1	1	1	
市属	6	2	5			1	51	25	7		3	7	10		
区、县级市属	8		7			1	59	2	3		1	6	9	2	
县属	2	2	2				7		1			2	2	1	
中医医院	7		5	9		3	30	5	3			7	4	2	
医学院校附属医院	6	5	7	1	2	1	93	23	4	1	1	6	12	2	1
传染病院	1		1					1				1	1		
精神病院	1														
妇幼保健院	2						15					1			
儿童医院	1	1	1				8					1	1		
肿瘤医院	1	3	2	2	1	1	2	12		2		1	1		
骨科医院	1		1				16						1		
其他专科医院	1	1	1				12					1	1		
工业及其他部门	40	7	9				64	14	13	1	3	10	15	3	
集体所有制	11	1	2				10	1	3			3	4		

14-22 大中型工业企业科技活动人员情况

（2001 年）

单位：人

项 目	科技活动企业数（个）	科技活动人员合计	全时人员	非全时人员	# 高中级技职称人员	# 无高中级技术职称的大学本科以上学历人员	# 研究与实验发展人员
总 计	**49**	**12703**	**7877**	**4826**	**5224**	**1660**	**4284**
按企业规模分							
大型企业	34	11049	7256	3793	4821	1329	3534
特大型企业	3	2734	2214	520	1338	479	1584
大一型企业	11	3970	1821	2149	2381	385	1061
大二型企业	20	4345	3221	1124	1102	465	889
中型企业	15	1654	621	1033	403	331	750
中一型企业	10	1433	525	908	353	288	700
中二型企业	5	221	96	125	50	43	50
按登记注册类型分							
内资企业	49	12703	7877	4826	5224	1660	4284
国有	25	7763	5728	2035	3043	880	2870
# 大型企业	20	7447	5513	1934	2887	844	2721
集体	8	736	438	298	199	192	207
国有独资公司	7	1611	687	924	1141	266	331
# 大型企业	7	1611	687	924	1141	266	331
股份有限公司	8	2579	1010	1569		322	873
私营独资	1	14	14		836		3
按工业行业分							
煤炭采选业	2	895	154	741	475	145	164
饮料制造业	1	85	16	69	16	30	48
烟草加工业	2	92	92		27	32	58
纺织业	4	496	157	339	457	20	134
印刷业、记录媒介的复制	1	248	15	233	20	80	248
化学原料及化学制品制造业	4	698	362	336	479	69	110
医药制造业	2	92	14	78	19	18	27
化学纤维制造业	1	20	8	12	4	13	20
橡胶制品业	1	72	60	12	11	5	20
塑料制品业	2	44	21	23	37		14
非金属矿物制品业	5	311	188	123	143	21	106
有色金属冶炼及压延加工业	2	2545	2120	425	1293	516	1519
普通机械制造业	5	477	262	215	386	61	208
专用设备制造业	7	1511	1194	317	832	305	639
交通运输设备制造业	3	3373	2250	1123	351	261	564
电气机械及器材制造业	2	1262	642	620	438	39	173
电子及通信设备制造业	1	91	91		70	11	91
电力、蒸汽、热水的生产和供应业	3	341	181	160	125	25	121
自来水供应业	1	50	50		41	9	20
按隶属关系分							
中央属	11	6249	4890	1359	2056	708	2376
省属	4	944	260	684	633	157	186
市属	21	4230	2371	1859	2061	597	1199
县(市)、区属	11	1181	326	855	453	168	472
其他属	2	99	30	69	21	30	51

14-23 大中型工业企业科技活动经费筹集、支出情况

（2001 年）

单位：万元

项　　目	科技活动经费筹集总额	企业资金	金融机构贷款	来自政府部门资金	其他资金	科技活动支出总额
总　　计	**42652**	**35898.7**	**4730.3**	**1328**	**695**	**47613.9**
按企业规模分						
大型企业	32980.8	27502.8	4100.00	828	550	37148.8
特大型企业	19941.8	15741.8	4000			19691.7
大一型企业	6523.8	6319.8		204		7212.3
大二型企业	6515.2	5241.2	100	624	550	10244.8
中型企业	9671.2	8395.9	630.3	500	145	10465.1
中一型企业	7478.5	6993.2	340.3		145	8281.2
中二型企业	2192.7	1402.7	290	500		2183.9
按登记注册类型分						
内资企业	42652.0	35898.7	4730.3	1328	695	47613.9
国有	28449.8	23062.8	4030	662	695	32131.1
#大型企业	27503.3	22291.3	4000	662	550	31081.3
集体	1700.1	1600.1	100			1891.9
国有独资公司	2129.5	2063.5		66		2246.7
#大型企业	2129.5	2063.5		66		2246.7
股份有限公司	10194.6	9044.3	550.3	600		11169.2
私营独资	178.0	128.0	50			175
按工业行业分						
煤炭采选业	689.0	689.0				781.1
饮料制造业	1129.0	1129.0				930
烟草加工业	1678.9	1588.9				1404.4
纺织业	464.2	444.2		20		568.7
印刷业、记录媒介的复制	620.6	310.3	310.3			313.5
化学原料及化学制品制造业	2172.3	1664.3		508		2286.6
医药制造业	463.6	223.6	240			423.6
化学纤维制造业	12.0	12.0				98
橡胶制品业	51.1	51.1				85
塑料制品业	60.0	60.0				44.1
非金属矿物制品业	1319.2	1161.2	30	128		1350.5
有色金属冶炼及压延加工业	20643	16613	4000	30		20701.9
普通机械制造业	859.5	658.5	50	6		1208.7
专用设备制造业	2055.9	1907.9	100	48		2607.1
交通运输设备制造业	7117.4	6169.4		398		11316.1
电气机械及器材制造业	1530.4	1530.4				2061.8
电子及通信设备制造业	500.0	400.0		100		452.7
电力、蒸汽、热水的生产和供应业	1198.8	1198.8				892.7
自来水的生产和供应业	87.1	87.1				87.1
按隶属关系分						
中央属	23970.6	18932.6	4000	488	550	27071.8
省属	2212.0	1939.0		128	145	2368.4
市属	11536.1	11224.1	100	212		13604.1
县(市)、区属	3626.3	2546.0	580.3	500		3464.6
其他属	1307.0	1257.0	50			1105

14-24 大中型工业企业科技项目和专利情况

（2001 年）

单位：万元

项　目	全部科技项目数(项)	# 新产品开发项目数	# 研究与试验发展项目	全部科技项目参加人员（人）	# 高中级技术职称人员	# 无高中级技术职称的大学本科及以上学历人员	全部科技项目经费内部支出合计（万元）	# 研究与试验发展项目支出	专利申请数（件）	# 发明专利数	拥有发明专利数（件）
总　计	**558**	**296**	**307**	**6200**	**3337**	**1453**	**41889.1**	**27648.3**	**19**	**10**	**27**
按企业规模分											
大型企业	463	216	245	5317	3087	1142	1142	20431.4	8	4	22
特大型企业	191	45	102	1881	1172	379	17135.7	10811.5	3	2	7
大一型企业	159	85	109	1713	945	336	6524.8	4424	4	1	13
大二型企业	113	86	34	1723	970	427	8381.8	5195.9	1	1	2
中型企业	95	80	62	883	250	311	9846.8	7216.9	11	6	5
中一型企业	82	72	55	676	209	271	8048.1	7129.3	6	6	5
中二型企业	13	8	7	116	41	40	1798.7	87.6	5		
按登记注册类型分											
内资企业	558	296	307	6200	3337	1453	41889.1	27648.3	19	10	27
国有	361	156	183	3739	2306	722	27595.4	17414.5	5	2	9
# 大型企业	338	138	170	3574	2238	702	26726.1	17117.8	5	2	9
集体	34	24	16	597	181	187	1472.4	758.3			
国有独资公司	91	54	58	898	420	223	2003.3	1156.9	1		9
# 大型企业	91	54	58	898	420	223	2003.3	1156.9	1		9
股份有限公司	70	60	49	952	425	321	10643	8309.4	8	8	9
私营独资	2	2	1	14	5		175	9.2	5		
按工业行业分											
煤炭采选业	32		9	522	141	145	577.7	139.4			
饮料制造业	6	3	1	60	16	28	704.2	409			
烟草加工业	5	2	5	92	27	32	1334.4	504.7			
纺织业	48	47	46	147	108	20	460.4	450.1			
印刷业、记录媒介的复制	6	6	2	248	20	80	310.3	92.1			
化学原料及化学制品制造业	19	12	7	172	91	26	2094.6	428.8			1
医药制造业	8	3	5	39	13	18	113.6	61.6			
化学纤维制造业	2	1	1	20	4	13	98	64			
橡胶制品业	1	1	1	20	8	2	60.1	16.8			
塑料制品业	7	7	2	40	22		44.1	11.5			
非金属矿物制品业	47	12	34	259	126	17	1283.5	896.7	2		1
有色金属冶炼及压延加工业	179	45	90	1900	1130	439	18308.9	11034.6	3	2	7
普通机械制造业	34	27	15	340	273	35	1145.2	454.2	5		
专用设备制造业	67	57	29	1331	747	279	2116.3	1369	1		9
交通运输设备制造业	41	41	31	600	295	260	10069.5	9587.8	6	6	5
电气机械及器材制造业	20	16	6	144	89	39	2061.8	1228	1	1	3
电子及通信设备制造业	5	5	5	91	70	11	289.7	289.7	1	1	1
电力、蒸汽、热水的生产和供应业	17	4	13	133	122	2	729.7	556.9			
自来水的生产和供应业	14	7	5	42	35	7	87.1	53.4			
按隶属关系分											
中央属	250	94	127	2957	1805	582	22891.9	15008	3	2	8
省属	79	15	42	611	241	153	2083	1059.4	2		1
市属	182	158	117	1915	1108	542	13003.8	10461.7	9	8	17
县(市)、区属	39	24	19	643	162	148	3031.2	701			1
其他属	8	5	2	74	21	28	879.2	418.2	5		

14-25 大中型工业企业科技研究与新产品开发经费支出情况

(2001年)　　单位:万元

项　目	内部支出中研究与试验发展经费支出	应用研究支出	试验发展支出	内部支出中新产品开发经费支出
总　计	**28894.1**	**321.9**	**28572.2**	**25483.6**
按企业规模分				
大型企业	21639.6	321.9	21317.7	17659.6
特大型企业	10811.5		10811.5	7436.0
大一型企业	4424.0		4424.0	3691.2
大二型企业	6404.1	321.9	6082.2	6532.4
中型企业	7254.5		7254.5	7824.0
中一型企业	7154.3		7154.3	6285.3
中二型企业	100.2		100.2	1538.7
按登记注册类型分				
内资企业	28894.1	321.9	28572.2	25483.6
国有	18585.7	321.9	18263.8	14662.0
#大型企业	18264.0	321.9	17942.1	14465.3
集体	820.3		820.3	646.4
国有独资公司	1156.9		1156.9	1120.2
#大型企业	1156.9		1156.9	1120.2
股份有限公司	8322.0		8322.0	9041.3
私营独资	9.2		9.2	13.7
按工业行业分				
煤炭采选业	139.4		139.4	
饮料制造业	409.0		409.0	231.8
烟草加工业	504.7	321.9	182.8	182.8
纺织业	450.1		450.1	455.9
印刷业、记录媒介的复制	92.1		92.1	215.0
化学原料及化学制品制造业	453.8		453.8	1649.7
医药制造业	74.2		74.2	58.2
化学纤维制造业	64.0		640.0	64.0
橡胶制品业	16.8		16.8	16.8
塑料制品业	11.5		11.5	44.1
非金属矿物制品业	896.7		896.7	370.3
有色金属冶炼及压延加工业	11034.6		1134.6	9071.0
普通机械制造业	454.2		454.2	239.7
专用设备制造业	1501.0		1501.0	1859.8
交通运输设备制造业	10664.0		10664.0	9231.9
电气机械及器材制造业	1228.0		1228.0	1284.5
电子及通信设备制造业	289.7		289.7	289.7
电力、蒸汽、热水的生产和供应业	556.9		556.9	165.0
自来水的生产和供应业	53.4		53.4	53.4
按隶属关系分				
中央属	16154.2	321.9	15832.3	11932.4
省属	1059.4		1059.4	301.6
市属	10548.7		10548.7	10911.7
县(市)、区属	713.6		713.6	2092.4
其他属	418.2		418.2	245.5

14-26 体育事业基本情况

（2001年）

项　　目	单位	总计	省直	市直	县(市)合计
各级体委及直属机构人数	**人**	**2229**	**1777**	**289**	**163**
#专职教练员	人	252	154	59	39
专职文化教员	人	93	52	14	27
科研人员	人	20	20		
管理人员	人	614	430	114	70
运动员	人	679	676	3	
其他人员	人	571	445	99	27
举办运动会情况次数	**人/次**	**347**	**114**	**150**	**83**
体委系统	人/次	313	114	129	70
其他系统	人/次	34		21	13
参加运动会运动员人数	人/次	198740	34157	105931	58652
体委系统	人/次	154127	34157	87245	32725
其他系统	人/次	44613		18686	25927
举办各类体育培训班培训人数	**人**	**3463**	**549**	**2105**	**809**
教练员	人	713	245	408	60
裁判员	人	1041	304	557	180
学校体育教师	人	1139		931	208
体育干部	人	570		209	361
等级运动员发展人数	**人**	**745**	**74**	**312**	**359**
一级运动员	人	74	74		
二级运动员	人	202		202	
三级运动员	人	266		50	216
少年级运动员	人	203		60	143
少年儿童业余体育学校情况					
学校数	所	8	1	1	6
学生数	人	2287	318	1176	793
输送人数	人	208	15	152	41
#输送到优秀运动队	人	5	4		1
输送到体育运动学校、竞技体校	人	195	3	152	40
考入高等学校	人	28	2	26	
体育运动学校基本情况					
学校数	所	2	1	1	
教职工数	人	243	143	100	
#专职教练员	人	92	34	58	
专职文化教员	人	57	43	14	
在校学生总数	人	1548	1074	474	
中小学校学生体育锻炼达标人数	**人**	**998441**	**176561**	**172370**	**649510**
体育运动成绩					
参加省以上运动项目	次	24	24		
在省以上比赛中获得金牌数	枚	389.5	26	363.5	
银牌数	枚	372	55	317	
铜牌数	枚	302	44	258	
#世界冠军	个	6	3	3	
亚军	个	1	1		
第三名	个	5	4	1	
#亚洲冠军	个	7	2	5	
亚军	个	5	5		
第三名	个	3	1	2	
#全国冠军	个	61.5	21	40.5	
亚军	个	88	49	39	
第三名	个	75	39	36	

14-26 续表

项目	中牟县	巩义市	荥阳市	新密市	新郑市	登封市
各级体委及直属机构人数	**9**	**25**	**27**	**15**	**33**	**54**
#专职教练员	7	6	7	1	6	12
专职文化教员			13			14
科研人员						
管理人员	2	19	3	9	27	10
运动员						
其他人员			4	5		18
举办运动会情况次数	**14**		**37**	**8**	**24**	
体委系统	13		37	4	16	
其他系统	1			4	8	
参加运动会运动员人数	3880		19461	18000	17311	
体委系统	3600		19461	2800	6864	
其他系统	280			15200	10447	
举办各类体育培训班培训人数	**80**		**348**		**311**	**70**
教练员			30			30
裁判员	20		120			40
学校体育教师	60		148			
体育干部			50		311	
等级运动员发展人数	**251**				**108**	
一级运动员						
二级运动员						
三级运动员	150				66	
少年级运动员	101				42	
少年儿童业余体育学校情况						
学校数	1	1	1	1	1	1
学生数	76	200	110	82	125	200
输送人数		23	12	6		
#输送到优秀运动队				1		
输送到体育运动学校、竞技体校		23	11	6		
考入高等学校						
体育运动学校基本情况						
学校数						
教职工数						
#专职教练员						
专职文化教员						
在校学生总数						
中小学校学生体育锻炼达标人数	**102274**	**136419**	**97038**	**128038**	**96962**	**88779**
体育运动成绩						
参加省以上运动项目						
在省以上比赛中获得金牌数						
银牌数						
铜牌数						
#世界冠军						
亚军						
第三名						
#亚洲冠军						
亚军						
第三名						
#全国冠军						
亚军						
第三名						

主要统计指标解释

普通高等学校 指按照国家规定的设置标准和审批程序批准举办，通过国家统一招生考试，招收高中毕业生为主要培养对象，实施高等教育的全日制大学、独立设置的学院和高等专科学校、短期职业大学。

成人高等学校 指按照国家有关规定审批，招收通过全国成人高教统一招生考试的具有高中毕业或同等学历的在职从业人员利用脱产、半脱产、业余或函授等多种形式对其实施高等学历教育，培养高等教育专科或本科毕业水平的专门人才，修业年限、课程设置和总学时数均按高等学历教育要求付诸实施的学校。包括广播电视大学、职工高等学校、农民高等学校、管理干部学院、教育学院、独立设置的函授学院等。

小学学龄儿童入学率 指调查范围内已入小学学习的学龄儿童占校内外学龄儿童总数(包括弱智儿童在内，但不包括盲聋哑儿童)的比重。计算公式：

$$小学学龄儿童入学率 = \frac{已入学的小学学龄儿童数}{校内外小学学龄儿童总数} \times 100\%$$

专业技术人员 指已取得科学技术职称，或大学、中专的理、工、农、医科系毕业，以及国民经济各部门从工作实践中提拔，从事理、工、农、医等自然科学技术的研究、教学、生产的专业人员和在机关、企业、事业中从事科学技术业务管理工作的专业人员。

工程技术人员 指在国民经济各行业从事工程技术工作的自然科学技术专业人员，包括：高级工程师、工程师、助理工程师、技术员和未评定职称的技术人员。

科学研究人员 指在国民经济各行业中从事自然科学技术活动的专业人员，包括正副教授、讲师、助教、教师和在中学从事自然科学技术教学活动的人员。

卫生技术人员 指在国民经济各行业从事卫生医务工作的自然科学技术专业人员，包括：正副主任医师、主治医师、医师、医(护)士和未评定职称的技术人员。

文化事业机构 指从事专业文化工作和为专业文化工作服务的独立建制的单独核算的单位。不包括这些单位另外举办独立核算的其他机构和各部门的业余文化组织。

艺术表演团体 指从事戏曲、音乐、舞蹈、杂技等专业艺术表演，有独立帐户，实行单独核算的团体。不包括半工半艺、半农半艺和民间职业剧团。

电影放映单位 指具有放映机器设备、固定和不固定的放映场所与专职或兼职的放映技术人员，经有关部门登记批准，经常为一定的观众对象放映电影的机构。包括经批准对外开放进行营业，并与电影发行放映管理机构分帐的专用放映单位和军委系统租片单位。

艺术表演观众人数(人次) 指售票、包场演出或民族地区免费演出的艺术表演观众人次数。不包括彩排审查和内部观摩演出的观看人次数。

等级运动员人数 指经考核正式批准授予等级运动员称号的人数，运动员等级分为国际级运动健将、运动健将、一级运动员、二级运动员、三级运动员、少年级运动员。

等级裁判员人数 指经考核正式批准授予等级裁判员称号的人数。裁判员等级分为国际裁判、国家级裁判、一级裁判、二级裁判、三级裁判。

体育场 指400米跑道(中心含足球场)，有固定道牙，跑道6条以上，并有固定看台的室外田径场地。以看台容纳观众人数分：甲级25000人以上，乙级15000—25000人，丙级5000—15000人，丁级5000人以上。

体育馆 指有固定看台，可供篮球、排球、羽毛球、乒乓球、体操等项目训练比赛活动用的室内运动场地。以看台容纳观众人数分：甲级6000人以上，乙级4000—6000人，丙级2000—4000人，丁级2000人以下。

医院 指名称为医院，设有固定床位能收容病人住院并能为病人提供医疗、护理服务的医疗机构。包括县及县以上医院、农村乡卫生院、其他医院三部分。按所属性质分为卫生部门、工作及其他部门、集体经常单位三类。其中县及县以上医院按业务性质分为综合医院和专科医院。

卫生技术人员 指卫生事业机构支付工资的全部固定职工和合同制职工中现任职务为卫生技术工作的专业人员。包括中医师、西医师、中西医结合高级医师、护师、中药师、西药师、检验师、其他技师、中医士、西医士、护士、助产士、中药剂士、西药剂士、检验士、其他技士、其他中医、护理员、中药剂员、西药剂员、检验员，其他初级卫生技术人员。

医生 指经卫生部门审查合格，从事医疗工作的专业人员。分为中医医生和西医医生。包括卫生技术人员中的中医师、西医师、中西结合高级医师、中医士、西医士和其他中医。

高级职称 指高级工程师,正、副教授,正、副研究员,高级统计师,高级会计师,高级经济师等。

中级职称 指工程师、讲师、助理研究员、技师、统计师、会计师、经济师等。

十五、企业集团

15-1　全市企业集团主要财务指标

单元:万元

	集团数（个）	资产总计		
		2000年	2001年	2001年比2000年±%
总　　计	**43**	**4729708**	**5304350**	**12.15**
按母公司控股情况分				
国有及国有控股	32	4186328	4630480	10.61
国有绝对控股	29	3962753	4388998	10.76
国有相对控股	3	223575	241482	8.01
集体绝对控股	3	196691	202979	3.2
集体相对控股	1	18884	18926	0.22
其他	7	327805	451965	37.88
按企业集团主营行业分				
工业	31	3995405	4364672	9.24
采掘业	2	462564	534022	15.45
制造业	28	3324625	3607742	8.52
电气水的生产和供应业	1	208216	222908	7.06
建筑业	1	309869	341916	10.34
批发零售贸易餐饮业	4	174846	261620	49.63
房地产业	2	115080	179347	55.85
其他	5	134508	156795	16.57
按母公司登记注册类型分				
国有企业	12	1634411	1970697	20.58
公司制企业	30	3039506	3210366	5.62
国有独资企业	10	1612478	1717031	6.48
其他有限责任公司	9	757423	751949	-0.72
股份有限公司	11	669605	741386	10.72
其他	1	55791	123287	120.98
按母公司企业规模分				
特大型	1	485111	554430	14.29
大型	29	3581410	4009810	11.96
中型	12	635542	709687	11.67
其他	1	27645	30423	10.05

15-1 续表 1 单位:万元

项 目	固定资产原值			累计折旧		
	2000 年	2001 年	2001 年比 2000 年 ± %	2000 年	2001 年	2001 年比 2000 年 ± %
总 计	**2608620**	**2794320**	**7.12**	**813272**	**919355**	**13.04**
按母公司控股情况分						
国有及国有控股	2323623	2486955	7.03	756012	845455	11.83
国有绝对控股	2247491	2409637	7.21	738787	824780	11.64
国有相对控股	76132	77318	1.56	17225	20675	20.03
集体绝对控股	130809	131711	0.69	28987	37016	27.7
集体相对控股	5443	3968	－27.1	1705	1402	－17.77
其他	148745	171686	15.42	26568	35482	33.55
按企业集团主营行业分						
工业	2394289	2522043	5.34	745353	836794	12.27
采掘业	359257	394097	9.7	83596	94211	12.7
制造业	1905953	1988162	4.31	635292	710333	11.81
电气水的生产和供应业	129079	139784	8.29	26465	32250	21.86
建筑业	86096	95773	11.24	31826	32533	2.22
批发零售贸易餐饮业	54018	79005	46.26	12561	19578	55.86
房地产业	16784	26814	59.76	2081	4461	114.37
其他	57433	70685	23.07	21451	25989	21.16
按母公司登记注册类型分						
国有企业	836537	944466	12.9	291925	330006	13.04
公司制企业	1763802	1834997	4.04	520631	587478	12.84
国有独资企业	1066156	1114023	4.49	322558	355687	10.27
其他有限责任公司	421415	429103	1.82	130190	154198	18.44
股份有限公司	276231	291871	5.66	67883	77593	14.3
其他	8281	14857	79.41	716	1871	161.31
按母公司企业规模分						
特大型	365261	384579	5.29	162131	170785	5.34
大型	1952754	2086246	6.84	586105	663147	13.14
中型	284583	316954	11.37	64104	84084	31.17
其他	6022	6541	8.62	932	1339	43.67

15-1 续表 2　　　　单元：万元

项　　目	累计对外投资			存货		
	2000 年	2001 年	2001 年比 2000 年 ± %	2000 年	2001 年	2001 年比 2000 年 ± %
合　　计	**148792**	**141031**	**-5.22**	**585650**	**774574**	**32.26**
按母公司控股情况分						
国有及国有控股	146176	139199	-4.77	488221	655229	34.21
国有绝对控股	116071	117724	1.42	455378	618084	35.73
国有相对控股	30105	21475	-28.67	32843	37145	13.1
集体绝对控股	41077	42133	2.57			
集体相对控股			873	2749	214.89	
其他	2616	1832	-29.97	55479	74463	34.22
按企业集团主营行业分						
工业	114277	109559	-4.13	490067	640008	30.6
采掘业	29536	33755	14.28			
制造业	114277	109559	-4.13	454474	599834	31.98
电气水的生产和供应业			6057	6419	5.98	
建筑业	1657	2239	35.12		454474	599834
批发零售贸易餐饮业	16358	15536	-5.03	15229	24355	59.93
房地产业	987	157	-84.09	26443	50348	90.4
其他	15513	13540	-12.72	11077	9792	-11.6
按母公司登记注册类型分						
国有企业	33911	33693	-0.64	181765	350353	92.75
公司制企业	114051	107338	-5.89	387113	380404	-1.73
国有独资企业	22125	23764	7.41	161757	158571	-1.97
其他有限责任公司	63911	62011	-2.97	123442	122391	-0.85
股份有限公司	28015	21563	-23.03	101914	99442	-2.43
其他	830			-100	16772	43817
按母公司企业规模分						
特大型	15819	15847	0.18	71239	84996	19.31
大型	79592	85299	7.17	429204	611277	42.42
中型	45015	31519	-29.98	85155	78242	-8.12
其他	8366	8366		52	59	13.46

单位:万元

项目	年末负债合计			流动负债		
	2000 年	2001 年	2001 年比 2000 年 ± %	2000 年	2001 年	2001 年比 2000 年 ± %
总计	**3140975**	**3564543**	**13.49**	**2375957**	**2812073**	**18.36**
按母公司控股情况分						
国有及国有控股	2787540	3082127	10.57	2108944	2419598	14.73
国有绝对控股	2680774	2960583	10.44	2014377	2303354	14.35
国有相对控股	106766	121544	13.84	94567	116244	22.92
集体绝对控股	110407	113836	3.11	55583	86311	55.28
集体相对控股	3075	13099	325.98	2875	11099	286.05
其他	239953	355481	48.15	208555	295065	41.48
按企业集团主营行业分						
工业	2603695	2907324	11.66	1901547	2159349	13.56
采掘业	269350	328818	22.08	165686	160072	-3.39
制造业	2203169	2440151	10.76	1673058	1932105	15.48
电气水的生产和供应业	131176	138355	5.47	62803	67172	6.96
建筑业	234142	259975	11.03	206955	244789	18.28
批发零售贸易餐饮业	138570	147305	6.3	136089	227989	67.53
房地产业	70307	144566	105.62	59316	99013	66.92
其他	94261	105373	11.79	72050	80933	12.33
按母公司登记注册类型分						
国有企业	1120464	1373343	22.57	960382	1269965	32.24
公司制企业	1978744	2075328	4.88	1384799	1470209	6.17
国有独资企业	1084716	1122022	3.44	679939	669211	-1.58
其他有限责任公司	475363	481568	1.31	337559	375314	11.18
股份有限公司	418665	471738	12.68	367301	425684	15.9
其他	41767	115872	177.42	30776	71899	133.62
按母公司企业规模分						
特大型	263103	305489	16.11	219112	249247	13.75
大型	2506189	2823922	12.68	1883554	2235778	18.7
中型	358806	423807	18.12	260414	315723	21.24
其他	12877	11325	-12.05	12877	11325	-12.05

15-1 续表 4 单位:万元

项目	年末股东(所有者)权益总计			投资收益		
	2000 年	2001 年	2001 年比 2000 年 ± %	2000 年	2001 年	2001 年比 2000 年 ± %
总计	**1588733**	**1655345**	**4.19**	**3738**	**7050**	**88.6**
按母公司控股情况分						
国有及国有控股	1398788	1463891	4.65	2740	6412	134.01
国有绝对控股	1281979	1343953	4.83	1311	3194	143.63
国有相对控股	116809	119938	2.68	1429	3218	125.19
集体绝对控股	86284	89143	3.31	256	190	-25.78
集体相对控股	15809	5827	-63.14			
其他	87852	96484	9.83	742	448	-39.62
按企业集团主营行业分						
工业	1391710	1457348	4.72	1829	6184	238.11
采掘业	193214	205204	6.21	-37	-540	1359.46
制造业	1121456	1167591	4.11	1858	6724	261.89
电气水的生产和供应业	77040	84553	9.75	8		
建筑业	75727	81941	8.21	36	2	-94.44
批发零售贸易餐饮业	36276	29853	-17.71	-210	73	-134.76
房地产业	44773	34781	-22.32	319	456	42.95
其他	40247	51422	27.77	1764	335	-81.01
按母公司登记注册类型分						
国有企业	513947	512892	-0.21	-456	518	-213.6
公司制企业	1060762	1135038	7	4194	6629	58.06
国有独资企业	527762	595009	12.74	-20	1092	-5560
其他有限责任公司	282060	270381	-4.14	1986	1710	-13.9
股份有限公司	250940	269648	7.46	2228	3827	71.77
其他	14024	7415	-47.13		-97	
按母公司企业规模分						
特大型	222008	248941	12.13	-2198	124	-105.64
大型	1075221	1101426	2.44	1427	2091	46.53
中型	276736	285880	3.3	2746	4506	64.09
其他	14768	19098	29.32	1763	329	-81.34

15-1 续表 5 单位:万元

项目	营业收入			主营业务收入		
	2000 年	2001 年	2001 年比 2000 年 ± %	2000 年	2001 年	2001 年比 2000 年 ± %
总计	**2388962**	**2625660**	**9.91**	**2284073**	**2521917**	**10.41**
按母公司控股情况分						
国有及国有控股	1994145	2217351	11.19	1900866	2121673	11.62
国有绝对控股	1856273	2035423	9.65	1765058	1941467	9.99
国有相对控股	137872	181928	31.95	135808	180206	32.69
集体绝对控股	185098	191677	3.55	177389	187099	5.47
集体相对控股	10018	8301	-17.14	9875	8250	-16.46
其他	199701	208331	4.32	195943	204895	4.57
按企业集团主营行业分						
工业	1987190	2146676	8.03	1892403	2053069	8.49
采掘业	136000	171178	25.87	95469	139719	46.35
制造业	1776966	1888196	6.26	1723087	1826666	6.01
电气水的生产和供应业	74224	87302	17.62	73847	86684	17.38
建筑业	186088	264576	42.18	178000	256910	44.33
批发零售贸易餐饮业	120567	114420	-5.1	119373	113011	-5.33
房地产业	34147	23549	-31.04	33834	23088	-31.76
其他	60970	76439	25.37	60463	75839	25.43
按母公司登记注册类型分						
国有企业	990848	1103048	11.32	952206	1051375	10.41
公司制企业	1381231	1519304	10	1314984	1467453	11.59
国有独资企业	643989	693618	7.71	593992	653999	10.1
其他有限责任公司	396045	418861	5.76	386728	412595	6.69
股份有限公司	341197	406825	19.23	334264	400859	19.92
其他	16883	3308	-80.41	16883	3089	-81.7
按母公司企业规模分						
特大型	348134	343754	-1.26	330352	302413	-8.46
大型	1684824	1847266	9.64	1610821	1794895	11.43
中型	353186	430547	21.9	340082	420516	23.65
其他	2818	4093	45.24	2818	4093	45.24

15-1 续表6 单位:万元

项目	主营业务成本			主营业务税金及附加		
	2000年	2001年	2001年比2000年±%	2000年	2001年	2001年比2000年±%
总计	**1761770**	**1953803**	**10.9**	**110933**	**125223**	**12.88**
按母公司控股情况分						
国有及国有控股	1464133	1647979	12.56	100337	115076	14.69
国有绝对控股	1356451	1507584	11.14	99482	113848	14.44
国有相对控股	107682	140395	30.38	855	1228	43.63
集体绝对控股	122711	126716	3.26	8801	8252	-6.24
集体相对控股	6208	6902	11.18	68	68	
其他	168718	172206	2.07	1727	1827	5.79
按企业集团主营行业分						
工业	1411600	1536892	8.88	102972	113359	10.09
采掘业	75086	103111	37.32	1595	2343	46.9
制造业	1281028	1366850	6.7	101241	110843	9.48
电气水的生产和供应业	55486	66931	20.63	136	173	27.21
建筑业	164626	234708	42.57	5699	8649	51.76
批发零售贸易餐饮业	112007	103848	-7.28	58	32	-44.83
房地产业	22334	12690	-43.18	1654	2336	41.23
其他	51203	65665	28.24	550	847	54
按母公司登记注册类型分						
国有企业	696309	778696	11.83	94410	107856	14.24
公司制企业	1054746	1174799	11.38	15678	16113	2.77
国有独资企业	479922	544318	13.42	3585	4115	14.78
其他有限责任公司	289354	298742	3.24	10347	10230	-1.13
股份有限公司	285470	331739	16.21	1746	1768	1.26
其他	10715	308	-97.13	845	1254	48.4
按母公司企业规模分						
特大型	202902	224206	10.5	3544	2829	-20.17
大型	1289401	1403479	8.85	102861	117200	13.94
中型	268561	324585	20.86	4379	4985	13.84
其他	906	1533	69.21	149	209	40.27

单位:万元

项　　目	存货跌价损失财务费用等合计			税金		
	2000 年	2001 年	2001 年比 2000 年 ± %	2000 年	2001 年	2001 年比 2000 年 ± %
总　　计	**392348**	**418758**	**6.73**	**6609**	**6546**	**-0.95**
按母公司控股情况分						
国有及国有控股	323835	350221	8.15	3882	4621	19.04
国有绝对控股	303120	320465	5.72	3673	4382	19.3
国有相对控股	20715	29756	43.64	209	239	14.35
集体绝对控股	41472	47989	15.71	2212	1400	-36.71
集体相对控股	1311	713	-45.61	352	367	4.26
其他	25730	19835	-22.91	163	158	-3.07
按企业集团主营行业分						
工业	338700	362952	7.16	5938	5542	-6.67
采掘业	25880	32016	23.71	198	284	43.43
制造业	300258	317492	5.74	5657	5199	-8.1
电气水的生产和供应业	12562	13444	7.02	83	59	-28.92
建筑业	23613	23822	0.89	372	711	91.13
批发零售贸易餐饮业	11556	11400	-1.35	158	139	-12.03
房地产业	8476	10308	21.61	28	49	75
其他	10003	10276	2.73	113	105	-7.08
按母公司登记注册类型分						
国有企业	141784	156075	10.08	1741	1979	13.67
公司制企业	248514	259270	4.33	4866	4551	-6.47
国有独资企业	110734	109899	-0.75	1371	1714	25.02
其他有限责任公司	87621	100664	14.89	2590	1907	-26.37
股份有限公司	50159	48707	-2.89	905	930	2.76
其他	2050	3413	66.49	2	16	700
按母公司企业规模分						
特大型	68108	43256	-36.49	552	528	-4.35
大型	262289	303141	15.58	4483	4061	-9.41
中型	59509	70239	18.03	1559	1948	24.95
小型						
其他	2442	2122	-13.1	15	9	-40

15-1　续表 8　　　　单位:万元

项　　　目	利润总额			固定资产投资完成额		
	2000 年	2001 年	2001 年比 2000 年 ± %	2000 年	2001 年	2001 年比 2000 年 ± %
总　　计	**65569**	**49154**	**-25.03**	**146285**	**146957**	**0.46**
按母公司控股情况分						
国有及国有控股	41147	40479	-1.62	129596	133120	2.72
国有绝对控股	31978	27610	-13.66	123015	129663	5.4
国有相对控股	9169	12869	40.35	6581	3457	-47.47
集体绝对控股	15294	4725	-69.11	160	133	-16.88
集体相对控股	1000	845	-15.5			120
其他	8128	3105	-61.8	16529	13584	-17.82
按企业集团主营行业分						
工业	77518	62938	-18.81	140383	118052	-15.91
采掘业	-4597	4043	-187.95	197	266	35.03
制造业	75797	52008	-31.39	137644	111267	-19.16
电气水的生产和供应业	6318	6887	9.01	2542	6519	156.45
建筑业	-10255	-2316	-77.42	3879	4942	27.4
批发零售贸易餐饮业	-4149	-8724	110.27			
房地产业	2598	-3388		2023	23897	1081.27
其他	-143	644	-550.35			
按母公司登记注册类型分						
国有企业	34494	23119	94761	69128	-27.05	
公司制企业	27787	29824	7.33	50029	77829	55.57
国有独资企业	6916	7963	15.14	25578	28515	11.48
其他有限责任公司	13911	4396	-68.4	3809	32576	755.24
股份有限公司	6960	17465	150.93	20642	16738	-18.91
其他	3288	-3789	-215.24	1495		-100
按母公司企业规模分						
特大型	40197	51171	27.3	81043	59257	-26.88
大型	5252	-27771	-628.77	44499	42132	-5.32
中型	19042	24986	31.22	20743	45568	119.68
其他	1078	768				

15-1 续表 9 单位:万元

项目	应交所得税			应交增值税		
	2000 年	2001 年	2001 年比 2000 年 ± %	2000 年	2001 年	2001 年比 2000 年 ± %
总计	**35129**	**47715**	**35.83**	**120469**	**119783**	**- 0.57**
按母公司控股情况分						
国有及国有控股	28561	43238	51.39	106340	105579	- 0.72
国有绝对控股	26344	40449	53.54	100855	97903	- 2.93
国有相对控股	2217	2789	25.8	5485	7676	39.95
集体绝对控股	3462	2092	- 39.57	8522	8118	- 4.74
集体相对控股	330	152	- 53.94	651	724	11.21
其他	2776	2233	- 19.56	4956	5362	8.19
按企业集团主营行业分						
工业	33791	46317	37.07	119991	119364	- 0.52
采掘业	31	22160	71383.87	7896	12136	53.7
制造业	33232	23474	- 29.36	106422	100512	- 5.55
电气水的生产和供应业	528	683	29.36	5673	6716	18.39
建筑业	27	38	40.74	360	350	- 2.78
批发零售贸易餐饮业	62	11	- 82.26	47	41	- 12.77
房地产业	1007	836	- 16.98			
其他	242	513	111.98	71	28	- 60.56
按母公司登记注册类型分						
国有企业	23358	15160	- 35.1	58903	52683	- 10.56
公司制企业	10764	32162	198.79	61566	67100	8.99
国有独资企业	1514	22778	1404.49	33495	34726	3.68
其他有限责任公司	4975	4735	- 4.82	16167	17919	10.84
股份有限公司	4275	4649	8.75	11904	14455	21.43
其他	1007	393	- 60.97			
按母公司企业规模分						
特大型	19211	14304	- 25.54	35877	25367	- 29.29
大型	10350	25899	150.23	71621	77567	8.3
中型	5557	7272	30.86	12964	16842	29.91
其他	11	240	2081.82	7	7	

15-2　全市企业集团从业人员

单位:人

项　　目	从业人员(人)			在岗职工(人)		
	2000 年	2001 年	2001 年比 2000 年 ± %	2000 年	1999 年	2001 年比 2000 年 ± %
总　　计	**217706**	**221508**	**1.75**	**213359**	**211412**	**－0.91**
按母公司控股情况分						
国有及国有控股	197233	202736	2.79	193654	193358	－0.15
国有绝对控股	193737	199213	2.83	190251	189927	－0.17
国有相对控股	3496	3523	0.77	3403	3431	0.82
集体绝对控股	9896	8294	－16.19	9221	7701	－16.48
集体相对控股	514	547	6.42	514	547	6.42
其他	10063	9931	－1.31	9970	9806	－1.64
按企业集团主营行业分						
工业	168670	170208	0.91	167815	169260	0.86
采掘业	41279	41100	－0.43	41249	41071	－0.43
制造业	122525	124553	1.66	121700	123634	1.59
电气水的生产和供应业	4866	4555	－6.39	4866	4555	－6.39
建筑业	41655	41127	－1.27	38377	32254	－15.95
批发零售贸易餐饮业	2736	3601	31.62	2620	3441	31.34
房地产业	1454	1728	18.84	1453	1709	17.62
其他	3191	4844	51.8	3094	4748	53.46
按母公司登记注册类型分						
国有企业	78902	83627	5.99	75619	74577	－1.38
公司制企业	138289	137024	－0.91	137226	135983	－0.91
国有独资企业	94158	97036	3.06	94012	96847	3.02
其他有限责任公司	26553	24365	－8.24	25712	23610	－8.18
股份有限公司	17578	15623	－11.12	17502	15526	－11.29
其他	515	857	66.41	514	852	65.76
按母公司企业规模分						
特大型	20306	22724	11.91	20306	22724	11.91
大型	179548	181000	0.81	175578	171264	－2.46
中型	17233	17163	－0.41	16856	16803	－0.31
其他	619	621	0.32	621	619	0.32

15-3 全市企业集团从业人员劳动报酬

单位:万元

项目	从业人员劳动报酬			在岗职工劳动报酬		
	2000	2001年	2001年比2000年±%	2000年	2001年	2001年比2000年±%
总计	**216819**	**238391**	**9.95**	**214261**	**230294**	**7.48**
按母公司控股情况分						
国有及国有控股	203765	224534	10.19	202057	217158	7.47
国有绝对控股	197274	216155	9.57	195601	208813	6.75
国有相对控股	6491	8379	29.09	6456	8345	29.26
集体绝对控股	5808	5652	-2.69	5066	5106	0.79
集体相对控股	252	267	5.95	252	267	5.95
其他	6994	7938	13.5	6886	7763	12.74
按企业集团主营行业分						
工业	178367	193380	8.42	177502	192501	8.45
采掘业	31018	36117	16.44	31010	36106	16.43
制造业	142680	152275	6.72	141823	151407	6.76
电气水的生产和供应业	4669	4988	6.83	4669	4988	6.83
建筑业	31777	35385	11.35	30290	28529	-5.81
批发零售贸易餐饮业	2810	3444	22.56	2649	3245	22.5
房地产业	1826	2332	27.71	1819	2209	21.44
其他	2039	3850	88.82	2001	3810	90.4
按母公司登记注册类型分						
国有企业	102165	114444	12.02	100674	107442	6.72
公司制企业	114082	122934	7.76	113022	121844	7.81
国有独资企业	80452	87715	9.03	80283	87505	9
其他有限责任公司	16551	16922	2.24	15736	16184	2.85
股份有限公司	17079	18297	7.13	17003	18155	6.78
其他	572	1013	77.1	565	1008	78.41
按母公司企业规模分						
特大型	48277	52572	8.9	48277	52572	8.9
大型	151616	166454	9.79	149227	158634	6.3
中型	16609	18992	14.35	16440	18715	13.84
小型						
其他	317	373	17.67	317	373	17.67

15-4 按不同类型分的企业家信心状况

(2001年一季度)

分　类	本期情况				下期预计			
	乐观	一般	不乐观	景气指数	乐观	一般	不乐观	景气指数
总 体 状 况	**31.5**	**57.57**	**10.93**	**120.58**	**37.62**	**46.82**	**15.56**	**122.06**
按行业门类分								
工业	32.22	50.2	17.58	114.64	36.87	47.42	15.71	121.17
建筑业	24.25	70.21	5.55	118.7	29.04	57.85	13.11	115.94
交通运输、仓储及邮电通信业	29.34	58.66	12	117.34	30.04	37.96	32	98.04
批发和零售贸易、餐饮业	16.81	72.76	10.43	106.38	14.31	73.13	12.56	101.75
房地产业	50.92	49.08		150.92	69.96	30.04		169.96
社会服务业	35.48	44.52	20	115.48	45.48	34.52	20	125.48
按企业登记注册类型分								
国有企业	25.06	63.72	11.22	113.83	31.47	51.99	16.54	114.93
集体企业	21.37	50.78	27.85	93.51	18.16	53.98	27.85	90.31
有限责任公司	39.57	49.11	11.32	128.25	36.48	57.93	5.59	130.88
股份有限公司	20.96	67.81	11.22	109.74	30.3	61.24	8.46	121.84
外商及港、澳、台投资企业	34.32	56.59	9.09	125.23	40.38	42.5	17.12	123.26
按企业规模分								
大型	14.77	79.85	5.38	109.39	18.82	71.89	9.29	109.53
中型	37.3	47.62	15.08	122.22	42.06	39.68	18.25	123.81
小型	19.44	58.33	22.22	97.22	23.61	54.17	22.22	101.39

15-5 按不同类型分的企业综合经营状况

(2001年一季度)

分　类	本期情况				下期预计			
	良好	一般	不佳	景气指数	良好	一般	不佳	景气指数
总 体 状 况	**29.07**	**49.4**	**21.53**	**107.54**	**35.24**	**55.89**	**8.87**	**126.37**
按行业门类分								
工业	31.99	48.81	19.19	112.8	44.97	52.03	3	141.97
建筑业	32.56	47.71	19.72	112.84	40.25	57.37	2.38	137.87
交通运输、仓储及邮电通信业	14.15	65.85	20	94.15	21.89	66.11	12	109.89
批发和零售贸易、餐饮业	16.17	64.03	19.79	96.38	11.21	76.98	11.8	99.41
房地产业	47.4	33.33	19.26	128.14	47.62	42.86	9.52	138.1
社会服务业	32.14	36.67	31.19	100.95	45.48	40	14.52	130.95
按企业登记注册类型分								
国有企业	23.78	58.14	18.08	105.71	30.53	65.21	4.26	126.27
集体企业	9.46	56.12	34.42	75.04	17.38	68.33	14.29	103.1
有限责任公司	35.02	48.72	16.26	118.76	40.07	57.8	2.13	137.95
股份有限公司	18.22	64.83	16.95	101.27	53.32	39.37	7.3	146.02
外商及港、澳、台投资企业	31.62	56.25	12.12	119.5	38.98	51.93	9.09	129.89
按企业规模分								
大型	20.36	71.26	8.38	111.99	24.33	75.11	0.55	123.78
中型	26.19	50.79	23.02	103.17	38.89	52.38	8.73	130.16
小型	18.06	51.39	30.56	87.5	25	63.89	11.11	113.89

15-6 按不同类型分的企业生产情况

（2001 年一季度）

分类	本期情况				下期预计			
	增加	持平	减少	景气指数	增加	持平	减少	景气指数
总体状况	**38.58**	**31.39**	**30.03**	**108.56**	**43.12**	**40.18**	**16.7**	**126.43**
按行业门类分								
工业	43.21	28.46	28.33	114.88	44.73	50.28	4.99	139.75
建筑业	24.86	39.92	35.22	89.64	66.1	28.54	5.36	160.74
交通运输、仓储及邮电通信业	48.27	24.7	27.03	121.24	27.99	60.01	12	115.99
批发和零售贸易、餐饮业	62.04	10.26	27.7	134.35	17.05	27.97	54.98	62.07
房地产业	33.12	42.86	24.03	109.09	60.73	29.74	9.52	151.21
社会服务业	20	42.14	37.86	82.14	42.14	44.52	13.33	128.81
按企业登记注册类型分								
国有企业	51.44	22.56	26	125.44	34.8	34.91	30.28	104.52
集体企业	38.87	24.32	36.8	102.07	38.88	51.6	9.52	129.35
有限责任公司	44.38	25.17	30.45	113.93	47.75	40.48	11.77	135.98
股份有限公司	33.08	33.45	33.47	99.61	54.99	37.77	7.24	147.75
外商及港、澳、台投资企业	19.5	53.07	27.43	92.08	35.95	48.56	15.49	120.47
按企业规模分								
大型	72.92	11.4	15.69	157.23	30.35	15.96	53.68	76.67
中型	30.95	36.51	32.54	98.41	45.24	45.24	9.52	135.71
小型	26.39	34.72	38.89	87.5	40.28	41.67	18.06	122.22

15-7 按不同类型分的企业税后利润情况

（2001 年一季度）

分类	本期情况				下期预计			
	增加	持平	减少	景气指数	增加	持平	减少	景气指数
总体状况	**28.73**	**36.38**	**34.89**	**93.84**	**37.77**	**38.81**	**23.43**	**114.34**
按行业门类分								
工业	31.31	25.61	43.09	88.22	54.9	33.66	11.44	143.46
建筑业	29.38	42.93	27.7	101.68	50.08	44.57	5.36	144.72
交通运输、仓储及邮电通信业	28.82	40.15	31.03	97.79	42.48	41.52	16	126.48
批发和零售贸易、餐饮业	53.35	17.19	29.46	123.89	11.53	37.81	50.66	60.88
房地产业	10.7	55.75	33.55	77.15	28.79	45.28	25.93	102.85
社会服务业	18.81	36.67	44.52	74.29	38.81	30	31.19	107.62
按企业登记注册类型分								
国有企业	43.99	25.06	30.95	113.04	33.23	33.33	33.44	99.8
集体企业	15.78	42.65	41.57	74.22	36.43	46.9	16.67	119.77
有限责任公司	29.23	34.16	36.61	92.62	57.17	20.7	22.13	135.04
股份有限公司	34.23	29.81	35.96	98.27	54.75	33.25	12	142.75
外商及港、澳、台投资企业	32.19	32.84	34.97	97.22	27.43	47.01	25.56	101.86
按企业规模分								
大型	70.04	15.58	14.38	155.67	29.58	15.7	54.72	74.85
中型	23.81	33.33	42.86	80.95	38.1	45.24	16.67	121.43
小型	23.61	36.11	40.28	83.33	40.28	34.72	25	115.28

15-8 按不同类型分的企业流动资金情况

（2001年一季度）

分　类	本期情况				下期预计			
	充足	一般	紧张	景气指数	充足	一般	紧张	景气指数
总体状况	**6.03**	**44.88**	**49.1**	**56.93**	**6.03**	**44.67**	**49.3**	**56.73**
按行业门类分								
工业	14.12	30.66	55.22	58.9	14.67	35.57	49.76	64.91
建筑业	6.16	44.17	49.67	56.49	5.38	51.54	43.08	62.31
交通运输、仓储及邮电通信业	4.51	41.14	54.35	50.15	4.51	29.14	66.35	38.15
批发和零售贸易、餐饮业	0.85	45.22	53.93	46.91	0.85	52.02	47.13	53.72
房地产业	7.18	59.27	33.55	73.63	10.77	50.92	38.31	72.46
社会服务业	3.33	48.81	47.86	55.48		48.81	51.19	48.81
按企业登记注册类型分								
国有企业	5	47.39	47.61	57.39	5.47	53.88	40.65	64.82
集体企业	3.98	37.52	58.5	45.49	6.83	34.36	58.81	48.03
有限责任公司	6.5	30.6	62.9	43.6	6.87	28.66	64.47	42.41
股份有限公司	8.38	36.68	54.94	53.45	11.09	41.25	47.67	63.42
外商及港、澳、台投资企业	10.72	63.48	25.79	84.93	6.06	52.99	40.95	65.11
按企业规模分								
大型	3.97	65.94	30.1	73.87	3.69	69.33	26.98	76.72
中型	4.76	41.27	53.97	50.79	3.97	45.24	50.79	53.17
小型	4.17	37.5	58.33	45.83	6.94	33.33	59.72	47.22

15-9 按不同类型分的企业货款拖欠情况

（2001年一季度）

分　类	本期情况				下期预计			
	乐观	一般	不乐观	景气指数	乐观	一般	不乐观	景气指数
总体状况	**21.6**	**63.22**	**15.18**	**106.41**	**13.61**	**71.49**	**14.9**	**98.71**
按行业门类分								
工业	22.26	48.3	29.44	92.83	23.31	63.77	12.92	110.39
建筑业	23.15	49.47	27.39	95.76	8.36	65.35	26.28	82.08
交通运输、仓储及邮电通信业	12.81	71.19	16	96.81	5.51	73.98	20.51	85.01
批发和零售贸易、餐饮业	15.68	78.46	5.86	109.82	7.06	87.88	5.07	101.99
房地产业	34.77	60.23	5	129.77	26.31	56.46	17.23	109.08
社会服务业	20.9	71.69	7.41	113.49	11.11	81.48	7.41	103.7
按企业登记注册类型分								
国有企业	13.43	70.33	16.24	97.19	9.95	79.68	10.37	99.58
集体企业	29.6	51.28	19.12	110.47	18.02	61.47	20.51	97.5
有限责任公司	16.72	58.92	24.37	92.35	21.22	62.27	16.52	104.7
股份有限公司	24.67	69.32	6.01	118.66	20.74	76.52	2.74	118
外商及港、澳、台投资企业	37.35	53.56	9.09	128.26	27.27	68.71	4.02	123.26
按企业规模分								
大型	10.42	83.39	6.19	104.23	13.86	82.71	3.43	110.43
中型	25.2	56.91	17.89	107.32	17.89	69.92	12.2	105.69
小型	20.59	58.82	20.59	100	11.76	69.12	19.12	92.65

15-10 按不同类型分的企业固定资产投资情况

（2001年一季度）

分类	本期情况				下期预计			
	增加	持平	减少	景气指数	增加	持平	减少	景气指数
总体状况	**16.85**	**60.84**	**22.31**	**94.53**	**20.75**	**67.08**	**12.17**	**108.58**
按行业门类分								
工业	27.61	54.53	17.86	109.74	22.93	63.96	13.1	109.83
建筑业	18.61	59.97	21.43	97.18	23.93	67.13	8.94	114.99
交通运输、仓储及邮电通信业	18.2	57.8	24	94.2	18.71	53.85	27.45	91.26
批发和零售贸易、餐饮业	6.45	52.46	41.09	65.36	1.98	87.09	10.92	91.06
房地产业	20.22	74.8	4.98	115.24	34.8	60.44	4.76	130.04
社会服务业	10	65.48	24.52	85.48	22.14	70	7.86	114.29
按企业登记注册类型分								
国有企业	16.51	48.28	35.21	81.3	18.69	71.66	9.64	109.05
集体企业	9.21	56.36	34.42	74.79	7.92	70.65	21.43	86.5
有限责任公司	22.86	65.94	11.2	111.67	20.81	67.19	12	108.8
股份有限公司	11.56	61.01	27.42	84.14	18.42	59.15	22.44	95.98
外商及港、澳、台投资企业	21.21	69.7	9.09	112.12	25.87	71.1	3.03	122.84
按企业规模分								
大型	7.78	30.49	61.73	46.05	11.6	77.52	10.88	100.73
中型	18.4	66.4	15.2	103.2	28	61.6	10.4	117.6
小型	13.89	62.5	23.61	90.28	15.28	68.06	16.67	98.61

15-11 按不同类型分的企业劳动力需求情况

（2001年一季度）

分类	本期情况				下期预计			
	增加	持平	减少	景气指数	增加	持平	减少	景气指数
总体状况	**13.18**	**48.03**	**38.79**	**74.39**	**21.81**	**50.18**	**28.01**	**93.81**
按行业门类分								
工业	11.75	64.66	23.59	88.16	17.64	64.38	17.98	99.66
建筑业	16.41	40.63	42.96	73.45	50	38.09	11.9	138.1
交通运输、仓储及邮电通信业	5.61	52.45	41.94	63.67	4.17	53.89	41.94	62.23
批发和零售贸易、餐饮业	4.85	31.38	63.77	41.07	2.83	38.55	58.62	44.21
房地产业	24.98	55.75	19.26	105.72	46.23	44.03	9.74	136.49
社会服务业	15.48	43.33	41.19	74.29	10	62.14	27.86	82.14
按企业登记注册类型分								
国有企业	8.82	41.14	50.05	58.77	14.58	44.89	40.53	74.04
集体企业	11.81	48.04	40.14	71.67	15.96	54.77	29.27	86.69
有限责任公司	18.7	52.44	28.86	89.84	23.73	56.11	20.16	103.57
股份有限公司	2.7	81.34	15.96	86.74	11.85	66.36	21.8	90.05
外商及港、澳、台投资企业	15.15	65.11	19.73	95.42	22.53	63.79	13.67	108.86
按企业规模分								
大型	6.58	28.76	64.66	41.92	10.18	32.46	57.36	52.82
中型	13.71	58.06	28.23	85.48	20.97	57.26	21.77	99.19
小型	11.11	50	38.89	72.22	18.06	52.78	29.17	88.89

15-12　按不同类型分的企业家信心状况

（2001年二季度）

分　类	本期情况				下期预计			
	乐观	一般	不乐观	景气指数	乐观	一般	不乐观	景气指数
总体状况	**25.13**	**61.55**	**13.33**	**111.8**	**32.1**	**50.09**	**17.82**	**114.28**
按行业门类分								
工业	24.26	56.01	19.73	104.52	28.97	50.43	20.6	108.37
建筑业	19.29	70.95	9.76	109.54	26.2	53.04	20.76	105.44
交通运输、仓储及邮电通信业	28.2	47.8	24	104.2	31.5	40.5	28	103.5
批发和零售贸易、餐饮业	9.3	80.9	9.8	99.49	14.55	69.34	16.11	98.43
房地产业	46.37	53.63	146.37	55.89	39.34	4.76	151.13	148.75
社会服务业	23.33	60	16.67	106.67	35.48	47.86	16.67	118.81
按企业登记注册类型分								
国有企业	20.03	67.83	12.14	107.9	23.48	61.06	15.46	108.02
集体企业	15.52	52.78	31.71	83.81	15.52	47.27	37.21	78.31
有限责任公司	26.15	64.6	9.25	116.9	36.09	49.59	14.32	121.77
股份有限公司	31.26	54.44	14.3	116.96	39.72	43.14	17.14	122.58
外商及港、澳、台投资企业	28.59	57.65	13.75	114.84	33.18	48.64	18.18	115
按企业规模分								
大型	12.52	80.13	7.35	105.17	17.38	72.16	10.47	106.91
中型	27.2	57.6	15.2	112	32.8	50.4	16.8	116
小型	20.83	54.17	25	95.83	25	41.67	33.33	91.67

15-13　按不同类型企业综合经营状况

（2001年二季度）

分　类	本期情况				下期预计			
	良好	一般	不佳	景气指数	良好	一般	不佳	景气指数
总体状况	**31.44**	**50.81**	**17.75**	**113.69**	**29.48**	**56.94**	**13.59**	**115.9**
按行业门类分								
工业	21.68	61.84	16.48	105.2	29.84	54.35	15.81	114.03
建筑业	25.73	66.45	7.81	117.92	37.39	57.73	4.88	132.51
交通运输、仓储及邮电通信业	30.68	41.32	28	102.68	17.54	66.46	16	101.54
批发和零售贸易、餐饮业	41.8	36.38	21.82	119.97	9.95	72.85	17.2	92.75
房地产业	36.63	44.32	19.05	117.58	52.16	33.55	14.29	137.88
社会服务业	32.14	54.52	13.33	118.81	30	56.67	13.33	116.67
按企业登记注册类型分								
国有企业	42.55	41.48	15.96	126.59	24.21	65.59	10.2	114
集体企业	10.64	62.53	26.83	83.81	10.64	62.53	26.83	83.81
有限责任公司	29.41	63.74	6.85	122.56	39.2	60.8	139.2	130.88
股份有限公司	30.32	50.44	19.23	111.09	29.45	50.2	20.35	109.11
外商及港、澳、台投资企业	23.83	70.11	6.06	117.77	31.44	56.43	12.12	119.32
按企业规模分								
大型	68.58	25.98	5.44	163.14	23.22	72.18	4.6	140.88
中型	21.6	63.2	15.2	106.4	30.4	56	13.6	111.6
小型	19.44	55.56	25	94.44	20.83	59.72	19.44	97.92

15-14 按不同类型分的企业生产情况

（2001 年二季度）

分类	本期情况				下期预计			
	增加	持平	减少	景气指数	增加	持平	减少	景气指数
总体状况	**51.22**	**28.51**	**20.27**	**130.95**	**29.83**	**45.31**	**24.87**	**104.96**
按行业门类分								
工业	50.12	28.33	21.55	128.56	36.05	43.02	20.93	115.12
建筑业	60.71	19.82	19.47	141.24	38.86	50.29	10.86	128
交通运输、仓储及邮电通信业	46.68	24.51	28.81	117.87	13.34	50.82	35.84	77.5
批发和零售贸易、餐饮业	65.78	15.31	18.91	146.88	21.18	30.08	48.73	72.45
房地产业	30.7	59.78	9.52	121.17	42.86	47.62	9.52	133.33
社会服务业	53.33	23.33	23.33	130	26.67	50	23.33	103.33
按企业登记注册类型分								
国有企业	62.72	21.16	16.11	146.61	30.59	33.27	36.15	94.44
集体企业	37.47	27.76	34.77	102.7	12.2	48.78	39.02	73.17
有限责任公司	42.06	36.31	21.63	120.43	29.32	60.46	10.22	119.09
股份有限公司	61.1	11.11	27.79	133.31	36.47	39.95	23.58	112.89
外商及港、澳、台投资企业	32.92	42.84	24.24	108.68	10.08	65.68	24.24	85.84
按企业规模分								
大型	76.9	12.02	11.08	165.82	16.4	25.72	57.88	58.52
中型	46.4	32	21.6	124.8	28.8	50.4	20.8	108
小型	36.11	31.94	31.94	104.17	26.39	43.06	30.56	95.83

15-15 按不同类型分的企业税后利润情况

（2001 年二季度）

分类	本期情况				下期预计			
	增加	持平	减少	景气指数	增加	持平	减少	景气指数
总体状况	**37.44**	**30.88**	**31.68**	**105.76**	**23.03**	**46.47**	**30.5**	**92.53**
按行业门类分								
工业	36.83	21.88	41.29	95.55	28.33	38.94	32.73	95.59
建筑业	34.1	47.56	18.34	115.76	33.08	54.4	12.52	120.56
交通运输、仓储及邮电通信业	33.85	21.65	44.51	89.34	17.39	51.58	31.03	86.36
批发和零售贸易、餐饮业	46.6	22.51	30.89	115.72	16.95	29.84	53.21	63.74
房地产业	31.87	44.11	24.03	107.84	25.2	55.75	19.05	106.15
社会服务业	41.38	27.59	31.03	110.34	17.24	48.28	34.48	82.76
按企业登记注册类型分								
国有企业	44.48	27.11	28.4	116.08	24.93	31.91	43.16	81.77
集体企业	35.03	19.51	45.46	89.57	11.3	54.55	34.15	77.16
有限责任公司	33.22	38.71	28.07	105.16	29.63	57.07	13.3	116.33
股份有限公司	52.36	20.26	27.38	124.98	34.62	36.12	29.26	105.36
外商及港、澳、台投资企业	28.41	29.16	42.42	85.99	13.67	46.93	39.39	74.28
按企业规模分								
大型	74.45	13.99	11.56	162.88	21.88	19.83	58.3	63.58
中型	30.4	37.6	32	98.4	22.4	52	25.6	96.8
小型	27.78	25	47.22	80.56	23.61	41.67	34.72	88.89

15-16 按不同类型分的企业流动资金情况

（2001 年二季度）

分　类	本期情况				下期预计			
	充足	一般	紧张	景气指数	充足	一般	紧张	景气指数
总体状况	**5.07**	**40.16**	**54.77**	**50.3**	**4.06**	**41.02**	**54.92**	**49.14**
按行业门类分								
工业	6.01	31.48	62.52	43.49	5.87	32.5	61.63	44.24
建筑业	2.44	34.9	62.66	39.78	2.44	45.42	52.14	50.3
交通运输、仓储及邮电通信业	4	49.1	46.9	57.1	4	45.91	50.09	53.91
批发和零售贸易、餐饮业	3.68	13.8	82.52	21.16	1.35	13.23	85.42	15.93
房地产业	14.29	61.69	24.03	90.26	10.7	55.75	33.55	77.15
社会服务业	50	50	50	53.33	46.67	53.33	51.67	
按企业登记注册类型分								
国有企业	2.02	29.96	68.02	34	2.65	28.75	68.6	34.05
集体企业	4.21	38.13	57.66	46.56	4.21	35.69	60.09	44.12
有限责任公司	6.52	27.34	66.14	40.38	4.47	43.16	52.37	52.1
股份有限公司	6.86	35.55	57.59	49.27	4.08	33.86	62.05	42.03
外商及港、澳、台投资企业	20.15	51.03	28.83	91.32	17.12	48	34.89	82.23
按企业规模分								
大型	3.76	16.31	79.93	23.82	3.66	17.78	78.57	25.09
中型	5.6	44	50.4	55.2	5.6	40.8	53.6	52
小型	6.94	34.72	58.33	48.61	4.17	40.28	55.56	48.61

15-17 按不同类型分的企业货款拖欠情况

（2001 年二季度）

分　类	本期情况				下期预计			
	减少	持平	增加	景气指数	减少	持平	增加	景气指数
总体状况	**14.12**	**61.13**	**24.75**	**89.37**	**17.19**	**70.17**	**12.64**	**104.56**
按行业门类分								
工业	17.69	50.1	32.2	85.49	18.24	61.13	20.63	97.61
建筑业	11.63	51.25	37.13	74.5	5.13	57.72	37.15	67.98
交通运输、仓储及邮电通信业	6.09	62.46	31.45	74.64	14.09	73.91	12	102.09
批发和零售贸易、餐饮业	8.26	84.77	6.98	101.28	14.83	82.84	2.33	112.51
房地产业	26.23	51.54	22.23	104	43.46	56.54	143.46	123.73
社会服务业	14.81	66.67	18.52	96.3	7.41	88.89	3.7	103.7
按企业登记注册类型分								
国有企业	10.54	64.14	25.32	85.22	11.93	75.72	12.35	99.58
集体企业	14.04	67.5	18.46	95.59	24.96	65.04	10	114.96
有限责任公司	18.96	62.45	18.59	100.37	14.33	72.56	13.11	101.21
股份有限公司	7.54	84.07	8.39	99.14	24.64	75.2	0.16	124.48
外商及港、澳、台投资企业	31.25	42.73	26.02	105.23	26.02	55.23	18.75	107.27
按企业规模分								
大型	12.75	79.74	7.52	105.23	8.61	87.18	4.21	104.39
中型	18.03	55.74	26.23	91.8	23.77	65.57	10.66	113.11
小型	11.59	62.32	26.09	85.51	15.94	71.01	13.04	102.9

15－18　按不同类型分的企业固定资产投资情况

（2001 年二季度）

分　类	本期情况				下期预计			
	增加	持平	减少	景气指数	增加	持平	减少	景气指数
总体状况	**28.21**	**60.03**	**11.76**	**116.46**	**18.23**	**67.94**	**13.82**	**104.41**
按行业门类分								
工业	23.64	58.39	17.97	105.67	20	60.05	19.94	100.06
建筑业	26.72	58.53	14.75	111.96	13.54	67.63	18.83	94.72
交通运输、仓储及邮电通信业	22.15	69.85	8	114.15	21.65	66.35	12	109.65
批发和零售贸易、餐饮业	35.98	47.08	16.94	119.04	0.66	87.05	12.29	88.37
房地产业	30.99	64.25	4.76	126.23	20.3	70.18	9.52	110.77
社会服务业	29.8	62.07	8.13	121.68	33.25	56.4	10.34	122.91
按企业登记注册类型分								
国有企业	40.27	46.38	13.35	126.91	13.26	71.82	14.93	98.33
集体企业	9.56	78.55	11.89	97.66	5.13	67.59	27.28	77.85
有限责任公司	16.41	71.38	12.21	104.2	9.63	80.34	10.04	99.59
股份有限公司	25.96	59.66	14.38	111.58	24.77	63.62	11.6	113.17
外商及港、澳、台投资企业	38.33	54.06	7.61	130.72	27.61	61.75	10.64	116.96
按企业规模分								
大型	63.31	28.47	8.22	155.08	11.54	81.35	7.11	104.43
中型	20.8	67.2	12	108.8	19.2	65.6	15.2	104
小型	21.43	65.71	12.86	108.57	8.57	72.86	18.57	90

15－19　按不同类型分的企业劳动力需求情况

（2001 年二季度）

分　类	本期情况				下期预计			
	增加	持平	减少	景气指数	增加	持平	减少	景气指数
总体状况	**14**	**58.77**	**27.23**	**86.77**	**14.14**	**58.51**	**27.36**	**86.78**
按行业门类分								
工业	7.92	71.38	20.7	87.23	5.91	76.17	17.92	87.99
建筑业	28.27	47.98	23.75	104.52	30.15	43.46	26.39	103.77
交通运输、仓储及邮电通信业	71.19	28.81	71.19	4	61.07	34.93	69.07	70.13
批发和零售贸易、餐饮业	3.78	40.37	55.85	47.93	2.33	43.71	53.97	48.36
房地产业	30.7	59.56	9.74	120.96	35.75	54.51	9.74	126.01
社会服务业	13.33	62.14	24.52	88.81	6.67	72.14	21.19	85.48
按企业登记注册类型分								
国有企业	7.54	53.5	38.96	68.58	7.61	53.5	38.89	68.72
集体企业	21.02	54.59	24.39	96.63	2.44	62.48	35.08	67.36
有限责任公司	17.2	48.73	34.07	83.12	18.71	61.52	19.77	98.94
股份有限公司	10.08	55.43	34.49	75.59	6.86	57.45	35.69	71.17
外商及港、澳、台投资企业	7.05	73.22	19.73	87.31	15.15	71.17	13.67	101.48
按企业规模分								
大型	6.29	32.66	61.05	45.24	3.29	39.98	56.73	46.56
中型	11.2	65.6	23.2	88	14.4	64	21.6	92.8
小型	13.89	54.17	31.94	81.94	8.33	61.11	30.56	77.78

15－20　按不同类型分的企业家信心状况

（2001年三季度）

	本期情况				下期预计			
	乐观	一般	不乐观	指数	乐观	一般	不乐观	指数
总体状况	**25.76**	**57.23**	**17.01**	**108.75**	**31.57**	**50.42**	**18.01**	**113.55**
按行业门类分								
工业	27.98	54.27	17.75	110.24	33.23	44.93	21.83	111.4
建筑业	13.4	70.89	15.71	97.69	22.28	62.72	15	107.28
交通运输、仓储及邮电通信业	37.14	50.36	12.5	124.64	22.96	52.04	25	97.96
批发和零售贸易、餐饮业	9.88	47.36	42.76	67.12	14.53	42.56	42.92	71.61
房地产业	46.15	53.85		146.15	50.92	49.08		150.92
社会服务业	20	66.67	13.33	106.67	45.48	51.19	3.33	142.14
按企业登记注册类型分								
国有企业	20.25	44.59	35.16	85.09	26.25	37.92	35.83	90.41
集体企业	14.72	62.78	22.5	92.22	22.22	52.78	25	97.22
有限责任公司	19.63	71.12	9.25	110.38	23.05	68.55	8.41	114.64
股份有限公司	36.83	44.86	18.31	118.53	36.83	43.9	19.26	117.57
外商及港、澳、台投资企业	31.29	56.25	12.46	118.83	42.01	39.47	18.52	123.5
按企业规模分								
大型	16.49	26.13	57.38	59.11	17.09	24.37	58.53	58.56
中型	23.39	62.1	14.52	108.87	33.06	50	16.94	116.13
小型	13.89	65.28	20.83	93.06	25	51.39	23.61	101.39

15－21　按不同类型分的综合经营状况

（2001年三季度）

	本期情况				下期预计			
	良好	一般	不佳	指数	良好	一般	不佳	指数
总体状况	**30.36**	**58.66**	**10.98**	**119.38**	**40.33**	**49.94**	**9.73**	**130.6**
按行业门类分								
工业	34.12	55.03	10.85	123.27	42.02	49.59	8.39	133.63
建筑业	36.15	63.85		136.15	56.65	39.78	3.57	153.07
交通运输、仓储及邮电通信业	43.98	36.02	20	123.98	26.34	48.66	25	101.34
批发和零售贸易、餐饮业	18.25	67.47	14.29	103.96	16.62	76.24	7.14	109.48
房地产业	35.39	64.61		135.39	49.68	50.32		149.68
社会服务业	14.29	64.97	20.75	93.54	50.68	35.03	14.29	136.4
按企业登记注册类型分								
国有企业	23.83	66.33	9.83	114	26.01	66.12	7.87	118.14
集体企业	22.3	60.31	17.39	104.91	28.07	54.54	17.39	110.68
有限责任公司	35.26	61.29	3.45	131.82	58.2	41.8		158.2
股份有限公司	50.23	38.92	10.84	139.39	51.83	43.49	4.69	147.14
外商及港、澳、台投资企业	42.43	47.57	10	132.43	57.43	32.57	10	147.43
按企业规模分								
大型	23.26	72.82	3.92	119.34	24.92	72.17	2.91	122
中型	28.13	57.81	14.06	114.06	42.19	46.88	10.94	131.25
小型	15.91	65.91	18.18	97.73	31.82	50	18.18	113.64

15-22 按不同类型的分的企业生产情况

(2001年三季度)

	本期情况				下期预计			
	增加	持平	减少	指数	增加	持平	减少	指数
总体状况	**38.3**	**41.9**	**19.81**	**118.49**	**38.34**	**43.41**	**18.25**	**120.08**
按行业门类分								
工业	41.8	24.63	33.57	108.24	39.1	43.04	17.86	121.24
建筑业	43.35	43.03	13.63	129.72	22.92	67.08	10	112.92
交通运输、仓储及邮电通信业	30.6	52.73	16.67	113.94	26.6	52.57	20.83	105.77
批发和零售贸易、餐饮业	23.52	57	19.48	104.04	21.4	25.86	52.74	68.66
房地产业	61.69	24.03	14.29	147.4	54.51	40.73	4.76	149.74
社会服务业	28.81	50	21.19	107.62	65.48	31.19	3.33	162.14
按企业登记注册类型分								
国有企业	32.47	48.99	18.54	113.93	31.18	34.22	34.59	96.59
集体企业	26.58	36.6	36.82	89.77	20	50.68	29.32	90.68
有限责任公司	40.8	37.71	21.49	119.31	42.87	50.9	6.23	136.64
股份有限公司	41.12	39.11	19.77	121.35	34.54	55.46	10	124.54
外商及港、澳、台投资企业	36.21	31.94	31.86	104.35	46.85	28.9	24.24	122.61
按企业规模分								
大型	24.7	59.62	15.68	109.02	23.68	22.97	53.35	70.33
中型	36.29	42.74	20.97	115.32	37.1	46.77	16.13	120.97
小型	29.17	34.72	36.11	93.06	30.56	45.83	23.61	106.94

15-23 按不同类型分的企业税后利润情况

(2001年三季度)

	本期情况				下期预计			
	增加	持平	减少	指数	增加	持平	减少	指数
总体状况	**30.5**	**37.72**	**31.78**	**98.73**	**34.05**	**47.81**	**18.15**	**115.9**
按行业门类分								
工业	43.2	27.25	29.55	113.66	38.08	41.72	20.2	117.88
建筑业	24.46	45.27	30.27	94.19	32.22	54.94	12.83	119.39
交通运输、仓储及邮电通信业	31.65	45.73	22.62	109.03	24.08	38.84	37.08	87
批发和零售贸易、餐饮业	25.4	17.54	57.06	68.34	20.08	64.46	15.46	104.63
房地产业	44.98	40.52	14.5	130.48	44.98	45.49	9.52	135.46
社会服务业	13.33	50	36.67	76.67	44.83	41.38	13.79	131.03
按企业登记注册类型分								
国有企业	29.01	26.52	44.47	84.55	30.52	53.77	15.71	114.81
集体企业	24.08	30.64	45.28	78.81	19.08	51.6	29.32	89.77
有限责任公司	28.14	43.49	28.37	99.77	46.27	50.1	3.63	142.64
股份有限公司	55.23	29.08	15.69	139.53	37.15	50.06	12.79	124.36
外商及港、澳、台投资企业	26.78	34.89	38.33	88.45	33.18	36.52	30.3	102.87
按企业规模分								
大型	24.9	14.94	60.15	64.75	24.01	67.05	8.93	115.08
中型	29.84	39.52	30.65	99.19	33.06	50	16.94	116.13
小型	22.54	33.8	43.66	78.87	29.58	43.66	26.76	102.82

15－24　按不同类型分的企业流动资金情况

（2001 年三季度）

	本期情况				下期预计			
	充足	一般	紧张	指数	充足	一般	紧张	指数
总 体 状 况	**5.38**	**37.15**	**57.47**	**47.91**	**4.64**	**37.71**	**57.66**	**46.98**
按行业门类分								
工业	7.32	37.62	55.06	52.27	6.5	43.55	49.96	56.54
建筑业	0.79	35.53	63.68	37.12	2.5	40.98	56.52	45.98
交通运输、仓储及邮电通信业	4.17	44.23	51.6	52.57		44.23	55.77	44.23
批发和零售贸易、餐饮业	5.69	16.93	77.37	28.32	3.37	14.61	82.03	21.34
房地产业	14.29	45.28	40.44	73.85	15.46	39.56	44.98	70.48
社会服务业		43.33	56.67	43.33		43.33	56.67	43.33
按企业登记注册类型分								
国有企业	4.17	27.66	68.17	36	2.73	30.84	66.43	36.3
集体企业		33.4	66.6	33.4	2.5	33.4	64.1	38.4
有限责任公司	11.01	31.54	57.44	53.57	8.26	33.86	57.88	50.39
股份有限公司	6.25	48.65	45.11	61.14	9.02	45.07	45.9	63.12
外商及港、澳、台投资企业	16.78	54.96	28.26	88.52	13.75	64.05	22.2	91.55
按企业规模分								
大型	3.39	14.4	82.21	21.18	3.16	16.47	80.37	22.78
中型	8.06	41.13	50.81	57.26	4.84	44.35	50.81	54.03
小型	5.56	34.72	59.72	45.83	8.33	34.72	56.94	51.39

15－25　按不同类型分企业货款拖欠情况

（2001 年三季度）

	本期情况				下期预计			
	减少	持平	增加	指数	减少	持平	增加	指数
总 体 状 况	**13.77**	**61.2**	**25.03**	**88.74**	**16.31**	**68.6**	**15.09**	**101.23**
按行业门类分								
工业	17.64	57.95	24.41	93.23	16.65	69.81	13.54	103.12
建筑业	15.21	48.12	36.67	78.54	12.5	56.02	31.48	81.02
交通运输、仓储及邮电通信业	0.73	62.34	36.93	63.8	9.06	66.51	24.43	84.64
批发和零售贸易、餐饮业	10	49.96	40.04	69.96	14.65	79.98	5.37	109.28
房地产业	23.46	71.54	5	118.46	20	75	5	115
社会服务业	15.56	77.3	7.14	108.42	25	64.29	10.71	114.29
按企业登记注册类型分								
国有企业	8.82	50.61	40.57	68.25	14.38	72.76	12.85	101.53
集体企业	29.62	36.17	34.21	95.41	27.94	61.53	10.53	117.41
有限责任公司	18.96	59.88	21.16	97.8	15.73	63.94	20.33	95.4
股份有限公司	24.81	65.62	9.57	115.25	26.35	69.87	3.79	122.56
外商及港、澳、台投资企业	20.72	64.13	15.15	105.57	18.34	69.54	12.12	106.21
按企业规模分								
大型	10.35	30.26	59.39	50.96	11.49	79.83	8.69	102.8
中型	15.45	60.16	24.39	91.06	16.26	69.92	13.82	102.44
小型	18.84	59.42	21.74	97.1	21.74	65.22	13.04	108.7

15-26 按不同类型分的企业固定资产投资情况

(2001年三季度)

分类	本期实际				下期预计			
	增加	持平	减少	景气指数	增加	持平	减少	景气指数
总体状况	**25.11**	**59.78**	**15.11**	**110**	**21.36**	**66.69**	**11.95**	**109.4**
按行业门类分								
工业	28.03	60.84	11.13	116.9	30.44	59.57	9.99	120.45
建筑业	26.04	54.62	19.35	106.69	20.25	63.94	15.81	104.43
交通运输、仓储及邮电通信业	26.72	56.61	16.67	110.05	26.4	52.77	20.83	105.56
批发和零售贸易、餐饮业	5.65	58.96	35.39	70.26	2.22	92.47	5.31	96.91
房地产业	37.88	62.12		137.88	25.93	69.3	4.76	121.17
社会服务业	26.36	65.52	8.13	118.23	22.91	62.07	15.02	107.88
按企业登记注册类型分								
国有企业	17.96	50.34	31.7	86.27	18.42	72.88	8.7	109.72
集体企业	17.25	59.67	23.08	94.17	14.69	61.26	24.06	90.63
有限责任公司	21.79	65.93	12.28	109.52	15.58	74.67	9.75	105.84
股份有限公司	13.93	81.56	4.51	109.43	16.46	67.57	15.98	100.48
外商及港、澳、台投资企业	29.89	67.08	3.03	126.86	29.49	62.58	7.93	121.55
按企业规模分								
大型	14.64	31.55	53.82	60.82	14.54	81.79	3.68	110.86
中型	21.95	69.11	8.94	113.01	21.31	69.67	9.02	112.3
小型	16.9	63.38	19.72	97.18	9.86	66.2	23.94	85.92

15-27 按不同类型分的企业劳动力需求情况

(2001年三季度)

分类	本期实际				下期预计			
	增加	持平	减少	景气指数	增加	持平	减少	景气指数
总体状况	**15.13**	**60.93**	**23.94**	**91.18**	**18.11**	**55.12**	**26.77**	**91.34**
按行业门类分								
工业	9.19	70.45	20.36	88.82	8.76	75.97	15.27	93.48
建筑业	23.58	55.08	21.34	102.25	22.6	56.07	21.34	101.26
交通运输、仓储及邮电通信业	5.61	72.71	21.68	83.93		64.46	35.54	64.46
批发和零售贸易、餐饮业	6.2	33.02	60.78	45.42	8.52	33.7	57.78	50.75
房地产业	30.7	64.33	4.98	125.72	35.46	55.02	9.52	125.93
社会服务业	15.48	70	14.52	100.95	33.33	45.48	21.19	112.14
按企业登记注册类型分								
国有企业	10.77	49.17	40.05	70.72	11.95	45.85	42.2	69.75
集体企业	6.58	56.6	36.82	69.77	7.5	58.18	34.32	73.18
有限责任公司	12.85	64.98	22.17	90.68	21.08	70.23	8.7	112.38
股份有限公司	1.45	72.82	25.72	75.73	8.64	70.16	21.2	87.44
外商及港、澳、台投资企业	16.47	74.44	9.09	107.38	19.5	71.41	9.09	110.41
按企业规模分								
大型	6.18	37.63	56.18	50	5.34	41.97	52.68	52.66
中型	13.71	66.94	19.35	94.35	12.1	66.94	20.97	91.13
小型	4.17	58.33	37.5	66.67	26.39	41.67	31.94	94.44

15－28 按不同类型的企业家信心状况

（2001年四季度）

分　　类	本期情况				下期预计			
	乐观	一般	不乐观	景气指数	乐观	一般	不乐观	景气指数
总体状况	**29.82**	**49.01**	**21.17**	**108.64**	**29.04**	**48.72**	**22.24**	**106.8**
按行业门类分								
工业	31.31	51.13	17.56	113.76	36.67	45.56	17.77	118.89
建筑业	14.39	71.64	13.98	100.41	15.51	64.77	19.72	95.79
交通运输、仓储及邮电通信业	32.97	42.03	25	107.97	18.79	47.87	33.33	85.46
批发和零售贸易、餐饮业	11.29	36.68	52.03	59.26	16.54	28.97	54.48	62.06
房地产业	55.68	44.32		155.68	48.79	51.21		148.79
社会服务业	33.25	48.28	18.47	114.78	37.93	53.94	8.13	129.8
按企业登记注册类型分								
国有企业	26.95	36.63	36.42	90.53	28.09	33.41	38.5	89.59
集体企业	8.62	63.18	28.21	80.41	14.73	57.07	28.21	86.52
有限责任公司	18.7	66.69	14.61	104.09	29.57	56.11	14.32	115.24
股份有限公司	44.3	45.94	9.75	134.55	40.65	45	14.35	126.3
外商及港、澳、台投资企业	26.02	58.36	15.63	110.39	37.5	50	12.5	125
按企业规模分								
大型	15.74	26.99	57.27	58.47	16.39	25.84	57.76	58.63
中型	29.75	50.41	19.83	109.92	34.71	42.15	23.14	111.57
小型	15.49	61.97	22.54	92.96	26.76	53.52	19.72	107.04

15－29 按不同类型的企业综合经营状况

（2001年四季度）

分　　类	本期情况				下期预计			
	良好	一般	不佳	景气指数	良好	一般	不佳	景气指数
总体状况	**26.75**	**58.8**	**14.45**	**112.3**	**27.24**	**56.42**	**16.34**	**110.89**
按行业门类分								
工业	37.36	50.79	11.85	125.51	38.89	51.74	9.38	129.51
建筑业	31.72	47.77	20.51	111.21	27.04	56.42	16.54	110.5
交通运输、仓储及邮电通信业	27.13	56.21	16.67	110.46	22.96	44.72	32.32	90.64
批发和零售贸易、餐饮业	10.84	75.21	13.95	96.88	13.76	79.27	6.98	106.78
房地产业	27.11	53.85	19.05	108.06	36.63	44.32	19.05	117.58
社会服务业	26.36	68.97	4.68	121.68	24.14	62.07	13.79	110.34
按企业登记注册类型分								
国有企业	21.56	67.46	10.99	110.57	22.06	68.14	9.8	112.26
集体企业	6.75	65.04	28.21	78.55	15.1	59.26	25.64	89.46
有限责任公司	38.66	52.65	8.7	129.96	38.4	50.48	11.12	127.28
股份有限公司	46.52	44.53	8.95	137.57	39.68	43.71	16.6	123.08
外商及港、澳、台投资企业	26.1	61.4	12.5	113.6	35.47	55.15	9.38	126.1
按企业规模分								
大型	22.62	76.11	1.27	121.35	20.81	75.89	3.3	117.51
中型	27.27	56.2	16.53	110.74	31.4	52.07	16.53	114.88
小型	12.68	61.97	25.35	87.32	16.9	63.38	19.72	97.18

15-30 按不同类型的企业生产情况

(2001年四季度)

分类	本期情况				下期预计			
	增加	持平	减少	景气指数	增加	持平	减少	景气指数
总体状况	**35.62**	**43.66**	**20.72**	**114.9**	**30.31**	**39.57**	**30.12**	**100.19**
按行业门类分								
工业	46.23	26.66	27.1	119.13	29.96	50.42	19.62	110.34
建筑业	37.16	46.29	16.54	120.62	41.79	38.03	20.18	121.6
交通运输、仓储及邮电通信业	23.28	52.73	23.99	99.29	11.1	23.66	65.24	45.86
批发和零售贸易、餐饮业	26.22	51.69	22.09	104.13	23.1	59.71	17.19	105.91
房地产业	46.37	33.33	20.3	126.07	50.92	24.03	25.06	125.86
社会服务业	34.44	51.27	14.29	120.15	25	41.58	33.42	91.58
按企业登记注册类型分								
国有企业	31.92	51.51	16.57	115.35	22.03	53.67	24.29	97.74
集体企业	21.21	30.77	48.02	73.19	23.36	43.31	33.33	90.03
有限责任公司	44.23	36.98	18.79	125.44	36.55	46.66	16.79	119.76
股份有限公司	43.01	33.62	23.37	119.64	25.22	55.4	19.38	105.84
外商及港、澳、台投资企业	36.97	27.54	35.48	101.49	48.22	25.81	25.97	122.25
按企业规模分								
大型	26.37	63.24	10.39	115.97	17.77	72.09	10.15	107.62
中型	37.5	34.17	28.33	109.17	33.33	40	26.67	106.67
小型	25.35	40.85	33.8	91.55	26.76	43.66	29.58	97.18

15-31 按不同类型分的企业税后利润情况

(2001年四季度)

分类	本期情况				下期预计			
	增加	持平	减少	景气指数	增加	持平	减少	景气指数
总体状况	**31.56**	**37.11**	**31.33**	**100.24**	**23.75**	**46.89**	**29.36**	**94.39**
按行业门类分								
工业	40.63	25.08	34.29	106.34	32.32	40.16	27.52	104.8
建筑业	39.26	32.2	28.54	110.72	24.13	53.86	22.01	102.12
交通运输、仓储及邮电通信业	27.76	47.21	25.03	102.73	10.75	40.78	48.47	62.28
批发和零售贸易、餐饮业	22.55	24.26	53.19	69.37	19.28	62.09	18.63	100.66
房地产业	25.93	49.08	24.98	100.95	31.87	44.32	23.81	108.06
社会服务业	33.25	44.83	21.92	111.33	24.14	40.15	35.71	88.42
按企业登记注册类型分								
国有企业	28.58	28.93	42.5	86.08	22.05	53.09	24.86	97.19
集体企业	18.13	27.32	54.55	63.58	15.12	47.37	37.52	77.6
有限责任公司	29.7	43.68	26.62	103.08	27.81	54.79	17.39	110.42
股份有限公司	57.52	22.71	19.77	137.75	30.71	40.89	28.4	102.31
外商及港、澳、台投资企业	32.35	17.65	50	82.35	44.85	28.47	26.68	118.16
按企业规模分								
大型	26.51	11.3	62.19	64.31	16.37	69.75	13.88	102.49
中型	33.88	32.23	33.88	100	28.1	44.63	27.27	100.83
小型	20.29	36.23	43.48	76.81	21.74	49.28	28.99	92.75

15－32 按不同类型分的企业流动资金情况

（2001年四季度）

分类	本期情况				下期预计			
	充足	一般	紧张	景气指数	充足	一般	紧张	景气指数
总体状况	**6.2**	**42.01**	**51.8**	**54.4**	**3.43**	**40.31**	**56.26**	**47.18**
按行业门类分								
工业	14.6	40.52	44.88	69.72	6.73	51.09	42.18	64.56
建筑业		43.63	56.37	43.63		38.76	61.24	38.76
交通运输、仓储及邮电通信业	4.17	49.13	46.7	57.46		44.96	55.04	44.96
批发和零售贸易、餐饮业	4.26	17.3	78.44	25.82	3.17	17.01	79.82	23.35
房地产业	10.7	42.86	46.45	64.25	10.7	38.31	50.99	59.7
社会服务业	3.45	58.62	37.93	65.52		51.72	48.28	51.72
按企业登记注册类型分								
国有企业	6.96	30.55	62.48	44.48	2.77	35.98	61.25	41.52
集体企业	6.77	41.95	51.28	55.48	0.98	40.04	58.97	42.01
有限责任公司	5.84	46.35	47.81	58.03	4.47	37.28	58.25	46.22
股份有限公司	7.7	44.09	48.21	59.49	10.48	34.94	54.58	55.89
外商及港、澳、台投资企业	14.18	62.92	22.89	91.29	12.5	67.73	19.77	92.73
按企业规模分								
大型	5.65	17.73	76.61	29.04	2.99	16.77	80.24	22.74
中型	7.44	45.45	47.11	60.33	4.96	50.41	44.63	60.33
小型	1.41	46.48	52.11	49.3	5.63	36.62	57.75	47.89

15－33 按不同类型分的企业货款拖欠情况

（2001年四季度）

分类	本期实际				下期预计			
	减少	持平	增加	景气指数	减少	持平	增加	景气指数
总体状况	**16.57**	**60.16**	**23.28**	**93.29**	**19.77**	**63.97**	**16.27**	**103.5**
按行业门类分								
工业	21.65	52.06	26.29	95.36	24.58	62.39	13.03	111.55
建筑业	10.62	62.36	27.02	83.6	12.27	39.21	48.53	63.74
交通运输、仓储及邮电通信业	20.99	62.34	16.67	104.32	20.99	66.51	12.5	108.49
批发和零售贸易、餐饮业	6.92	52.4	40.68	66.23	2.93	88.69	8.38	94.55
房地产业	20	62.54	17.46	102.54	42.46	46.23	11.31	131.15
社会服务业	19.23	69.23	11.54	107.69	15.38	80.77	3.85	111.54
按企业登记注册类型分								
国有企业	12.94	50.33	36.72	76.22	12.85	76.99	10.15	102.7
集体企业	21.05	48.99	29.95	91.1	19.37	56.94	23.68	95.69
有限责任公司	14.7	63.35	21.95	92.74	18.47	57.55	23.98	94.49
股份有限公司	14.9	71.1	13.99	100.91	27.83	66.61	5.56	122.28
外商及港、澳、台投资企业	30.68	42.46	26.86	103.83	31.74	58.59	9.68	122.06
按企业规模分								
大型	12.95	31.54	55.51	57.44	10.04	82.5	7.46	102.57
中型	16.24	61.54	22.22	94.02	19.66	64.1	16.24	103.42
小型	26.47	48.53	25	101.47	20.59	58.82	20.59	100

15－34　按不同类型分的企业固定资产投资情况

（2001年四季度）

分　　类	本期实际				下期预计			
	增加	持平	减少	景气指数	增加	持平	减少	景气指数
总体状况	**18.8**	**63.86**	**17.34**	**101.46**	**18.4**	**64.94**	**16.66**	**101.75**
按行业门类分								
工业	21.98	59.48	18.54	103.44	15.13	66.96	17.91	97.22
建筑业	22.76	57.51	19.72	103.04	10.51	70.71	18.78	91.73
交通运输、仓储及邮电通信业	11.15	72.18	16.67	94.49	22.96	60.37	16.67	106.29
批发和零售贸易、餐饮业	2.26	87.75	9.99	92.27	1.44	91.42	7.14	94.3
房地产业	20.22	49.08	30.7	89.52	25.93	53.77	20.3	105.64
社会服务业	34.44	57.14	8.42	126.02	34.44	46.43	19.13	115.31
按企业登记注册类型分								
国有企业	16.26	71.4	12.34	103.93	12.77	73.09	14.15	98.62
集体企业	12.78	60.2	27.03	85.75	8.11	71.01	20.89	87.22
有限责任公司	12.09	72.33	15.58	96.51	10.87	80.18	8.95	101.92
股份有限公司	18.04	68.93	13.03	105.01	12.18	71.86	15.96	96.22
外商及港、澳、台投资企业	25	64.61	10.39	114.61	21.45	72.3	6.25	115.2
按企业规模分								
大型	8.92	82.25	8.83	100.09	9.53	81.28	9.19	100.34
中型	20.66	62.81	16.53	104.13	16.53	66.94	16.53	100
小型	13.24	64.71	22.06	91.18	10.29	70.59	19.12	91.18

15－35　按不同类型分的企业劳动力需求情况

（2001年四季度）

分　　类	本期实际				下期预计			
	增加	持平	减少	景气指数	增加	持平	减少	景气指数
总 体 状 况	**14.82**	**54.01**	**31.18**	**83.64**	**14.25**	**55.28**	**30.47**	**83.78**
按行业门类								
工业	9.21	66.41	24.38	84.83	11.75	74.96	13.29	98.46
建筑业	18.41	44.99	36.61	81.8	18.92	50.87	30.2	88.72
交通运输、仓储及邮电通信业	1.45	72.71	25.85	75.6	4.17	51.21	44.72	59.45
批发和零售贸易、餐饮业	4.92	32.29	62.79	42.13	4.88	37.95	57.17	47.7
房地产业	35.46	49.01	15.53	119.92	35.46	49.01	15.53	119.92
社会服务	19.46	58.62	21.92	97.54	10.34	67.74	21.92	88.42
按企业登记注册类型								
国有企业	8.8	47.94	43.25	65.55	8.34	52.6	39.06	69.28
集体企业	10.91	35.94	53.15	57.77	7.97	48.44	43.59	64.39
有限责任公司	11.66	65.07	23.26	88.4	19.83	64.9	15.22	104.61
股份有限公司	9.79	71.4	18.81	90.97	2.78	77.93	19.29	83.49
外商及港、澳、台投资企业	23.24	61.14	15.63	107.61	26.02	64.61	9.38	116.64
按企业规模分								
大型	7.32	35.16	57.52	49.8	3.22	43.27	53.5	49.72
中型	15.7	54.55	29.75	85.95	17.36	59.5	23.14	94.21
小型	8.57	50	41.43	67.14	11.43	55.71	32.86	78.57

15－36 建立现代企业制度重点企业主要经济指标(一)

单位:万元

项目	单位数	注册资本金					
		合计	国家资本	集体资本	法人资本	个人资本	外商资本
总　计	**78**	**1035575**	**726731**	**16975**	**195831**	**90829**	**5209**
按控股情况分							
国有及国有控股	57	877778	726124	814	103096	43545	4199
国有绝对控股	46	832780	712835	100	92164	26594	1087
国有相对控股		44998	13289	714	10932	16951	3112
集体控股	6	67455	98	16161	48562	2634	
集体绝对控股	3	15600		15600			
集体相对控股	3	51855	98	561	48562	2634	
其他	15	90342	509		44173	44650	1010
按主营行业分							
农、林、牧、渔业	1	5000		5000			
工业	50	808955	551574	11261	156639	85292	4189
采掘业	2	97883	89883			8000	
制造业	45	616681	375300	11261	148639	77292	4189
电气水的生产和供应业	3	94391	86391		8000		
建筑业	4	33018	28886		4132		
运输邮电业	1	15000	15000				
批发零售贸易餐饮业	7	55063	50824	714	1832	1693	
金融保险业	2	21100	20000		1100		
房地产业	4	35206	1906		29804	2476	1020
其他	9	62233	58541		2324	1368	
按登记注册类型分							
国有企业	15	336932	327912		9020		
公司制企业	62	694312	394488	16975	186811	90829	5209
国有独资公司	14	271123	262552	100		8404	67
其他有限责任公司	20	146179	61227	15600	62281	6051	1020
股份有限公司	26	267313	68163	1275	124530	73345	
港澳台合资企业	2	9697	2546			3029	4122
其他	1	4331	4331				
按企业规模分							
特大型	1	130397	130397				
大型	45	708898	523904	6414	122952	52449	3179
中型	20	125704	23099	561	71745	29279	1020
小型	5	15135		5000	824	8301	1010
其他	7	55441	49331	5000	310	800	

15-36 续表 1 单位:万元

项目	年末资产总计			固定资产原值			累计折旧		
	2000 年	2001 年	2001 年比 2000 年±%	2000 年	2001 年	2001 年比 2000 年±%	2000 年	2001 年	2001 年比 2000 年±%
总计	**6866285**	**7079997**	**3.11**	**2965151**	**2897417**	**-2.28**	**882378**	**953050**	**8.01**
按控股情况分									
国有及国有控股	6305037	6440226	2.14	2688836	2577665	-4.13	829324	885018	6.72
国有绝对控股	5952480	6087904	2.28	2534475	2414331	-4.74	786770	834892	6.12
国有相对控股	352557	352322	-0.07	154361	163334	5.81	42554	50126	17.79
集体控股	279526	283230	1.33	150488	170840	13.52	32151	40971	27.43
集体绝对控股	258653	263157	1.74	133772	154023	15.14	23895	32023	34.02
集体相对控股	20873	20073	-3.83	16716	16817	0.6	8256	8948	8.38
其他	281722	356541	26.56	125827	148912	18.35	20903	27061	29.46
按主营行业分									
农、林、牧、渔业	94135	91207	-3.11	32576	40832	25.34	2949	3798	28.79
工业	4532983	4616032	1.83	2704104	2606313	-3.62	826548	888741	7.52
采掘业	637570	702365	10.16	337639	367308	8.79	78925	88915	12.66
制造业	3479966	3431640	-1.39	2102452	1960532	-6.75	675313	716454	6.09
电气水的生产和供应业	415447	482027	16.03	264013	278473	5.48	72310	83372	15.3
建筑业	158959	179636	13.01	31466	39862	26.68	14142	14948	5.7
运输邮电业	118362	119971	1.36	88465	89500	1.17	16213	16981	4.74
批发零售贸易餐饮业	203725	271136	33.09	58833	65234	10.88	10800	13402	24.09
金融保险业	373074	307781	-17.5	21661	21361	-1.38	6916	8161	18
房地产业	84184	79721	-5.3	11948	15411	28.98	1763	3029	71.81
其他	1300863	1414513	8.74	16098	18904	17.43	3047	3990	30.95
按登记注册类型分									
国有企业	2305628	2181119	-5.4	1260594	1087609	-13.72	376312	379818	0.93
公司制企业	4560657	4825397	5.8	1704557	1802324	5.74	506066	571413	12.91
国有独资公司	2254582	2449248	8.63	731873	762581	4.2	217252	238123	9.61
其他有限责任公司	1227603	1254281	2.17	420870	458007	8.82	105385	129093	22.5
股份有限公司	1037343	1079232	4.04	537206	565559	5.28	176671	197047	11.53
港澳台合资企业	41129	42636	3.66	14608	16177	10.74	6758	7150	5.8
其他		73481			7484			1819	
按企业规模分									
特大型	808910	548769	-32.16	591692	384579	-35	194611	170785	-12.24
大型	4106129	4361765	6.23	2044723	2140726	4.7	615083	685152	11.39
中型	507068	542633	7.01	219503	237733	8.31	57529	74705	29.86
小型	121874	129438	6.21	37147	50376	35.61	3779	5363	41.92
其他	1322304	1497392	13.24	72086	84003	16.53	11376	17045	49.83

15－36　续表 2　　单位:万元

项　　目	累计对外投资			存货			流动资产年平均余额		
	2000 年	2001 年	2001 年比 2000 年 ± %	2000 年	2001 年	2001 年比 2000 年 ± %	2000 年	2001 年	2001 年比 2000 年 ± %
总　　计	**617803**	**705741**	**14.23**	**573493**	**729010**	**27.12**	**2664422**	**2890998**	**8.5**
按控股情况分									
国有及国有控股	613729	699678	14	486242	635579	30.71	2394203	2593364	8.32
国有绝对控股	599016	693103	15.71	424426	570697	34.46	2245187	2405382	7.14
国有相对控股	14713	6575	－55.31	61816	64882	4.96	149016	187982	26.15
集体控股	14	14		54159	53929	－0.42		142488	－1.85
集体绝对控股				48830	49831	2.05	135202	131949	－2.41
集体相对控股	14	14		5329	4098	－23.1	9966	10539	5.75
其他	4060	6049	48.99	33092	39502	19.37	125051	155146	24.07
按主营行业分									
农、林、牧、渔业				12068	11743	－2.69	50758	49278	－2.92
工业	138652	131077	－5.46	490776	651881	32.83	1827334	1980546	8.38
采掘业	5500	6354	15.53	27349	31399	14.81	275653	305040	10.66
制造业	88248	81481	－7.67	455584	609060	33.69	1403348	1498302	6.77
电气水的生产和供应业	44904	43242	－3.7	7843	11422	45.63	148333	177204	19.46
建筑业	3642	4260	16.97	25602	28995	13.25	75095	84808	12.93
运输邮电业				2329	2450	5.2	31170	33976	9
批发零售贸易餐饮业	19797	40640	105.28	11985	8789	－26.67	100325	113403	13.04
金融保险业	7439	7437	－0.03				264685	292793	10.62
房地产业	1359	1359		18304	12757	－30.3	58463	54873	－6.14
其他	446914	520968	16.57	12429	12395	－0.27	256592	281321	9.64
按登记注册类型分									
国有企业	62922	64927	3.19	184384	327404	77.57	968737	1028986	6.22
公司制企业	554881	619404	11.63	389109	401606	3.21	1695685	1836473	8.3
国有独资公司	447618	523246	16.9	110197	107726	－2.24	548145	578310	5.5
其他有限责任公司	32408	29379	－9.35	123327	133711	8.42	676563	760331	12.38
股份有限公司	71310	63234	－11.33	146754	152000	3.57	446499	472849	5.9
港澳台合资企业	3545	3545		8831	8169	－7.5	24478	24983	2.06
其他		21410						25539	
按企业规模分									
特大型	15819	15847	0.18	83759	84996	1.48	229532	206475	－10.05
大型	144182	145210	0.71	368411	514662	39.7	1886734	2032041	7.7
中型	30106	19034	－36.78	78802	79675	1.11	221013	293877	32.97
小型	3277	3252	－0.76	16384	21775	32.9	63974	67801	5.98
其他	424419	522398	23.09	26137	27902	6.75	263169	290804	10.5

15-36 续表 3 单位:万元

项目	年末负债合计			流动负债			年末股东(所有者)权益合计		
	2000年	2001年	2001年比2000年±%	2000年	2001年	2001年比2000年±%	2000年	2001年	2001年比2000年±%
总　计	**4694402**	**4795550**	**2.15**	**2881204**	**3119599**	**8.27**	**2171883**	**2284447**	**5.18**
按控股情况分									
国有及国有控股	4361178	4407964	1.07	2619810	2774934	5.92	1943859	2032262	4.55
国有绝对控股	4130953	4174320	1.05	2458959	2600084	5.74	1821527	1913584	5.05
国有相对控股	230225	233644	1.49	160851	174850	8.7	122332	118678	-2.99
集体控股	159883	162988	1.94	100469	130132	29.52	119643	120242	0.5
集体绝对控股	145069	148428	2.32	92146	122046	32.45	113584	114729	1.01
集体相对控股	14814	14560	-1.71	8323	8086	-2.85	6059	5513	-9.01
其他	173341	224598	29.57	160925	214533	33.31	108381	131943	21.74
按主营行业分									
农、林、牧、渔业	43558	43575	0.04	42667	42759	0.22	50577	47632	-5.82
工业	3039374	3048873	0.31	2065047	2306889	11.71	1493609	1567159	4.92
采掘业	427524	481474	12.62	316922	308724	-2.59	210046	220891	5.16
制造业	2398163	2298718	-4.15	1617864	1815666	12.23	1081803	1132922	4.73
电气水的生产和供应业	213687	268681	25.74	130261	182499	40.1	201760	213346	5.74
建筑业	97283	112096	15.23	77764	90395	16.24	61676	67540	9.51
运输邮电业	54966	56581	2.94	16099	17255	7.18	63396	63390	-0.01
批发零售贸易餐饮业	180761	220239	21.84	155219	196341	26.49	22964	50897	121.64
金融保险业	350139	295555	-15.59	349992	295410	-15.6	22935	12226	-46.69
房地产业	47427	45738	-3.56	45115	41886	-7.16	36757	33983	-7.55
其他	880894	972893	10.44	129301	128664	-0.49	419969	441620	5.16
按登记注册类型分									
国有企业	1606427	1477729	-8.01	1043280	1164946	11.66	699201	703390	0.6
公司制企业	3087975	3272594	5.98	1837924	1909426	3.89	1472682	1552803	5.44
国有独资公司	1554847	1688905	8.62	567730	552253	-2.73	699735	760343	8.66
其他有限责任公司	880220	903446	2.64	730036	784818	7.5	347383	350835	0.99
股份有限公司	615338	639748	3.97	509015	538117	5.72	422005	439484	4.14
港澳台合资企业	37570	40495	7.79	31143	34238	9.94	3559	2141	-39.84
其他		45227			45227			28254	
按企业规模分									
特大型	561141	300477	-46.45	257573	244236	-5.18	247769	248292	0.21
大型	2889265	3078824	6.56	2238044	2399082	7.2	1216864	1282941	5.43
中型	280601	312845	11.49	204556	242241	18.42	226467	229788	1.47
小型	65337	70961	8.61	60001	66327	10.54	56537	58477	3.43
其他	898058	1032443	14.96	121030	167713	38.57	424246	464949	9.59

15－36　续表 4　　单位:万元

项　　目	主营业务收入			主营业务成本			主营业务税金及附加		
	2000 年	2001 年	2001 年比2000 年±%	2000 年	2001 年	2001 年比2000 年±%	2000 年	2001 年	2001 年比2000 年±%
总　　计	**2491056**	**2375262**	**－4.65**	**1705876**	**1775459**	**4.08**	**113057**	**121918**	**7.84**
按控股情况分									
国有及国有控股	2129480	1975171	－7.25	1437743	1476263	2.68	102865	112630	9.49
国有绝对控股	1932939	1741190	－9.92	1274148	1284690	0.83	101889	111471	9.4
国有相对控股	196541	233981	19.05	163595	191573	17.1	976	1159	18.75
集体控股	184048	191756	4.19	126082	131968	4.67	7302	6666	－8.71
集体绝对控股	166638	173643	4.2	111785	115452	3.28	7284	6622	－9.09
集体相对控股	17410	18113	4.04	14297	16516	15.52	18	44	144.44
其他	177528	208335	17.35	142051	167228	17.72	2890	2622	－9.27
按主营行业分									
农、林、牧、渔业	18521	17296	－6.61	7515	8045	7.05	152	160	5.26
工业	2011197	2030822	0.98	1450925	1510593	4.11	103696	111122	7.16
采掘业	89939	126810	41	65607	89899	37.03	1659	2131	28.45
制造业	1797063	1749082	－2.67	1296344	1307298	0.84	101355	107945	6.5
电气水的生产和供应业	124195	154930	24.75	88974	113396	27.45	682	1046	53.37
建筑业	112854	164555	45.81	102056	150792	47.75	2676	4264	59.34
运输邮电业	170389	21663	－87.29	12192	15833	29.86	459	599	30.5
批发零售贸易餐饮业	72579	29107	－59.9	69755	26884	－61.46	89	132	48.31
金融保险业	29465	16613	－43.62	14837	16285	9.76	2575	1273	－50.56
房地产业	25858	28491	10.18	17642	18576	5.29	1343	1587	18.17
其他	50193	66715	32.92	30954	28451	－8.09	2067	2781	34.54
按登记注册类型分									
国有企业	1090056	835908	－23.32	583312	551781	－5.41	91708	99692	8.71
公司制企业	1401000	1538892	9.84	1122564	1223678	9.01	21349	22200	3.99
国有独资公司	427928	440289	2.89	363351	359170	－1.15	2952	3646	23.51
其他有限责任公司	487777	558581	14.52	369705	425181	15.01	13767	14478	5.16
股份有限公司	478020	534572	11.83	382670	434625	13.58	4630	4076	－11.97
港澳台合资企业	7275	5450	－25.09	6838	4702	－31.24			
其他		462						26	
按企业规模分									
特大型	454887	302413	－33.52	263813	224205	－15.01	4839	2829	－41.54
大型	1577061	1556498	－1.3	1098517	1172665	6.75	104137	114165	9.63
中型	279291	319722	14.48	217261	246107	13.28	2305	2964	28.59
小型	29952	44257	47.76	15083	27939	85.24	263	359	36.5
其他	149865	152372	1.67	111202	104543	－5.99	1513	1601	5.82

15-36 续表 5 单位:万元

项　目	存货跌损和营、管、财等费用			税金			投资收益		
	2000 年	2001 年	2001 年比 2000 年±%	2000 年	2001 年	2001 年比 2000 年±%	2000 年	2001 年	2001 年比 2000 年±%
总　计	**472543**	**667506**	**41.26**	**7156**	**5674**	**-20.71**	**6700**	**13176**	**96.66**
按控股情况分									
国有及国有控股	406695	589829	45.03	5865	5026	-14.31	6400	11544	80.38
国有绝对控股	378960	553898	46.16	5551	4686	-15.58	4967	10983	121.12
国有相对控股	27735	35931	29.55	314	340	8.28	1433	561	-60.85
集体控股	40571	47052	15.97	1181	18	-98.48	2		-100
集体绝对控股	38613	45023	16.6	1162		-100			
集体相对控股	1958	2029	3.63	19	18	-5.26	2		-100
其他	25277	30625	21.16	110	630	472.73	298	1632	447.65
按主营行业分									
农、林、牧、渔业	6410	5989	-6.57						
工业	397452	591226	48.75	6437	4757	-26.1	4390	9051	106.17
采掘业	26103	29880	14.47	206	297	44.17	493	-513	-204.06
制造业	347905	534128	53.53	4724	4297	-9.04	1000	5305	430.5
电气水的生产和供应业	23444	27218	16.1	1507	163	-89.18	2897	4259	47.01
建筑业	11919	13298	11.57	355	489	37.75	10		-100
运输邮电业	4041	4738	17.25	126	135	7.14	43	-35	-181.4
批发零售贸易餐饮业	8420	7465	-11.34	102	101	-0.98	-33	1786	-5512.1
金融保险业	20740	20638	-0.49	76	50	-34.21	1127	581	-48.45
房地产业	8741	8692	-0.56	26	33	26.92	340	564	65.88
其他	14820	15460	4.32	34	109	220.59	823	1229	49.33
按登记注册类型分									
国有企业	213651	377919	76.89	1765	1771	0.34	-654	2507	-483.33
公司制企业	258892	288537	11.45	5391	3903	-27.6	7354	9649	31.21
国有独资公司	73907	75036	1.53	2014	1630	-19.07	-45	1579	-3608.9
其他有限责任公司	109460	130136	18.89	1959	1400	-28.53	2223	3950	77.69
股份有限公司	73216	80947	10.56	1418	873	-38.43	5176	4120	-20.4
港澳台合资企业	2309	2418	4.72						
其他		1050						1020	
按企业规模分									
特大型	130294	265930	104.1	923	567	-38.57	-2198	124	-105.64
大型	254015	295841	16.47	4564	4042	-11.44	6826	9013	32.04
中型	46134	53728	16.46	493	1051	113.18	2102	2783	32.4
小型	9090	11227	23.51	1	2	100	-30	-29	-3.33
其他	33010	40780	23.54	1175	12	-98.98		1285	0

15－36 续表6 单位:万元

项目	利润总额			应交所得税		
	2000年	2001年	2001年比2000年±%	2000年	2001年	2001年比2000年±%
总计	**118250**	**102761**	**－13.1**	**43741**	**54682**	**25.01**
按控股情况分						
国有及国有控股	82039	80801	－1.51	35428	49016	38.35
国有绝对控股	73093	73761	0.91	32991	46136	39.84
国有相对控股	8946	7040	－21.31	2437	2880	18.18
集体控股	18709	6392	－65.83	3939	2179	－44.68
集体绝对控股	19376	6967	－64.04	3904	2173	－44.34
集体相对控股	－667	－575	－13.79	35	6	－82.86
其他	17502	15568	－11.05	4374	3487	－20.28
按主营行业分						
农、林、牧、渔业	4978	3163	－36.46	794	444	－44.08
工业	101732	78674	－22.67	36586	49540	35.41
采掘业	－2946	4432	－250.44	422	22202	5161.14
制造业	87608	57029	－34.9	33623	23926	－28.84
电气水的生产和供应业	17070	17213	0.84	2541	3412	34.28
建筑业	668	743	11.23	216	244	12.96
运输邮电业	－2	－5	150			
批发零售贸易餐饮业	－4754	－2447	－48.53	25		－100
金融保险业	12317	－1059	－108.6	4242	124	－97.08
房地产业	－641	506	－178.94	9	458	4988.89
其他	3952	23186	486.69	1869	3872	107.17
按登记注册类型分						
国有企业	60397	51295	－15.07	23580	17541	－25.61
公司制企业	57853	51092	－11.69	20161	37141	84.22
国有独资公司	－8208	10752	－230.99	960	23203	2316.98
其他有限责任公司	38197	19945	－47.78	12426	7677	－38.22
股份有限公司	29039	21830	－24.83	6775	6261	－7.59
港澳台合资企业	－1175	－1435	22.13			
其他		374				
按企业规模分						
特大型	40196	50032	24.47	19211	13928	－27.5
大型	45666	15600	－65.84	14716	30120	104.68
中型	19075	21838	14.48	5186	6459	24.55
小型	5997	5201	－13.27	1354	1129	－16.62
其他	7316	10090	37.92	3274	3046	－6.96

15－36 续表 7 单位:万元

项目	应缴增值税			固定资产投资完成额		
	2000 年	2001 年	2001 年比 2000 年±%	2000 年	2001 年	2001 年比 2000 年±%
总计	**144005**	**126796**	**－11.95**	**383822**	**170559**	**－55.56**
按控股情况分						
国有及国有控股	127266	108532	－14.72	381645	165323	－56.68
国有绝对控股	120562	98729	－18.11	373536	161432	－56.78
国有相对控股	6704	9803	46.23	8109	3891	－52.02
集体控股	9393	9320	－0.78	103	91	－11.65
集体绝对控股	8992	8734	－2.87			
集体相对控股	401	586	46.13	103	91	－11.65
其他	7346	8944	21.75	2074	5145	148.07
按主营行业分						
农、林、牧、渔业	1065	1220	14.55			
工业	142499	125101	－12.21	372730	127196	－65.87
采掘业	6934	10601	52.88			
制造业	123726	100277	－18.95	365507	103963	－71.56
电气水的生产和供应业	11839	14223	20.14	7223	23233	221.65
建筑业	210	283	34.76	2446	3880	58.63
运输邮电业						
批发零售贸易餐饮业	191	47	－75.39			
金融保险业						
房地产业				8502	38987	358.56
其他	40	145	262.5	144	496	244.44
按登记注册类型分						
国有企业	82428	54106	－34.36	354796	94107	－73.48
公司制企业	61577	72690	18.05	29026	76452	163.39
国有独资公司	21197	25423	19.94	7579	12393	63.52
其他有限责任公司	18222	21283	16.8	7542	50211	565.75
股份有限公司	22065	25845	17.13	12621	13530	7.2
港澳台合资企业	93	139	49.46	1284	318	－75.23
其他						
按企业规模分						
特大型	52062	25367	－51.28	79042	60142	－23.91
大型	72106	76525	6.13	295350	72474	－75.46
中型	11993	15882	32.43	8861	35336	298.78
小型	1404	2492	77.49	569	2607	358.17
其他	6440	6530	1.4			

15－36　续表 8　　　　单位:万元

项　目	从业人员年末人数			在岗职工		
	2000 年	2001 年	2001 年比 2000 年±%	2000 年	2001 年	2001 年比 2000 年±%
总　计	**210665**	**203074**	**－3.6**	**208906**	**201287**	**－3.65**
按控股情况分						
国有及国有控股	190665	184247	－3.37	189415	182933	－3.42
国有绝对控股	180559	174658	－3.27	179492	173505	－3.34
国有相对控股	10106	9589	－5.12	9923	9428	－4.99
集体控股	10288	8576	－16.64	9792	8159	－16.68
集体绝对控股	9005	7427	－17.52	8540	7024	－17.75
集体相对控股	1283	1149	－10.44	1252	1135	－9.35
其他	9712	10251	5.55	9699	10195	5.11
按主营行业分						
农、林、牧、渔业	1209	1233	1.99	1209	1233	1.99
工业	179276	171008	－4.61	178484	170276	－4.6
采掘业	36812	36706	－0.29	36782	36677	－0.29
制造业	134884	126958	－5.88	134122	126255	－5.87
电气水的生产和供应业	7580	7344	－3.11	7580	7344	－3.11
建筑业	16059	17235	7.32	15209	16289	7.1
运输邮电业	6620	6403	－3.28	6544	6349	－2.98
批发零售贸易餐饮业	4006	3637	－9.21	4006	3637	－9.21
金融保险业	685	768	12.12	685	768	12.12
房地产业	1301	1214	－6.69	1301	1196	－8.07
其他	1509	1576	4.44	1468	1539	4.84
按登记注册类型分						
国有企业	67828	64039	－5.59	67668	63907	－5.56
公司制企业	142837	139005	－2.68	141238	137350	－2.75
国有独资公司	71737	70467	－1.77	70921	69527	－1.97
其他有限责任公司	39585	39199	－0.98	39019	38705	－0.8
股份有限公司	30219	28154	－6.83	30184	28093	－6.93
港澳台合资企业	1296	1185	－8.56	1114	1025	－7.99
其他		30			30	
按企业规模分						
特大型	29615	22724	－23.27	29615	22724	－23.27
大型	158348	158253	－0.06	157094	156926	－0.11
中型	12975	12323	－5.03	12935	12273	－5.12
小型	4051	4516	11.48	4051	4516	11.48
其他	5676	5258	－7.36	5211	4848	－6.97

15－36　续表9　　单位:万元

项　目	从业人员年末人数劳动报酬			在岗职工劳动报酬		
	2000年	2001年	2001年比2000年±%	2000年	2001年	2001年比2000年±%
总　计	**230432**	**251543**	**9.16**	**228771**	**249741**	**9.17**
按控股情况分						
国有及国有控股	217592	237073	8.95	216643	235877	8.88
国有绝对控股	196501	210595	7.17	195633	209482	7.08
国有相对控股	21091	26478	25.54	21010	26395	25.63
集体控股	6191	6104	－1.41	5500	5576	1.38
集体绝对控股	5268	5220	－0.91	4586	4704	2.57
集体相对控股	923	884	－4.23	914	872	－4.6
其他	6649	8366	25.82	6628	8288	25.05
按主营行业分						
农、林、牧、渔业	760	838	10.26	760	838	10.26
工业	203277	214868	5.7	202319	214052	5.8
采掘业	28044	32760	16.82	28036	32749	16.81
制造业	165921	172504	3.97	164971	171699	4.08
电气水的生产和供应业	9312	9604	3.14	9312	9604	3.14
建筑业	13680	19475	42.36	13108	18735	42.93
运输邮电业	3989	5161	29.38	3930	5109	30
批发零售贸易餐饮业	2710	3294	21.55	2710	3294	21.55
金融保险业	2072	3461	67.04	2072	3461	67.04
房地产业	1519	1595	5	1519	1474	－2.96
其他	2425	2851	17.57	2353	2778	18.06
按登记注册类型分						
国有企业	101896	107549	5.55	101627	107327	5.61
公司制企业	128536	143740	11.83	127144	142160	11.81
国有独资公司	57565	59753	3.8	57035	59032	3.5
其他有限责任公司	32291	41349	28.05	31546	40653	28.87
股份有限公司	37852	41832	10.51	37815	41751	10.41
港澳台合资企业	828	806	－2.66	748	724	－3.21
其他		254			254	
按企业规模分						
特大型	57777	52751	－8.7	57777	52751	－8.7
大型	153166	175898	14.84	152210	174781	14.83
中型	14236	15868	11.46	14213	15707	10.51
小型	2245	3085	37.42	2245	3085	37.42
其他	3008	3941	31.02	2326	3417	46.9

15-37 建立现代企业制度重点企业主要经济指标(二)

单位:万元

项目	资产负债率			劳动生产率(万元 人)			营业收入利润率		
	2000年	2001年	2001年比2000年±%	2000年	2001年	2001年比2000年±%	2000年	2001年	2001年比2000年±%
总计	**68.37**	**67.73**	**-0.64**	**12.35**	**12.22**	**-0.13**	**4.54**	**4.14**	**-0.4**
按控股情况分									
国有及国有控股	69.17	68.44	-0.73	11.73	11.29	-0.45	3.67	3.89	0.22
国有绝对控股	69.4	68.57	-0.83	11.27	10.54	-0.73	3.59	4	0.41
国有相对控股	65.3	66.32	1.01	19.95	24.78	4.82	4.44	2.96	-1.47
集体控股	57.2	57.55	0.35	18.01	22.41	4.4	10.1	3.33	-6.77
集体绝对控股	56.09	56.4	0.32	18.58	23.38	4.8	11.58	4.01	-7.57
集体相对控股	70.97	72.54	1.56	14.04	16.17	2.13	-3.7	-3.1	0.61
其他	61.53	62.99	1.46	18.47	20.4	1.93	9.76	7.44	-2.31
按主营行业分									
农、林、牧、渔业	46.27	47.78	1.5	15.32	14.03	-1.29	26.88	18.29	-8.59
工业	67.05	66.05	-1	11.76	12.41	0.65	4.83	3.71	-1.12
采掘业	67.06	68.55	1.5	3.52	4.29	0.78	-2.27	2.81	5.09
制造业	68.91	66.99	-1.93	13.69	14.25	0.55	4.74	3.15	-1.59
电气水的生产和供应业	51.44	55.74	4.3	17.34	21.23	3.89	12.98	11.04	-1.94
建筑业	61.2	62.4	1.2	7.49	9.93	2.44	0.56	0.43	-0.12
运输邮电业	46.44	47.16	0.72	25.74	3.38	-22.36		-0.02	-0.02
批发零售贸易餐饮业	88.73	81.23	-7.5	18.61	8.63	-9.98	-6.38	-7.8	-1.42
金融保险业	93.85	96.03	2.18	48.87	27.54	-21.33	36.79	-5.01	-41.8
房地产业	56.34	57.37	1.04	20.12	23.75	3.63	-2.45	1.76	4.2
其他	67.72	68.78	1.06	33.31	42.48	9.16	7.86	34.64	26.77
按登记注册类型分									
国有企业	69.67	67.75	-1.92	16.55	13.79	-2.75	5.38	5.81	0.43
公司制企业	67.71	67.82	0.11	10.36	11.49	1.13	3.91	3.2	-0.71
国有独资公司	68.96	68.96	-0.01	6.65	6.8	0.15	-1.72	2.24	3.96
其他有限责任公司	71.7	72.03	0.33	12.84	14.57	1.73	7.51	3.49	-4.02
股份有限公司	59.32	59.28	-0.04	16.06	19.18	3.12	5.98	4.04	-1.94
港澳台合资企业	91.35	94.98	3.63	6.69	5.35	-1.33	-13.56	-22.62	-9.06
其他		61.55	61.55		15.97	15.97		78.08	78.08
按企业规模分									
特大型	69.37	54.75	-14.62	16.01	15.13	-0.88	8.48	14.55	6.08
大型	70.36	70.59	0.22	10.51	10.22	-0.29	2.74	0.96	-1.78
中型	55.34	57.65	2.32	21.86	26.16	4.3	6.73	6.77	0.05
小型	53.61	54.82	1.21	7.4	9.83	2.43	20	11.72	-8.28
其他	67.92	68.95	1.03	26.4	28.98	2.58	4.88	6.62	1.74

15-37 续表1 单位:万元

项　目	成本费用利润率			资产利税率			总资产使用率		
	2000年	2001年	2001年比2000年±%	2000年	2001年	2001年比2000年±%	2000年	2001年	2001年比2000年±%
总　计	**5.43**	**4.21**	**-1.22**	**5.47**	**4.96**	**-0.5**	**36.28**	**33.55**	**-2.73**
按控股情况分									
国有及国有控股	4.45	3.91	-0.54	4.95	4.69	-0.26	33.77	30.67	-3.1
国有绝对控股	4.42	4.01	-0.41	4.97	4.66	-0.3	32.47	28.6	-3.87
国有相对控股	4.68	3.09	-1.58	4.72	5.11	0.39	55.75	66.41	10.66
集体控股	11.23	3.57	-7.66	12.67	7.9	-4.76	65.84	67.7	1.86
集体绝对控股	12.88	4.34	-8.54	13.78	8.48	-5.3	64.43	65.98	1.56
集体相对控股	-4.1	-3.1	1	-1.19	0.27	1.46	83.41	90.24	6.83
其他	10.46	7.87	-2.59	9.85	7.61	-2.24	63.02	58.43	-4.58
按主营行业分									
农、林、牧、渔业	35.75	22.54	-13.21	6.58	4.98	-1.6	19.67	18.96	-0.71
工业	5.5	3.74	-1.76	7.68	6.82	-0.85	44.37	43.99	-0.37
采掘业	-3.21	3.7	6.91	0.89	2.44	1.56	14.11	18.05	3.95
制造业	5.33	3.1	-2.23	8.99	7.73	-1.26	51.64	50.97	-0.67
电气水的生产和供应业	15.18	12.24	-2.94	7.12	6.74	-0.38	29.89	32.14	2.25
建筑业	0.59	0.45	-0.13	2.24	2.94	0.71	71	91.6	20.61
运输邮电业	-0.01	-0.02	-0.01	0.39	0.5	0.11	143.96	18.06	-125.9
批发零售贸易餐饮业	-6.08	-7.12	-1.04	-2.2	-0.84	1.36	35.63	10.74	-24.89
金融保险业	34.62	-2.87	-37.49	3.99	0.07	-3.92	7.9	5.4	-2.5
房地产业	-2.43	1.86	4.29	0.83	2.63	1.79	30.72	35.74	5.02
其他	8.63	52.8	44.17	0.47	1.85	1.38	3.86	4.72	0.86
按登记注册类型分									
国有企业	7.58	5.52	-2.06	10.17	9.4	-0.77	47.28	38.32	-8.95
公司制企业	4.19	3.38	-0.81	3.09	3.03	-0.06	30.72	31.89	1.17
国有独资公司	-1.88	2.48	4.35	0.71	1.63	0.92	18.98	17.98	-1
其他有限责任公司	7.97	3.59	-4.38	5.72	4.44	-1.28	39.73	44.53	4.8
股份有限公司	6.37	4.23	-2.14	5.37	4.8	-0.58	46.08	49.53	3.45
港澳台合资企业	-12.9	-20.2	-7.31	-2.63	-3.04	-0.41	17.69	12.78	-4.91
其他		35.62	35.62		0.54	0.54		0.63	0.63
按企业规模分									
特大型	10.2	10.21	0.01	12	14.26	2.25	56.23	55.11	-1.13
大型	3.38	1.06	-2.31	5.4	4.73	-0.67	38.41	35.69	-2.72
中型	7.24	7.28	0.04	6.58	7.5	0.92	55.08	58.92	3.84
小型	24.81	13.28	-11.53	6.29	6.22	-0.07	24.58	34.19	9.62
其他	5.07	6.94	1.87	1.15	1.22	0.06	11.33	10.18	-1.16

15－37 续表 2 单位:万元

项　　目	流动资产比率			长期负债与资产总计比率			研究开发费用与主营业务比率		
	2000 年	2001 年	2001 年比 2000 年±%	2000 年	2001 年	2001 年比 2000 年±%	2000 年	2001 年	2001 年比 2000 年±%
总　　计	**38.8**	**40.83**	**2.03**	**26.41**	**23.67**	**－2.74**	**1.51**	**0.86**	**－0.65**
按控股情况分									
国有及国有控股	37.97	40.27	2.3	27.62	25.36	－2.26	1.46	0.7	－0.76
国有绝对控股	37.72	39.51	1.79	28.09	25.86	－2.23	1.36	0.63	－0.73
国有相对控股	42.27	53.36	11.09	19.68	16.69	－2.99	2.5	1.22	－1.27
集体控股	51.93	50.31	－1.63	21.26	11.6	－9.65	1.46	1.46	
集体绝对控股	52.27	50.14	－2.13	20.46	10.03	－10.44	1.61	1.61	
集体相对控股	47.75	52.5	4.76	31.1	32.25	1.15			
其他	44.39	43.51	－0.87	4.41	2.82	－1.58	2.06	1.78	－0.28
按主营行业分									
农、林、牧、渔业	53.92	54.03	0.11	0.95	0.89	－0.05			
工业	40.31	42.91	2.59	21.49	16.07	－5.42	1.81	0.95	－0.86
采掘业	43.23	43.43	0.2	17.35	24.6	7.25			
制造业	40.33	43.66	3.33	22.42	14.08	－8.35	1.89	0.93	－0.95
电气水的生产和供应业	35.7	36.76	1.06	20.08	17.88	－2.2	2.04	1.92	－0.12
建筑业	47.24	47.21	－0.03	12.28	12.08	－0.2			
运输邮电业	26.33	28.32	1.99	32.84	32.78	－0.06			
批发零售贸易餐饮业	49.25	41.83	－7.42	12.54	8.81	－3.72			
金融保险业	70.95	95.13	24.18	0.04	0.05	0.01			
房地产业	69.45	68.83	－0.62	2.75	4.83	2.09			
其他	19.72	19.89	0.16	57.78	59.68	1.91	2.15	1.57	－0.58
按登记注册类型分									
国有企业	42.02	47.18	5.16	24.42	14.34	－10.08	1.82	0.52	－1.3
公司制企业	37.18	38.06	0.88	27.41	28.25	0.84	1.26	1.04	－0.22
国有独资公司	24.31	23.61	－0.7	43.78	46.41	2.63	0.29	0.21	－0.08
其他有限责任公司	55.11	60.62	5.51	12.23	9.46	－2.78	0.69	0.6	－0.09
股份有限公司	43.04	43.81	0.77	10.25	9.42	－0.83	2.71	2.19	－0.52
港澳台合资企业	59.52	58.6	－0.92	15.63	14.68	－0.95	1.17	0.92	－0.25
其他		34.76	34.76						
按企业规模分									
特大型	28.38	37.63	9.25	37.53	10.25	－27.28	4.05	0.72	－3.34
大型	45.95	46.59	0.64	15.86	15.58	－0.28	0.51	0.57	0.07
中型	43.59	54.16	10.57	15	13.01	－1.99	2.95	1.98	－0.97
小型	52.49	52.38	－0.11	4.38	3.58	－0.8	0.55	0.26	－0.29
其他	19.9	19.42	－0.48	58.76	57.75	－1.01	1.79	1.84	0.05

15-37 续表3 单位:万元

项目	资金利润率			净资产收益率		
	2000年	2001年	2001年比2000年±%	2000年	2001年	2001年比2000年±%
总 计	**2.49**	**2.13**	**-0.37**	**3.43**	**2.1**	**-1.33**
按控股情况分						
国有及国有控股	1.93	1.89	-0.04	2.4	1.56	-0.83
国有绝对控股	1.83	1.85	0.02	2.2	1.44	-0.76
国有相对控股	3.43	2.34	-1.09	5.32	3.51	-1.82
集体控股	7.1	2.35	-4.75	12.35	3.5	-8.84
集体绝对控股	7.91	2.74	-5.16	13.62	4.18	-9.44
集体相对控股	-3.62	-3.12	0.5	-11.59	-10.54	1.05
其他	7.61	5.62	-1.99	12.11	9.16	-2.96
按主营行业分						
农、林、牧、渔业	6.19	3.66	-2.53	8.27	5.71	-2.56
工业	2.75	2.13	-0.62	4.36	1.86	-2.5
采掘业	-0.55	0.76	1.31	-1.6	-8.04	-6.44
制造业	3.1	2.08	-1.02	4.99	2.92	-2.07
电气水的生产和供应业	5.02	4.62	-0.4	7.2	6.47	-0.73
建筑业	0.72	0.68	-0.05	0.73	0.74	0.01
运输邮电业					-0.01	
批发零售贸易餐饮业	-3.2	-1.48	1.72	-20.81	-4.81	16
金融保险业	4.41	-0.35	-4.75	35.21	-9.68	-44.88
房地产业	-0.93	0.75	1.69	-1.77	0.14	1.91
其他	1.47	7.83	6.36	0.5	4.37	3.88
按登记注册类型分						
国有企业	3.26	2.95	-0.31	5.27	4.8	-0.47
公司制企业	2	1.67	-0.33	2.56	0.9	-1.66
国有独资公司	-0.77	0.98	1.75	-1.31	-1.64	-0.33
其他有限责任公司	3.85	1.83	-2.02	7.42	3.5	-3.92
股份有限公司	3.6	2.59	-1	5.28	3.54	-1.73
港澳台合资企业	-3.63	-4.22	-0.58	-33.01	-67.02	-34.01
其他		1.2	1.2		1.32	1.32
按企业规模分						
特大型	6.41	11.9	5.49	8.47	14.54	6.07
大型	1.38	0.45	-0.93	2.54	-1.13	-3.68
中型	4.98	4.78	-0.2	6.13	6.69	0.56
小型	6.16	4.61	-1.55	8.21	6.96	-1.25
其他	2.26	2.82	0.56	0.95	1.52	0.56

15-37 续表 4 单位:万元

项目	总资产报酬率			新产品销售收入与营业收入的比率		
	2000 年	2001 年	2001 年比 2000 年±%	2000 年	2001 年	2001 年比 2000 年±%
总计	**3.23**	**2.77**	**-0.46**	**7.64**	**9.09**	**1.45**
按控股情况分						
国有及国有控股	2.75	2.48	-0.27	4.28	5.88	1.6
国有绝对控股	2.69	2.43	-0.26	1.36	1.77	0.41
国有相对控股	3.66	3.18	-0.48	33.79	37.76	3.98
集体控股	9.63	5.43	-4.2	37.64	39.42	1.78
集体绝对控股	10.57	5.87	-4.69	40.71	42.83	2.12
集体相对控股	-1.93	-0.41	1.51	9.15	7.54	-1.62
其他	7.63	5.89	-1.74	18.51	13.15	-5.37
按主营行业分						
农、林、牧、渔业	6.97	5.62	-1.35			
工业	4.3	3.53	-0.77	9.42	10.63	1.2
采掘业	0.23	1.32	1.09			
制造业	4.73	3.57	-1.15	10.76	12.47	1.71
电气水的生产和供应业	6.95	6.41	-0.54			
建筑业	1.17	1.29	0.12			
运输邮电业	0.24	0.26	0.02			
批发零售贸易餐饮业	-1.74	-0.61	1.14			
金融保险业	4.14	0.52	-3.61			
房地产业	0.41	1.41	1			
其他	0.46	1.71	1.25			
按登记注册类型分						
国有企业	4.34	3.8	-0.54	0.35	0.64	0.29
公司制企业	2.67	2.33	-0.34	13.16	13.77	0.6
国有独资公司	0.54	1.19	0.65	1.62	1.88	0.26
其他有限责任公司	5.15	3.63	-1.52	13.57	13.43	-0.14
股份有限公司	4.52	3.57	-0.95	24.31	24.82	0.52
港澳台合资企业	-1.49	-1.8	-0.32	0.39	0.5	0.11
其他		0.63	0.63			
按企业规模分						
特大型	7.07	10	2.93			
大型	2.78	2	-0.78	1.78	2.12	0.34
中型	5.58	5.44	-0.14	35.63	36.27	0.64
小型	6.54	5.89	-0.65			
其他	1.08	1.1	0.02	45.44	48.8	3.36

主要统计指标解释

企业集团是以一个实力雄厚(资本、资金、产品、技术、管理、人才、市场网络等实力)的大型企业为核心,以产权联结为主要纽带,并以产品、技术、经济、成套契约等多种纽带,把多个企业、事业单位联结在一起,具有多层次结构的以母子公司为主体的多法人经济联合体,是经济上统一控制,法律上各自独立的一体化联合体。

企业集团内部的统计范围企业集团内部的统计范围包括企业集团母公司、在中国境内和境外的全资子公司、绝对控股子公司和相对控股子公司。不包括参股企业、协作企业和子公司下属的二级公司。

固定资产投资完成额指企业集团在年度内建造和购置固定资产及有关费用的支出合计。包括:①建筑工程投资,②安装工程投资,③设备工器具购置,④应分摊计入固定资产的费用等。

研究开发费用指企业集团用于研究与发展活动(基础研究、应用研究、实验发展)的全部实际支出。包括用于研究与发展课题活动的直接支出,还包括间接用于研究与发展活动的一切支出(院、所管理费,维持院、所正常运转的必需费用和研究发展有关的基础建设支出)。

从业人员指在企业集团(包括母公司和子公司,下同)工作并领取工资或其他形式的劳动报酬的全部人员数,包括在岗职工、再就业的离退休人员以及在企业集团中工作的外方人员和港澳台方人员、兼职人员、借用的外单位人员和第二职业者。不包括离开本企业集团仍保留劳动关系的职工。

在岗职工指在本企业集团工作并由企业集团支付工资的人员,以及有工作岗位,但由于学习、病假、产假等原因暂未工作,仍由企业集团支付工资的人员。

其他从业人员指在企业集团工作并由企业集团支付劳动报酬的再就业的离退休人员以及在企业集团中工作的外方人员和港澳台方人员、兼职人员、借用的外单位人员和第二职业者。

离开本单位仍保留劳动关系的职工指由于各种原因,已经离开本人的生产或工作岗位,并已不在本企业集团从事其他工作,但仍与本企业集团保留劳动关系的职工。

从业人员劳动报酬指企业集团直接支付给本集团全部从业人员的劳动报酬总额。包括本企业集团在岗职工工资总额和其他从业人员劳动报酬两部分。

企业景气调查是为适应社会主义市场经济发展的新形势,借鉴西方市场经济国家的成功经验而建立的一项统计调查制度。它是通过对部分样本企业的经营决策者定期进行问卷调查,并根据他们对企业经营状况及宏观经济形势的判断和预期来编制景气指数,从而准确、及时地分映宏观经济运行和企业经营状况,并预测经济发趋势的一种调查方法。

景气指数是对企业景气调查中各项定性指标通过定量方法加工汇总后形成的综合性调查结果。用以反映和预测经济发展的状态或发展趋势。景气指数取值于0—200之间。景气指数为100时,说明经济处于景气与不景气交汇点;景气指数大于100时,表时经济状况趋于上升或改善,处于景气状态,越接近200说明经济状态越好;反之,景气指数小于100时,表明经济状况趋于下降或恶化,处于不景气状态,越接近0,景气状态越差。

宏观景气指数(亦称企业家信心指数),是根据企业家对本行业发展状况的判断极其走势的预期而编制的指数,反映企业家对宏观经济发展的信心和预期。**企业景气指数**(亦称企业生产经营景气指数)是根据企业家对本期企业当前综合生产经营状况的判断及未来综合生产经营状况的预期而编制的指数,综合反映调查总体范围内企业生产经营景气状况。

十六、其　　他

16－1 全市统计部门人员编制和在岗情况

（2001年底）

单位:人

项目	合计		行政编制		事业编制		国家事业编制	
	编制数	实有数	编制数	实有数	编制数	实有数	编制数	实有数
总计	**276**	**262**	**236**	**244**	**40**	**18**	**36**	**14**
市本级	**98**	**66**	**76**	**66**	**22**		**22**	
县(市)合计	**103**	**109**	**91**	**97**	**12**	**12**	**12**	**12**
中牟县统计局	16	16	14	14	2	2	2	2
巩义市统计局	23	21	20	18	3	3	3	3
荥阳市统计局	17	26	15	24	2	2	2	2
新密市统计局	13	13	12	12	1	1	1	1
新郑市统计局	14	16	12	14	2	2	2	2
登封市统计局	20	17	18	15	2	2	2	2
各区合计	**75**	**87**	**69**	**81**	**6**	**6**	**2**	**2**
中原区	9	9	9	9				
二七区	10	12	9	11	1	1	1	1
管城区	17	18	13	14	4	4		
金水区	15	18	15	18				
上街区	10	13	10	13				
邙山区	14	17	13	16	1	1	1	1

16－2 统计系统调查队编制和在岗情况

（2001年底）

单位:人

项目	合计		国家编制								地方编制							
			小计		农调队		城调队		企调队		小计		农调队		城调队		企调队	
	编制数	实有数	编制数	实有数	编制数	实有数	编制数	实有数	编制数	实有数	编制数	实有数	编制数	实有数	编制数	实有数	编制数	实有数
总　计	**218**	**211**	**69**	**43**	**8**	**5**	**34**	**24**	**27**	**14**	**149**	**168**	**65**	**72**	**46**	**49**	**38**	**47**
市本级	**81**	**57**	**61**	**38**			**34**	**24**	**27**	**14**	**20**	**19**	**20**	**19**				
县(市)合计	**89**	**101**	**8**	**5**	**8**	**5**					**81**	**96**	**23**	**27**	**29**	**32**	**29**	**37**
中牟县统计局	14	10	8	5	8	5					6	5			3	2	3	3
巩义市统计局	15	15									15	15	5	5	5	5	5	5
荥阳市统计局	20	31									20	31	8	13	6	9	6	9
新密市统计局	15	21									15	21	5	4	5	8	5	9
新郑市统计局	15	18									15	18	5	5	5	5	5	8
登封市统计局	10	6									10	6			5	3	5	3
各区合计	**48**	**53**									**48**	**53**	**22**	**26**	**17**	**17**	**9**	**10**
中原区	9	9									9	9	3	3	3	3	3	3
二七区	6	10									6	10	2	4	2	3	2	3
管城区	16	15									16	15	8	8	8	7		
金水区	9	9									9	9	3	3	3	3	3	3
上街区	4	4									4	4	2	2	1	1	1	1
邙山区	4	6									4	6	4	6				

16—2 续表

项目	合计		省编制								市级及县(市)区编制							
			小计		农调队		城调队		企调队		小计		农调队		城调队		企调队	
	编制数	实有数	编制数	实有数	编制数	实有数	编制数	实有数	编制数	实有数	编制数	实有数	编制数	实有数	编制数	实有数	编制数	实有数
总计	**149**	**168**	**5**	**4**	**5**	**4**					**144**	**164**	**60**	**68**	**46**	**49**	**38**	**47**
市本级	**20**	**19**									**20**	**19**	**20**	**19**				
县(市)合计	**81**	**96**	**5**	**4**	**5**	**4**					**76**	**92**	**18**	**23**	**29**	**32**	**29**	**37**
中牟县统计局	6	5									6	5			3	2	3	3
巩义市统计局	15	15									15	15	5	5	5	5	5	5
荥阳市统计局	20	31									20	31	8	13	6	9	6	9
新密市统计局	15	21	5	4					10	17			5	8	5	9		
新郑市统计局	15	18									15	18	5	5	5	5	5	8
登封市统计局	10	6									10	6			5	3	5	3
各辖区合计	**48**	**53**									**48**	**53**	**22**	**26**	**17**	**17**	**9**	**10**
中原区	9	9									9	9	3	3	3	3	3	3
二七区	6	10									6	10	2	4	2	3	2	3
管城区	16	15									16	15	8	8	8	7		
金水区	9	9									9	9	3	3	3	3	3	3
上街区	4	4									4	4	2	2	1	1	1	1
邙山区	4	6									4	4	4	6				

全市统计工作先进集体名单

（2001 年）

新郑市统计局
新密市统计局
荥阳市统计局
郑州市中原区计划统计局
郑州市邙山区计划统计局
郑州市管城回族区计划统计局
郑州市教育局
郑州市科学技术局
郑州市司法局
郑州市人民检察院
郑州市卫生局
郑州市房地产管理局
郑州市上街区供销合作社
郑州市金水区祭城镇统计信息中心
中牟县韩寺镇人民政府
巩义市回郭镇人民政府
登封市中岳街道办事处
郑州市二七区淮河路街道办事处
郑州市统计局固定资产投资处
国家统计局郑州市企业调查队

全市统计工作先进个人名单

（2001 年）

姓　名	单位
吕　洁	郑州市中原区中原乡人民政府
吴　曼	郑州市中原区计划统计局
宋惠云	郑州市二七区统计局
曹仲燕	郑州市二七区统计局
冯艳梅	郑州市二七区淮河路办事处
王　磊	郑州市管城回族区社会经济调查队
张　洁	郑州市管城回族区计划统计局
王松玲	郑州市金水区计划统计局
宋广森	郑州市金水区庙李镇人民政府
侯建功	郑州市上街区计划统计物价局
李军锋	郑州市上街区社会经济调查队
崔晓梅	郑州市邙山区计划统计科技局
张梅英	郑州市邙山区古荥镇统计信息中心
王国海	郑州市中牟县刘集乡人民政府
王献丽	郑州市中牟县统计局
岳佩英	巩义市站街镇统计信息中心
孙成武	巩义市统计局
吴大勇	巩义市统计局
宋延杰	荥阳市统计局

范菊青	荥阳市京城路街道办事处筹委会
王海军	新密市统计局
李书杰	新密市米村镇人民政府
卢新红	新郑市薛店镇统计信息中心
丁胜超	新郑市统计局
张晓慧	登封市嵩阳街道办事处
景同欣	登封市统计局
周　静	郑州经济技术开发区计划经济贸易局
邢富星	郑州高新技术产业开发区管理委员会经济发展局
李　勇	郑州市教育局
李晓琴	郑州市自来水工程公司
于宁军	郑州市对外贸易经济合作局
祝利强	中国石油化工股份有限公司河南石油分公司
方振乾	郑州市科学技术局
秦卫红	河南省农业银行营业部
杨桂枝	郑州市自来水总公司
张海英	国家统计局郑州市城市社会经济调查队
郝振峰	国家统计局郑州市城市社会经济调查队
曲　典	国家统计局郑州市企业调查队
王二朋	郑州市农村社会经济调查队
徐　华	郑州市农村社会经济调查队

统计工作大事记

一　月

3日　郑州市统计局召开全局干部职工大会,传达市委“七届八次”全会精神,及时贯彻落实市委制定的工作方针和政策。

6日　郑州市统计局党组召开会议,专题研究今后五年全市统计工作的发展规划和2001年工作要点。

19日　郑州市统计系统举办新年联谊会,来自各县(市)、区的代表和局、队的全体干部职工及离(退)休老同志近300人参加联欢。

二　月

1日　郑州市统计局组织全局职工学习新华社评论员文章《残害生命罪大恶极》,声讨邪教“法轮功”的滔天罪行。

5日—6日　郑州市统计局对局各处(室)、队《2000年工作目标》、《2000年精神文明目标》进行了认真细致的考核评鉴。

13日　郑州市统计局编纂出版的《郑州统计年鉴—2000》荣获全国地方统计年鉴评比一等奖。

25日　郑州市统计局在郑州市2000年度竞争激励机制总结表彰大会上,受到市委、市政府表彰,荣获公仆杯银杯奖。

27日　郑州市统计局在全市2001年宣传思想工作暨精神文明建设会议上被市委、市政府命名为文明单位。

27日—28日　郑州市统计局局长于向英参加全省统计工作会议并作重点发言。

三　月

1日　新郑市统计局、荥阳市统计局、邙山区统计局在河南省统计系统文明单位表彰大会上被授予文明单位。

2日　郑州市统计局召开2000年度竞争激励机制表彰暨2001年目标签订大会。

4日　郑州市统计局在《郑州晚报》上发布《郑州市统计局关于2000年国民经济和社会发展的统计公报》。

6日　郑州市第五次人口普查数据处理工作开始。

11日　市委副书记、市长陈义初对郑州市统计局撰写的《千禧年周边对比　规模位次有改善》作重要批示:“这个材料很好,要不断的找差距,这样才有动力。”

12日　国家统计局城调总队孟庆欣副队长在省城调队贾志鹏、张宏副队长的陪同下,到郑州市城调队检查指导工作。

15日　郑州市统计局由李德耀、张福清副局长带队的9名驻村工作队员分赴中牟县农村帮助工作。

26—30日　郑州市统计局召开全社会R&D资源清查部署培训工作会议,目前此项工作已进入正式实施阶段。

29日　郑州市农调队参与撰写的《河南省农业结构调整及有关政策体系问题研究》在国家级刊物《经济研究参考》上发表。

四　　月

11 日　郑州市统计局召开“一季度经济运行统计分析会”。

12 日　市委副书记、市长陈义初对郑州市统计局撰写的《今年投资增长能否进入快车道?》一文批示：“今年要根据国内外经济形势,狠抓增强国内需求这一环节,促进经济增长。因此一方面要整顿市场秩序,刺激个人消费,同时要结合扩大城市化进程和对外开放,抓好具体项目的实施。”

13 日　国家统计局正局级巡视员王之春到郑州市统计局及城调队、企调队检查指导工作。

15 日　郑州市统计局驻中牟县工作队邀请市农工民主党沈世鹏等 16 名医学专家为当地农民义诊。

20 日　郑州市统计局举行第一期全市统计人员上岗培训结业考试,省统计局局长李贵基、市委常委、常务副市长张立兴等领导到考场巡视。

24 日　郑州市人民政府第五次人口普查新闻发布会在嵩山饭店举行。

26 日　郑州市统计局被市委、市政府评为“郑州市 1996 – 2000 年依法治市工作先进单位”。

27 日　郑州市统计局驻村工作队撰写的《致富源于观念更新》一文被副市长李柳身批示:驻村工作队在较短时间内能吃透情况,帮助村里进一步理清发展思路,明确发展重点,并力所能及地办了一些深受农民群众欢迎的实事,应预充分肯定。调查报告中提出的一些问题,尤其是如何发展社会化服务问题,包括市场营销、农机作业灌溉及科技等,要同乡村干部一起研究,争取催生这样的服务组织。

五　　月

10 日　郑州市统计局全体职工开展爱心助残、扶贫助学捐款捐物活动,共计捐款 7150 元、捐书 525 册。

16 日　郑州市企调队撰写的调查报告《维护郑州形象　共建美好家园》得到市委副书记、市长陈义初批示。

21 日　国家统计局计算中心主任徐铁夫一行 6 人由河南省统计局局长刘永奇、总统计师薛承旭、总工程师何崇杰、计算中心副主任杨全明、办公室副主任陈建设陪同到郑州市统计局检查“九五信息工程”建设情况。

25 日　郑州市所辖 6 区在全省率先按地域和管辖原则核算 GDP 的工作圆满完成。

25 日　郑州市统计局副局长李德耀、张福清、纪检组长孙凤华代表驻村工作队和全局干部职工把两台 586 电脑、学习用品和 2000 元扶贫助学金,分别捐给中牟县冯堂乡土墙村、芦家村两所小学和 20 名家庭贫困、学习努力的学生。

27 日　郑州市统计局举行第二批统计人员持证上岗培训考试,河南省统计局局长刘永奇亲临考场巡视。

六　　月

4 日　郑州市人民政府召开“关于开展《统计法》和‘两办通知’执行情况大检查”电视电话会议。

8 日　郑州市统计局在湖南长沙召开的《中国信息报》发行工作会议上介绍了我市《中国信息报》发行工作的经验。

11 日　为配合政府开展的“重塑河南人形象”活动,郑州市企业调查队开展企业对政府职能部门形象评价调查。

14 日　郑州市人民政府发出《关于进一步加强农村统计工作有关问题的通知》。

20 日　郑州市召开《统计法》和“两办通知”执行情况大检查动员大会。市政府副秘书长刘本昕、市统计局局长于向英、市监察局副局长李国辉、市司法局副局长张西安在会上分别讲话,省统计局纪检书记宋登学到会并对我市的统计执法大检查作了重要指示。

25日　郑州市农调队撰写的《土豆销售渠道不畅，市场前景不容乐观》的调查报告被省委常委、市委书记王有杰，市委常委、秘书长王鑫作重要批示，并批转有关部门落实解决调查中反映的问题。

26日　郑州市第五次人口普查数据处理光电录入工作顺利结束。

27日　郑州市统计局全局职工在绿城广场参加"郑州市直机关纪念建党八十周年"歌咏比赛。

29日　郑州市统计局以"昨天、今天、明天"为主题，召开离退休老党员、机关党员和入党积极分子座谈会，畅谈中国共产党建党八十周年辉煌历史。

七　月

11日　郑州市统计局召开"二季度经济运行统计分析会"。

13日　郑州市统计局重点课题《房地产业增加值核算及对经济发展带动研究》鉴定论证会召开。

22日　郑州市统计执法大检查重点抽查工作正式开始，郑州市统计局组织9个小组分赴各县(市)、区、中央驻郑和省、市直有关单位进行抽查。

23日　郑州市企业调查队在郑州市100家企业中开展对政府职能部门形象调查，了解企业对政府职能部门的评价。

30日　市委副书记、常务副市长王文超到郑州市统计局指导工作并看望全体同志。

八　月

1日　郑州市统计局撰写的调查报告《唯有改革开放的大力度，才有外贸发展的高速度》被河南省副省长张以祥批示。

8日　郑州市统计局在中原区召开"郑州市乡(镇)、街道办事处统计信息中心建设工作"现场会，12个县(市)、区的领导对中原区的2个乡、2个街道办事处的统计信息中心建设情况进行了现场观摩，河南省统计局总统计师薛承旭等有关领导出席了现场会。

13日　国家统计局政策法规司司长熊振南和河南省统计局检查组一行6人到郑州市督察统计执法大检查工作。

28日　2000年全省综合经济实力排定，新郑市综合经济实力位居全省第二。

31日　郑州市企业调查队撰写的《寻求我市发展中小企业的共识》一文被副市长白红战批示。

九　月

7日—9日　郑州市统计局召开会议部署郑州市2001年1%人口变动情况抽样调查工作。

10日　郑州市统计局驻中牟县芦家村、土墙村工作队参加当地教师节座谈会，并向教师赠送节日礼物。

17日—18日　郑州市统计系统县级电子邮局及拨号网络在新郑市、巩义市建成。

27日　国家统计局投资司副司长汲凤翔、投资司房地产处处长贾海在河南省统计局领导的陪同下到郑州市统计局调研。

27日　郑州市人民政府召开郑州市全国第二次基本单位普查动员电视、电话会，市委副书记、常务副市长王文超到会并作重要讲话。

28日　邙山区镇(办)统计信息中心全部建成并验收合格。

十　月

1日　河南省2001年1%人口变动抽样调查工作正式开始，郑州市统计局共组成11个小组分赴各县(市)、区检查指导入户登记工作。市委副书记、常务副市长王文超亲自到金水区丰产路办事处住户家查看登记工作。

12 日　郑州市统计局召开“三季度经济运行统计分析会”。

23 日　郑州市企调队在“2001 年郑州全国商品交易会暨信息技术博览会”上对 162 家与会客商进行了现场随机调查，撰写的调查报告被市委副书记、市长陈义初批示。

27 日　郑州市人民政府召开郑州市第二次基本单位普查联席会议，郑州市统计局局长于向英主持会议，市委副书记、常务副市长王文超到会并讲话。

28 日　郑州市第二次基本单位普查办公室召开“基本单位普查新闻发布会”，郑州市第二次基本单位普查办公室主任、市统计局副局长张向明就有关问题通过新闻媒体向社会公众予以发布。

30 日　郑州市开展声势浩大的基本单位普查宣传活动。

20 日　河南省统计局副局长任潞生在郑州市统计局局长于向英的陪同下，对中牟县统计工作进行了检查指导。

十一　月

1 日　郑州市第二次基本单位普查办公室在全市开展基本单位普查样本示范一条街活动。

10 日　河南省副省长李志斌、省统计局局长刘永奇在郑州市副市长龚立群和副秘书长刘本晰的陪同下视察我市第二次基本单位普查宣传活动开展情况。

23 日　郑州市 2001 年统计年报工作会议在漓江饭店召开。

23 日　国家统计局城调总队副总队长汪小清一行到郑州市城调队检查指导工作。

十二　月

11 日　郑州市统计局驻村工作队组织科技下乡活动，并向所驻的中牟县冯堂乡芦家村、土墙村贫困户捐送棉衣棉被。

11 日　郑州市城调队受郑州市人民政府委托在市区范围内开展《2001 年末民意调查》活动，了解市民对政府工作的评议意见和希望市政府在新的一年里帮助解决哪些问题。

21 日　郑州市统计局荣获“2001 年全国统计执法大检查先进单位”称号。

26 日　郑州市精神文明办到郑州市统计局检查指导工作，对郑州市统计局的创建工作给予了高度评价。

中国统计出版社最新资料书简目

中国统计年鉴-2002
中国统计摘要-2002
2002 中国发展报告
中国城市统计年鉴-2001
中国农村统计年鉴-2002
中国劳动统计年鉴-2002
中国人口统计年鉴-2002
中国社会统计资料-2001
中国工业经济统计年鉴-2001
中国市场统计年鉴-2002
2001 中国城市发展报告
中国建筑业统计年鉴-2001
中国固定资产投资统计年鉴-2002
中国价格及城镇居民家庭收支调查统计年鉴-2002
国际统计年鉴-2002
中国西部统计年鉴-2001
中国对外经济贸易统计年鉴-2001
中国商品交易市场统计年鉴-2001
中国基本单位统计年鉴-2001
中国食品工业年鉴-2001
中国民政统计年鉴-2002
如何使用统计年鉴
中国市民的经济观
北京统计年鉴-2002
天津统计年鉴-2002
河北经济年鉴-2002
山西统计年鉴-2002
内蒙古统计年鉴-2002
辽宁统计年鉴-2002
吉林统计年鉴-2002
黑龙江统计年鉴-2002
上海统计年鉴-2002
江苏统计年鉴-2002
浙江统计年鉴-2002
安徽统计年鉴-2002
福建统计年鉴-2002
江西统计年鉴-2002
山东统计年鉴-2002
河南统计年鉴-2002
湖北统计年鉴-2002
湖南统计年鉴-2002
广东统计年鉴-2002
广西统计年鉴-2002
贵州统计年鉴-2002
云南统计年鉴-2002
海南统计年鉴-2002
四川统计年鉴-2002
重庆统计年鉴-2002
西藏统计年鉴-2002
陕西统计年鉴-2002
甘肃年鉴-2002
青海统计年鉴-2002
宁夏统计年鉴-2002
新疆统计年鉴-2002
新疆生产建设兵团统计年鉴-2002
石家庄统计年鉴-2002
唐山统计年鉴-2002
保定统计年鉴-2002
邯郸统计年鉴-2002
张家口统计年鉴-2002
伊克昭盟统计年鉴-2002
太原统计年鉴-2002
临汾年鉴-2002
呼和浩特经济统计年鉴-2002
沈阳年鉴-2002
大连统计年鉴-2002
吉林市社会经济统计年鉴-2002
四平统计年鉴-2002
延吉统计年鉴-2002
哈尔滨统计年鉴-2002
齐齐哈尔经济统计年鉴-2002
黑龙江垦区统计年鉴-2002
牡丹江统计年鉴-2002
上海浦东新区统计年鉴-2002
连云港统计年鉴-2002
南京统计年鉴-2002
苏州统计年鉴-2002
无锡统计年鉴-2002
常州统计年鉴-2002
徐州统计年鉴-2002
南通统计年鉴-2002
盐城统计年鉴-2002
杭州统计年鉴-2002
宁波统计年鉴-2002
绍兴统计年鉴-2002
台州统计年鉴-2002
舟山统计年鉴-2002
温州统计年鉴-2002
福州年鉴-2002
厦门经济特区年鉴-2002
福州经济技术开发区年鉴-2002
南昌统计年鉴-2002
九江统计年鉴-2002
河池地区年鉴-2002
青岛统计年鉴-2002
天水统计年鉴-2002
泰安统计年鉴-2002
昆明统计年鉴-2002
济南统计年鉴-2002
郑州统计年鉴-2002
洛阳统计年鉴-2002
十堰统计年鉴-2002
三门峡统计年鉴-2002
平顶山统计年鉴-2002
南阳经济统计年鉴-2002
武汉统计年鉴-2002
宜昌统计年鉴-2002
广州统计年鉴-2002
深圳统计信息年鉴-2002
惠州统计年鉴-2002
珠海统计年鉴-2002
东莞统计年鉴-2002
南宁统计年鉴-2002
南宁地区统计年鉴-2002
桂林经济社会统计年鉴-2002
柳州经济统计年鉴-2002
柳州地区统计年鉴-2002
贵阳统计年鉴-2002
海口统计年鉴-2002
成都统计年鉴-2002
广安统计年鉴-2002
攀枝花统计年鉴-2002
西安统计年鉴-2002
兰州年鉴-2002
西宁统计年鉴-2002
乌鲁木齐统计年鉴-2002
巴音郭楞统计年鉴-2002
吐鲁番统计年鉴-2002
石河子统计年鉴-2002
庆阳年鉴-2002
银川统计年鉴-2002